Studia Orientalia Christiana

Monographiae

n. 23

I0644797

© 2014 Fondazione Terra Santa - Milano
Edizioni Terra Santa - Milano

*Nessuna parte di questo libro
può essere riprodotta o trasmessa in qualsiasi forma
o con qualsiasi mezzo elettronico, meccanico o altro
senza l'autorizzazione scritta dei proprietari dei diritti.*

Progetto grafico di copertina Elisa Agazzi
Impaginazione ed editing a cura dell'Autore

Proprietà letteraria riservata
Fondazione Terra Santa - Milano
Via Gherardini 5, 20145 Milano, Italy
editrice@edizioniterrasanta.it - www.edizioniterrasanta.it

Finito di stampare nel gennaio 2014
da CPZ Spa, Costa di Mezzate (BG)
ISBN 978-88-6240-207-1

Stéphane Milovitch

QUOTIDIANAMENTE DA PRIMA DEL 1336

La processione che celebra la Morte e Risurrezione del Signore nella basilica del Santo Sepolcro di Gerusalemme

edizioni terra santa

UTQUE PRÆSENS ADPROPINQUO
Inno *Pange lingua vulneratur* (4,3)
cantato davanti alla *Pietra dell'Unzione*

INDICE

INTRODUZIONE

Questa ricerca intende studiare la processione che i frati minori quotidianamente svolgono nella basilica del Santo Sepolcro di Gerusalemme, fin dal loro arrivo in Terra Santa nella prima metà del secolo XIV.

Quotidianamente, in questa basilica che include le memorie della Morte e Risurrezione del Signore nostro Gesù Cristo, per mandato della Chiesa cattolica, i francescani, insieme ai presenti (pellegrini, cristiani locali e alcuni autoctoni di fede non cristiana), sono usi a effettuare una processione che sosta in quattordici diverse stazioni presso i vari altari della basilica. Ad ogni stazione si svolge un programma rituale che risponde ad un testo eucologico connesso con il Luogo santo[1]: cantano un inno latino, il celebrante proclama un testo (della Sacra Bibbia o del patrimonio eucologico latino) legato al luogo, e si conclude con un'orazione colletta riferita al mistero celebrato. Ad ognuna di queste stazioni è concessa un'indulgenza, che frati e pellegrini ottengono recitando insieme un *Pater-Ave-Gloria,* prima di avviarsi alla stazione successiva.

Questa processione si è sviluppata nel cuore della liturgia quotidiana della Chiesa latina secondo quattro differenti tappe cronologiche (1431-1581; 1581-1623; 1623-1924; 1924-oggi). Possediamo tutta l'eucologia di questi vari periodi. Per i due primi periodi, vari pellegrini hanno lasciato il loro diario, dove, come fece la pellegrina EGERIA che compì il santo viaggio alla fine del IV secolo, descrivono ciò che hanno visto e a cui hanno partecipato, a volte tramandando anche alcuni testi eucologici.

Nel 1623, frate Tommaso OBICINI da Novara propose una riforma la cui struttura è ancora oggi in vigore. Dal tempo del suo servizio nella Custodia di Terra Santa in poi, oltre ai vari diari di viaggio, si possiedono soprattutto i sussidi liturgi-

---

[1] Era già così nel IV secolo al tempo della pellegrina EGERIA: cfr. *IE*, 254 [n° 25,12]; 268.270 [n° 29,2.5]; 274 [n° 31,1]; 276 [n° 32,1]; 280 [n° 35,3.4; 36,1]; 294 [n° 39,5; 40,1.2]; 298 [n° 42]; 300 [n° 43,5]; 316 [n° 47,5]. I frati francescani sono presenti nella basilica dal 1333 e da sempre hanno mantenuto il culto in totale armonia con il luogo. Già nel 1336 un testimone riportava: «In hoc Calvariæ loco omni die legitur passio Christi, dum degunt ibi Christiani, ut in ordinario eorum bene legi» (LUDOLPHUS, *De itinere Terræ Sanctæ liber. Nach alten Handschriften berichtigt*, ed. F. Deycks, Stuttgart 1851, 79). Un caso analogo presso la sacra Tomba viene narrato alla pagina 82 della stessa opera.

ci, libretti che sono stati stampati per favorire la partecipazione alla processione. Pur non essendo un atto liturgico, questa funzione rappresenta la celebrazione che ancora oggi è eseguita in basilica con maggiore solennità.

Nei santuari di Terra Santa, la liturgia quotidiana ha la particolarità di potersi allontanare dal calendario ufficiale per adeguarsi al Luogo nel quale si svolge[2]. Tuttavia, mentre i pellegrini di passaggio celebrano sempre adoperando i formulari pasquali, i religiosi che vivono sul posto, per non cadere in una monotonia ed in un impoverimento, fanno l'opzione di celebrare la liturgia (Eucaristia e Liturgia delle Ore) seguendo il calendario della Chiesa. La processione corrisponde quindi all'unica celebrazione ufficiale dei francescani che ricorda quotidianamente, in questa basilica, la totalità del mistero pasquale.

Questo studio si divide in tre parti distinte:

1. I tre primi capitoli permettono di situare la processione nel suo contesto spazio-temporale. Infatti, il primo capitolo inizia con uno *status quæstionis* della processione odierna inserendola nell'ambito celebrativo latino attuale. Il secondo capitolo illustra lo svolgersi della processione durante le varie tappe della sua storia, ed esaminerà anche lo svolgersi delle liturgie latine. Dalle conclusioni dei due primi capitoli inizia, terzo capitolo, una riflessione per un eventuale progetto di riforma della processione. L'insieme delle liturgie che si svolgono nella basilica del Santo Sepolcro è molto complesso. Varie comunità pregano attorno alla Tomba del Risorto: oltre ai Latini (rappresentati dai frati minori), sono presenti religiosi del clero bizantino, siriano, copto, armeno e abissino. Tuttavia, in queste pagine saranno solamente esaminati i dati che permettono di dare un'interpretazione del significato o della genesi della processione, che rimane l'unico oggetto di studio esaustivo.

Lo svolgimento della liturgia e dei vari esercizi di pietà delle diverse comunità presenti è regolato in modo drastico dallo *Statu quo*[3] vigente nei Luoghi santi, e che fissa i vari diritti delle comunità cristiane presenti nella basilica. Anche a causa della rigidezza dello *Statu quo,* la processione non si è potuta modificare da quasi un secolo. La forma con la quale ancora oggi si svolge risale ormai al 1924: è antiquata e rende difficile la partecipazione dei fedeli, oltre che degli stessi frati. Una riforma dei testi e dei riti più circoscritti potrebbe comumque essere attuata senza ledere lo *Statu quo*, soprattutto perchè l'eucologia attuale fu elaborata sul modello della liturgia pre-conciliare e contiene errori che la scienza liturgica mette ormai in rilievo. Attraverso quindi questa prospettiva storica, comparativa ed interpretativa, si giun-

---

2 Per questa concessione da parte della Congregazione dei Riti (1644), cfr. n° **2.5.2.**

3 L'espressione *Statu quo* viene italianizzata: in tutte le pubblicazioni e in tutti i documenti ufficiali, sparisce la "*s*" finale della parola *Status*. Si noti un fenomeno analogo in francese. Tuttavia, la "*s*" è rimasta nella lingua inglese.

gerà a formulare una proposta di aggiornamento della processione che accolga, rispondendo alle attese di quanti amano la sacra Liturgia, le riforme del concilio Vaticano II.

2. Nella seconda parte - i capitoli dal quarto al diciassettesimo - si fa l'analisi dettagliata del contenuto del processionale esaminando il programma rituale e l'eucologia di ogni singola stazione: l'inno, l'antifona e la colletta.

a. Ogni inno esiste in varie forme, che sono tutte da considerare per arrivare a proposte concrete. Alcuni inni sono "liturgici" vale a dire che sono presi dal breviario coevo; altri sono "non liturgici", cioè composti in vista di questa funzione. I primi (per esempio: *Tomba, Calvario, Invenzione della santa Croce*...) si cantano nelle stazioni a cui corrisponde una ricorrenza liturgica durante l'anno liturgico, i secondi (per esempio: *colonna degli Improperi, spogliazione di Gesù, pietra dell'Unzione*...) sono invece di origine evangelica o storica, ma la tradizione liturgica non li ha collegati ad una celebrazione particolare. Tra le forme degli inni "liturgici" si segnalano:

- la forma dell'inno quando fu scritto dal suo autore,
- l'inno dei processionali precedenti con un adattamento del testo al Luogo santo (alcuni *hic* o altre varanti inserite nel testo in modo appropriato),
- il testo del processionale attuale del 1925 (con gli *hic*) e,
- la forma moderna degli inni che è stata rivista dopo il Vaticano II.

b. Le cosiddette *antifone* provengono dall'eucologia tridentina della Chiesa latina oppure dalla Sacra Scrittura.

c. Come per l'inno, alcune collette provengono dai vari sacramentari o messali della Chiesa romana (con alcune varianti che le legano al Luogo santo) e, in questo caso, il metodo di esame dei testi riprende quello usato per gli inni *liturgici*; altre sono composte *ad hoc* per la processione, altre infine sono ibride (una parte viene riusata, un'altra viene composta secondo le esigenze).

d. In un ulteriore paragrafo si procede ad un'interpretazione sintetica in cui si esamina il nesso tra il luogo in cui si svolge il rito, il testo eucologico e il programma rituale che vi si compie.

e. Alla luce di questi vari esami, seguendo i principi generali di riforma enunciati nel terzo capitolo della prima parte, viene suggerita una nuova eucologia per le singole stazioni. Infatti, lo scopo dello studio comparativo di questi testi eucologici è di giungere ad una migliore conoscenza e di poterne quindi proporre una nuova versione in funzione di criteri teologico-interpretativi, tenendo conto che la caratteristica della liturgia dei francescani in questo Luogo santo consiste nella fedeltà alla liturgia romana, nonché nella preservazione della specificità eucologica e rituale della liturgica tipicamente gerosolimitana.

3. Gli ultimi cinque capitoli (XVIII-XXI) - terza parte - presentano lo svolgersi della processione nei giorni in cui la funzione riveste una forma particolare, nonché degli ingressi in basilica (capitolo XXII). Dopo una descrizione dei vari riti odierni e un esame del loro svolgersi lungo la storia, questi capitoli concluderanno con una proposta per aggiornare anche queste celebrazioni.

Lo scopo di questa ricerca mira sì alla conoscenza storico-eucologica della processione (e in modo particolare dei suoi inni), quindi ad una migliore conoscenza di un pio esercizio celebrato quotidianamente, ma ancor più si propone di ottenere un nuovo processionale.

Abbreviazioni

Abbreviazioni delle collane

BELS............*Bibliotheca «Ephemerides Liturgicae» – Subsidia*, ed. A. Pistoia – A.M. Triacca, Roma 1975.

CCL..............*Corpus Christianorum. Series Latina*, Turnhout 1953 ss.

CCM.............*Corpus Christianorum. Continuatio Mediaevalis*, Turnhout 1971 ss.

CSEL............*Corpus Scriptorum Ecclesiasticorum Latinorum*, Wien 1866 ss.

CSO-Iberi......*Corpus Scriptorum Christianorum Orientalium. Scriptores Iberi*, Louvain 1950 ss.

MLCT ....*Monumenta Liturgica Concilii Tridentini*, ed. M. Sodi – A. M. Triacca, Città del Vaticano 1997 ss.

PG ....*Patrologiae cursus completus*... Series graeca, ed. J.-P. Migne, Paris 1857-1866.

POr ....*Patrologia orientalis*, Turnhout 1903 ss.

RED ....*Rerum Ecclesiasticarum Documenta*, cura Pontificii Athenaei Sancti Anselmi de Urbe edita Moderante Pontificio Instituto Liturgico, Roma 1956 ss.

SBF-CM........*Studium Biblicum Franciscanum. Collectio Maior*, Jerusalem 1941 ss.

SBF-Mu ....*Studium Biblicum Franciscanum. Museum*, Jerusalem 1981 ss.

SChr ....*Sources Chrétiennes*, Paris 1941 ss.

SOC-C...........*Studia Orientalia Christiana – Collectanea*, Cairo – Jerusalem 1956 ss.

SOC-M..........*Studia Orientalia Christiana – Monografie*, Cairo – Jerusalem 1956 ss.

Abbreviazioni delle singole opere citate

3SSQ.............*Tre scritti sui diritti nei santuari dello Statu Quo*, Jerusalem 1999.

AH ................G.-M. Dreves – C. Blume – H.-M. Bannister, *Analecta Hymnica Medii Aevi* 55 vol., Frankfurt am Main 1886-1961.

Be ....*Sacramentarium Bergomense*, ed. A. Paredi – G. Fassi (Monumenta Bergomensia 6), Bergamo 1962.

BR1568.........*Breviarium Romanum. Editio Princeps (1568),* edizione anastatica, introduzione e appendice ed. M. Sodi – A. M. Triacca (MLCT 3), Città del Vaticano 1999.

BR1606.........*Breviarium Romanum ex decreto ss. Concilij Tridentini restitutum Pii Quinti Pont. Max. iussu editum, et Clementis VIII auctoritate recognitum*, Roma 1606.

BR1632..........*Breviarium Romanum ex decreto Sacros. Conc. Trid. Restitutum Pii V Pont. Max. iussu editum, & Clementis VIII Primum, nunc denuo Vrbani PP VIII auctoritate recognitum*, Roma 1632.

BR1898..........*Breviarium Romanum ex decreto Sacrosancti Concilii Tridentini restitutum S. Pii V. Pontificis Maximi jussu editum Clementis VIII., Urbani VIII. et Leonis XIII. auctoritate recognitum* 4 vol., Editio duodecima post typicam, Regensburg – Roma – New-York 1898.

BR1901..........*Breviarium Romanum ex decreto ss. Concilii Tridentini restitutum S. Pii V Pontificis Maximi jussu editum Clementis VIII. Urbani VIII. et Leonis XIII. auctoritate recognitum*, Roma 1901.

BR1914..........*Breviarium Romanum ex decreto Sacrosancti Concilii Tridentini restitutum S. Pii V Pontificis Maximi jussu editum aliorumque pontificum cura recognitum Pii Papæ X auctoritate reformatum*, Editio typica, Roma 1914.

CE................*Cæremoniale Episcoporum ex decreto Sacrosancti Œcumenici Concilii Vaticani II instauratum auctoritate Ioannis Pauli PP. II promulgatum*, Editio typica, Città del Vaticano 1984.

CHEV............U. CHEVALIER, *Repertorium hymnologicum* 6 vol., Louvain – Bruxelles 1892-1920.

CRS...............E. BRUNING, *Cantuale Romano-Seraphicum*, Paris – Tournai – Roma ^{3}1951.

DD.................J. DESHUSSES – B. DARRAGON, *Concordances et tableaux pour l'étude des grands sacramentaires* 1. *Concordance des pièces* (Spicilegii Friburgensis Subsidia 9), Fribourg 1982.

ECTS1754.....*Elenchus coeremoniarum Terrae Sanctae*, ed. Patritius a S. Maria, Lisboa 1754.

EnCat...........*Enciclopedia Cattolica* 12 vol., Ente per l'enciclopedia cattolica e per il libro cattolico, Città del Vaticano 1948-1954.

FACC.............A. FACCHINI, *Le processioni praticate dai frati minori nei santuari di Terra Santa* (SOC-M 19), Le Caire 1986.

GB.................*Biblioteca bio-bibliografica della Terra Santa e dell'Oriente cristiano*, serie I-IV, vol. 1 ss., ed. G. Golubovich, Quaracchi – Firenze 1906-1954.

GeA...............*Liber Sacramentorum Augustodunensis*, ed. O. Heiming (CCL 159 B), Turnhout 1984.

GeE...............*Liber Sacramentorum Engolismensis*, ed. P. Saint-Roch (CCL 159 C), Turnhout 1987.

GeG...............*Liber Sacramentorum Gellonensis*, ed. A. Dumas (CCL 159), Turnhout 1981.

GeS................*Das fränkische Sacramentarium Gelasianum in alamannischer Überlieferung (Codex Sangall. No. 348) St. Galler Sakramentar-*

Forschungen 1, ed. K. Mohlberg (Liturgiegeschichtliche Quellen 1-2), Münster 1971.

GeV ....*Liber sacramentorum romanae aeclesiae ordinis anni circuli*, ed. L. Mohlberg – L. Eizenhöfer – P. Siffrin (RED, series maior, fontes 4), Roma 1981.

GrH ....*Hadrianum ex authentico ad fidem codicis cameracensis 164*, in *Le sacramentaire grégorien. Les principales formes d'après les plus anciens manuscrits. Édition comparative* 1. *Le sacramentaire, le supplément d'Aniane*, ed. J. Deshusses, Fribourg 1979, 83-348.

GrP...............*Gregorianum Paduense ad fidem codicis paduensis D 47*, in *Le sacramentaire grégorien. Les principales formes d'après les plus anciens manuscrits. Édition comparative* 1. *Le sacramentaire, le supplément d'Aniane*, ed. J. Deshusses, Fribourg 1979, 607-684.

GrS ....*Hadrianum revisum anianense cum supplemento ad fidem codicis Augustodunensis 19*, in *Le sacramentaire grégorien. Les principales formes d'après les plus anciens manuscrits. Édition comparative* 1. *Le sacramentaire, le supplément d'Aniane*, ed. J. Deshusses, Fribourg 1979, 347-605.

IE..................EGERIA, *Journal de voyage (Itinéraire)*, ed. tr. P. Maraval (SChr 296), Paris 1982.

IHC I-IV........*Itineraria Hierosolymitana Crucesignatorum (saec. XII-XIII)* 4 vol., ed. S. De Sandoli (SBF-CM 24), Jerusalem 1978. 1980. 1983. 1984.

ITS1431.........MARIANO DA SIENA, *Del viaggio in Terra Santa fatto e descritto da ser Mariano da Siena nel secolo XV*, ed. D. Moreni, Firenze 1822.

ITS1480.........F. FABRI, *Evagatorium in Terræ Sanctæ Arabiæ et Egypti peregrinationem* 1, ed. C. D. Hassler, (Bibliothek des Literarischen Vereins in Stuttgart 2), Stuttgart 1843.

ITS1492.........BERNARDINO DI NALI, *La pellegrinazione a Gerusalemme di Bernardino Di Nali (1492)*, ed. V. Corbo, in *La Custodia di Terra Santa 1342-1942*, Jerusalem 1951, 208-255.

ITS1567.........BONIFACIUS STEPHANUS RAGUSINUS, *Liber de perenni cultu Terrae Sanctae et de fructuosa eius peregrinatione*, Venezia 1875.

ITS1583.........N. C. RADZIVILUS, *Ierosolymitana peregrinatio*, Anvers 1614.

ITS1586.........G. ZUALLARDO, *Il devotissimo viaggio di Gierusalemme. Fatto, e descritto in sei Libri dal Signore Giovanni Zvallardo, Caualiere del Santiss. Sepolcro di N.S. l'Anno M.D.LXXXVI*, Roma 1595.

ITS1598.........I. COTOVIC, *Itinerarium Hierosolymitanum et Syriacum*, Anvers 1619.

ITS1599.........A. ROCCHETTA, *Peregrinazione di Terra Santa e d'Altre Provincie di Don Aquilante Rocchetta Caualiere del Santissimo Sepolcro nella quale si descriue distintame te quella di Cristo secondo gli Euangelisti*, Palermo 1630.

LENT ....A. LENTINI, *Te decet Hymnus. L'innario della "Liturgia Horarum"*, Città del Vaticano 1984.

LG ....CONCILIO VATICANO II, Costituzione dogmatica sulla Chiesa *Lumen Gentium*, *Acta Apostolicæ Sedis* 57 (1965), 5-67.

LH ....*Officium Divinum ex decreto sacrosancti oecumenici Concilii Vaticani II instauratum auctoritate Pauli PP. VI promulgatum* 4 vol. *Liturgia Horarum iuxta ritum romanum*, Editio typica altera, Città del Vaticano ^{2}1985-^{2}1986.

LibH ....*Antiphonale Romanum. Secundum Liturgiam Horarum ordinemque cantus officii dispositum a Solesmensibus monachis praeparatum. Tomus alter. Liber Hymnarius cum invitatoriis & aliquibus responsoriis*, Solesmes 1983.

MartR ....*Martyrologium Romanum ex decreto Sacrosancti Œcumenici Concilii Vaticani II instauratum auctoritate Ioannis Pauli PP. II promulgatum*, Editio typica, Città del Vaticano 2001.

MR1474 ....*Missalis Romani editio princeps Mediolani anno 1474 prelis mandata,* ed. A. Ward – C. Johnson (BELS Supplementa 3), Roma 1996.

MR1570 ....*Missale Romanum. Editio princeps (1570)*, edizione anastatica introduzione e appendice ed. M. Sodi – A. M. Triacca (MLCT 2), Città del Vaticano 1998.

MR2002 ....*Missale Romanum ex decreto Sacrosancti Œcumenici Concilii Vaticani II instauratum auctoritate Pauli PP. VI promulgatum Ioannis Pauli PP. II cura recognitum*, Editio typica tertia, Città del Vaticano 2002.

MReg ....*Missale Franciscanum Regulæ. Codicis VI.G.38 Bibliothecæ Nationalis Neapolinensis*, ed. M. Przeczewski (Monumenta Studia Instrumenta Liturgica 31), Città del Vaticano 2003.

MVCTS1898.*Missale votivum venerabilium Palæstinæ locorum*, Jerusalem 1898.

MVCTS1982.*Missae votivae in sanctuariis Custodiae Terrae Sanctae celebrandae*, Città del Vaticano 1982.

OLM ....*Missale Romanum ex decreto Sacrosancti Œcumenici Concilii Vaticani II instauratum auctoritate Pauli PP. VI promulgatum. Ordo Lectionum Missae*, Editio typica altera, Città del Vaticano 1981.

OrMR ....P. BRUYLANTS, *Les oraisons du Missel Romain* 2. *Texte et Histoire*, Louvain 1952.

PC ....CONCILIO VATICANO II, Decreto sul rinnovamento della Vita Religiosa *Perfectae caritatis*, *Acta Apostolicæ Sedis* 58 (1966), 702-712.

PO ....CONCILIO VATICANO II, Decreto sul ministero e la vita dei presbiteri *Presbyterorum Ordinis*, *Acta Apostolicæ Sedis* 58 (1966), 991-1024.

PR1595..........*Pontificale Romanum. Editio princeps (1595-1596)*, edizione anastatica, introduzione e appendice ed. di M. Sodi – A. M. Triacca in collaborazione con G. Foti (MLCT 1), Città del Vaticano 1997.

PrAK1623.....*Pia, ac fidelis enarratio [...] una cum processione celebranda quoq́ue die post Completorium in Ecclesia sancti Ioannis Baptistæ, quę est in Montanis Iudeæ vbi idem prȩcursor Dñi natus est*, Venezia 1623.

PrAK1926.....*Processiones ad sanctuarium nativitatis s. Joannis Baptistæ et peregrinationes ad sanctuaria visitationis B. Mariæ Virginis et deserti ejusdem sancti præcursoris*, Roma 1926.

PrB1623........*Processio celebranda, quoque die post Completorium: ad Santissimum Nascentis Christi Præsepe; in Betlehem Iudæ Ciuitate David*, Venezia 1623.

PrB1926........*Ordo processionum et peregrinationum quæ Bethlehem in basilica nativitatis D. N. Jesu Christi et ad sanctuaria adiacentia a fratribus minoribus peraguntur*, Roma 1926.

PrB2007........*Ordo Processionis quæ Bethlehem in Basilica Nativitatis D. N. Iesu Christi a fratribus minoribus peragitur, Italiano English Español*, Custodia Terræ Sanctæ 2007.

PrB2011........*Ordo processionis quæ Bethlehem in basilica Nativitatis D. N. Iesu Christi a fratribus minoribus peragitur, Italiano English Español Français*, Custodia Terræ Sanctæ 2011.

PRG...............*Le Pontifical Romano-Germanique du dixième siècle 2. Le texte*, ed. C. Vogel – R. Elze (Studi e Testi 227), Città del Vaticano 1963.

PrN1623........*Quomodo sanctam, et venerabilem Nazareth ecclesiam [...] Una cum Processione celebranda ibidem: quotidiè post Completorium ab eodem R. P. edita*, Venezia 1623.

PrN1930........*Processio quotidiana quae celebratur a fratribus minoribus in sanctuario Nazareth ubi verbum caro factum est*, Jerusalem 1930.

PrSal1623.....*Lavdabilis consvetudo lavandi Peregrinorum pedes, cum processione, quotidiè celebranda Ierosolymis in Ecclesia Sancti Saluatoris, pro ea quae olim in Ecclesia Conuentus Sacri Montis Sion celebratur*, Venezia 1623.

PrSal1930.....*Peregrinationes quae a Fratribus Minoribus Conventus SS. Salvatoris in Sanctuariis Jerusalem et Judaeae paraguntur, una cum processione in Ecclesia ejusdem SS. Salvatoris fieri solita*, Roma 1930.

PrSS1623......*Ordo processionis: quæ quotidiè post Completorium fit Ierosolymis. Per ecclesiam sanctissimi, & gloriosissimi Sepulcri: Domini Nostri Iesu Christi*, Venezia 1623.

PrSS1670......*Processio celebranda quotidie post completorium Ierosolymis, per ecclesiam Sanctissimi et gloriosissimi Sepulchri Domini nostri Iesu*

Christi, in *Processiones quæ fiunt quotidie a PP. Franciscanis ad SS. Nascentis Christi Præsepe in Bethlehem: in Ecclesia Annunciationis B. Virginis Mariæ in Nazareth: in Ecclesia SS. et Gloriosissimi Sepulchri Christi: in Ecclesia S. Salvatoris in Ierusalem...*, Anvers 1670, 31-54.

PrSS1752 ......*Processio quæ fit quotidie a PP. Franciscanis in ecclesia Sanctissimi, & Gloriosissimi Domini Nostri Jesu Christi Sepulchri in Jerusalem*, Venezia 1752.

PrSS1786 ......*Processio quæ fit quotidie a PP. Franciscanis in ecclesia Sanctissimi & Gloriosissimi Domini Nostri Jesu Christi Sepulchri in Jerusalem*, decreto di J. Dominici a Leviliano, Venezia 1786.

PrSS1796 ......*Processio quæ fit quotidie a PP. Franciscanis in ecclesia Sanctissimi & Gloriosissimi Domini Nostri Jesu Christi Sepulchri in Jerusalem*, Venezia 1796.

PrSS1855 ......*Quotidiana processio quæ celebratur a PP. Franciscanis in ecclesia SS: & gloriosissimi D. N. Jesu Christi Sepulchri*, Jerusalem 1855.

PrSS1862 ......*Quotidiana processio quæ celebratur a PP. Franciscanis in ecclesia SS: et gloriosissimi D. N. Jesu Christi Sepulchri*, Jerusalem 1862.

PrSS1866 ......*Quotidiana processio quæ celebratur a PP. Franciscanis in ecclesia SS: & gloriosissimi D. N. Jesu Christi Sepulchri*, Jerusalem 1866.

PrSS1877 ......*Quotidiana processio quæ celebratur a PP. Franciscanis in ecclesia SS. et gloriosissimi D. N. Jesu Christi Sepulchri*, Jerusalem 1877.

PrSS1896 ......*Quotidiana processio agenda Patribus Franciscanis in Ecclesia Sanctissimi et Gloriosissimi Sepulcri Domini Nostri Jesu Christi Hierosolymis*, Jerusalem 1896.

PrSS1900 ......*Quotidiana processio a patribus agenda franciscanis in ecclesia sanctissimi et gloriosissimi Sepulcri Domini Nostri Jesu Christi*, Jerusalem 1900.

PrSS1925 ......*Ordo processionum quæ Hierosolymis in Basilica S. Sepulcri D. N. Jesu Christi a fratribus minoribus peraguntur*, Roma 1925.

PrSS1947 ......*Ordo processionum quæ Hierosolymis in Basilica S. Sepulcri D. N. Jesu Christi a fratribus minoribus peraguntur*, Città del Vaticano 1947.

PrSS2000.IEE *Ordo processionis quæ Hierosolymis in basilica S. Sepulcri D. N. Jesu Christi a fratribus minoribus peragitur. Italiano English Español*, Jerusalem 2000.

PrSS2000.AFP *Ordo processionis quæ Hierosolymis in basilica S. Sepulcri D. N. Jesu Christi a fratribus minoribus peragitur. [Arabice] Français Português*, Jerusalem 2000.

PrSS2006.IEE *Ordo processionis quæ Hierosolymis in basilica Sancti Sepulcri D. N. Iesu Christi, a fratribus minoribus peragitur, Italiano English Español*, Custodia Terræ Sanctæ [2006].

PrSS2006.FPP *Ordo processionis quæ Hierosolymis in basilica Sancti Sepulcri D. N. Iesu Christi, a fratribus minoribus peragitur, Français Polski Português*, Custodia Terræ Sanctæ [2006].

PrSS2013.DSH *Ordo processionis quæ Hierosolymis in Basilica Sancti Sepulcri D. N. Iesu Christi, a fratribus minoribus peragitur, Deutch Slovenia Hratia*, Custodia Terræ Sanctæ 2013.

PrTh1933 ......*Processio quotidiana quae celebratur a fratribus minoribus in Sanctuario S.M. Thabor ubi Christus transfiguratus est*, Jerusalem 1933.

RR.SC1973....*Rituale romanum ex decreto sacrosancti oecumenici Concilii Vaticani II instauratum auctoritate Pauli PP. VI promulgatum. De Sacra Communione et de cultu mysterii Eucharistici extra missam*, editio typica, Città del Vaticano 1973.

RSSFJ............*Règlement du St-Sépulcre. 1888*, Documento situato negli Archivi dell'"Ufficio dello *Statu Quo*", Jerusalem.

SC..................CONCILIO VATICANO II, Costituzione sulla sacra liturgia *Sacrosanctum Concilium*, *Acta Apostolicæ Sedis* 56 (1964), 97-134.

Infine, le abbreviazioni dei libri della Sacra Scrittura corrispondono a quelle che vengono adoperate nell'*Ordo Lectionum Missæ*[4]. Tutte le citazioni bibliche contenute in queste pagine provengono dalla versione Sisto Clementina, a meno che non sia specificato diversamente volta per volta.

---

[4] *OLM*, LIII.

BIBLIOGRAFIA

1. Fonti

1.1. Fonti bibliche

Biblia Sacra. Iuxta Vulgatam Clementinam divisionibus, summariis et concordantia ornata, ed. Scripturæ Sacræ Professores Facultatis theologicæ Parisiensis et Seminarii Sancti Sulpitii, Desclée et socii, Roma – Tournai – Paris 1927.

Nova Vulgata. Bibliorum sacrorum editio Sacrosancti oecumenici concilii Vaticani II ratione habita iussu Pauli PP. VI recognita auctoritate Ioannis Pauli PP. II promulgata, Editio typica altera, Libreria Editrice Vaticana, Città del Vaticano ^{2}1998.

1.2. Fonti patristiche

AMBROSIUS, *De obitu Theodosii*, in *Sancti Ambrosii opera. Pars septima*, ed. O. Faller (CSEL 73), Hölder-Pickler-Tempsky, Wien 1955, 265-401.

AMBROSIUS, *De virginitate,* in *Opere morali* 2/2. *Verginità e vedovanza*, ed. F. Gori (Sancti Ambrosii Episcopi mediolanensis opera 14/2), Biblioteca Ambrosiana - Città Nuova editrice, Milano – Roma 1989, 11-1068.

AMBROSIUS, *Des sacrements*, in *Des sacrements. Des mystères. Explication du symbole*, ed. B. Botte (SChr 25 bis), Cerf, Paris 1961.

AMBROSIUS, *Hymni S. Ambrosio Attributi*, in *Opera Omnia* (Patrologia Latina 17), Paris 1879, 1209-1260.

AMBROSIUS, *La pénitence*, intr. tr. notes. R. Gryson (SChr 179), Cerf, Paris 1970.

AMBROSIUS, *Traité sur l'Évangile de S. Luc*, intr. tr. G. Tissot (SChr 52), Cerf, Paris 1958.

Antonini Placentini itinerarium, ed. P. Geyer, in *Itineraria et alia geographica* (CCL 175), Brepols, Turnhout 1965, 127-174.

AUGUSTINUS, *De catechizandis rudibus*, ed. I.-B. Bauer, in *Opera. Pars XIII,2* (CCL 46), Brepols, Turnhout 1969, 115-178.

AUGUSTINUS, *De Civitate Dei*, ed. B. Dombart, in *Opera. Pars XIV,1* (CCL 47), Brepols, Turnhout 1955.

AUGUSTINUS, *De consensu Evangelistarum*, ed. F. Weihrich (CSEL 43), F. Tempsky, Wien 1904.

AUGUSTINUS, *Enarrationes in Psalmos LI-C*, ed. E. Dekkers – I. Fraipont, in *Opera. Pars X,2* (CCL 39), Brepols, Turnhout 1956.

AUGUSTINUS, *Enchiridion ad Laurentium. De fide et spe et caritate*, ed. E. Evans, in *Opera. Pars XIII,2* (CCL 46), Brepols, Turnhout 1969, 21-114.

AUGUSTINUS, *Epistulae*, ed. A. Goldbacher (CSEL 34), F. Tempsky, Wien 1895.

AUGUSTINUS, *In Iohannis Evangelium. Tractatus CXXIV*, ed. R. Willelms, in *Opera. Pars VIII* (CCL 36), Brepols, Turnhout 1954.

AUGUSTINUS, *Sermo* 99, in *Discorsi* 2/2, ed. L. Carrozzi (Nuova Biblioteca Agostiniana 30/2), Città Nuova Editrice, Roma 1983, 212-228.

AUGUSTINUS, *Sermones de Vetere Testamento*, in *Opera. Pars XI,1*, ed. C. Lambot (CCL 41), Brepols, Turnhout 1961.

BEDA, *Liber de locis sanctis*, in *Itinera Hierosolymitana saeculi III-VIII*, ed. P. Geyer (CSEL 39), F. Tempsky, Wien 1898, 301-324.

CASSIODORUS, *Expositio psalmorum LXXI-CL*, in *Opera. Pars II,2*, ed. M. Adriaen (CCL 98), Brepols, Turnhout 1958.

CLEMENS ALEXANDRINUS, *Le Pédagogue* 3, ed. H. Marrou, tr. C. Mondésert – Ch. Matray (SChr 158), Cerf, Paris 1970.

CYRILLUS ARCHIESPISCOPUS HIEROSOLYMITANUS, *Cathechesis decima tertia. De Christo crucifixo et sepulto*, in *Opera quæ exstant omnia*, ed. A. A. Touttæus (PG 33), Paris 1893, 770-822.

EGERIA, *Journal de voyage (Itinéraire)*, ed. tr. P. Maraval (SChr 296), Cerf, Paris 1982 [opera siglata *IE*].

EPHRAEM SYRUS, *Commentaire de l'Évangile concordant ou Diatessaron. Traduit du Syriaque et de l'Arménien*, intr. tr. notes L. Leloir (SChr 121), Cerf, Paris 1966.

EUSEBIUS PAMPHILUS, *De vita Constantini*, in *Opera Omnia quæ exstant*, ed. H. Valesius ecc. (PG 20), Paris 1857, 906-1251.

GREGORIUS MAGNUS, *Homiliae in Evangelia. Evangelien Teilband*, ed. M. Fiedrowicz (Fontes Christiani 28/2), Herder, Freiburg – Basel – Wien – Barcelona – Roma – New-York 1998.

GREGORIUS MAGNUS, *Homiliae in Hezechiehelem prophetam*, ed. M. Adriaen (CCL 142), Brepols, Turnhout 1971.

GREGORIUS MAGNUS, *In librum primum Regum expositionum libri VI*, in *Expositiones in Canticum Canticorum in librum primum Regum*, ed. P. Verbracken (CCL 144), Brepols, Turnhout 1963, 47-614.

GREGORIUS MAGNUS, *Registrum epistularum*, ed. D. Norberg (CCL 140A), Brepols, Turnhout 1982.

GREGORIUS NAZANZENUS, *Oratio* 45, in *Opera quæ exstant omnia* (PG 36), Paris 1885, 623-662.

HIERONYMUS, *Commentaire sur S. Matthieu*, intr. tr. ed. É. Bonnard (SChr 242), Cerf, Paris 1977.

HIERONYMUS, *Commentaire sur S. Matthieu*, intr. tr. ed. É. Bonnard (SChr 259), Cerf, Paris 1979.

HIERONYMUS, *Epistulae. Pars I*, ed. I. Hilberg (CSEL 54), Verlag der Österreichischen Akademie der Wissenschaften, Wien 1996.

HIERONYMUS, *Epistulae. Pars II*, ed. I. Hilberg (CSEL 55), Verlag der Österreichischen Akademie der Wissenschaften, Wien 1996.

HIERONYMUS, *Opera homiletica. Pars II*, ed. G. Morin (CCL 78), Brepols, Turnhout 1958.

IOANNES CHRYSOSTOMUS, *Commentariorum in Matthæum continuatio*, in *Opere omnia quæ exstant*, ed. B. De Montfaucon (PG 58), Paris 1952.

IOANNES CHRYSOSTOMUS, *Huit catéchèses baptismales inédites*, ed. tr. A. Wenger (SChr 50), Cerf, Paris 1957.

LEO MAGNUS, *Tractatus septem et nonaginta*, ed. A. Chavasse (CCL 138 A), Brepols, Turnhout 1973.

MAXIMUS EPISCOPUS TAURINENSIS, *Sermones*, ed. A. Mutzenbecher (CCL 23), Brepols, Turnhout 1962.

ORIGENES, *Homélies sur la Genèse*, intr. ed. tr. H. De Lubac – L. Doutreleau (SChr 7 bis), Cerf, Paris ²1996.

PAULINUS NOLANUS, *Epistulae*, ed. G. De Hartel (CSEL 29), F. Tempsky, Wien 1894.

RUFINUS, *Expositio symboli*, in *Opera*, ed. M. Simonetti (CCL 20), Brepols, Turnhout 1951, 125-182.

RUFINUS, *Historiae Ecclesiasticae. Libri duo*, in *Scripta varia*, ed. M. Simonetti (Corpus Scriptorum Ecclesiae Aquileienis 5/2), Città Nuova, Aquileia 2000, 174-315.

SCRIPTORES CELTIGENAE, *Expositio Evangelii secundum Marcum*, ed. M. Cahill (CCL 82), Brepols, Turnhout 1997.

SEDULIUS, *Opera Omnia*, ed. I. Huemer (CSEL 10), Karl Gerold's Sohn, Wien 1885.

SOZOMENUS, *Histoire ecclésiastique*, intr. B. Grillet – G. Sabbah, tr. A.-J. Festugière, note G. Sabbah (SChr 306), Cerf, Paris 1983.

SULPICIUS SEVERUS, *Chroniques*, ed. tr. G. De Senneville-Grave (SChr 441), Cerf, Paris 1999.

TERTULLIANUS, *Adversus Iudaeos*, in *Opera Montanistica. Pars II*, ed. A. Kroymann (CCL 2), Brepols, Turnhout 1954, 1335-1396.

TERTULLIANUS, *Adversus Marcionem*, in *Opera Catholica. Adversus Marcionem. Pars I*, ed. A. Kroymann (CCL 1), Brepols, Turnhout 1954, 437-726.

THEODOSIUS, *De situ Terrae Sanctae*, in *Itinera Hierosolymitana saeculi III-VIII*, ed. P. Geyer (CSEL 39), F. Tempsky, Wien 1898, 133-150.

1.3. Fonti medievali

AUGUSTINUS (PSEUDO) BELGICUS, *S. Aurelii Augustini Hipponensis episcopi operum supplementum* 2. *Sermones*, ed. A. B. Caillau – B. Saint-Yves, apud Parent-Desbarres, Paris 1836.

BERNARDINUS SENENSIS, *Opera omnia*, Typis Collegii S. Bonaventuræ, Quaracchi 1950.

BERNARDUS MONACHUS, *Itinerarium Bernardi monachi Franci*, in *Itinera Hierosolymitana et descriptiones Terrae Sanctae bellis sacris anteriora et lingua latina exarata*, ed. T. Tobler – A. Molinier, J. G. Fick, Genève 1879, 307-320.

BERNARDUS, *Sermones*, ed. J. Leclecq – H. Rochais (S Bernardi Opera 4), Editiones cistercienses, Roma 1966.

BONAVENTURA, *Lignum vitae*, in *Opuscoli spirituali*, tr. A. Calufetti, intr. note indici M. Malaguti (Nuova Collana Bonaventuriana 13), Città Nuova Editrice, Roma 1992, 206-263.

DANIIL EGUMENO, *Itinerario in Terra Santa*, ed. M. Garzaniti (Fonti Cristiane per il Terzo Millennio 6), Città Nuova Editrice, Roma 1991.

IOHANNES WIRZIBURGENSIS, *Peregrinatio*, in *Peregrinationes tres*, ed. R. B. C. Huygens (CCM 139), Brepols, Turnhout 1994, 78-141.

Itineraria Hierosolumitana Crucesignatorum (saec. XII-XIII) 1. *Tempore Primi Belli Sacri*, ed. S. De Sandoli (SBF-CM 24), Franciscan Printing Press, Jerusalem 1978 [opera siglata *IHC* I].

Itineraria Hierosolymitana Crucesignatorum (saec. XII-XIII) 2. *Tempore Regum Francorum (1100-1187)*, ed. S. De Sandoli (SBF-CM 24), Franciscan Printing Press, Jerusalem 1980 [opera siglata *IHC* II].

Itineraria Hierosolymitana Crucesignatorum (saec. XII-XIII) 3. *Tempore recuperationis Terræ Sanctæ (1187-1244)*, ed. S. De Sandoli (SBF-CM 24), Franciscan Printing Press, Jerusalem 1983 [opera siglata *IHC* III].

Itineraria Hierosolymitana Crucesignatorum (saec. XII-XIII) 4. *Tempore Regni Latini Extremo (1245-1291)*, ed. S. De Sandoli (SBF-CM 24), Franciscan Printing Press, Jerusalem 1984 [opera siglata *IHC* IV].

SAEWULF, *Peregrinatio*, in *Peregrinationes tres*, ed. R. B. C. Huygens (CCM 139), Brepols, Turnhout 1994, 58-77.

SALIMBENE DE ADAM, *Chronica*, ed. G. Scalia (CCM 125 A), Brepols, Turnhout 1999.

THEODORICUS QUIDAM, *Peregrinatio*, in *Peregrinationes tres*, ed. R. B. C. Huygens (CCM 139), Brepols, Turnhout 1994, 142-197.

THOMAS AQUINAS, *Catena Aurea in quatuor Evangelia 2. Expositio in Lucam et Ioannem*, ed. A. Guarienti, Marietti, Roma 1953.

THOMAS AQUINAS, *Summa Theologiae*, Paoline, Milano 1988.

WILLELMUS TYRENSIS, *Chronicon*, ed. R. B. C. Huygens – H. E. Mayer – G. Rösch (CCL 63), Brepols, Turnhout 1986.

1.4. Fonti liturgiche

1.4.1. Libri liturgici anteriori al Concilio Vaticano II

Antiphonale Monasticum pro diurnis Horis. Juxta vota RR. DD. Abbatum Congregationum Confœderatarum Ordinis Sancti Benedicti. A Solesmensibus monachis restitutum, Desclée et Socii, Paris – Tournai – Roma 1934.

Antiphonale sacrosanctae Romanae Ecclesiae. Pro diurnis horis. SS. D.N. Pii X. Pontificis Maximi jussu restitutum et editum, Typis Polyglottis Vaticanis, Roma 1912.

Breviarium Romano-Seraphicum ex decreto S. Concilii Tridentini restitutum S. Pii V Pontificis Maximi jussu editum aliorumque Pontificium cura recognitum Pii Papæ X auctoritate reformatum. Officiis Trium Ordinum S. P. N. Francisci noviter approbatis locupletatum ac Rmi P. Seraphini Cimino Totius Ordinis FF. Minorum Ministri Generalis sollicitudine impressum, Typis Collegii S. Bonaventuræ, Quaracchi 1920.

Breviarium Romanum ex decreto Sacros. Conc. Trid. Restitutum Pii V Pont. Max. iussu editum, & Clementis VIII Primum, nunc denuo Vrbani PP VIII auctoritate recognitum, Typis Vaticanis, Roma 1632 [opera siglata *BR1632*].

Breviarium Romanum ex decreto Sacrosancti Concilii Tridentini restitutum S. Pii V Pontificis Maximi jussu editum aliorumque pontificum cura recognitum Pii Papæ X auctoritate reformatum, Editio typica, Typis Polyglottis Vaticanis, Roma 1914 [opera siglata *BR1914*].

Breviarium Romanum ex decreto Sacrosancti Concilii Tridentini restitutum S. Pii V. Pontificis Maximi jussu editum Clementis VIII., Urbani VIII. et Leonis XIII. auctoritate recognitum 4 vol., Editio duodecima post typicam, Sumptibus et typis Friderici Pustet, Regensburg – Roma – New-York 1898 [opera siglata *BR1898*].

Breviarium Romanum ex decreto ss. Concilii Tridentini restitutum S. Pii V Pontificis Maximi jussu editum Clementis VIII. Urbani VIII. et Leonis XIII. auctoritate recognitum, Summi Ponteficis... typographus, Roma 1901 [opera siglata *BR1901*].

Breviarium Romanum ex decreto ss. Concilij Tridentini restitutum Pii Quinti Pont. Max. iussu editum, et Clementis VIII auctoritate recognitum, Typografia Vaticana, Roma 1606 [opera siglata *BR1606*].

Breviarium Romanum. Editio Princeps (1568), edizione anastatica, introduzione e appendice ed. M. Sodi – A. M. Triacca (MLCT 3), Libreria Editrice Vaticana, Città del Vaticano 1999 [opera siglata *BR1568*].

BRUNING, E., *Cantuale Romano-Seraphicum*, Desclée & socii, Paris – Tournai – Roma [3]1951 [opera siglata *CRS*].

Cantus varii in usu apud nostrates ab origine ordinis aliaque carmina in decursu sæculorum pie usu parta, Desclé Lefebre & Soc, Roma – Tournai – Paris 1902.

Das fränkische Sacramentarium Gelasianum in alamannischer Überlieferung (Codex Sangall. No. 348) St. Galler Sakramentar- Forschungen 1, ed. K. Mohlberg (Liturgiegeschichtliche Quellen 1-2), Aschendorff, Münster 1971 [opera siglata *GeS*].

In Inventione Sanctæ Crucis, Sollemnitas, diebus 6-7 Maii, Celebrationes in Basilica Resurrectionis Domini Hierosolymis, Custodia Terræ Sanctæ 2007.

Le Liber Pontificalis 1, ed. L. Duchesne, E. De Boccard, Paris 1955.

Le Pontifical Romano-Germanique du dixième siècle 2. *Le texte*, ed. C. Vogel – R. Elze (Studi e Testi 227), Biblioteca Apostolica Vaticana, Città del Vaticano 1963 [opera siglata *PRG*].

Le sacramentaire grégorien. Les principales formes d'après les plus anciens manuscrits. Édition comparative 1. *Le sacramentaire, le supplément d'Aniane*, ed. J. Deshusses, Éditions Universitaires Fribourg Suisse, Fribourg 1979 [opera siglata *GrH*, *Sp* e *GrP*].

Les Ordines Romani du haut Moyen Age 3. *Les textes (ordines XIV-XXXIV)*, ed. M. Andrieu (Spicilegium Sacrum Lovaniense. Études et documents 24), Louvain 1961.

Liber Sacramentorum Augustodunensis, ed. O. Heiming (CCL 159 B), Brepols, Turnhout 1984 [opera siglata *GeA*].

Liber Sacramentorum Engolismensis. Manuscrit B.N. 816. Le sacramentaire Gélasien d'Angoulême, ed. P. Saint-Roch (CCL 159 C), Brepols, Turnhout 1987 [opera siglata *GeE*].

Liber Sacramentorum Gellonensis, ed. A. Dumas (CCL 159), Brepols, Turnhout 1981 [opera siglata *GeG*].

Liber sacramentorum romanae aeclesiae ordinis anni circuli, ed. L. Mohlberg – L. Eizenhöfer – P. Siffrin (RED, series maior, fontes 4), Herder, Roma 1981 [opera siglata *GeV*].

Liber Usualis missæ et Officii pro dominicis et festis cum cantu gregoriano ex editione vaticana adamussim excerpto et rhythmicis signis in subsidium cantorum a Solesmensibus monachis diligenter ornato, Desclée & socii, Paris – Tournai – Roma – New-York 1957.

Missale Franciscanum Regulæ. Codicis VI.G.38 Bibliothecæ Nationalis Neapolinensis, ed. M. Przeczewski (Monumenta Studia Instrumenta Liturgica 31), Libreria Editrice Vaticana, Città del Vaticano 2003 [opera siglata *MReg*].

Missale Romanum mediolani 1474 2, ed. R. Lippe (Henry Bradshaw Society 33), London 1907.

Missale Romanum. Editio princeps (1570), edizione anastatica introduzione e appendice ed. M. Sodi – A. M. Triacca (MLCT 2), Libreria Editrice Vaticana, Città del Vaticano 1998 [opera siglata *MR1570*].

Missalis Romani editio princeps Mediolani anno 1474 prelis mandata, Reimpressio vaticani exemplaris introductionis aliisque elementiis aucta, ed. A. Ward – C. Johnson (BELS Supplementa 3), C.L.V. Edizioni Liturgiche, Roma 1996 [opera siglata *MR1474*].

Pontificale Romanum. Editio princeps (1595-1596), edizione anastatica, introduzione e appendice ed. di M. Sodi – A. M. Triacca con la collaborazione di G. Foti (MLCT 1), Libreria Editrice Vaticana, Città del Vaticano 1997 [opera siglata *PR1595*].

Proprium Festorum ordinis Minorum. Officia propria Festorum ordinis Fratrum Minorum ad formam officij noui redacta quæ S. D. N. Pius V. Pont. Max. Anno Domini M.D.LXIX. Die XV. *Maij Pontificatus vero fui anno iiij viua voce concessit ut sic ordinata imprimarentur, & à Fratribus eiusdem ordinis dicerentur*, Apud Iuntas, Venezia 1578.

Rituale romano-seraphicum Ordinis Fratrum Minorum [*Veni Creator Spiritus*], Schola typographica Pax et Bonum, Roma 1955.

Sacramentarium Bergomense. Manoscritto del secolo IX della Biblioteca di S. Alessandro in Colonna in Bergamo, ed. A. Paredi – G. Fassi (Monumenta Bergomensia 6), Edizioni Monumenta Bergomensia, Bergamo 1962 [opera siglata *Be*].

Supplemento al Breviario *Congregationis Vallisumbrosae Ordinis S. Benedicti seu Romana*, Tournai 1898.

1.4.2. Libri liturgici della riforma del Concilio Vaticano II

كتاب الترنيم, ed. Patriarcato Latino, Beth Jalla 1993.

1.4.3. Libri liturgici gerosolimitani

Antiphonale Romanum. Secundum Liturgiam Horarum ordinemque cantus officii dispositum a Solesmensibus monachis praeparatum. Tomus alter. Liber

Hymnarius cum invitatoriis & aliquibus responsoriis, Abbaye Saint-Pierre de Solesmes, Solesmes 1983 [opera siglata *LibH*].

Cæremoniale Episcoporum ex decreto Sacrosancti Œcumenici Concilii Vaticani II intauratum auctoritate Ioannis Pauli PP. II promulgatum, Editio typica, Typis Polyglottis Vaticanis, Città del Vaticano 1984 [opera siglata *CE*].

Collectio Missarum de Beata Maria Virgine 1, Libreria Editrice Vaticana, Città del Vaticano 1987.

Dominica in Palmis de Passione Domini. Celebratio in Basilica Resurrectionis Domini Jerosolymis, ed. Commissio Liturgica Custodiae Terrae Sanctae – Officium Liturgicum, Franciscan Printing Press, Jerusalem 1998.

Dominica Paschae in Resurrectione Domini. Missa in Die et sollemnis Processio in Basilica Resurrectionis Domini Ierosolymis, ed. Commissio Liturgica Custodiae Terræ Sanctæ – Officium Liturgicum, Franciscan Printing Press, Jerusalem 2003.

Elenchus coeremoniarum Terrae Sanctae, ed. Patritius a S. Maria, E. Alvarez Sollano, Lisboa 1754 [opera siglata *ECTS1754*].

Enchiridion Indulgentiarum. Normae et concessiones, Editio quarta, Libreria Editrice Vaticana, Città del Vaticano 1999.

Feria IV Hebdomadæ Sanctæ, Sollemnitas, Celebratio Eucharistica in basilica Gethsemani, Custodia Terræ Sanctæ 2011.

Feria Sexta Hebdomadae Sanctae. Hora Nona. Vigilia ad S. Sepulcrum Domini, Custodia Terræ Sanctæ, sussidio provvisorio di 31 pagine fotocopiate nell'attesa della stampa definitiva di un nuovo *ordo*.

Iubilate Deo. Cantus gregoriani faciliores quos fideles discant oportet ad mentem Constitutionis Concilii Vaticani II de Sacra Liturgia, Typis Polyglottis Vaticanis, Città del Vaticano 1974.

Jubilee Pilgrimage of His Holiness Pope John Paul II to the Holy Land. March 20-26 2000, Typis Vaticanis, Città del Vaticano 2000.

Lavdabilis consvetudo lavandi Peregrinorum pedes, cum processione, quotidiè celebranda Ierosolymis in Ecclesia Sancti Saluatoris, pro ea quae olim in Ecclesia Conuentus Sacri Montis Sion celebratur, Apud Misserinum, Venezia 1623 [opera siglata *PrSal1623*].

Le codex arménien Jérusalem 121 2. *Édition comparée du texte et de deux autres manuscrits*, intr. tr. ed. Ch. Renoux (POr 36, 168), Brepols, Turnhout 1971.

Le grand lectionnaire de l'Église de Jérusalem (Ve-VIIIe siècle), ed. M. Tarchnischvili (CSO-Iberi 9), Secrétariat du Corpus SCO, Louvain 1959.

Liturgia Horarum. Celebrationes propriae dioecesis Patriarchatus latini Hierosolymitani 4 vol., Messaggero di Sant'Antonio, Jerusalem 1975.

Martyrologium Romanum ex decreto Sacrosancti Œcumenici Concilii Vaticani II instauratum auctoritate Ioannis Pauli PP. II promulgatum, Editio typica, Typis Vaticanis, Città del Vaticano 2001 [opera siglata *MartR*].

Messale romano riformato a norma dei decreti del Concilio ecumenico Vaticano II e promulgato da Papa Paolo VI, ed. Conferenza Episcopale Italiana, Libreria Editrice Vaticana, Città del Vaticano 1983.

Messe proprie della diocesi gerosolimitana, tr. italiana sul testo originale latino approvato dalla S.C. per i sacramenti e il Culto Divino, ed. Patriarcato latino di Gerusalemme, Jerusalem 1987.

Missæ Propriæ Diœcesis Patriarchalis Hierosolymitanæ, ed. Patriarcatus Latinus Jerusalem, Typis Patriarchalibus, Jerusalem 1977.

Missae votivae in sanctuariis Custodiae Terrae Sanctae celebrandae, Typis Polyglottis Vaticanis, Città del Vaticano 1982 [opera siglata *MVCTS1982*].

Missale Romanum ex decreto Sacrosancti Œcumenici Concilii Vaticani II instauratum auctoritate Pauli PP. VI promulgatum Ioannis Pauli PP. II cura recognitum, Editio typica tertia, Typis Vaticanis, Città del Vaticano 2002 [opera siglata *MR2002*].

Missale Romanum ex decreto Sacrosancti Œcumenici Concilii Vaticani II instauratum auctoritate Pauli PP. VI promulgatum. Ordo Lectionum Missae, Editio typica altera, Libreria Editrice Vaticana, Città del Vaticano 1981 [opera siglata *OLM*].

Missale votivum venerabilium Palæstinæ locorum continens missas integre proprias in omnibus sanctuariis Custodiæ Ordinis Fratrum Minorum commissis ac nonnullis visitatione peregrinantium interdum cultis celebrandas curante Reverendissimo Patre Aurelio Briante de Buja O.F.M. hodierno Terræ Sanctæ Custode concinnatum atque examini et approbationi Sanctæ Apostolicæ Sedis cum quibusdam officiis novissimis subjectum, Ex typografia Patrum Franciscalium, Jerusalem 1898 [opera siglata *MVCTS1898*].

Officium Divinum ex decreto sacrosancti oecumenici Concilii Vaticani II instauratum auctoritate Pauli PP. VI promulgatum 4 vol. *Liturgia Horarum iuxta ritum romanum*, Editio typica altera, Typis Polyglottis Vaticanis, Città del Vaticano ²1985-²1986 [opera siglata *LH*].

Order of Compline [The] and of the Daily Procession as Used by the Friars in the Church of the Most Holy and Most Glorious Sepulchre of our Lord Jesus Christ, Franciscan Press, Jerusalem 1880.

Ordo Processionis quæ Bethlehem in Basilica Nativitatis D. N. Iesu Christi a fratribus minoribus peragitur, Italiano English Español, Custodia Terræ Sanctæ 2007 [opera siglata *PrB2007*].

Ordo processionis quæ Bethlehem in basilica Nativitatis D. N. Iesu Christi a fratribus minoribus peragitur, Italiano English Español Français, Custodia Terræ Sanctæ 2011 [opera siglata *PrB2011*].

Ordo processionis quæ Hierosolymis in basilica S. Sepulcri D. N. Jesu Christi a fratribus minoribus peragitur. Italiano English Español, Franciscan Printing Press, Jerusalem 2000 [opera siglata *PrSS2000.IEE*].

Ordo processionis quæ Hierosolymis in basilica S. Sepulcri D. N. Jesu Christi a fratribus minoribus peragitur. [Arabice] Français Português, Franciscan Printing Press, Jerusalem 2000 [opera siglata *PrSS2000.AFP*].

Ordo processionis quæ Hierosolymis in basilica S. Sepulcri D. N. Jesu Christi a fratribus minoribus peragitur in sollemnioribus diebus, Franciscan Printing Press, Jerusalem 2000.

Ordo processionis quæ Hierosolymis in basilica Sancti Sepulcri D. N. Iesu Christi, a fratribus minoribus peragitur, Italiano English Español, Custodia Terræ Sanctæ [2006] [opera siglata *PrSS2006.IEE*].

Ordo processionis quæ Hierosolymis in basilica Sancti Sepulcri D. N. Iesu Christi, a fratribus minoribus peragitur, Français Polski Português, Custodia Terræ Sanctæ [2006] [opera siglata *PrSS2006.FPP*].

Ordo processionis quæ Hierosolymis in Basilica Sancti Sepulcri D. N. Iesu Christi, a fratribus minoribus peragitur, Deutch Slovenia Hratia, Custodia Terræ Sanctæ 2013 [opera siglata *PrSS2013.DSH*].

Ordo processionis: quæ quotidiè post Completorium fit Ierosolymis. Per ecclesiam sanctissimi, & gloriosissimi Sepulcri: Domini Nostri Iesu Christi, Apud Misserinum, Venezia 1623 [opera siglata *PrSS1623*].

Ordo processionum et peregrinationum quæ Bethlehem in basilica nativitatis D. N. Jesu Christi et ad sanctuaria adiacentia a fratribus minoribus peraguntur, Typis Polyglottis Vaticanis, Roma 1926 [opera siglata *PrB1926*].

Ordo processionum quæ Hierosolymis in Basilica S. Sepulcri D. N. Jesu Christi a fratribus minoribus peraguntur, Typis Polyglottis Vaticanis, Città del Vaticano 1947 [opera siglata *PrSS1947*].

Ordo processionum quæ Hierosolymis in Basilica S. Sepulcri D. N. Jesu Christi a fratribus minoribus peraguntur, Typis Polyglottis Vaticanis, Roma 1925 [opera siglata *PrSS1925*].

Peregrinationes quae a Fratribus Minoribus Conventus SS. Salvatoris in Sanctuariis Jerusalem et Judaeae paraguntur, una cum processione in Ecclesia ejusdem SS. Salvatoris fieri solita, Typis Polyglottis Vaticanis, Roma 1930 [opera siglata *PrSal1930*].

Pia, ac fidelis enarratio […] una cum processione celebranda quoq́ue die post Completorium in Ecclesia sancti Ioannis Baptistæ, quę est in Montanis

Iudeæ vbi idem pręcursor Dñi natus est, Apud Misserinum, Venezia 1623 [opera siglata *PrAK1623*].

Procesión cotidiana que se celebra en Jerusalén por los PP. Franciscanos en la Basílica del Gloriosísimo Sepulcro de N.S. Jesucristo, Tipografía de los PP. Franciscanos, Jerusalem 1887.

Processio celebranda quotidie post completorium Ierosolymis, per ecclesiam Sanctissimi et gloriosissimi Sepulchri Domini nostri Iesu Christi, in *Processiones quæ fiunt quotidie a PP. Franciscanis ad SS. Nascentis Christi Præsepe in Bethlehem: in Ecclesia Annunciationis B. Virginis Mariæ in Nazareth: in Ecclesia SS. et Gloriosissimi Sepulchri Christi: in Ecclesia S. Salvatoris in Ierusalem; cum aliis Processionibus, & Officiis Divinis, quæ fiunt suis temporibus in Sacro Monte Oliveti, in Sepulchro B.V. Mariæ, in loco Nativitatis S. Ioannis Baptistæ, in Monte Thabor, in Antro Agoniæ Christi, in loco Immacvlatæ Conceptionis, et Nativitatis B. V. Mariæ, & aliis locis*, Officina Plantiniana B. Moretti, Anvers 1670, 31-54 [opera siglata *PrSS1670*].

Processio celebranda, quoque die post Completorium: ad Santissimum Nascentis Christi Præsepe; in Betlehem Iudæ Ciuitate David, Apud Misserinum, Venezia 1623 [opera siglata *PrB1623*].

Processio quæ fit quotidie a PP. Franciscanis in ecclesia Sanctissimi & Gloriosissimi Domini Nostri Jesu Christi Sepulchri in Jerusalem, decreto di J. Dominici a Leviliano, apud Joannem Gatti, Venezia 1786 [opera siglata *PrSS1786*].

Processio quæ fit quotidie a PP. Franciscanis in ecclesia Sanctissimi & Gloriosissimi Domini Nostri Jesu Christi Sepulchri in Jerusalem, Apud Simon Cordella, Venezia 1796 [opera siglata *PrSS1796*].

Processio quæ fit quotidie a PP. Franciscanis in ecclesia Sanctissimi, & Gloriosissimi Domini Nostri Jesu Christi Sepulchri in Jerusalem, Apud Aloysium Pavinus, Venezia 1752 [opera siglata *PrSS1752*].

Processio quotidiana quae celebratur a fratribus minoribus in Sanctuario S.M. Thabor ubi Christus transfiguratus est, Typis PP. Franciscalium Terrae Sanctae, Jerusalem 1933 [opera siglata *PrTh1933*].

Processio quotidiana quae celebratur a fratribus minoribus in sanctuario Nazareth ubi verbum caro factum est, Typis PP. Franciscalium, Jerusalem 1930 [opera siglata *PrN1930*].

Procession célébrée tous les jours par les franciscains dans la basilique du S. Sépulcre à Jérusalem, Imprimerie des PP. Franciscains, Jerusalem 1877.

Processione quotidiana che si celebra in Gerusalemme dai PP. Francescani nella Chiesa del SS. e gloriosissimo Sepolcro, tr. F. Da Castelnuovo-Frentano, Tipografia dei PP. Francescani, Jerusalem 1876.

Processiones ad sanctuarium nativitatis s. Joannis Baptistæ et peregrinationes ad sanctuaria visitationis B. Mariæ Virginis et deserti ejusdem sancti præcursoris, Typis Polyglottis Vaticanis, Roma 1926 [opera siglata *PrAK1926*].

Quomodo sanctam, et venerabilem Nazareth ecclesiam [...] Una cum Processione celebranda ibidem: quotidiè post Completorium ab eodem R. P. edita, Apud Misserinum, Venezia 1623 [opera siglata *PrN1623*].

Quotidiana processio a patribus agenda franciscanis in ecclesia sanctissimi et gloriosissimi Sepulcri Domini Nostri Jesu Christi, Tipografia dei PP. Francescani, Jerusalem 1900 [opera siglata *PrSS1900*].

Quotidiana processio agenda Patribus Franciscanis in Ecclesia Sanctissimi et Gloriosissimi Sepulcri Domini Nostri Jesu Christi Hierosolymis, Ex Typographia PP. Franciscalium, Jerusalem 1896 [opera siglata *PrSS1896*].

Quotidiana processio quæ celebratur a PP. Franciscanis in ecclesia SS: et gloriosissimi D. N. Jesu Christi Sepulchri, In conventu FF. Minorum, Jerusalem 1862 [opera siglata *PrSS1862*].

Quotidiana processio quæ celebratur a PP. Franciscanis in ecclesia SS: & gloriosissimi D. N. Jesu Christi Sepulchri, In conventu FF. Minorum, Jerusalem 1855 [opera siglata *PrSS1855*].

Quotidiana processio quæ celebratur a PP. Franciscanis in ecclesia SS: & gloriosissimi D. N. Jesu Christi Sepulchri, In conventu FF. Minorum, Jerusalem 1866 [opera siglata *PrSS1866*].

Quotidiana processio quæ celebratur a PP. Franciscanis in ecclesia SS. et gloriosissimi D. N. Jesu Christi Sepulchri, Ex tipographia PP. Franciscanorum, Jerusalem 1877 [opera siglata *PrSS1877*].

Rituale romanum ex decreto sacrosancti oecumenici Concilii Vaticani II instauratum auctoritate Pauli PP. VI promulgatum. De Sacra Communione et de cultu mysterii Eucharistici extra missam, editio typica, Typis Polyglottis Vaticanis, Città del Vaticano 1973 [opera siglata *RR.SC1973*].

Rituale romanum ex decreto sacrosancti œcumenici Concilii Vaticani II instauratum auctoritate Ioannis Pauli II promulgatum. De Benedictionibus, editio typica, Typis Polyglottis Vaticanis, Città del Vaticano 1984.

Sabbato Sancto. Celebratio Resurrectionis Domini in Basilica Resurrectionis Domini Jerosolymis, ed. Commissio Liturgica Custodiae Terrae Sanctae – Officium Liturgicum, Franciscan Printing Press, Jerusalem 2001.

Supplementum ad Missale Romanum pro solidalibus Ordinis Fratrum Minorum necnon pro monialibus Clarissis et Conceptionistis et pro Tertio Ordine Franciscali ad mentem Concilii Vaticani II exaratum et a Santa Sede approbatum, Editio typica, Typographia Portiunculae, Assisi 1974.

Tägliche Prozession welche gefeiert wird von den PP. Franziskanern in der Kirche des allerh. und glorreichsten Grabes U. H. Jesu Christi. Mit den Ablässen, die an den betreffenden hl. Stellen verliehen sind, worüber ein kurzer Unterricht am Ende dieses Buches sich befindet, Im Konvent der PP. Franziskaner, Jerusalem 1876.

Vigiliae Dominicalis Celebratio quae in Basilica Resurrectionis Dominicae a fratribus minoribus peragitur in Quadragesimae et Palmarum Dominicis, ed. Commissio Liturgica Custodiae Terrae Sanctae, Franciscan Printing Press, Jerusalem 1987.

1.5. Fonti magisteriali

Catechismus Catholicae Ecclesiae, Libreria Editrice Vaticana, Città del Vaticano 1997.

CONCILIO VATICANO II, Costituzione dogmatica sulla Chiesa *Lumen Gentium*, *Acta Apostolicæ Sedis* 57 (1965), 5-67 [opera siglata *LG*].

CONCILIO VATICANO II, Costituzione sulla sacra liturgia *Sacrosanctum Concilium*, *Acta Apostolicæ Sedis* 56 (1964), 97-134 [opera siglata *SC*].

CONCILIO VATICANO II, Decreto sul ministero e la vita dei presbiteri *Presbyterorum Ordinis*, *Acta Apostolicæ Sedis* 58 (1966), 991-1024 [opera siglata *PO*].

CONCILIO VATICANO II, Decreto sul rinnovamento della Vita Religiosa *Perfectae caritatis*, *Acta Apostolicæ Sedis* 58 (1966), 702-712 [opera siglata *PC*].

CONGREGAZIONE PER IL CULTO DIVINO E LA DISCIPLINA DEI SACRAMENTI, *Direttorio su pietà popolare e liturgia. Principi e orientamenti*, Libreria Editrice Vaticana, Città del Vaticano 2002.

GIOVANNI PAOLO II, *Insegnamenti di Giovanni Paolo II* vol. 1-ss, ed. G. Grieco, Libreria Editrice Vaticana, Roma 1980 ss.

PIO X, Costituzione apostolica *Divino afflatu*, *Acta Apostolicæ Sedis* 3 (1911), 633-638.

1.6. Fonti innologiche

BULST, W., *Hymni latini antiquissimi LXXV. Psalmi*, Kerle Verlag, Heidelberg 1956.

CHEVALIER, U., *Repertorium hymnologicum* 6 vol. *Catalogue des chants, hymnes, proses, séquences, tropes en usage dans l'Église latine depuis les origines jusqu'à nos jours*, Société des Bollandistes, Louvain – Bruxelles 1892-1920 [opera siglata *CHEV*].

DREVES, G.-M. – BLUME, C. – BANNISTER, H.-M., *Analecta Hymnica Medii Aevi* 55 vol., Minerva, Frankfurt am Main 1886-1961 [opera siglata *AH*].

LENTINI, A., *Te decet Hymnus. L'innario della "Liturgia Horarum"*, Typis Polyglottis Vaticanis, Città del Vaticano 1984 [opera siglata *LENT*].

Monumenta Germaniae Historica. Auctorum antiquissimorum 4/1, *Venanti Fortunati opera poetica*, apud Weidmannos, Berlin 1881.

PRUDENTIUS CLEMENS, *Peristephanon*, in *Carmina*, ed. I. Bergman (CSEL 61), Hölder-Pickler-Tempsky, Wien 1926, 289-431.

VENANTIUS HONORIUS CLEMENTIANUS FORTUNATUS, *Carmina libri XL*, in *Opera* 1, ed. S. Di Brazzano (Corpus Scriptorum Ecclesiae Aquileienis 8/1), Città Nuova, Aquileia 2001, 49-566.

1.7. Fonti francescane e custodiali

ALESSANDRO DI FILIPPO RINUCCINI, *Sanctissimo Peregrinaggio del Santo Sepolcro 1474*, ed. A. Calamai (Corpus Peregrinationum Italicarum 2 (2.1.)), Pacini Editore, Ospedaletto (Pisa) 1993.

BALDI, D., *Status decriptivus della Custodia di Terra Santa nel 1658*, in *La Custodia di Terra Santa 1342-1942*, Tipografia dei Padri Francescani, Jerusalem 1951, 259-298.

BERNARDINO DI NALI, *La pellegrinazione a Gerusalemme di Bernardino Di Nali (1492)*, ed. V. Corbo, in *La Custodia di Terra Santa 1342-1942*, Tipografia dei Padri Francescani, Jerusalem 1951, 208-255 [opera siglata *ITS1492*].

BONIFACIUS STEPHANUS RAGUSINUS, *Liber de perenni cultu Terrae Sanctae et de fructuosa eius peregrinatione*, Typ L Merlo Ioh. Bapt. Filii, Venezia 1875 [opera siglata *ITS1567*].

BRASCA, S. – CAPODILISTA, G., *Viaggio in Terra Santa di Santo Brasca 1480 con l'itinerario di Gabriele Capodilista 1458*, ed. A. L. Momigliano Lepschy (I cento Viaggi 4), Longanesi & C., Milano 1966.

BRYGG, Th., *Itinerarium in Terram Sanctam Domini Thomæ de Swynburne*, ed. C. Riant, in *Archives de l'Orient Latin* 2, Ernest Leroux, Paris 1884, 380-388.

Bullarium franciscanum Terræ Sanctæ, in *Diarium Terræ Sanctæ* 1 (1908), 17-24; *Diarium Terræ Sanctæ* 2 (1909), 5-15. 70-84, 161-169.

CASOLA P., *Viaggio di Pietro Casola a Gerusalemme*, Tipografia di Paolo Ripamonti Carpano, Milan 1855.

CHATEAUBRIAND, [F. DE,] *Itinéraire de Paris à Jérusalem*, in *Œuvres illustrées*, Hippolyte Boisgard éditeur, Paris 1852, 1-176.

COTOVIC, I., *Itinerarium Hierosolymitanum et Syriacum*, Anvers 1619 [opera siglata *ITS1598*].

DA CREMA, A., *Itinerario al Santo Sepolcro. 1484*, ed. G. Nori, Pacini Editore, Ospedaletto (Pisa) 1996.

DA SERINO, F., *Croniche ovvero annali di Terra Santa*, ed. T. Cavallon, in *GB* II,11.

DAL CAMPO, L., *Viaggio a Gerusalemme di Nicolò da Este*, ed. G. Ghinassi, in *Collezione di Opere inedite o rare dei tre primi secoli della lingua* 1, ed. Commissione pe' testi di lingua, Unione Tipografico-Editrice, Torino 1861, 99-160.

De incendio Basilicae S. Sepulcri, in *GB* II,14, 167-186.

DEL CASTILLO, A., *El devoto peregrino. Viaje de Tierra Santa*, Madrid 1656.

DIDACUS DE CEA, *Thesavrus Terrae Sanctae quem seraphica minorum religio de Obseruantia inter Infideles, per trecentos & amplius annos religiosè custodit, fideliterque administrat*, Typis S. Congreg de Fide Propaganda, Roma 1639.

DOUBDAN, M. I., *Voyage de la Terre Sainte*, Chez François Clousier, Paris 1661.

DU CLOU, L., *Itinerarium breve Terrae Sanctae patris fratris Leonardi du Clou Lemovicensis de Compregnaco Minoritae Recollecti*, ed. Marcellinus a Civetia – Th. Domenichelli, ex officina libreria Enrici Ariani, Firenze 1891.

FABRI, F., *Evagatorium in Terræ Sanctæ Arabiæ et Egypti peregrinationem* 1, ed. C. D. Hassler (Bibliothek des Literarischen Vereins in Stuttgart 2), Sumptibus Societatis Literariae Stuttgardiensis, Stuttgart 1843 [opera siglata *ITS1480*].

Firmans Ottomans émanés pour les Lieux-Saints de la Palestine, tr. J. Hussein, – F. Sciad – N. Gosselin, Fransican Printing Press, Jerusalem 1986.

FRANCISCUS ASSISIENSIS, *Écrits*, texte latin de l'édition de K. Esser, ed. Th. Desbonnets – J.-F. Godet – Th. Matura – D. Vorreux (SChr 285), Cerf, Paris 1981.

FRESCOBALDI – GUCCI – SIGOLI, *Visit to the Holy Places of Egypt Sinai Palestine and Syria in 1384*, tr. Th. Bellorini – E. Hoade (SBF-CM 6), Franciscan Printing Press, Jerusalem 1948.

FRESCOBALDI, L., *Viaggi in Terrasanta* (Collana di Viaggi 1), Istituto Geografico De Agostini, Novara 1961.

GOLUBOVICH, G., *Serie cronologica dei reverendissimi superiori di Terra Santa ossia dei provinciali custodi e presidenti della medesima...*, Tipografia del Convento di San Salvatore, Jerusalem 1898.

GOUJON, J., *Histoire et voyage de la Terre-Sainte*, Pierre Compagnon & Robert Taillandier, Lyon 1671.

GRATZ, L.-C., *Handbuch der Biblischen Erd- und Länderkunde*, Vogel, Landshut 1844.

GRATZ, L.-C., *Théâtre des événements racontés dans les divines Écritures 2. Ou l'ancien et le nouvel Orient*, tr. Gimarey – Bugnot, Louis Vivès éditeur, Paris 1870.

Itinerarium cuiusdam Anglici (1344-45), in *GB* I,4, 434-460.

JACOPO DA VERONA, *Liber peregrinationis*, ed. U. Monneret de Villard, Libreria dello Stato, Roma 1950.

LUDOLPHUS, *De itinere Terræ Sanctæ liber. Nach alten Handschriften berichtigt*, ed. F. Deycks, Stuttgart 1851.

MARIANO DA SIENA, *Del viaggio in Terra Santa fatto e descritto da ser Mariano da Siena nel secolo* XV. *Codice inedito*, ed. D. Moreni, Stamperia Magheri, Firenze 1822 [opera siglata *ITS1431*].

MORONE DA MALEO, M., *Terra Santa nvovamente illvstrata*, Giovanni Bazzoli, Piacenza 1669.

NICCOLÒ DA POGGIBONSI, *Libro d'Oltremare (1346-1350)*, testo A. Bacchi della Lega, ed. B. Bagatti (SBF-CM 2), Tipografia dei PP. Francescani, Jerusalem 1945.

NICOLA DE MARTONI, *Io Nicola de Martoni. Il pellegrinaggio ai Luoghi santi da Carinola a Gerusalemme 1394-1395 [Paris – Bibliothèque Nationale n. 6521 du fond latin]* (SBF-CM 42), ed. M. Piccirillo, Custodia di Terra Santa, Gorle 2003.

Notitiae ad tempora gubernii Aegyptiaci spectantes (1831-40), in *GB* II,14, 220-232.

PIER MARINO, *Relazione sincera del culto che s'esercita in Gerusalemme ed in alcuni altri conventi di Terra Santa dai PP. Minori Osservanti. Manoscritto inedito del 1679*, [ed. R. Buselli,] Tipografia cooperativa, Firenze 1887.

Processionale Jerosolymitanum, dal codice della Biblioteca Nazionale di Parigi, fondo franc. n° 25.500, foglio 30r-45v, in *GB* I,5, 356-360.

QUARESMIUS, F., *Elucidatio Terrae Sanctae. Brani scelti e tradotti da Sabino De Sandoli ofm* (SBF-CM 32), Franciscan Printing Press, Jerusalem 1989.

RADZIVILUS, N. C., *Ierosolymitana peregrinatio. Primum a Thoma Tretero Custode Varmiensi ex Polonico sermone in latinum translata*, Officina Plantiniana, Anvers 1614 [opera siglata *ITS1583*].

Regula et Constitutiones Generales Ordinis Fratrum Minorum. Regola e Costituzioni Generali dell'Ordine dei Frati Minori, Bologna 1988.

ROCCHETTA, A., *Peregrinazione di Terra Santa e d'Altre Provincie di Don Aquilante Rocchetta Caualiere del Santissimo Sepolcro nella quale si descriue distintame te quella di Cristo secondo gli Euangelisti*, Alfonso dell'Isola, Palermo 1630 [opera siglata *ITS1599*].

Saec XIII. Itinerarium Sanctorum Locorum, in *GB* I,1, 408-410.

VERNIERO DI MONTEPELOSO, P., *Croniche ovvero annali di Terra Santa* 5 vol., in *GB* II,6-10.

VON BREYDENBACH, B., *Peregrinationes in Hierusalem atque in Montem Synai*, Spira 1490.

VON MEGGEN, J., *Pellegrinaggio a Gerusalemme. Avventure di viaggio per mare e a cavallo di un gentiluomo svizzero del Cinquecento*, intr. A. Mascheretti Cavadini, tr. commento F. di Ciaccia (Il Periplo 3), Terziaria, Milano 1999.

WADDINGO HIBERNO, L., *Annales Minorum seu Trium Ordinum a S. Francisco institutorum* 32 vol., Barbera, Quaracchi – Firenze 1931-1934.

WALTHERUS, P., *Fratris Pauli Waltheri Guglingensis Itinerarium in Terram Sanctam ed ad Sanctam Catharinam* (Bibliothek des literarischen Vereins in Stuttgart 192), ed. M. Sollweck, Gedruckt für den Litterarischen Verein in Stuttgart, Tübingen 1892.

ZUALLARDO, G., *Il devotissimo viaggio di Gierusalemme. Fatto, e descritto in sei Libri dal Signore Giovanni Zvallardo, Caualiere del Santiss. Sepolcro di N.S. l'Anno M.D.LXXXVI. Aggiontiui i disegni in Rame di varij Luoghi di Terra S. & altri Paesi. Di nuouo stampato, e corretto*, Domenico Basa, Roma 1595 [opera siglata *ITS1586*].

ZUALLART, J., *Le très dévot voyage de Jérusalem*, Arnould Connincx, Anvers 1608.

1.8. Fonti manoscritte (archivio)

Ambrogio CIRILLI. Cartella personale, Documento degli Archivi della Custodia di Terra Santa, Jerusalem.

Augustino FACCHINI. Cartella personale, Documento degli Archivi della Custodia di Terra Santa, Jerusalem.

Beniamino DIOMEDE. Cartella personale, Documento degli Archivi della Custodia di Terra Santa, Jerusalem.

FACCHINI, A., *Lettera al MRP Girolamo Golubovich del 9 maggio 1914*, lettera di 3 pagine scritta da Ain Karem, conservata presso l'Archivio del Centro Francescano Studi Orientali Cristiani del Musky, Cairo.

Novus Ordo Processionis Quotidianae in basilica S. Sepulcri peragendae. A p. Sabino De Sandoli propositus. In conventu S. Sepulcri ex aratus Die 22 Novembris 1974, Memoria S. Caeciliae, manoscritto di 18 pagine, Biblioteca della Flagellazione, Jerusalem.

Règlement du St-Sépulcre. 1888, Manoscritto di 377 pagine scritto dal Beato Frédéric JANSOONE de Ghyvelde OFM riguardante i vari regolamenti interni alla basilica del Santo Sepolcro, Documento degli Archivi dell'"Ufficio dello *Statu quo*", Jerusalem [opera siglata *RSSFJ*].

2. Studi

«Cantate al Signore un canto nuovo», *Notitiæ* 11 (1975) 161-166.

BÄUMER, S. – BIRON, R., *Histoire du bréviaire*, Herder, Roma 1967.

BAUMSTARK, A., *Liturgie comparée. Principes et méthodes pour l'étude historique des liturgies chrétiennes*, Édition de Chevetogne, Chevetogne ^{3}1953.

BERMEJO CABRERA, E., «Las procesiones en los santuarios de Tierra Santa en el siglo XIX», in *Santiago, Jerusalén, Roma. Diario de una peregrinación a estos y otros santos lugares de España, Francia, Egipto, Palestina, Siria e Italia en el año del jubileo universal de 1875* 4. *Estudios complementarios e índices*, A. Fraile y Pozo, Santiago 1999.

BERMEJO CABRERA, E., «Notas para la historia litúrgica de Jerusalén. Las vigilias dominicales de Cuaresma en la basílica de la Resurrección», *La Tierra Santa* 63 (1988) 69-74.

BERMEJO CABRERA, E., «Una riforma liturgica problematica», *Rivista liturgica* 88 (2001) 227-238.

BERTAGNA, M., «Iacopone da Todi», in *EnCat* 6, 1525-1528.

BUFFON, V., «A proposito di una recente controversia mariologica», *Marianum* 2 (1940) 410-424.

BUGNINI, A., «Croce. VII. La Croce nella liturgia. Le feste della Santa Croce», in *EnCat* 4, 960-963.

BUX, N., *Codici liturgici latini di Terra Santa. Liturgical Latin Codices of the Holy Land* (SBF-Mu 8), Schena Editore, Fasano 1990.

CABIE, R., « La vénération du tombeau du Christ », in *La celebrazione del Triduo Pasquale Anamnesis e mimesis*, atti del III congresso internazionale di Liturgia, ed. I. Scicolone (Studia Anselmiana 102), edizioni Abbazia S. Paolo, Roma 1990, 209-225.

CARBONE, C., *L'inno del dolore mariano. Stabat Mater. Studi critico-dogmatico-letterari*, Federico Pustet, Roma 1911.

CASTALIONE, G., «Antoniano Silvio», in *EnCat* 1, 1525-1526.

CORBO, V. C., *Il Santo Sepolcro di Gerusalemme* 3 vol. *Aspetti archeologici dalle origini al periodo crociato* (SBF-CM 29), Franciscan Printing Press, Jerusalem 1981.

CORBO, V., «La Colonna della Flagellazione», *La Terra Santa* 12 (1958) 343-345.

DE GENNES, J.-P., *Les chevaliers du Saint Sépulcre de Jérusalem* 1, *Origines et histoire de l'Ordre*, Herault, Cholet 1995.

DE GERAMB, M.-J, *Pèlerinage à Jérusalem et au Mont Sinaï. En 1831, 1832, et 1833* 1, Adrien Le Clere et Cie, Paris 1839.

DE SANDOLI, S., «Riedizione e traduzione degli opuscoli di P. Tommaso Obicini da Novara sulle processioni nei Luoghi Santi e sull'acquisto dei santuari di Nazaret (1620) e Ain Karem (1621)» (SOC-C 22), The Franciscan centre of Christian Oriental Studies, Cairo – Jerusalem 1989, 174-466.

DE SANDOLI, S., *Chiesa del S. Sepolcro. Chiavi porte e portinai*, supplemento *La Terra Santa* "Luglio – Agosto" (1986).

DE SANDOLI, S., *Il primo convento francescano in Gerusalemme (1230-1244)*, supplemento *La Terra Santa* 59 (1983).

DE SANDOLI, S., *La liberazione pacifica dei Luoghi santi nel sec.* XIV, *ossia il terzo ritorno del clero Franco o latino nella custodia e servizio dei Luoghi santi mediante ufficiali trattative (1333)*, Franciscan Printing Press, Jerusalem 1990.

DELAPORTE, Y., «Les hymnes du Bréviaire Romain de Pie V à Urbain VIII (1568-1632). Une réforme de l'Hymnaire au début du XVIIe siècle», *Rassegna Gregoriana* 6 (1907) 495-512 ; 7 (1908) 231-250

DEVOS, P., «L'apparition du ressuscité à sa mère. Un nouveau témoin copte», *Analecta Bollandiana* 96 (1978) 388.

DI FONZO, L., «Giuliano da Spira», in *EnCat* 6, 747.

DIOTALLEVI, F., *Diario di Terrasanta. 1918-1924*, ed. D. Fabrizio, Edizioni Biblioteca Francescana, Milano 2002.

ÉDOUARD D'ALENÇON, P., «Jacopone de Todi», in *Dictionnaire de Théologie catholique* 8/1, Letouzey et Ané, Paris 1924, 258-259.

Enchiridion locorum sanctorum. Documenta S. Evangelii loca respicientia, ed. D. Baldi, Franciscan Printing Press, Jerusalem 1955.

FACCHINI, A., *Le processioni praticate dai frati minori nei santuari di Terra Santa* (SOC-M 19), Édition du centre franciscain d'études orientales chrétiennes, Le Caire 1986 [opera siglata *FACC*].

FRUTAZ, A. P., «Messale», in *EnCat* 8, 831-841.

GELINEAU, J., « Les chants de procession », *La Maison-Dieu* 43 (1955) 74-93.

GEMELLI, A., *Il Francescanesimo*, Edizione Porziuncola, Città di Castello ⁹2001.

GOVERNANTI, G., «La processione al Santo Sepolcro», *La Terra Santa* 10 (1958) 280-283.

GUZZO, G. C., *Il libro d'Oro dei Francescani di Terra Santa*, Tipografia San Marco, Venezia 1939.

HABTEMICHAEL, K., «La celebrazione della Settimana Santa nella Chiesa Etiopica», in *Hebdomadae sanctae celebratio. Conspectus historicus comparativus*, ed. K. Habtemichael – S. Janeras – A. G. Kollamparampil – ecc. (BELS 93), C.L.V. Edizioni Liturgiche, Roma 1997, 93-134.

HENRION, A., *Il Padre Federico Jansoone da Ghyvelde*, Collegio di S. Bonaventura, Quaracchi – Firenze 1934.

Il Santo Sepolcro di Gerusalemme. Splendori miserie speranze, Istituto italiano d'Arti Grafiche, Bergamo 1949.

ISSA, A. O., *Les minorités chrétiennes de Palestine à travers les siècles. Étude historico-juridique et développement moderne international*, Franciscan Printing Press, Jerusalem 1976

JOUNEL, P., « Les vêpres de Pâques », *La Maison-Dieu* 49 (1957) 96-111.

LECLERCQ, H., «Hélène impératrice», in *Dictionnaire d'Archéologie chrétienne et de liturgie* 6,2, ed. F. Cabrol – H. Leclerq, Letouzey et Ané, Paris 1925, 2126-2146.

MARSILI, S., «La Liturgia momento storico della Salvezza», in *La Liturgia, momento storico della Salvezza*, ed. B. Neunheuser – S. Marsili – M. Augé – R. Civil (Anàmnesis 1), Marietti, Casale Monferrato ^{2}1974, 31-156.

MILOVITCH S., «Saint-Sépulcre : la singularité au service de l'universalisme», in *Trésor du Saint Sépulcre. Ouvrage publié à l'occasion de l'exposition* Trésor du Saint Sépulcre. Présent des cours royales européenne à Jérusalem *présentée au Château de Versailles et à la Maison de Chateaubriand (Chatenay-Malabry) du 16 avril au 14 juillet 2013*, Silvana Editoriale, Cinsinello Balsamo 2013, 103-109.

MIRRA, A., *Gli inni del breviario romano. Per i licei filosofici e per il clero*, M. D'Auria, Napoli 1947.

MONGELLI, G., *Gli inni della Liturgia delle Ore. Testo latino e versione ritmica italiana*, ed. P. Ernetti, Juncunda Laudatio, Venezia 1980-1981.

MULÉ STAGNO, A., «La processione pomeridiana al santo Sepolcro. Considerazione teologico-liturgiche», in *Ecce ascendimus Jerosolymam (Lc 18,31). Miscellanea di studi offerti per il 75° dello Studentato Teologico Salesiano in Terra Santa e il Centenario dell'Ispettoria salesiana del Medio Oriente* (Biblioteca di scienze religiose 184), ed. F. Mosetto, Libreria Ateneo Salesiano, Roma 2003, 267-286.

NORBERG, D., «Le "Pange lingua" de Fortunat pour la Croix», *La Maison-Dieu* 173 (1988) 71-79.

OBLET, V., «Antoniano Silvio», in *Dictionnaire de Théologie catholique* 1/2, Letouzey et Ané, Paris 1909, 1449.

OLITA, G., *Espositione delli sacri Hinni del nuouo Breuiario Romano*, Per R. Mollo, Napoli 1639.

ORTIZ DE URBINA, I., «Eraclio», in *EnCat* 5, 468

PARIS, P., *Les hymnes de la Liturgie romaine*, Beauchesnes et ses fils, Paris 1954.

PETERSON, E., «Venanzio», in *EnCat* 10, 1177.

PICCIRILLO, M., «von Breydenbach Bernhard, Peregrinationes», *Liber Annuus* 50 (2000) 597-601.

PINELL, J., *Liturgia delle ore* (Anàmnesis 5), Marietti, Genova 1990.

PIOLANTI, A., «Roberto Bellarmino», in *EnCat* 10, 1043-1050.

POSSETTO, A., *Il Patriarcato latino di Gerusalemme (1848-1938)*, Crociata, Milano 1938.

RAFFA, V., «Dal breviario del Quignonez alla Liturgia delle Ore di Paolo VI», in *Liturgia delle Ore. Documenti ufficiali e studi* (Quaderni di Rivista Liturgica 14), Elle Di Ci, Torino 1972, 289-363.

RAFFA, V., *La liturgia delle ore. Presentazione storica teologica e pastorale* (Collana di teologia e di spiritualità 8), OR, Monza ^{3}1990.

RENOUX, A., *Le codex arménien Jérusalem 121* 1. *Introduction aux origines de la liturgie hiérosolymitaine. Lumières nouvelles* (POr 35, 163), Brepols, Turnhout 1969.

RIVELLI, G., «Figure di Terra Santa. P. Augusto Facchini», *La Terra Santa* 25,4 (1949) 144-145.

ROCK, A., «Liturgia antica della settimana Santa», *La Terra Santa* 8-9 (1957) 241-242.

ROCK, A., *Lo Statu Quo nei Luoghi Santi*, Franciscan Printing Press, Jerusalem ^{2}1986.

ROCK, A., *Programma delle funzioni religiose nella basilica del SS. Sepolcro di N. S. G. C. in preparazione alla festa della Pasqua di Resurrezione*, Franciscan Printing Press, Jerusalem 1984.

ROMANELLI, E., «Invenzione della Santa Croce», in *EnCat* 7, 130-132.

ROSCHINI, G. M., «Intorno all'apparizione di Gesù risorto alla sua SS. Madre», *Palestra del Clero* 19 (1940) 236-246.

RUGGIERI, R., «Stabat Mater», in *EnCat* 11, 182-184.

SAYEGH, S., *Le Statu Quo des Lieux-Saints. Nature juridique et portée internationale* (Corona Lateranensis 21), Libreria editrice della Pontificia Università Lateranense, Roma 1971.

SCHMITT, C., «Oddone di Cluny», in *EnCat* 9, 65-67.

SCHUSTER, I., *Liber Sacramentorum* 3 vol., ed. C. d'Amato, Marietti, Casale 1963-ss.

SCICOLONE, I., «Libri liturgici», in *Liturgia*, ed. D. Sartore – A. M. Triacca – C. Cibien, San Paolo, Cinisello Balsamo 2001, 1001-1024.

SZÖVÉRFFY, J., *Die Annalen der Lateinischen Hymnendichtung* 1, Erich Schmidt Verlag, Berlin 1964.

SZÖVÉRFFY, J., *Hymns of the Holy Cross. An annotated Edition with Introduction* (Medieval Classics: Texts and Studies 7), Classical Folia, Brookline, Leyden 1976.

Tre scritti sui diritti nei santuari dello Statu Quo. Basilica del S. Sepolcro. Basilica della Natività. Tomba della Madonna vicina a Getsemani. Santuario dell'Ascensione, ed. B. Talatinian, Franciscan Printing Press, Jerusalem 1999 [opera siglata *3SSQ*].

VALENZIANO, C., «Architettura liturgica», in *Tempo e spazio liturgico*, ed. A. Chupungco (Scientia Liturgica 5), Piemme, Casale Monferrato 1998, 421-436.

VAN TONGEREN, L., *Exaltation of the Cross. Toward the Origins of the Feast of the Cross and the Meaning of the Cross in Early Medieval Liturgy*, Peeters, Louvain – Paris – Sterling 2000.

VAUCHEZ A., «La Custodie franciscaine de Terre Sainte et les puissances politiques européennes (XIV°-XX° siècles)», in *Trésor du Saint Sépulcre. Ouvrage publié à l'occasion de l'exposition* Trésor du Saint Sépulcre. Présent des cours royales européenne à Jérusalem *présentée au Château de Versailles et à la Maison de Chateaubriand (Chatenay-Malabry) du 16 avril au 14 juillet 2013*, Silvana Editoriale, Cinsinello Balsamo 2013, 47-53.

VONA, C., «L'Apparizione di Cristo risorto alla madre negli antichi Scrittori cristiani», *Divinitas* 1 (1957) 479-527.

WILMART, A., *Auteurs spirituels et textes dévots du Moyen âge latin. Études d'histoire littéraire*, Bloud et Gay, Paris 1932.

3. Strumenti di lavoro

3.1. Dizionari

CONTE G.-B. – PIANEZZOLA E. – RANUCCI G., *Il dizionario della lingua latina*, Le Monnier, Pioltello 2000.

3.2. Concordanze

BRUYLANTS, P., *Les oraisons du Missel Romain 2. Texte et Histoire. Orationum textus et usus juxta fontes*, NP, Louvain 1952 [opera siglata *OrMR*].

DEKKERS, E. – GAAR, Æ., *Clavis Patrum Latinorum. Qua in corpvs christianorum edendum optimas quasque scriptorum recensiones a Tertvlliano ad Bedam commode reclvdit* (CCL Clavis Patrum Latinorum), editio tertia, Brepols, Steenbrugge 1995.

DESHUSSES, J. – DARRAGON, B., *Concordances et tableaux pour l'étude des grands sacramentaires* 1. *Concordance des pièces* (Spicilegii Friburgensis Subsidia 9), Éditions universitaires de Fribourg, Fribourg 1982 [opera siglata *DD*].

Patrologia latina database, Electronic Book technologies Inc, 5 CD-ROM, 1993-1996.

Sacrorum Bibliorum vulgatae editionis concordantiæ Hugonis Cardinalis Ordinis Prædicatorum. Ad recognitionem jussu Sixti V. Pont. Max. Bibliis adhibitam recensitæ, atque emendatæ, Nicolaum Pezzana, Venezia 1729.

UNIVERSITAS CATHOLICA LOVANIENSIS, *Cetedoc Library of Christian Latin Texts* 2 CD-ROM, Brepols, Louvain la Neuve 1996.

PARTE PRIMA

ESAME
DELLA PROCESSIONE
NELLA SUA GLOBALITÀ

1. *STATUS QUÆSTIONIS*: STATO CELEBRATIVO LATINO ATTUALE

Prima di esaminare dettagliatamente la storia delle celebrazioni francescane nella basilica del Santo Sepolcro - tra cui la processione quotidiana e il relativo studio dell'eucologia e dei riti - appare necessario prendere coscienza del contesto celebrativo latino odierno.

1.1. Lo *Statu quo* dei Luoghi santi

Sono quattro i santuari di Palestina retti dallo *Statu quo*: la basilica del Santo Sepolcro, la Tomba della Madonna (nella valle del Cedron), l'oratorio dell'Ascensione (sul Monte degli Ulivi) e infine la basilica della Natività (nella città di Betlemme).

1.1.1. Breve descrizione

I frati di san FRANCESCO di Assisi iniziarono ad abitare e a officiare nella basilica del Santo Sepolcro nel 1309, rimanendovi come unici proprietari fino al 1629, non avendo le altre comunità nessun documento giuridico o storico a loro favore. I frati vivevano fianco a fianco con esse, nonostante la differenza di dogma, di rito, di lingua, di cultura, attorno agli stessi Luoghi santi, spinti dalla stessa fede e dallo stesso zelo per Cristo, Salvatore di tutti. Fino alla conquista ottomana di Gerusalemme da parte di SELIM I° (1 dicembre 1516) queste comunità coabitavano in un'accettabile e vivibile armonia. Dal 637 (conquista musulmana di Gerusalemme) fino al 1517, vi era in Terra Santa un clero indigeno di lingua araba e di liturgia greca. Nonostante lo scisma del 1054, non esisteva scissione tra questo Patriarcato indigeno di Gerusalemme e la Chiesa latina (e tanto meno riguardo al possesso dei santuari). Con l'arrivo dei Turchi a Gerusalemme, la comunità greco-ortodossa indigena, quella abissina e quella georgiana soccomberanno. In effetti, con la conquista di Bisanzio da parte dei Turchi (1453), il Patriarca greco fu, a scapito della sua libertà, colmato di privilegi e dotato di un'estesa giurisdizione che non cesserà di aumentare assieme alle conquiste turche. Dopo il 1516, con l'approvazione del Sultano ottomano, il Patriarca di Costantinopoli nomina Patriarca di Gerusalemme il monaco greco GREGORIO: inizia così la lunga serie (che dura tuttora) dei Patriarchi bizantini non più arabi, ma di provenienza ellenica. Dal 1636, sotto il governo del Patriarca greco GERMANO, inizia la lotta per impadronirsi del Santo Sepolcro e della Grotta della Natività.

L'espressione *Statu quo* è tardiva (1791) e designa oggi la situazione sancita dal decreto del 1852. Il suo contenuto risale invece a molto prima e si riferisce a

« l'ensemble des situations, (de droits, d'usages et de possessions), transitoires et changeantes, dans les Lieux-Saints appartenant à plusieurs communautés religieuses, depuis 1517 jusqu'au décret de 1852 »[5].

Si tratta dell'unico riferimento ufficiale per risolvere litigi e contestazioni tra il clero delle varie comunità che convivono presso questi santuari.

Retrospettivamente si noti che esistono due specie di *Statu quo*: lo *Statu quo di fatto*[6] che inizia con l'arrivo degli Ottomani in Palestina nel 1516 fino all'anno 1852 - a sua volta suddiviso in due altri periodi dal 1516 al 1629 e dal 1630 al 1852 - e lo *Statu quo di diritto*[7] dal 1852 fino ad oggi. Quando sarà creato lo *Statu quo di diritto,* non sarà altro che la legalizzazione definitiva, avente forza di legge, che sanziona lo *Statu quo di fatto* in vigore a quel momento, quando però i diritti della Chiesa latina erano già stati fortemente indeboliti. Dopo la caduta dell'Impero turco (1917) e durante tutto il mandato britannico sulla Palestina, il Governatore di Gerusalemme era l'arbitro nelle liti a lui sottoposte, ma se la decisione non piaceva ad una comunità questa gli presentava la sua protesta. La medesima prassi fu conservata durante il governo hascemita giordano (1948-1967). Dopo la guerra dei *Sei Giorni* (1967) e l'annessione da parte dello stato israeliano della Città vecchia di Gerusalemme, lo *Statu quo* viene garantito da Israele[8].

1.1.2. Difficoltà di cambiare - opportunità per mantenere

Come si può intravedere, lo *Statu quo*, nella sua globalità, ha leso i diritti dei francescani e quindi della Chiesa latina. Nei santuari dove vige, la liturgia non ha potuto evolversi come dovuto durante questi ultimi secoli e specialmente dopo il Concilio Vaticano II. Tuttavia, si può anche notare che, grazie a questa "gabbia", molte funzioni liturgiche che sarebbero state soppresse sono sopravissute perché si sono paradossalmente trovate protette dallo *Statu quo*. Come vedremo in seguito, riguardo alle processioni di Terra Santa, oltre al Santo Sepolcro e a Betlemme, ne esistevano anche a Ain Karem (santuario della Nascita di san Giovanni), San Salvatore, Cenacolo, Monte Tabor e Nazareth. Nei santuari dove non vige lo *Statu quo*, i frati le hanno tralasciate preferendo un apostolato più orientato verso i pellegrini e i cristiani locali. Inoltre, dopo il Concilio Vaticano II, la mentalità riguardo al culto preferisce la liturgia ad ogni devozione, e diventa lecito chiedersi che futuro possano avere questi atti devozionali o pii esercizi che sono manifestazioni di fede e sono sostenuti da un secolare tradizione storica. Tuttavia lo stesso Concilio invitava

---

5 S. SAYEGH, *Le Statu Quo des Lieux-Saints. Nature juridique et portée internationale* (Corona Lateranensis 21), Roma 1971, 188.

6 Cfr. SAYEGH, *Le Statu Quo des Lieux-Saints*, 19-49.

7 Cfr. SAYEGH, *Le Statu Quo des Lieux-Saints*, 50-88.

8 Cfr. A. ROCK, *Lo Statu Quo nei Luoghi Santi*, Jerusalem ^{2}1986, 11-18.

gli istituti religiosi a ripristinare la loro spiritualità originaria, tornando alla loro ispirazione primitiva (con adattamento alle mutate condizione dei tempi) conservando fedelmente lo spirito e gli intendimenti propri dei fondatori come pure le sane tradizioni (cioè il patrimonio dell'Istituto[9]). Secondo una tradizione, san FRANCESCO (ovvero i suoi primi frati) era venuto in Terra Santa proprio per poter *respirare* questi Luoghi santificati dalla presenza dell'Uomo-Gesù: questa processione[10], per il Luogo in cui si svolge e la sua quotidianità, ricorda ai frati il dovere di meditare costantemente sull'umanità di Cristo che qui, come Uomo ha sofferto la sua Passione. Le odierne *Costituzioni Generali dei Frati Minori* così recitano:

> «§1. Fratres magni faciant exercitia pietatis, traditione Ordinis commendata, erga mysteria vitae Christi, quae unionem cum Eo fovent [...]. §4. Omnia pia exercitia solide nitantur Sacra Scriptura, doctrina theologica et ad normas liturgicas Ecclesiae accommodentur»[11].

1.2. Descrizione dell'edificio

Per una migliore intelligenza del culto svolto nell'odierna basilica è anche necessario conoscere la storia della sua costruzione. Il luogo della Passione-Risurrezione del Signore non si trova più fuori delle mura della Città santa, ma nel quartiere sud-ovest dell'odierna Gerusalemme: quando il Re AGRIPPA (41-44 d.C.) decise di ingrandire la Città santa, vi incorporò con il *terzo muro* tutta la zona del *Golgota*. Quattro edifici di culto sono stati costruiti sopra la Tomba del Risorto[12]: sono tutti sorti nel periodo che precede l'arrivo dei frati minori.

1. Il luogo sacro contenente la Tomba che fu chiusa per custodire il corpo morto di Cristo e che si aprì dopo tre giorni per lasciarlo uscire trionfalmente, rimase senza costruzione fino al 135, quando l'imperatore romano ADRIANO decise di costruire un tempio pagano in onore di Giove, sopra il Sepolcro che era già venerato dalla comunità giudeo-cristiana, e di porre una statua di Afrodite (Venere) sulla sommità del Calvario. ADRIANO fece queste costruzioni dopo la seconda rivolta

---

9 Cfr. *PC*, 703 [n° 2].

10 Un caso analogo si trova nelle altre devozioni francescane che contemplano l'umanità di Gesù: l'esercizio ebdomadario della *Via Crucis*, i presepi (in ricordo di quelli di Greccio), le *litanie del Santissimo Nome di Gesù*; allo stesso modo verso Maria: preghiere per la sua *Immacolata Concezione* (come per esempio la *Tota pulchra es*), la *Corona francescana*, l'*Angelus*...

11 *Regula et Constitutiones Generales Ordinis Fratrum Minorum. Regola e Costituzioni Generali dell'Ordine dei Frati Minori* Articolo 26, Bologna 1988, 22.

12 Per tutta questa parte dedicata alla storia della basilica, cfr. V. C. CORBO, *Il Santo Sepolcro di Gerusalemme* 1. *Aspetti archeologici dalle origini al periodo crociato* (SBF-CM 29), Jerusalem 1981.

giudaica di BAR KOKHBA e dopo aver completamente raso al suolo la Città santa. Per prevenire una terza rivolta della nazione giudaica, l'Imperatore pensò di realizzare una nuova città in cui tutti i ricordi precedenti fossero cancellati; i ricordi giudaici in primo luogo, ma anche i ricordi dei primi cristiani: ADRIANO volle distogliere la popolazione autoctona dalla venerazione dei luoghi cari alla loro pietà. In realtà l'Imperatore fallì nel suo proposito di distruggere il cristianesimo e con esso le memorie topografiche del mistero pasquale; anzi, costruendo il suo tempio sopra la Tomba di Cristo e sopra il Calvario, non ha fatto altro che custodire per ben due secoli i due Luoghi santi che di nuovo riappariranno in seguito alla pace e alla libertà concessa al cristianesimo dall'imperatore COSTANTINO MAGNO (313).

2. Con la visita di santa ELENA a Gerusalemme nel 326 e la demolizione delle costruzioni pagane, i sacri Luoghi ritornano alla luce. I cristiani non si erano mai allontanati da Gerusalemme - eccetto il breve intervallo della dimora a Pella, quando si scatenò la prima rivolta giudaica che porterà nel 70 alla distruzione del Tempio e della città - e sempre, anche se dal 135 non erano più visibili, avevano mantenuto il ricordo e indicato i luoghi della Risurrezione. EUSEBIO di Cesarea nella *Vita Constantini*[13] descrive i lavori promossi dall'Imperatore per liberare l'orto del *Golgota* dagli edifici pagani del *Capitolium*. Descrive inoltre i nuovi edifici cristiani eretti a glorificazione della Redenzione di Cristo. San RUFINO ci descrive anche in modo leggendario il ritrovamento della santa Croce. L'imperatore COSTANTINO, assieme al vescovo Macario, costruisce il maestoso edificio che la pellegrina EGERIA visiterà alla fine del IV secolo. La Tomba vuota, isolata dal banco roccioso della sella del *Gareb*, sarà custodita al centro di una maestosa rotonda (l'*Anastasis*[14]). Con questo taglio fatto dagli architetti di COSTANTINO sparirono per sempre la facciata della Tomba e il suo vestibolo, restando solo la camera mortuaria. Il giardino della Risurrezione di cui ci parlano gli evangelisti (cfr. *Io* 19,41; 20,15), sarà simbolizzato da un triportico a cielo aperto (nell'angolo sud del quale si innalzava la nuda roccia del Calvario ornata di pietre preziose e sormontata da una croce); seguiva poi da un lato la grande basilica a cinque navate (il *Martyrion*) che serviva per la solenne liturgia domenicale e festiva[15]. Infine un atrio solenne permetteva la connessione tra la basilica e il *cardo maximus* - cioè la strada romana che divide in due la città - mediante maestosi propilei innalzati su una scalinata.

---

13 Cfr. EUSEBIUS PAMPHILUS, *De vita Constantini* 3,25-40, in *Opera Omnia quæ exstant*, ed. H. Valesius ecc. (PG 20), Paris 1857, 1085-1100.

14 Questa parola greca significa *risurrezione* e viene usata per la rotonda edificata sul Luogo della Risurrezione. Se dal tempo delle Crociate tutta la basilica viene chiamata *Santo Sepolcro*, gli Orientali le hanno sempre preferito il suo titolo antico di *Basilica della Risurrezione*.

15 Cfr. *IE*, 242 [n° 24,8].

Lo splendore degli edifici costantiniani durò dal 335 al 614, quando Gerusalemme fu conquistata da COSROE (imperatore persiano) e poi saccheggiata. Tutte le chiese, ad eccezione di quella di Betlemme, saranno incendiate e la preziosa reliquia della santa Croce verrà rubata e portata in Persia. Si dovrà aspettare il 622, quando il monaco MODESTO del monastero di San Teodosio, inizierà la ricostruzione dell'edificio. Nel 630 l'imperatore ERACLIO, sconfitti i persiani, riporterà trionfalmente la reliquia della santa Croce a Gerusalemme[16] e, terminata la ricostruzione della basilica, eleggerà MODESTO patriarca di Gerusalemme. Tra le innovazioni di MODESTO va ricordata la copertura del Calvario con volta a crociera.

3. L'edificio ricostruito da MODESTO venne raso al suolo nel 1009 per ordine del feroce califfo fatimita AL-HAKEM, ma il banco roccioso funerario su cui fu deposto il corpo di Gesù rimase intatto. A quel tempo, i cristiani di Gerusalemme vivevano in estrema povertà ed erano impotenti ad effettuare qualsiasi restauro: perciò il lavoro venne affidato alla corte bizantina di Costantinopoli e l'imperatore COSTANTINO IX MONOMACO (1042-1048) ricostruì gli edifici. Tuttavia, delle antiche costruzioni, fu rialzata la sola *Anastasis*, che farà le veci della basilica. Terminata la sua opera, la metà dell'antica superficie sarà per sempre persa per il culto.

4. La costruzione del MONOMACO sarà completata dai Crociati nel 1149, in occasione del cinquantesimo anniversario della liberazione di Gerusalemme avvenuta il 15 luglio 1099 (questo giorno è oggi scelto come ricorrenza annuale della dedicazione del Santo Sepolcro[17]; nel giorno della dedicazione della primitiva basilica bizantina (335), si celebra ora l'*Esaltazione della santa Croce*). I Crociati ripristinarono quella concezione bizantina della doppia costruzione dell'*Anastasis*, costruzione circolare con cupola sulla *sacra Tomba*, e del *Chorus Dominorum* (oggi chiamato *Catholicon*). Se l'*Anastasis* dei Crociati riprende fedelmente il luogo in cui era situata la precedente, il *Catholicon* non corrisponde al *Martyrion* bizantino: in quanto al luogo, esso si trova al posto di ciò che era il triportico, ma in quanto alla funzione, riprende quella del *Martyrion*. Se al tempo dei Crociati l'*Anastasis* permetteva la venerazione del Luogo santo, il *Coro dei Crociati* (*Chorus Dominorum*) permetteva la celebrazione della liturgia[18]. Tuttavia oggi il *Catholicon* si trova in mano ai cristiani orientali della Chiesa greco ortodossa, e la Chiesa latina non ha

---

16 Questo ritorno trionfale darà origine alla festa dell'*Esaltazione della santa Croce* il 14 settembre, data che era già collegata con la dedicazione della primitiva chiesa bizantina il 13 e 14 settembre 335 (cfr. I. ORTIZ DE URBINA, «Eraclio», in *EnCat* 5, 468).

17 L'eucologia della dedicazione viene riportata in: IOHANNES WIRZIBURGENSIS, *Peregrinatio. Appendix liturgica* in *Peregrinationes tres*, ed. R. B. C. Huygens (CCM 139), Turnhout 1994, 139 (cfr. anche *IHC* II, 291).

18 Per illustrare questi luoghi, cfr. per esempio: ERNOUL, *L'estast de la cité de Iherusalem (1228)* 7, in *IHC* II, 400; LE CONTINUATEUR ANONYME DE GUILLAUME DE TYR, *La Sainte cité de Iherusalem les Saints Lieux et le pelerinage de la Terre* 3, in *IHC* IV, 32.

facoltà di celebrarvi nessuna azione sacra. Perciò, benché sia contrario alla natura dell'edificio, i cristiani cattolici venerano e anche celebrano nello stesso spazio sacro, vale a dire nell'*Anastasis*. L'edificio attuale corrisponde all'infausto restauro compiuto, dopo l'incendio del 1808, dal Greco KOMNICOS, restauro che rovinerà la bellezza romanica originaria del quarto edificio. Il clero orientale vede, nello stile dei Crociati, più che la bellezza e purezza romanica, la testimonianza del dominio latino che cercano con ogni mezzo di dimenticare.

Questa basilica è quindi un complesso di varie cappelle che ricordano gli eventi della Passione, Morte e Risurrezione del Signore. Quattro sono i piani dell'odierno complesso[19]: al pianterreno si trovano la Rotonda attorno alla *sacra Tomba*, il *Catholicon*, la *Cappella di santa Maria di Magdala*, la *Cappella del santissimo Sacramento*, la *Tomba di Adamo*, la *Pietra dell'Unzione* e le tre cappelle absidali attorno al deambulatorio del coro dei canonici. Al piano superiore, salendo diciotto scalini, si trovano tre altari[20] sul *Golgota*: quello della crocifissione di Gesù, quello della sua morte, e quello della Madonna addolorata, a ricordo della deposizione di Gesù dalla croce. Scendendo ventinove scalini dal pianterreno, si incontra - dietro il deambulatorio della basilica - la cappella dedicata a santa ELENA, la madre dell'imperatore COSTANTINO. Infine, scendendo ancora ventidue scalini da questa cappella, si giunge alla *Cappella dell'Invenzione della santa Croce*. Di tutti questi Luoghi si riparlerà descrivendo le stazioni della processione quotidiana. Questa quarta costruzione ubicata sulla Tomba di Gesù, nonostante le vicissitudini della storia che hanno leso l'armonia e la purezza dell'edificio originario di stile romanico, corrisponde all'edificio attuale. È in quest'edificio che si svolge oggi la processione quotidiana latina nonché tutte le liturgie delle varie Chiese presenti in basilica.

1.3. Le liturgie latine in genere nel Santo Sepolcro

Ogni giorno, nella basilica del Santo Sepolcro i francescani compiono, da secoli, una processione che inizia nella *Cappella del santissimo Sacramento* e finisce nella stessa cappella. Questa funzione s'inserisce nel contesto più ampio delle liturgie quotidiane della comunità francescana che vive nel convento attiguo alla basilica. La fraternità del Santo Sepolcro è sotto gli sguardi di tutti: liturgie e paraliturgie vanno svolte con decoro e devozione perché, oltre ad essere un bell'omaggio di culto a Dio, sono anche una testimonianza del massimo interesse in favore della presenza della Chiesa cattolica in questo luogo che fu testimone della Risurrezione

---

19 Cfr. mappa in appendice al n° **1.**

20 L'attuale altare della Vergine Addolorata è un'aggiunta posteriore dei francescani. Sul Calvario si trova anche il luogo, senza altare e senza segno visibile, della decima stazione della *Via Crucis*, dove Gesù venne spogliato delle sue vesti.

del Signore. Come si è già spiegato, gli orari di questa comunità sono gli stessi da prima del 1848, anno in cui fu sigillato lo *Statu quo* dei Luoghi santi che regola in modo drastico gli orari e i riti esterni di ogni comunità presente nella basilica. Dopo il Concilio Vaticano II, l'*Ufficio divino* è stato aggiornato secondo le nuove norme della Chiesa cattolica, tuttavia non si è potuto farlo corrispondere con la *veritas horarum*[21] tanto cara al Concilio perché gli orari non si potevano modificare.

La comunità francescana del Santo Sepolcro è composta di dieci frati[22]. Sette sacerdoti hanno il compito del servizio della liturgia latina all'interno della basilica e il compito pastorale di assistere i pellegrini. Tre fratelli laici prestano il loro servizio in sacrestia (per la preparazione delle liturgie *interne*, l'accoglienza dei pellegrini e la preparazione delle loro celebrazioni). Ogni settimana, un sacerdote a turno compie la funzione di ebdomadario; due altri quella di *primo* e *secondo assistente*.

I frati celebrano[23] la *Liturgia Horarum* nel loro coro[24], che è posto in fondo alla *Cappella del santissimo Sacramento*[25]. Tutto l'Ufficio è recitato nella lingua latina per manifestare che i Luoghi santi non sono patrimonio esclusivo della Chiesa locale palestinese (di lingua araba), e neppure della Chiesa italiana (lingua ufficiale dei frati custodi dei Luoghi santi): i santuari sono patrimonio della Chiesa cattolica universale[26]. Inoltre, vista la difficoltà delle condizioni di vita, i frati sono spesso sostituiti nel loro servizio e non si potrebbe neppure consentire l'uso di una lingua volgare. La liturgia quotidiana inizia di notte, precisamente alle ore 23.45[27] con la

---

[21] Cfr. *SC*, 122 [n° 88].

[22] Spetta al Governo centrale della Custodia provvedere al numero dei frati nella comunità e di sostituire il frate indisposto o trasferito. Se un religioso venisse a mancare, un altro sacerdote avrebbe il dovere di celebrare la Messa del confratello impedito.

[23] Per l'orario delle funzioni, cfr. *3SSQ*, 73-87 e *RSSFJ* 131-179.

[24] Cfr. n° 34 della mappa in appendice al n° **1.1.**

[25] Cfr. mappa in appendice al n° **1.**

[26] Per motivi già considerati, la Chiesa cattolica è presente nei santuari per mezzo della Chiesa latina. In Oriente ci sono varie Chiese cattoliche *sui iuris*. Tuttavia se la lingua latina rappresenta la Chiesa latina nella sua universalità, non c'è nessuna lingua volgare (e neppure nessun rito) che rappresenti così l'intera Chiesa universale. Anzi, lo *Statu quo* vieta comunque a tutte le Chiese cattoliche orientali ogni tipo di celebrazione con paramenti propri, nella Tomba di Cristo, sul *Golgota* e sugli altri altari latini presenti all'interno della basilica del Santo Sepolcro.

[27] Il sacrestano greco suona la propria campana, sarà poi imitato dal sacrestano francescano, e infine da quello armeno. Iniziano le incensazioni notturne silenziose dei vari altari della basilica: incensa prima il Greco, poi l'Armeno, e infine il Copto. Quando esce il Greco dalla *Cappella del Santissimo*, i frati iniziano l'*Ufficio* notturno (gli altri due passano mentre l'*Ufficio* latino è già iniziato).

recita dell'Ufficio delle letture, al quale si aggiungono le Lodi mattutine[28]. Questa liturgia è celebrata senza partecipazione di popolo, perché a tale ora (a meno che ci sia una ricorrenza particolare) le porte della basilica non sono ancora aperte. Alle ore 4.30 il "*diacono*" (cioè il sacerdote che assiste l'ebdomadario durante i Vespri solenni) celebra l'Eucaristia nella *sacra Tomba* (che è per diritto in possesso latino fino alle ore 7.15: la funzione manifesta questo possesso momentaneo e quindi va osservata). Alle ore 5.00 il *primo assistente* celebra alla Tomba e alle ore 5.30 il "*suddiacono*" (il secondo assistente durante i Vespri solenni e che serve la Messa solenne ogni mattino alla Tomba) a sua volta celebra al Calvario. Alle ore 6.15, nel coro dei frati, la fraternità recita l'Ora Terza comunitaria, che precede la Messa solenne cantata alla Tomba (oppure al Calvario dove i Latini hanno la facoltà di celebrare la Messa *in cantu* in un giorno a loro scelta; in genere si preferisce il venerdì). Quest'Eucaristia non viene concelebrata dagli altri sacerdoti della comunità visto che essi hanno già celebrato una *Missa sine populo*, o più precisamente una *Missa cuius unus tantum minister participat*[29] come meglio sono chiamate oggi. L'Eucaristia celebrata *coram Ædicula* accoglie i pellegrini che, soprattutto l'estate, possono essere anche numerosi (d'inverno, il sole non è ancora sorto all'ora della celebrazione). Infine alle 7.00 il *secondo assistente* celebra l'ultima Messa al Calvario. Assieme alla processione, la Messa solenne costituisce il momento in cui i fedeli sono invitati a unirsi alla preghiera della fraternità dei religiosi. Dopo la Messa solenne, segue un'ultima Messa letta dentro la Tomba (alla quale non possono partecipare più di dieci persone a causa dell'esiguità del luogo).

All'una pomeridiana[30] suona la campana che annuncia i Vespri. Dopo la riforma liturgica non vengono più recitati a quest'ora, se non nei giorni di festa e di solennità. Infatti, in questi giorni, come era già avvenuto durante la notte per le Lodi, la comunità francescana ha il diritto di compiere un'uscita dalla sua cappella

---

[28] Non è certamente il caso di celebrare le Lodi a quest'ora notturna. Tuttavia, i giorni di festa e di solennità, lo *Statu quo* permette ai frati di cantare l'*Ufficio divino* e di uscire dal loro coro per recarsi presso la *sacra Tomba* di Cristo per incensarla. La processione si svolge al canto del *Benedictus*, sotto sorveglianza delle altre comunità acattoliche: per questo la preghiera delle Lodi è mantenuta a tale ora ancora oggi. L'incensazione si svolge in questo modo: all'inizio del cantico evangelico, il celebrante incensa l'altare della cappella, poi, turiferario in testa, la comunità si reca al Sepolcro. Qui giunti, i religiosi in piedi, disposti in due file davanti alla Tomba, i due assistenti rivestiti con il piviale ai due lati delle porte, il celebrante entra nell'Edicola con il turiferario per incensare il luogo in cui giaceva Cristo. Alla sua uscita, tutti genuflettono e quindi si recano nello stesso ordine alla *Cappella del Santissimo* (cfr. *RSSFJ*, 134-135).

[29] Cfr. *Instructio generalis* in *MR2002*, 61-62 [n° 252-272]. Purtroppo questa prassi costringe il sacerdote a celebrare da solo, senza l'assistenza del ministro (cfr. *PO*, 1011-1012 [n° 13]).

[30] *RSSFJ*, 123.

allo scopo di incensare la *sacra Tomba*. Questa incensazione si compie al canto del *Magnificat,* partendo e tornando nella cappella ove avviene la conclusione del Vespro. Nei giorni feriali, non essendo necessaria quest'incensazione, il Vespro si recita immediatamente prima di Compieta, alle 15.45. Alle ore 16.10, finita la Compieta, inizia la processione quotidiana il cui svolgimento sarà descritto nel capitolo seguente.

1.4. Le processioni latine del Santo Sepolcro

Prima di tutto, bisogna dire che la processione deve assolutamente aver luogo ogni giorno: infatti incensare gli altari delle altre comunità è un diritto della Chiesa cattolica, esercitato per mezzo dei frati francescani. Se questo diritto non venisse usato potrebbe venir perso, su richiesta delle altre comunità presenti nella basilica. Tuttavia meglio che considerare solamente questo pio esercizio come strumento che permette alla Chiesa cattolica di mantenere un diritto, esso va piuttosto contemplato come un dovere che permette ai singoli frati di «sine intermissione orare»[31]. Pur avendo luogo ogni giorno, non si svolge sempre secondo le stesse forme o nello stesso orario. Tra le sue varianti, si noti quanto segue:

1. Alcuni tra i sei *sabati di quaresima*[32], il *Sabato santo*[33], la vigilia della festa del *Corpus Christi*, la vigilia della festa dell'*Invenzione della santa Croce* (7 maggio)[34], o se viene presieduta da un pellegrino quale il Ministro Generale dell'Ordine dei frati minori oppure un Cardinale della Chiesa romana, la processione riveste la forma solenne come sarà descritto più avanti.

---

[31] *SC*, 103 [n° 12] che cita *1 Thess* 5,7.

[32] Durante i sabati di quaresima ogni comunità orientale, avendo dei diritti nella basilica, procede ad un ingresso ed ad una processione solenne. Tuttavia, la Pasqua latina non è sempre comune con quella degli Orientali: ci possono essere cinque, quattro, una oppure nessuna settimana di differenza tra le due ricorrenze. In ognuno di questi casi, lo *Statu quo* prevede la prassi da seguire. Per una visione complessiva delle celebrazioni latine e orientali, cfr. *3SSQ*, 59-62. Per conoscere quando si svolge un ingresso latino o/e la processione solenne, cfr. appendice al n° **2.** Si noterà che quando non si canta la processione, alcune volte si cantano i Vespri solenni alle ore 17.00 nella *Cappella del Santissimo*.

[33] Non ha tuttavia luogo se coincide con il Sabato santo degli Orientali. In tale caso, la processione è spostata al *Sabbato in Albis* per evitare la confusione dovuta all'affluenza dei pellegrini e dei fedeli locali che vengono ad assistere alla solenne e spettacolare celebrazione del Fuoco santo degli Orientali.

[34] Anche in questo caso non ha luogo se coincide con la Pasqua degli Orientali: la festa viene allora spostata al lunedì della medesima Pasqua (la processione avrà quindi luogo la domenica sera). Oppure se coinciderà con la festa latina dell'Ascensione (i frati essendo al Monte Oliveto) e la festa viene spostata all'indomani.

2. Il *Mercoledì santo*[35], i *sabati di quaresima* qualora non avesse luogo la processione solenne al pomeriggio, e nei giorni in cui non si può effettuare la processione vespertina per motivo delle liturgie degli Orientali, la processione si svolge secondo il solito rito, ma di mattina alle ore 9.30.

3. Non ha luogo il *Giovedì santo*: è l'unica eccezione. Ma in questo giorno, al termine della Messa stazionale, ha luogo la processione eucaristica. Questo rito, pur essendo una processione, non viene contemplato nel processionale odierno perché è legato alla celebrazione eucaristica[36].

4. Il *Venerdì santo*, si svolge secondo un altro *Ordo* e un altro itinerario: verso le ore 20.00 ha luogo la processione funebre con il Cristo morto[37].

5. Il giorno della *santa Pasqua*, ci sono due processioni: nella sua forma ordinaria quotidiana alla sera della domenica; e alla fine della Messa stazionale del mattino quando inizia una processione durante la quale si fa' tre volte il giro della *sacra Tomba* mentre quattro diaconi, passando davanti ai quattro punti cardinali, proclamano quattro Vangeli della Risurrezione[38].

Si osserva infine che questa processione non è annoverata dalla Chiesa tra le funzioni della Sacra Liturgia; risulta tuttavia che in qualsiasi sua forma, essa si svolge (sia per quanto riguarda i vari riti che per i diversi testi eucologici) conformemente alle leggi e alle norme liturgiche[39].

---

[35] Il Mercoledì santo, la *Colonna della Flagellazione* è solennemente esposta alla venerazione dei fedeli fino alle ore 15.00 quando inizia il Triduo pasquale con l'Ufficio delle Tenebre. In questo giorno, come è descritto in *PrSS1925*, 71; *PrSS1947*, 81, la processione salta la prima e la seconda stazione, ed inizia presso il *Carcere di Cristo*. Alla fine della processione, dopo la stazione all'altare di Maria Maddalena, si canta l'inno *Salve Columna nobilis* con l'antifona, il responsorio e la colletta di questa stazione.

[36] La stessa processione avviene alla fine della Messa il giorno di san Marco (25 Aprile) e durante i tre giorni prima dell'Ascensione (Rogazioni). Terminata la Messa alla Tomba, la comunità francescana si reca nella *Cappella dell'Apparizione*, da dove si forma la processione, con il canto delle Litanie delle Rogazioni. Si fanno i tre giri attorno all'Edicola, al terzo giro si va alla *Pietra dell'Unzione*, si ritorna alla *sacra Tomba* e senza entrarvi, si va a terminare la funzione nella Cappella.

[37] Cfr. *PrSS1925*, 73-83; *PrSS1947*, 83-93. Questo rito verrà ulteriormente studiato al capitolo n° **19.**

[38] A differenza della processione descritta nella nota n° **36**, questa viene contemplata nel processionale (cfr. *PrSS1925*, 85-94; *PrSS1947*, 95-103) e verrà studiata al capitolo n° **20.**

[39] Cfr. *SC*, 103 [n° 13].

1.4.1. Descrizione della processione quotidiana

Al suono delle campane, i frati si recano nel loro coro per la recita dei Vespri e della Compieta. L'ebdomadario riveste una cotta e una stola del colore liturgico del giorno. I due assistenti e il turiferario[40] rivestono anch'essi la cotta. Dopo la recita dell'antifona mariana di Compieta, i frati escono dal coro ed inizia la processione.

Composta di quattordici stazioni, inizia e termina nello stesso luogo, ossia nella cappella latina del santissimo Sacramento o dell'*Apparizione di Gesù Risorto a sua Madre*. Fino alla settima stazione inclusa (*Cappella della divisione delle vesti*), viene interamente recitata *recto tono*, anche gli inni; invece da quando inizia la salita che porta al Calvario fino alla fine, viene cantata.

Ad ogni stazione (fuorché la prima) si recita o canta un carme adatto al luogo. L'inno, se è recitato, è intonato dal primo sacerdote assistente, e poi recitato a due cori alterni (celebrante con i suoi assistenti da una parte e il resto dell'assemblea, ossia i frati con i fedeli, dall'altra). Invece quando è cantato, il cantore inizia il primo versetto di ogni strofa e tutta l'assemblea prosegue con i rimanenti versetti. Terminato l'inno, il celebrante proclama un'*Antiphona* adatta al luogo, alla quale segue un versetto intonato dai due assistenti con la risposta di tutta l'assemblea. Dopo il versetto, il celebrante canta una colletta adatta anch'essa al luogo, alla quale tutta l'assemblea risponde con l'*Amen*. Infine, per lucrare le indulgenze, ad ogni stazione, vengono recitati *recto tono* il *Pater-Ave-Gloria* in due cori alterni come per l'inno recitato. Mentre si inizia l'inno della stazione seguente, la processione si muove verso l'altare corrispondente.

Lo spostamento tra due stazioni successive, si effettua nell'ordine che segue:

- il *dragomanno*[41] apre la processione assicurandosi che non ci siano pellegrini o altre persone a bloccare il passaggio del corteo. È anche pronto ad intervenire qualora una qualsiasi autorità (religiosa, civile o altra) impedisse lo svolgimento dell'azione sacra;
- il turiferario agita il turibolo fumigante;
- i frati in due file recitano o cantano - secondo il caso - l'inno. Essi devono seguire un itinerario ben preciso per non attirarsi le proteste delle altre comunità. Oltre ai sacerdoti della comunità del Santo Sepolcro, partecipano alcuni frati della grande comunità di San Salvatore e tutti quelli

---

[40] Da alcuni anni, si tratta di un impiegato secolare cristiano arabo che veste l'abito francescano senza cappuccio.

[41] Questa parola turca significa, letteralmente, *interprete*. Si tratta di un impiegato che presta servizio quotidiano. Ogni comunità ha il proprio, con il compito di vegliare sul buon andamento della liturgia e del rispetto dei diritti delle varie comunità cristiane.

che desiderano essere presenti. Dovrebbero essere presenti ogni volta almeno quindici frati;

- i due sacerdoti assistenti chiudono le due file di frati;
- il celebrante si mette un po' indietro ai suoi assistenti, ma in mezzo a loro;
- il popolo segue dietro al celebrante senza una disciplina speciale. Le regole dello *Statu quo* si riferiscono ai soli diritti liturgici del clero[42].

Arrivato all'altare della stazione seguente, il turiferario porge l'incenso al celebrante che poi incensa l'altare. La fine dell'incensazione corrisponde, più o meno, alla fine dell'inno. Appena l'altare è incensato, il turiferario si reca da solo all'altare seguente, dove veglierà sull'efficienza del turibolo. I dettagli particolari di ogni stazione saranno descritti nella seconda parte di questo studio.

1.4.2. Descrizione della Processione Solenne

Nei giorni di grande solennità nella basilica[43], la processione è leggermente anticipata verso le tre del pomeriggio (l'orario esatto è fissato dallo *Statu quo* e dipende dalla festa) e riveste una forma solenne. In questi giorni ha inoltre luogo nella notte (alle ore 11.30) il solenne *Ufficio delle letture* e la mattina verso le ore 8.00 una *Messa con assistenza pontificale*. I frati partecipanti a queste liturgie non sono quelli della comunità del Santo Sepolcro, ma quelli della casa madre (comunità e seminario) di San Salvatore[44]. La processione solenne pomeridiana è sempre assistita da un Prelato che prima di iniziare compie un Ingresso solenne nella basilica: in genere si tratta di Sua Beatitudine il Patriarca latino di Gerusalemme[45] (o per delega, di un suo Vescovo ausiliare). Egli è accompagnato da tre canonici del Capitolo patriarcale e da alcuni dei suoi seminaristi. Non avendo alcun diritto all'interno della basilica[46], il Patriarca latino può ufficialmente fare l'Ingresso solenne in quan-

---

[42] Chi non indossa un vestito liturgico, non esercita nessun diritto e non ha nessuno obbligo. Per esempio è assolutamente vietato ad un sacerdote visitare la basilica indossando una stola o qualsiasi insegna liturgica, mentre un gruppo di pellegrini può cantare, pregare, leggere preghiere (perché così facendo non potrà acquistare alcun diritto liturgico). Invece se un sacerdote indossa un qualsiasi paramento liturgico, non può meditare il rosario o esercitare il pio esercizio della *Via Crucis*. Per concludere, si può dire che i fedeli, finché non ledono i diritti di una comunità, possono fare come pare loro.

[43] Cfr. n° **1.4. §1.**

[44] Il portinaio musulmano della basilica ha l'obbligo di aprire le porte per facilitare l'ingresso dei frati che arrivano processionalmente da San Salvatore durante la notte.

[45] Per la festa dell'*Invenzione della Santa Croce* e per la *Dominica in albis* la processione solenne viene presieduta dal Rev.mo Padre Custode di Terra Santa.

[46] Contrariamente a ciò che afferma la tesi dottorale: SAYEGH, *Le Statu Quo des Lieux-Saints*, 232-233.

to ospite dei frati francescani, custodi del Luogo santo. Questo è il motivo per il quale, per poter entrare all'interno della basilica, è assolutamente necessario che i frati siano alla testa di ogni processione.

I protagonisti di questa processione solenne sono elencati nell'ordine in cui si presentano:

- il *dragomanno* che assicura le buone relazioni con le altre comunità quando si passa nelle loro proprietà;
- i due *kawas*[47] dei francescani (in costume di giannizzeri) che aprono in ogni momento la processione;
- i due *kawas* del Prelato (in divisa di giannizzeri leggermente differente) che seguono immediatamente i *kawas* dei francescani;
- un turiferario francescano (in cotta);
- durante il Tempo pasquale[48], un francescano (in cotta) che porta il Cero pasquale;
- due ceroferari francescani accanto ad un crocifero francescano[49] (in cotta);
- due altri ceroferari francescani o bambini (con cotta); essi si collocano da una parte e dall'altra dell'altare mentre viene incensato;
- due altri cerimonieri francescani (in cotta) che guidano i ministranti;
- i francescani[50], disposti in due file (vestiti semplicemente con il loro abito religioso che è un abito corale);

Le altre comunità orientali presenti nella basilica non riconoscono la personalità giuridica al Patriarca come capo della Chiesa latina, ma la riconoscono al Custode di Terra Santa. Infatti, per interessamento dei reali di Napoli, i francescani sono custodi dei Luoghi santi e quindi coabitano con il clero orientale sin dal 1333. Il Patriarcato latino è stato restaurato da papa PIO IX con la bolla *Nulla celebrior* nel 1847: la storia comune delle Chiese orientali acattoliche con la Chiesa latina ha quindi svolto tutta la sua secolare tradizione con i soli frati minori.

[47] Si tratta di impiegati secolari. I giannizzeri custodivano l'ordine pubblico durante l'impero ottomano: lo *Statu quo* stabilito prima del crollo dell'impero turco prevedeva la loro presenza e quindi ne assicura la continuità.

[48] Questo capita nelle seguenti ricorrenze: il *Sabbato in Albis* (quando la Pasqua cade assieme a quella dei Greci), il giorno della festa dell'*Invenzione della Santa Croce* oppure durante l'ingresso di un Cardinale, del neo Delegato Apostolico a Gerusalemme o del Ministro Generale dell'Ordine dei Frati Minori qualora accadesse durante il Tempo pasquale.

[49] Alla croce dei francescani è fissato uno stendardo con l'effigie di san Francesco.

[50] Tutti i seminaristi francescani, la comunità di San Salvatore e tutti i frati non impediti dal loro apostolato sono invitati ad essere presenti. Sono circa un'ottantina.

- altri due ceroferari che circondano un secondo crocifero (tutti e tre in veste talare e cotta) del clero patriarcale[51];
- il clero patriarcale in due file (in cotta);
- quattro cantori francescani (in cotta);
- il celebrante francescano (in cotta e stola);
- un cerimoniere francescano (in cotta) che guida il celebrante;
- il Prelato che assiste alla processione (vestito con veste talare violacea, rocchetto, *magna cappa violacea cum*[52] *hermellino*, berretta);
- un bambino (o un frate) (in cotta) che porta la candela del Prelato[53];
- un seminarista (in talare e cotta) del Prelato che regge lo strascico della sua *cappa magna* (finchè nel 2006 S. B. Mons. Michel Sabbah, patriarca di Gerusalemme, ne ha abolito l'uso);
- un cerimoniere (in cotta) del Patriarcato che guida il Prelato;
- un seminarista patriarcale (in talare e cotta) che porta un piattino per reggere la berretta del Prelato;
- i tre canonici del Prelato (vestiti come il Prelato: la *cappa magna* è piegata);
- un francescano (in cotta) che funge da quarto canonico del Prelato;
- i fedeli che chiudono la processione.

I protagonisti di questa funzione (senza contare i fedeli) si contano tra le 80 e le 120 persone. L'elenco dei vari attori evidenzia la solennità della processione. È chiaro, prima di descrivere la funzione, che sarà difficile parlare della nobile semplicità romana[54]. Bisogna però capire il contesto culturale del luogo: si è in Oriente, dove il fasto liturgico è di rigore. Ogni comunità, per le proprie feste, svolge le proprie liturgie in modo analogo. La Chiesa latina deve anch'essa, pur non rinunciando alla sostanza del rito romano[55] inculturarsi[56].

---

[51] Ci sono in sostanza due gruppi di partecipanti alla medesima processione: quella dei frati e quella del clero patriarcale. Si ricorda che lo *Statu quo* non permette al Patriarca di entrare in basilica se non in quanto ospite dei francescani, i quali devono sempre essere in testa del corteo.

[52] Questo punto è in contraddizione con *CE*, 28 [n° 64]; l'uso della cappa magna è stato abolito nel 2006.

[53] Si noti che i ceroferari sono sette - conformemente a ciò che si richiede per una celebrazione latina di tipo stazionale - pur avendo varie posizioni: due attorno alla croce francescana, due ai lati alla croce patriarcale, due attorno all'altare che si venera e uno davanti al Prelato.

[54] Cfr. *SC*, 109 [n° 34].

[55] Cfr. *SC*, 110 [n° 38].

A differenza di quella quotidiana, che dura 55 minuti, la processione nella sua forma solenne, dura un'ora e tre quarti. L'itinerario è assolutamente uguale. Tra le differenze, si può segnalare quanto segue:

- Il Prelato che presiede la processione non compie nessuna azione se non quella di amministrare e benedire l'incenso prima del canto dell'inno. Mentre il celebrante incensa l'altare e poi vi proclama il corrispondente brano biblico, il Prelato resta fermo davanti all'altare, rivolto verso di esso.
- Il Prelato porta la berretta in testa al canto dell'inno, mentre si sposta tra due stazioni e mentre pone l'incenso nel turibolo. Il suo cerimoniere gliela toglie non appena finisce di amministrare l'incenso.
- Durante gli spostamenti, i quattro *kawas* battono il pavimento con le loro mazze per avvisare tutti i presenti dell'arrivo del corteo. Non scendono nelle cappelle sotterranee, ma aspettano fermi in cima alla scalinata. Invece, contrariamente ai *kawas*, i crociferi scendono alla *Cappella di santa Elena,* ma non alla *Cappella dell'Invenzione*. I *kawas* non salgono sul Calvario, ma aspettano al primo gradino della scala assieme ai due crociferi che rimangono fermi accanto ai quattro *kawas*. Il turiferario scende per incensare la Croce patriarcale dopo il terzo inno cantato sul *Golgota*, cioè dopo lo *Stabat Mater* (dopo il *Vexilla Regis* e dopo il *Lustra sex*, il turiferario aspetta vicino all'altare dell'*Addolorata* dopo che il celebrante ha fatto l'incensazione dell'altare).
- Tutti gli inni sono cantati a due cori. I quattro cantori li intonano: proseguono i francescani con il primo coro. Il clero patriarcale i fedeli formano il secondo coro.
- Il canto delle tre prime stazioni è sostenuto dall'organo. Esso riprenderà quando la processione si avvia nell'*Anastasis* e suonerà poi sino alla fine.
- I responsorii (o versetti) non sono intonati dai sacerdoti assistenti, ma dai quattro cantori.
- Oltre l'incensazione dell'altare, il turiferario incensa la croce processionale del clero patriarcale dopo che il celebrante ha finito di incensare l'altare.
- Il carme della stazione alla *Pietra dell'Unzione* viene cantato per intero (per la processione quotidiana ordinaria sono cantate le sole strofe dispari).

---

[56] Cfr. *SC*, 111 [n° 40].

- Arrivando all'*Anastasis*, il corteo si avvicina alla *sacra Tomba* girandole intorno per tre volte; alla fine del terzo giro, il celebrante entra nell'edicola per incensare il Sepolcro di Nostro Signore e proclamarvi il brano della Sacra Scrittura relativo alla Risurrezione (*Mc* 16,6). All'inno *Aurora cælum purpurat* (alla *sacra Tomba*), viene aggiunto un altro inno pasquale: *Ad regias Agni dapes*. Questi tre giri attorno all'edicola della *sacra Tomba,* (quasi un abbraccio, un "avvolgersi attorno"), sono ciò che più caratterizza la processione solenne. Durante questi giri, i sacrestani latino, greco e armeno accendono le rispettive candele che si trovano accanto alle porte dell'edicola; quindi si collocano in vigilanza davanti alla Tomba senza muoversi fino alla fine della stazione.
- Quattro inni sono cantati con maggiore solennità a tre voci: il *Vexilla regis* mentre si sale al Calvario fino all'*Altare della Crocifissione*, i due inni pasquali mentre si eseguono i tre giri attorno all'edicola (inni cantati uno dopo l'altro con la stessa melodia, omettendo la dossologia finale del primo carme) e l'inno *Christum triumphum gloriæ* all'*Altare della Maddalena*.

Lo svolgersi della processione solenne è quindi pienamente conforme alla costituzione conciliare *Sacrosanctum Concilium*[57] là dove ci dice che la liturgia assume una forma più nobile quando i riti vengono celebrati solennemente in canto, con la presenza dei sacri ministri e la partecipazione attiva del popolo.

1.5. Le processioni delle altre comunità non cattoliche

La processione quotidiana dei Latini si inscrive in un complesso di varie altre che hanno luogo nella basilica del Santo Sepolcro. Oltre alle celebrazioni dell'*Eucaristia* e dell'*Ufficio divino*, le varie comunità presenti nella basilica godono il privilegio di effettuare varie funzioni paraliturgiche, come le processioni e le incensazioni: le prime sono celebrate con ministri e *in cantu*, mentre le seconde sono generalmente effettuate con il solo turiferario e in silenzio. Tutte queste funzioni hanno in comune il fatto di essere circolari (cioè iniziano dove finiscono) e di fare uso dell'incenso.

1.5.1. La processione degli Armeni

La Chiesa armena apostolica effettua la sua processione il venerdì, il sabato e la domenica[58]. Viene cantata da alcuni sacerdoti con il concorso di un gruppo di

---

57 Cfr. *SC*, 128 [n° 113].

58 Per questa descrizione, cfr. *RSSFJ*, 152-155 e *3SSQ*, 30.

loro seminaristi[59]. Essi formano un corteo che si raduna presso l'*Edicola delle Tre Marie*, di loro proprietà, e che si compone di un sacerdote in piviale, da un diacono che amministra l'incenso e dal resto dei religiosi, che portano in mano una candela. Gli Armeni iniziano la loro funzione quando il cantore della processione francescana intona il *Vexilla Regis*, cioè mentre i frati salgono al Calvario, e che dà origine ad alcuni minuti un po' cacofonici. Gli Armeni passano davanti all'edicola del Sepolcro senza fermarvisi; passano a fianco dell'*Altare della Maddalena* senza sostarvi, e infine si fermano per la prima stazione, la *Prigione di Cristo*, dove cantano il Vangelo essendo ormai lontani dal gruppo dei francescani che canta sul *Golgota*. Si recano poi all'*Altare della Divisione delle Vesti*, alla cripta dell'*Invenzione della Santa Croce* (non incensano l'altare latino, ma il luogo stesso dell'Invenzione), nella loro cappella di *santa Elena* (due altari), alla *Colonna degli Improperi* (qui aspettano sulle scale che i francescani lascino la *Pietra dell'Unzione*), al *Calvario* (il solo altare greco), alla *Pietra dell'Unzione*, all'*Edicola del Santo Sepolcro* e infine - dopo un giro attorno all'edicola, incensandola - ritornano al luogo in cui avevano iniziato, cioè l'*Edicola delle Tre Marie*. Mentre gli Armeni incensano la *sacra Tomba*, i Latini sono nella *Cappella dell'Apparizione di Gesù a sua Madre*.

Il canto degli Armeni che pregano chiusi tra i muri della loro cappella non viene udito dai Latini. Invece, gli Orientali devono cantare i loro canti mentre il grande organo latino situato nell'*Anastasis* - cioè sopra di essi - sostiene il canto dei francescani. Quando la processione armena sta ancora presso la *sacra Tomba*, viene ancora disturbata dall'uscita dei frati e dei fedeli latini dopo la fine della Benedizione Eucaristica. Anche se i Latini non sono tanto infastiditi dai movimenti degli Orientali, il sovrapporsi di queste celebrazioni con l'inevitabile disturbo che producono, costituisce una contro-testimonianza che può creare amarezza ai pellegrini e ai turisti non sufficientemente avvertiti di una situazione che si può peraltro leggere in positivo. Infatti, il parziale sovrapporsi delle celebrazioni si può leggere anche come il comune, condiviso e insieme diverso modo di pregare di ogni singola comuni-

---

[59] Come già visto, gli Armeni hanno una comunità che risiede nella basilica del Santo Sepolcro. La maggioranza dei loro fedeli e del loro clero si trova nel quartiere di San Giacomo (giustamente chiamato Quartiere armeno). Il loro seminario è stato recentemente costruito fuori le mura di questo quartiere e i loro seminaristi provengono dalla Turchia o dalle altre regioni in cui vivono i fedeli di questa Chiesa. Essi, come i seminaristi francescani, sostengono il canto e il servizio delle liturgie proprie dei santuari. A differenza dei francescani, questi cantori sono adolescenti che seguono i corsi ginnasiali della scuola armena. Essi sono scelti per la loro voce. Questo è il motivo per il quale le celebrazioni armene sono in genere belle e edificanti.

tà indirizzata al Dio Uno, nel rispetto di uno *Statu quo* che fissa diritti e doveri di ognuno[60].

1.5.2. La processione dei Greci

Anche i Greci ortodossi godevano il privilegio di una processione quotidiana, ma vi hanno rinunciato. Hanno tuttavia conservato il diritto di suonare le loro campane (situate sul *Golgota*) che ne annunciavano l'inizio mentre il corteo francescano inizia la discesa alla cripta dell'*Invenzione della Santa Croce*. Essi compiono ora la loro processione soltanto nei giorni in cui celebrano una Messa pontificale, oppure quando i pellegrini la richiedono espressamente[61]. L'itinerario può sembrarci anomalo, e tocca le quattordici stazioni nell'ordine seguente: *Tomba di Cristo*, *Cappella della Maddalena*, *Colonna della Flagellazione*, *Prigione di Cristo*, le *Cappelle di san Longino*, della *Divisione delle Vesti*, dell'*Invenzione della Santa Croce*, degli *Improperi*, della *Crocifissione*, della *Morte di Gesù*, dell'*Addolorata*, della *Pietra dell'Unzione* e della *Cappella dell'Angelo*. In ogni stazione si esegue il canto di un tropo e del Vangelo. Qualora ci fossero molti pellegrini, possono anche tenere un'omelia ad ogni stazione. Infine, durante la loro quaresima, fanno anch'essi un solenne giro attorno all'*edicola*.

In genere il clero orientale si preoccupa poco di apostolato, ancora meno dell'apostolato liturgico. Il loro impegno è in prevalenza dedicato al canto della *Divina Liturgia*, senza preoccupazione per la partecipazione dei fedeli o della loro frequenza alla liturgia stessa. Nonostante ciò la loro processione ha conservato questo carattere pastorale. Hanno rinunciato, anzi perso, il diritto di compierla quotidianamente, ma quando la svolgono, si può assistere a un'eloquente azione di accoglienza dei loro pellegrini in questo Luogo santo[62].

---

60 Cfr. S. MILOVITCH, «Saint-Sépulcre : la singularité au service de l'universalisme», in *Trésor du Saint Sépulcre. Ouvrage publié à l'occasion de l'exposition* Trésor du Saint Sépulcre. Présent des cours royales européenne à Jérusalem *présentée au Château de Versailles et à la Maison de Chateaubriand (Chatenay-Malabry) du 16 avril au 14 juillet 2013*, Cinsinello Balsamo 2013, 109.

61 Cfr. *RSSFJ*, 149-152 e *3SSQ*, 30.

62 Per convincersene, cfr. *RSSFJ*, 150-152 riportato in appendice al n° **5.2.**

1.5.3. Le due incensazioni quotidiane

1.5.3.1. Incensazione "vespertina" delle ore tredici

All'una meno cinque del pomeriggio, suonano le campane che indicano l'ora del Vespro[63] e delle incensazioni. Iniziano i Latini suonando la campana situata nella Rotonda e poi quelle esterne. Appena cessa il suono della campana dei Latini, i Greci, suonano la loro, seguiti dagli Armeni. I Greci, gli Armeni e infine i Copti effettuano poi quotidianamente l'incensazione come segue:

1. Il diacono greco[64] esce dal *Catholicon*, entra direttamente nella *Tomba*, scoprendosi il capo, poi l'incensa. Prosegue con l'incensazione dell'*Edicola delle Tre Marie*, *la Pietra dell'Unzione*, la *Cappella di Adamo*, il *Calvario*, l'*Altare degli Improperi*, la cripta dell'*Invenzione della Croce*, la cappella di *santa Elena*, l'*Altare della divisione delle Vesti*, l'*Altare di san Longino*, la *Prigione di Cristo*, la *Colonna della Flagellazione* e l'*Altare dell'Apparizione*[65], il mosaico in forma circolare (facendone il giro) e il quadro latino dell'*Altare della Maddalena*, la *Rotonda* (lato latino), l'altare e il sepolcro di *san Giuseppe di Arimatea*, la *Rotonda* (lato armeno). Il diacono incensa di nuovo la *sacra Tomba*, senza scoprirsi il capo e penetra di nuovo nel *Catholicon,* che incensa.

2. Il diacono armeno[66] incensa nello stesso ordine di quello dei Greci con qualche variazione: incensa la *Cappella di Adamo* senza entrarvi, il *Catholicon* dalla porta accanto alla *Cappella di san Longino*; nella cappella latina, incensa la sola *Colonna della Flagellazione*, stando sopra il mosaico che indica al diacono il suo posto.

3. Il turiferario copto[67] prosegue come l'Armeno, ma si reca alla *Tomba* dal lato armeno. Inoltre incensa più brevemente la *Cappella del Santissimo* e incensa poi la sua cappella addossata all'*Edicola* senza entrarvi.

4. I Latini non hanno quest'incensazione quotidiana, tuttavia la processione verso la *sacra Tomba* che essi compiono qualora dovessero uscire dalla loro cappel-

---

[63] Già visto al n° **1.3.** che il Vespro, fuori dei giorni di festa e solennità, si celebra oggi insieme a Compieta immediatamente prima della processione. La campana si suona perché serve a darne segnale alle altre comunità acattoliche (cfr. *RSSFJ*, 132-134).

[64] Cfr. *RSSFJ*, 139-140; *3SSQ*, 31.

[65] Solamente i Greci possono entrare nel mezzo della Cappella e incensare l'*Altare dell'Apparizione*. Gli altri si accontentano di incensare la sola *Colonna della Flagellazione*. Per ognuno di essi, un mosaico al suolo indica il luogo dove si deve fermare il turiferario.

[66] Cfr. *RSSFJ*, 140; *3SSQ*, 31.

[67] Cfr. *RSSFJ*, 140-141.

la al canto del *Magnificat* durante il Vespro solenne, è assimilata a una loro incensazione[68].

1.5.3.2. Incensazione "mattutina" delle ore ventitré e trenta

Durante la notte, le comunità latine, greche e armene celebrano il *Mattutino* e le Lodi. Le campane suonano in un ordine diverso da quello dell'ora del Vespro: iniziano a suonare i Greci, seguiti dai Latini e infine dagli Armeni. Le incensazioni si svolgono come quelle pomeridiane secondo lo stesso itinerario e lo stesso ordine. I Latini, come già è stato visto, procedono all'incensazione i soli giorni di festa e solennità durante il *Benedictus* delle Lodi. Tuttavia, nei sabati di quaresima, per la festa del *Corpus Christi* e la notte di Pasqua, la comunità latina gode il privilegio di fare un giro attorno alla Tomba prima di incensarla.

1.5.3.3. Conclusione

Durante le due incensazioni quotidiane i tre turiferari si susseguono a qualche minuto di distanza, senza però doversi mai superare. Infine, il tempo necessario per compiere ognuna di queste incensazioni, corrisponde al tempo necessario per camminare da un posto all'altro.

Si noti che i luoghi venerati dagli Orientali durante questi itinerari sono simili a quelli della processione quotidiana latina benché i protagonisti girino nel senso opposto.

---

[68] Cfr. n° **1.3**.

2. PROSPETTIVA STORICA: LE DIFFERENTI FORME ASSUNTE DALLA PROCESSIONE LUNGO LA STORIA NELL'EVOLVERSI CELEBRATIVO LATINO

Questo capitolo prende in esame principalmente la processione quotidiana che si svolge ogni giorno nella basilica del Santo Sepolcro; tuttavia questa funzione si inserisce, in un certo qual modo, nell'ambito delle liturgie latine in genere. Dopo un lungo tempo di preparazione, l'intera storia della processione ora esaminata (itinerario ed eucologia) si divide in quattro periodi[69]. Per ognuno, dopo aver presentato il contesto storico e lo svolgimento della liturgia latina, si metterà in evidenza l'evolversi della processione. Per illustrare ogni periodo, ci si baserà sulle testimonianze di alcuni pellegrini, e sui libri liturgici di Terra Santa. Queste fonti non sono state riportate in modo esaustivo[70]: ci si è limitati nel presentare quelle più caratteristiche[71].

2.1. Periodo pre-francescano

Questo lungo arco di tempo - quattordici secoli - comprende la gloriosa epoca bizantina e cristiana, il primo periodo musulmano e infine il secolo del Regno latino in Palestina. Sin dalle origini cristiane, cioè dalla nascita della Chiesa il giorno di Pentecoste, uomini pii di tutte le nazioni che sono sotto il cielo (cfr. *Act* 2,5-11) sono venuti a Gerusalemme per lodare il Signore. Oggi come ieri, anche i romani (cfr. *Act* 2,10) vengono a fare parte di questa innumerevole folla di pellegrini e di fedeli.

2.1.1. Contesto storico ed ecclesiale

1. Dopo secoli di dominazione bizantina sulla Palestina, vinto l'esercito cristiano al fiume Yarmuk, il califfo ommayade OMAR si dirige verso la Città santa e nel 637-638 fa il suo ingresso a Gerusalemme con i patti negoziati dal Patriarca SOFRONIO che gli apre le porte. La politica di tolleranza di OMAR verrà mantenuta

---

69 Non solamente la processione del Santo Sepolcro si può dividere in quattro periodi, ma anche le processioni quotidiane presso gli altri santuari francescani di Terra Santa.

70 Per altri riferimenti, cfr. per esempio *FACC*, 5-25.

71 Per una migliore comprensione della cronologia di questo periodo e una più chiara conoscenza dei testimoni dei fatti riportati, si consiglia al lettore di confrontare la tabella riportata in appendice al n° **9**.

dai suoi successori ommayadi e poi abbasidi. La città è ormai sotto il dominio islamico.

2. Il 15 luglio 1099, l'esercito dei cavalieri d'Occidente conquista la Città santa, la libera dalla dominazione islamica e vi fonda il Regno latino che negli anni successivi si stabilirà lungo tutto il litorale mediterraneo. Come già al tempo di *Giosué* (cfr. *Ios* 6,1-15), dopo aver digiunato e assediato invano la Città, prima di iniziare il combattimento, «processio circa ipsa moenia agebatur, et cruces ac reliquiae et sacrata altaria deferuntur»[72]. Ripresa la città, e dopo l'esultanza dovuta al ricupero della basilica, eletto il duca GOFFREDO a capo della Città riconquistata, per sua volontà personale, sono i canonici di sant'Agostino ad essere incaricati del servizio liturgico del Santo Sepolcro (nonché del *Templum Domini*: la moschea costruita sulla spianata del Tempio). Essi dovevano celebrare continuamente l'Eucaristia e prendere il quotidiano sostentamento dalle offerte dei fedeli. Per la prima volta, la chiesa viene dotata di campane. Dopo la ripresa della basilica, fu pure ritrovato il legno della santa Croce che, con grande solennità, fu riposto al Sepolcro. I canonici elessero ARNOLFO come nuovo Patriarca: egli divenne il primo vescovo latino sulla sede gerosolimitana, fino alla deposizione da parte di BALDOVINO, fratello di GOFFREDO[73].

3. Nel 1187, Gerusalemme viene ripresa ai Crociati da SALAH-ED-DIN (SALADINO) e la situazione delle comunità cristiane durante questo periodo diventa veramente difficile. Le componenti della Chiesa latina, per i musulmani di questo periodo, sono sinonimo di invasori occidentali e giudicate persone non gradite. SALADINO ordina che siano rotte tutte le campane della basilica e che ne vengano murate undici porte: rimane in servizio quella che ancora oggi serve per l'ingresso[74]. In questo modo, non distruggendo l'edificio cristiano, non si attira l'ira dei Crociati, e in più si può arricchire facendo versare una tassa a coloro che vogliono entrare a visitare il Calvario e la sacra Tomba. L'unica porta rimasta tra l'interno

---

72 ROBERTUS MONACHUS, *Historia hierosolimitana* 7, in *IHC* I, 228.

73 Per le notizie sulla presa di Gerusalemme, cfr. il racconto dei testimoni: FULCHERIUS CARTOTENSIS, *Historia Hierosolymitana Gesta Francorum Iherusalem peregrinantium* 29-30, in *IHC* I, 112; ANONYMUS, *Gesta Francorum expugnantium Iherusalem* 34-42, in *IHC* I, 154-158; ROBERTUS MONACHUS, *Historia hierosolimitana* 6-7, in *IHC* I, 228; ALBERTUS AQUENS, *Historia hierosolymitana* 5,45-6,40, in *IHC* I, 270-278.

Oltre al Patriarca e ai canonici, una complessa gerarchia latina venne insediata a Gerusalemme. I canonici del Sepolcro avevano un priore con mitra e anello vescovile, anche se promettevano obbedienza al solo Patriarca (cfr. INNOMINATUS V, *De Locis sanctis et populis et bestiis in Palaestina vitam degentibus* 62, in *IHC* III, 336-40; HAYMARUS MONACUS, *De statu Terrae Sanctae* 1, in *IHC* III, 166-174).

74 Cfr. S. DE SANDOLI, *Chiesa del S. Sepolcro. Chiavi porte e portinai*, supplemento *La Terra Santa* "Luglio-Agosto" (1986) 18-34.

e l'esterno, infatti, non è aperta in continuazione, ma viene aperta soltanto quando si paga per poter usufruire del passaggio. Con la sconfitta dei Crociati, il clero e i cristiani latini abbandonano Gerusalemme e riparano ad Acri, ove erigono chiese e cappelle con i nomi dei Luoghi santi perduti ed a cui vengono applicate delle indulgenze, nell'attesa di poter tornare un giorno a pregare liberamente nei veri Luoghi santi. Durante le tregue i pellegrini possono visitare i santuari che sono in mano ai musulmani, pagando forti tasse e scortati sempre da un buon numero di armati per non essere assaliti[75].

4. La vita liturgica latina riprenderà per un decennio nella basilica durante la tregua conclusa tra l'imperatore scomunicato FEDERICO II (1229-1244) e il sultano d'Egitto MALEK EL-KAMEL (lo stesso che san FRANCESCO aveva incontrato a Damietta in Egitto alcuni anni prima). Il trattato di Giaffa (18 Febbraio 1229) che sancisce la tregua viene firmato con una validità di soli dieci anni. Nel 1239 la città è resa all'Islam, ma sarà riconquistata per la terza volta il 23 aprile 1241. Nel luglio 1244, Gerusalemme è definitivamente persa dopo l'assedio dei feroci Khawarismiani o Carismini. Secondo la testimonianza dell'apocrifo GUGLIELMO di Tiro, entrati in città, «dedenz l'esglyse du Sepulcre trouverent Crestienz qui ne s'en voudrent mie aller ovec les autrez. Cex esbouelerent [uccisero] devant le Sepulcre Notre Seigneur, et couperent le testes aus prestres qui estoient revestuz ou chantoient messes aus autiex [altari]»[76]. Dopodiché distrussero le tombe dei re latini nonché le opere d'arte contenute nella basilica; per disprezzo nei riguardi della fede cristiana, mandarono pure alcune colonne incluse nell'edificio alla Mecca. Gerusalemme viene ora irrimediabilmente persa per l'esercito latino.

5. La presenza dei francescani in Terra Santa inizia con la nascita dell'Ordine[77]. Già nel 1218 circa, all'epoca delle Crociate, i frati minori avevano una casa a San Giovanni d'Acri e, nel 1229, durante la tregua di FEDERICO II, si ritiene che avessero anche una fraternità a Gerusalemme nelle vicinanze della quinta stazione[78]. La loro presenza in Oriente nonché le loro attività, pur umili, vengono

---

[75] Cfr. S. DE SANDOLI, *Il primo convento francescano in Gerusalemme (1230-1244)*, supplemento *La Terra Santa* 59 (1983) 8.

[76] CONTINUATEUR ANONYME DE GUILLAUME DE TYR, *La sainte cite de Iherusalem, les saints lieux et le pelerinage de la Terre* 41, in *IHC* IV, 54.

[77] Nel 1215, FRANCESCO manda fra EGIDIO ad Acri per un sopralluogo; nel 1217 manda fra ELIA con un gruppo di frati a fondare la Provincia francescana d'Oltremare o di Terra Santa e nel 1219 viene di persona in Egitto e incontra il Sultano (cfr. *Continuation de l'estoire de Eracles Empereur publiee par Guillaume de Tyr* 32,15, in *IHC* IV, 25).

[78] Infatti, alla fine del '200, mentre visitava la Città santa riconquistata dai Musulmani, il domenicano RICOLDO di Montecroce descrive il luogo dove il Cireneo aiutò Gesù a portare la Croce, scrivendo: «ibi iuxta est locus, qui fuit fratrum minorum» (in: RICOLDUS

raccomandate dal pontefice GREGORIO IX (il cardinale UGOLINO, amico di FRANCESCO e protettore dell'Ordine) con la bolla *Si Ordinis Fratrum Minorum*[79] del 1 febbraio 1230 indirizzata ai Patriarchi e Vescovi d'Oriente. Durante questo decennio, la presenza francescana a Gerusalemme non lascia tuttavia intendere che i frati avessero avuto alcun incarico liturgico al Sepolcro, che era affidato in modo regolare ai canonici di sant'Agostino.

6. Nel 1291 con la presa di Acri, l'ultimo bastione latino in Terra Santa cade. Con questa sconfitta, finisce ogni dominazione latina in Palestina.

2.1.2. Liturgia

2.1.2.1. Primo millennio

La presenza del culto latino in Palestina è molto anteriore al Regno crociato: per esempio, già sotto la guida pastorale di san CIRILLO, il monachesimo latino era installato nella Città santa. Infatti, la sua contemporanea EGERIA ricorda che durante le catechesi mistagogiche, il Vescovo parlava greco, ma un sacerdote traduceva in siriaco per chi non lo intendeva. Aggiunge che anche i Latini venivano accolti dagli Orientali. «Sane quicumque hic latini sunt, id est qui nec siriste nec grece nouerunt, ne contristentur, et ipsis exponitur eis, quia sunt alii fratres et sorores grecolatini, qui latine exponunt eis»[80]. Risulta che pur non trattandosi ovviamente di rito latino gerosolimitano, molti fedeli di questa lingua (monaci locali o pellegrini) vi partecipavano e, in un certo qual modo, erano associati ed integrati alla liturgia ufficiale.

L'anno della morte di CIRILLO giunge in Palestina una grande figura della latinità: il dalmata san GIROLAMO (345-419). Ancora oggi, la topografia di Betlemme conserva il ricordo delle grotte in cui il santo, dopo aver compiuto gli studi a Roma, tradusse la Bibbia in lingua latina per incarico di papa DAMASO di cui era segretario. GIROLAMO era anche capo di una comunità di monaci latini, nonché direttore spirituale delle monache latine del monastero condotto dalla romana santa PAOLA. Similmente, nel 373, aiutata da RUFINO di Aquileia, santa MELANIA fonda anch'essa, nella Città santa, un altro monastero latino di una cinquantina di monache[81].

A MONTECRUCE, *Liber peregrinationis* 6, in *IHC* IV, 273.) Cfr. anche DE SANDOLI, *Il primo convento francescano,* 20.

[79] Il testo di questa bolla papale è pubblicato in *Bullarium franciscanum Terræ Sanctæ*, in *Diarium Terræ Sanctæ* 1 (1908) 18

[80] *IE*, 314 [n° 47,4].

[81] Cfr. PAULINUS NOLANUS, *Epistulae* 28,5, ed. G. De Hartel (CSEL 29), Wien 1999, 245-246.

È noto che era desiderio di papa GREGORIO MAGNO (540-604) che a Gerusalemme fosse costruito un monastero latino con ospizio per i pellegrini occidentali[82]. Pare che l'idea cominciasse a realizzarsi, ma non ebbe sviluppo, sia per la chiamata dell'abate PROBO a Roma e la sopravvenuta morte del papa, che per le uccisioni e le distruzioni operate dai Persiani nel 614 contro la Chiesa di Gerusalemme. Con l'occupazione araba del 638, il progetto risulterà ormai vano.

Più tardi, CARLO MAGNO (742-814) ottiene dal suo amico[83] HARUN ER-RASCID califfo di Baghdad, un piccolo quartiere davanti alla chiesa del Santo Sepolcro per costruire una chiesa, un monastero e un ospizio per pellegrini: si tratta del complesso di "Santa Maria latina" che durerà fino al 1009 quando verrà distrutto da AL-HAKEM assieme alla basilica. Frattanto la città di Amalfi, avendo condotto dal secolo IX una politica di coesistenza con i popoli arabi, diviene il paese favorito per il commercio del Mediterraneo: questi negozianti ottengono dal sultano di Egitto il quartiere di Santa Maria latina e nel 1063 lo riedificano permettendo così il ripristino della presenza benedettina accanto al Sepolcro[84] che in un modo o nell'altro aveva certamente qualche influsso sulla liturgia della basilica. È evidente che durante questo primo millennio, tutti questi religiosi latini si recavano al Santo Sepolcro per una semplice visita di devozione oppure per partecipare ad alcune liturgie.

2.1.2.2. Periodo crociato

Per la prima volta nella storia, il clero latino ufficia non solo liberamente attorno alla Tomba del Signore, ma anche valendosi di ogni diritto su questo luogo. Molte sono le testimonianze sulla liturgia latina durante il periodo crociato; esse provengono in genere dai racconti degli stessi Crociati[85]. Tra queste testimonianze liturgiche esiste anche un prezioso "rituale"[86] dei canonici di sant'Agostino chiama-

---

[82] «De solidis uero qui pro faciendo xenodochio a filio nostro Probo abbate Hierosolymis relicti sunt» (in: GREGORIUS MAGNUS, *Registrum epistularum* 13,26, ed. D. Norberg (CCL 140A), Turnhout 1982, 1027).

[83] Erano alleati contro il loro nemico comune il califfo ommayade d'Andalusia.

[84] Cfr. WILLELMUS TYRENSIS, *Chronicon* 1,10, ed. R. B. C. Huygens – H. E. Mayer – G. Rösch (CCL 63), Turnhout 1986, 123.

[85] È d'obbligo segnalare l'opera di padre Sabino DE SANDOLI OFM che, in quattro volumi, riporta tutte le testimonianze degli scritti dei Crociati nonché la loro traduzione italiana (cfr. *IHC* I-IV).

[86] Cfr. *Ex Breviario S. Sepulcri*, in *IHC* IV, 416-439. Va anche presa in considerazione l'introduzione del curatore.

Questo manoscritto, di 274 pagine, conservato nella Chiesa del Santo Sepolcro di Barletta (Bari), era probabilmente già scritto quando il clero latino residente ad Acri ritorna a Gerusalemme nel 1229, per effetto della tregua di FEDERICO II.

to "rituale di Barletta". Il manoscritto contiene funzioni e rubriche, uffici e messe del secolo XII che, nel secolo XIII, o non si facevano più o si facevano con qualche variazione. Vi sono anche alcune aggiunte posteriori al 1244, fatte dagli stessi canonici quando si rifugiarono a Barletta, inserendo nel loro calendario alcuni santi della Puglia.

La liturgia dei canonici del Santo Sepolcro conserva il carattere stazionale dei primi tempi del cristianesimo bizantino della Città santa: il Patriarca con i suoi canonici agostiniani, o questi soli, in certe ricorrenze dell'anno, presiedono le funzione liturgiche sia all'interno della basilica del Santo Sepolcro, sia fuori, anche in luoghi appartenenti ad altri religiosi[87]. Il rituale elenca le varie feste dell'anno liturgico con il cerimoniale ad esse connesso. In questa sede, è esaminato solo ciò che ha avuto incidenza sulle liturgie tipicamente gerosolimitane o che indicano fatti rilevanti per il futuro della liturgia della Città santa[88].

La liturgia latina dei Crociati è una liturgia strettamente romana: i libri liturgici che vengono importati a Gerusalemme corrispondono al Pontificale Romano-Germanico del X secolo. Infatti, quando Gerusalemme viene ripresa all'Islam, il Pontificale Romano del XII secolo non è ancora compilato; inoltre durante il secolo della presenza crociata nella Città santa, tutti i re provengono dal nord Europa e quindi Gerusalemme non sarà certamente tra le prime città ad adoperare i nuovi libri tipicamente romani. Nei paragrafi che seguono, le liturgie crociate aghiopolitane che verranno descritte saranno paragonate con i vari Pontificali romani. In questo modo, si potranno ricavare le particolarità tipicamente dovute al luogo della celebrazione.

2.1.2.2.1. Liturgia quotidiana

Già in questo periodo, la liturgia si divide tra la liturgia ufficiale dei canonici e quella più popolare dei pellegrini. La liturgia quotidiana dei canonici non si svolge nell'*Anastasis*, ma nel *Chorus Dominorum* (odierno *Catholicon*) «qui etiam divinas in ea laudes die ac nocte decentissime celebrant omnibus canonicis horis, semper cursum beate Marie premittentes»[89]. È dietro l'altare maggiore di questa grande e bella chiesa dedicata al Signore che è collocata la cattedra del Patriarca.

---

[87] Cfr. *Ex cartulario sancti Sepulcri* 66, in *IHC* IV, 406.

[88] Si potrebbe anche menzionare l'incoronazione o il funerale dei re latini di Gerusalemme, che vengono poi sepolti nella basilica ai piedi del Calvario (cfr. per esempio il funerale di BALDOVINO nel 1118 in: FULCHERIUS CARTOTENSIS, *Historia Hierosolymitana Gesta Francorum Iherusalem peregrinantium* 64, in *IHC* I, 124-126; l'incoronazione e il funerale di BALDOVINO V e il funerale di BALDOVINO IV nel 1185 in: *Continuation de l'estoire de Eracles Empereur publiee par Guillaume de Tyr* 23,5, in *IHC* IV, 16).

[89] THEODORICUS QUIDAM, *Peregrinatio* 7, in *Peregrinationes tres*, ed. R. B. C. Huygens (CCM 139), Turnhout 1994, 150-151 (cfr. anche *IHC* II, 325).

Quando viene celebrata la Messa della risurrezione nel *Chorus Dominorum*, «li diacres, quant il list l'evangille, si se tourne devers Mont Calvaire, quand il dist: "Crucifixum"; apriès si se retorne devers le Monument, & il dist: "Surrexit, non est hic"; apriès si monstre al doit: "Ecce locus ubi posuerunt eum". Et puis s'en retourne al livre, & pardist son evangille»[90]. Si osserva una gestualità inerente al luogo in cui il testo viene annunciato. Questo modo di mostrare il luogo nominato nel testo proclamato verrà ancora adoperato dai francescani durante i primi secoli della loro presenza in basilica. Durante la celebrazione dell'Eucaristia nel *Chorus Dominorum*, la lettura dell'epistola avveniva nel *compasso*, ossia un pulpito di marmo detto *centro del mondo*[91].

Già in questo periodo, i pellegrini usavano celebrare l'Eucaristia[92] non tanto in funzione del calendario liturgico bensì in funzione della geografia sacra. Nel 1283, mentre Gerusalemme era già persa ai Crociati, il domenicano BURCARDO che per un decennio soggiornò sul Monte Sion scrive: «ego dixit missam de passione et legi passionem secundum Iohannem in missa in loco ipso passionis Christi»[93].

Molto interessante è la testimonianza di RICOLDO di Montecroce scritta pochi anni prima della perdita di Acri. Durante una tregua, RICOLDO e i suoi compagni si recano in pellegrinaggio al Santo Sepolcro e, dopo la visita al Calvario, si avvicinano con drammaticità alla Tomba ripercorrendo la via delle tre Marie chiedendosi a vicenda *Quis revolvet nobis lapidem?* Avvicinandosi all'ingresso, ad ogni passo cantano ad alta voce un versetto del *Victimæ paschali laudes*, dopodiché iniziano a girare attorno all'edicola. L'autore dà a questi giri il significato di una ricerca affannosa del Signore. Non trovandolo, uno dei pellegrini grida: «Surrexit Christus, spes mea! precedet suos in Galilea!»[94] e proseguono poi verso il luogo delle appari-

---

90 ERNOUL, *L'estast de la cité de Iherusalem (1228)* 8, in *IHC* II, 400.

91 Cfr. ERNOUL, *L'estast de la cité de Iherusalem (1228)* 7, in *IHC* II, 400; LE CONTINUATEUR ANONYME DE GUILLAUME DE TYR, *La Sainte cité de Iherusalem les Saints Lieux et le pelerinage de la Terre* 3, in *IHC* IV, 32.

92 Cfr. un esempio di predica del Patriarca ENRICO in: ANONYMUS LITTORENSIS, *Historia de translatione Sanctorum* 36, in *IHC* I, 325.

Alla liturgia, si aggiungono le pie devozioni: giunti i pellegrini sul Calvario, usano introdurre il capo nella buca in cui fu piantata la Croce. Nella fenditura in cui fu sparso il sangue prezioso del Redentore poi, sogliono lasciare quelle croci che portano con se dai loro paesi; queste croci vengono bruciate in grande quantità dal custode del luogo ogni sabato (cfr. THEODORICUS QUIDAM, *Peregrinatio* 12, ed. Huygens, 155; cfr. anche *IHC* II, 332).

93 BURCHARDUS DE MONTE SION, *Descriptio Terrae Sanctae* 23, in *IHC* IV, 186. Non si dovrebbe trattare della celebrazione del Venerdì santo poiché in questo periodo la Città santa era sotto il dominio islamico e le liturgie della Settimana santa erano di nuovo presiedute dal clero orientale.

94 Cfr. RICOLDUS A MONTECRUCE, *Liber peregrinationis* 6, *IHC* IV, 272-274.

zioni del Risorto. Questa drammaticità ricorda il cerimoniale del giorno di Pasqua[95] ed è un'altra conferma che i pellegrini celebrano la liturgia non tanto in funzione del calendario liturgico ma del Luogo santo.

2.1.2.2.2. Settimana Santa

Il rituale di Barletta[96] descrive con molti dettagli lo svolgersi della veglia pasquale che corrisponde al momento di più forte partecipazione dei fedeli. Nelle righe che seguono, sono messi in evidenza i paralleli con il Pontificale Romano Germanico - tra parentesi quadre -, e i paralleli con il Pontificale del secolo XII[97] - tra parentesi graffe-. La veglia inizia presto: alla sesta ora {=XXXII,1}, il Patriarca assieme a tutti i Prelati latini e i ministri si prepara «ad celebrandum in hac sanctissima nocte tam sanctum offitium»[98]. La liturgia gerosolimitana non fa nessun accenno alle liturgie battesimali e all'accensione e benedizione dei ceri all'inizio della celebrazione [=337-351] {=XXXII,1-10}. Giunto il Patriarca alla sede, la Messa inizia senza il titolo [=352] {=XXXII,11} con la proclamazione della prima lettura (la creazione del mondo) [=352] {=XXXII,11}. Tutte le pericopi vengono lette senza titolo, in greco e in latino[99] {=XXXII,12}. Dopo l'ultima lettura (quella di Nabucodonosor)[100] {=XXXII,11}, il Patriarca sceglie alcune persone e qualche pellegrino (distinti per moralità) per prendere e portare la santa Croce. Nel frattempo, quattro canonici supplicano il Signore con il canto delle litanie. I cristiani deputati dal Patriarca si vanno a confessare e si scalzano, poi «monumentum Domini psallendo cum lacrimis devote incedendo vivificam Crucem secum deferendo vel ter (vel) quater circuire non desistunt»[101]. Si tratta della liturgia del fuoco della veglia pa-

---

95 Cfr. n° **2.1.2.2.2.**

96 Cfr. *Ex Breviario S. Sepulcri* 16-17, in *IHC* IV, 426-428; il confronto viene fatto con *PRG*, 93-112 [n° XCIX, 337-397].

Come per le altre celebrazioni della Settimana santa, risulta che molti elementi del Pontificale del secolo XII sono anche latenti in queste liturgie.

97 Questo Pontificale non poteva essere usato, in quanto tale, a Gerusalemme durante la dominazione latina, ma alcuni elementi che entreranno a fare parte del Pontificale erano già presenti a Gerusalemme, come lo erano pure a Roma.

98 *Ex Breviario S. Sepulcri* 16, in *IHC* IV, 426.

99 Per la doppia lingua, cfr. anche la testimonianza dell'anno 1101 di WILLELMUS MALMESBERIENSI, *De gestis Regum anglorum* 4,379, in *IHC* II, 68.

100 Il rituale di Barletta dà solamente le referenze della prima e ultima lettura che corrispondono a quelle proclamate nell'ufficio romano; va anche considerato che appartengono alla genuina tradizione gerosolimitana (cfr. *Le codex arménien Jérusalem 121 2. Édition comparée du texte et de deux autres manuscrits*, intr. tr. ed. Ch. Renoux (POr 36, 168), Turnhout 1971, 229-307; *Le grand lectionnaire de l'Église de Jérusalem (Ve-VIIIe siècle)* 722-736, ed. M. Tarchnischvili (CSO-Iberi 9), Louvain 1959, 110-113).

101 *Ex Breviario S. Sepulcri* 16, in *IHC* IV, 430.

squale che viene incorporata con la discesa miracolosa del Fuoco santo[102]. Tutta la folla di varie nazioni non cessa di richiedere a Dio il prodigio elevando preghiere e lamenti perché il Signore si degni di mandare il Fuoco. Qualora tardasse a venire, «iterum sacrosanctum Domini sepulcrum sex vicibus aut septem orando et fletendo circuire satagunt»[103]. Infine colui che porta la Croce entra nell'edicola: trovato il fuoco accende con gioia timorosa il proprio cero. Il Patriarca comunica la fiamma al re e poi a tutti gli altri. Esultante, il Patriarca intona il *Te Deum* mentre per due volte suonano le campane[104]. A questo punto, il fuoco celeste e il cero benedetto ricevono la nuova benedizione dal diacono, che canta l'*Exultet* {=XXXII,8}.

---

[102] Il miracolo della discesa del Fuoco santo non inizia con il regno latino: già da molto tempo era presieduta dal Patriarca orientale di Gerusalemme. La più antica testimonianza di questo fatto risale al secolo IX. Il monaco BERNARDO scriveva (870 circa): «Sabbato sancto, quod est viglilia Pasche [...] *Kyrie eleison* canitur, donec, veniente angelo lumen in lampadibus accendatur, que pendent super predictum sepulcrum, de quo dat patriarcha episcopis et reliquo popolo, ut illuminet sibi unusquisque in suis locis» (in: BERNARDUS MONACHUS, *Itinerarium Bernardi monachi Franci*, in *Itinera Hierosolymitana et descriptiones Terrae Sanctae bellis sacris anteriora et lingua latina exarata*, ed. T. Tobler – A. Molinier, Genève 1879, 315).

[103] *Ex Breviario S. Sepulcri* 16, in *IHC* IV, 430.

[104] La discesa del Fuoco sacro viene narrata da tutti i crociati come la prova massima della supremazia del Dio dei cristiani. Nelle cronache dei crociati, si rilevano i seguenti elementi complementari:

- La celebrazione viene presieduta congiuntamente dai Latini e dai Siriani; a volte la discesa viene ritardata fino alla notte (cfr. ANONYMUS, *Gesta Francorum expugnantium Iherusalem* 47-49, in *IHC* I, 162-164: fatti anteriori al 1108).
- Nel 1120, dopo la discesa del fuoco, 700 pellegrini scesero al fiume Giordano «juxta ritum Fidelium» e vennero uccisi dai musulmani (cfr. ALBERTUS AQUENS, *Historia hierosolymitana* 33, in *IHC* I, 302-304).
- Prima del 1125, quando il fuoco tardava a venire, la comunità passava la notte in preghiera al Tempio, dove Davide stava in tribolazione dopo il suo censimento (cfr. 2 *Sam* 24,10); dopo la fine della liturgia latina anche le lampade dei Siriani si accendono miracolosamente (cfr. EKKEHARDUS ABBAS URAUGIENSIS, *Hierosolymitana* 32, in *IHC* I, 310-312).
- Nel 1175, viene detto che la processione di supplica che precede l'arrivo del fuoco è un'usanza normale dei pellegrini che visitano il Sepolcro; inoltre a volte la discesa può avvenire al Tempio, a volte all'ospedale San Giovanni (cfr. THEODORICUS QUIDAM, *Peregrinatio* 8, ed. Huygens, 152; cfr. anche *IHC* II, 326).
- Dopo la caduta di Gerusalemme del 1187, la discese si fa senza la complessità del rituale di supplica: a questo punto il miracolo riveste un carattere apologetico per i musulmani. Una lampada si spegne da sola alle ore 15 il Venerdì santo e si accende da sola nell'ora della risurrezione (cfr. INNOMINATUS III, *Haec est via ad Terram Sanctam* 3, in *IHC* III, 18).
- Il 4 aprile 1192, nella veglia di Pasqua, SALADINO si reca di persona al Sepolcro per smascherare l'inganno cristiano: mentre era attento alla devozione di alcuni prigionie-

Questa parte della veglia termina con una processione fino al fonte battesimale, al canto delle litanie {=XXXII,21}. Benedetto il fonte {=XXXII,21-23}, il Patriarca battezza un neonato {=XXXII,24} e il decano dei canonici battezza gli altri {=XXXII,24}. Ritornato al *Chorus Dominorum*, si ripete la breve litania {=XXXII,38} e il coro intona il *Kyrie* {=XXXII,39}; il *Gloria* viene intonato dal Patriarca {=XXXII,39}. Il Vangelo è proclamato dal diacono: il rituale spiega che la lettura del Vangelo si fa senza l'ausilio dei luminari, ma solennizzata dall'incenso aromatico {=XXXII,39} ad imitazione delle donne che andarono al Sepolcro portando i profumi. Dopo la proclamazione evangelica, mentre si canta il *Credo* {a Roma il *Credo* non si dice =XXXII,39}, il Vangelo viene baciato e portato processionalmente in coro. La liturgia eucaristica non è descritta ulteriormente, perchè dall'offertorio in poi, la Messa della notte di Pasqua non ha particolarità speciali.

La discesa del Fuoco santo viene integrata nella vigilia pasquale, ma non apre la veglia come nell'ufficio romano o nell'ufficio gerosolimitano del IV secolo[105], ma viene inserita all'interno della veglia dopo le letture e prima dei battesimi. Lo spostamento della santa discesa a questo punto della liturgia si potrebbe spiegare con il fatto che, nei primi secoli, la veglia pasquale era celebrata in ore vespertine. Con il tempo, tutti i riti hanno anticipato l'orario della celebrazione. Se gli ecclesiastici hanno potestà sull'orario delle loro liturgie, non ce l'hanno sull'avvenimento del miracolo e per questo motivo il miracolo divino entrerà a fare parte del cuore celebrativo e non sarà più un semplice rito di apertura della veglia. Inoltre, il luogo da cui il Signore ritrovò la vita è anche simbolo della vita nuova che riceveranno i nuovi battezzati. Perciò una processione verso la Tomba nel momento in cui la liturgia esige una processione verso il fonte battesimale risulta anche molto opportuna.

La celebrazione è profondamente ecumenica: tutte le comunità ecclesiali sono presenti, e viene presieduta dalla più alta autorità cristiana, vale a dire dall'unico Patriarca. In analogia con la processione delle Palme, la celebrazione include la totalità del mistero pasquale: la discesa del fuoco simbolo della risurrezione avviene mentre la Croce entra nella Tomba vuota. Si noti anche che viene specificato il significato dei giri attorno all'edicola: si tratta di una supplica alla benevolenza divina

---

ri cristiani, per tre volte il fuoco accese le lampade e per tre volte l'ira dei musulmani le spense. Da questo miracolo SALADINO capì che sarebbe morto presto (cfr. RICARDUS CANONICUS LONDONIENSIS, *Itinerarium peregrinorum et gesta Regis Ricardi* 16, in *IHC* III, 146-148).

- Altre testimonianze di questo fuoco si trovano per esempio in: CAFARUS DE CASCHIFELONE, *De liberatione civitatum orientis* 14, in *IHC* I, 316-318.

[105] Nel lezionario armeno la proclamazione delle letture era preceduta dall'accensione del cero da parte del vescovo (cfr. *Le codex arménien Jérusalem*, ed. Renoux, 297).

perché conceda la grazia del miracolo. Il richiamo ai sette giri che fece Giosué con l'arca dell'Alleanza (cfr. *Ios 6,1-15*) prima di invadere Gerico va da sé[106].

Un'altra testimonianza[107] della discesa del Fuoco santo viene offerta dal monaco russo DANIELE che nel 1106-1107 compie un pellegrinaggio nella Città santa. La sua narrazione è preziosa perché proposta dal punto di vista di un Orientale. Si ha la prova che la discesa del Fuoco santo fa veramente parte della liturgia di tutte le comunità cristiane locali. Ci informa che ogni Chiesa segue la sua propria liturgia: i Latini stanno nel loro coro, i Greci nelle gallerie dell'*Anastasis*:

> «All'ottava ora del giorno cominciarono a cantare il vespro al di sopra del sepolcro i preti ortodossi, i monaci e tutto il clero, e c'erano molti eremiti. I Latini all'altare maggiore cominciarono a berciare [strillare] a modo loro. Così, mentre tutti cantavano, io stavo a guardare insistentemente verso le porte del sepolcro»[108].

Precisa poi che il vescovo entra nella Tomba con il cero di BALDOVINO, esce con il cero acceso e lo consegna di nuovo al re che comunicherà la fiamma agli altri partecipanti. Il monaco scrive in russo, lingua che i Crociati non capiscono e tuttavia parla dell'accoglienza che gli offrono i Latini con parole molto affettuose, rivelando inoltre che questi avevano una bella sollecitudine nel far partecipare gli Orientali alla celebrazione. Se ne può dedurre che la presidenza del Patriarca latino a questa funzione ecumenica non era opprimente per le altre comunità cristiane.

Dopo la sconfitta del 1244, il clero orientale riprende la presidenza della discesa del sacro Fuoco. Un anonimo riporta che nel 1267, all'ora della consacrazione del cero, un fuoco venne dal cielo e accese tre lampade rinchiuse nell'edicola «a multi videntibus fratribus minoribus et Christianis multis et Surianis et eciam Sarra-

---

[106] Cfr. anche i giri prima della presa di Gerusalemme al n° **2.1.1. §2.**

L'atteggiamento dei partecipanti a questa supplica e implorazione per la discesa del Fuoco santo come lo riporta il rituale, è ricco di dettagli. La folla non cessa di chiedere a Dio il miracolo elevando clamorose preghiere e lamenti, perché il Signore si degni di mandare il fuoco desiderato. Se la discesa tarda, inginocchiato, con dolenti sospiri e con lacrime agli occhi, il popolo grida ancora più fortemente ripetendo con frequenza *kyrie eleison*. Secondo l'abate russo DANIELE, prima che scenda il fuoco, viene una nuvola e una piccola pioggia cade sull'Edicola. L'analogia con i sacerdoti di Baal che invocano la discesa del fuoco divino (cfr. *1 Reg* 16,26-29), pur non essendo gloriosa, appare evidente.

[107] Cfr. DANIIL EGUMENO, *Itinerario in Terra Santa*, ed. M. Garzaniti (Fonti Cristiane per il Terzo Millennio 6), Roma 1991, 158-165.

[108] DANIIL EGUMENO, *Itinerario in Terra Santa*, ed. Garzaniti, 161.

Un'interessante testimonianza parallele della non comprensione del rito degli altri si ha in: WILLELMUS MALMESBERIENSI, *De gestis Regum anglorum* 4,379, in *IHC* II, 68 con: «clara Syrorum melodia perstrepente, cum necdum appareret ignis».

cenis»[109]. Sin dalla loro presenza a Gerusalemme, i frati di FRANCESCO, mescolati assieme al popolo, hanno a cuore di partecipare a queste celebrazioni nel luogo della redenzione del genere umano.

Il rituale[110] del giorno di Pasqua è celebrato con molta drammaticità. Mentre si canta il Vangelo, tre giovani chierici si vestono da donna dietro all'altare. Da lì, escono preceduti dai turiferari e dai ceroferari. Ciascun chierico porta in mano un vaso d'oro contenente unguento e insieme cantano tre volte *O Deus, quis revolvet?* Giunti alla porta della Tomba, due altri chierici con un cero in mano e la testa coperta cantano *Quem quæritis?* Rispondono *Ihesum Nazarenum*. Poi i due rispondono *Non est hic, surrexit!* Le "donne" entrano nella Tomba e dopo una breve preghiera cantano *Alleluia! Resurrexit Dominus!*[111] e allora il Patriarca intona il *Te Deum*.

La sera durante i Vespri si organizza una nuova processione verso il battistero {=XCIX,411} ed il Sepolcro, come si farà poi durante tutta l'ottava {=XCIX,411}. Come per la veglia, si vede bene la connessione tra il Sepolcro e il battistero che godono della stessa venerazione.

2.1.2.2.3. Processioni

Secondo un ordinamento del Patriarca FULCHERIO (1118-1157), nei giorni di domenica da Pasqua fino all'inizio dell'Avvento, viene stabilita una processione. Un sacerdote si veste dei paramenti e, con i suoi ministri, percorre l'interno dei locali conventuali[112].

Inoltre, nel 1165 si ha la testimonianza del pellegrino GIOVANNI, vescovo di Wirzbürg il quale riporta che, all'ora vespertina, nella nuova chiesa appena costruita come nell'antica rotonda attorno all'edicola, si svolge una processione idonea:

> «quae et fit singulis dominicis noctibus a Pascha usque ad Adventum domini in vesperis ad sanctum sepulchrum cum antiphona *Christus resurgens*, cuius etiam antiphonae textus extra in extremo margine monumenti litteris in argento elevatis continetur. Finita ea antiphona per cantum, cantor statim incipit *Vespere*

---

[109] *In Hierusalem in Templo Sancti Sepulchri* 1, in *IHC* IV, 82.

[110] Cfr. *Ex Breviario S. Sepulcri* 18, in *IHC* IV, 428-432, il confronto con la liturgia romana viene fatto con *PRG*, 113-117 [n° XCIX, 401-412].

[111] Il professor CABIÈ riporta che questi riti, già testimoniati nel secolo X, si inseriscono in un contesto di *depositio crucis* il Venerdì santo e di *elevatio crucis* il giorno di Pasqua (cfr. R. CABIÈ, « La vénération du tombeau du Christ », in *La celebrazione del Triduo Pasquale Anamnesis e mimesis*, atti del III congresso internazionale di Liturgia, ed. I. Scicolone (Studia Anselmiana 102), Roma 1990, 216-217). Si può supporre che il rito del Venerdì non venga riportato nel rituale di Barletta.

[112] Cfr. *Ex Breviario S. Sepulcri* 24, in *IHC* IV, 434.

autem cum psalmo *Magnificat* et cum collecta de resurrectione *Omnipotens sempiterne*, premisso versiculo *Surrexit dominus de* hoc *sepulchro*. Similiter per hoc tempus omni die dominico missa celebratur *Resurrexi*»[113].

Questa funzione ricorda la processione della sera di Pasqua e manifesta così il carattere di risurrezione legato a ogni domenica non inclusa in un tempo liturgico forte. È la prova che, in queste domeniche, oltre la processione si cantava la Messa del giorno di Pasqua: si tratta senz'altro di una peculiarità gerosolimitana.

Preziosa è la testimonianza di ERNOUL (1228) che precisa la funzione di questo spazio attorno all'edicola: «Il a mout biele place tot entour le Monument, & toute pavée, si c'on va à procession entour le monument»[114].

Infine, dopo il Concilio Vaticano II, la liturgia romana classica viene considerata come la liturgia genuina e punto di ogni referenza per la riforma. L'adattamento di questo aggiornamento per la Chiesa di Gerusalemme deve seguire gli stessi criteri e quindi allinearsi sul modello romano. Tuttavia, le particolarità medievali gerosolimitane latine vanno anch'esse prese in considerazione, visto che sono quasi sempre un adattamento medievale per il rito romano di ciò che le Chiese orientali avevano da sempre custodito.

2.2. Albori francescani (1309-1431)

Questo primo arco di tempo viene chiamato *albori* perché corrisponde al primo secolo della presenza francescana: in questo tempo, pur avendo alcune testimonianze relative all'esistenza della processione e della liturgia latina, non si conosce ancora qual'è di preciso il loro contenuto eucologico. Inizia con l'arrivo dei frati minori nella basilica del Santo Sepolcro (1309) e si conclude con il 1431, anno in cui per la prima volta si ha un documento che tramanda l'intero testo della processione. I frati minori non entrarono nei Luoghi santi estromettendo altri fratelli di fede o appropriandosi i diritti delle altre comunità cristiane: si tratta in realtà del ripristino del culto cristiano sui Luoghi santi della redenzione, da molto tempo in mano alle autorità musulmane, in modo da poter custodire questi santuari e celebrarvi la liturgia.

---

[113] IOHANNES WIRZIBURGENSIS, *Peregrinatio*, in *Peregrinationes tres*, ed. R. B. C. Huygens (CCM 139), Turnhout 1994, 122-123 (cfr. anche *IHC* II, 260).

[114] ERNOUL, *L'estast de la cité de Iherusalem (1228)* 7, in *IHC* II, 400; cfr. anche LE CONTINUATEUR ANONYME DE GUILLAUME DE TYR, *La Sainte cité de Iherusalem les Saints Lieux et le pelerinage de la Terre* 3, in *IHC* IV, 32.

2.2.1. Contesto storico ed ecclesiale

1. Nonostante la perdita di Acri da parte dei Crociati (1291), già nel 1309 un documento[115] del Sultano d'Egitto BAIBAR II permetteva ai *frati della corda*, come venivano chiamati i frati francescani in Oriente, di stabilirsi sul Monte Sion, al Santo Sepolcro e a Betlemme. Era la dimora, ma non ancora il possesso. In questo documento viene esplicitato che sono esclusi da questa concessione tutti gli altri religiosi franchi: è il primo documento dell'autorità musulmana in favore dei francescani che li riconosce come guardiani dei Luoghi santi cristiani. Nel 1323, alcuni frati aragonesi vengono mandati in servizio al Santo Sepolcro da GIACOMO II d'Aragona: inizia una nuova era del cristianesimo latino in Terra Santa. Ci vorrà molta umiltà, pazienza e fede da parte dei frati di san FRANCESCO per resistere in questo clima così ostile. L'idea delle crociate armate doveva morire lentamente a seguito di continue e ripetute delusioni, prima di dar luogo alle crociate pacifiche del dialogo e della lunga pazienza[116].

2. Nel 1333, con l'aiuto dei sovrani di Napoli ROBERTO d'Angiò e SANCIA di Maiorca, sua consorte, i frati, con la mediazione di fra Ruggero GARINI OFM, acquistarono dal Sultano d'Egitto MELEK EL-NASSER MOHAMMED la proprietà del Cenacolo con il diritto di residenza perpetua e di esercizio del culto al Santo Sepolcro. Inizia quindi la loro presenza liturgica in questo luogo, memoriale della Risurrezione del Signore, presenza che verrà poi approvata dal papa di Avignone CLEMENTE VI con le bolle *Gratias agimus*[117] e *Nuper carissimæ*[118] del 7 maggio e del 21 novembre 1342. Il ripristino della presenza latina in questa città dominata da un potere islamico che non ha cancellato l'amaro ricordo delle Crociate al mondo occidentale latino, non è stato così facile. Per esempio, le porte della basilica hanno continuato a rimanere chiuse in permanenza, per aprirsi esclusivamente quando si pagava il custode musulmano. In questo contesto si comprende quanto fosse problematica la situazione dei religiosi delle diverse comunità che vivevano chiusi all'interno dello stesso edificio, senza poterne uscire secondo le necessità: un lusso che non poteva-

---

[115] Cfr. il testo del firmano in arabo con traduzione italiana in: G. GOLUBOVICH, *Serie cronologica dei reverendissimi superiori di Terra Santa ossia dei provinciali custodi e presidenti della medesima…*, Jerusalem 1898, 128-130.

[116] Cfr. S. DE SANDOLI, *La liberazione pacifica dei Luoghi santi nel sec.* XIV, *ossia il terzo ritorno del clero Franco o latino nella custodia e servizio dei Luoghi santi mediante ufficiali trattative (1333)*, Jerusalem 1990, 31.

[117] Il testo di questa bolla è pubblicato in *Bullarium franciscanum Terræ Sanctæ*, in *Diarium Terræ Sanctæ* 2 (1909) 13-15.

[118] Il testo si trova in *Bullarium franciscanum Terræ Sanctæ*, in *Diarium Terræ Sanctæ* 2 (1909) 70-71.

no concedersi. La convivenza era complicata e appesantita anche dalla mancanza di una lingua comune. Tale situazione si protrarrà poi per vari secoli.

Da questo, si può anche capire la necessità fisica, per i diversi religiosi rinchiusi, di effettuare queste varie processioni: tutte le comunità religiose cristiane che officiavano nel Santo Sepolcro vi risiedevano senza nessuna possibilità di sfogo sull'esterno e quindi, per la loro salute spirituale e corporale, si "occupavano" procedendo all'esercizio di queste paraliturgie[119].

Con l'arrivo dei frati in basilica, riprende dopo un secolo di interruzione il culto latino in modo regolare. Il modello diretto per la liturgia dei frati non sta nella liturgia dei canonici del Regno latino, bensì nella liturgia romana. I Crociati non esitarono a fare propri alcuni riti gerosolimitani che trovarono presenti presso le diverse Chiese orientali (per esempio il Fuoco santo). Con la sconfitta crociata, le peculiarità gerosolimitane saranno conservate vive nella liturgia delle Chiese orientali rimaste sul posto. Al loro arrivo, a contatto con il clero locale, i francescani ripristineranno anch'essi nel loro rito romano queste particolarità che, in fin dei conti, sono così legate al Luogo santo che trascendono ogni singolo rito e possono essere da tutti integrate.

2.2.2. Liturgia

Prima di esaminare la maturazione della processione, oggetto di questo studio, dobbiamo esaminare lo svolgersi della liturgia che rappresenta il contesto celebrativo in cui nasce e si sviluppa la processione.

Due sono le prospettive per considerare la liturgia che viene celebrata nella basilica del Santo Sepolcro: dal punto di vista interno (ossia dei francescani che celebrano il culto avendo per modello la liturgia romana[120]), e dal punto di vista del pellegrino che viene per compiere la sua pia visita presso questo luogo e per il quale la celebrazione cui partecipa diventa il culmine del pellegrinaggio in Terra Santa. Spesso questi due modi di vedere possono anche coincidere: vale a dire quando il fedele partecipa ad una celebrazione che fa parte del quotidiano dei frati.

---

[119] Anche se tutti questi religiosi erano presenti nella basilica a causa della Risurrezione del Salvatore, è ben facile immaginare come questa convivenza dal tempo di SALADINO fino al 1832 (quando finalmente si riaprono ogni giorno le porte della basilica) sia stata difficile (esiguità dei luoghi, lingue e culture differenti, necessità di trovare nella povertà dell'edificio sacro lo spazio vitale necessario per un equilibrio fisico e spirituale...).

[120] Durante tutta la loro storia, e in modo particolare in Terra Santa, su comando del Serafico Padre, i frati hanno sempre pregato secondo il modo della Chiesa romana: «Clerici faciant divinum officium secundum ordinem sanctae Romanae Ecclesiae» (in: FRANCISCUS ASSISIENSIS, *Regula bullata* 3,1, in *Écrits*, texte latin de l'édition de K. Esser, ed. Th. Desbonnets – J.-F. Godet – Th. Matura – D. Vorreux (SChr 285), Paris 1981, 184.185).

In genere i pellegrini, nei loro diari, rendono testimonianza dell'accoglienza liturgica di cui hanno usufruito, perciò legano la liturgia con la processione[121]. Le cronache dei frati invece, riportano piuttosto lo svolgersi della propria liturgia[122]. Vengono qui presentate alcune testimonianze.

1. LUDOLFO da Sudheim (1336), riporta che ai cristiani locali si permetteva l'accesso al Santo Sepolcro solamente due volte all'anno, per la festa di Pasqua e per l'Invenzione della santa Croce. Testimonia pure che i frati francescani risiedevano sin da questo periodo nella stessa zona in cui si trova ancora oggi il loro piccolo convento:

> «Incolæ vero Christiani bis in anno, scilicet a parasceue usque ad feriam secundam post pascha, et a vigilia inventionis sanctæ crucis usque ad crastinum festi gratis intromittuntur et includuntur, et tunc diversarum rerum et victualium in ecclesia, ut in partibus istis in nundinis et encæniis, reperiuntur mercimonia, et ibidem diversa audiuntur idiomata et melodia, et unaquæque natio habet locum specialem ad divinum officium ad ritum eorum peragendum, ex quibus Latini habent locum, quo Christus Mariæ Magdalenæ apparuit in specie hortulani»[123].

---

[121] Cfr. capitolo seguente n° **2.2.3.**

[122] Tra le particolarità liturgiche già in uso sin da questo periodo, si deve anche accennare all'ordinazione dei Cavalieri del Santo Sepolcro. Si tratta veramente di una celebrazione liturgica *sui generis* che contemplerà per analogia il Pontificale Tridentino (cfr. *de benedictione novi militis* in *PR1595*, 281-285 [n° 442-456]). Tuttavia, la specificità del rito gerosolimitano è legata al luogo dell'ordinazione: sin dalle origini di questa Istituzione, dal 1335 fino all'incendio del 1808, il rito si svolgeva esclusivamente all'interno dell'Edicola, nel luogo proprio della Risurrezione. Nessuna deroga viene ammessa. Chi non può venire personalmente a Gerusalemme può venire ordinato per mezzo di un procuratore (in genere durante la Settimana santa, con esclusione del Giovedì santo). In aggiunta al rituale del Pontificale Romano, la tradizione gerosolimitana mette l'interrogazione e il giuramento del candidato, l'imposizione delle mani e la consegna delle insegne. Il Custode di Terra Santa (vestito con paramenti pontificali e assistito da un diacono che porta la spada di GOFFREDO di Buglione) era l'unico ministro di queste ordinazioni fino alla restaurazione del Patriarcato latino e il passaggio di questo privilegio al Patriarca. Si deve notare che il processionale dell'OBICINI (1623) della lavanda dei piedi dei pellegrini e della processione quotidiana di San Salvatore riporta alla fine il rituale di ordinazione (cfr. *PrSal1623*, 11-14; vedi anche il rituale più antico in *ITS1583*, 303-308). Molti pellegrini tra quelli che vengono studiati in questa sede riportano lo svolgimento del rito. Per una più ampia veduta del cerimoniale di ordinazione, cfr. J.-P. DE GENNES, *Les chevaliers du Saint Sépulcre de Jérusalem* 1, *Origines et histoire de l'Ordre*, Cholet 1995, 447-461. Di questa funzione non si parlerà più nei capitoli dedicati alla presentazione storica delle liturgie perché, più che di una celebrazione, si tratta di una istituzione giuridica dei cavalieri.

[123] LUDOLPHUS, *De itinere Terræ Sanctæ liber*, ed. Deycks, 81; quest'apertura in queste due sole occasioni si protrarrà poi per secoli, cfr. anche la testimonianza di FABRI in *ITS1480*, vol 1, 346 e *GB* I,4, 30.

Nelle due occasioni citate, veniva concesso ai cristiani di partecipare agli uffici corrispondenti al proprio rito. Sacerdoti di ogni Chiesa occupavano una parte della basilica e a loro si aggregavano i fedeli a seconda del rito di appartenenza. LUDOLFO precisa che i Latini pregavano nel luogo in cui il Signore era apparso alla Maddalena.

2. Fra NICCOLÒ da Poggibonsi, giovane francescano, decide di fare il viaggio in Oriente durante gli anni 1346-1350. Arrivato a Gerusalemme, presta servizio nel Santo Sepolcro per quattro mesi nel 1347, prima di pellegrinare poi per la Palestina. Essendosi fissato lo scopo di «dimorare ivi per lo venerdì santo, e per la gloriosa Pasqua, e per poter tutto il modo vedere, e anche far la quaresima»[124], il suo diario costituisce una delle fonte preziosissime della liturgia pasquale primitiva a cui partecipano i francescani (pur non riportando una testimonianza della processione dei frati). Infatti, se durante il periodo crociato i Latini presiedevano alle liturgie solenni della Città santa, in questo secolo XIV, i figli di FRANCESCO non facevano altro che partecipare alle celebrazioni presiedute dal clero orientale.

La domenica delle Palme, «parato in luogo di Gesù Cristo, il vescovo degli Ermini [armeni], e lo compagno mio si fu posto dall'una parte, e io dall'altra parte, allato al vescovo; eravamo posti in luogo degli Apostoli»[125]. Questa funzione era popolare ed ecumenica: tutte le Chiese erano rappresentate e perfino i "Saraceni" vi partecipavano. Durante il percorso della processione, venivano compiuti dei riti che, in modo mimetico, riproducevano gli eventi riportati dal Vangelo («gitando le vestimenta in terra»[126]).

NICCOLÒ non descrive i riti della Settimana santa con tanti dettagli, ma riporta la discesa del Fuoco santo[127]. Si tratta di una celebrazione ecumenica a cui partecipano tutte le comunità: «i patriarci, vescovi, e fratti, colle chiocce [cotte] e croce in mano, tutti parati alle loro usanze»[128]. Tutti i cristiani entrano in processione nella basilica che viene aperta per la circostanza[129] e insieme girano attorno all'edicola, cantando nella propria lingua e gridando *Kyrie eleison* supplicando che avvenga il miracolo.

In conclusione, appare che nonostante i vari scismi e le scomuniche reciproche tra le varie Chiese, la liturgia veniva celebrata in comune, specialmente per le gran-

---

124 NICCOLÒ DA POGGIBONSI, *Libro d'Oltremare (1346-1350)* 33, testo A. Bacchi della Lega, ed. B. Bagatti (SBF-CM 2), Jerusalem 1945, 26-27.

125 NICCOLÒ DA POGGIBONSI, *Libro d'Oltremare* 36, ed. Bagatti, 29.

126 NICCOLÒ DA POGGIBONSI, *Libro d'Oltremare* 36, ed. Bagatti, 29.

127 Anche il PELLEGRINO INGLESE testimonia del miracolo in: *Itinerarium cuiusdam Anglici (1344-45)* 9, in *GB* I,4, 452.

128 NICCOLÒ DA POGGIBONSI, *Libro d'Oltremare* 33, ed. Bagatti, 27.

129 Cfr. la testimonianza di LUDOLFO.

di feste. Nonostante le differenze di lingua e di cultura, i cristiani avevano la coscienza di fare parte dell'unica Chiesa di Cristo.

2.2.3. Processione

Dopo l'esame della liturgia, ci si concentra ora sull'analisi dello svolgersi della processione. Tra i pellegrini che hanno tramandato dati interessanti riguardo alla processione, si possono evidenziare i seguenti:

1. LUDOLFO da Sudheim (1336), rettore della chiesa parrocchiale di Sichem (odierna Nablus) in Samaria, scrive che mentre i fedeli procedevano alla pia visita della basilica, il clero indicava in modo rituale le cose da vedere, additando il luogo a cui faceva riferimento la parola evangelica. Si legge per esempio:

> «Nam omnes horas diei cum Alleluja, ut nos, cum dicimus: *In adiutorium etc.* incipiunt, ut de quibus totus mundus de longinquo testatur. Hi omnia principaliter legunt assertive, ut ipso die paschæ diaconus legit evangelium tali modo: *In illo tempore Maria Magdalena e Maria Iacobi et Salome emerunt aromata ut venientes huc ungerent Iesum.* Et dum venit ad illum articulum: *Surrexit, non est hic*, tunc diaconus digito suo monstrat supra sepulcrum Christi, et sic de reliquis»[130].

Con la descrizione di LUDOLFO si è proprio agli albori della presenza francescana presso il Santo Sepolcro. Scriveva infatti nel 1336, appena tre anni dopo che i figli di san FRANCESCO avevano avuto dai sovrani di Napoli la residenza nella basilica[131].

2. Il sabato 7 maggio 1345, secondo la testimonianza dell'anonimo PELLEGRINO INGLESE[132], la processione latina si faceva con il concorso del clero orientale; i pellegrini furono accolti da 4 francescani e da 4 Greci: «receperunt nos cum cantu IIII fratres Minores et IIII Greci[133], viri religiosi, qui in ecclesia manent et non e-

---

[130] LUDOLPHUS, *De itinere Terræ Sanctæ liber*, ed. Deycks, 82; cfr. anche *GB* I,4, 30.

[131] Cfr. n° **2.2.1.**

[132] Cfr. *PrSS1925*, 7; *PrSS1947*, 7; per il testo latino del racconto, cfr. *Itinerarium cuiusdam Anglici* 9, 451-453.

[133] Questi cosiddetti Greci erano, in effetti, Georgiani: cfr. DE SANDOLI, *La liberazione pacifica dei Luoghi santi*, 65.

Nei secoli XIII e XIV i Georgiani godevano in Palestina una condizione privilegiata rispetto a tutti gli altri cristiani, e specialmente dal 1250 con l'avvento della dinastia mammalucca (cfr. n° **2.3.1. §1**). Per esempio, non pagavano le tasse come gli altri cristiani. Nell'Egitto mammalucco numerosi Georgiani si arruolavano nell'esercito e avevano una certa influenza nel governo del Cairo (cfr. *Opera citata*, 36-37). A motivo della loro amicizia con il governo, erano presenti al Santo Sepolcro sin dal 1308, ma contrariamente all'arrivo dei francescani nel 1333, la loro presenza non era dovuta ad un diritto confermato da trattative giuridiche: essi godevano di una semplice concessione privata e provvisoria (cfr. *Opera citata*, 72).

xeunt»[134]; fecero poi la visita insieme, «tunc duxerunt nos *fratres Minores* e *Greci* in chorum ecclesie»[135]: si può dedurre che la situazione ecumenica era assai buona. L'itinerario girava nel senso opposto a quello odierno[136]: disposti in fila, visitarono prima la *sacra Tomba*, poi la *Pietra dell'Unzione*, salirono subito al *Calvario* a venerare il foro della santa Croce, scesero alla *Cappella di Adamo* ove erano le tombe dei Re crociati, e di lì, entrarono nel *Chorus Dominorum* dove videro la lapide che evidenzia il centro del mondo[137]. Per un vestibolo, discesero fino alla Grotta dell'*Invenzione della santa Croce*. Ritornati nel *Chorus*, visitarono il resto delle cappelle a nord del Santo Sepolcro. La peregrinazione, più che una pseudo liturgia, era una visita di devozione. Giunti ad un Luogo santo, i sacerdoti che facevano da guida spiegavano i misteri della redenzione ivi avvenuti e leggevano poi il testo biblico corrispondente. Il racconto riporta pure come si svolgeva la salita dei pellegrini al Calvario: si presentava con dei gradini «per quos ascendimus cantantes supra ad montem *Calvariae*»[138]. Si tratta della più antica menzione di un canto durante la salita al *Golgota*; e così inizia in quel luogo una tradizione che non verrà mai meno con lo scorrere dei secoli successivi.

Infine, il PELLEGRINO INGLESE scrive che dopo l'ingresso e la visita della basilica avvenuta di sabato pomeriggio:

> «Illuxit nobis hora diei dominicae [8 maggio] in qua cantavimus ympnum: *Jam lucis orto sidere*, et dum suppliciter deprecabamus, audita missa cuiusdam *fratris Minoris* ad caput Sepulcri [cioè l'altare addossato al muro occidentale del tempietto dove oggi pregano i Copti], affuerunt ut tortores saraceni cum fustibus suis aperientes fores ecclesie, et aperto ostio domus Sepulcri, exivit a Sepulcro odor suavissimus totam replens ecclesiam, et sic nos introduxerunt ad venerandum Sepulcrum»[139].

---

[134] *Itinerarium cuiusdam Anglici* 9, 451.

[135] *Itinerarium cuiusdam Anglici* 9, 453.

[136] Questo senso sembra però più antico. Secondo FACCHINI si tratta dell'«ordine che verosimilmente sarà stato già in uso allora presso il clero orientale, di residenza più antico, cui i nostri religiosi non avranno fatto altro che semplicemente conformarvisi» (in: *FACC*, 7). Altri esempi di questo senso primitivo per la visita della basilica, li troviamo dopo la metà del secolo XIII (prima dell'arrivo dei francescani) in un manoscritto pubblicato dal GOLUBOVICH (cfr. *Saec XIII. Itinerarium Sanctorum Locorum*, in *GB* I,1, 408) e nel 1335 con la testimonianza dell'agostiniano fra JACOPO da Verona (cfr. JACOPO DA VERONA, *Liber peregrinationis*, ed. U. Monneret de Villard, Roma 1950, 25-34). Quest'ultimo non riporta la presenza dei francescani, ma effettuò la visita nell'ordine già seguito da LUDOLFO.

[137] Si tratta di un stella chiamata *omphalos* dovuta alla pia esegesi di *Ps* 74[73],12: *Deus autem rex noster ante saecula, operatus est salutem in medio terrae*.

[138] *Itinerarium cuiusdam Anglici* 9, 452.

[139] *Itinerarium cuiusdam Anglici* 9, 453.

Dopodiché «adorato Sepulcro cum precibus»[140] e pagato il tributo ai musulmani, vennero espulsi dalla basilica.

3. Testimonianze analoghe sono riportate nel diario della visita di Lionardo FRESCOBALDI e i suoi due compagni fiorentini (24 novembre 1384) con la sola aggiunta che la visita della basilica viene fatta portando delle candele:

> «E quando vengono pellegrini, i sacerdoti di quella generazione [gli Orientali] s'accostano e ricevono i pellegrini, e tutti con torchietti e candele in mano fanno la processione, ricercando tutte le cappelle del Santo Sepolcro [...] e dietro a costoro vanno alla detta processione tutte le generazioni de' sacerdoti che vi sono, e tutti i pellegrini»[141].

Va notato che per FRESCOBALDI, l'intera visita della Città santa era oggetto di un itinerario circolare. Infatti, prima di iniziare la visita di Gerusalemme, egli scrive: «facemo le cerche»[142]. Una testimonianza simile verrà anche portata da Tommaso BRYGG sei anni dopo[143].

4. Il diario del notaio NICOLA DE MARTONI descrive la visita che effettuò all'interno del Santo Sepolcro il mercoledì 30 settembre 1394[144]. Non parla di processione, ma l'elenco che offre dei vari santuari presenti nell'edificio corrisponde a ciò che diventerà in seguito l'ordine della processione. Infatti, l'autore descrive i luoghi dell'edificio nell'ordine in cui li ha visitati. NICOLA inizia la sua descrizione con la *Pietra dell'Unzione* e la *sacra Tomba*. Le altre stazioni vengono poi elencate in questo ordine: la *Cappella della Maddalena*; la *Cappella dell'Apparizione* alla Madonna (con l'altare delle reliquie e la Colonna della Flagellazione); il *Carcere*; la *Cappella della divisione delle vesti*; la *Cappella degli Improperi*; la *Cripta di sant'Elena*; la *Cappella dell'Invenzione della Croce*; il *Monte Calvario*; la *Tomba di Adamo* con la sepoltura dei re crociati. La visita si compie in modo circolare dalla porta della basilica alla porta della basilica. Si nota però che il senso della pelle-

---

140 *Itinerarium cuiusdam Anglici* 9, 453.

141 L. FRESCOBALDI, *Viaggi in Terrasanta* (Collana di Viaggi 1), Novara 1961, 58.

142 L. FRESCOBALDI, *Viaggi in Terrasanta*, 50.

143 Egli scrive: «de mane ivimus sanctum circulum» (in: Th. BRYGG, *Itinerarium in Terram Sanctam Domini Thomæ de Swynburne*, in *Archives de l'Orient Latin* 2, Paris 1884, 383). Un esempio della circolarità della visita dei Luoghi santi appare nell'appendice **7** con la descrizione dell'itinerario di G. ZUALLARDO (1586).

144 Cfr. NICOLA DE MARTONI, *Io Nicola de Martoni. Il pellegrinaggio ai Luoghi santi da Carinola a Gerusalemme 1394-1395 [Paris – Bibliothèque Nationale n. 6521 du fond latin]* (SBF-CM 42), ed. M. Piccirillo, Gorle 2003, 84-88.

grinazione cambia rispetto al precedente[145]: questo senso rimarrà invariato fino ad oggi.

In complemento con le altre testimonianze contemporanee, il notaio afferma che i fedeli, dopo una notte trascorsa in basilica, ascoltarono due Messe: una nel Sepolcro e un'altra solenne sul Calvario. L'uscita del gruppo ebbe luogo il giorno dopo il loro ingresso all'ora del Vespro.

5. Nel 1413 (martedì 16 maggio), NICOLÒ da Este[146] non parla più della presenza del clero orientale e precisa l'itinerario della funzione: la processione rimane circolare, però inizia ora dalla *Cappella dell'Apparizione*; la stazione presso l'*Altare della Maddalena* si fa subito dopo la *Colonna della Flagellazione,* e non dopo la sosta presso la *sacra Tomba* perché dopo di essa si scioglie nel *Catholicon.* Afferma infine che la visita (perché si tratta veramente di visita) del Santo Sepolcro viene effettuata in modo processionale dopo le ore 21 in seguito ad una lunga visita di Gerusalemme. I pellegrini erano entrati con i frati e il guardiano del Monte Sion (Cenacolo):

> «per mostrare li lochi santi et annunciare le perdonanze; poi la mattina dir le messe e confessare e comunicare chi volesse. Entrati dentro cominciarono una solenne e bella processione, e lo s. [sic!] con la sua compagnia devotamente andorno lor dietro per tutto alla chiesa, vedendo li lochi santi»[147].

NICOLÒ riporta infine che dopo la processione, i pellegrini andarono a cenare con le vivande che avevano portato con sè e poi dormirono in chiesa. L'indomani celebrarono la Messa sulla Tomba prima di lasciare la basilica[148].

In conclusione, già in questo periodo appare lo svolgersi caratteristico della pia visita al Santo Sepolcro. Dopo il loro ingresso alla fine del pomeriggio, i pellegrini procedono alla visita processionale del luogo sotto la guida del clero della basilica. Dopo una notte trascorsa in preghiera, assistono alla messa del mattino prima di lasciare la basilica[149].

---

[145] Nel 1392, secondo il "*Voyage d'un maire de Bordeaux au XIVe s.*", la visita circolare si effettuava ancora nell'ordine primitivo (cfr. BRYGG, *Itinerarium in Terram Sanctam*, 383).

[146] Cfr. L. DAL CAMPO, *Viaggio a Gerusalemme di Nicolò da Este*, ed. G. Ghinassi, in *Collezione di Opere inedite o rare dei tre primi secoli della lingua* 1, ed. Commissione pe' testi di lingua, Torino 1861, 123-125.

[147] DAL CAMPO, *Viaggio a Gerusalemme di Nicolò da Este*, 123.

[148] Cfr. DAL CAMPO, *Viaggio a Gerusalemme di Nicolò da Este*, 125.

[149] La visita era eseguita in questo modo alcuni anni prima dell'arrivo dei francescani. Infatti nel 1322, GIACOMO II re di Aragona presentò al Sultano la proposta di permettere che una dozzina di Domenicani aragonesi potessero stare alla custodia e al servizio del Sepolcro. La proposta fu accettata e nel 1323 dodici frati giunsero a Gerusalemme. Pare che dimoras-

La processione pomeridiana[150] non era né una liturgia né un pio esercizio di devozione, ma era un modo di effettuare una pia visita al santuario, seguendo un itinerario che poteva variare. Le comunità rinchiuse nella basilica accoglievano insieme questi pellegrini venuti da lontano e che portavano un po' di novità nella monotonia della loro vita claustrale. Si può anche supporre che gli stessi frati accoglievano ugualmente i fedeli acattolici. Tuttavia, alla fine di questo periodo, la processione comincerà a perdere il suo carattere di visita e inizierà un processo che la porterà sempre più ad assume le caratteristiche di un rito durante il quale si rivive la *Passione-Morte-Risurrezione* di Cristo.

2.3. Primo periodo (1431-1583)

2.3.1. Contesto storico ed ecclesiale

1. Fino al 1517 (presa di Gerusalemme da parte dei Turchi musulmani), i Francescani sono sempre favoriti dai Sultani mammalucchi di Egitto (maestri della Palestina sin dal 1250) ai quali soprattutto preme conservare buone relazioni politiche e commerciali con le varie potenze europee: infatti il commercio tra Oriente e Occidente passa allora in gran parte per l'Egitto. Perciò i frati godono di una precedenza nelle visite e nell'ufficiatura della basilica mai contestata dalle altre comunità che spesso prendono parte alle cerimonie svolte nelle solennità dal Superiore francescano[151]. I Mammalucchi si mostrano relativamente tolleranti riguardo alle altre religioni, come attestato dal gran numero di pellegrinaggi effettuati in questo periodo. Verso la fine della loro egemonia, avranno molte difficoltà nel difendere le proprie frontiere. La minaccia verrà dal nord: ne è prova la caduta di Costantinopoli avvenuta nel 1453 con la vittoria del Sultano ottomano MEHMET II.

---

sero nell'attuale conventino dei francescani. I Domenicani non resistettero più di un anno a questo genere di vita, ma il loro modo di accogliere i fedeli aveva già la stessa struttura (ingresso, visita, notte, messa): cfr. DE SANDOLI, *La liberazione pacifica dei Luoghi santi*, 35-36.

[150] La prima testimonianza di una processione quotidiana proviene dagli statuti composti da fra BARTOLOMEO della Verna, OFM dopo la sua visita canonica in Terra Santa. Egli scrive all'articolo 13: «Nisi ingens impediat pluvia, absoluto Completorio et antiphona solemni Corporis Christi, procedant quotidie ad locum Spiritus Sancti sive sacri Cœnaculi, legentes quæ in illo loco contingerunt» (in: *Diarium Terræ Sanctæ* 2 (1909) 162-163, nota 2). In quel tempo la casa madre era al Monte Sion e abbiamo la prima testimonianza di una processione pomeridiana e quotidiana in un santuario francescano in Terra Santa, uso che si estenderà ben presto anche presso il Santo Sepolcro.

[151] Cfr. D. BALDI, «L'attuale basilica», in *Il Santo Sepolcro di Gerusalemme. Splendori miserie speranze*, Bergamo 1949, 87.

2. Nel 1517, il regno del Sultano SELIM I inaugura il più brillante periodo della storia ottomana, promosso dall'invasione di tutto il Vicino-Oriente. Suo figlio SOLIMANO IL MAGNIFICO circonda Gerusalemme di nuove mura (quelle odierne) e con lui la Palestina conosce un relativo sviluppo commerciale. Tuttavia, con l'arrivo dei Turchi in Palestina, viene imposta alla comunità cristiana locale una divisione vecchia di cinque secoli (lo scisma del 1054 tra il legato del papa, il cardinale UMBERTO e il Patriarca di Costantinopoli Michele CERULARIO), che penalizza e respinge i Latini e favorisce i Greci elleni. Infatti, i Turchi non potevano controllare i Latini dipendenti dall'Occidente in guerra con l'Impero ottomano; invece i Greci erano perfettamente sottomessi al Sultano in quanto dipendenti dal Patriarca di Costantinopoli, città già caduta nelle mani dei Turchi nel 1453, una sessantina d'anni prima. I Patriarchi che occupavano la sede gerosolimitana fino all'anno 1534 erano tutti di origine araba, scelti a maggioranza di voti dai vescovi del trono (essi pure arabi), e dal clero ortodosso della regione. Con l'arrivo ottomano, spariscono dal Sepolcro le comunità greca indigena, abissina e georgiana. I Greci presenteranno i Latini come nemici dichiarati del Sultano, colpevoli di spionaggio, al soldo delle potenze europee. I frati di FRANCESCO si difenderanno con coraggio davanti al Cadì di Gerusalemme, oppure per mezzo degli ambasciatori di Francia e di Venezia a Costantinopoli[152].

3. Nel 1535 viene firmato un trattato tra il sultano ottomano SOLIMANO IL MAGNIFICO e il re francese FRANCESCO I[153]: questo accordo viene ricordato sotto il nome di *Capitolazioni*[154]. Concepito in un primo tempo solamente come un trattato di commercio e di garanzia per gli stranieri, nel 1673 con il Re Sole, LUIGI XIV, la tutela francese si estenderà fino a proteggere anche i cristiani indigeni che professano la religione dei Franchi.

4. Nel 1563 si conclude a Trento il grande concilio dottrinale che non avrà il tempo di procedere ad una riforma liturgica; sarà poi papa PIO V ad avviarla e a imporre una liturgia unica per l'intero mondo romano. Vengono stampati i nuovi libri liturgici: il breviario nel 1568, il Messale nel 1570, il pontificale nel 1595-1596, il cerimoniale nel 1600. Anche in Palestina, questi libri vengono rapidamente assunti dai francescani.

---

[152] Cfr. SAYEGH, *Le Statu Quo des Lieux-Saints*, 9-11.

[153] Essi si alleano per lottare contro il nemico comune CARLO V come, alcuni secoli prima, CARLO MAGNO e HARUN ER-RASCID (cfr. n° **2.1.2.1.**).

[154] Cfr. A. O. ISSA, *Les minorités chrétiennes de Palestine à travers les siècles. Étude historico-juridique et développement moderne international*, Jerusalem 1976, 193-195.

2.3.2. Liturgia

1. Per quanto riguarda il modo in cui i fedeli pellegrini partecipano alla liturgia nella basilica, dopo la narrazione della processione, MARIANO da Siena (1431) riporta come essi trascorrano la loro notte *liturgica* rinchiusi in basilica:

> «Ognuno per se andava poi fra la notte ricercando questi santi Luoghi. In sulla mezza notte si cominciarono a dire le Messe, e tutti e' Preti dissero Messa, chi sul Sepolcro, e chi al Monte Calvario. Sonvi quattro luoghi, dove noi Latini potiamo dir Messa, e in sull'Aurora si cantò al Monte Calvario una solennissima Messa, e tutti e' peregrini, or che non erano Preti, si comunicarono. Or pensa che festa, che gaudio, e che consolazione corporale, e spirituale sentivamo. E fatto questo, in sul levar del sole fummo tutti cacciati fuori, come porci, da quelli maladetti Sarraìni, et andiamociene allo spedale, che fu a dì trenta Maggio, e riposammoci infino a Vesparo»[155].

Si noti che questo 30 maggio 1431[156], indomani dell'ingresso e della processione, la Messa cantata viene celebrata al Calvario: l'edicola del Sepolcro era rimasta di proprietà musulmana fino alla fine del secolo XIV[157] quando diviene finalmente proprietà esclusivamente francescana. Nel 1435, i frati sostituiscono l'altare mobile con un nuovo altare fisso in modo da poter celebrare di continuo la Santa Messa; come scrive il FABRI (1480): «claves dulcissimi Domini Jesu sepulcri et speluncae ipsi [Fratres Minores] habent, ipsumque aperiunt et claudunt, cui volunt, et in eo Missae celebrant, quando placet»[158].

Una delle costanti di questo periodo (e di quelli successivi) è che l'ingresso dei pellegrini avviene nel tardo pomeriggio. Dopo il loro ingresso e la loro presa di possesso dei luoghi, i pellegrini procedono alla visita del complesso in modo rituale, compiendo così la processione assieme ai religiosi residenti in basilica. Dopo aver passato la notte in preghiera all'interno della chiesa e ricevuto il perdono sacramentale, all'alba partecipano alla santa Messa assieme ai frati. Qualora tra i pellegrini ci fossero dei sacerdoti, avrebbero celebrato una Messa durante la notte su uno dei numerosi altari della basilica.

---

155 *ITS1431*, 90-91; cfr. una prassi simile in *ITS1480*, 346. In questa seconda testimonianza, FABRI riporta che i sacerdoti latini lottarono tra di loro per chi potesse celebrare per primo la messa durante la notte. La Messa solenne del mattino celebrata al Calvario dal Custode era la Messa della santa Croce (*Nos autem gloriari*).

156 In questo stesso giorno, a Rouen veniva bruciata viva santa GIOVANNA D'ARCO dopo il processo tristemente presieduto dal vescovo P. CAUCHON.

157 Cfr. *Itinerarium cuiusdam Anglici* 9, 453, nota 4; pure fra NICCOLÒ da Poggibonsi riporta che a suo tempo l'Edicola era proprietà del Saraceno, e che soltanto in occasione dei pellegrinaggi la porta veniva aperta per lo spazio di tre *pater noster* (cfr. NICCOLÒ DA POGGIBONSI, *Libro d'Oltremare* 21, ed. Bagatti, 19).

158 *ITS1480*, 348.

2. La vita liturgica dei frati non sarà testimoniata per lungo tempo, e si deve aspettare la fine di questo periodo e il custodiato di BONIFACIO da Ragusa (1567) per possederne una descrizione nella sua opera *Liber de perenni cultu* che illustra con molti dettagli le pellegrinazioni dei frati nei vari santuari di Palestina. Per il Santo Sepolcro, oltre alla processione che ne occupa una grande parte, BONIFACIO ci riferisce anche sulle celebrazioni quaresimali e della Settimana santa.

a. La quaresima appare come un tempo privilegiato che viene celebrato nella basilica del Santo Sepolcro[159] (e non nei vari luoghi della Passione del Signore: Getsemani, Flagellazione, Condanna... dove i santuari non erano ancora costruiti). Non si parla ancora di processione prefestiva o di veglia, ma solo della celebrazione domenicale. La Messa inizia all'ora terza con una *statio* davanti alla Tomba: al canto dell'inno *Aures ad nostras Deitas preces*, comincia una triplice processione attorno all'edicola conclusa da un versetto e da un'orazione. «Cum vero completae fuerint huismodi orationes, Introitum incipiunt ante ostium Domini Sepulcri, et sic cantando ascendunt Golgotam locum, hoc est Calvariae montem, in quo devote explent Missarum sollemnia»[160]. Il Calvario è un Luogo adatto per una liturgia quaresimale; tuttavia questa provenienza dalla Tomba del Risorto prima di iniziare il canto di introito, anticipa una prospettiva di risurrezione alle celebrazioni quaresimali.

b. Il Giovedì santo[161], tutte le Chiese, ad eccezione di quella greca, partecipano all'Eucaristia celebrata nel Sepolcro secondo il rito latino. In una logica solamente storica, in questo giorno ci si sarebbe potuto aspettare una celebrazione eucaristica nel santo Cenacolo, luogo preciso in cui Gesù istituì l'Eucaristia prima della sua Passione. I frati, scelgono invece il Sepolcro perché l'Eucaristia costituisce il primo atto della Passione del Signore: già il suo corpo viene dato e il suo sangue sparso per la salvezza degli uomini. EGERIA[162] riporta che già nel IV secolo, il luogo di questa celebrazione era il Sepolcro. Dopo la Messa, una processione che percorre tutta la basilica, incluso il Calvario, porterà il Santissimo all'interno della Tomba stessa. Dopo aver spento tutte le lampade, tutti escono dalla basilica per recarsi al Monte Sion per compiere il *Mandatum*: questa volta il Cenacolo risulta perfettamente adatto per questa funzione puramente mimetica.

Il professore CABIÈ[163] in una conferenza tenuta presso il *Pontificio Istituto Liturgico* di sant'Anselmo, fa notare una duplice venerazione, da parte del popolo, della tomba del Signore durante il Triduo sacro: la prima viene collegata con la

---

159 Cfr. *ITS1567*, 25-27.

160 *ITS1567*, 27.

161 Cfr. *ITS1567*, 33-34.

162 Cfr. *IE*, 244 ss [n° 25,1 ss].

163 Cfr. CABIÈ, « La vénération du tombeau du Christ », 211-216.

conservazione del pane eucaristico il Giovedì santo e la seconda con il seppellimento di una croce alla sera del Venerdì. Si tratta ora del primo caso: la sepoltura del Signore (sotto la specie eucaristica) avviene sin dal Giovedì, in modo da mantenere il computo dei tre giorni trascorsi nel regno dei morti. Così, anziché considerare il comando del Signore al Getsemani *sustinete hic et vigilate mecum* (*Mt* 26,38), si interpretava questa presenza presso il Santissimo come une veglia funebre.

c. Molto più complesse sono le celebrazioni del Venerdì santo[164] come se la morte del Signore costituisse il centro delle celebrazioni del Triduo: «nocte illa, quae vocatur apud indigenas Terrae Sanctae magna»[165], scrive BONIFACIO. Durante la notte tra il giovedì e il venerdì, frati e fedeli lasciavano il Monte Sion per recarsi al Getsemani da cui iniziava una pia e lunga pellegrinazione commemorativa della notte della Passione. Di mattino, ritornati al Calvario iniziavano la funzione liturgica secondo il rito romano. Alcuni episodi, fra i quali il seguente:

> «cum autem perventum fuerit ad lectionem passionis secundum Ioannem, haec tota cantatur cum lacrymis et gemitibus adstantium, omnes nationes videntes latinos flentes, et suspirantes, ipsi etiam flent, et suspirant, levant manus ad coelum flentes cum mulieribus amare, et cum Angelis Dominum...»[166]

ricordano le scene narrate nel IV secolo dalla Pellegrina spagnola[167]. Non è facile dire se questi comportamenti sono dovuti alla "grazia" del Luogo santo oppure alla cultura degli Orientali che vi si trovano. Dopo le orazioni, la venerazione della santa Croce è fatta assieme agli altri Orientali «laudantes Altissimum suis idiomatibus»[168]. Alla fine della funzione, si organizza una solenne processione seguita da una folla numerosa, per riprendere il Santissimo nella Tomba in vista della comunione. Al termine della celebrazione seguita dalla recita del Vespro, tutti si recano al Monte Sion per un pasto frugale. Dopo un breve riposo, ritornano al Calvario per una nuova devozione:

> «quemadmodum Joseph ad Arimathia, et Nicodemus realiter deposuerunt de ligno Corpus Jesu, et illud ligatum linteis cum aromatibus, ut moris est Iudaeis sepelire, sepulcro ex petra exciso sepelierunt; ita et isti pietatis cultores brachiis fidei extensis ad lignum, suscipiunt Jesum, quem in amaritudine cordis, per

---

164 Cfr. *ITS1567*, 35-45.

165 *ITS1567*, 35.

166 *ITS1567*, 39-40.

167 Alla lettura della Passione-Risurrezione, EGERIA scriveva: «Quod cum ceperit legi, tantus rugitus et mugitus fit omnium hominum et tantae lacrimae, ut quamuis durissimus possit moueri in lacrimis Dominum pro nobis tanta sustinuisse» (in: *IE*, 244 [n° 24,10]). È inoltre doveroso ricordare che quando scriveva BONIFACIO, il diario di EGERIA non era ancora pubblicato.

168 *ITS1567*, 40.

myrrham et aloe designata, amaris ungunt lacrymis, et linteis verae pietatis obvolvunt, non in lapide exciso sepulcro, sed in corde carneo Spiritus sancti gratia illuminato reponunt»[169].

L'immedesimarsi della scena evangelica che segue la morte del Signore era dunque spirituale e non si faceva, come oggi, quella mimesi che si fa grazie alla statua di Cristo. Tuttavia, compiuta questa pia meditazione, nonché l'ufficio mattutino anticipato al pomeriggio, il Custode di Terra Santa, vestito con paramenti sacri, assieme a tutto il clero orientale e alla folla, riporta processionalmente «verum Christi Corpus sub specie panis»[170] nel suo Sepolcro dove verrà debitamente onorato. Dopo aver ripetute le orazioni della preghiera dei fedeli del mattino, il Santissimo verrà poi subito collocato nella *Cappella dell'Apparizione* ove sarà venerato fino al giorno di Pasqua. Così finiscono le liturgie latine del giorno, ma non tutte le celebrazioni del Venerdì santo. Avviene ora una solenne processione celebrata dagli Etiopici (dopo aver ricevuto il permesso dal Custode e aver ottenuto l'uso dell'altare del *Golgota*) a lungo descritto da BONIFACIO, come se egli invidiasse qualche cosa a questa funzione. Dopo la celebrazione della loro liturgia:

> «descendunt de monte portantes imaginem similem Christo de Cruce exclavato, pie enim eam deferunt cum lacrymis et ululatu magno[171] ad locum unctionis sanctae, inde ad Sepulcrum gloriosum, et ante illud complent Aethiopice Psalmum octuagesimum octavum, et discedunt»[172].

Il secondo aspetto descritto da CABIÈ (cfr. paragrafo **c.**) viene ora confermato[173]: si tratta della *depositio* di provenienza orientale. I Latini hanno sepolto il Santissimo, prima di assumere - in un secondo tempo - dagli Etiopici il seppellimento del crocifisso. Si noti che la liturgia ha avuto la meglio sulla devozione: il Santissimo rimane veramente tutto il giorno del Giovedì nella Tomba, mentre non vi farà che un breve passaggio il Venerdì (sicuramente per non impedire le devozioni delle altre comunità e degli Etiopici in particolare) non permettendo più l'*elevatio* del giorno di Pasqua.

---

[169] *ITS1567*, 41.

[170] *ITS1567*, 41.

[171] Cfr. nota n° **167**.

[172] *ITS1567*, 42-43. Ancora oggi presso la Chiesa etiopica, alla sera del Venerdì santo, dopo una lunga ufficiatura, alla fine del *Ps* 1, ultimo della salmodia dell'ufficio, si compie il solenne rito dello spegnimento della luce (cfr. K. HABTEMICHAEL, «La celebrazione della Settimana Santa nella Chiesa Etiopica», in *Hebdomadae sanctae celebratio. Conspectus historicus comparativus*, ed. K. Habtemichael – S. Janeras – A. G. Kollamparampil – ecc. (BELS 93), Roma 1997, 130-131).

[173] Cfr. CABIÈ, « La vénération du tombeau du Christ », 216-221.

d. Il Sabato santo, le liturgie legate alla risurrezione del Signore sono celebrate al mattino senza che BONIFACIO ne dia estese descrizioni[174], come se tutto fosse già compiuto con la celebrazione della morte del Signore. Dopo alcune preghiere, la benedizione del fuoco, del cero pasquale e delle lampade, i partecipanti si recano con una candela in mano davanti all'edicola cantando il salmo *Exaltabo te, Domine* (*Ps* 29[30]). Si benedicono altri ceri pasquali che verranno portati dopo la funzione nelle chiese di Betlemme, del Monte Sion e di San Salvatore. Dopo la *statio* alla Tomba, il corteo sale al Calvario per proseguire la liturgia con le dodici letture solennemente cantate e con le litanie (non si parla della benedizione dell'acqua: è pur vero che non c'è il fonte battesimale, visto che il battistero è di proprietà greca). Mutando poi i paramenti in bianco, tutti scendono dal Calvario per recarsi alla *Cappella dell'Apparizione* ove prosegue la Messa fino alla fine. A quest'Eucaristia partecipano anche, con vesti pontificali, Maroniti ed Armeni cattolici.

La funzione del Fuoco santo viene descritta con molti dettagli, per esempio: tutti gli Orientali vi partecipano, ma non più i Latini; anzi, precisa BONIFACIO: «Latinos multum laudant, qui cum illis in hanc impietatem, et idolatriam non descendunt»[175]. Questo fenomeno non è nuovo: sin dall'inizio del secondo periodo infatti, secondo la testimonianza del domenicano FABRI[176] (1480), il miracolo non si produce più da quando la basilica è caduta nelle mani degli "infedeli" e il Patriarca greco non fa allora altro che ingannare il popolo quando penetra nell'edicola con la candela spenta e ne riesce con una miracolosamente accesa.

e. Dal ricco racconto della Domenica di Pasqua[177] risulta che la liturgia notturna assume un forte carattere di risurrezione. Tutta la notte, i frati stanno in preghiera: dopo un lungo sermone del Custode, nell'ora «in qua Christus reassumpto mortalitatis corpore rediit ad immortalitatem»[178], accendono tutte le lampade della basilica e proseguono l'ufficio delle Lodi «more Romanae Ecclesiae» davanti alla porta della Tomba. BONIFACIO narra che mentre i solisti cantavano l'invitatorio *Surrexit Dominus vere, alleluia* nella *Cappella dell'Angelo*, i pellegrini delle diverse nazionalità applaudivano. Dopo l'ufficio, fino all'Ora Terza i frati sacerdoti si separano per celebrare la "loro" Messa "privata" sui vari altari della basilica mentre gli Orientali, «cum timpanis, iubilis, et laudibus saltantes cum David coram arcam Domini processiones faciunt»[179].

---

[174] Cfr. *ITS1567*, 45-47

[175] *ITS1567*, 50-51.

[176] *ITS1480*, 340-341.

[177] Cfr. *ITS1567*, 53-67.

[178] *ITS1567*, 56.

[179] *ITS1567*, 57-58.

All'ora terza, i Latini dopo la recita di Terza e Sesta, e la benedizione e aspersione dell'acqua, si radunano sul piazzale della basilica ove il diacono canta *Mt* 28,1-7. Entrati in basilica, davanti al Calvario, il diacono proclama *Mc* 16,1-7; giunti *ad locum capitis Domini*, canta *Lc* 24,13-35 e proseguendo verso il lato sinistro canta *Io* 20,1-9. I quattro Vangeli sono seguiti da un'antifona, da un'orazione e - mentre la processione si avvia verso l'altra stazione - da suppliche. Infine, i cantori intonano l'introito *Resurrexi* della Messa che celebrerà il solo Custode con il suo diacono all'interno dell'edicola, mentre il resto della folla esce sul piazzale cantando.

Riassumendo, notiamo che tutto il culto viene celebrato all'interno della basilica dato che non si possono più compiere le processioni in città. La liturgia rimane in un certo modo ancora stazionale. Le celebrazioni iniziano all'*Anastasis* e l'Eucaristia viene poi celebrata, non nel *Chorus Dominorum* che non è più in possesso dei Latini, ma al Calvario.

2.3.3. Processione

1. La forma della processione non rimane identica durante tutto questo primo periodo che inizia[180] con il racconto di MARIANO NANNI da Siena (1431), che ci offre la prima testimonianza scritta dell'eucologia. Dopo essersi presentato come «Rettore di San Pietro a Uvile, e Cappellano della Cappella del Crocifisso del Duomo di Siena»[181], MARIANO narra il suo viaggio dalla città natale, iniziato il 9 aprile 1431, fino al suo ritorno il 4 agosto dell'anno seguente, peregrinando per la Terra Santa e i santuari d'Italia. Commenta e riporta le preghiere della visita che fece all'interno del Santo Sepolcro: la sua descrizione evidenzia che facevano parte di un grande circuito di visite e di meditazioni che il pellegrino compiva durante il suo viaggio in Terra Santa[182]. La processione inizia «sul vesparo»[183] dopo che il guardiano del Monte Sion ha prima radunato tutti i pellegrini sulla piazza della basilica, e poi condotti, in forma di ingresso solenne, davanti alla Tomba di Cristo dove vengono ufficialmente ricevuti.

2. La seconda testimonianza[184] che viene presa in considerazione è quella di Felice FABRI[185], pellegrino domenicano tedesco che venne due volte in Terra Santa,

---

[180] Si poteva scegliere di iniziare il primo periodo con NICOLÒ da Este, diciotto anni prima di quando si stabilì l'itinerario.

[181] *ITS1431*, 1.

[182] Cfr. la descrizione posteriore dell'itinerario di G. ZUALLARDO in appendice al n° **6.**

[183] *ITS1431*, 69.

[184] Il giovedì 7 agosto 1474, Pietro CASOLA visitò anche la basilica e fece la processione (cfr. P. CASOLA, *Viaggio di Pietro Casola a Gerusalemme*, Milano 1855, 70-71). Non ripor-

nel 1480 e nel 1483. Dopo il suo secondo viaggio intraprese pure un viaggio nel Sinai e in Egitto. Non ci tramanda l'intera eucologia della processione, tuttavia dalla sua testimonianza risulta che:

- ognuno partecipava alla sacra funzione con una o più candele in mano previamente comprate («emimus cereos de cera albissima unusquisque magnam vel parvam, decoram vel simplicem, prout volebat»[186]);
- il guardiano del Monte Sion presiedeva rivestito con i paramenti sacri («vestes sacras induentes»[187]).

Bernardo VON BREYDENBACH, canonico di Mainz, compì una pellegrinazione in Oriente assieme al FABRI. Nella guida[188] che scrisse dopo il suo viaggio, sottolinea che la processione avveniva «con canti»[189].

3. In un manoscritto conservato nella Biblioteca Nazionale di Parigi trascritto dal GOLUBOVICH[190], viene riportata l'intera eucologia nonché le rubriche della processione nella lingua francese contemporanea. Non si tratta di un vero processionale perché contiene anche la descrizione delle altre peregrinazioni ordinarie (non riferite dal GOLUBOVICH) che si solevano compiere in Terra Santa. Si tratta di un codice membranaceo, in formato di un piccolo manuale di millimetri 143 per 100. Si deve notare che il FACCHINI (1924) ignorava questo manoscritto (pubblicato nel 1927). Il

---

ta l'eucologia, ma anticipa l'esistenza delle litanie durante gli spostamenti vicino all'altare della Maddalena; dice pure che sul Calvario «lì fu facto una bella predica de la passione de Christo per uno frate di quelli del Monte Syon, con tale modo che credo, se quelli cani mori fosseno stati presenti insiema con tutti li pellegrini, haverebbono pianto» (in: *Opera Citata*, 71). Lo stesso anno ALESSANDRO DI FILIPPO RINUCCINI, procedette anche alla visita però riporta tutta l'eucologia (cfr. ALESSANDRO DI FILIPPO RINUCCINI, *Sanctissimo Peregrinaggio del Santo Sepolcro 1474*, ed. A. Calamai (Corpus Peregrinationum Italicarum 2 (2.1.)), Ospedaletto (Pisa) 1993, 104-106).

185 Cfr. *ITS1480*, 285-312. Di questo decennio, si possiede anche la testimonianze dello svolgersi della processione, come la sua eucologia, in: A. DA CREMA, *Itinerario al Santo Sepolcro. 1484*, ed. G. Nori, Ospedaletto 1996, 153-158. La sua testimonianza non verrà qui considerata perché in totale armonia con quella di FABRI.

186 *ITS1480*, 285.

187 *ITS1480*, 285.

188 Si tratta della prima pubblicazione illustrata a stampa di un *itinerarium* come ricordo del pellegrinaggio e delle cose viste e sperimentate, ma nello stesso tempo pensata come una guida per i futuri pellegrini e viaggiatori che avessero desiderato ripercorrerne l'esperienza (cfr. M. PICCIRILLO, «von Breydenbach Bernhard, Peregrinationes», *Liber Annuus* 50 (2000) 597-601).

189 B. VON BREYDENBACH, *Peregrinationes in Hierusalem atque in Montem Synai*, Spira 1490, 434.

190 Cfr. *Processionale Jerosolymitanum*, dal codice della Biblioteca Nazionale di Parigi, fondo franc. n° 25.500, foglio 30r-45v, in *GB* I,5, 356-360.

GOLUBOVICH afferma che il manoscritto risale alla seconda metà del secolo XIV: visto però quanto dice della processione, quest'antichità risulta impossibile[191], anche se il suo valore non viene meno. Paragonando il testo con i vari altri diari, si può far risalire con più probabilità il manoscritto alla fine del secolo XV. Riguardo alla ritualità, esso precisa che la processione viene aperta dalla croce e da candele[192]. Con questo manoscritto, appare un elemento nuovo tra alcune stazioni: infatti, dopo il testo della colletta proclamata davanti alla *Colonna della Flagellazione*, si legge: «et d'illecques s'en vont au lieu ou nostre Seigneur Jesus Christ apparu a Marie Magdaleine en forme de jardinier chantant: *Kyrieleison*, [...], *Sancta Trinitas unus Deus, miserere nobis*»[193]. Ugualmente dopo la stazione davanti all'*Altare della Maddalena* si legge:«apres en alant a la chartre [prison] de nostre Seigneur Jesus Christ chantent ceste antienne: *Sancta Maria, ora pro nobis*. Comme dessus jusques a tant qu'ils sont devant»[194]. Tutti gli spostamenti senza inno tra due altari relativamente distanti si effettuano al canto delle litanie.

4. Dal 10 agosto al 10 settembre 1492, BERNARDINO DI NALI[195] fece il pellegrinaggio in Terra Santa e scrisse un diario in cui ci tramanda le peregrinazioni di Gerusalemme. Nella descrizione della processione del Santo Sepolcro che fece il 25 agosto, oltre alla completa eucologia, dà, per ogni stazione, tre righe di descrizione del luogo e del rito. Inoltre, come nel caso del manoscritto parigino, abbiamo un'altra testimonianza delle litanie che erano cantate tra le due stazioni che non possedevano ancora un inno[196].

---

[191] In una nota dell'editore del *FACC* viene pure affermato, senza precisare il motivo, che «il Processionale Ierosolymitanum [...] stimato della II metà del secolo XIV, è certamente posteriore di almeno un secolo» (in: *FACC*, 7): si tratterà senz'altro di un'aggiunta del curatore del manoscritto lasciato da FACCHINI. Pure V. CORBO, nella pubblicazione del manoscritto di BERNARDINO DI NALI afferma che il manoscritto parigino va posto «come intermedio fra quello di Mariano da Siena e quello del Di Nali. Le prove risulteranno convincenti da un esame dei tre processionali» (in: *ITS1492*, 211).

[192] Cfr. *Processionale Jerosolymitanum*, in *GB* I,5, 357.

[193] *Processionale Jerosolymitanum*, in *GB* I,5, 357.

[194] *Processionale Jerosolymitanum*, in *GB* I,5, 358.

[195] V. CORBO OFM scoprì e pubblicò (*ITS1492*, 208-255) recentemente questo manoscritto che ancora era sconosciuto al FACCHINI. Contemporanea a quella di BERNARDINO è la testimonianza di Pietro CASOLA (1494) e leggermente posteriore quella di Jost VON MEGGEN (1542). Essi però non ci offrono l'eucologia della processione, ma solo del suo itinerario (cfr. CASOLA, *Viaggio di Pietro Casola*, 70-72; J. VON MEGGEN, *Pellegrinaggio a Gerusalemme. Avventure di viaggio per mare e a cavallo di un gentiluomo svizzero del Cinquecento*, intr. A. Mascheretti Cavadini, tr. commento F. di Ciaccia (Il Periplo 3), Milano 1999, 82-83).

[196] *ITS1492*, 227 e *ITS1492*, 228.

5. Nel 1567 la Palestina soffriva dell'invasione dei Turchi avvenuta nel 1517. BONIFACIO da Ragusa (attuale Dubrovnik in Dalmazia) era francescano, teologo, giurista, Vescovo, Legato e Visitatore Apostolico, uomo di cultura e di governo, scrittore, uno dei grandi Custodi di Terra Santa (in due periodi 1551-1560 e 1562-1564)[197]. Il contenuto del suo racconto merita ogni fiducia. Con l'itinerario ivi descritto avviene per la processione una svolta decisiva: la visita con connotazione liturgica diventa ormai un atto di culto ufficiale per accogliere i pellegrini; sono ora apparsi vari ministri; si parla di veste liturgica; la processione si reca da un altare all'altro per incensarli (è la prima volta che si parla dell'uso dell'incenso). Ecco l'inizio della sua narrazione:

> «Omnes congregantur in capellam Virginis Mariae, quae de apparitione vocatur, et ibi devote orant, et expectant quousque Guardianus, Cantores, thurificator, ceroferarii, et crucifer induti sacris vestibus e sacrario prodeant: cum autem egressi fuerint, Guardianus ante altare accepto thuribulo fumigante, altare thurificat, omnibus ministris ante cancellos cum peregrinis stantibus, orant, ut ascendant orationes, peregrinationes, labores, quos pro Deo subeunt, sicut incensum in conspectu Domini; qua completa, accendunt omnes candelas, et cantores incipiunt cum nota: *Salve Regina*, vel aliam tempori competentem antiphonam»[198].

Le litanie che in un primo tempo si cantavano tra due stazioni senza inno, vengono ora anticipate durante la prima stazione nella *Cappella del Santissimo*; tra queste stazioni senza il canto di un inno subentrano invece alcuni salmi (BONIFACIO ne dà le referenze). Appare anche l'azione del diacono che, dopo il saluto, legge un brano evangelico (prima dell'antifona, versetto e orazione) adatto al luogo; compaiono anche sermoni pronunciati dal guardiano seduto sul faldistorio davanti agli altari più importanti. Infine, dal titolo del capitolo «Descriptio supplicationum et

---

[197] Egli è rimasto famoso nella storia della Custodia:
- per il restauro dell'Edicola che racchiude la Tomba di Cristo, che eseguì nel 1555;
- per aver ottenuto che i francescani non fossero espulsi dai loro santuari dopo che furono cacciati dal Cenacolo nel 1551;
- per aver acquistato dai monaci georgiani il convento di San Salvatore, tuttora sede centrale della Custodia di Terra Santa (il medesimo BONIFACIO ottenne da Papa PIO IV una bolla del 17 luglio 1561 con la quale gli veniva concesso il trasferimento delle indulgenze del Cenacolo ai tre altari di San Salvatore: cfr. P. VERNIERO DI MONTEPILOSO, *Croniche ovvero annali di Terra Santa* 9,9,5, *GB* II,6, 190-191);
- per la sua opera *Liber de perenni cultu* che è fondamentale per il suo contenuto palestinologico, descrittivo e liturgico. Non si tratta del racconto di viaggio di un pellegrino, ma di una grande opera scritta da un'autorità religiosa locale.

[198] *ITS1567*, 158, 159.

orationum, quae fiunt in Dominico Sepulcro, eo tempore, quo peregrini ibi adorant»[199], si può affermare che la processione non era ancora quotidiana.

2.3.3.1. Itinerario

Da questo punto in poi, si suggerisce vivamente al lettore di confrontare la tabella riportata in appendice al n° **4.**

1. MARIANO (1431) ci narra la sua peregrinazione in Terra Santa iniziando dallo sbarco in Palestina quando i pellegrini cantavano il *Te Deum*. Poi di Luogo santo in Luogo santo, ci riporta la "tariffa" delle indulgenze e l'*oremus* che si recitava nei vari luoghi. Arrivati a Gerusalemme, compivano la processione al Monte Sion[200] prima di celebrarvi la santa Messa. Il 29 maggio, all'ora del Vespro, entravano nella basilica del Santo Sepolcro.

> «In questa Chiesa stanno continuamente pei Latini tre, o quattro Frati Minori, e il guardiano el Sepulcro; e' Greci guardano el Monte Calvario. Stannovi Ermini, Indiani, Iacopiti, Giorgiani, e Nestoriani. D'ognuno o tre, o quattro, et ognuno ha la sua stanza di per se. Raunati, che fumo dinansi alla Cappella del Sepulcro incominciammo una divota, e santa, e bella processione colla Croce innansi, e con quattro doppieri accesi, e tutti i Frati del sacro Monte Syon, e tutti i peregrini colle candele accese in mano cantando *Regina Coeli* con tanta devozione, gaudio jocundità e lacrime, che a me non è possibile el dirlo; chi el vuol sapere, el vadi a cercare, e così venimmo di longa al Sepulcro a tramontana, cioè a mano sinistra»[201].

Segue la descrizione della processione all'interno della basilica[202]. Andarono quindi a Betlemme e ad Ain Karem (nascita di Giovanni il Precursore) e anche per questi luoghi MARIANO ci commenta la processione che fecero all'interno dei santuari, riportandone l'eucologia.

Nella basilica del Santo Sepolcro, l'itinerario del 1431 è il seguente: dopo una preparazione dinanzi alla *sacra Tomba*, si va alla prima stazione, la *Cappella dell'Apparizione* ove si canta la *Regina cœli*. Dalla seconda fino all'ultima e undecima stazione, il rituale è identico: un'antifona, un versetto e un'orazione appropriata. Queste stazioni sono: la *Colonna della Flagellazione*, l'*Altare di Santa Maria Maddalena* (preferendo ancora per l'itinerario una logica imposta dalla topografia dei luoghi anziché una logica mimetica che si rifà alla verità cronologica degli eventi della salvezza: la collocazione di questa stazione rimarrà uguale fino alla fine del primo periodo), il *Carcere*, la *Cappella della divisione delle Vesti*, la *Cap-*

---

[199] *ITS1567*, 158.

[200] Cfr. *ITS1431*, 65-69.

[201] *ITS1431*, 71.

[202] Cfr. *ITS1431*, 70-91.

pella di santa Elena, la *Cripta dell'Invenzione della santa Croce*, la *Colonna degli Improperi*, il *Calvario*, la *Pietra dell'Unzione*, la *sacra Tomba*. Infine, per ogni stazione riporta, oltre l'eucologia, una descrizione del luogo in lingua italiana.

2. Dopo 50 anni, con la testimonianza di F. FABRI, la processione non inizia più con la *Regina cœli* bensì con la *Salve Regina* mentre il corteo si reca verso la *Cappella del Santissimo*[203]. L'itinerario risulta leggermente ampliato: dopo la stazione alla *Colonna della Flagellazione*, si venerano i due altari posti nella *Cappella dell'Apparizione*: l'*Altare delle reliquie* (santa Croce) e il luogo dove avvenne il miracolo del riconoscimento della santa Croce[204]. Inoltre la *Colonna degli Improperi* viene incensata prima di scendere in cripta e infine, tra la *Pietra dell'Unzione* e la *sacra Tomba*, sono inserite due stazioni: il *Catholicon* («ubi dicitur esse centrale medium totius mundi»[205]) e il luogo dove le Tre Marie videro la pietra rovesciata quando vennero ad ungere il corpo del Signore.

3. Il manoscritto parigino offre un cambiamento rispetto all'itinerario precedente: la venerazione dei due altari nella *Cappella dell'Apparizione* scompare. La *Colonna degli Improperi* torna ad essere venerata dopo la salita dalla cripta sotterranea. L'aggiunta del *Catholicon* e del *Luogo delle Tre Marie* descritta da FABRI, è a questo punto già abolita per sempre.

4. Nel 1492, con BERNARDINO DI NALI, si nota che dopo la *Cappella della Divisione* si ritorna ad incensare la *Colonna degli Improperi* prima di scendere in cripta (a motivo probabile della scomparsa dell'inno legato a questa stazione: si ristabilisce questo ordine per non trovarsi con una stazione *sine cantu* in mezzo a quelle celebrate con la solennità del carme). Essendo quindi la stazione presso la *Colonna degli Improperi* senza inno[206], essa viene anteposta per non avere una *stazione bassa* dopo due *in cantu*. Alla discesa del *Calvario*, si aggiunge la *Cappella di Adamo* prima di recarsi alla *Pietra dell'Unzione* e alla *Tomba*.

5. Con BONIFACIO da Ragusa (1567), l'itinerario[207] fa da transizione tra il secondo e il terzo periodo. Paragonandolo a quello descritto da BERNARDINO, si rileva che, per la prima volta, si scende (definitivamente) all'*Invenzione* prima di sostare a *santa Elena* e la venerazione della *Colonna degli Improperi* ha (definitivamente) luogo dopo la salita dalla cripta; dopo la *sacra Tomba*, si ritorna, per concludere, alla *Cappella dell'Apparizione*.

---

[203] Cfr. *ITS1480*, 285.

[204] Cfr. *ITS1480*, 287. Riguardo alla narrazione di questo ritrovamento, cfr. in appendice al n° **6**.

[205] *ITS1480*, 306.

[206] Cfr. n° **2.3.3.2. §4.**

[207] Cfr. *ITS1567*, 158-181.

2.3.3.2. Inni

1. Secondo MARIANO (1431), non ogni stazione godeva del privilegio di avere un carme, ma solamente quelle del *Calvario* (*Vexilla Regis*), della *Pietra dell'Unzione* (*Pange lingua vulneratum*) e della *sacra Tomba* (*Ad cenam Agni providi*). MARIANO non riporta il testo integrale degli inni, ma si limita a darne l'*incipit*. Da questo si può dedurre che essi venivano cantati nella forma conosciuta del *Breviarium Romanum* contemporaneo. Si ricorda poi che la processione iniziava al canto della *Regina cœli*[208].

2. Oltre i tre inni di MARIANO che sono ancora esplicitamente nominati[209] FABRI (1480-1483) testimonia che la *Salve regina* viene ora cantata all'inizio della funzione, e che quattro altri carmi vengono cantati: all'*Altare delle Reliquie* scrive «cantus de sancta cruce ibi perficimus ex processionali»[210], alla *Cappella dell'Incoronazione* «cum lugubri cantu»[211], a *santa Elena* «cum cantu de S. Helena, signato in processionali»[212] e alla *Cripta dell'Invenzione* «cum cantu de sancta Cruce»[213]. Tuttavia, non c'è nessun'informazione sulla loro natura.

3. Anche riguardo agli inni, il manoscritto parigino si rivela di grande ricchezza e il mistero riguardo al loro contenuto viene svelato. Riporta l'antifona *Regina cœli* che era cantata mentre la processione lasciava la Tomba per recarsi alla *Cappella dell'Apparizione*; viene tramandato il testo delle due stazioni in cripta, ancora sconosciuto al tempo del FABRI: scendendo all'*Invenzione*, si cantava l'*O crux ave, spes unica* che la Chiesa mette a conclusione del *Vexilla Regis* con la lezione *inventionis tempore*; risalendo a *sant'Elena* veniva cantato il *Cuius obtentu Deus alme nostris*; la salita alla *Colonna degli Improperi* si faceva ormai al canto dello stesso *O Crux ave* in cui, questa volta, veniva inserito *exaltationis tempore*. Si ha poi la

---

[208] Cfr. n° **2.3.3.1. §1.**

[209] Cfr. *ITS1480*, 298.305.309.

A questo punto si deve riportare la testimonianza di Santo BRASCA che fece il pellegrinaggio nel 1480. Il viaggio di questo pellegrino si inserisce tra quello di MARIANO e quello del FABRI. Non fu menzionato finora perché la sua testimonianza riguardo all'itinerario coincide con quella del FABRI, ma l'eucologia che riporta è totalmente differente dai due sunnominati. Due solamente sono gli inni che vengono ora menzionati: *Arbor decora et fulgida* (strofe che appartengono al *Vexilla regis*) per l'Invenzione; *O Crux, ave santissima* (cfr. *AH* 46, 107 [n° 65]) seguita dall'inizio dell'*Exultet* mentre si sale al Calvario (cfr. S. BRASCA - G. CAPODILISTA, *Viaggio in Terra Santa di Santo Brasca 1480 con l'itinerario di Gabriele Capodilista 1458*, ed. A. L. Momigliano Lepschy (I cento Viaggi 4), Milano 1966, 92-98).

[210] *ITS1480*, 288.

[211] *ITS1480*, 291.

[212] *ITS1480*, 293.

[213] *ITS1480*, 295.

conferma degli altri carmi riportati da MARIANO (la salita al Calvario con otto strofe del *Vexilla Regis*; la discesa verso la *Pietra dell'Unzione* con le cinque prime strofe del *Pange lingua* che si concludono con la dossologia; la sosta presso la *sacra Tomba* cantando l'*Ad cenam Agni providi*[214]). Se MARIANO dava solamente l'*incipit* dei carmi, con questo manoscritto si possiede il testo *in extenso* che corrisponde a quello dell'allora *Breviarium Romanum*. È interessante rilevare:

- che nessuno di questi inni possiede ancora le varianti legate al Luogo santo;
- che, secondo le rubriche, tutti gli inni vengono cantati e non recitati.

4. La testimonianza di BERNARDINO DI NALI (1492) risulta concorde con quella del precedente manoscritto, tuttavia la stazione presso la *Colonna degli Improperi* perde di nuovo il suo carme e l'inno in onore di ELENA viene leggermente mutato[215]. Si noti ancora il ritorno della *Salve Regina* prima di iniziare.

5. Gli inni menzionati da BONIFACIO da Ragusa (1567) sono del tutto identici a quelli di BERNARDINO. Si spiega tuttavia che la *Salve Regina* all'inizio si può sostituire con un'altra antifona equivalente, corrispondente al tempo liturgico; infine, si conclude con il *Te Deum* mentre l'assemblea dei frati, seguita dai fedeli, si reca alla *Cappella dell'Apparizione*.

Riguardo alla prima antifona mariana che inizia la funzione nella *Cappella dell'Apparizione*, si potrebbe pensare fosse la stessa che concludeva Compieta della comunità religiosa dei frati (la processione ha sempre avuto luogo dopo quest'ora dell'*Ufficium divinum*). Si trattava della *Regina cœli* al tempo di MARIANO che seguì la processione il 30 maggio, che cadeva durante il tempo pasquale. Un altro indizio per questa affermazione si incontra nel commento che fece BONIFACIO (cfr. sopra). Infatti già sin dal XII-XIII secolo, per la prima volta[216], venne attestato l'uso di riallacciare alla Compieta questo saluto alla Vergine, saluto che è tratto da una pia devozione medievale.

2.3.3.3. Antifone

Le antifone proposte in questo periodo per ogni stazione sono di due tipi: alcune sono citazioni della Sacra Scrittura (a volte adattate al Luogo in cui sono pro-

---

214 Il manoscritto include molti sbagli ortografici (es: *provodi* anziché *providi*).

215 Cfr. *ITS1492*, 229.

216 Cfr. V. RAFFA, *La liturgia delle ore. Presentazione storica teologica e pastorale* (Collana di teologia e di spiritualità 8), Monza ^{3}1990, 138. Anzi, i ministri generali dei francescani AYMONE da Faversham e GIOVANNI da Parma prescrivono ai loro frati di recitare, a seconda delle stagioni, dopo la Compieta una delle antifone mariane (cfr. A. GEMELLI, *Il Francescanesimo*, Città di Castello ^{9}2001, 86).

clamate), altre provengono dal patrimonio eucologico liturgico latino, in modo particolare dall'antifonario. In ambedue i casi, ogni antifona è composta da circa una ventina di parole concluse con un breve versetto e responsorio. Le antifone rimangono in sostanza uguali durante tutto il primo periodo: si noti che solamente l'antifona proclamata davanti la *Pietra dell'Unzione* possiede una versione propria per MARIANO (1431). Pur restando sostanzialmente uguali, questi testi subiscono alcune mutazioni dovute sia alla versione del testo della *Vulgata* che viene usata; sia perché la variante inculturata viene modificata (ad esempio, con il tempo alcuni *hic* appaiono e/o scompaiono a seconda della coscienza della storicità del luogo); sia perché alcune parole sono state copiate o trascritte erroneamente (molti di questi diari sono stati trascritti molte volte prima di venire finalmente stampati).

2.3.3.4. Collette

Questo primo periodo si potrebbe suddividere in due tempi. Infatti da una parte, le prime testimonianze che vengono studiate (MARIANO, Santo BRASCA[217]...) non riportano ancora orazioni stabili; dall'altra, si osserva che l'eucologia si fissa dal manoscritto parigino in poi. Le testimonianze posteriori di BERNARDINO DI NALI (1492), di BONIFACIO, così come quella di ANTONIO DA CREMA[218] concordano con quella del detto manoscritto. Si devono tuttavia osservare alcune lievi differenze (pochissime parole vengono sostituite con omonimi omofoni: per esempio, *sacratissima* diventa *sanctissima*, ecc.) dovute sia ad alcuni sbagli nel trascrivere il processionale (o dai copisti successivi nel trascrivere il manoscritto), sia allo sviluppo dell'eucologia.

2.3.3.5. Libri

Non si possiede nessuna copia di processionale per questo periodo (si è nel primo secolo dell'invenzione della stampa), ma solamente il testo che ci riportarono i vari pellegrini sopra menzionati, inserito nell'ambito generale delle loro peregrinazioni in Terra Santa.

Con il *Liber de perenni cultu* di BONIFACIO invece si fa un passo avanti: se tra due stazioni gli autori precedenti scrivevano i loro commenti, illustravano i luoghi, o facevano riflessioni teologico-spirituali, BONIFACIO, al loro posto, inserisce un linguaggio quasi rubricale.

Riguardo ai processionali usati durante la funzione, sta però la testimonianza del domenicano Felice FABRI (pellegrino tra il 1480 e il 1483): egli parla dei libretti

---

[217] Cfr. nota n° **209**.

[218] Cfr. nota n° **185**.

che si usavano in quel tempo e dell'acquisto di una copia del processionale per le sue devozioni personali[219].

2.3.3.6. Conclusione

In questo primo periodo, la processione conserva il senso del suo girare in uso da alcuni anni prima dell'inizio del primo periodo. Questo senso, che non verrà mai più tralasciato, può essere meno naturale di quello primitivo, tuttavia favorisce meglio una celebrazione mimetica e anamnestica del mistero pasquale. Si nota comunque che la venerazione dell'*Altare della Maddalena* all'inizio della processione disturba la cronologia degli eventi evangelici legati alla *Passione-Morte-Risurrezione* del Signore. Saranno necessarie le riforme posteriori per conformarsi lentamente a questa verità.

Si assiste ad un lento passaggio: dall'accoglienza che i frati offrono ai pellegrini (nel 1431 con MARIANO, il Custode raduna i pellegrini sul piazzale della basilica e li conduce poi davanti alla Tomba[220]), ad un ritualismo della processione alla quale sono invitati ad aggregarsi anche i fedeli (nel 1567 con BONIFACIO, si è giunti ad una funzione quasi liturgica che vede i pellegrini radunati nella *Cappella del Santissimo*, luogo della presenza dei frati, ove aspettano l'arrivo dei ministri[221]). Si noti tuttavia che in questo periodo la processione non è ancora quotidiana (cfr. titolo di BONIFACIO) perché il numero di frati della comunità del Santo Sepolcro è ancora ridotto (2, 3 o 4 religiosi)[222].

Al tempo di MARIANO sembra si andasse da un luogo all'altro in silenzio, come i pellegrini di oggi che si recano dal Cenacolo alla Dormizione, senza preoccuparsi dell'intervallo tra le due visite. Invece al tempo di BONIFACIO, tutta la processione diventa celebrativa e i "vuoti" non sono più tollerati. Tra ogni spostamento, pian piano vengono ad intercalarsi litanie, poi salmi e infine alcuni inni.

Benché la processione si avvii verso una ritualizzazione, si conserva ancora una piccola dimensione pastorale con la presenza delle omelie.

---

[219] «Igitur cum circa locum illum omnia perfecissemus cantando, legendo, quae signata erant in processionali peregrinationis terrae sanctae, cum gratiarum actione recessimus. Habentur enim processionalia, libelli, in quibus omnes versiculi, collectae, responsoria signantur et hymni et psalmi circa loca sancta legenda et cantanda per omnia loca transmarinae peregrinationionis. De his libellis ego comparavi unum pro me, quo usus fui in locis sanctis» (in: *ITS1480*, 244).

[220] Cfr. paragrafo n° **2.3.3. §1.**

[221] Cfr. paragrafo n° **2.3.3.1. §5.**

[222] Cfr. *FACC*, 21-22. A Betlemme e al Monte Sion (e poi San Salvatore) queste processioni erano quotidiane perché i frati, in questi conventi, vi erano abbastanza numerosi.

Tutti gli inni vengono cantati durante gli spostamenti e in modo particolare quando la processione sale o scende verso un altro luogo. Il testo di questi carmi proviene dal patrimonio della liturgia: non si osserva nessuna tendenza a legarli al Luogo santo in cui sono cantati. Si osserva anzi il paradosso che le varianti dell'*O Crux ave* sono di carattere temporale (in rapporto all'anno liturgico) e non spaziale (riferite al luogo specifico). Questi vari carmi riappariranno in un modo o nell'altro (come si vedrà più avanti) durante il terzo e il quarto periodo.

Non trattandosi ancora pienamente di un'azione sacra, nonostante vada prendendo forma una certa trama, si può osservare che *ritus* e *preces* non sono ancora stabili e fluttuano a seconda del trascorrere degli anni.

2.4. Secondo periodo (1583-1623)

2.4.1. Contesto storico ed ecclesiale

1. L'intero periodo si svolge durante gli inizi della presenza ottomana turca in Palestina conquistata dal Sultano SELIM I nel 1517[223].

2. Questo breve periodo coincide con l'attuazione della riforma del Concilio di Trento. Dopo l'edizione del *Breviarium Romanum* (1568) e poi del *Missale* (1570), la loro diffusione si estenderà in tutta la Chiesa romana e senz'indugio, i libri tridentini sono adottati anche dai frati di san FRANCESCO. Infatti secondo la regola, dovendo riallacciarsi con gli usi della Curia Romana, i francescani non vedranno niente altro nel nuovo Ufficio tridentino che il proseguimento di quello che adoperavano sin dal secolo XIII, limitandosi ad aggiungere gli uffici propri del loro Ordine[224].

2.4.2. Liturgia

1. Riguardo alle liturgie quotidiane e all'accoglienza dei pellegrini, come per il passato, i pellegrini continuano a visitare il Luogo santo nel pomeriggio e dopo la processione prendono un piccolo tempo di riposo in un luogo designato loro dai frati. Lo ZUALLARDO (1586) riporta che di notte alcuni membri del suo gruppo aspettavano che i frati dicessero il Mattutino (dunque i frati erano soliti pregare

---

[223] Cfr. n° **2.3.1. §2.**

[224] Cfr. S. BÄUMER – R. BIRON, *Histoire du bréviaire*, Roma 1967, 222. Difatti, dieci anni dopo la pubblicazione del breviario romano, viene pubblicato un fascicoletto di 65 pagine per l'uso serafico che viene attaccato all'edizione romana (cfr. *Proprium Festorum ordinis Minorum. Officia propria Festorum ordinis Fratrum Minorum ad formam officij noui redacta quæ S. D. N. Pius V. Pont. Max. Anno Domini M.D.LXIX. Die* XV. *Maij Pontificatus vero fui anno iiij viua voce concessit ut sic ordinata imprimarentur, & à Fratribus eiusdem ordinis dicerentur*, Venezia 1578).

l'Ufficio notturno e la liturgia era aperta a tutti), mentre altri ritornavano a pregare presso i vari luoghi che avevano visitato durante la processione. "Dopo essersi confessati, comunicati e aver lucrato le varie indulgenze, di buon ora dovettero uscire perché già i Turchi erano venuti ad aprire la porta"[225]. Non risulta niente di nuovo in questo breve periodo riguardo alla vita liturgica quotidiana del santuario.

2. Nonostante la brevità di questo periodo di transizione tra l'edizione dei libri liturgici del Concilio tridentino e la loro attuazione stabile nel luogo stesso della Risurrezione, abbiamo la testimonianza sulle celebrazioni della Settimana santa del WADDING (si tratta della colossale opera di un frate del seicento, che illustra la storia dell'Ordine francescano sin dalle sue origini) poco prima del 1623[226].

Il Venerdì santo[227], mentre si canta la Passione di Giovanni sul Calvario, quando il diacono giunge alle parole:

> «*Calvariae locum, Hebraice Golgota, ubi crucifixerunt eum*, in ipso crucifixionis loco paratae cruci clavis affigunt Christi effigiem, ad singulos mallei ictus prae dolore et repraesentatione passionis Dominicae collacrymantibus et gementibus universis [...]. Hinc magnam hanc efferunt Crucem, et Crucifixi effigiem, et ipso in foramine, quo fixa est vera Christi crux, istam erigunt in typum. Prosequitur deinde Diaconus historiam passionis»[228]

e quando nel testo evangelico vengono proclamate le parole stesse di Cristo in croce, il diacono tace e queste parole vengono proferite dal Custode a nome del Signore. Dopo la lettura del racconto della morte di Gesù, tutti piangono.

> «Ad illa vero textus Evangelici verba: *Post haec [...]* Christi effigiem ex cruce deponunt, et pretioso linteo auro gemmisque intertexto imponunt, quod per quatuor angulos, praecedentibus omnibus christianis cum candelis accensis, et ex Monte Calvario descentibus, ferunt quatuor sacerdotes sacris induti usque ad lapidem unctionis. Accedit Guardianus [...] et ad similitudinem Joseph et Nicode-

---

[225] Cfr. *ITS1586*, 193.

[226] Cfr. L. WADDINGO HIBERNO, *Annales Minorum seu Trium Ordinum a S. Francisco institutorum* 7, Quaracchi – Firenze 1933, 328-330 ove viene riportato da fra MELCHIORE d'Anversa (il segretario dell'OBICINI che compirà la riforma del terzo periodo) il calendario liturgico proprio dalla Chiesa gerosolimitana del 1623.

Si vede tra l'altro che questo calendario contiene un santorale composto dai santi biblici (Abramo, Mosè, Samuele, Davide, Isaia, Geremia, Giobbe, Sofonia...), dai santi menzionati dai vangeli canonici (la profetessa Anna, Giuseppe di Arimatea, Maria di Salome, Cleofa...) e apocrifi (Longino, Disma...) e dalla storia della Chiesa di Gerusalemme (Maria egiziaca, Eustochio, Melania...). Questo santorale è in continuità con quello dei primi frati presenti a Gerusalemme (cfr. N. BUX, *Codici liturgici latini di Terra Santa. Liturgical Latin Codices of the Holy Land* (SBF-Mu 8), Fasano 1990, 28).

[227] Cfr. WADDINGO HIBERNO, *Annales Minorum* 7, 327.

[228] WADDINGO HIBERNO, *Annales Minorum* 7, 327.

mi corpus odoriferis aquis lavant, et sumpta ex calice magno aureo mixtura myrrhae et aloes, totum inungunt ipso ritu, quo pii illi viri super eumdem lapidem verum Christi corpus unxerunt. Mox syndone munda involutum ad sepulcrum portant, ipsum illud monumentum excisum in petra, in quo nullus ante nec post ipsum positus erat, et novis tenerae compassionis indiciis sacrum pignus reverenter deponunt»[229].

Nella sera del Venerdì, tutti ritornano al Calvario per ascoltare un sermone sulla Passione e per fare la disciplina. Contrariamente al periodo precedente, non si parla più di "seppellire l'Eucaristia".

Il Sabato santo, attorno all'edicola si fa una processione, mentre ad ogni angolo viene cantato uno dei quattro vangeli della risurrezione[230].

La domenica di Pasqua, A. ROCCHETTA (1599) riporta che dopo che i frati "zoccolanti" avevano terminato le messe private, «fatto giorno si fece una solenne processione ricca di fregi, e d'apparato, e molto cerimoniosa attorno il santissimo Sepolcro alla fine di quella si principiò la Messa cantata»[231]. Aggiunge poi che durante la messa, la parola *resurrexit* dell'introito, del vangelo, del *credo*... veniva sempre sostituita da *hic resurrexit* mostrando con l'indice della mano destra la Tomba del Signore.

È da notare che il WADDING riporta non tanto le liturgie in genere quanto piuttosto le celebrazioni che sono proprie della Città santa. La processione delle Palme viene sì eseguita in tutta la Chiesa romana: ma a Gerusalemme, per una maggiore solennità, viene separata dalla liturgia e celebrata di nuovo nelle ore pomeridiane[232]. La mimesi della *crocifissione-deposizione-unzione* del Venerdì avviene invece all'interno della stessa liturgia: la Chiesa post-tridentina assume, sviluppandolo, questo rito dagli Etiopici[233] e lo pone quale gesto che rende più plastica la lettura evangelica.

2.4.3. Processione

Si possiedono vari testi dell'intera eucologia della processione del XVI secolo inseriti nei diari di pellegrinaggio in Terra Santa: quello del principe polacco Nicola

---

229 WADDINGO HIBERNO, *Annales Minorum* 7, 327.

230 Cfr. WADDINGO HIBERNO, *Annales Minorum* 7, 327-328.

231 *ITS1599*, 149-150.

232 Cfr. WADDINGO HIBERNO, *Annales Minorum* 7, 326.

233 Cfr. n° **2.3.2. §2.d**.

Cristoforo RADZIVIŁ[234] (1583); quello di Jean ZUALLART (Giovanni ZUALLARDO)[235], cavaliere belga del Santo Sepolcro che si imbarcò da Venezia (1586) per visitare i Luoghi della Redenzione[236]; e infine quello di Ioannes COOTWYCK (latinizzato in COTOVIC)[237] (1598) che però assunse molte delle sue informazioni, ampliandole, dall'opera dello ZUALLARDO[238]. Una descrizione della processione di questo periodo viene pure offerta da don Aquilante ROCCHETTA[239] (1598-1599).

2.4.3.1. Itinerario

Nel periodo che stiamo esaminando tutte le fonti concordano sull'itinerario. Rispetto a quello descritto da BONIFACIO, notiamo quindi che la funzione inizia davanti alla *Colonna della Flagellazione*; la stazione all'*Altare della Maddalena* si fa passando ora davanti alla Colonna, ma senza fermarsi, e dopo la sosta alla *sacra Tomba*, ristabilendo così la cronologia evangelica. Tuttavia la stessa logica non si ritrova al Calvario: se fino allora ci si fermava per un'unica stazione, in questo pe-

---

234 Il testo di questa processione si trova nel diario di viaggio del principe RADZIVIŁ sotto il titolo: «Ordo processionis S. Sepulchri item modvs ordinandi eiusdem S. Sepulchri militem» in N. C. RADZIVILUS, *Ierosolymitana peregrinatio. Primum a Thoma Tretero Custode Varmiensi ex Polonico sermone in latinum translata*, Anvers 1614, 283-302.

235 Cfr. G. ZUALLARDO, *Il devotissimo viaggio di Gierusalemme. Fatto, e descritto in sei Libri dal Signore Giovanni Zvallardo, Caualiere del Santiss. Sepolcro di N.S. l'Anno M.D.LXXXVI. Aggiontiui i disegni in Rame di varij Luoghi di Terra S. & altri Paesi. Di nuouo stampato, e corretto*, Roma 1595, 336-346. Benché stampato dopo l'edizione italiana, l'originale di questo libro fu scritto in francese: J. ZUALLART, *Le très dévot voyage de Jérusalem*, Anvers 1608. Tuttavia, nel corso di questo lavoro sarà citata la traduzione italiana perché la versione francese è monca del sesto ed ultimo libro, che contiene gli inni cantati dai pellegrini.

236 Molte volte si è detto che la processione al Santo Sepolcro si inseriva in un grande esercizio di pietà popolare che rivestiva apparenti forme liturgiche. Si troverà in appendice (al n° **6.**) l'ambientazione della processione nel contesto del pellegrinaggio che fece lo ZUALLARDO e che viene narrata nel suo racconto. Si noti che questo pellegrino tramanda tutta l'eucologia delle varie stazioni che seguiranno. Gli altri pellegrini citati in questo lavoro tramandano anch'essi la propria testimonianza in tutti i luoghi che visitarono durante il loro pellegrinaggio. Si è fatta qui la scelta di riportare quella dello ZUALLARDO perché è più completa e più vicina al periodo tridentino, quando furono stampati i nuovi processionali del terzo periodo.

237 Cfr. I. COTOVIC, *Itinerarium Hierosolymitanum et Syriacum*, Anvers 1619.

238 Cfr. *Enchiridion locorum sanctorum. Documenta S. Evangelii loca respicientia*, ed. D. Baldi, Jerusalem 1955, XXXI.

239 Cfr. *ITS1599*, 131-148. Secondo questa testimonianza, oltre ai religiosi francescani erano invitati alla processione alcuni Maroniti e Armeni che professavano di essere cattolici. In appendice alla descrizione della processione che compì (1599), questo Autore riporta il rituale posteriore, quello della processione dell'OBICINI (1623) che l'editore avrà aggiunto ricopiandolo quando stampò il diario (1630); cfr. *ITS1599*, 401-418.

riodo se ne stabiliscono due, però non nell'ordine temporale corretto: infatti, nella prima stazione si fa memoria della morte di Gesù, nella seconda della Crocifissione. In quel tempo la scala che portava al Calvario era situata in un altro luogo (appena dopo la *Colonna degli Improperi*) e si arrivava alla sommità del *Golgota* direttamente davanti all'altare che commemora la morte in croce del Signore. Tuttavia, questo non giustifica pienamente tale scelta.

Un'altra novità segnalata dai racconti è la presenza, in alcuni giorni, dei tre giri attorno alla *sacra Tomba* prima di fermarvisi per leggere il brano biblico (non è detto quale è il senso del giro, ma si suppone che sia quello *naturale,* ossia quello odierno). L'unica rubrica di questo racconto così recita:

> «Quando verò circundatur sanctißimum Sepulchrum una vice tantùm, dicatur hîc, *Gloria tibi Domine*, ut habetur in fine [segue poi l'inno *Resumpsit* CHRISTVS *omnia*]. Quando autem circumdatur tribus vicibus, addantur versiculi ad locum S. Maria Magdalena, postquos dicatur Antiphona pro S. Sepulchro»[240].

Questo periodo coincide con la dominazione ottomana sulla Palestina. Perciò «alcuni Giannizzeri, li quali accõ[m]pagnano la processione per guardarci da qualche mal'incontro di cattiva gê[n]te, che suol'entrare in quel Santo luogo per beffarci, e maltrattarci»[241]. Così i pittoreschi *kawas*[242] trovano la loro origine.

2.4.3.2. Inni

RADZIVIŁ, ZUALLARDO e COTOVIC ci riportano fedelmente tutta l'eucologia dei vari luoghi che visitano: ormai, ogni stazione della processione ha un suo carme che viene trascritto *in extenso* perché non appartiene più al *Breviarium Romanum*, quindi viene scritto in vista di questa funzione[243]. A. FACCHINI OFM parla a questo

---

240 *ITS1583*, 297-298; similmente in *ITS1586*, 343. Da questo si deduce che il racconto è stato copiato da un processionale, trovato da RADZIVIŁ e ZUALLARDO, altrimenti essi non avrebbero inserito una rubrica da seguirsi in precise circostanze.

241 *ITS1599*, 132.

242 Cfr. nota **47**.

243 Oltre al *ITS1583* di RADZIVIŁ, al *ITS1586* di ZUALLARDO e al *ITS1598* di COTOVIC si possiedono altre opere che tramandano il testo di questi carmi. Per esempio tutti gli inni di questo secondo periodo sono conosciuti da CHEVALIER, che ricava l'esistenza di ognuno dalla seguente opera: L.-C. GRATZ, *Théâtre des événements racontés dans les divines Écritures* 2. *Ou l'ancien et le nouvel Orient*, tr. Gimarey – Bugnot, Paris 1870, 305-323; la versione tedesca di quest'opera è: L. C. GRATZ, *Handbuch der Biblischen Erd- und Länderkunde*, Landshut 1844, 604-637. Inoltre, gli stessi sono anche riportati in L. DU CLOU, *Itinerarium breve Terrae Sanctae patris fratris Leonardi du Clou Lemovicensis de Compregnaco Minoritae Recollecti*, ed. Marcellinus a Civetia – Th. Domenichelli, Firenze 1891, 51-68. Si noti che in tutte queste versioni i carmi sono riportati nella lezione leggermente modificata dal *ITS1586* in poi.

riguardo di introduzioni di *inni non liturgici*[244]. Era ovvio che le stazioni secondarie del Santo Sepolcro non avrebbero trovato un inno nell'Ufficio romano perché le memorie ivi celebrate non erano l'oggetto, nella Chiesa, di una festa liturgica; i riformatori quindi furono costretti a comporne alcuni *ex novo* e nel loro slancio composero tutti gli altri[245]. Dall'estrema semplicità degli inni di questo periodo consegue pure la loro bellezza e quindi la loro comprensione risulta più immediata. Tuttavia il testo della prima versione riportata dal RADZIVIŁ «non rimase intatto per lungo tempo, trovandosi presto il bisogno di modificarlo e di miglioralo. È sotto questa forma modificata che questi inni sono riportati tre anni dopo da *Zuallardo* (1586), e dopo di lui, da *Cotovico* (1598)»[246]. La caratteristica di questi testi sta nel fatto che, anziché esporre trattati di teologia, essi sono composti da Scrittura riformulata e messa in versi dimetri giambici.

Infine, nei giorni in cui la processione si "avvolge intorno Tomba" compiendo tre giri, vengono aggiunte sedici strofe in più prima della dossologia finale, per dare il tempo di effettuare questo percorso più lungo.

2.4.3.3. Antifone

Se il passaggio al secondo periodo è caratterizzato da un cambiamento radicale di tutti gli inni, si osserva invece che le antifone di questo periodo rimangono identiche a quelle della fine del periodo precedente, vale a dire che le antifone di BONIFACIO sono globalmente simili a quelle che riportano i tre pellegrini del secondo periodo (l'introduzione di una nuova stazione al Calvario implica anche una nuova eucologia). Inoltre, se per gli inni si è notato uno sviluppo tra il diario del RADZIVIŁ e quello dello ZUALLARDO, le tre versioni di antifone di questo periodo sono invece uguali tra di loro.

2.4.3.4. Collette

Come per le antifone, le collette sono complessivamente identiche a quelle del periodo precedente: si noti ugualmente l'introduzione di una nuova orazione per la salita al Calvario.

---

[244] Cfr. *FACC*, 18. Questo ci può sorprendere perché un testo non è liturgico in sé: è liturgica o meno la celebrazione nella quale il testo viene adoperato assieme ai riti.

[245] Per tutti gli inni che sono cantati negli altri santuari di Giudea, gli autori citati nella nota n° **243** si limitano a riportare solamente l'*incipit* perché sono degli *inni liturgici* e quindi conosciuti. Si può affermare che in questo periodo le processioni di Betlemme, di Ain Karem e di San Salvatore non possedevano ancora né *inni propri* né *inni liturgici* con particolarità modificate, ossia inculturate in funzione del luogo: per questo si dovrà aspettare la riforma del periodo seguente.

[246] *FACC*, 18.

2.4.3.5. Libri

Come già ricordato, non si possiede ancora nessun processionale di questo periodo e perciò, per la conoscenza dell'eucologia, ci si deve riferire alla sola testimonianza dei pellegrini che hanno compiuto il santo viaggio in Palestina in questo tempo. Non si ha quindi idea di ciò che poteva essere la musica di questi cosiddetti *inni non liturgici*.

2.4.3.6. Conclusione

Il secondo periodo è essenzialmente caratterizzato dal fatto che ad ogni stazione viene attribuito un inno, un'antifona o un passo biblico seguito dal proprio versetto, e un'orazione conclusiva. Gli inni sono ora composti in vista di questa funzione; non si tratta più quindi, come durante il periodo precedente, di *inni liturgici* provenienti dal *Breviarium Romanum*. Non si conosce la musica con la quale venivano cantati[247] perché gli autori che ci riportano il testo non tramandano la melodia. È in questo periodo che si fa più stretto il legame tra l'eucologia e il santuario: composta in funzione del Luogo santo, l'eucologia non distingue purtroppo la differenza tra i Luoghi santi votivi e quelli storici.

Si noti una certa stabilità riguardante sia l'itinerario che l'eucologia. Le lievi differenze manifestano solamente che si cercò di migliorare ciò che sembrava monco. Questo non significa che si era pienamente soddisfatti di ciò che si faceva: dal 1517 erano arrivati gli Ottomani che avevano sempre avuto una politica ostile ai frati, e cercavano di separarli dai Greci ortodossi. In questo ambiente di rivalità, la priorità non era certamente quella di abbellire gli inni.

La processione rimane fedele alla sua vocazione iniziale: introdurre e guidare i pellegrini nel Luogo santo[248]. Nonostante l'indiscutibile svilupparsi della ritualità, si continua ad osservare che gli accoliti sottolineano la parola con un gesto, indicando cioè con il dito la parte che si venera mentre si sta compiendo la processione.

---

[247] Dopo l'inno della prima stazione si legge «Hymno dicto recitantur posteà sequentia» (in: *ITS1598*, 159); invece, per recarsi alla *Cappella della divisione delle vesti*, si legge prima del testo dell'inno «In progressu ad hunc locum sequens canitur Hymnus» (in: *ITS1598*, 160).

[248] Si legge nel diario del ROCCHETTA che «nella Cappella dell'apparitione si preparò la processione dà quei RR. per condurr' i Peregrini à luoghi Santi che sono dentro la Chiesa» (in: *ITS1599*, 131). Giunti davanti all'altare della stazione, il celebrante ha la preoccupazione pastorale visto che «fà un divoto sermone, invitando i peregrini alla pia meditatione» (in: *ITS1599*, 132). Ugualmente, lo ZUALLARDO, in un capitolo diverso da quello in cui riportava l'eucologia della processione, presenta le sue impressioni sulla basilica dal punto di vista del pellegrino che segue la processione (in: *ITS1586*, 178-193). Anzi, precisa all'inizio della sua narrazione: «si preparano i Padri, e i Frati à far la Processione, e condurre i Pellegrini a' luoghi santi».

Basta notare che mentre davanti all'altare della stazione corrispondente il frate canta il verso *Diviserunt sibi vestimenta mea hic*, un pellegrino coevo riporta «ab acolythis ostenditur locus etiam divisionis vestimentorum Christi in versu cum indice manu dextrae»[249] (analoga consuetudine è riportata alla *Colonna degli Improperi* e alla *Sacra Tomba*). Questo modo di fare ricorda la prassi di una guida che effettua la visita di un luogo con un qualsiasi gruppo.

2.5. Terzo periodo (1623-1924)

2.5.1. Contesto storico ed ecclesiale

Il terzo periodo è caratterizzato dal radicale cambiamento che avvenne nel 1623, alcuni anni dopo il Concilio tridentino, con la riforma della processione ad opera del Rev.mo Padre Tommaso OBICINI OFM[250] di Novara, già Custode di Terra Santa (eletto nel 1620) e poi Definitore Generale dell'Ordine francescano (nominato nel 1625). La sua riforma fissa il testo di questa funzione per ben tre secoli, verrà stampato un processionale ufficiale e il rito dovrà essere meticolosamente osservato.

1. Nel 1623 quando entrò in vigore questa nuova funzione la situazione politica era assai movimentata. La *Sublime Porta* di Costantinopoli aveva emesso un firmano che:

- permetteva ai soli *frati della corda* (i francescani) - e non agli altri religiosi - di dimorare in Terra Santa («les religieux francs, Frères de la Corde qui demeurent et habitent depuis les temps anciens dans les égli-

249 DU CLOU, *Itinerarium breve Terrae Sanctae patris fratris Leonardi du Clou Lemovicensis*, 106.

250 Nacque a Nonio nella diocesi di Novara e entrò nella Provincia Romana. Nei suoi scritti e nei documenti pontifici professa di appartenere ai Frati Minori dell'Osservanza. Mandato nel 1612 in Terra Santa, rinunciò già l'anno seguente per dedicarsi allo studio dell'Arabo e del Caldeo che imparò a perfezione. Legato del Papa al sinodo caldeo di Amed, eletto Custode di Terra Santa nel 1620 dopo la morte del predecessore, dovuta ad un'epidemia di peste, rinunciò l'anno seguente all'incarico dopo essersi recato a Roma per gravi affari della Terra Santa. Rimase celebre per aver riacquistato dal principe druso FAKH AD-DIN il santuario di Nazareth (una chiesa sarà costruita solamente un secolo dopo; e sarà poi distrutta nel 1955 per eseguire i famosi scavi che riporteranno alla luce la Nazareth evangelica, confermando così la tradizione di questo luogo), e il luogo della nascita di Giovanni Battista ad Ain Karem. Riformerà nel 1623 le cinque processioni di Terra Santa: Santo Sepolcro, Betlemme, San Salvatore (processione trasferita dal Cenacolo e lavanda dei piedi fatta ai pellegrini al loro arrivo in Terra Santa), Ain Karem e Nazareth. Morì nel 1632. È ricordato come un religioso santo dai Cristiani orientali, ma anche dai seguaci di Maometto (cfr. GOLUBOVICH, *Serie cronologica dei reverendissimi superiori di Terra Santa*, 70).

ses [...] situées en la Sainte Jérusalem [...] les prêtres d'autres ordres n'y habitent point, viennent seulement pour visiter»[251]) e quindi i francescani potevano sentire il bisogno di imporre la loro supremazia sui Luoghi santi per mezzo di alcuni riti quali la processione;

- vietava ai Consoli la presenza in Palestina (bastavano i superiori dei francescani);
- fissava a sessanta il numero di frati che potevano dimorare in tutta la Terra Santa[252].

2. L'inizio del '600 è caratterizzato da un impressionante rinnovo liturgico. La Francia, alleata con la Sublime Porta dall'epoca delle *Capitolazioni* di re FRANCESCO I, prende la Custodia sotto la sua protezione e ottiene, attorno al 1620, che i francescani cacciati dal Sepolcro da qualche anno, siano reintegrati con gli stessi diritti delle altre confessioni cristiane. Arrivano in Terra Santa splendidi doni per il culto divino, (oreficeria, paramenti, quadri...) offerti dai diversi monarchi europei che entrano in competizione tra di loro per offrire al Sepolcro del Signore doni sempre più rilevanti. Tutto questo patrimonio, ancora in buona parte conservato nelle sagrestie della Custodia, testimonia il fasto delle celebrazioni liturgiche di questo periodo[253].

3. Dopo il Concilio di Trento, si assiste ad un capovolgimento del modo con cui pregavano i frati nella basilica. Fino a questo tempo la liturgia occupava il posto principale. Fu già ribadito a lungo che il pregare in conformità alla liturgia romana è un elemento costitutivo della preghiera del francescano. Tuttavia, si osserva un fenomeno generale in tutta la Chiesa:

> « Par rapport au passé, tout le passé, il y a là un grand changement, un changement de front, presque un renversement des valeurs : pour obtenir l'unité, on a sacrifié la liberté. Comment l'équilibre se rétablira-t-il ? Par quels moyens, quelles compensations, la liberté arrêtée d'un côté sera-t-elle sauvegardée de l'autre ? La réponse est simple : par l'exercice de la piété privée, par les "dévotions" et les prières de dévotion. La piété regagne en quelque sorte ce que la li-

---

[251] Firmano di OSMAN KHAN II del 1622 in: *Firmans Ottomans émanés pour les Lieux-Saints de la Palestine*, tr. J. Hussein, - F. Sciad – N. Gosselin, Jérusalem 1986, 188.

[252] Cfr. VERNIERO, *Delle croniche o annali* 6,20,8, in *GB* II,7, 72; firmano di MOUSTAPHA KHAN I del 1623 in: *Firmans Ottomans*, 191.

[253] Cfr. A. VAUCHEZ, «La Custodie franciscaine de Terre Sainte et les puissances politiques européennes (XIV°-XX° siècles)», in *Trésor du Saint Sépulcre. Ouvrage publié à l'occasion de l'exposition* Trésor du Saint Sépulcre. Présent des cours royales européenne à Jérusalem *présentée au Château de Versailles et à la Maison de Chateaubriand (Chatenay-Malabry) du 16 avril au 14 juillet 2013*, Cinsinello Balsamo 2013, 51.

turgie a conquis ; et voici l'âme chrétienne, non seulement l'âme populaire, mais celle des délicats et des spirituels eux-mêmes, de nouveau satisfaite »[254].

Diventa ormai difficile nutrire la propria sete di Dio con la liturgia che apparirà un mero *opus* da compiere: i frati, come d'altronde i cristiani di questo periodo, sentiranno la necessità di una preghiera devozionale al di fuori della liturgia.

4. Il 12 ottobre 1808, dalla cappella degli Armeni scoppiò un incendio che ben presto raggiunse tutta la basilica[255]. Questo fatto costringerà i frati a contendere con i Greci, che avendo «con la profusione del denaro accomodate nei giorni addietro le cose, tentarono riprincipiare il lavoro dalla Cappella del SS.mo Sepolcro a noi pertinente, e col pretesto di risarcirla [...] guastarla per nostro dispetto, come poi hanno fatto»[256]. I frati erano orfani del protettorato francese, dato che la rivoluzione e l'avvento dell'Impero francese in lotta con la *Sublime Porta* avevano sospeso le *Capitolazioni*. Questa situazione di debolezza fu sfruttata abilmente dai Greci, fortemente sospettati di essere gli autori dell'incendio, che sollecitarono ai Turchi l'autorizzazione di restaurare a loro spese il monumento, acquisendone - in virtù del restauro stesso - la proprietà. Si deve aggiungere che con questa ristrutturazione, oltre alla perdita di molte proprietà latine, l'intero monumento assunse una nuova fisionomia a scapito del suo aspetto crociato giudicato troppo latino.

L'indomani della catastrofe, la liturgia venne comunque celebrata nella cappella latina dell'Apparizione, preservata dal fuoco; invece, sin dal giorno seguente «tornarono di nuovo a celebrare nella santa cappella sopra il santissimo Sepolcro, quantunque fusse un poco pericoloso il passo per le piccole rovine»[257]. In sostanza, «hanno seguitato e seguono a cantare le solite Messe, i Vespri, i Mattutini alla mezza notte e tutte le altre sacre funzioni, processioni, [...] solite a farsi indispensabilmente ogni giorno»[258]. Nonostante questo, la condizione dei francescani diventò sempre più critica.

5. La situazione per i religiosi delle varie comunità cambiò definitivamente nel 1832 quando, dall'Egitto, IBRAHIM BASHÀ invase Gerusalemme: abolì le tasse di ingresso in basilica[259] e permise che la basilica aprisse ogni giorno, dando così una

---

254 A. WILMART, *Auteurs spirituels et textes dévots du Moyen âge latin. Études d'histoire littéraire*, Paris 1932, 17-18; citato in *MR1570*, XVII.

255 Cfr. *De incendio Basilicae S. Sepulcri*, in *GB* II,14, 167-186.

256 *De incendio Basilicae S. Sepulcri*, in *GB* II,14, 174.

257 *De incendio Basilicae S. Sepulcri*, in *GB* II,14, 171.

258 *De incendio Basilicae S. Sepulcri*, in *GB* II,14, 171.

259 Fu lui ad abolire il tributo d'entrata al Santo Sepolcro. Quando venne a Gerusalemme a visitare la basilica, il funzionario turco gli chiese di pagare il tributo; non avendo denaro con sè, il portinaio lo lasciò entrare gratuitamente. Decise allora che, dove era passato lui senza pagare, nessuno dovesse più pagare: così il tributo fu abolito. Decretò: «Vogliamo

preziosa aria di libertà alle comunità rinchiuse nell'edificio (la basilica verrà chiusa a mezzogiorno e alla sera dall'autorità musulmana: prassi che sussiste ancora oggi). Una decina d'anni dopo, con la riconquista ottomana della città, i Turchi - ormai indeboliti - non osarono fare marcia indietro e ancora oggi le porte rimangono aperte durante il giorno, senza che venga più richiesta una tassa per entrare in basilica.

6. L'evento ecclesiale di maggior rilievo del secolo XIX è senz'altro stato la restaurazione del Patriarcato latino di Gerusalemme. Già il Concilio di Nicea (325) riconosceva alla Chiesa gerosolimitana il primato d'onore e di prestigio che il Concilio di Calcedonia (451) confermò attribuendole il titolo di sede patriarcale. Prima dell'arrivo dei Crociati, il Patriarca era di rito bizantino, ma con l'arrivo dei Latini, fu eletto a Gerusalemme (1099) un Patriarca latino nella persona di Arnolfo MALCORNE in successione del greco SIMEONE, che era morto a Cipro dove si era rifugiato lasciando la sede vacante. I Crociati ritennero doveroso creare un Patriarcato cattolico, e i Patriarchi latini si succedettero in Gerusalemme dal 1099 al 1187[260]. Persa la capitale, si trasferirono ad Acri fino alla caduta della città nel 1291, quindi ripararono in Europa, conservandone solo il titolo, fino al 1847. La sede patriarcale di Gerusalemme fu introdotta di nuovo come sede residenziale il 23 luglio 1847 con lettera apostolica *Nulla celebrior*[261] di papa PIO IX. Il primo Patriarca, Giuseppe VALERGA, fece il suo ingresso nella città il 17 gennaio 1848 e prese possesso della sua sede con l'ingresso solenne al Santo Sepolcro, da lui e dai suoi successori considerata cattedrale. Il potere di Prefetto Apostolico per la Palestina, conferito dal Sommo Pontefice nel 1506 e confermato nel 1627 al Custode di Terra Santa, venne abolito con l'arrivo del nuovo Patriarca[262].

7. Nel 1917, dopo quattro secoli di dominio sulla Palestina, l'Impero ottomano crolla e la Palestina passa per trent'anni sotto il controllo britannico. Da dominio islamico, ci si ritrova ora con dei capi di fede cristiana anglicana. Non è una vera novità, visto che la prima diocesi fondata nel secolo XIX a Gerusalemme era proprio

---

inoltre, che [i Cristiani] siano rispettati nelle loro funzioni, e proibiamo a tutti i governatori e giudici ed altri nostri subalterni di non esigere dai medesimi alcuna somma sotto qualsivoglia titolo o pretesto. Di più proibiamo ai portinai del Sepolcro di Isa [nome di Gesù per l'Islam], di non pretendere più alcuna somma sotto qualunque pretesto dai pellegrini, che vi si portano a visitarlo» (in: *Notitiae ad tempora gubernii Aegyptiaci spectantes (1831-40)*, in *GB* II,14, 220). Molto significativa è la testimonianza del DE GÉRAMB (1832) che vide alla porta della chiesa i turchi fustigare a sangue quelli che volevano entrare senza pagare (M.-J DE GERAMB, *Pèlerinage à Jérusalem et au Mont Sinaï. En 1831, 1832, et 1833* 1, Paris 1839, 125).

[260] Cfr. n° **2.1.1. §2-3.**

[261] Il testo italiano di questa bolla è pubblicato in: A. POSSETTO, *Il Patriarcato latino di Gerusalemme (1848-1938)*, Milano 1938, 25-29.

[262] Cfr. POSSETTO, *Il Patriarcato latino*, 12-15.

quella anglicana[263]. Tuttavia il governo britannico non favorì mai gli interessi della Chiesa cattolica.

2.5.2. Liturgia

In questo periodo, si giunge al culmine della fusione tra il Luogo santo e la liturgia: i riti (processioni e venerazioni di ogni genere) che si svolgono in questi Luoghi assumono forme sempre più liturgiche (pur non facendo parte a rigor di termini della liturgia ufficiale) e la stessa liturgia viene influenzata dal luogo in cui è celebrata. Per esempio, alla richiesta del clero gerosolimitano che ogni sacerdote possa celebrare «infra annum» la Messa «sicut in die Resurrectionis Domini nostri Iesu Christi, supra Sanctum Sepulcrum ejusdem», la Congregazione per i Riti diede il consenso il 5 maggio 1644 «exceptis tamen solemnioribus, atque duplicibus primae classis, et tota majore Hebdomada»[264].

Si deve notare che in questo periodo post-tridentino, assieme alla liturgia quotidiana, nascono molti pii esercizi che vengono generalmente celebrati con maggior devozione e maggior fasto della stessa liturgia. L'ufficio feriale è recitato in coro senza servizio all'altare, mentre le varie processioni sono cantate in basilica accompagnate dall'organo, con i celebranti rivestiti di solenni paramenti liturgici. Per quanto riguarda i tempi forti, si dissociano dalla liturgia alcune devozioni (processione del Cristo morto al Venerdì santo, proclamazione dei quattro Vangeli il giorno di Pasqua, processione delle rogazioni, processioni con la santa Croce il giorno dell'Invenzione della stessa, litanie cantate, adorazioni eucaristiche, *Via Crucis*...), celebrazioni che tuttora - per motivo dello *Statu quo* che ha fissato i riti di questo periodo - vengono celebrate con una maggiore solennità della stessa liturgia.

Nel 1754 si era giunti all'elaborazione di un cerimoniale[265] proprio delle celebrazioni dei religiosi francescani presso i vari santuari di Terra Santa. È vero che con la restaurazione del Patriarcato latino, alcuni Pontificali saranno presieduti dal

---

[263] Gli Anglicani si sono insediati come Chiesa a Gerusalemme creando una sede vescovile, la futura *Christ Church*, nel 1841, quando la loro Chiesa contava solo 25 proseliti. Avevano lo scopo di convertire gli Ebrei alla fede cristiana. Lo stesso anno, i Luterani si alleeranno con gli Anglicani ed entreranno a Gerusalemme. Così, la minoranza protestante è nata *ex nihilo* ricevendo una struttura canonica prima di esistere. Lo zelo apostolico di questi primi missionari, la loro formazione culturale, i mezzi di cui disponevano, ha prodotto la conversione di alcuni Orientali. Questi fatti, per reazione, hanno accelerato la restaurazione del Patriarcato latino da parte della Santa Sede. È anche da rilevare che pure il Patriarca greco-ortodosso ebbe paura dello zelo dei Protestanti. Cfr. ISSA, *Les minorités chrétiennes de Palestine*, 213-218.

[264] *Documento XVIII*, in *GB* II,6, CXXVI.

[265] Cfr. *ECTS1754*.

Patriarca e non più dal Custode di Terra Santa, tuttavia lo svolgimento delle cerimonie e i riti che vi sono contemplati e spiegati subirono, fino alla fine del terzo periodo, solamente qualche lieve modifica[266].

Tutte le liturgie pasquali del Santo Sepolcro all'inizio di questo terzo periodo, sia quelle della Settimana santa sia quelle quotidiane, vengono riportate dalle cronache (1636-1638) di Pietro VERNIERO OFM[267] e dallo studio di Francesco QUARESMI OFM[268]. La "cavalcata" della Domenica delle Palme[269] viene presieduta dal Custode con la partecipazione di tutto il clero orientale. La liturgia viene ancora celebrata di preferenza sul Calvario: Tenebre, Eucaristia del Giovedì santo, presantifica-

---

[266] Nel 1909 furono ristampate alcune pagine del cerimoniale del 1754 nel *Diarium Terræ Sanctæ* in cui si può vedere che le norme ivi contenute erano ancora in vigore (cfr. *Diarium Terræ Sanctæ* 1 (1908) 116-121. 190-194. 265-267; *Diarium Terræ Sanctæ* 2 (1909) 54-58. 146-148. 225-227). L'unico cambiamento che vi si nota è quello relativo alle lingue dei vari sermoni durante la Processione funebre del Venerdì santo al Calvario (cfr. *Diarium Terræ Sanctæ* 1 (1908) 120).

[267] Cfr. VERNIERO, *Croniche ovvero annali* 2,18, in *GB* II,9, 39-42.

[268] Padre Francesco QUARESMI OFM (1583-1656), nato a Lodi presso Milano, "lettore giubilato" di sacra Teologia, celebre per il suo culto delle Cinque piaghe di Gesù Crocifisso che riesce a far estendere a tutta la Chiesa da papa URBANO VIII (scrisse anche una parte dell'Ufficio), si reca in Terra Santa nel 1616. Viene eletto presidente custodiale nel 1619 durante sette difficili mesi in cui la peste uccise una trentina di frati. Nel 1619 viene eletto Delegato Apostolico dei Caldei e dei Maroniti e Vicario Patriarcale dei Nestoriani, che poi unì alla Chiesa cattolica. Scrive le sue relazioni per *Propaganda Fide* in sei grandi volumi. Nei circa venti anni trascorsi in Terra Santa scrive la maestosa opera *Elucidatio Terræ Sanctæ*. Di ritorno in Italia, promuove la cerimonia della deposizione dalla Croce di Gesù morto, come si faceva al Santo Sepolcro la sera del Venerdì santo, e che rese famosa celebrandola lui stesso a Lucca per la prima volta, portando a piedi nudi e processionalmente una grande croce di legno e predicando davanti alla moltitudine durante il tragitto (cfr. la presentazione di S. DE SANDOLI in: F. QUARESMIUS, *Elucidatio Terrae Sanctae. Brani scelti e tradotti da Sabino De Sandoli ofm* (SBF-CM 32), Jerusalem 1989, I-II).

[269] Cfr. QUARESMIUS, *Elucidatio Terrae Sanctae* 4,10,11, 218. La domenica delle Palme, a rigor di termini, la processione non dovrebbe far parte dalle liturgie del Sepolcro: tuttavia, visto che l'Eucaristia stazionale ha luogo in questa basilica e che questa processione vi si conclude (nel periodo precedente terminava a San Salvatore), viene considerata come una funzione che deriva da quelle del Sepolcro. Infatti, in una cronaca gerosolimitana riportata dal WADDING, due sono le liturgie annuali che vengono menzionate per il Santo Sepolcro: la «processione solennissima da tutti li frati Min[ori]. Oss[ervanti]., partendosi da Betfage e venendo a Gerusalemme al SS. Sepolcro, et il P. Guardiano va dietro alla processione a cavallo sopra un asino, e tutti gli altri frati che vanno innanzi portando una palma per ciascuno in mano» (in: L. WADDINGO HIBERNO, *Annales Minorum seu Trium Ordinum a S. Francisco institutorum* 26, Quaracchi – Firenze 1933, 515-516) e l'altra «processione solennissima» che si fa sul Calvario il Venerdì santo.

to del Venerdì e processione funebre[270]; il *mandatum*, l'Eucaristia del Sabato santo[271] e del giorno di Pasqua avevano invece luogo davanti alla Tomba. Dopo la Messa di Pasqua, si compie la processione attorno all'edicola esattamente come si fa tuttora[272]. Secondo la testimonianza di DIDACUS DE CEA (1639)[273], sul Sepolcro stesso veniva collocata un'immagine del Signore risorto: in questo modo era chiara la corrispondenza con il rito funebre della sepoltura del Cristo morto. Il VERNIERO riporta anche le altre due celebrazioni[274] del *Corpus Christi* e dell'Invenzione celebrate con Ingresso solenne del Custode il giorno prima, cui seguiva la processione, e con la Messa celebrata al Calvario nonché la solenne processione eucaristica o con la santa Croce attorno all'edicola. La liturgia quotidiana viene pure descritta e corrisponde complessivamente a quella tuttora in vigore[275].

Con il ripristino della residenza del Patriarca latino a Gerusalemme (1848), vengono ora riservate al Patriarca alcune funzioni tradizionalmente presiedute dal Custode. Benché il Patriarca ha autorità naturale sulla Chiesa latina, il Custode continua ad essere l'unica autorità latina riconosciuta dal clero orientale. Per esempio, il Patriarca considera il Sepolcro come la sua cattedrale, ma non vi può far nessun ingresso se non come ospite dei frati minori. Questo significa in concreto che ogni volta che Sua Beatitudine entra in basilica per una qualsiasi celebrazione, le processioni che lo conducono da un luogo all'altro devono essere aperte da un gruppo di frati. Ci si trova in una situazione assai ambigua con due Prelati latini per un'unica cattedra: gli Orientali non riconoscono nessuna autorità al Patriarca (al quale è data dalla Chiesa cattolica); il Custode non può lasciare il suo posto al Patriarca perché è dai frati che dipende la considerazione che gli Orientali riservano al Patriarca stes-

---

270 Il funerale di Cristo viene solennemente presieduto dai Latini: si riproduce su un crocifisso l'unzione, l'avvolgimento in bende e la sepoltura del corpo morto del Signore nell'Edicola (cfr. QUARESMIUS, *Elucidatio Terrae Sanctae* 5,2,18, 278). Molte altre testimonianze dei pellegrini su questa celebrazione vengono indicate in *FACC*, 29-32.

271 Ormai, non solamente i Latini non partecipano più alla discesa del Fuoco santo, anzi lo considerano un inganno realizzato da coloro che ritengono scismatici e apostati. Si accontentano di farlo venire alla vista di tutti alla porta della chiesa (cfr. VERNIERO, *Croniche ovvero annali* 9,49, in *GB* II,8, 123-126). Dopo che i partecipanti hanno fatto tre volte il giro dell'Edicola, due sacerdoti etiopici entrano nella Tomba per accogliere il fuoco e comunicarlo al Patriarca greco, al vescovo armeno e agli altri, iniziando con quelli che hanno pagato l'autorità turca (cfr. anche QUARESMIUS, *Elucidatio Terrae Sanctae* 5,2,23, 278-280).

272 Cfr. M. I. DOUBDAN, *Voyage de la Terre Sainte*, Paris 1661, 89.

273 Cfr. DIDACUS DE CEA, *Thesavrus Terrae Sanctae quem seraphica minorum religio de Obseruantia inter Infideles, per trecentos & amplius annos religiosè custodit, fideliterque administrat*, Roma 1639, 285.

274 Cfr. VERNIERO, *Croniche ovvero annali* 2,19, in *GB* II,9, 42-45.

275 Cfr. VERNIERO, *Croniche ovvero annali* 2,37, in *GB* II,9, 57-61.

so. Egli non può presiedere altri Pontificali se non quelli a cui il Custode aveva il diritto in precedenza.

2.5.3. Processione

Pian piano, la processione perderà del tutto il suo carattere pastorale: ridotta a un mero mezzo di devozione dei francescani, essa non svolge più la funzione di accogliere e introdurre i fedeli nella basilica. Ne troviamo conferma, tra i rari pellegrini di questo terzo periodo[276], dal visconte francese DE CHATEAUBRIAND che fece il suo pellegrinaggio in Terra Santa nel 1806. Nel suo celebre itinerario, riferisce che visitò il Santo Sepolcro di mattino verso le nove (cioè non durante la processione) uscendo da San Salvatore (dove era ospite dei frati) accompagnato da due religiosi, un dragomanno, un suo domestico, e da un giannizzero[277]. Dopo una mezz'ora di preghiera nella Tomba, uno dei due frati gli lesse i brani evangelici che si riferivano al Luogo santo e poi andarono a visitare le molte cappelle racchiuse nella basilica[278].

2.5.3.1. Itinerario

Rispetto al periodo precedente, l'itinerario viene leggermente modificato. In maggiore sintonia con la cronologia evangelica, salendo al Calvario, i frati si recano subito all'*Altare della Crocifissione* prima di andare verso il luogo della morte in Croce del Redentore. Non si sosta ancora presso l'altare dell'*Addolorata* perché non ancora collocato tra i due altari ubicati sul Calvario[279]. Inoltre, una prima stazione introduttiva viene creata[280] davanti al tabernacolo.

2.5.3.2. Inni

Come già accennato, la riforma di Tommaso OBICINI rimase in vigore per tre secoli. Il testo fu promulgato nel 1623, dopo la riforma tridentina del *Breviarium Romanum* ad opera di papa san PIO V (1568, con bolla di promulgazione *Quod a nobis*) e dopo la nuova edizione con aggiunte e correzioni ad opera di papa CLE-

---

[276] « Que les pèlerins latins n'ont jamais été très nombreux, on le peut prouver par mille exemples. Thévenot raconte qu'en 1656, il se trouva, lui vingt-deuxième, au Saint-Sépulcre. Très souvent les pèlerins ne montaient pas au nombre de douze, puisqu'on était obligé de prendre des religieux pour compléter ce nombre dans la cérémonie du lavement des pieds. » in: CHATEAUBRIAND, [F. DE,] *Itinéraire de Paris à Jérusalem*, in *Œuvres illustrées*, Paris 1852, 129.

[277] Cfr. CHATEAUBRIAND, *Itinéraire de Paris à Jérusalem*, 107.

[278] Cfr. CHATEAUBRIAND, *Itinéraire de Paris à Jérusalem*, 110.

[279] Si vede sulle illustrazioni dei pellegrini che non viene ancora rappresentata questa stazione: cfr. per esempio *ITS1598*, 165.

[280] Cfr. n° capitolo **4.**

MENTE VIII (bolla *Cum in Ecclesia Catholica* del 1602), ma prima della nuova edizione del 1632 (bolla *Divinam psalmodiam*) con emendazioni e correzione degli inni[281] ad opera di papa URBANO VIII (1623-1644) e di alcuni padri Gesuiti che volevano che gli inni, anche antichi e medievali, fossero rivestiti di forme classiche. Quest'ultimo *Breviarium Romanum* verrà poi usato, eccetto alcune aggiunte di nuovi santi, fino alla riforma di san PIO X (Costituzione apostolica *Divino afflatu* del 1° novembre 1911[282]). Questa riforma aumenterà considerevolmente il numero degli inni (da 89 nel *Breviarium* tridentino a 150 in quello di san PIO X), tuttavia manterrà l'innario nella versione di URBANO VIII[283] (1632).

Il processionale di Tommaso OBICINI nacque dopo il Concilio di Trento, troppo presto per non includere questa forma corrotta di inni, che contenevano alcuni *hic*, *hoc* e alcune lezioni dovute all'inculturazione nel rispetto del luogo in cui venivano cantati. A ragione essi sono stati adattati sulla base del *Breviarium Romanum* clementino allora vigente (edizione del 1602[284]). Questi carmi sono quelli delle stazioni: *Invenzione della Croce*, *santa Elena*, *Crocifissione*, *Morte di Gesù*, i due inni della *sacra Tomba* e la prima strofa dell'inno alla *Pietra dell'Unzione*. Gli altri carmi[285] sono stati composti in vista di questa processione (i cosiddetti *inni non li-*

---

[281] Gli inni nell'*Ufficio romano* erano entrati in uso con il *Breviario della Curia* (secolo XIII) e si svilupperanno sempre più: nell'*Ufficio* del QUIGNONEZ raggiungono la cinquantina, la novantina nel *Breviarium Romanum* di san PIO V. Il papa URBANO VIII li sottopose a lavaggio classico: un nuovo innario fu approvato nel 1629 e entrò ufficialmente nel *Breviarium* con l'edizione del 1632 in seguito alla bolla *Divinam psalmodiam*. Divenne obbligatorio per Roma e dintorni con la costituzione *Cum alias* del 1643 (cfr. V. RAFFA, «Dal breviario del Quignonez alla Liturgia delle Ore di Paolo VI», in *Liturgia delle Ore. Documenti ufficiali e studi* (Quaderni di Rivista Liturgica 14), Torino 1972, 351; *LENT*, XVII; BÄUMER – BIRON, *Histoire du bréviaire*, 290-294; RAFFA, *La liturgia delle ore*, 175-176).

[282] PIUS X, Costitutio apostolica *Divino afflatu*, *Acta Apostolicæ Sedis* 3 (1911), 633-638.

[283] Cfr. RAFFA, «Dal breviario del Quignonez», 340.

[284] Verso la fine del secolo XVII fu fatto un tentativo di armonizzare gli *inni liturgici* sulla base dell'innario del *Breviarium Romanum* (cfr. il *PrSS1670* e il testo tramandato dai vari pellegrini contemporanei tra cui: M. MORONE DA MALEO, *Terra Santa. Nvovamente illvstrata*, Piacenza 1669, 160-170) ma la riforma non durò a lungo e la nuova ristampa del processionale del 1740 ripristinò la forma dell'OBICINI.

[285] Lo CHEVALIER riporta tutti gli inni liturgici di questa processione e per essi cita tantissime fonti. Per quanto riguarda i cosiddetti *inni non liturgici* riporta sempre per ognuno di essi il processionale stampato nel 1670 (questo libro è ora sconosciuto - vi allude pure FACCHINI in *FACC*, 141 - anche se si potrebbe trattare del *PrSS1670*), i due processionali del 1796 e 1866 e il libro del frate che, nel 1668, fu il guardiano del convento della Natività a Betlemme: J. GOUJON, *Histoire et voyage de la Terre-Sainte*, Lyon 1671, 346-354. Lo CHEVALIER riporta anche il processionale di Betlemme del 1631, ma si potrebbe trattare di uno sbaglio (cfr. n° **5.2.2. §2** nota n° **449**).

turgici) e hanno tutti la particolarità di riportare a margine (di essi soli) i riferimenti biblici dei loro versi (a volta sbagliati!). Composti verosimilmente dal francescano Tommaso OBICINI stesso, essi sono probabilmente stati elaborati sulla base dell'edizione biblica latina allora in vigore - l'edizione Clementina del 1592 della Volgata -testo che poi sarà proibito contestare per secoli.

Si noti che i vari processionali di questo periodo riportano, dopo il canto dell'*Aurora lucis rutilat* mentre frati e fedeli giungono alla sacra Tomba, la seguente rubrica: «Tempore vero Paschali, & quando circumdatur Gloriosissimum Christi Sepulchrum tribus vicibus: præcedenti; adiungitur sequens»[286] cui segue il testo dell'inno *Ad cenam Agni providi*. Durante il secondo periodo[287] la stazione veniva prolungata non solo quando la processione rivestiva la sua forma solenne, ma anche durante tutto il tempo di Pasqua.

Riguardo alla musica, per la prima volta questi carmi vengono trascritti con note musicali, ma soltanto per il primo verso della prima strofa di ogni inno. Ordinariamente, tutti gli inni fino al *Vexilla regis* vengono letti[288]; invece «quando entreranno pellegrini, la processione si farà conforme s'è detto sopra, ma con la differenza, che si canteranno tutti gl'hinni e l'orationi»[289].

Le melodie che ornano i vari testi delle processioni di Terra Santa si possono dividere in tre categorie: le melodie ufficiali dell'*Antifonale romano*, le melodie dei cantorali francescani e qualche rara melodia originale e propria di queste processioni[290].

Infine, per quanto riguarda le litanie che in un primo tempo erano cantate tra due stazioni all'inizio della celebrazione nella *Cappella del Santissimo*, vengono ormai spostate alla fine della funzione, nella stessa *Cappella dell'Apparizione*.

---

[286] *PrSS1623*, 32.

[287] Cfr. n° **2.4.3.2.**

[288] Cfr. VERNIERO, *Croniche ovvero annali* 2,37, in *GB* II,9, 59. Pietro VERNIERO da Montepeloso (oggi Irsina), benemerito missionario, Custode di Terra Santa, e primo storico della medesima, dopo un lungo studio, tramandò, all'inizio del terzo periodo, le sue cronache in due diverse redazioni (1636 e 1646).

[289] VERNIERO, *Croniche ovvero annali* 2,37, in *GB* II,9, 60 (cfr. pure *GB* II,11, 23).

[290] Tra le varie processioni di Terra Santa, tre sono i canti composti con una melodia originale: si tratta di un'antifona della processione di Betlemme (*Bethlehem, ecce in hoc parvo terrae foramine* in: *PrB1623*, 7), una per quella di Nazareth (*Missus est Angelus Gabriel* in: *PrN1623*, 20) e infine una terza per la funzione di Ain Karem (*Hic Elisabeth Zachariae* in: *PrAK1623*, 12). La processione del Santo Sepolcro non possiede quindi nessuna di queste melodie originali.

2.5.3.3. Antifone

Le antifone scelte dall'OBICINI rispecchiano globalmente quelle già in uso nei periodi precedenti. Infatti, se la sua riforma fu un rinnovamento radicale per quanto riguarda la scelta degli inni, per gli altri testi eucologici, invece, egli li aggiorna normalmente sulla base dei nuovi libri liturgici romani stampati dopo il Concilio tridentino. Otto volte cita la Scrittura nella versione Sisto Clementina che sin dal 1592 era l'unica che poteva essere adoperata dalla liturgia, due volte cita una lamentazione degli Improperi della liturgia del Venerdì santo e quattro volte usa un'antifona del *Breviarium*. È interessante notare che nelle stazioni in cui nel secondo periodo si proclamava un'antifona non biblica, l'OBICINI la muta con un'altra anch'essa non tratta dalla Bibbia. Infatti, davanti ai due altari greci erano già cantati gli Improperi, che saranno conservati (a volte con una piccola modifica per rendere il testo meglio aderente al luogo). Nelle due cripte della basilica (*Invenzione della Croce* e *santa Elena*) e nella *Cappella del Santissimo* (Venerazione del Santissimo e Apparizione di Gesù alla Madre), dove non vengono commemorati eventi biblici ma storici o devozionali, l'OBICINI sostituisce il testo dell'antifona liturgica con una dell'Ufficio divino (a meno che crei la stazione, come avviene per la *Cappella del Santissimo*).

I responsorii provengono quasi tutti dai Salmi nella lezione Sisto Clementina, ad eccezione delle due stazioni in cripta e della cappella del Santissimo, che conservano pure il responsorio dell'Ufficio corrispondente al mistero celebrato.

Se la fedeltà con il testo romano era importante all'inizio della riforma, lungo i secoli, per una maggiore chiarezza, i liturgisti scioglieranno a volte alcuni pronomi con il sostantivo corrispondente (*Iesum* per *eum*, ecc.).

2.5.3.4. Collette

> «La commissione scelta da s. Pio V non creò un nuovo M[essale]. ma ritoccò e aggiornò il M[essale]. della Curia, più volte ristampato dopo il 1474. In genere le parti essenziali del M[essale]. di s. Pio V differiscono poco da quelle dell'ed. del 1474, anzi talvolta ci sono le identiche varianti nei testi scritturali [...]»[291].

Dunque l'eucologia del *Missale Romanum* non subirà molte variazioni con la riforma tridentina. Giacchè per ogni periodo le collette della processione si allineavano, nella misura del possibile, su quelle romane, risulta che le orazioni del terzo periodo sono corrispondenti a quelle dei periodi precedenti.

---

291 A. P. FRUTAZ, «Messale», in *EnCat* 8, 836.

2.5.3.5. Libri

Il processionale del 1623 è il più antico fra quelli che finora si trovano nelle biblioteche e archivi di Terra Santa[292]. Composto di 47 pagine, viene stampato a Venezia con i tipi del Misserino. Prima che inizi il testo dell'*Ordo*, si trova una lunga dedica[293] di Tommaso OBICINI ad Alfonso MANZANEDO DE QUIGNONES, «Sacræ Rotæ Auditori celeberrimo, Ierosolymorum Patriarchæ benemerito, atq[ue]; Præsuli prudentiâ & doctrinâ præstantissimo»[294] e poi eleganti distici[295] dovuti alla penna di Melchiore belga da Anversa, segretario di Terra Santa, come egli stesso si firma. Questa duplice introduzione verrà poi soppressa dalle edizioni posteriori. L'*Ordo* è diviso in due parti: la processione in sé e poi alcune devozioni francescane cantate nella *Cappella del Santissimo*. Ogni stazione possiede un titolo: prima dell'inno viene scritta la parola *hymnus* e prima della lettura la parola *antiphona*. Le rubriche sono povere: la prima sta all'*oremus* del luogo della morte di Gesù, dove viene precisato «sed Dicitur sine cantu»; le altre sono per il canto dell'inno davanti alla *sacra Tomba*. Riguardo alla parte musicale, in tutte le edizioni del processionale (ad eccezione di quella del 1900, per la quale la prima strofa di tutti gli inni è musicata) vengono riportate le sole note del primo versetto di ogni inno, supponendo così il resto della melodia conosciuto a memoria da tutti. Nel 1754 fu pubblicato un Cerimoniale per la Terra Santa[296] in cui viene descritto lo svolgimento del rito, mentre nel 1888 il beato Frédéric JANSOONE de Ghyvelde[297], francescano,

---

[292] Il processionale del 1623 ad opera di Tommaso OBICINI reca sul frontespizio, scritto a mano: «Esemplare se non unico de' processionarii del celebre Custode P. Tommaso Obicini da Novara, donatomi per la biblioteca di S. Salvatore di Gerusalemme dal M.R.P. Antonio da Venezia ex Prov. e attuale Custode della Prov. Veneta. Verona 20 Dec. 1899. fr. G. Golubovich, miss. apost. di T.S.». Questo libretto è riprodotto in forma anastatica nelle due opere seguenti: *FACC*, 198-227; S. DE SANDOLI, «Riedizione e traduzione degli opuscoli di P. Tommaso Obicini da Novara sulle processioni nei Luoghi Santi e sull'acquisto dei santuari di Nazaret (1620) e Ain Karem (1621)» (SOC-C 22), Cairo - Jerusalem 1989, 202-293.

[293] Cfr. *PrSS1623*, 3-5.

[294] Cfr. *PrSS1623*, 3. Non si deve confondere questo QUIGNONES con il suo omonimo, anche lui francescano, QUIGNONEZ che tentò un riforma del *Breviarium Romanum* durante il secolo precedente.

[295] Questi distici si trovano in *PrSS1623*, 6-7.

[296] Cfr. *ECTS1754*, 109-122.

[297] Federico nacque a Ghyvelde (Francia) nel 1838 e entrò al noviziato francescano di Amiens nel 1864. Ordinato sacerdote nel 1870, riceve l'obbedienza per recarsi in Terra Santa nel 1876. Dopo il servizio presso il Santo Sepolcro e un anno trascorso in Egitto, verrà eletto Vicario Custodiale nel 1878. Nel 1881 ricevette l'obbedienza dal Ministro Generale per il Canada, dove fonderà a Quebec il Commissariato di Terra Santa. Morì nel 1916 di un cancro allo stomaco. Oltre al Regolamento, scrisse molte opere sul Medio Oriente, sul Canada e sui santi francescani. Il Canada si ricorda di lui dandogli il nome affettuoso di *Bon*

scrisse un regolamento minuzioso di 377 pagine per la comunità dei frati residenti al Santo Sepolcro[298] dettando le norme per regolare il culto dei Latini rispettando i diritti di tutte le altre comunità.

Il processionale del terzo periodo verrà spesso ristampato[299]: si possiedono ancora le edizioni del 1670, 1752, 1786, 1796, 1855, 1862, 1866, 1877, 1896 e infine quella del 1900[300]. Nelle edizioni che vanno dal 1752 fino al 1900, una lunga lode a Cristo, composta compilando 23 citazioni dell'Antico e del Nuovo Testamento si trovava in due pagine all'inizio dell'*Ordo*.

A queste opere bisogna aggiungere vari opuscoli con il testo latino, pagine a sinistra, e la sua traduzione, pagine a destra. I Padri francescani ne stamparono la traduzione italiana, inglese, francese, tedesca e spagnola[301]: si trattava di pastorale liturgica *ante litteram*.

2.5.3.6. Conclusione

Il terzo periodo si caratterizza per la perdita del servizio pastorale di accoglienza dei pellegrini: la processione diventa ormai *per* i soli frati[302]. La corruzione

---

Père Frédéric. Nel 1988 papa GIOVANNI PAOLO II lo iscrisse nell'album dei beati e la sua festa fissata al 5 Agosto (cfr. A. HENRION, *Il Padre Federico Jansoone da Ghyvelde*, Firenze 1934; G. C. GUZZO, *Il libro d'Oro dei Francescani di Terra Santa*, Venezia 1939, 605-611).

298 Cfr. *RSSFJ*.

299 Verrà stampato a Venezia fino all'edizione del 1855. Quando i francescani di Terra Santa creeranno la loro tipografia presso la casa madre di San Salvatore nel 1847, vi saranno poi stampate tutte le edizioni successive.

300 Senza possedere nessuna copia, non si può tuttavia escludere la presenza di altre edizioni anzi *FACC*, 141 allude anche all'edizione del 1742.

301 Cfr. *Processione quotidiana che si celebra in Gerusalemme dai PP. Francescani nella Chiesa del SS. e gloriosissimo Sepolcro*, tr. F. Da Castelnuovo-Frentano, Jerusalem 1876; *The Order of Compline and of the Daily Procession as Used by the Friars in the Church of the Most Holy and Most Glorious Sepulchre of our Lord Jesus Christ*, Jerusalem 1880; *Procession célébrée tous les jours par les franciscains dans la basilique du S. Sépulcre à Jérusalem*, Jerusalem 1877; *Procesión cotidiana que se celebra en Jerusalén por los PP. Franciscanos en la Basílica del Gloriosísimo Sepulcro de N.S. Jesucristo*, Jerusalem 1887; *Tägliche Prozession welche gefeiert wird von den PP. Franziskanern in der Kirche des allerh. und glorreichsten Grabes U. H. Jesu Christi. Mit den Ablässen, die an den betreffenden hl. Stellen verliehen sind, worüber ein kurzer Unterricht am Ende dieses Buches sich befindet*, Jerusalem 1876. Si noti che le lingue in cui sono tradotti i testi sono le stesse in cui ancora oggi la Custodia di Terra Santa stampa i vari libretti liturgici ad uso dei pellegrini. È tuttavia sorprendente la mancanza della lingua araba.

302 Si noti tuttavia che alla fine del '600 la partecipazione dei fedeli causava dei cambiamenti nel rituale. Difatti si legge nel diario di fra Mariano MORONE DA MALEO: «Paratosi vn Sacerdote con l'Acolito, & Incenso (e quando vi sono Pellegrini aggiungono Cantori,

e l'ostilità così connaturali alla dominazione turca, hanno trasformato la processione in un mezzo di santificazione personale e i frati l'hanno spesso utilizzata per far valere, di fronte a quelli che li consideravano *personæ non gratæ*, la loro presenza tenace e fedele. Il loro numero era aumentato (una decina[303]) e non c'era più bisogno dei pellegrini per dare consistenza alla funzione.

Nel periodo precedente ogni stazione era ormai ben determinata e possedeva le sue preghiere proprie, ma i frati non erano soddisfatti dall'eucologia che era in perpetua elaborazione. Ora, se la dimensione pastorale è venuta meno, il contenuto liturgico-teologico è cresciuto. Dobbiamo considerare che il testo della processione fu elaborato da un esperto, nella tranquillità romana, lontano dal luogo in cui esistevano numerose difficoltà e a volte queste rivalità. Le modifiche introdotte presentano un reale perfezionamento di cui è prova il fatto che l'*Ordo* pubblicato dall'OBICINI rimase in vigore per ben tre secoli senza nessun ritocco.

Il testo della processione di questo terzo periodo, nonostante alcuni difetti, è ritenuto il migliore tra tutti, a motivo che gli inni sono presentati in forma più vicina a quella originaria (cosa che non si farà nel periodo successivo). Si deve tuttavia notare che le stazione votive contengono ancora alcuni di quegli *hic* che dovrebbero essere riservati a quelle storiche. Inoltre, il tempo liturgico in cui si celebra la processione non incide sull'eucologia con cui essa si svolge (non viene specificato, per esempio, di omettere gli *alleluia* durante il tempo pre-pasquale, anzi viene detto che si dicono tutto l'anno[304]).

2.6. Quarto periodo (1924-...)

2.6.1. Contesto storico ed ecclesiale

1. Nel 1948, al termine della seconda guerra mondiale e alla tragedia che colpì il popolo ebraico, l'O.N.U. decise la creazione dello stato di Israele che nacque il 14 maggio dello stesso anno. Saranno ora gli Israeliani, e non più i Britannici, ad essere garanti dell'osservanza dello *Statu quo* vigente nei Luoghi santi, e questo incide in modo rilevante anche sullo svolgimento delle liturgie.

2. Nel 1951 PIO XII ristabilì la veglia pasquale alla sera; cinque anni dopo, lo stesso Pontefice riformò tutta la Settimana santa, tanto che nel 1956 venne edita la

---

e Ceroferarij) cominciando ad incensare il Santissimo all'Altare maggiore del nostro Oratorio, intona nel medesimo instante l'Hebdomadario l'Antifona» (in: MORONE DA MALEO, *Terra Santa nvovamente illvstrata*, 161).

[303] Cfr. *FACC*, 23-24.

[304] Cfr. capitolo n° **17.3.**

nuova organizzazione della stessa. Nella basilica del Santo Sepolcro non fu possibile, a motivo dello *Statu quo*, attuare questa riforma

3. Va da sé che, dopo la riforma del Vaticano II, sono usciti e continuano ad uscire fino ai nostri giorni i nuovi libri liturgici[305] che ovviamente sono quelli che vengono usati dalla comunità del Sepolcro. Inoltre nel 1982, grazie al lavoro del biblista padre Virginio RAVANELLI OFM, viene aggiornato e poi approvato dalla S. Congregazione per i Sacramenti e il Culto Divino il Messale votivo[306] per i Santuari di Terra Santa.

2.6.2. Liturgia

Come già affermato nel capitolo relativo alla liturgia del terzo periodo, dopo la ripartizione delle funzioni e degli orari in seguito al firmano del Sultano sullo *Statu quo* (1852), ogni cambiamento risultava se non impossibile, molto arduo. Gli orari così fissati traducevano la prassi delle varie Chiese presenti all'interno della basilica e non lasciavano spazio ad alcuna modifica. Quando avvenne la riforma della Settimana Santa (1956) ristabilendo la *veritas horarum* delle varie celebrazioni, lo spostamento dei vari uffici fu certamente ricercato, ma si è presto giunti a delle difficoltà che non si poterono superare. In un articolo scritto nel 1957, il responsabile dello *Statu quo* di quel periodo spiegava i vari motivi per cui non si poté approdare a questa riforma[307] mettendo in evidenza tutti gli ostacoli delle altre comunità presenti nel complesso del Santo Sepolcro (in particolare, la Chiesa armena che voleva approfittarne per guadagnarsi nuovi diritti).

Per concludere con una nota pastorale, bisogna riconoscere che fino al Concilio Vaticano II, il modo francescano di celebrare la liturgia corrispondeva alla sensibilità dei cristiani in genere. Infatti il latino era una lingua comune a tutta la Chiesa e le forme liturgiche erano pressappoco le stesse ovunque. Dopo la riforma, la liturgia latina dei frati è divenuta incomprensibile per i fedeli, che nella stragrande maggioranza preferiscono celebrare l'Eucaristia nella loro lingua, con un sacerdote

---

[305] Per un elenco di questi libri, cfr. I. SCICOLONE, «Libri liturgici», in *Liturgia*, ed. D. Sartore - A. M. Triacca - C. Cibien, Cinisello Balsamo 2001, 1017-1022.

[306] Questo Messale è stato approvato con protocollo CD 1623/81 [cfr. *MVCTS1982*, 4]. In confronto al Messale precedente, le Messe celebrate in basilica sono di meno e non sono più elencate in una logica legata all'itinerario della processione. Dopo questo nuovo Messale, nel 1988 un'edizione ad uso dei pellegrini verrà tradotta dalla Casa Editrice Vaticana in lingua italiana, inglese, francese, tedesca e spagnola [Riguardo all'approvazione in queste lingue, cfr. *Notitiæ* 24 (1988) 243; *Notitiæ* 24 (1988) 731]. Infine, nel 1998, anche un'edizione in lingua araba è stata approvata e pubblicata dalla Franciscan Printing Press [cfr. *Notitiæ* 34 (1998) 50].

[307] Cfr. A. ROCK, «Liturgia antica della settimana Santa», *La Terra Santa* 8-9 (1957) 241-242.

del loro gruppo, in una delle cappelle interne che appartengono ai Latini (cappella del Santissimo, cappella dei Crociati). L'orario mattutino della Messa conventuale dei frati non favorisce la partecipazione dei pellegrini. Solo alcuni pellegrini, con forti motivazioni di fede o una grande pietà, sanno compiere il sacrificio di alzarsi molto presto per partecipare alla grazione di una Messa presso la sacra Tomba, o di frequentare questo tipo di liturgia[308].

2.6.2.1. Quaresima

È stato dettagliatamente illustrato[309] che ogni sabato di quaresima c'è un ingresso del Patriarca cui segue la Processione solenne (o la Compieta cantata *coram Ædicula*). Durante la notte, nella *Cappella dell'Apparizione*, alle ore 23.30 - orario in cui la fraternità del Santo Sepolcro canta l'Ufficio delle Letture assieme alle Lodi - la comunità francescana di San Salvatore entra in basilica per cantare il solenne ufficio. In questo caso, lo *Statu quo* prevede che il portinaio apra la porta per permettere ai frati e al popolo di partecipare a questa celebrazione. La consuetudine era di recitare l'Ufficio nella *Cappella dell'Apparizione* e, mentre si cantava il *Benedictus*, si iniziava una processione che usciva dalla cappella, girava attorno all'edicola, entrava nella Tomba per incensarla e ritornare in cappella per concludere le Lodi. Nel 1987, si iniziò a considerare seriamente le esigenze della liturgia conciliare adattandola al Luogo santo; e fu pubblicato il volume contenente il testo delle sei veglie domenicali quaresimali[310]. La riforma è stata ideata partendo dalle liturgie gerosolimitane domenicali del IV secolo che prevedevano:

> «Mox autem primus pullus cantauerit, statim descendet episcopus **(a)** et intrat intro speluncam ad Anastasim. Aperiuntur hostia omnia et intrat omnis multitudo ad Anastasim, ubi iam luminaria infinita lucent, et quemadmodum ingressus fuerit populus, dicet psalmum quicumque de presbyteris et respondent omnes; post hoc fit oratio **(b)**. Item dicit psalmum quicumque de diaconibus, similiter fit oratio **(c)**, dicitur et tertius psalmus a quocumque clerico, fit et tertio oratio **(d)** et commemoratio omnium. Dictis ergo his tribus psalmis et factis orationibus tribus ecce etiam thiamataria inferuntur intro spelunca Anastasis, ut tota basilica Anastasis repleatur odoribus **(e)**. Et tunc ubi stat episcopus intro cancellos, prendet euangelium et accedet ad hostium **(f)** et leget resurrectionem Domini episcopus ipse **(g)**. Quod cum ceperit legi, tantus rugitus et mugitus fit omnium hominum et tantae lacrimae, ut quamuis durissimus possit moueri in lacrimis Dominum pro nobis tanta sustinuisse. Lecto ergo euangelio exit episcopus et ducitur

---

308 Invece, i pellegrini del mondo greco, armeno, copto o siriaco si sentono subito a casa loro quando partecipano alla liturgia delle loro rispettive comunità.

309 Cfr. n° **1.4.**

310 Cfr. *Vigiliae Dominicalis Celebratio quae in Basilica Resurrectionis Dominicae a fratribus minoribus peragitur in Quadragesimae et Palmarum Dominicis*, ed. Commissio Liturgica Custodiae Terrae Sanctae, Jerusalem 1987.

cum ymnis ad Crucem et omnis populus cum illo. Ibi denuo dicitur unus psalmus et fit oratio. Item benedicit fideles et fit missa **(h)**. Et exeunte episcopo omnes ad manum accedunt»[311].

Con la riforma, tutte le parti dell'Ufficio delle letture (presieduto dal Custode **(a)** rivestito di piviale e assistito da due diaconi in dalmatica) vengono cantate con il testo dell'Ufficio romano. La musica proviene dai libri romani per gli inni, mentre le varie antifone dei salmi e dell'invitatorio sono state composte da fra Antoine DEFAW OFM e da fra José María AGUIRRE OFM[312]. Tuttavia, come suggerito dalla Chiesa[313], dopo ogni salmo viene inserito uno spazio di silenzio concluso da una colletta salmica cantata dal Custode **(b-c-d)**. Dopo il secondo responsorio e i tre cantici dell'Antico Testamento dell'ufficio vigilare[314], lo *Statu quo* prevede la recita delle Lodi, che viene ora sostituita[315] dalla *Memoria Resurrectionis*. Essendo la processione dovuta, viene integrata ad un'innovazione di qualità. Al canto del *Benedictus* intercalato dell'antica antifona pasquale: «Angelus autem Domini, descendit de cælo, et accendit revolvit lapidem, et sedebat super eum, alleluia, alleluia»[316], inizia una bella processione che uscendo dalla *Cappella del Santissimo* entra in basilica. Due accoliti con i turiboli aprono il corteo, ricordando gli incensieri che profumano la basilica **(e)**. Il Custode entra nella Tomba, la incensa e rimane in preghiera[317] mentre prosegue il canto. Un Evangeliario viene deposto sulla Tomba su cui giaceva il Signore. Il popolo sta in attesa: medita ricordando che da questo luogo, nella stessa ora della notte tra il sabato e la domenica, il Signore risorse glorioso. Quando il Custode esce dalla Tomba, levando alto il libro dei Vangeli **(f)**, è Cristo stesso presente nella sua Parola che vince la morte e parla a chi veglia. I due turiferari incensano il Libro, come si fa nelle processioni eucaristiche. Purtroppo, lo *Statu quo* non permette [ancora!] che il Custode (e non un diacono) proclami il Vangelo da-

---

[311] *IE*, 242.244 [n° 24,9-11]. Le lettere inserite tra parentesi nel testo annunciano le tappe della riforma odierna.

[312] Cfr. E. BERMEJO CABRERA, «Notas para la historia litúrgica de Jerusalén. Las vigilias dominicales de Cuaresma en la basílica de la Resurrección», *La Tierra Santa* 63 (1988) 71.

[313] Cfr. *Instituto generalis de Liturgia Horarum* [n° 112], in *LH* I, 58.

[314] Cfr. *Instituto generalis de Liturgia Horarum* [n° 73], in *LH* I, 48.

[315] Si ricorda che le Lodi si pregano ancora oggi a quest'ora negli altri giorni dell'anno liturgico, quando celebra la comunità del Santo Sepolcro da sola.

[316] *Vigiliae Dominicalis Celebratio*, 13 ss. Quest'antifona evangelica (cfr. *Mt* 28,2) proviene dall'ufficio tridentino *BR1568*, 391 [n° 2434] e la sua melodia si trova in: *Liber Usualis missæ et Officii pro dominicis et festis cum cantu gregoriano ex editione vaticana adamussim excerpto et rhythmicis signis in subsidium cantorum a Solesmensibus monachis diligenter ornato*, Paris – Tournai – Roma – New-York 1957, 782.

[317] Si deve guadagnare un po' di tempo perché pur non essendo cantato, l'ufficio tridentino delle Lodi era più lungo di questa *Memoria Resurrectionis*!

vanti alle porte dell'edicola (**g**): il corteo ritorna allora alla *Cappella dell'Apparizione* dove il Custode canta solennemente il Vangelo della Risurrezione (che era stato omesso dopo i tre *cantica* dell'Ufficio). Questa proclamazione corrisponde al punto culminante di tutta la celebrazione. Dopo una serie di invocazioni, il Custode imparte la benedizione con l'Evangeliario. Tutti i frati si ritirano. Il Custode celebra poi una Messa bassa al Calvario (**h**), dato che la domenica mattina, una Messa con assistenza pontificale[318] del Patriarca, viene celebrata da un francescano (assieme alle Lodi e non più all'Ora Terza) con grande concorso di frati e popolo, davanti all'*Altare della Maddalena*.

2.6.2.2. Settimana Santa

Rimaneva ancora aperto il problema della riforma della celebrazione della Settimana Santa nella basilica del Santo Sepolcro. Nel 1997, dopo una lunga gestazione, per la prima volta viene finalmente proposta[319], una cinquantina d'anni dopo la riforma piana e una trentina dopo quella del Vaticano II, la riforma della Settima Santa così attesa. Questa correzione viene compiuta da padre Enrique BERMEJO OFM, liturgista di Terra Santa. Il testo base del Messale romano viene modificato in modo da rispettare gli orari, i tempi, le processioni imposte dallo *Statu quo*. Non è però ancora stato pubblicato un Messale proprio delle liturgie gerosolimitane del Triduo pasquale.

Ha guidato questa riforma il bisogno di conservare, nella misura del possibile, un collegamento logico esplicito con il giorno liturgico. Prima della riforma, ogni giorno liturgico veniva anticipato di dodici ore rispetto al giorno solare (per esempio, il Giovedì santo iniziava con le Tenebre del mercoledì sera e si concludeva con la Messa del giovedì mattino). La Commissione liturgica di Terra Santa stabilì alcuni criteri per la riforma:

> «la liturgia si adatterà il più possibile al tempo e allo spazio della celebrazione; base della liturgia da rinnovare saranno l'*Itinerario di Egeria* e il Lezionario armeno; l'attuazione della riforma si realizzerà in momenti progressivi, tenendo fisso l'obiettivo di realizzare una liturgia veramente propria di Gerusalemme»[320].

Molto doloroso è il fatto di celebrare ancora, nonostante questa riforma, la veglia pasquale alla mattina del Sabato santo. Essa si svolge ormai come viene impo-

---

[318] Cfr. *CE*, 53-54 [n° 175-186].

[319] Cfr. E. BERMEJO CABRERA, «Una riforma liturgica problematica», *Rivista liturgica* 88 (2001) 227-238.

[320] BERMEJO CABRERA, «Una riforma liturgica problematica», 232.

sto dal Messale romano (tutte le letture vengono ovviamente cantate in latino: si ricorda che la celebrazione *deve* durare tre ore!) con le seguenti caratteristiche[321]:

- La liturgia del fuoco si fa sì alle porte della basilica, ma il fuoco così benedetto serve solamente ad introdurre i carboni ardenti nel turibolo per incensare poi la Pietra dell'Unzione e l'Anastasis (in conformità con lo *Statu quo*) con il canto del salmo 112 (in ripristino del lezionario georgiano[322] e del lezionario armeno[323]).
- Il cero pasquale non si accende da questo fuoco, ma «diaconus sumit lucem ex Sepulcro porrigit ad Episcopum qui incendit cereum paschalem»[324]. Infatti, non si accende il cero pasquale dal fuoco così benedetto

> «poiché l'unico luogo da dove si prende il fuoco secondo la tradizione propria dell'Anastasis è la Tomba del Signore o luogo della risurrezione, da dove ogni giorno, ci dice Egeria, al lucernario si prende il fuoco [...]. Perciò si arriva davanti alla Tomba, si fa la preparazione del cero e il vescovo lo accende dalla luce che è all'interno del Santo Sepolcro e che gli passa il diacono»[325].

- Il Vangelo della Risurrezione non è proclamato da un diacono bensì dallo stesso Patriarca, perché il luogo e il Vangelo della Risurrezione sono legati inscindibilmente al suo ministero[326] come già lo riportava Egeria: «Et tunc ubi stat episcopus intro cancellos, prendet euangelium et accedet ad hostium et leget resurrectionem Domini episcopus ipse»[327].
- Chi partecipa a questa celebrazione non dice le Lodi.

Al pomeriggio del Sabato Santo ha luogo la Processione Solenne seguita non più dalla Compieta (non si diceva il Vespro nella liturgia tridentina perché era incluso nella veglia pasquale) ma dai Vespri solenni cantati *coram Ædicula*. Non si poteva desumere questa celebrazione dalla *Liturgia Horarum* perché non era conveniente ritornare alla celebrazione del Sabato santo. Si cantano gli stessi Vespri del giorno di Pasqua come "primi Vespri" della solennità. Di notte, le Lodi tridentine

---

[321] *Sabbato Sancto. Celebratio Resurrectionis Domini in Basilica Resurrectionis Domini Jerosolymis*, ed. Commissio Liturgica Custodiae Terrae Sanctae - Officium Liturgicum, Jerusalem 2001.

[322] *Le grand lectionnaire de l'Église de Jérusalem*, ed. Tarchnischvili, 108 [n° 712].

[323] *Le codex arménien Jérusalem*, ed. Renoux, 295.297 [n° XLIV bis].

[324] *Sabbato Sancto*, 16.

[325] BERMEJO CABRERA, «Una riforma liturgica problematica», 237.

[326] BERMEJO CABRERA, «Una riforma liturgica problematica», 238.

[327] *IE*, 244 [n° 24,10].

vengono sostituite dalla celebrazione dell'Ufficio delle Letture[328] presieduta dal Custode di Terra Santa in forma pontificale. Come per i cinque sabati di quaresima, dopo il *Te Deum* si fa un giro attorno alla Tomba e il Custode[329] proclama il Vangelo della Risurrezione.

La celebrazione eucaristica della Domenica di Pasqua fu aggiornata subito dopo il Concilio perché non riveste alcuna particolarità. Al termine della Messa però, viene effettuata la solenne processione durante la quale, mentre si fanno i tre giri attorno alla Tomba, si cantano i quattro Vangeli della Risurrezione. Con la riforma del 1924[330], salvo la scelta delle pericopi di questi Vangeli (*Io* 20,11-18; *Io* 20,19-31; *Lc* 24,13-35 e *Mc* 16,1-7) la processione rimane uguale a quella del periodo precedente. Non venne più aggiornata dopo il Concilio.

2.6.3. Processione

Il 17 febbraio 1924[331] sotto il Custodiato del Rev.mo Padre Ferdinando DIOTALLEVI OFM ai luoghi toccati dalla processione si aggiunse la stazione dell'Addolorata sul Calvario. L'anno seguente (1925) entrò in vigore una nuova versione della processione: fu un avvenimento notevole per la comunità latina di Terra Santa. Tuttavia, forse a causa dell'instabilità politica del momento (crollo dell'Impero Ottomano e nuova amministrazione degli Inglesi) oppure per la fretta di agire in un momento di confusione che permetteva di sottrarsi alle proteste delle altre comunità, il ricco Archivio della Custodia di Terra Santa e quello dell'ufficio dello *Statu quo* non hanno conservato nessuno documento su questa nuova promul-

---

328 Cfr. *Vigilia in Dominica Paschæ Resurrectionis Domini. Celebratio in Basilica Resurrectionis Domini a Fratribus Minoribus peracta*, ed. Commissio Liturgica Custodiae Terrae Sanctae - Officium Liturgicum, Jerusalem 1995

Si tratta della vigilia prevista (cfr. *LH* II, 422-429) per coloro che non possono partecipare alla veglia pasquale. È evidente che in questo momento sarebbe ideale celebrare l'intera veglia pasquale, ma lo *Statu quo* prevede una celebrazione che non deve superare un'ora.

329 Il Custode e non il diacono canta il Vangelo per gli stessi motivi per cui il Patriarca cantava alla Messa del mattino.

330 Cfr. *PrSS1925*, 85-94; *PrSS1947*, 95-103.

331 Cfr. *PrSS1925*, 9; *PrSS1947*, 9. Dalle cronache del DIOTALLEVI si legge per questo giorno:

> «17 febbraio. Dopo varie trattative fatte dal p. lettore, Gaudenzio Orfali, con il Patriarca greco scismatico per potersi fare da noi la nuova stazione all'altare dell'Addolorata sul Calvario durante la quotidiana processione al Sepolcro, oggi per la prima volta si fece la nuova stazione senza alcun 'incidente'. Sebbene i religiosi non ne sapessero [alcuna cosa] e non furono avvertiti per non fare troppa *réclame*, tuttavia essendo tempo cattivo vi si ritrovarono moltissimi religiosi. Assisteva ancora il vicario del Patriarca greco» (in: F. DIOTALLEVI, *Diario di Terrasanta. 1918-1924*, ed. D. Fabrizio, Milano 2002, 416).

gazione. Il progetto di riforma del processionale fu, con ogni probabilità, affidato ad Augustino FACCHINI OFM, allora organista del santuario della nascita di Giovanni Battista presso Ain Karem. Il suo libro[332] fu pubblicato nel 1986 da Vincenzo MISTRIH OFM che inizia la prefazione con le seguenti righe:

> «Lo studio che pubblichiamo è nella forma in cui l'Autore lo lasciò alla sua morte avvenuta nel 1949. È il testo del 1924 [cioè subito prima della riforma del quarto periodo] leggermente modificato con aggiunte successive dell'Autore stesso»[333].

Inoltre, in una lettera che FACCHINI scrisse nel 1914, si legge:

> «Occupandomi a preparare una eventuale ristampa del nostro processionale di Betlemme, vo' in cerca di antiche edizioni per rintracciare la melodia originale dell'antifona [...] che si canta alternativamente nella S. Grotta»[334].

A Betlemme, nel 1926, fu istituita una nuova processione, un anno dopo quella del Santo Sepolcro. Se si considera che il libro di FACCHINI (scritto nel 1924) comprende lo studio delle 4 processioni che saranno poi riformate entro i sei anni seguenti. Osservando poi le introduzioni di questi processionali[335] coevi, si nota che contengono gli stessi riferimenti bibliografici del suo libro e hanno una suddivisione che coincide con l'insieme della sua opera: possiamo quindi affermare che FACCHINI scrisse tutte le introduzioni dei processionali di Giudea del quarto periodo (e forse egli stesso è stato il promotore di tutta la riforma)[336].

2.6.3.1. Itinerario

L'itinerario rimane in sostanza identico a quello del terzo periodo. Sul Calvario, però, dopo la stazione presso l'Altare greco, senza che i frati e i fedeli si spostino, il celebrante si reca all'*Altare dell'Addolorata*. Nonostante l'intransigente *Statu quo*, una nuova stazione è dunque stata inserita fra l'itinerario della processione. Bisogna sottolineare che l'altare è di proprietà dei Latini e quest'aggiunta ha pro-

---

332 Si tratta del libro qui siglato *FACC*, che molte volte viene citato in questo lavoro.

333 *FACC*, pagina che precede la prima pagina.

334 A. FACCHINI, *Lettera al MRP Girolamo Golubovich del 9 maggio 1914*, lettera di 3 pagine scritta da Ain Karem, conservata presso l'Archivio del Centro Francescano Studi Orientali Cristiani del Musky, Cairo, 1.

335 Cfr. *PrSS1925*, 5-12; *PrB1926*, 5-13; *PrAK1926*, 5-15. La processione presso il convento di San Salvatore viene inserita nel libro per le peregrinazioni liturgiche della Giudea (*PrSal1930*, 109-127): non esiste nessuna introduzione storica a questa processione, che era già quasi caduta in disuso in questo periodo.

336 Una prova supplementare ci è data da V. MISTRIH OFM, in appendice alla pubblicazione del manoscritto del FACCHINI: nel suo commento, scrisse che FACCHINI fu l'autore di tutti i nuovi processionali e di vari libri liturgici editi in Custodia tra gli anni 1920 e 1930 (cfr. V. MISTRIH, *Appendice 1: P. Augusto Facchini, nota bio-bibliografica*, in *FACC*, 153).

lungato la presenza cattolica al Calvario di qualche minuto, dato che le due stazioni già esistenti, si celebrano senza rinunciare a nulla.

Riguardo ai tre giri attorno all'edicola, quando la processione "si avvolge intorno alla Tomba", tutto avviene come per il periodo precedente, tuttavia il processionale non ne precisa più i giorni.

2.6.3.2. Inni

Si legge nell'introduzione all'odierno processionale:

> «Præsens hæc editio nonnullas continet mutationes quæ principaliter textum quorumdam hymnorum respiciunt, et præcipue eum in finem inductæ, ut prædictorum hymnorum sive textus sive cantus lectioni *Antiphonalis Romani* conformarentur, vel etiam ut textus quidam non liturgici ad meliorem redigerentur formam»[337].

Con tre secoli di ritardo dopo la riforma urbaniana (1632), la riforma del 1924 decise di adattare gli inni della processione a quelli del *Breviarium Romanum*[338]. Si può comprendere che durante i quattro secoli di presenza turca in Palestina i frati dovevano far fronte ad altre premure che quella di procedere a questi adattamenti. Per tre secoli i frati in comunità a Gerusalemme cantavano contemporaneamente gli inni in due forme diverse: quella urbaniana nella recita dell'*Ufficio* (quello di san PIO V, e quello riformato da san PIO X nel 1911[339]), e quella nella forma originaria inculturata quando svolgevano la processione quotidiana. Si effettuò quindi, finalmente, l'aggiustamento, in conformità con la Chiesa romana. Oggi il problema si ripresenta perché dopo il Concilio Vaticano II sono stati ripristinati gli inni nella loro forma originaria più autentica e più devota[340], e ciò che oggi si canta durante la processione al Santo Sepolcro non è in armonia con l'odierna *Liturgia Horarum* (si vedrà meglio in seguito).

---

[337] *PrSS1925*, 9; *PrSS1947*, 9.

[338] Si può notare che, nell'introduzione al processionale odierno (cfr. *PrSS1925*, 9; *PrSS1947*, 9), gli inni del *Breviarium Romanum* sono chiamati *liturgici,* mentre quelli redatti nel secolo diciassettesimo in vista della processione erano chiamati *non liturgici* (cfr. n° **2.4.3.2.**).

[339] La commissione del canto gregoriano istituita da san PIO X, in un suo congresso del 1904 aveva già formulato il desiderio di restituire gli inni alla loro forma classica (cfr. RAFFA, «Dal breviario del Quignonez» 340; *LENT*, XXV). Se questo fosse avvenuto nel 1911, la riforma del processionale del 1924 avrebbe avuto come base di riferimento un innario meno corrotto e non avrebbe avuto il bisogno di rivedere i cosiddetti *inni liturgici* che sarebbero già stati conformi al nuovo *Breviarium Romanum.*

[340] Cfr. *SC*, 123 [n° 93].

Riguardo alla stazione presso la sacra Tomba, come per i periodi precedenti si prolunga il canto (inserendo un altro inno prima della dossologia) mentre si effettuano i tre giri della Processione solenne.

Tutti gli inni liturgici ripresi lungo la storia in questi processionali vengono costruiti sulla base del *Breviarium romanum* (eccetto il *Fortem virili pectore*[341]): in questo si nota, nonostante la lontananza geografica e culturale, la fedeltà dei frati minori di san Francesco e della Chiesa di Terra Santa alla Chiesa romana. Questa fedeltà non si riassume in una semplice esportazione dei modelli centrali, ma si accompagna ad una sana creatività e ad un adattamento (esistita sin dalle origini della Chiesa in Terra Santa[342]) che risulta d'avanguardia rispetto agli orientamenti proposti dal Concilio Vaticano II sull'inculturazione.

Si deve infine osservare che la parte centrale dell'eucologia della processione viene costituita dai suoi tredici inni. Alla domanda «Hymnus, scitis quid est?», nel quarto secolo sant'AGOSTINO rispondeva:

> «Cantus est cum laude Dei. Si laudes Deum, et non cantas, non dicis hymnum; si cantas, et non laudas Deum, non dicis hymnum; si laudas aliud quod non pertinet ad laudem Dei, etsi cantando laudes, non dicis hymnum. Hymnus ergo tria ista habet, et cantum, et laudem, et Dei» [343].

Appare perciò contraddittorio con la definizione precedente che, nelle prime stazioni, l'inno venga eseguito *recto tono* (questa forma non coincide con la semplice recita). La dimensione di lode non fa difficoltà (anche se può sembrare un rito compiuto in obbedienza alle prescrizioni dello *Statu quo*, è facile rendersi conto che chi partecipa alla sacra funzione sta rendendo una lode): essa è presente almeno con la dossologia che conclude quasi tutti i carmi.

2.6.3.3. Antifone

In questo periodo appare una novità: le antifone variano ora a seconda del tempo liturgico. Vale a dire che alcune antifone concludono con l'*alleluia* durante il tempo di Pasqua, altre concludono con l'*alleluia*, ma non nel periodo che va dalla Settuagesima alla festa di Pasqua. Si perde quindi la peculiarità delle devozioni dei santuari di Terra Santa di legare il mistero celebrato al Luogo santo e non all'anno liturgico.

---

[341] Per questo si ricorda che la seconda strofa suona *hæc santo amore saucium* nel *Breviarium* allorché recita *hæc Iesu amore saucium* all'interno della processione.

[342] Cfr. nota **1.**

[343] AUGUSTINUS, *Enarrationes in Psalmos* 148,17, ed. E. Dekkers – I. Fraipont, in *Opera. Pars X,3* (CCL 40), Turnhout 1956, 2176-2177.

2.6.3.4. Collette

Le collette tratte dalla liturgia rimangono identiche a quelle del periodo precedente; come per gli inni corrispondenti, le collette non liturgiche vengono invece leggermente mutate, o addirittura sostituite.

2.6.3.5. Libri

Non si possiede più il prototipo del libro che fu usato per l'aggiornamento che iniziò nel 1924. Il 19 luglio dell'anno seguente, verrà stampato un nuovo processionale[344] e, per la prima volta nella storia di questa processione, sarà edito dalla *Typis Polyglottis Vaticanis*. Una seconda edizione vi sarà ristampata nel 1947[345], con il *nihil obstat* di fra Pacifico M. PERANTONI, Ministro Generale dell'Ordine francescano, e con l'*imprimatur* di fra A. C. DE ROMANIS, Vicario Generale della Città del Vaticano. Si tratta dell'edizione ufficiale tutt'ora in uso!

Il contenuto del processionale è molto più ricco di quello dei periodi precedenti. È composto dalle seguenti sezioni[346]: una breve e interessante introduzione che riassume la storia di questa funzione (5-12); l'*Ordo processionis quotidianæ* (la processione in sé: 13-51, le litanie e le devozioni che la seguono: 51-77); l'*Ordo processionis pro feria* IV *maioris hebdomadæ* (80); l'*Ordo processionis funebris feria* VI *parasceve peragendæ* (83-93); l'*Ordo processionis sollemnis in Resurrectione D. N. I. C.* (95-103); l'*Ordo processionis in die Inventionis S. Crucis et in Festo Exaltationis S. Crucis* (105-108) e infine l'*Ordo pro sollemni ingressu in Basilicam S. Sepulcri* (109-116). È quindi evidente che in questo libretto confluiscono molti particolari liturgici gerosolimitani nati lungo i secoli, e che vengono ora conservati nell'ambito di questa funzione.

Per quanto riguarda la scrittura della musica, i due processionali del quarto periodo sono redatti con lo stesso schema: gli inni fino alla settima stazione cantati solo in occasione della processione solenne, sono musicati solamente nella prima strofa; quelli interamente cantati sono scritti con i neumi gregoriani corrispondenti in tutte le strofe.

Oltre alle edizioni della Custodia, molti altri opuscoletti con diverse traduzioni sono stati stampati da alcuni enti responsabili di pellegrinaggi. Durante l'anno giubilare del 2000, e poi negli anni successivi, sono stati ufficialmente stampati dalla

---

[344] Cfr. *PrSS1925*.

[345] Cfr. *PrSS1947*.

[346] Tra parentesi seguono le pagine nel *PrSS1947*. Le divisioni del *PrSS1925* sono identiche.

Custodia di Terra Santa altri sussidi per facilitare l'attiva partecipazione dei fedeli e degli stessi frati[347]. Si notano:

- l'edizione che, oltre il testo latino ufficiale, distribuisce in tre colonne, in modo sinottico, la traduzione italiana, spagnola e inglese (le lingue della maggioranza dei fedeli che partecipano a questa celebrazione)[348];
- un'altra, con la traduzione araba, francese e portoghese[349];
- e una terza con le traduzioni tedesca, slovena, croata[350];
- il libro per la processione solenne, dove tutte le strofe degli inni sono musicate[351].

2.6.3.6. Conclusione

Ogni specifica particolarità del luogo in cui si celebra viene precisamente valutata. Infatti, i testi delle stazioni presso gli altari di cui non è riconosciuta un'autenticità storica (*Carcere*, *Divisione delle Vesti*...) vengono privati di queste varianti all'interno degli inni che specificano il mistero celebrato, nonché dei vari *hic* dell'eucologia.

Il tempo liturgico durante il quale si celebra la funzione ha spesso la prevalenza sulla specificità dei santuari. Ne prova il fatto che:

- il colore dei paramenti è relativo al calendario liturgico e non al luogo;
- tutti gli *alleluia* sono omessi in quaresima, compresi quelli davanti alla Tomba;
- alcune strofe degli inni dipendono anche dal periodo liturgico.

Si può notare che la divisione della processione in due parti (inni recitati e inni cantati) era presente da sempre. Basta ricordare che già al tempo di MARIANO si

---

[347] Si noti che questi libretti non sono stati approvati da nessun'autorità competente. Essi contengono anche le devozioni che seguono alla processione.

[348] Cfr. *PrSS2000.IEE* e *PrSS2006.IEE*.

[349] Cfr. *PrSS2000.AFP* ristampato nel 2006 con la lingua polacca al posto dell'araba (*PrSS2006.PFP*).

[350] Cfr. *PrSS2013.DSH*.

[351] Cfr. *Ordo processionis quæ Hierosolymis in Basilica S. Sepulcri D.N. Jesu Christi a fratribus minoribus peragitur in sollemnioribus diebus*, Jerusalem 2000. Nel *PrSS1947*, i soli inni dal Calvario in poi sono trascritti interamente con la musica gregoriana. Le sette prime stazioni, perché sono in genere recitate, sono stampate con la musica per la sola prima strofa. Si è dovuto realizzare un libretto che contenga la musica per tutte le strofe degli inni della processione solenne perché attualmente, i religiosi e i fedeli cristiani non sono più soliti cantare inni latini dando ad ogni sillaba il neuma corrispondente. Inoltre, la musica dei tre inni che sono cantati a tre voci figurava su un foglietto a parte, il che complicava l'esecuzione.

cantavano i tre inni verso la fine: alla salita al *Calvario* (dove c'era una sola stazione), mentre si scendeva verso la *Pietra dell'Unzione* e mentre si andava alla *sacra Tomba*. Ancora oggi si inizia il canto allo stesso punto.

Il testo odierno degli inni corrisponde a quello che si sarebbe dovuto adoperare dopo la riforma di URBANO VIII del terzo periodo. Dopo il Concilio Vaticano II, pur essendo ricco è diventato obsoleto.

Nonostante la ricchezza del suo contenuto e la sua antichità, questa processione non corrisponde più alla sua vocazione primaria, quella di introdurre il pellegrino al mistero della Morte e Risurrezione di Cristo. Capita anzi che sia percepita come un fastidio dato ai pellegrini, costretti a spostarsi per permettere ai frati di eseguire questo rito che pare loro riservato. L'esiguità del loro numero - a volte si trovano in pochi a praticare la processione - sembra sottolineare che si compia solamente per mantenere un diritto davanti alle altre comunità cristiane presenti nella basilica. Tuttavia, alcuni gruppi di pellegrini, specialmente se guidati da frati o da guide che la conoscono, seguono la processione e questa partecipazione va a costituire il buon ricordo di una celebrazione vissuta nella basilica del Santo Sepolcro. Nel periodo di OBICINI, c'erano le stesse difficoltà di partecipazione, ma forse erano meno evidenti perché non esposte ad un pubblico così numeroso, come oggi si trova nella basilica.

Infine, come descritto nel paragrafo **1.4.**, il modo con cui si svolge questo rito è a volte molto complesso: paradossalmente, le rubriche incluse nell'odierno processionale sono poche e non è stato stampato nessun altro cerimoniale dopo quello del 1754[352]. I riti si sono tramandati con la tradizione e sono stati elaborati per analogia con quelli della liturgia romana senza mai venire messi per iscritto da nessuno. Il fatto che non esista un codice rubricale ufficiale non rende meno lieve l'osservanza di questi riti; anzi non essendoci nessun altra referenza se non la prassi, per non perdere nessuno di questi famosi diritti, succede che vengano perpetuate alcune cose che sono a volte negative per l'interesse degli stessi frati.

---

[352] Si tratta dalla già nominata opera: *ECTS1754*.

3. Necessità di giungere ad alcuni cambiamenti

Scusando ogni immobilismo avvalendosi dello *Statu quo*, lo svolgimento della processione appare a molti, frati compresi, un'azione rituale immutabile, monolitica e risalente a tempi immemorabili. Invece, considerando tutto l'arco della sua storia, appare chiaro che nei secoli precedenti vi sono stati alcuni significativi aggiornamenti. Nel 1974 un tentativo di riforma, che non ebbe nessun seguito, fu consigliato da padre Sabino De Sandoli ofm[353].

3.1. Aggiornamento teologico liturgico

La riforma del 1924, pur opportuna, non poteva prevedere che quarant'anni dopo il Concilio Vaticano II avrebbe reso vana la riforma urbaniana, ripristinando la forma originaria degli inni, affermando:

> «Hymni, quantum expedire videtur, ad pristinam formam restituantur, iis demptis vel mutatis quae mythologiam sapiunt aut christianae pietati minus congruunt. Recipiantur quoque, pro opportunitate, alii qui in hymnorum thesauro inveniuntur»[354].

La *Liturgia Horarum* di Paolo VI operò una nuova scelta fra molti carmi della produzione medievale antica, ritornando sempre alla forma originaria, senza trascurare i cambiamenti necessari a rendere più accettabili alcune espressioni e alcune cadenze. Per i frati della basilica del Santo Sepolcro, questo è significato ritornare alla situazione del terzo periodo: oggi gli inni del processionale, patrimonio della Chiesa latina, sono cantati nella forma "urbaniana inculturata" durante la processione, mentre sono invece usati nella forma originaria nell'*Ufficium Divinum*, utilizzando così le due forme degli stessi inni. I francescani poi hanno nella loro tradizione di diffondere il modo romano di pregare: sarà quindi necessario procedere all'aggiornamento degli inni voluto dal Concilio secondo l'odierno *Ufficio divino*,

---

[353] Cfr. *Novus Ordo Processionis Quotidianae in basilica S. Sepulcri peragendae. A p. Sabino De Sandoli propositus. In conventu S. Sepulcri ex aratus Die 22 Novembris 1974, Memoria S. Caeciliae*, manoscritto composto di 18 pagine custodito nella Biblioteca della Flagellazione, Gerusalemme. Vi sono spiegati i motivi per cui bisogna fare delle modifiche e viene presentato un nuovo *Ordo* (preci e rito). Le motivazioni di Sabino De Sandoli erano buone, ma in tutto il lavoro che segue si terrà poco conto della sua intuizione: proponeva che la processione fosse in varie lingue (secondo il gruppo che partecipa), aboliva gli inni e li sostituiva con dei salmi o letture bibliche cantati alternativamente dai fedeli e dai frati.

[354] *SC*, 123 [n° 93].

vale a dire secondo l'*Antiphonale Romanum* aggiornato dopo il Vaticano II[355]. La situazione non è così sconfortante come nel terzo periodo, perché i pellegrini (clero e laici) di passaggio a Gerusalemme, sono ormai soliti pregare con gli inni in lingua volgare e non si accorgono della differenza.

3.2. Problema delle indulgenze

Già al tempo di MARIANO da Siena, ad ogni stazione venivano guadagnate delle indulgenze. Secondo il processionale, sono lucrati sette anni: al *Carcere*, all'*Altare della Divisione*, alla *Colonna degli Improperi*, all'*Altare della Maddalena*. L'indulgenza è plenaria: alla *Colonna della Flagellazione*, alla *Cripta dell'Invenzione*, alla *Cappella di santa Elena*, all'*Altare della Crocifissione*, all'*Altare della Morte di Gesù*, all'*Altare dell'Addolorata*, alla *Pietra dell'Unzione*, alla *sacra Tomba*, alla *Cappella dell'Apparizione*. Questa tradizione è costante[356] però non è più in armonia con l'*Enchiridion Indulgentiarum* che dice: «Indulgentia plenaria semel tantum in die acquiri potest; partialis vero indulgentia pluries»[357]. Nonostante la tradizione plurisecolare, sembra doveroso cancellare le indulgenze legate ad ogni stazione, lasciando magari un'indulgenza plenaria per la processione nella sua globalità. Lo scopo della recita del *Pater-Ave-Gloria* dopo ogni stazione è di lucrare le tredici indulgenze legate alla funzione, per cui oggi, mutate le disposizioni, un solo *Pater-Ave-Gloria* basterà: si potrà così impiegare in altro modo il tempo che si renderà libero.

3.3. Motivi pastorali

Dopo secoli di pratica, si è giunti ad una perfezione riguardo all'itinerario, ma la partecipazione non è mai stata così fortemente criticabile. Oggi, purtroppo, il latino è sempre meno capito dal clero e ancora meno dai fedeli. Nel complesso delle

---

[355] Cfr. *LibH*.

[356] Il *PrSS1623* è l'unico a non includere nel testo il riferimento all'indulgenza. All'ultima pagina del processionale, OBICINI dà la lista delle indulgenze (identiche alle odierne) e poi aggiunge:

> «in hoc Exemplari nostro, ad meliorem formam redacto: suis locis assignare, easque recudi minimè curauimus; eò quod non duntaxat illæ, omnibus passim luce meridiana innotescant clariores: sed & maiores esse, pia mente credantur; cum ibidem Humani Generis salutem Christus Dominus operari dignatus sit» (in: *PrSS1623*, 48).

Nel 1561 fu scritta una lista d'indulgenze (VERNIERO. *Delle croniche o annali* 5,9,6, in *GB* II,6, 192-196); un'altra fu scritta dal QUARESMI in: QUARESMIUS, *Elucidatio Terrae Sanctae* 2,4, 44-59.

[357] *Enchiridion Indulgentiarum. Normae et concessiones* 18,1, Editio quarta, Città del Vaticano 1999, 25.

varie Chiese cristiane che officiano nel Santo Sepolcro, la Chiesa cattolica di rito latino è precisamente caratterizzata dalla sua lingua ufficiale e dalle sue tradizioni. I missionari francescani che vengono a prestare il servizio al Santo Sepolcro non avrebbero mai la capacità di leggere (e ancora meno di cantare) in Arabo, la lingua dei cristiani locali, e neppure in Ebraico[358]; un'altra lingua non si può neppure usare: quale popolo accetterebbe che la lingua di altri sia rappresentativa della cattolicità della Chiesa? Qualsiasi scelta sembrerebbe vantare un privilegio. Un cocktail di lingue potrebbe essere una soluzione, ma non si può pretendere che dieci frati incaricati della liturgia per alcuni mesi siano degli esperti poliglotti. Per permettere una partecipazione più attiva dei fedeli, non essendo possibile ricorrere ad una lingua comune, bisognerebbe appellarsi ad alcuni gesti, quale liturgia non verbale, che parlino da sé e possano così essere compresi da tutti.

3.4. Proposta di un aggiornamento

La costituzione conciliare *Sacrosanctum Concilium* chiede che, ove sia necessario, i riti siano prudentemente riveduti in modo integrale nello spirito di una sana tradizione, dando loro nuovo vigore secondo le circostanze e le necessità del nostro tempo[359]. Tuttavia, la stessa costituzione invita a eseguire i cambiamenti solo se lo richiede una vera e accertata utilità della Chiesa[360] e in questo caso, trattandosi di un pio esercizio, ogni modifica dovrà essere fatta in perfetta armonia con gli altri riti della sacra liturgia[361]. Dopo tanti secoli di faticosa fedeltà nel mantenere i diritti della Chiesa cattolica, non è possibile per i francescani pensare di fare dei cambiamenti che, pur necessari e desiderabili, possano causare la perdita di diritti acquisiti. Ogni cambiamento deve valutare attentamente questa specifica situazione.

Si rende altrettanto necessaria un'azione pastorale che educhi a godere della grazia del Luogo santo e così partecipare non al solo "rito" processionale, ma al mistero che esso celebra. Ogni aggiornamento si deve comunque fare *cum grano salis*, evitando ogni rischio di protesta sia dei frati sia da parte degli Orientali.

Visto l'insieme degli aspetti esaminati finora, si potrebbe arrivare alla proposta di alcuni cambiamenti. Tra questi:

---

[358] Inoltre, in queste due lingue orientali non esiste nessun patrimonio liturgico paragonabile della liturgia latina del Santo Sepolcro.

[359] Cfr. *SC*, 98 [n° 4].

[360] Cfr. *SC*, 106 [n° 23].

[361] Cfr. *SC*, 103 [n° 13].

1. Il testo degli inni va aggiornato in armonia con il loro testo ufficiale della *Liturgia Horarum*[362] del Concilio Vaticano II in modo da conservare il patrimonio della Chiesa latina[363], e salvare la consuetudine voluta da san FRANCESCO (rinnovata per la processione del Santo Sepolcro nel 1924[364]) di pregare secondo l'usanza della Chiesa romana. L'aggiornamento letterario deve conservare la buona tradizione che vuole che gli inni siano adattati al Luogo santo, rimanendo così nel complesso di questa processione - come già lo sono nell'*Ufficio divino* - quale principale elemento poetico composto dalla Chiesa[365]. La melodia di questi carmi andrà ugualmente resa uniforme con il *Liber Hymnarius* della riforma conciliare, mantenendo quindi viva la tradizione di eseguirli con il canto gregoriano[366].

Si deve ugualmente notare che, con il movimento liturgico promosso da Dom Prosper GUÉRANGER OSB alla fine del secolo XIX, gli inni liturgici (testo e melodia) erano già stati riportati alla loro forma originaria[367] e molte comunità benedettine cantano da oltre un secolo questi inni nella forma che il Concilio ha felicemente restituito a tutta la Chiesa latina.

Se è facile cambiare il testo degli inni della processione, più difficile sarebbe sostituire una melodia con un'altra fortemente simile. Tuttavia, già dal 2007, la processione quotidiana di Betlemme[368] è stata aggiornata secondo questo criterio. È quindi possibile andare contro l'inerzia di una melodia conosciuta a memoria: e la riforma felicemente accettata presso la Grotta della Natività, mostra che sarà possibile attuare la proposta per la processione quotidiana della basilica del Santo Sepolcro.

---

362 Per gli inni della *Liturgia Horarum*, che si rivolgono prevalentemente al clero, si è tenuto fede al principio della lezione criticamente esatta. Nel volume *Iubilate Deo* (*Iubilate Deo. Cantus gregoriani faciliores quos fideles discant oportet ad mentem Constitutionis Concilii Vaticani II de Sacra Liturgia*, Città del Vaticano 1974), preparato in concomitanza con l'anno santo e «destinato alle masse popolari dei pellegrini, per qualche inno più comune si è preferito tenere la lezione corrente per non creare difficoltà al semplice popolo, che generalmente ha ancora familiari quei testi nella recensione tradizionale» (in: «Cantate al Signore un canto nuovo», *Notitiæ* 11 (1975) 162). La rapida evoluzione dei tempi e della mentalità dei fedeli mette in dubbio la validità di questa nota per il terzo millennio.

363 Cfr. *SC*, 128-129 [n° 114].

364 Cfr. *PrSS1925*, 9; *PrSS1947*, 9 riportato al n° **2.6.3.2.**

365 Cfr. *Instituto generalis de Liturgia Horarum* [n° 173], in *LH* I, 70.

366 Cfr. *SC*, 129 [n° 116].

367 Cfr. *Antiphonale Monasticum pro diurnis Horis. Juxta vota RR. DD. Abbatum Congregationum Confœderatarum Ordinis Sancti Benedicti. A Solesmensibus monachis restitutum*, Paris – Tournai – Roma 1934 alle seguenti pagine per i rispettivi inni *Fortem virili pectore*: 684-685; *Crux fidelis*: 386; *Vexilla Regis*: 383-384; *Lustra sex*: 386; *Aurora lucis rutilat*: 470. Un ragionamento analogo vale per le varie melodie.

368 Cfr. *PrB2007* ristampato in *PrB2011*.

2. La processione è composta da due poli[369]: il Calvario e la Tomba vuota. Ogni polo comporta il suo ciclo: le prime stazioni introducono la Passione celebrata poi al Calvario, e questo primo ciclo - chiamato della Croce - si conclude alla Pietra dell'Unzione. Il ciclo della Risurrezione inizia con la stazione alla Tomba e si sviluppa con le due apparizioni di Gesù risorto a Maria Maddalena e a sua Madre. La divisione di questi cicli viene evidenziata con il suono dell'organo che entra in funzione quando inizia il ciclo della Risurrezione.

Nel nostro tempo, il celebrante riveste una stola del colore liturgico della festa del giorno. Sarà più simbolico se il sacerdote riveste una stola di colore rosso (viola in quaresima) durante il percorso del ciclo della Croce e, quando esce dalla Tomba vuota per annunciare la Risurrezione di Cristo, appaia rivestito con una stola bianco-dorata che sia un chiaro segno del mistero ivi celebrato. Così, la fissità del colore liturgico confermerebbe che il luogo decide del momento celebrativo liturgico, indipendentemente dall'anno liturgico.

3. Durante il IV secolo, la pellegrina EGERIA ci narra che all'ora decima (le quattro del pomeriggio, l'ora in cui si svolge la processione[370]) aveva luogo all'*Anastasis* il rito del lucernario. Si legge infatti:

> «Hora autem decima, quod appellant hic licinicon, nam nos dicimus lucernare, similiter se omnis multitudo colliget ad Anastasim, incenduntur omnes candelae et cerei et fit lumen infinitum. Lumen autem de foris non affertur, sed de spelunca interiori eicitur, ubi noctu ac die semper lucerna lucet, id est de intro cancellos. Dicuntur etiam psalmi lucernares, sed et antiphonae diutius»[371].

Tutte le liturgie della Settimana santa nella basilica del Santo Sepolcro sono state rinnovate tenendo conto del diario della pia pellegrina spagnola[372]. Difatti, il rinnovo della Settimana santa prevede che il Sabato santo, il fuoco pasquale esca dalla Tomba stessa[373]. Il rito corrisponde inoltre alla prassi delle varie comunità

---

[369] Lo studio eucologico nei paragrafi successivi evidenzierà anche l'esistenza di questi due poli.

[370] A prescindere dall'orario segnato dall'orologio, questa ora corrisponde a quella del tramonto e quindi all'ora del lucernario.

[371] *IE*, 238 [n° 24,4] (cfr. anche *IE*, 248 [n° 25,4]).

[372] Durante il pellegrinaggio papale in Terra Santa, quando celebrò l'Eucaristia davanti alla sacra Tomba, fu pure introdotto un lucernario dopo l'omelia e prima della professione di fede. Difatti così recitano le rubriche del Messale stampato per la circostanza: «... the deacon enters the Anastasis to light a candle from the lamp which constantly burns there. He then lights the candles of the Holy Father, the concelebrants and the faithful» (in: *Jubilee Pilgrimage of His Holiness Pope John Paul II to the Holy Land. March 20-26 2000*, Typis Vaticanis 2000, 244).

[373] Cfr. paragrafo n° **2.4.2.**

orientali non cattoliche dello stesso luogo[374]. Infatti, se la domenica corrisponde alla *Pasqua settimanale*[375], si può parlare per il luogo della Risurrezione del Signore di *Pasqua quotidiana*[376]. Un gesto celebrato ogni giorno che riprende un segno celebrativo proprio del Sabato santo[377] testimonierà la Risurrezione ai fedeli che partecipano alla processione o che si trovano presenti in quel momento.

Si potranno quindi sostituire i *Pater-Ave-Gloria* della stazione alla Tomba con un lucernario. Un ministro (o un diacono) potrà uscire dalla Tomba assieme al celebrante, portando il cero pasquale (o una semplice candela, qualora gli Orientali protestassero per l'introduzione di un nuovo oggetto liturgico) mentre viene proclamato il Vangelo della Risurrezione. Questo *Lumen Christi* verrà quindi distribuito ad ogni partecipante con il sostegno di un canto adatto: il *Benedicamus Patri*, canto adattato del *Luce gioiosa* (Φως ιλαρὸν) che oggi viene cantato il Sabato santo dopo la terza invocazione del diacono quando si è totalmente compiuta l'accensione delle candele[378]. Trattandosi di un rito che parla da sé, e non di preci in latino che rimangono incomprensibili ai fedeli, la processione potrà diventare segno eloquente

---

374 Così fanno tutte le comunità orientali con la popolare celebrazione del Fuoco santo il giorno del loro Sabato santo.

375 Cfr. *SC*, 125 [n° 102].

Il giorno dell'Epifania, durante l'annuncio delle feste mobili, il Messale romano in lingua italiana recita: «In ogni domenica, Pasqua della settimana, la santa Chiesa rende presente questo grande evento nel quale Cristo ha vinto il peccato e la morte» (in: *Messale romano riformato a norma dei decreti del Concilio ecumenico Vaticano II e promulgato da Papa Paolo VI*, ed. Conferenza Episcopale Italiana, Città del Vaticano 1983, 1047). Questo testo non è presente nell'*editio typica tertia* del Messale romano (cfr. *MR2002*, 1247).

376 Presso i Luoghi santi in ogni momento si celebra ciò che la Chiesa riserva al giorno della festa liturgica corrispondente: si è già riportato, per esempio, che nel 1336 davanti all'Edicola della risurrezione: «Hi omnia principaliter legunt assertive, ut ipso die paschæ diaconus legit evangelium» (in: LUDOLPHUS, *De itinere Terræ Sanctæ liber*, ed. Deycks, 82; cfr. anche *GB* I,4, 30).

377 «Ex antiquissima traditione ista nox est observabilis Domini (*Ex* 12,42), ita ut fideles iuxta monitum Evangelii (*Lc* 12,35-37) lucernas ardentes in manibus gestantes, similes sint hominibus exspectantibus Dominum, quando revertatur, ut, cum venerit, vigilantes eos inveniat et discumbere faciat ad mensam suam» (in: *MR2002*, 337).

Prima di essere riservato alla notte pasquale, il lucernario era difatti quotidiano: il simbolismo espresso dall'accensione di una lampada durante il lucernario quotidiano risulterà poi perfettamente adatto alla santa veglia, ultimo rifugio di questo rito nella Chiesa romana (cfr. A. RENOUX, *Le codex arménien Jérusalem 121* 1. *Introduction aux origines de la liturgie hiérosolymitaine. Lumières nouvelles* (POr 35, 163), Turnhout 1969, 92).

378 Cfr. lo svolgersi della celebrazione della benedizione del fuoco durante la veglia pasquale e i canti che vengono eseguiti in *Sabbato Sancto. Celebratio Resurrectionis Domini in Basilica Resurrectionis Domini Jerosolymis*, ed. Commissio Liturgica Custodiae Terrae Sanctae - Officium Liturgicum, Jerusalem 2001, 3-22.

della Risurrezione e «rinnovare così uno degli antichi riti che tanto richiamavano l'attenzione dei pellegrini del IV secolo»[379].

Nel caso della processione solenne, l'inserzione del lucernario risulta più difficile perché non è opportuno girare attorno all'edicola con la candela spenta. Si potrebbe pensare a riaccendere le candele mentre si passa davanti alle porte della Tomba, dalle candele che preventivamente due ministri avranno acceso dentro la Tomba, e che ora, in posizione adatta a lasciar scorrere la processione, comunicano ai partecipanti alla processione[380] che sono disposti su due file.

4. Essendo gli altri *Pater-Ave-Gloria* tutti aboliti (salvo quello davanti all'altare greco che commemora la morte di Cristo in Croce, per poter lucrare l'indulgenza legata alla processione), si suggerisce di prolungare ogni inno cantato di alcune strofe, per il tempo corrispondente a quello del *Pater-Ave-Gloria* soppresso.

5. Le otto prime stazioni fino alla salita al Calvario, quando la processione è celebrata nella sua forma semplice, possono risultare monotone a causa del ritmo costante dovuto alla recita in *recto tono*. Bisognerebbe introdurre delle acclamazioni da parte dei partecipanti per migliorarne sia l'estetica che la partecipazione. Si è visto[381] che durante il primo periodo i pellegrini si spostavano tra due stazioni accompagnati dal canto di un salmo o dalle litanie. Se i *Pater-Ave-Gloria* corrispondono ora al momento di maggiore partecipazione dei fedeli[382] (che spesso rimangono muti durante gli inni che essi non conoscono, preferendo leggere le traduzioni nella propria lingua) bisognerebbe sostituirli con altro, permettendo che risuonino le voci dei fedeli stessi[383]. I salmi sarebbero da escludere, perché in nessuna lingua potrebbero essere cantati da tutta l'assemblea. Si potrebbero introdurre, durante lo spostamento[384], o le litanie cantate o ancor meglio un ritornello facile, che risponde all'invocazione del cantore. Difatti il liturgista gesuita francese GÉLINEAU scriveva: « L'acclamation reste la forme première et spontanée du chant de procession. La litanie en est une application normale et presque connaturelle »[385].

---

[379] Si tratta della presentazione di P. MARINI, cerimoniere delle celebrazioni pontificie, pubblicata in *Jubilee Pilgrimage of His Holiness Pope John Paul II to the Holy Land*, 23.

[380] Si sarebbe anche potuto procedere al rito della luce durante il solenne ufficio notturno, prima della lettura del Vangelo della Risurrezione (cfr. n° **2.6.2.1.**).

[381] Cfr. n° **2.3.3. §3.**

[382] Questa partecipazione non deve mai venire meno: cfr. *SC*, 102-108 [n° 11.14.30].

[383] Cfr. *SC*, 129 [n° 118].

[384] Durante la processione solenne, si conserverebbe la prassi di spostarsi al canto dell'inno, magari allungato, il tempo di un *Pater-Ave-Gloria* recitato.

[385] J. GELINEAU, « Les chants de procession », *La Maison-Dieu* 43 (1955) 86.

6. La prassi attuale è di stare fermi durante i *Pater-Ave-Gloria* e di spostarsi mentre si recita l'inno. Sarebbe molto meglio spostarsi durante la litania/ritornello e, arrivati alla stazione seguente recitare l'inno. È più facile per tutti recitarlo o seguirne la traduzione stando fermi.

7. Per le stazioni cantate, la processione inizierebbe a muoversi con il canto della prima strofa dell'inno. Così che in ogni caso lo spostamento avverrebbe *cum cantu*.

8. Al termine della processione, nella cappella dei frati, iniziano varie devozioni tipicamente francescane[386]: è necessario integrare lo svolgersi di questo rito con la processione, per non accostare due celebrazioni che non hanno relazione fra loro. La prassi attuale di esporre il santissimo Sacramento andrà mantenuta e incorporata in una stazione che commemora le apparizioni di Cristo dopo la sua risurrezione. Finita la processione, dunque, i pellegrini saranno sì invitati a riconoscere la presenza del Risorto, ma in modo da vivere assieme a lui anche al ritorno nel loro proprio paese e nella propria comunità ecclesiale. Questa quindicesima stazione aiuterà i fedeli a comprendere che il Signore, che hanno seguito nel mistero della sua morte e risurrezione e che ora si manifesta sotto le specie eucaristiche, è quello stesso che li chiama ad una vita di più intima unione con sé, non solo mentre partecipano a questo sacro rito, ma in ogni aspetto della loro vita. Gesù si manifesta a sua Madre, alla Maddalena, agli apostoli, come si manifesta ora al credente che lo cerca con cuore puro.

9. Infine, la grafia dell'odierno processionale del 1947 non corrisponde più né ai canoni tipografici né alle necessità odierne:

- Se non si è più capaci di cantare un inno senza che un neuma sia scritto per ogni sillaba, in un libro nuovo va dedicata una parte specifica alla processione solenne in cui i primi inni siano musicati per intero e i tre cantati in modo polifonico siano scritti con il pentagramma.
- Si dovrà menzionare, accanto al titolo degli inni, il loro autore e la data di composizione (qualora fossero conosciuti).
- In questa funzione è sempre stata data la massima importanza alla Sacra Scrittura[387] senza però che appaia esplicitamente nel testo alcun riferimento biblico. Devono figurare questi riferimenti per le letture brevi,

---

[386] Questo contraddice le recenti prescrizioni della Chiesa, dove si afferma che, davanti al santissimo Sacramento esposto, non si devono compiere pratiche devozionali in onore della Vergine Maria o dei Santi (cfr. CONGREGAZIONE PER IL CULTO DIVINO E LA DISCIPLINA DEI SACRAMENTI, *Direttorio su pietà popolare e liturgia. Principi e orientamenti* 165, Città del Vaticano 2002, 138-139).

[387] Questo è in conformità con *SC*, 106-107 [n° 24].

che dovranno tutte essere direttamente tratte dalla Bibbia (qualora fosse presente un'antifona non biblica, verrà sostituita).

- Si potrà aggiungere per ogni stazione (dopo il titolo e prima dell'inno) una breve introduzione al mistero ivi celebrato, usando in primo luogo le eventuali antifone rimosse, oppure alcuni brani dell'eucologia latina (in modo particolare alcuni versetti degli improperi o delle varie sequenze).
- Lo stile delle illustrazioni va cambiato.
- La grafia del latino (dittongo *Æ* scritta ***AE***, lettera ***I*** a volta scritta ***J***, ...) è superata e va aggiornata.

10. Il museo dello *Studium Biblicum Franciscanum* possiede alcuni codici liturgici latini antichi, tra cui un innario della seconda meta del secolo XVII contenente varie ricchissime lettere iniziali miniate[388]. Si potrà ripristinare l'uso di alcune di queste lettere e inserirle nel nuovo processionale.

---

[388] Cfr. BUX, *Codici liturgici latini di Terra Santa*, 100. Tra i carmi elencati nell'innario n° 13 contenuto nel detto archivio non figurano gli inni dell'OBICINI.

PARTE SECONDA

STUDIO
DELLE SINGOLE STAZIONI

Nella seconda parte di questa tesi, vengono esaminate una ad una le singole stazioni della processione. Se la prima parte presentava la processione in una prospettiva storica seguendo l'ordine cronologico dei fatti, in questa seconda parte si partirà sempre dalla situazione celebrativa ed eucologica attuale presentando, risalendo indietro nel tempo, i testi dei periodi anteriori. La suddivisione dei singoli capitoli legati ad una determinata stazione seguirà lo schema che segue.

1. Dopo la presentazione della stazione e della ritualità che vi si svolge, vengono citati tutti i testi eucologici attuali nella stesura del processionale del 1925 (identica alla sua ristampa nel processionale del 1947). I testi della processione che hanno per fonti altri testi della liturgia romana verranno mostrati in sinossi con essi: si tratta del *Breviarium* di URBANO VIII (1632) per gli inni; gli altri testi vengono confrontati con il *Breviarium* di San PIO V (1568).

2. L'eucologia relativa al terzo periodo verrà poi presentata nella primitiva lezione, che assumeva nel processionale dell'OBICINI (1623), indicando magari i lievi cambiamenti portati nei tre secoli del terzo periodo. Una delle caratteristiche della riforma dell'OBICINI è di aver preso come modello i testi della liturgia romana contemporanea adattandola al luogo della celebrazione. Perciò questi testi liturgici della processione saranno presentati in modo sinottico con il testo della liturgia romana meglio indicato, ossia il testo originario dell'autore (con in nota le lievi differenze contenute nel *Breviarium Romanum* di CLEMENTE VIII del 1602) per gli inni liturgici. Qualora il testo gerosolimitano fosse originale, verrà presentato da solo.

Lo scopo di questo metodo è di rilevare le caratteristiche gerosolimitane inserite all'interno del testo eucologico.

In seguito, i testi odierni (e in modo particolare gli inni) saranno studiati con cura, al fine di conoscere il loro contenuto, la loro storia all'interno della liturgia latina e magari le loro imperfezioni dopo la riforma del Concilio Vaticano II.

3. Come già detto, durante il breve secondo periodo, gli inni di ogni stazione differivano del tutto da quelli dei periodi precedenti. Questi inni verranno solamente presentati in nota a piè di pagina, in modo che il lettore possa conoscere un testo che appartiene al patrimonio francescano della Città santa e possa inoltre vedere in quale misura il carme abbia potuto influenzare i poeti successivi nella redazione dei nuovi testi. Per non esporre diverse versioni quasi identiche dello stesso inno, la versione che verrà presentata sarà quella del diario dello ZUALLARDO (1586) perché, benché non sia conforme alla lezione primitiva per motivo di successive correzioni[389], corrisponde a quella che diventerà più stabile e meglio conosciuta. Per quanto riguarda gli altri testi eucologici, verranno presentati in nota a piè di pagina solamente qualora differissero da quelli già presentati.

4. Infine, le fonti eucologiche del primo periodo non sono purtroppo univoche: infatti, è solo con l'invenzione della stampa che il testo trova una forma più stabile. Si può notare che il testo abbia conosciuto un certo sviluppo (cambiamenti e modifiche) durante questi secoli; è tuttavia anche possibile che i vari pellegrini abbiano commesso alcuni sbagli ricopiando nel proprio diario il testo eucologico. Perciò queste preghiere verranno presentate nelle note a piè di pagina solamente qualora differissero dai testi successivi già presentati. In questo caso, verranno sempre riprodotti nella versione trascritta da BERNARDINO DI NALI (1492) perché risale ad un periodo posteriore alla stampa in genere e soprattutto posteriore alla stampa dell'*editio princeps* del Messale romano (1474). Inoltre, trattandosi di un manoscritto originale, non ha subito le tante variazioni dovute alla sua trascrizione. Per una maggiore completezza, verrà anche presentata la citazione di questi testi nei diari di MARIANO da Siena, di BERNARDINO DI NALI e nel *Liber de perenni cultu* di BONIFACIO. Anche se questo elaborato vuole prevalentemente studiare l'odierna funzione, appare importante poter realizzare in quale rapporto sono i testi attuali con quelli primitivi; inoltre, anche i testi dimenticati da vari secoli meritano di essere portati alla conoscenza di chi si interessa alla liturgia gerosolimitana. Questo è il motivo per cui vengono presentate le differenti versioni dell'eucologia della processione.

---

[389] Cfr. n° **2.4.3.2.**

4. I. AD ALTARE SANCTISSIMI SACRAMENTI

4.1. *Introduzione*: descrizione della stazione

Oggi questa cappella è di proprietà dei francescani, e ha la particolarità di essere, nello stesso tempo, nella basilica e fuori della stessa, dato che possiede un portale che si può chiudere e, a porta chiusa, sia i frati che i pellegrini possono celebrare la Messa e ogni altra azione liturgica. Tuttavia, la porta della cappella non si può chiudere arbitrariamente, ma deve restare aperta quando le altre comunità orientali devono incensare la *Colonna della Flagellazione* secondo le modalità previste dallo *Statu quo*. È al fondo di questa cappella che si trova il coro nel quale la comunità francescana celebra la *Liturgia Horarum* quotidiana[390]. Fu costruita dall'imperatore COSTANTINO MONOMACO (1042-1048)[391] e sopra di essa sta il piccolo convento dei frati minori. In questo luogo, nel IV secolo durante l'epoca bizantina, c'era un cortile aperto tra la basilica e il *Patriarchio*, cioè il luogo della residenza del vescovo di Gerusalemme. Si vedono ancora alcune vestigia delle scale da cui doveva scendere il vescovo CIRILLO quando veniva a presiedere le funzioni, come annotò la pellegrina EGERIA[392] nel suo itinerario (384).

La processione inizia e finisce nella cappella latina del *santissimo Sacramento* (cfr. mappa[393] al numero 33). In questo luogo si fa oggi memoria dell'apparizione di Gesù risorto a Maria, sua Madre e viene anche custodita la *Colonna della Flagellazione*, oggetto della venerazione della seconda stazione della processione. Secondo antiche testimonianze, in questo luogo sono anche stati ricordati altri episodi legati alla storia della Chiesa nascente di Gerusalemme. Infatti a questo riguardo nella testimonianza di MARIANO da Siena (1431) si legge:

> «A mezzo la Chiesa è la cappella della Vergine Maria, la quale è fuore delle mura della Chiesa, ma è attaccata colle mura della Chiesa. Non ha altra entrata, che per la Chiesa, et ha attaccato a se una bella stansetta pe' Frati Minori. Questa Cappella soleva essare una strada, e secondo San Geronimo el dì della santa Resurrezione el glorioso Iesu resuscitato apparve prima, che a nessuno, alla sua dilettissima Madre in questa via. *Sette Anni e sette Quarantene*. E quando Santa

---

390 Quando recitano l'*Ufficio divino*, hanno il diritto e il dovere di lasciare le porte aperte perché il loro salmodiare si senta in basilica.

391 Cfr. n° **1.2. §3.**

392 Cfr. *IE*, 242 [n° 24,9].

393 La mappa di riferimento, d'ora in poi, sarà sempre quella riportata al n° **1** dell'appendice.

Elena ebbe trovato le tre Croci, e non sapendo quale fusse quella di Iesu, passando uno morto per questa via, fece porre quelle Croci addosso a quello morto: quando venne a quella di Iesu, di subbito resuscitò el morto, e così la cognubero. *Sette Anni, e sette Quarantene*. In questa Cappella sono due Altari, el maggiore è della Vergine Maria; el altro ste un longo tempo la metà della Santa Croce, che quando Santa Elena la ritrovò, la fece segare per mezzo e la metà ne lassò in questo luogo, e l'altra metà ne portò secco. *Sette Anni, e sette Quarantene*. Dall'altro lato dell'Altare maggiore si è una finestra murata intorno dinansi una gratta di correnti; dentro v'è circa un braccio di colonna di pietra grossa, e di colore come quella, ch'è alle scalelle del Duomo di Siena; alla qual colonna fu flagellato, battuto, e schernito la salute del mondo Cristo Iesu. *Sette Anni, e Sette Quarantene*»[394].

Si ricorda che al tempo di F. FABRI (1480), il luogo della ricognizione della santa Croce e quello dove erano queste reliquie, erano l'oggetto di due stazioni della processione, ma per breve tempo solamente[395]. Queste reliquie furono poi derubate dagli Armeni dopo l'arrivo dei Turchi[396]. Nel 1555 fra BONIFACIO da Ragusa

> «eresse [...] nella nostra cappella dell'Apparizione [...] due altari, uno alla destra, et alla sinistra l'altro, dell'altar maggiore. Nel primo [...] vi collocò [...] quel prezioso legno della Croce, che si ricuperò dall'Armenia. Nel 2° vi pose nel mezzo un grosso pezzo della *colonna della Flagellazione* del nostro Redentore, alla cui destra collocò un pezzo della *colonna dell'opprobrij*»[397].

Dopo gli ultimi restauri degli anni '80, questi due altari laterali sono stati tolti e il tabernacolo si trova ora nell'asse della cappella, dietro l'altare rivolto *versus populum*. La *Colonna della Flagellazione* si trova alla destra dell'altare, tra la porta e l'altare. Essa è incastrata a 170 cm. di altezza, dentro una cavità del muro.

Rito. Terminata Compieta, stando il popolo congregato fuori della *Cappella dell'Apparizione* e i frati in due file sotto gli *Archi della Vergine*, inizia la processione dopo che uno dei tre sacrestani latini ha previamente acceso le candele dell'altare del santissimo Sacramento. L'ebdomadario, in cotta e stola, con i due sacerdoti che lo assistono rivestiti con la cotta, va all'altare del santissimo Sacramento fermandosi ai piedi del gradino, dove, fatta la genuflessione, e restando al suo posto amministrerà l'incenso secondo il solito uso[398]. Preso il turibolo e fatta la

---

394 *ITS1431*, 71-73.

395 Cfr. n° **2.3.3.1. §2.**

396 Cfr. *ITS1567*, 162.

397 VERNIERO, *Croniche ovvero annali* 5,3,2, in *GB* II,6, 175.

398 Mentre il sacerdote amministra l'incenso depone il suo processionale sull'altare che verrà incensato. Questo avviene ogni volta che si incensa un altare latino. Oppure porgerà il

genuflessione intonerà a voce alta l'antifona *O Sacrum Convivium* e subito incenserà il santissimo Sacramento *triplici ductu cum duplici ictu* (cioè alza il braccio col turibolo tre volte e ad ogni alzata del braccio spinge il turibolo in avanti due volte). Ciò fatto e ripetuta la genuflessione, reciterà la colletta stando in piedi[399]. Si noti infine che questa prima stazione ha la particolarità di iniziare direttamente dall'antifona eucaristica (non tratta dalla Sacra Scrittura) seguita dall'*oremus*, ed è l'unica stazione che non possiede l'inno.

4.2. *Antifona*: O Sacrum convivium

La processione inizia quindi con la seguente antifona[400] recitata da tutti, ma intonata ad alta voce dal solo celebrante.

> O Sacrum convívium, * in quo Christus súmitur: recólitur memória passiónis ejus: mens implétur grátia, et futúræ glóriæ nobis pignus datur (*T.P.* Allelúja).
> ℣. Panem de cælo præstitisti eis (*T.P.* Allelúja).
> ℟. Omne delectamentum in se habentem (*T.P.* Allelúja).

Lo stesso testo veniva già recitato con la riforma dell'OBICINI[401], testo che non fu mai cambiato lungo l'intero terzo periodo[402].

Composta da san TOMMASO per l'Ufficio del *Corpus Christi* (antifona al *Magnificat* dei secondi Vespri)[403], quest'antifona, pur conservando lungo i secoli[404] fino ad oggi[405] la sua funzione originaria, viene adottata dalla liturgia attuale quando si porta ai malati l'Eucaristia fuori della Messa (in questo caso, giunti presso la perso-

---

suo libretto al turiferario scambiandolo con la navicella: lo *Statu quo* non permette che si deponga un oggetto su un altare che non sia il proprio.

399 Cfr. *3SSQ*, 88-90.

400 *PrSS1925*, 15; *PrSS1947*, 15.

Ogni lezione riportata all'interno di questo studio verrà sempre riportata con la grafia e gli accenti tonici in corrispondenza a quelli presenti del testo stampato citato; solamente le abbreviazioni verranno legittimamente sciolte.

401 *PrSS1623*, 8.

402 Cfr. *PrSS1670*, 31; *PrSS1752*, 7; *PrSS1786*, 7; *PrSS1796*, 7; *PrSS1855*, 5; *PrSS1862*, 7; *PrSS1866*, 7; *PrSS1877*, 5-6; *PrSS1896*, 9; *PrSS1900*, 11. Si ricorda che, durante il secondo periodo, questa stazione non si faceva, dato che si iniziava subito con la sosta davanti alla *Colonna della Flagellazione*. La stessa osservazione vale anche per la colletta presentata nel paragrafo seguente.

403 Cfr. *CRS*, 388.

404 Cfr. *BR1568*, 489-490 [n° 3166].

405 Cfr. *LH* III, 542.

na che si comunicherà, il ministro e il fedele adorano il Corpo del Signore con la detta preghiera)[406]. Viene assunta da tutti i processionali gerosolimitani del quarto periodo, insieme all'uso di iniziare la funzione con la venerazione del santissimo Sacramento[407]. Nella *Liturgia Horarum* il versetto vale come responsorio alla lettura breve dell'Ufficio di Sesta[408].

4.3. *Orazione*: Deus qui nobis sub Sacramento

Segue il testo della colletta[409] recitata dal sacerdote in piedi davanti al tabernacolo.

> Deus, qui nobis sub Sacraménto mirábili passiónis tuæ memóriam reliquísti: tríbue, quǽsumus, ita nos Córporis et Sánguinis tui sacra mystéria venerári, ut redemptiónis tuæ fructum in nobis júgiter sentiámus: Qui vivis et regnas in sǽcula sæculórum. ℟. Amen.

Come per la precedente antifona, il testo di questa colletta risultava già uguale con la riforma del 1623[410] e rimarrà invariato durante l'interno terzo periodo[411].

Spesso non si conosce l'autore dei testi eucologici della liturgia, ma in questo caso si sa che questa colletta, come del resto l'intero formulario della festa del *Corpus Christi*, è stata composta da san TOMMASO D'Aquino[412].

Inventariata dalle concordanze del BRUYLANTS[413], la colletta è sconosciuta a quelle del DESHUSSES perché è di redazione medievale e quindi non è contenuta negli antichi Sacramentari. Il testo dell'orazione non ha subito nessuna modifica: presente nel formulario della Messa del *Corpus Christi* nell'*editio princeps* del

---

406 Cfr. *RR.SC1973*, 29.63.

407 Infatti le processioni riformate nel ventesimo secolo, ossia quelle di Betlemme (cfr. *PrB1926*, 16), di Ain-Karem (cfr. *PrAK1926*, 19), di Nazareth (cfr. *PrN1930*, 20), di San Salvatore (cfr. *PrSal1930*, 113) e del Monte Thabor (cfr. *PrTh1933*, 3), iniziano tutte davanti al santissimo Sacramento. Già con la riforma dell'OBICINI (1623), anche le due processioni di Betlemme (cfr. *PrB1623*, 5) e del Sepolcro (cfr. *PrSS1623*, 8) iniziavano in questo modo.

408 Cfr. *LH* III, 538.

409 *PrSS1925*, 15; *PrSS1947*, 15.

410 *PrSS1623*, 8.

411 Cfr. *PrSS1670*, 31-32; *PrSS1752*, 7-8; *PrSS1786*, 8; *PrSS1796*, 7-8; *PrSS1855*, 5-6; *PrSS1862*, 7; *PrSS1866*, 7-8; *PrSS1877*, 6; *PrSS1896*, 10; *PrSS1900*, 12.

412 Cfr. I. SCHUSTER, *Liber Sacramentorum* 1. *Il regno messianico*, ed. C. d'Amato, Casale 1963, 500-502.

413 Cfr. *OrMR*, 107 [n° 393].

1474[414] e nel Messale tridentino[415] (nonché nelle sue edizioni successive), questa preghiera si ritrova nella liturgia odierna[416] della stessa ricorrenza. Inoltre, sin dal 1570[417] viene anche a fare parte della messa votiva "*Feria* V. *Missa Sanctissimo Eucharistiæ Sacramento*". La proclama attualmente il sacerdote prima di impartire la benedizione con il santissimo Sacramento[418].

4.4. Interpretazione sintetica

La riforma del 1623 introdusse questa stazione in modo da permettere una venerazione dell'Eucaristia presente nel tabernacolo. Tale inizio coincide con il principio di tutte le processioni riformate dall'OBICINI. Di conseguenza il significato di questa prima stazione corrisponde ad una semplice introduzione del programma rituale, e non viene perciò pienamente integrato alla mimesi del mistero pasquale che sarà vissuta nelle stazioni seguenti. Tutta l'eucologia della stazione si concentra in una venerazione eucaristica senza che sia fatto un qualsiasi accenno all'Ultima Cena che precedette la Passione del Signore. Sarebbe invece molto significativo porre il ricordo dell'Eucaristia come punto di partenza e di arrivo della processione, ancorando così il *devoto ricordo* al *memoriale* per eccellenza[419].

4.5. Suggerimenti per cambiamenti

Si è già visto nella parte dedicata alla storia di questa processione che essa da sempre è circolare, vale a dire che inizia nel punto in cui finisce. Riprendendo l'idea guida di padre Sabino DE SANDOLI OFM[420], si può affermare che partendo dalla *Cappella del Santissimo*, è come seguire Gesù che esce dal Cenacolo dopo l'istituzione dell'Eucaristia e, dopo essere passato nei luoghi dove patì, morì e risuscitò, ritorna nello stesso Cenacolo dove appare ai suoi discepoli, essendo sua Madre la prima di essi. Già notava F. QUARESMI OFM (metà del secolo XVII) scrivendo:

---

414 Cfr. *MR1474*, 215 [n° 1326].

415 Cfr. *MR1570*, 399 [n° 1884].

416 Cfr. *MR1970*, 376.

417 Cfr. *MR1570*, 615 [n° 3866]; *MR1970*, 832.

418 *RR.SC1973*, 42.

419 Cfr. A. MULÉ STAGNO, «La processione pomeridiana al santo Sepolcro. Considerazione teologico-liturgiche», in *Ecce ascendimus Jerosolymam (Lc 18,31). Miscellanea di studi offerti per il 75° dello Studentato Teologico Salesiano in Terra Santa e il Centenario dell'Ispettoria salesiana del Medio Oriente* (Biblioteca di scienze religiose 184), ed. F. Mosetto, Roma 2003, 273.

420 Cfr. *Novus Ordo Processionis Quotidianae in basilica S. Sepulcri peragendae*, 1.

«et magno quidem cum consilio tale exordium sanxerunt in ea processione Patres nostri... ut quae gessit Christus, antequam amaram illam faceret processionem a Sion monte usque ad Calvarium, eadem primo velut in figura et typo oculis mentis nostrae repraesentarent»[421].

Da queste considerazioni e da quanto detto nel capitolo precedente, risulta opportuno integrare questa prima stazione in modo che ricordi la Cena di Gesù con i suoi discepoli sul Monte Sion.

4.5.1. Presentazione

Il tono della stazione andrà subito dato con il ripristino dell'antifona tradizionale: «O sacrum convivium, in quo Christus sumitur, recolitur memoria passionis eius: mens impletur gratia, et futuræ gloriæ nobis pignus datur. Alleluia»[422] che veniva finora proclamata all'inizio della sacra funzione. Quest'antifona introduce al dono dell'Eucaristia che ci fece il Signore nel santo Cenacolo. Il titolo della stazione verrà mutato da *I. Ad Altare Sanctissimi Sacramenti* in *I. Ad institutionem Sanctissimæ Eucharistiæ commemorandam*.

4.5.2. Inno

Tradizionalmente questa prima stazione non include l'inno. Se tuttavia si intende iniziare la commemorazione della Morte e Risurrezione del Signore dall'Ultima Cena consumata sul Monte Sion, appare necessario che essa abbia una struttura omogenea alle altre.

Si canteranno quindi due strofe del celebre inno del *Corpus Domini*[423], il *Pange lingua* di san TOMMASO - (più precisamente la strofa *In supremæ noctæ Cœnæ* con la dossologia dell'inno) come era usanza per l'antica processione che si faceva al santuario del Monte Sion (e di San Salvatore poi) - durante la stazione davanti all'altare commemorativo dell'Ultima Cena[424]. Il testo appartiene al tesoro eucologico latino ed è tanto conosciuto da costituire un mezzo sicuro per condurre spiritualmente presso il Cenacolo coloro che partecipano alla processione.

---

421 QUARESMIUS, *Elucidatio Terrae Sanctae* 5,1,11, 236.

422 *LH* III, 524.

423 Per il Vespro del Giovedì santo vengono cantate alcune strofe del celebre *Adoro te devote* (cfr. *LH* II, 372) che sono più focalizzate sul mistero eucaristico che non sull'Ultima Cena.

424 Cfr. *ITS1492*, 219 per il primo periodo (le cui testimonianze iniziano con BERNARDINO, perché al tempo di MARIANO non c'era ancora l'inno e la stazione iniziava subito con l'antifona *O sacrum convivium*); *ITS1586*, 319 per il secondo; *PrSal1623*, 4-5 per il terzo e infine *PrSal1930*, 111-113 per l'attuale. Per i due primi periodi, si cantava tutto il *Pange lingua*.

Le strofe verranno recitate per la processione quotidiana e cantate con musica polifonica per quella solenne. In quest'ultimo caso si userà la melodia composta da Augustino FRAPICCINI OFM e dedicata a Ladislao MAYE OFM, † 1933, vicario custodiale. Questa stessa musica viene suonata durante la processione eucaristica del *Corpus Domini* mentre si fanno i tre giri attorno all'edicola; si approfitterà inoltre del sostegno dell'organo presente all'inizio della funzione.

1. In suprémæ nocte cenæ
recúmbens cum frátribus,
observáta lege plene
cibis in legálibus,
cibum turbæ duodénæ
se dat suis mánibus.

2. Genitóri, Genitóque
laus et iubilátio,
salus, honor, virtus quoque
sit et benedíctio;
procedénti ab utróque
compar sit laudátio. Amen.

4.5.3. Lettura breve

Ugualmente, per omogeneità tra le varie stazioni, andrà inserita una lettura breve, presa dalla sacra Scrittura, inerente al mistero celebrato. Si propone il brano *Mt* 26,26-28 (tolta la parola *autem*) mantenendo il responsorio tuttora in uso. Durante tutto il tempo pasquale, si manterrà l'usanza di aggiungere l'*alleluia* a conclusione del versetto del responsorio.

Lectio brevis *Mt* 26,26-28

Cenántibus eis, accépit Iesus panem et benedíxit ac fregit dedítque discípulis et ait: "Accípite, comédite: hoc est corpus meum". Et accípiens cálicem, grátias egit et dedit illis dicens: "Bíbite ex hoc omnes: hic est enim sanguis meus novi testaménti, qui pro multis effúnditur in remissiónem peccatórum".

℣. Panem de cælo præstitísti eis. (*T.P.* Allelúia.)
℟. Omne delectaméntum in se habéntem. (*T.P.* Allelúia.)

4.5.4. Orazione

Nella liturgia latina, nessuna orazione si addice perfettamente all'istituzione dell'Eucaristia nel Cenacolo, neppure la preghiera conclusiva del Vespro del Giovedì santo[425]. Tuttavia, la colletta ora in vigore, pur essendo soprattutto un trattato eucaristico, risulta maggiormente conveniente. Difatti, secondo le testimonianze eucologiche di ogni periodo, anche l'antica processione del Monte Sion concludeva

[425] Cfr. *LH* II, 374.

5. II. Ad Columnam Dominicæ Flagellationis

5.1. *Introduzione*: descrizione della stazione

Come la precedente, questa stazione ha luogo nella *Cappella del Santissimo*. La *Colonna della Flagellazione* (cfr. il numero 7 della mappa) ha una lunga storia: viene custodita nella basilica del Santo Sepolcro solamente dal periodo che seguì le Crociate. Secondo costanti testimonianze, prima di essere collocata in questo luogo, durante tutto il periodo bizantino era situata nel santo Cenacolo. In effetti la pellegrina EGERIA (384) riporta nel suo diario: «Post hoc ergo missa facta de Cruce, id est antequam sol procedat, statim unusquisque animosi vadent in Syon orare ad columnam illam, ad quem flagellatus est Dominus»[428]. Dopo la pellegrina spagnola, san GIROLAMO[429] (385-420), TEODOSIO[430] (530), l'ANONIMO di Piacenza[431] (570), san BEDA il Venerabile[432] (673), il monaco EPIFANIO[433] (secolo IX) testimoniano ancora la sua presenza in quel luogo. Oltre alla colonna, durante l'epoca bizantina si trovavano presso il santo Cenacolo altre reliquie legate alla passione del Signore.

Questa colonna di porfido è oggi un resto, frammentato: venne prima trasportata tutta intera dal Pretorio fino al Monte Sion quale elemento di sostegno del portico della primitiva chiesa. Quando, nel 1187, SALADINO riprese ai crociati la Città santa, la *Haghia Sion* passò ai Siriani, tributari dei Saraceni. All'inizio del secolo XIV la basilica andò in rovina e la colonna fu frantumata[434]. La presenza della colonna nella basilica del Santo Sepolcro viene già attestata nel 1102-1103[435] durante

---

428 *IE*, 284 [n° 37,1].

429 Cfr. HIERONYMUS, *Epitaphium Sanctae Paulae* 108,9, in *Epistulae. Pars II*, ed. I. Hilberg (CSEL 55), Wien 1996, 315.

430 Cfr. THEODOSIUS, *De situ Terrae Sanctae*, in *Itinera Hierosolymitana saeculi III-VIII*, ed. P. Geyer (CSEL 39), Wien 1898, 141.

431 Cfr. *Antonini Placentini itinerarium* 22, ed. P. Geyer, in *Itineraria et alia geographica* (CCL 175), Turnhout 1965, 140.

432 Cfr. BEDA, *Liber de locis sanctis*, in *Itineraria Hierosolymitana saeculi III-VIII*, ed. P. Geyer (CSEL 39), Wien 1898, 306.

433 Cfr. EPIPHANIUS MONACHUS, *S. Helenae et Constantini Vita saec. X*, in *Enchiridion locorum sanctorum. Documenta S. Evangelii loca respicientia*, ed. D. Baldi, Jerusalem 1955, 495-496.

434 Cfr. *ITS1480*, 287.

435 «Inferius vero, non longe a carcere, columpna marmorea conspicitur, ad quam Iesum Christus dominus noster in pretorio ligatus flagris affligebatur durissimis» (in: SAEWULF, *Peregrinatio*, ed. R. B. C. Huygens (CCM 139), Turnhout 1994, 65).

il periodo crociato e nel 1336[436] quando i frati di san Francesco erano già presenti nell'edificio. Il FABRI (1480-1483) testimonia che una parte fu collocata a Roma nella basilica di santa Prassede[437] (vicino a Santa Maria Maggiore), una parte venne portata in Francia, a Lione, nella chiesa di Ircano il Giusto, e l'ultima parte si trova oggi nel Santo Sepolcro; riporta infine che molti frammenti più piccoli sono stati sparsi qua e là. La colonna che viene oggi venerata nel Santo Sepolcro (75 centimetri di altezza e 30 centimetri di diametro) è di colore purpureo: GIROLAMO e BEDA il Venerabile lo attribuiscono all'essere stata macchiata dal sangue di Nostro Signore. Durante il periodo qui chiamato *albori*[438], il PELLEGRINO INGLESE (1345) riporta:

> «Redivimus in chorum, sequentes ductores nostros ad partem chori borealem: et ibi in quadam cappella est locus ubi Christum incarceraverunt. Est ibi et pars columpne cum ligabatur ad flagellandum. Unde cantat ecclesia: *Circumdederunt me viri mendaces, sine causa flagellis ceciderunt me*[439]»[440].

Rito. La *Colonna della Flagellazione* si trova solamente a tre metri dall'altare del santissimo Sacramento: per questo popolo e frati non si spostano rispetto alla stazione precedente. Fatta di nuovo la genuflessione davanti al tabernacolo, il celebrante con i due sacerdoti che lo assistono si reca davanti alla colonna e la incensa come si fa per una croce, facendo l'inchino profondo del capo prima e dopo; rimane in piedi durante l'inno e recita l'antifona. Il turiferario, ripreso poi il turibolo, si

---

436 «Item in eadem ecclesia stat pars columnæ, qua flagellatus et ligatus erat Iesus» (in: LUDOLPHUS, *De itinere Terræ Sanctæ liber*, ed. Deycks, 80).

437 La colonna che sin dal 1223 viene venerata nella basilica di Santa Prassede, non si presenta come un frammento ma come una reliquia completa. Inoltre è, per tipo pietra e forma, del tutto differente da quella custodita nella cappella del Santo Sepolcro.

438 Si ricorda che in questo periodo il senso della processione era opposto a quello odierno e quindi la venerazione della colonna si compiva alla fine della funzione. Non è chiaro in quale zona della basilica fosse ubicata in quel tempo: pare che si trovasse nel *Carcere di Cristo*.

439 Il canto corrispondeva, nel *Breviarium* tridentino, al responsorio alla terza lezione *in feria IV maioris Hebdomadæ* (cfr. *BR1568*, 375 [n° 2290]). Si può anche supporre che al tempo del PELLEGRINO INGLESE il responsorio era già collegato con tale feria dell'anno liturgico. Come già detto al paragrafo **1.4. §2**, questa colonna viene solennemente venerata con una peregrinazione al mattino del Mercoledì santo (cfr. capitolo n° **18.**) dopo la quale è lasciata alla venerazione dei fedeli fino alle ore 15. Questa potrebbe essere l'origine della venerazione che le si dedica ancora oggi in questo stesso giorno.

Fino alla riforma del Vaticano II invece, l'altra reliquia di Santa Prassede veniva venerata la seconda domenica di luglio (cfr. Supplemento al Breviario *Congregationis Vallisumbrosae Ordinis S. Benedicti seu Romana*, Tournai 1898, 1.9.10).

440 *Itinerarium cuiusdam Anglici*, 453.

reca subito e da solo al *Carcere di Cristo*. Dopo il versetto letto dai suoi due assistenti, il celebrante recita l'orazione colletta[441].

5.2. *Inno*: Salve Columna nobilis

5.2.1. Paragone dei diversi inni

L'inno[442] che viene quotidianamente recitato davanti alla *Colonna della Flagellazione* del Signore viene riportato come appare (grafia, punteggiatura...) nel processionale.

1. Salve, Colúmna nóbilis,
Christi dolórum cónscia:
Queis fracta virtus dǽmonis,
Exémpta nobis víncula.

2. Cruóre Abélis íllita
Tellus ad astra clámitat:
Clamas, Colúmna, ad sídera
Inúncta Jesu sánguine.

3. Sed illa ad iram víndicem
Clamat sevéri Júdicis:
Iram foves tu Núminis,
Pacémque quæris sóntibus.

4. O perge semper fléctere
Pœnas minántem déxteram:
Quæ sanguis emit prǽmia
Christi fruámur pérpetim.

5. Cæso flagéllis glória,
Jesu, tíbi sit júgiter,
Cum Patre et almo Spíritu,
Nunc et per omne sǽculum. Amen.

L'inno attuale non fu l'unico presente in questa stazione; anzi, esso fu introdotto nel 1924 durante l'ultima riforma. Per una conoscenza degli inni del periodo precedente, si riporta anche il testo dell'inno che fu introdotto dalla riforma di Tommaso OBICINI nel processionale del terzo periodo[443].

1. Trophæa Crucis mystica
Os, lingua, mens hic personent:
Christique sic vestigia
Cor nunc sequatur flebile.

2. Qui gratis Adæ debitum
Laxat rigore sanguinis:
Nostros dolores sustinens,
Ad hanc Columnam cæditur.

3. Vt nulla plagis saucii
Pars, corporis sanctissimi:
Non langueat lethalibus
Sulcis, flagrorum grandibus.

4. Compago laxat artuum
Nexus, dolore nimio:
Et pectus intra liquitur;
Vt sole cera soluitur.

---

441 Cfr. *3SSQ*, 88-90.

442 *PrSS1925*, 16-17; *PrSS1947*,16-17.

443 *PrSS1623*, 9-10.

5. Se dat percutientibus,
Vt flagelletur acriter:
Sic Patris iram leniens,
Dat suis vitæ aditum. Amen.

Questo testo rimase immutato fino alla riforma del 1924[444]. Si nota che l'inno, come tutti gli altri del terzo periodo, ha una punteggiatura che ne rende difficile la comprensione: nelle edizioni posteriori verrà sempre migliorata con i criteri odierni di dividere i periodi e i concetti. Riguardo ai segni tipografici, si può solamente notare che con il susseguirsi delle varie edizioni del processionale essi verranno adattati: gli accenti tonici vengono segnalati, la grafia delle lettere U e V verrà modificata come d'uso corrente.

Non esiste alcun testo che possa essere paragonato con l'altro. Questi tre carmi (incluso l'*Eia frates charissimi* del secondo periodo) sono del tutto differenti e la versione del *Salve Columna nobilis* risulta identica in tutti i libri in cui si trova.

5.2.2. Autore e storia dell'inno

1. L'inno *Salve Columna nobilis* è un inno recente, relativamente ai molti altri che seguiranno. Come si deduce dal capitolo precedente, l'inno è stato introdotto nella processione solamente con la riforma del 1924. È un carme conosciuto allo

---

[444] Cfr. *PrSS1670*, 32; *PrSS1752*, 8-9; *PrSS1786*, 8-9; *PrSS1796*, 8-9; *PrSS1855*, 6-7; *PrSS1862*, 8-9; *PrSS1866*, 10-11; *PrSS1877*, 7-8; *PrSS1896*, 11-12; *PrSS1900*, 13-14. Per una maggiore conoscenza della processione si riporta anche il testo della processione del secondo periodo del 1586 (in: *ITS1586*, 336-337).

1. *Eia frates charissimi, / Christi mortis Mysteria / Canamus, & vestigia / Sequamur corde flebili.*
2. *Qui pœnam primi criminis / Delet vigore sanguinis, / Hunc ad columnam acriter / Cædit Pilatus pessime.*
3. *Cur sic, o crudelissime, / Flagellis eum percutis, / A quo vitam acceperas, / Vitam conaris rapere?*
4. *Cur tu Columna soluere / Tunc noluisti Dominum, / Cum te crudeles milites / Rigassent eius sanguine?*
5. *Cur non fregisti illico, / Tunc te Columna impia, / Dolore Christi nimio, / Flagellis tantis languidi?*
6. *Iam ornans fudit sanguinem / Qui potuit sufficere: / Nam gutta huius sanguinis / Thesaurus fuit omnium.*
7. *Nos ergo, qui diligimus, / Hunc flagellatum Dominum. / Rogamus, vt criminibus / Suis ignoscat meritis.*
8. *Gloria tibi Domine / Pro tanto fuso sanguine, / Et alaparum copia, / Vultui sacro rigida. Amen.*

Si noti infine che il testo di *ITS1583*, 287 e di *ITS1598*, 158-159 è rimasto in sostanza identico a quello precedente (nonostante alcune lievi varianti) e viene registrato in CHEV IV, 117 [n° 37011].

CHEVALIER[445] e quindi non fu composto da un religioso francescano di Terra Santa, visto che già faceva parte del patrimonio della Chiesa universale. Lo Chevalier afferma che appare per la prima vota nella liturgia romana in un *Breviarium Romanum* del 1898[446]. Nel breviario del 1901[447] si trova questo carme con un testo rigorosamente identico a quello dell'odierno processionale, per i primi Vespri della festa della *Sacra Columna Flagellationis D.N.I.C.* che era celebrata in alcuni luoghi[448] la *feria tertia* dopo la domenica di Quinquagesima[449]. Si inserisce anche in un'altra serie di carmi legati alla passione del Signore: nel breviario romano del 1898 due altri carmi iniziavano con il saluto *Salve* rivolto alle cause delle sofferenze di Cristo che la liturgia celebrava in questo giorno: il *Salvete clavi et lancea* (Mattutino della festa *Ss. Lanceæ et Clavorum*) e il *Salvete Christi vulnera* (Lodi della festa *Pretiosissimi Sanguinis D.N.I.C.* e dei Vespri della festa *Columnæ Flagellationis D.N.I.C.*). Con la riforma del *Breviarium Romanum* ad opera di San PIO X (1911) la ricorrenza della sacra Colonna verrà abolita[450] e il *Salve Columna nobilis* non sarà più cantato dalla Chiesa universale.

Tuttavia tredici anni dopo la sua abolizione l'inno era ancora conosciuto da chi scelse l'eucologia rinnovata del nuovo processionale[451]. È difficile dire chi ne sia l'autore, sicuramente un liturgista romano della fine del secolo XIX.

---

445 Cfr. *CHEV* IV, 306 [n° 40620].

446 Non risulta in nessuno dei quattro volumi del *BR1898*.

447 Cfr. *BR1901*, (185). L'inno non era neppure nei *Breviaria Romana* del 1899 e 1900.

448 Questo *BR1901* è diviso in due serie di Santorali: uno che vale per la Chiesa universale (inserito prima del *Commune Sanctorum*) e un altro chiamato *Pro votiva per annum* (dopo lo stesso *Commune*). Si legge «Officia hæc propria Votiva per annum ritu Semiduplice pro singulis hebdomadæ Feriis a Summo Pontefice Leone XIII per decretum *Urbis et Orbis* Sacrorum Rituum Congregationis die 15 Julii 1883 generali Indulto concessa» (in: *BR1901*, (140)). In questa sezione stanno tutte le feste votive di quaresima (*de oratione D.N.I.C. in Monte Oliveti – feria III post dom. Septuag.; de Passione D.N.I.C. – feria III post dom. Sexag.; SS. Spineæ Coronæ D.N.I.C. feria VI post dom. Quinquag.; de Lancea et Clavis D.N.I.C. – feria VI post dom. Quadrag.; de SS. Sindone D.N.I.C. – feria VI post dom II Quadrag.; de SS. Quinque Plagis D.N.I.C. – feria VI post dom. III Quadrag.; de Pretiosissimo Sanguine D.N.I.C. – feria VI post dom. IV Quadrag.*) che tuttora vengono celebrate più o meno negli stessi giorni nei vari santuari dedicati a questi misteri. La festa della *Sacra Columna Flagellationis* sarà un'aggiunta leggermente posteriore alla riforma leonina.

449 Tale feria corrisponde al martedì grasso. Ci si può stupire che una memoria legata alla passione del Signore sia stata inserita in un giorno tradizionalmente festivo.

450 Saranno pure abolite tutte queste altre celebrazioni quaresimali (cfr. *BR1914*).

451 Si noti che questa ricorrenza, e quindi il *Salve Columna nobilis*, era pure abolita per l'Ordine francescano (cfr. *Breviarium Romano-Seraphicum ex decreto S. Concilii Tridentini restitutum S. Pii V Pontificis Maximi jussu editum aliorumque Pontificium cura recognitum Pii Papæ X auctoritate reformatum. Officiis Trium Ordinum S. P. N. Francisci noviter ap-*

2. L'altro inno, *Trophæa Crucis mystica* del periodo precedente, è stato composto in vista della liturgia gerosolimitana. Lo CHEVALIER[452] pretende che l'inno sia apparso con la processione di Betlemme nel 1631[453] e sia stato usato per quella di Gerusalemme solamente nel 1670. Si può dedurre che egli non conoscesse il processionale di Tommaso OBICINI. Questa sua ignoranza si ripresenterà per gli altri inni contemporanei al *Trophæa Crucis mystica*. Questo inno non uscirà mai dalla sfera di queste funzioni gerosolimitane e quindi non sarà mai assunto dalla liturgia romana[454]. Sarà sicuramente stato composto dai padri francescani OBICINI[455] oppure MELCHIORRE da Anversa[456]. Non si ha nessuna notizia sicura della paternità di questo inno e neppure di tutti gli altri composti nello stesso periodo.

Si noti che il giorno della ricorrenza della sacra colonna durante l'ufficio dei monaci benedettini della basilica di santa Prassede non veniva cantato nessuno di questi inni: si cantavano invece il *Salvete Christi vulnera* per le Lodi e il *Quæ corda non emoliant* per i Vespri[457].

5.2.3. Contenuto biblico, teologico, patristico

Composto di cinque strofe questo primo inno si divide nel modo seguente:

---

probatis locupletatum ac Rmi P. Seraphini Cimino Totius Ordinis FF. Minorum Ministri Generalis sollicitudine impressum, Quaracchi 1920, [285])

[452] Cfr. *CHEV* II, 677 [n° 20619].

[453] Sarà senz'altro uno sbaglio del canonico CHEVALIER l'aver attribuito questo carme alla processione di Betlemme. Riferendosi agli inni di Tommaso OBICINI scritti per la processione presso la grotta della Natività, non ne se trova ovviamente nessuno che venga cantato in onore della Passione di Cristo.

[454] Cfr. *CHEV* II, 677 [n° 20619].

[455] Nella prefazione del suo processionale l'OBICINI lascia intravedere che è l'autore dell'eucologia quando scrive: «nunc ad meliorem formam redactas, & iuxta sacrosanctæ Romanæ Ecclesia ritum nuper a me restitutas» in: *PrSS1623*, 3.

[456] È di questo parere FACCHINI che scrisse che il *PrSS1623* era: «... preceduto, a guisa di introduzione da eleganti distici, dovuti alla penna del P. MELCHIORRE da Anversa, segretario di Terra Santa, il quale verosimilmente non sarà estraneo al lavoro di riforma e di riordinamento del processionale, specialmente riguardo alla parte innologica» (in: *FACC*, 20) e aggiunge in nota che MELCHIORRE pubblicò anche nello stesso anno a Venezia gli *Uffici propri* dei Santi della Custodia di Terra Santa.

[457] Cfr. Supplemento al Breviario *Congregationis Vallisumbrosae Ordinis S. Benedicti seu Romana*, 9-10.

1. Introduzione (*strofa 1*)
2. Antitesi (*strofe 2-3*)
2,1-2 terra bagnata con il sangue di Abele
2,3-4 colonna bagnata con il sangue di Gesù
3,1-2 terra che grida vendetta
3,3-4 colonna che porta la salvezza
3. Petizione (*strofa 4*)
4. Dossologia (*strofa 5*)

1. Con le prime parole del carme il poeta si rivolge alla sacra Colonna che viene venerata in questa prima stazione come se fosse una persona. Le quattro prime strofe dell'inno si rivolgono ancora alla colonna in seconda persona: Cristo dovrebbe essere l'unico vero interlocutore del poeta, tuttavia per motivi stilistici di natura retorica, tutto il discorso viene trasferito alla colonna. La presenza del Signore in una colonna ricorda l'esodo di Israele dall'Egitto, quando il Signore camminava alla testa del suo popolo *per diem in columna nubis et per noctem in columna ignis* (*Ex* 13,21)[458] per guidarli sulla via da seguire. Come si vedrà in occasione dello studio degli inni nei capitoli successivi, tale metodo stilistico di trasferimento sarà abbondantemente adoperato in altri carmi della stessa processione e quindi questo primo testo offre una chiave di interpretazione per la giusta comprensione degli altri inni.

La prima di queste stazioni ci porta all'inizio della *Via Dolorosa*, non in modo fisico ma con la mediazione di questa colonna, che accompagna la mente dei credenti al Pretorio. Gli evangelisti non riportano la presenza della colonna al momento della flagellazione del Signore (cfr. *Mt* 27,26; *Mc* 15,15; *Io* 19,1)[459], ma la tradizione letteraria ed iconografica ha ben accolto l'esistenza di questo elemento. Quando Gesù viene deriso davanti ai suoi giudici, è presentato da san Giovanni come il Signore, il re. Anche la colonna viene esaltata all'inizio del carme: il *Salve Columna nobilis* che apre il canto[460] ricorda l'altro saluto solenne: *ave, rex Iudæorum* (*Mt* 27,29; *Mc* 15,18; *Io* 19,3) che contiene questa verità pronunciata in modo inconsapevole dai soldati romani che deridono Gesù. Si tratta di un re le cui terre si estendono a tutto l'universo, *beata terra, cuius rex nobilis est* (*Qo* 10,17), re che

---

[458] Questa citazione biblica come tutte quelle altre che seguiranno (se non esplicitamente detto il contrario), proviene dalla versione Sisto Clementina (1592) della Bibbia tridentina. La scelta si è resa necesaria perché tutti gli inni e i testi del terzo e quarto periodo sono stati composti o riformati quando era in uso questa versione della Sacra Scrittura.

[459] L'evangelista Luca non parla della flagellazione di Gesù, ma del proposito di Pilato di farlo severamente castigare (cfr. *Lc* 23,16).

[460] Ciò che si dice ora per questo carme vale anche per tutti gli altri in onore degli elementi legati alla passione del Signore di cui si parla al n° **5.2.2. §1.**

mentre viene flagellato si prepara ad intraprendere il suo cammino verso la morte in croce (il suo trono) e il suo ritorno glorioso dalla morte (*Homo quidam nobilis abiit in regionem longinquam accipere sibi regnum, et reverti* in *Lc* 19,12).

La strofa prosegue annunciando che per i meriti dei dolori di Cristo:

- *fracta virtus dæmonis* (1,3): cioè venivano operate guarigioni (cfr. Mt 5,23-25; Lc 6,17-19) su coloro che erano tormentati da spiriti immondi. Infatti quelli che lo toccavano erano guariti perché *virtus de illo exhibat et sanabat omnes* (Lc 6,19);
- *exempta nobis vincula* (1,4): come già Gesù liberò l'indemoniato geraseno le cui catene, non riuscivano a proteggerlo contro i molti demoni che erano entrati in lui (cfr. Lc 8,26-39).

2. La seconda parte dell'inno include due strofe usando due volte il parallelismo antitetico. Il poeta ricorda l'assassinio di Abele da parte del fratello Caino, figlio primogenito di Adamo ed Eva. Nella sua libertà di scelta e la sua predilezione per gli umili, Dio preferì il fratello minore. Il racconto della Genesi narra che, mentre erano in campagna, Caino alzò la mano contro il fratello e lo uccise (cfr. *Gn* 4,8): Dio chiese allora al fratricida: *Quid fecisti?, vox sanguinis fratris tui clamat ad me de terra* (*Gn* 4,10) e poi lo maledisse. Il poeta (stichi 2,1-2), agganciandosi poi con lo stesso verbo *clamare* rileva il parallelismo con la colonna, anch'essa bagnata dal sangue del Figlio innocente e grida verso il cielo (stichi 2,3-4).

Dopo aver messo in risalto le azioni di questi due eventi, la terza strofa ne sottolinea le conseguenze, evidenziando la loro opposizione. Mentre (*sed*) la terra bagnata con il sangue di Abele chiama l'ira divina e allontana l'assassino dal suo suolo (cfr. *Gn* 4,11), la colonna si fa supplica per placare l'ira divina; non dice infatti l'apostolo Paolo: *Non vosmetipsos defendentes, carissimi, sed date locum iræ*[461]. *Scriptum est enim: Mihi vindicta, ego retribuam, dicit Dominus* (*Rom* 12,19-20)?

3. La penultima strofa sviluppa i due stichi precedenti e formula una petizione alla sacra colonna: il poeta mette sulla bocca dell'orante la richiesta che la colonna pieghi l'ira divina e che l'uomo peccatore sia risparmiato dai castighi divini[462]. Diventa legittima per l'uomo questa sua fiducia nell'esenzione dall'ira divina e può quindi chiedere la pace nonostante le sue innumerevoli colpe.

---

[461] Alcune versioni aggiungono *ira divina*.

[462] Giustamente a questo riguardo san GIROLAMO diceva che con la flagellazione il petto sacro del Signore che "rinchiudeva Dio" è stato strappato perché «scriptum erat: *Multa flagella peccatorum*, illo flagellato, nos a verberibus liberaremur, dicente scriptura ad iustum virum: *Flagellum non adpropinquabit tabenaculo tuo*» (in: HIERONYMUS, *Commentaire sur S. Matthieu* 4, intr. tr. ed. É. Bonnard (SChr 259), Paris 1979, 284).

4. L'ultima strofa è una dossologia trinitaria: la preghiera dell'orante non si concentra più sulla sola colonna, che faceva le veci di Cristo flagellato, ma si allarga a tutta la Santa Trinità che viene infine lodata. La dossologia riprende un modello classico di questo periodo con l'inciso delle parole *cæso flagellis iugiter* che vengono inserite all'interno della forma dossologica.

5.2.4. Aspetto metrico e musicale

1. Come molti altri carmi di questa processione, il *Salve Columna nobilis* è dimetro giambico e la sua musica, che viene adoperata nella processione, corrisponde esattamente a quella che si usava quando il carme faceva parte dell'*Ufficium divinum* romano[463]. La stessa melodia veniva inoltre cantata in occasione degli altri carmi legati alla passione, dei quali si è già parlato nel paragrafo **5.2.1.** (in particolare quelli della serie che inizia con *Salve* o *Salvete*). Corrisponde all'antica musica del *Precemur omnes cernui* (il cui testo è ascritto a san GREGORIO MAGNO[464]) dell'odierno ufficio delle Lodi domenicali del tempo di quaresima[465].

2. L'inno *Trophæa Crucis mystica* del periodo precedente viene cantato con una melodia legata alla passione di Cristo: si tratta della musica del celebre *Vexilla Regis* di cui si riparlerà a suo tempo[466].

5.3. *Antifona*: Apprehendit Pilatus

Segue il testo dell'antifona recitata dal celebrante in piedi davanti alla Colonna della Flagellazione. Ad essa viene aggiunto il suo versetto[467]:

---

463 Cfr. *Antiphonale sacrosanctae Romanae Ecclesiae. Pro diurnis horis. SS. D. N. Pii X. Pontificis Maximi jussu restitutum et editum*, Roma 1912, [144]. Si noti che questo *Antiphonale* appartiene al periodo compreso tra il 1898 (apparizione dell'inno) e la riforma del *Breviarium Romanum* di San PIO X (la sua sparizione dalla liturgia romana).

464 Cfr. *LENT*, 98 [n° 96].

465 Cfr. *LibH*, 55-56.

466 Cfr. n° **11.2.4.**

> Apprehéndit Pilátus Jesum et flagellávit: ac trádidit *Judǽis* ut crucifigerétur.
> ℣. Fui flagellátus tota die.
> ℟. Et castigátio mea in matutínis.

Si presenta ora il testo leggermente differente usato dall'OBICINI durante il terzo periodo[468]:

> Apprehendit Pilatus Iesum, & flagellauit: ac tradidit *eis* ut crucifigeretur.
> ℣. Fui flagellatus tota die.
> ℟. Et castigatio mea in matutinis.

Quest'ultimo brano non conobbe nessuna variazione durante tutto il terzo periodo[469] se non quella di specificare per una maggiore chiarezza, nell'ultima edizione del 1900, il pronome dativo *eis* in *Iudæis*.

Le antifone dei due ultimi periodi sono uguali e corrispondono all'unione di *Io* 19,1 con *Io* 16,16 mediante la congiunzione di coordinazione *ac*. Si è già notato che, a un certo punto, il pronome *eis* presente nel testo biblico viene specificato. Il versetto conclusivo riprende fedelmente *Ps* 73[72],14.

5.4. *Orazione*: Deus qui pro salute

A conclusione della stazione[470] il sacerdote, oggi, recita:

> Deus, qui pro salúte nostra in assúmptæ carnis infirmitáte, ad hanc Colúmnam alligári, et flagéllis cædi voluísti: concéde propítius; ut qui ejúsdem Colúmnæ glóriam celebrámus, pretiósi Sánguinis tui fructum cónsequi mereámur: Qui vivis et regnas in sǽcula sæculórum. ℟. Amen.

---

467 *PrSS1925*, 17; *PrSS1947*, 17.

468 *PrSS1623*, 10.

469 Cfr. *PrSS1670*, 33; *PrSS1752*, 9; *PrSS1786*, 9; *PrSS1796*, 9; *PrSS1855*, 7; *PrSS1862*, 9; *PrSS1866*, 9; *PrSS1877*, 8; *PrSS1896*, 12; *PrSS1900*, 14.

Invece, durante il secondo periodo si proclamava la seguente antifona:

> «Apprehendit Iesum Pilatus, & ad Columnam ligatum, fortiter flagellauit. ℣. Languores nostros ipse tulit. ℟. Et dolores nostros ipse portauit» (in: *ITS1586*, 337; cfr. anche *ITS1583*, 288; *ITS1598*, 159).

Durante il primo periodo, il testo dell'antifona e del versetto era simile a quello del secondo periodo. Per il riferimento dell'eucologia nei diari, cfr. *ITS1431*, 73; *ITS1492*, 227; *ITS1567*, 161.

470 *PrSS1925*, 17; *PrSS1947*, 17.

Segue l'orazione della preghiera del terzo periodo[471]:

> Respice quæsumus Domine super Ecclesiam tuam quam prætioso sanguine redemisti: vt eo semper ditata; præmia consequatur æterna. Per Christum Dominum nostrum. Amen.

Il testo di questo *oremus* è rimasto tale quale durante tutto il terzo periodo[472], ma che sin dal processionale del 1752, si indica che alla parola *sanguine* «omnes deosculentur terram».

Per ogni periodo, assieme alla sostituzione dell'inno avviene il cambiamento della colletta e perciò tutte e tre le preghiere conclusive presentate in questo paragrafo differiscono tra loro. Si noti tuttavia che il testo attuale non si limita ad accennare al sangue del Signore versato per la salvezza degli uomini (come il testo del terzo periodo) ma, per la prima volta, la premessa della colletta fa una menzione esplicita alla Colonna su cui fu flagellato il Signore e sulla quale fu effuso il preziosissimo Sangue.

Le concordanze non conoscono questo testo eucologico[473]. Sembra quindi che sia stato composto dai liturgisti di Terra Santa in funzione della processione. L'inizio della colletta del terzo periodo ricorda la colletta *Respice quæsumus* del Venerdì santo che verrà poi recitata alla fine della nona stazione.

5.5. Interpretazione sintetica

Con questa stazione inizia la processione e il ciclo della Croce e della passione di Gesù[474] che ne costituisce la prima parte. Mentre inizia il carme con le parole *Salve Columna nobilis* il celebrante ne traduce le parole con un gesto che le specifica, incensando la sacra Colonna. La liturgia verbale risulta quindi in piena armonia

---

471 *PrSS1623*, 10.

472 Cfr. *PrSS1670*, 33; *PrSS1752*, 9; *PrSS1786*, 9; *PrSS1796*, 9; *PrSS1855*, 7-8; *PrSS1862*, 9; *PrSS1866*, 9-10; *PrSS1877*, 8; *PrSS1896*, 13; *PrSS1900*, 15. Invece durante il secondo periodo il sacerdote recitava la seguente colletta:

> «Adesto nobis Christe Saluator, per tuam pœnalem flagellationem; & per tuum stillã[n]tem, & apersum sanguinem pretiosum: vt omnia peccata nostra deleas: nobisq[ue]; tuam gratiam tribuas: & ab omni periculo, & aduersitate protegas: & ad vitæ æternæ gaudia nos perducas. Qui viuis, & regnas, &c.» (in: *ITS1586*, 337; cfr. anche *ITS1583*, 288; *ITS1598*, 159).

Il testo equivalente del primo periodo si trova in cfr. *ITS1431*, 73; *ITS1492*, 227; *ITS1567*, 161.

473 Le concordanze ignorano anche le collette del primo e del terzo periodo. Quelle del secondo sono identiche a quelle del primo.

474 Cfr. n° **3.4. §2.**

con il segno che viene compiuto: infatti si venera quello strumento della passione di Cristo, effettuando in questo modo un transfer del culto dovuto al Signore, nell'oggetto della sua Passione. Il culto verbale si esprime attraverso le petizioni rivolte alla colonna, mentre il culto non verbale si traduce nel segno dell'incensazione. Questo genere di *transfer* è la chiave interpretativa della processione e riapparirà in vari altri momenti.

Ritualità e eucologia non si lasciano esaurire in un mero bigottismo in cui si venera solamente un pezzo di minerale: il valore salvifico e cultuale delle sofferenze di Cristo viene infatti messo in evidenza quando, per esempio, nella colletta, parlando in termini di gloria, si chiede «ut qui ejúsdem Colúmnæ glóriam celebrámus, pretiósi Sánguinis tui fructum cónsequi mereámur»[475].

5.6. Suggerimenti per cambiamenti

5.6.1. Presentazione

Due sono i versetti degli Improperi che risultano adatti per questa stazione: «Ego propter te flagellávi Ægýptum cum primogénitis suis: et tu me flagellátum tradidísti»[476] e «Ego ante te præívi in colúmna nubis: et tu me duxísti ad prætórium Piláti»[477]. Il primo versetto ricorda esplicitamente la flagellazione del Signore, mentre il secondo è piuttosto da collegare con la colonna. Si farà la scelta della prima possibilità perché introduce immediatamente all'evento evangelico commemorato in questa stazione.

5.6.2. Inno

La *Colonna della Flagellazione* viene venerata in due occasioni: durante la processione quotidiana e il Mercoledì santo prima che inizi l'Ufficio che sostituisce quello vespertino delle Tenebre[478]. Avendo quindi a disposizione due carmi per questo stesso luogo, si potrebbero cantare ambedue, uno per ogni circostanza. Il più genuino dei due è certamente quello gerosolimitano di Tommaso OBICINI; l'altro è stato scritto prima degli inizi del movimento liturgico. Tuttavia, per non cantare due volte un inno con la stessa musica (quella del *Vexilla*) nei giorni in cui si procede alla processione solenne, sarebbe opportuno mantenere l'inno attuale usato per quella ordinaria. La dossologia dovrà essere resa uniforme con quelle degli inni della *Liturgia Horarum*, vale a dire andrà mutata da:

---

475 *PrSS1947*, 17.

476 *MR2002*, 326.

477 *MR2002*, 326.

478 Cfr. n° **1.4.** e capitolo **18.**

5. Cæso flagéllis glória,
Jesu, tíbi sit júgiter,
Cum Patre et almo Spíritu,
Nunc et per omne sǽculum.

in:

5. Cæso flagéllis glória,
Iesu, tíbi sit iúgiter,
cum Patre et almo Spíritu,
in sempitérna sǽcula.

senza che il senso generale venga cambiato. Al contrario, il Mercoledì santo, si potrebbe ripristinare il canto tradizionale del *Trophæa Crucis mystica* sia come inno di conclusione della processione di questo giorno, sia durante la peregrinazione fatta dai religiosi al ritorno dalla Messa solenne celebrata al santuario del Getsemani. L'inno così ripristinato sarebbe di facile esecuzione, visto che la sua melodia risulta ben conosciuta a tutti e dunque non porrebbe nessun problema, anche se venisse cantato solamente un giorno all'anno.

Il testo che andrà quindi presentato in questa prima stazione rimane quello finora adoperato con l'aggiornamento della dossologia finale. Riguardo alla parte dedicata alla processione solenne, l'inno verrà trascritto con la musica aggiornata del *Precemur omnes cernui*[479] per tutte le strofe (e non più solo sulla prima, come nell'attuale processionale) per favorire così una maggiore partecipazione dei fedeli e degli stessi frati. Infine la prima lettera S verrà presa in prestito dalla lettera miniata dell'innario 13 che fa parte dei codici liturgici di Terra Santa[480]. In questa stazione inizia il ciclo della Croce e quindi la Croce che appare nella lettera miniata annuncia e mette in rilievo il titolo del ciclo stesso. Segue ora il testo dell'inno proposto con il tetragramma corrispondente per la prima strofa:

[479] Cfr. *LibH*, 55-56.

[480] Una raffigurazione di questa lettera è pubblicata in: BUX, *Codici liturgici latini di Terra Santa*, 116 [figura 67]. Nel manoscritto originale la lettera iniziava la parole *Salve*. Al centro di questa S non sta la *Colonna della Flagellazione,* ma san Francesco che porta nella mano sinistra una Croce; le sue stigmate sono messe in evidenza.

textus: auctor anonymus, sæc. XIX*;*
melodia: S. GREGORIUS MAGNUS?, *sæc.* VI.

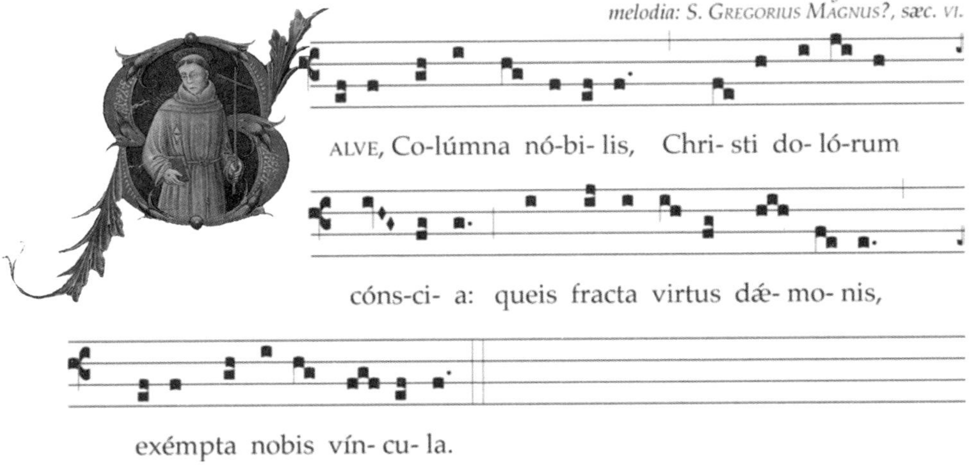

2. Cruór*e* Abélis íllita
tellus ad astra clámitat:
clamas, colúmn*a*, ad sídera
inúncta Iesu sánguine.

4. O perge semper fléctere
pœnas minántem déxteram:
quæ sanguis emit prǽmia
Christi fruámur pérpetim.

3. Sed ill*a* ad iram víndicem
clamat sevéri iúdicis:
Iram foves tu Núminis,
pacémque quæris sóntibus.

5. Cæso flagéllis glória,
Iesu, tíbi sit iúgiter,
cum Patr*e* et almo Spíritu,
in sempitérna sǽcula. Amen.

5.6.3. Lettura breve

Il testo attualmente in vigore con il suo responsorio (proveniente dal salmo) andranno mantenuti: sono biblici e descrivono perfettamente la realtà che si vuole ricordare. Anche il fatto di esplicitare il pronome all'interno della lettura andrà mantenuto.

Lectio brevis *Io* 19,1.16

Apprehéndit Pilátus Iesum et flagellávit: ac trádidit Iudǽis ut crucifigerétur.

℣. Fui flagellátus tota die.

℟. Et castigátio mea in matutínis.

5.6.4. Orazione

Nessun testo eucologico del Messale romano fa memoria della Colonna. Tra tutte le orazioni della processione, l'attuale risulta la più adatta perché riporta con dettagli l'accaduto, ricordando ai partecipanti lo scopo della venerazione della Colonna.

Orémus.

Deus, qui pro salúte nostra in assúmptæ carnis infirmitáte, ad **HANC** colúmnam alligári, et flagéllis cædi voluísti, concéde propítius, ut qui eiúsdem colúmnæ glóriam celebrámus, pretiósi sánguinis tui fructum cónsequi mereámur. Qui vivis et regnas in sǽcula sæculórum. ℟. Amen.

6. III. AD CARCEREM

6.1. *Introduzione*: descrizione della stazione

Questa cappella (cfr. mappa al numero 10) si trova in fondo al corridoio che, durante il tempo bizantino, faceva parte del triportico che separava l'*Anastasis* dal *Martyrion*. Il luogo è oggi proprietà della Chiesa greco ortodossa. Ci sono tre altari addossati al muro, sui quali sono affisse delle icone; questi altari sono votivi e non vi si celebra mai l'Eucaristia. Sono venerati dalle varie comunità orientali durante le loro processioni.

In genere i pellegrini si stupiscono di trovare nello stesso edificio la Tomba vuota di Cristo e il sacro Calvario, ma dopo alcune spiegazioni legate alla stessa Scrittura (cfr. *Io* 19,41) ne comprendono il perché. Per giustificare la presenza di un carcere di Cristo in questo luogo, bisogna invece ricorrere alla storia. Come si è visto al capitolo **secondo**, dalla perdita di Gerusalemme da parte dei Crociati (1187) fino all'arrivo di IBRAHIM BASCIÀ (1832), le porte della basilica rimanevano sempre chiuse e il clero delle diverse comunità, che viveva rinchiuso tra queste mura, ha raggruppato all'interno della basilica le memorie evangeliche legate a Gerusalemme, in modo da poter ripercorrere processionalmente la via che seguì Cristo, dalla sua condanna fino alla sua Morte e Risurrezione.

Rito. Mentre i due assistenti recitano davanti alla *Colonna della Flagellazione* il *Pater-Ave-Gloria*, il celebrante fa da solo la genuflessione al santissimo Sacramento e poi, da solo si reca alla *Cappella del Carcere*, dove l'attende il turiferario. Intonato a voce alta l'inno dai due sacerdoti, i frati si avviano in due file fino alla quinta colonna (partendo dalla sagrestia latina, senza contare i maestosi pilastri crociati). Qui il celebrante, fermo davanti all'altare dei Greci, ricevuto il turibolo e fatto l'inchino profondo del capo, incensa l'altarino con tre *ductus* (uno in mezzo, uno a sinistra ed uno a destra); dopo l'incensazione rimane in piedi all'interno della cappella sul lato sinistro per chi guarda verso l'altare. Alla fine dell'inno, con le spalle rivolte al muro, reciterà l'antifona e, dopo il versetto, la colletta; poi dirà il *Pater-Ave-Gloria* con i suoi due assistenti. Fatto l'inchino all'altare, si unisce alla processione, che si reca verso l'altare seguente, riprendendo posto in mezzo ai suoi due assistenti[481].

---

[481] Cfr. *3SSQ*, 88-90.

6.2. *Inno*: En efferata rabies

6.2.1. Paragone dei diversi inni

Si riporta la versione dell'inno[482] oggi in uso durante il passaggio della processione dalla *Cappella del Santissimo* fino al *Carcere di Cristo:*

1. En efferáta rábies
Satéllitum Christum rapit,
Post ímpium Judæ ósculum,
Et stringit arctis néxibus.

2. Qui sponte venit ut cruce
Mortem subíret ínnocens,
Vitámque ferret sóntibus,
Ut latro vinctus tráhitur.

3. Amóre vinctus vénerat
Vincíre nos per grátiam;
Hunc vínculis multínodis
Servus nec horret stríngere.

4. Absólve, Jesu, sérvulos
A críminum ligámine,
Et líberos a dǽmone
Constrínge amóris néxibus.

5. O dulce, Jesu, gáudium,
Ob vincla sacri Córporis,
Culpas reis remíttere
Dignáre, dona grátiam.

6. Duris ligáte vínculis,
Jesu, tibi sit glória,
Cum Patre et almo Spíritu
In sempitérna sǽcula. Amen.

Come per la stazione precedente, l'inno attuale fu introdotto quando si fece la riforma del 1924. Segue ora il testo dell'inno in uso all'inizio del terzo periodo[483]:

1. Iam Crucem propter hominem
Suscipere dignatus est;
Deditq́ [ue] suum sanguinem,
Nostræ salutis prætium

2. Cæli: soliq́[ue] Dominus
Prostratus antro clauditur,
Et nexibus multinodis:
Circumdatus occulitur.

3. Vt arte artem falleret,
Lignum in Ligno superat:
Et morte mortem destruens;
Sic vinctus vinctos liberat.

4. Qui Patres limbo, soluere
In testamenti sanguine
Ibat: & lumen reddere,
Hic mancipatur carceri.

5. Lux mundi, lumen gentium:
In fœdus datur populi;
Vt lacu clausos extrahat;
Heu! prius is detruditur.

6. Sampson velut fortissimus
Arctatur diris manibus:
Sed se columna destruens,
Morte triumphat inclytus.

7. Dum compedes hic consecrat,
Tradit normam martyribus,
Qui crucem læti capiunt;
Qua meruère gloriam.

8. Iesu, dulcis memoria,
Ob sacri vincla corporis:
Reis culpas, supplicia
Remittas, & da præmia. Amen.

---

482 *PrSS1925*, 18-19; *PrSS1947*, 18-19.

483 *PrSS1623*, 10-12.

Questo inno rimarrà invariato nel suo testo[484] fino alla riforma del 1924. Si noti che il *sic* (3,4) sarà sostituito in *Hic*. Subirà solamente i soliti leggeri cambiamenti tipografici: nel caso di questo inno, i due *Vt* dei versi 3,1; 5,3 e la parola *soluere* 4,1 verranno rispettivamente cambiati in *Ut* e in *solvere*.

Come nel caso della stazione precedente, i tre inni che sono stati cantati in questo luogo nel corso della storia sono tutti differenti e nessun di essi risulta un'alterazione o un adattamento dell'altro. Tutti tre giocano con l'uso dei due verbi *ligo* e *vincio*.

6.2.2. Autore e storia dell'inno

1. L'inno *En efferata rabies* è sconosciuto allo CHEVALIER; da questo si può dedurre che è stato probabilmente composto posteriormente alla redazione del suo grande *Repertorium hymnologicum* il cui ultimo volume è uscito nel 1920. Con certezza la sua composizione risale al 1924, in vista della riforma di quell'anno. Non si sa però chi sia l'autore di questo carme e di tutti gli altri che sono stati composti in occasione di questa revisione. Come detto nel paragrafo **2.6.3.** FACCHINI è stato all'origine della riforma, ma niente lascia pensare che abbia composto questi nuovi inni[485]. Gli autori potrebbero essere fra Ambrogio CIRILLI OFM (1879-1936),

---

[484] Cfr. *PrSS1670*, 33-34; *PrSS1752*, 9-10; *PrSS1786*, 10-11; *PrSS1796*, 9-10; *PrSS1855*, 8-9; *PrSS1862*, 9-11; *PrSS1866*, 10-11; *PrSS1877*, 9-10; *PrSS1896*, 14-16; *PrSS1900*, 16-18. Per una maggiore completezza, viene riportato l'inno del secondo periodo, in vigore nell'edizione del 1586 e riportato in *ITS1586*, 337.

1. *Qui lucem dedit patribus, / Cum illos ab his tenebris / Eduxit, & cælestibus / Ornauit donis gloriæ.*
2. *Qui est Saluator sæculi / Ac vitam propter hominem, / Morti paratus tradere / Obscuro datur carceri.*
3. *O dolorosa vincula, / Quæ Dei patris filium, / Tenetis velut pessimum, / Vt mortis detis corpori.*
4. *Dimitte hunc, soluite, / A Iudæorum vinculis, / Qui delictorum vincula / Soluit amore, morteque.*
5. *Sufficerat iam tradere, / Cum Iudas ille voluit / Denarijsq[ue]; vendere, / Pro tali breui numero.*
6. *Solue tu Iesu animas / A criminum contagijs, / Quæ pietate corporis / Tui sacri deficiunt.*
7. *Ob peccatores talia / Tulisti in te Domine, / Vt tuam lucrifaciant, / Et mereantur gratiam.*
8. *Ignosce nobis Domine, / Qui peccatorum pondere / Grauamur hic quotidie / Vt detur tibi gloria, Amen.*

Con alcuni lievi cambiamenti dovuti a miglioramenti successivi, questo inno si ritroverà in *ITS1583*, 288 e in *ITS1598*, 159; verrà schedato in *CHEV* IV, 288 [n° 40278]).

[485] Anche se ne compose molti: «Ha scritto anche moltissimi Inni e Canti religiosi che si usano oggi in tutte le parrocchie non solo di Palestina, ma di tutto il Vicino-Oriente. Caratteristici gl'Inni in onore di s. Antonio da Padova, e quello sul s. Cenacolo» (in: G. RIVELLI, «Figure di Terra Santa. P. Augusto Facchini», *La Terra Santa* 25,4 (1949) 145).

cerimoniere custodiale, oppure fra Beniamino DIOMEDE OFM (1883-1937) che fu per molti anni maestro dei novizi a Nazareth: ambedue furono dei famosi liturgisti della Custodia di Terra Santa. Ma potrebbero anche esser stati composti da fra Pasquale BRUGNANI OFM (1870-1936), studioso e liturgista della provincia serafica di Assisi che trascorse sette anni di servizio in Terra Santa ove compose nello stesso periodo diversi inni latini per le varie liturgie[486].

2. Invece il *Iam Crucem propter hominem*, inserito nel 1623, sembra sia stato composto proprio per questa processione: non ricorre in nessuno altro libro liturgico fuori dei processionali di Terra Santa[487]. Come tutti gli inni ad esso contemporaneo, potrebbe esser stato composto dallo stesso Tommaso OBICINI oppure dal suo segretario MELCHIORRE.

6.2.3. Contenuto biblico, teologico, patristico

Questo carme, più che narrare la prigionia di Cristo prima di essere giudicato da Ponzio Pilato, o prima di essere giustiziato sul vicino Calvario, si limita a descrivere l'impotenza di Gesù dovuta alle catene che gli sono imposte mentre subisce volontariamente la sua passione. Di struttura chiasmatica questo carme si può dividere nel seguente modo:

1. Gli uomini portano legato Cristo alla morte
  a. Gesù viene avvinto con legami (*strofa 1*)
    b. Gesù legato porta la vita (*strofa 2*)
2. Scopo della morte di Cristo (*strofa 3*)
3. Cristo porta gli uomini ad essere slegati dalla morte
  a. Gesù scioglie dai legami del peccato (*strofa 4*)
    b. Gesù legato porta la vita (*strofa 5*)
4. Dossologia (*strofa 6*)

1.a Appena conclusa l'ultima Cena, con il bacio di Giuda (riportato dai sinottici in *Mt* 26,49; *Mc* 14,45; *Lc* 22,47), la prima strofa dell'inno presenta l'arresto di Gesù. L'apostolo Giovanni narra la cattura nel Getsemani scrivendo: *cohors ergo et tribunus et ministri Iudæorum comprehenderunt Iesum et ligaverunt eum* (*Io* 18,12). Il poeta dà particolari che non sono offerti dal quarto vangelo, indicando che le guardie che catturarono il Signore erano arrabbiate. Gesù è l'agnello legato e rapito mentre fuggono i mercenari (cfr. la parabola del buon pastore: *et lupus rapit eas et*

---

[486] Per la conferma di questi dati, ci si può riportare alle cartelle personali di questi tre frati che sono custodite nell'archivio della Custodia di Terra Santa a Gerusalemme e alle testimonianze dei vari religiosi che li hanno conosciuti.

[487] Cfr. *CHEV* I, 308 [n° 5154].

dispergit in *Io* 10,12) e questo agnello è legato così strettamente da rendergli impossibile sottrarsi alla propria sorte.

1.b Riprendendo il tema della strofa precedente, Gesù viene di nuovo paragonato all'agnello innocente che porta la vita ai colpevoli, come già il servo sofferente che lascia ricadere su di sé l'iniquità di tutti, non esitando a lasciarsi umiliare *sicut ovis, qui ad occisionem ducitur* (*Is* 53,7). Viene inoltre legato *ut latro* (2,4); per volere della folla che preferì venusse liberato il ladro Barabba (cfr. *Io* 18,40), Gesù fu condannato a morte, e quindi crocifisso.

2. La terza strofa è il centro di tutto il carme: interrompe la narrazione della cattura di Cristo per darle un senso teologico. *Amore vinctus venerat vincire nos per gratiam* (3,1-2) canta il poeta riguardo a Cristo, riprendendo l'apostolo Giovanni: Cristo veniva nel mondo (cfr. *Io* 1,9) e l'umanità ha così conosciuto l'amore, avendo Cristo dato la vita per gli uomini (cfr. *1 Io* 3,11) perché ricevessero grazia su grazia (cfr. *Io* 1,16), come già aveva predetto il profeta Isaia: *et nunc nolite illudere, ne forte constringantur vincula vestra* (*Is* 28,22). Come negli Improperi si ha il parallelismo antitetico secondo cui mentre l'uomo viene legato con la grazia, lega il suo Salvatore con catene[488].

3.a Nella quarta strofa il poeta presenta al suo Redentore varie petizioni. La prima chiede *assolve a criminum ligamine* (cfr. 4,1-2): il primo dei crimini è senz'altro l'uccisione del Signore. Questa quarta strofa è simmetrica alla prima che faceva riferimento alla parabola del buon pastore in cui Gesù era allora l'agnello. Ora è il buon pastore (cfr. *Io* 10,11) che salva dal demonio offrendo la vita per il suo gregge. Il parallelismo con la prima strofa si manifesta nel fatto che Gesù era legato *arctis nexibus* (1,4) con catene dalle guardie: ora al contrario tocca a Gesù legare l'uomo peccatore con i dolci *amoris nexibus* (4,4).

3.b Dopo la sua risurrezione, il Signore effuse lo Spirito sugli Apostoli per la remissione dei peccati (cfr. *Io* 20,23). Il parallelismo con la seconda strofa è chiaro quando il poeta chiede che, per mezzo delle stesse catene che legavano il Signore mentre era trascinato (seconda strofa), ora *ob vincla sacri corporis* (5,2) chiede di rimettere la colpa ai rei e di dare la grazia. Le stesse petizioni apparivano già nella strofa aggiunta dall'OBICINI sin dal XVII secolo al carme *Crux fidelis* cantato nella *Cripta dell'Invenzione della Croce*:

«Vnica spes, ò crux, ave,
Hic invénta ab Helena:

---

[488] Come scrive san CIRILLO in una catechesi sulla croce tenuta in questa stessa basilica: la gloria della croce ha sciolto tutti coloro che erano legati sotto la tirannide del peccato e ha poi redento il mondo intero (cfr. CYRILLUS ARCHIEPISCOPUS HIEROSOLYMITANUS, *Cathechesis decima tertia* 1. *De Christo crucifixo et sepulto*, in *Opera quæ exstant omnia*, ed. A. A. Touttæus (PG 33), Paris 1893, 771).

Per hanc salua, rege vagos,
Tua Deus gratia:
Auge pijs spem, & fidem,
Et da reis véniam»[489].

Anche in questo caso, queste petizioni appaiono nella penultima strofa che precede la dossologia.

4. Per concludere, la dossologia dell'inno attuale viene composta sulla base della conclusione classica *Iesu tibi sit gloria*. Abitualmente questo modello dossologico invita ad includere, nella seconda riga, uno stico legato al mistero celebrato, rimanendo fissi i tre altri. Invece nel caso qui presente la lezione *Duris ligate vinculis* (6,1) viene anticipata e lo *Iesu tibi sit gloria* ne occupa il posto. Tale glossa riprende il contenuto di tutto l'inno ricordando le catene del Signore che vanno contemplate non in sè stesse, ma come le catene salvifiche offerte da Cristo stesso.

6.2.4. Aspetto metrico e musicale

Le melodie di questi due inni (l'*En efferata rabies* e il *Iam Crucem propter hominem*) sono uguali ed erano usate nella liturgia latina molto prima di essere state ripristinate in vista di questa processione. La musica, molto antica e risalente al VI secolo, fu composta per l'antico inno del giorno dell'Ascensione *Iesu nostra redemptio*[490]. Come per quest'ultimo, i due carmi di questa stazione sono metrici, dimetro giambici con frequenti assonanze e la loro comune melodia rispecchia la loro metrica.

Nel precedente *Ufficio romano serafico* questa melodia era anche usata per l'inno *Quicumque certum quæritis* dei Vespri dell'Ufficio del Sacro Cuore.

Dopo la riforma del Concilio Vaticano II, la musica dello *Iesu nostra redemptio* (inno tuttora in uso per la liturgia dell'Ascensione) è stata riportata alla sua forma originaria. Nell'odierno *Liber Hymnarius*[491] ha subito due lievi cambiamenti

489 *PrSS1623*, 17.
490 Cfr. *CRS*, 392.
491 Cfr. *LibH*, 88-89.

rispetto alla melodia che viene qui riportata, vale a dire i quattro ultimi neumi del primo ed ultimo stico hanno una cadenza uguale tra sé e leggermente modificata.

6.3. *Antifona*: Ego te eduxi

Si presenta il testo[492] dell'antifona che viene proclamata dal sacerdote all'interno del *Carcere* di Cristo:

> Ego te edúxi de captivitáte Ægýpti, demérso Pharaóne in mar*e* Rubr*um*: et tu me *vinctum* tradidísti princípibus sacerdótum.
>
> ℣. Dirupísti, Dómine, vincula mea.
>
> ℟. Tibi sacrificábo hóstiam laudis.

E quello in vigore durante il terzo periodo[493]:

> Ego te eduxi de captiuitate Aegypti demerso Pharaone in Mar*i* Rubr*o*: et tu me tradidisti *huic carceri obscuro*.
>
> ℣. Dirupisti Domine vincula mea.
>
> ℟. Tibi sacrificabo hostiam laudis.

Il testo dell'antifona è rimasto identico durante il terzo periodo[494]; e i cambiamenti compiuti nel 1900 sono i seguenti: *te eduxi* verrà cambiato in *eduxi te*; l'ablativo *mari rubro* verrà corretto in accusativo *mare rubrum* in conformità con il testo liturgico.

L'antifona corrisponde al versetto: «Ego edúxi te de Ægýpto, demérso Pharaóne in Mare Rubrum: et tu me tradidísti princípibus sacerdótum»[495] estratto adattandolo dalla lunga serie di suppliche degli Improperi che canta la Chiesa durante l'Ufficio del Venerdì santo riprendendo così i lamenti di Yahvé contenuti in *Mic* 6,1-8 (l'antifona si ispira a *Mic* 6,4). Si deve osservare che il processionale muta l'inizio del testo liturgico da *eduxi te* in *te eduxi*: solamente l'edizione del 1900 tenta un riavvicinamento con il testo liturgico. Il terzo periodo sostituisce la consegna ai *princípibus sacerdótum* adattandola con il luogo. Infatti, a quel tempo

---

492 *PrSS1925*, 19; *PrSS1947*, 19.

493 *PrSS1623*, 12.

494 Cfr. *PrSS1670*, 34; *PrSS1752*, 11; *PrSS1786*, 11; *PrSS1796*, 11; *PrSS1855*, 10; *PrSS1862*, 11; *PrSS1866*, 12; *PrSS1877*, 10; *PrSS1896*, 16; *PrSS1900*, 18.

Il testo di questa stazione era identico durante il secondo periodo, con la differenza che non era presente la parola locativa *huic* (cfr. *ITS1583*, 288; *ITS1586*, 337; *ITS1598*, 160) e durante il primo periodo (cfr. *ITS1431*, 76; *ITS1492*, 228; *ITS1567*, 165).

495 Il testo degli *Improperi* è rimasto invariato fino ad oggi. Il versetto si trova in: *MReg*, 230 [n° 1076]; *MR1474*, 146 [n° 891]; *MR1570*, 250 [n° 1247]; *MR1970*, 326.

si pensava che questo carcere fosse il luogo in cui il Signore fosse veramente stato rinchiuso aspettando la sua crocifissione. Il quarto periodo volendo distinguere tra i Luoghi santi votivi e quelli storici[496], ripristina la consegna *principibus sacerdotum* più consona al testo evangelico (cfr. *Io* 18,13) introducendo tuttavia il participio passato *vinctum*, non senza ricordare la tematica dell'inno.

Il responsorio riprende il versetto di *Ps* 116[115],16-17 specificando con il vocativo *Domine*, che era presente all'inizio del versetto biblico, il soggetto dell'azione.

6.4. *Orazione*: Absolve quæsumus Domine

Dopo lo studio dell'antifona, viene ora presentata la colletta[497] che conclude la venerazione del *Carcere di Cristo*:

> Absólve, quǽsumus, Dómine, nostrórum víncula peccatórum: ut, a córporis hujus *vínculis* expedíti, *perpétua libertáte gaudére* mereámur. Per Christum Dóminum nostrum. ℟. Amen.

Diverso era il testo della riforma del terzo periodo[498]; tale lezione non varierà durante tutto il terzo periodo[499]:

> Absolue quæsumus Domine nostrorum vincula peccatorum: vt a corporis huius *carcere* expediti; *gloriæ lumen videre* mereamur. Per Christum Dóminum nostrum.

Una certa similitudine della colletta della processione si ritrova con la seguente orazione del Messale tridentino[500]:

---

496 Cfr. n° **2.6.3.6.**

497 *PrSS1925*, 19; *PrSS1947*, 19.

498 *PrSS1623*, 12.

499 Cfr. *PrSS1670*, 34; *PrSS1752*, 11; *PrSS1786*, 11; *PrSS1796*, 11; *PrSS1855*, 10; *PrSS1862*, 11; *PrSS1866*, 12; *PrSS1877*, 11; *PrSS1896*, 16; *PrSS1900*, 18. Si riporta ora l'orazione del secondo periodo (in *ITS1586*, cfr. anche 337-338; *ITS1583*, 289; *ITS1598*, 160).

> «Domine Iesu Christe Angelorum decor, gaudium, & libertas animarum qui pro redemptione mundi, capi, ligari, carcerari, alapis cœdi, flagellari, & conspui voluisti: fac nos quæsumus, indignos famulos tuos, pœnas, & contumelias, pro tui nominis gloria lætanter suscipere: vt ad tuæ pietatis consortium mereamur feliciter peruenire. Qui viuis, &c.»

Un testo equivalente veniva recitato nel primo periodo (cfr. *ITS1431*, 76; *ITS1492*, 228; *ITS1567*, 165).

500 *MR1570*, 136 [n° 645].

Absolue, qu[a]ęsumus D[omi]ñe, nostrorum vincula peccatórum: *& quicquid pro eis merémur, propitiatus auerte.* Per.

Il testo del processionale dei due ultimi periodi appartiene all'eucologia gerosolimitana, ma si ispira alla colletta del Messale tridentino succitata. Infatti, conserva sempre la petizione e cambia il fine rendendolo in armonia con il tema che ricorda la stazione. Tuttavia, il finale si addice meglio alla colletta attuale di quanto non facesse quello dell'OBICINI: infatti, dopo il gioco di parole attorno al concetto di "legami" e di "carceri", il sacerdote chiede in modo antitetico che gli uomini meritino *perpetua libertate gaudere*.

Il testo del Messale è riportato dalle concordanze[501]: veniva usato per il primo lunedì di quaresima in quanto *oratio super populum*[502] e tra la collezione di preghiere *ad vesperos*[503]. Il nuovo Messale non riprende questa preghiera.

6.5. Interpretazione sintetica

L'inno inizia situandosi nel tempo e nello spazio: difatti l'autore dell'inno scrive "*post impium Iudæ osculum*" (1,3) secondo la cronologia ricordata dall'ambito celebrativo. La stazione precedente si svolgeva nella *Cappella del Santissimo* che rappresenta in modo votivo il Cenacolo. Dopo aver lasciato il Monte Sion (nella sua Ultima Cena), con i suoi discepoli Gesù si era recato al Getsemani dove fu tradito da Giuda e consegnato incatenato ai soldati: è ciò che ora viene celebrato. La cappella ha precisamente l'aspetto di un carcere, anche se la realtà del mistero di cui facciamo memoria, più che un vero e proprio carcere vuole darci l'idea della prigionia di Cristo legato e sottomesso ai soldati.

Eccellente è la coesione tra i vari testi del quarto periodo: inno, antifona e colletta sono stati composti attorno allo stesso concetto: il vincolare. Se la coscienza dell'autenticità del carcere in questo luogo viene meno (soppressione dell'*hic* e dell'*huic* nel quarto periodo), la stazione rimanda alla prigionia del Signore e alla sua condizione di prigioniero legato (cfr. *Io* 18,12) avvenuta dopo il suo arresto al Getsemani.

---

501 Cfr. *OrMR*, 10 [n° 6]; *DD*, 9 [n° 14]; *DD*, 9 [n° 16].

502 Cfr. *GrH*, 135 [n° 174]; *GrP*, 619 [n° 145]; *MReg*, 105 [n° 558]; *MR1474*, 58 [n° 406]; *MR1570*, 136 [n° 645] nonché le edizioni successive del Messale tridentino.

503 Cfr. *GrH*, 332 [n° 962], *GrP*, 683 [n° 920]; *GeG*, 307 [n° 2161]; *GeE*, 288 [n° 1929].

6.6. Suggerimenti per cambiamenti

In conformità con quanto ribadito in precedenza, i testi proposti non devono soffermarsi sull'autenticità del luogo: si tratta di un semplice altare votivo che ricorda un avvenimento della passione. Perciò come per il caso della prima stazione, per una maggiore inerenza con l'eucologia e il mistero di fatto celebrato, il titolo di questa stazione verrà mutato da *III. Ad Carcerem* in *III. Ad comprehensionem Domini commemorandam*.

6.6.1. Presentazione

Il versetto degli Improperi finora in uso dopo l'inno: «Ego edúxi te de Ægýpto, deméroso Pharaóne in Mare Rubrum: et tu me tradidísti princípibus sacerdótum»[504] dovendo essere sostituito con un passo della Sacra Scrittura andrà posto all'inizio della stazione. Infatti, inserisce non tanto la prigionia di Cristo quanto la sua consegna, legato, ai sommi sacerdoti. L'aggiunta del participio *vinctum* dopo il verbo *tradidisti* andrà conservato perché appartiene alla tradizione della processione e introduce al mistero celebrato.

6.6.2. Inno

Questo carme non contiene elementi da aggiornare e ha una dossologia che risulta uniforme con quelle della *Liturgia Horarum*. Si ritiene quindi che per il futuro processionale possa rimanere tale e quale quanto al testo, migliorando la presentazione tipografica. La melodia andrà aggiornata come fu detto al paragrafo **6.2.4.** Si presenta quindi la proposta del carme assieme alla sua musica:

textus: auctor anonymus, sæc. XX;
melodia: auctor anonymus, sæc. IX.

2. Qui sponte venit ut cruce
mortem subíret ínnocens,
vitámque ferret sóntibus,
ut latro vinctus tráhitur.

3. Amóre vinctus vénerat
vincíre nos per grátiam;
hunc vínculis multínodis
servus nec horret stríngere.

---

504 *MR2002*, 326.

4. Absólve, Iesu, sérvulos
a críminum ligámine,
et líberos a dǽmone
constrínge amóris néxibus.

5. O dulce, Iesu, gáudium,
ob vincla sacri Córporis,
culpas reis remíttere
dignáre, dona grátiam.

6. Duris ligáte vínculis,
Iesu, tibi sit glória,
cum Patre et almo Spíritu
in sempitérna sǽcula. Amen.

Per rompere una certa routine, si potrebbe proporre *ad libitum* il testo del carme del terzo periodo *Iam Crucem propter hominem* che fa ugualmente parte del patrimonio francescano di questo luogo. In questo caso, vista la lunghezza del carme, conviene togliere la quarta strofa che insiste sull'ubicazione del carcere. Infine, lo stico *Dum cómpedes hic cónsecrat* andrà sostituito con *Dum cómpedes sic cónsecrat*.

6.6.3. Lettura breve

Come già detto, il titolo di questa stazione si presta a confusione e il mistero celebrato più che una prigione ricorda la cattura del Signore e la sua legatura con le catene. Viene quindi proposto il versetto:

Lectio brevis *Io* 18,12

Cohors ergo et tríbunus et minístri Iudæórum comprehendérunt Iesum et ligaverunt eum.

℣. Dirupísti, Dómine, víncula mea.
℟. Tibi sacrificábo hóstiam laudis.

6.6.4. Orazione

Si mantiene la stessa orazione:

Orémus.
Absólve, quǽsumus, Dómine, nostrórum víncula peccatórum, ut, a córporis huius vínculis expedíti, perpétua libertáte gaudére mereámur. Per Christum Dóminum nostrum.
℟. Amen.

7. IV. Ad Altare Divisionis Vestimentorum Christi

7.1. *Introduzione*: descrizione della stazione

La *Cappella della divisione delle Vesti* (cfr. mappa al numero 12) si trova nella cappella absidale della basilica crociata. Essa appartiene alla comunità armeno-ortodossa. Come per la stazione precedente, sull'altare che si trova nell'abside non viene mai celebrata l'Eucaristia: è venerato unicamente durante le varie processioni. Si noti inoltre che prima si era passati davanti all'altra abside (*Cappella di san Longino*[505] appartenente ai Greci ortodossi) senza fermarvisi. Dopo che i soldati ebbero crocifisso Gesù, si divisero le vesti secondo l'uso e tirarono a sorte la sua tunica (cfr. *Io* 19,24).

Rito. La processione si sposta in due file passando da una parte e dall'altra della quinta colonna[506]. Giunto alla *Cappella della Divisione delle Vesti*, il celebrante si ferma fuori della medesima, in mezzo, in linea con i suoi assistenti e, amministrato l'incenso, fa l'inchino prima e dopo. Incensa nel modo seguente: un *ductus* in mezzo, uno alla sinistra dell'altare ed uno a destra; alla fine dell'inno recita l'antifona e, dopo il versetto, la colletta; quindi dirà il *Pater-Ave-Gloria* con i suoi due assistenti[507].

7.2. *Inno*: Adeste pacis Angeli

7.2.1. Paragone dei diversi inni

Come per le due stazioni precedenti, si presenta innanzitutto il testo del carme[508] che oggi viene recitato davanti all'altare votivo della *Divisione delle Vesti*:

---

[505] Questa cappella dedicata, nel XII secolo, a san Nicola di Mira è oggi dedicata al romano Longino «miles cólitur latus Dómini cruci affíxi láncea apériens» (in: *MartR*, 542) facendone scaturire sangue ed acqua (cfr. *Io* 19,34). Egli si convertì al Cristianesimo e morì martire.

[506] Si tratta della colonna alla quale si è già accennato al n° **6.1.**

[507] Cfr. *3SSQ*, 88-90.

[508] *PrSS1925*, 20-21; *PrSS1947*, 20-21.

1. Adéste, pacis Angeli,
De sede cæli nóbili,
Alásque vestras téndite,
Et membra Christi cóndite.

2. Qui cælum implet lúmine
Terrámque adórnat flóribus,
Quem flexi adórant cǽlites,
Hunc veste privant mílites.

3. O dífferens recéptio!
Vestes, dum intrat Sólymas,
Stérnunt Jësu próprias,
Sed exeúnti détrahunt.

4. Vestes velut nix cándidæ
Visæ in Thábore et spléndidæ,
Modo rubéscunt sánguine,
Divísæ in hoc Calvário.

5. Impléta sunt quæ díxerat
Davídicum præcónium:
Partíti amíctus, túnicæ
Fecére sortes árbitras.

6. Precámur ergo súpplices
Te, sæculórum Cónditor,
Sic spoliátum véstibus,
Nos índuas virtútibus.

7. Jesu, tibi sit glória,
Qui passus es pro sérvulis,
Cum Patre et almo Spíritu,
In sempitérna sǽcula. Amen.

Si riporta l'inno[509] di Tommaso Obicini (1623) in vigore durante l'intero terzo periodo. Rimarrà invariato nel testo[510] fino alla riforma del 1924, eccettuata la veste

---

[509] *PrSS1623*, 13-15.

[510] Cfr. *PrSS1670*, 35-36; *PrSS1752*, 11-12; *PrSS1786*, 12-13; *PrSS1796*, 11-13; *PrSS1855*, 10-12; *PrSS1862*, 11-13; *PrSS1866*, 12-14; *PrSS1877*, 11-13; *PrSS1896*, 17-19 *PrSS1900*, 19-21. Segue ora il testo dell'inno nel periodo precedente alla riforma del 1623 riportato dallo Zuallardo (in: *ITS1586*, 338).

1. *Canamus modo canticum, / Ad Saluatoris gloriam, / Dicamusq[ue]; iniuriam, / Quam passus est ab impijs.*

2. *A patre qui est genitus, / A quo semperque gignitur, / Sed idem in essentia / Patris, atque paraclyti.*

3. *Qui à cælorum sedibus, / Descendit huc obediens, / In habituque hominis: / Proprietate moriens*

4. *Qui cælos implet lumine, / Ornatatque sideribus, / Et quem adorant Angeli, / Vestitu priuant Milites.*

5. *Qui vitam dedit mortuis, / Donatq[ue]; sanctis gloriam, / Amore motus feruido, / Et charitatis opere.*

6. *Qui vinum fundit vineis, / Fructusq́[ue]; dat arboribus, / Suis priuatus tunicis, / Sicque nudus relinquitur.*

7. *Qui vestit volatilia / Diversiq[ue]; coloribus: / Ac ornat agros roseis, / Ipse priuatur vestibus.*

8. *O gens iniqua pessima, / Quis te ditauit crimine, / Vt fortem in has ponere, / Vestes atque diuidere,*

9. *Hic super sacratissimas, / Vestes miserunt milites, / Dantesq[ue]; sortes omnibus, / Vt vnusquisque raperet.*

10. *Hic locus est sanctissimus, / Vbi Dauid oraculum, / Completum est in fortibus, / De Christi sacris vestibus.*

11. *Precamur ergo cernui, / Te creatorem sæculi, / Iam sic priuatus vestibus / Nos indue virtutibus. Amen.*

tipografica ed il versetto[511] *Tinctæ rubent hei sanguine* (8,3) che verrà corretto in *Tinctæ rubent hic sánguine*:

1. Ecce nunc Ioseph mysticus:
E lacu dum extrahitur,
Venditus datur gentibus,
Quem suis priuant tunicis.

2. Erat Saluator etenim
Succurrens mundo languido:
Cinctus amore properat,
Vt nos salute cingeret.

3. Iacob en sic pelliceis
Vestitus fratris hœdinis:
Vt benedictum raperet
Arte, quod culpa perdidit.

4. Hic agnus est sanctissimus
Promissus quondam patribus,
Qui venerat vt victima
Vestire nudum hominem.

5. Hinc is se priuat tunicis,
Vt noxam primi hominis:
Per nuditatem auferat,
Et dona vitæ conferat.

6. Vah gens iniqua, similis
Cham; patris inguen detegens
Musto madentis: languidum
Nudasti Christum Dominum.

7. O differens obsequium!
Vestes intrat dum Solymas,
Christo prosternunt proprias:
Sed exeunti lacerant.

8. Vestes, velut nix, candidæ,
In Thabor visæ splendidæ,
Tinctæ rubent hei sanguine,
Diuisæ, in hoc caluario.

9. Hic sunt partiti impii
Amictus Christi languidi:
Ejusq́[ue]; sacræ tunicæ
Fecère sortes arbitras.

10. Precamur ergo cernui
Te Creatorem sæculi,
Iam sic priuatus vestibus
Nos indue virtutibus. Amen.

Questa stazione è la terza ed ultima in cui tutti gli inni (dal secondo al quarto periodo) risultano differenti senza che esista un legame tra loro. Tuttavia l'autore dell'*Adeste pacis Angeli* per comporre il testo aveva sotto gli occhi i due inni precedenti, ai quali si sarà ispirato copiando a volte interi stichi.

Percorrendo strofa per strofa l'odierno carme, risulta che la prima strofa è una creazione originale che introduce il canto; la seconda riprende, modificandola, la quarta del *Modo narramus cernui*[512], inno del secondo periodo; la terza, quarta, quinta e sesta sono invece una riformulazione delle quattro ultime strofe dell'*Ecce nunc Ioseph mysticus*. La dossologia fu aggiunta nel 1924, anche se la sesta strofa poteva servire da conclusione per l'inno (di fatto concludeva l'inno del terzo periodo). Si decise di concludere l'inno con una dossologia tipica (uguale a quella del

---

Si noti che in *ITS1583*, 289-290 e in *ITS1598*, 160-161 l'inno rimarrà sostanzialmente identico nonostante alcune varianti; viene annotato in CHEV IV, 62 [n° 35974].

[511] Cfr. *PrSS1900*, 21.

[512] Riprende questa strofa nella versione primaria presente in *ITS1583*: difatti in *ITS1586* assumerà una lezione ancora differente; colui che compose l'*Adeste pacis Angeli* aveva quindi sotto gli occhi la forma del RADZIVIŁ.

canto della stazione precedente) per la quale il primo, terzo e quarto stico sono convenzionali e il secondo viene composto in armonia con la tematica sviluppata nell'inno.

7.2.2. Autore e storia dell'inno

1. Come nel caso dell'inno *En efferata rabies*, l'*Adeste pacis Angeli* è sconosciuto allo CHEVALIER. Le stesse cause avendo gli stessi effetti[513], si deduce che l'inno è stato composto per l'odierna funzione da un autore ignoto.

2. L'inno *Ecce nunc Ioseph mysticus*, inserito per la prima volta nel 1623, non uscirà mai dall'ambito di Terra Santa e viene composto per questa processione[514]. Come l'inno contemporaneo della stazione precedente, sembra essere stato composto da Tommaso OBICINI, o dal suo segretario MELCHIORRE da Anversa.

7.2.3. Contenuto biblico, teologico, patristico

Questo terzo carme manifesta fino a quale punto il Signore fu trattato senza pietà e spogliato delle sue vesti, prima di essere consegnato alla morte. L'inno si divide in tre sezioni, con dossologia, nel modo seguente:

1. Introduzione spirituale (*strofa 1*)
2. Tipologie
- **a.** Creazione (*strofa 2*)
- **b.** Palme (*strofa 3*)
- **c.** Trasfigurazione (*strofa 4*)
- **d.** Salmo 21 (*strofa 5*)

3. Petizione (*strofa 6*)
4. Dossologia trinitaria (*strofa 7*)

1. La prima strofa del carme serve da introduzione all'intero inno. Il Signore è stato denudato dai soldati e sta subendo l'umiliazione che lo espone, completamente indifeso, agli sguardi di coloro che lo deridono. Nessuno lo soccorre, sollevandolo da questa nuova violenza, e il poeta si rivolge misticamente agli angeli che sembrano gli unici che gli possano essere di aiuto. Già quando Gerusalemme viveva le ore più oscure della propria storia ed era abbandonata, anche gli angeli di pace furono costretti a lamentarsi (*Ecce videntes clamabunt foris, angeli pacis amare flebunt* in *Is* 33,7). Ora il poeta implora gli angeli di ricoprire il corpo del Signore come già *utrumque latus propitiatorii tegant expandentes alas, et operientes oraculum* (*Ex* 25,20; cfr. pure *Ex* 37,9).

---

513 Cfr. n° **6.2.2**

514 Cfr. *CHEV* I, 308 [n° 5154].

2. Dopo quest'introduzione, il poeta prende vari esempi legati alla Scrittura in cui effettua un parallelismo antitetico per mostrare il contrasto con la spogliazione del Messia.

- Prima di tutto il poeta ricorda (seconda strofa) che in Cristo, *condita sunt universa in cœlis et in terra, visibilia et invisibilia* [...] *omnia per ipsum et in ipso creata sunt* (*Col* 1,16). Afferma poi, alludendo ad un altro cantico dell'apostolo Paolo, che *in nomine Iesu omne genu flectatur cœlestium* (*Phil* 2,10) per arrivare alla conclusione paradossale: i soldati si inginocchiano davanti a Cristo e lo privano delle vesti (cfr. *Mc* 15,19-20).
- La terza strofa sottolinea la differenza tra l'ingresso trionfale del Messia il giorno delle Palme e l'accoglienza che gli è ora riservata. Quel giorno avevano stenso i loro mantelli sul cammino di Gesù mentre scendeva dal Monte degli Ulivi ed entrava nella Città santa (cfr. *Mt* 21,8; *Mc* 11,8; *Lc* 19,36); ora invece, uscito dalle mura della Città, si dividono i suoi vestiti e tirano a sorte la sua tunica (cfr. *Mt* 27,35; *Mc* 15,24; *Lc* 23,34; *Io* 19,24).
- La quarta strofa insiste sul colore delle vesti di Cristo mettendo in parallelo la differenza tra il candore delle stesse sul Tabor e la loro rubescenza sul Calvario. Sul monte della trasfigurazione Gesù si mostra a Pietro, Giacomo e Giovanni con il volto risplendente e in bianche vesti (cfr. *Mt* 17,2; *Mc* 9,3; *Lc* 6,29), anticipo della sua natura divina che viene poi confermata nella risurrezione (*erat aspectus eius fulgidus sicut fulgur, et vestimentum eius sicut nix* in *Mt* 28,3). Niente di tutto questo sarà manifestato sul Calvario, quando Gesù viene crocifisso.
- La quinta strofa evidenzia il compimento delle Scritture che si realizza anche in un particolare che potrebbe sembrare insignificante (cfr. *Io* 19,24). Il re Davide aveva predetto nel salmo: *diviserunt sibi vestimenta mea, et super vestem meam miserunt sortem* (*Ps* 22[21],19).

3. Dopo aver descritto e meditato la spogliazione del Messia, il poeta porge al Creatore dei secoli una petizione: l'uomo ha paradossalmente il coraggio di chiedere a colui cui deve ogni onore e gloria, e che invece è ha spogliato delle vesti, di essere rivestito di ogni virtù. La fonte di questa petizione si trova nella sesta strofa del carme dell'OBICINI[515], che a sua volta, proviene dalla conclusione del carme del secondo periodo[516]

4. Il carme conclude con la dossologia trinitaria classica nella quale viene inserita lo stico riferito a Gesù *qui passus est pro servulis* (7,2) e che giustifica la petizione appena formulata.

---

515 Cfr. n° **7.2.1.**

516 Cfr. nota n° **500**.

L'inno *Ecce nunc Ioseph mysticus* del terzo periodo usa delle tipologie bibliche come il carme attuale: la qualifica *mysticus* che viene applicata a Giuseppe è una chiara chiave interpretativa. Le sei prime strofe del canto illustrano l'inganno dei fratelli di Giuseppe: essi macchiano la sua veste con il sangue dell'agnello per far credere al padre la sua morte (cfr. *Gn* 37,31). Allude poi al travestimento con il quale Giacobbe finse di essere Esaù (cfr. *Gn* 27,15-16); e anche alla nudità di Noè (cfr. *Gn* 9,21-23). Tutti gesti che in un modo o nell'altro prefigurano ciò che avverrà delle vesti di Cristo durante la sua passione. Le ultime strofe vengono riprese nel testo odierno.

7.2.4. Aspetto metrico e musicale

1. La metrica di quest'inno è uguale a quella del *Salve Columna nobilis* e perciò venne scelta la stessa melodia già cantata durante la prima stazione[517]:

2. Invece, durante il terzo periodo, si cantava l'*Ecce nunc Ioseph mysticus* con una musica differente da quella che si canta oggi in questo luogo, ma simile a quella che verrà poi eseguita nella *Cappella di santa Elena* per il *Fortem virili pectore*, in onore della santa Imperatrice[518].

7.3. *Antifona*: Milites ergo

Giunti davanti all'altare della divisione delle Vesti, il sacerdote intona[519] il seguente testo concluso dal proprio responsorio:

> Mílites ergo, cum crucifixíssent Jesum, accepérunt vestiménta ejus et fecérunt quatuor partes, unicuíque míliti partem, et túnicam.
>
> ℣. Divisérunt sibi vestiménta mea.
>
> ℟. Et super vestem meam misérunt sortem.

---

517 Cfr. nº **5.2.4.**

518 Cfr. nº **9.2.4.**

519 *PrSS1925*, 21; *PrSS1947*, 21.

Identica era l'antifona della riforma del 1623. Segue il solo responsorio che era leggermente diverso[520]:

> ℣. Diuiserunt *hic* sibi vestimenta mea.
> ℟. Et super vestem meam miserunt sortem.

Gli unici cambiamenti apportati a questo testo durante il terzo periodo[521] sono i seguenti: sin dal 1750 un altro *hic* verrà inserito nell'antifona dopo *fecerunt*; dal 1866 la lezione «et fecerunt hic quatuor partes: unicuique militi partem» verrà scritta tra parentesi.

L'antifona corrisponde al brano di *Io* 19,23 nel quale, per una maggiore chiarezza di significato, la parola *Iesum* sostituisce il pronome *eum* del testo biblico. Si nota anche che dal 1862 fino alla riforma del quarto periodo si è tentato di rendere ancora più conforme l'antifona alla divisione del testo evangelico, ristabilendo le parentesi presenti nel testo sacro.

Il versetto invece viene fedelmente estratto da *Ps* 22[21],19, ma nel terzo periodo veniva aggiunto l'*hic* caratteristico della processione. L'avverbio scomparirà nel quarto periodo, quando si prenderà coscienza del carattere votivo e non storico di questo luogo.

7.4. *Orazione*: Deus qui per Unigenitum tuum

Prima di concludere questa stazione, il sacerdote proclama l'orazione[522]:

> Deus, qui per Unigénitum tuum labénti mundo salútis remédia contulísti; concéde nobis, ut, spoliáti vítiis, virtutibúsque adornáti, ante tribúnal tuæ majestátis in veste cándida præsentári mereámur. Per eú*m*dem Christum Dóminum nostrum. ℟. Amen.

---

520 *PrSS1623*, 15.

521 Cfr. *PrSS1670*, 36; *PrSS1752*, 13; *PrSS1786*, 13; *PrSS1796*, 13; *PrSS1855*, 12-13; *PrSS1862*, 13; *PrSS1866*, 14-15; *PrSS1877*, 13; *PrSS1896*, 19-20; *PrSS1900*, 21. L'antifona del secondo periodo, equivalente in significato, viene qui riportata

> «Milites post quam crucifixerunt Iesum, acceperunt vestimenta sua; dantes vnicuique militi partem. ℣. Diuiserunt sibi vestimenta mea. ℟. Et super vestem meam miserunt sortem» (in: *ITS1586*, 338; cfr. *ITS1583*, 290; *ITS1598*, 161).

Gli stessi versetti erano proclamati nel primo periodo (cfr. *ITS1492*, 228; *ITS1567*, 165), ma non al tempo di MARIANO, visto che allora si leggeva come antifona il brano: «Erat autem tunica inconsutilis, et dixerunt sortiamur eam cuius sit» (cfr. *ITS1431*, 76). Si deve notare che per BONIFACIO, la lettura biblica non viene presentata come una semplice antifona bensì come la proclamazione del Vangelo fatta dal diacono dopo che ha salutato l'assemblea.

522 *PrSS1925*, 21-22; *PrSS1947*, 21-22.

Quasi uguale era l'orazione dell'OBICINI che viene presentata[523] nonostante il lieve cambiamento avvenuto nella dossologia:

> Deus qui per vnigenitum tuum labenti mundo salutis remedia contulisti: concede nobis, vt spoliati vitijs, virtutibusq;[ue] adornati, ante Tribunal tuæ maiestatis, in veste candida præsentari mereamur. Per eu*n*dem Christum Dóminum nostrum. ℟. Amen.

La parola *eundem* verrà corretta alla fine del terzo periodo in *eumdem*. A parte questo lieve aggiornamento, la lezione non verrà modificata[524].

La colletta, apparsa con la riforma dell'OBICINI, è la prima che incontriamo a non essere successivamente cambiata dalla riforma del 1924. La petizione di questa colletta riprende quella dei due primi periodi. Si noti che la premessa dell'odierna preghiera non fa più riferimento all'evento biblico della spogliazione delle vesti. Il testo venne composto in funzione di questa processione e non appartiene al patrimonio eucologico latino.

7.5. Interpretazione sintetica

La stazione si svolge in un luogo votivo in cui non risulta plausibile che sia avvenuta la spogliazione del Signore prima del suo sacrificio sulla croce (La *Via Crucis* di ogni Venerdì ricorda la decima stazione in un altro luogo, molto più verosimilmente accanto a quello della crocifissione). L'eucologia odierna ha ormai l'onestà di non includere nessuno degli *hic* caratteristici della funzione qui studiata (se non quando afferma che le vesti sono divise *in hoc Calvario*[525]). L'altare centrale ha una pala che rappresenta l'incoronazione della Madonna: sarebbe quindi diffi-

---

523 *PrSS1623*, 15.

524 Cfr. *PrSS1670*, 36; *PrSS1752*, 13; *PrSS1786*, 13-14; *PrSS1796*, 13; *PrSS1855*, 13; *PrSS1862*, 13-14; *PrSS1866*, 15; *PrSS1877*, 13; *PrSS1896*, 20; *PrSS1900*, 22. Si riporta ora l'orazione del secondo periodo:

> «Benigne Iesu Christe, qui pro nostra redemptione, ab indignis peccatorum manibus, non solum in Cruce nudus suspendi, & mori voluisti: sed etiam tua sacratissima vestimenta partiri, & donari permisisti, concede: vt spoliati vitijs, virtutibus adornati, tibi Deo viuo, & vero in cælesti gloria præsentari mereamur. Qui viuis, & regnas cum Deo patre, &c.» (in: *ITS1586*, 338; cfr. anche *ITS1583*, 290; *ITS1598*, 161).

Nel primo periodo, un'orazione simile veniva proclamata dal sacerdote (cfr. *ITS1431*, 77; *ITS1492*, 228; *ITS1567*, 166).

525 In questo caso, l'*hoc* non intende specificare un posto preciso, ma un posto non determinato su questo specifico Calvario. Per questo motivo la grafia dell'*hoc* all'interno dell'inno non viene rilevata dal carattere grassetto.

cile immaginare che il luogo commemori questo mistero della passione. Tuttavia, una pittura che non è visibile dai pellegrini, è collocata alla sinistra dell'altare e mostra Gesù spogliato delle sue vesti. Lo scopo celebrativo di questa stazione si limita quindi a preparare spiritualmente i frati e i fedeli agli eventi che verranno poi ricordati sulla sommità del Calvario.

Come per la stazione precedente, si evidenzia l'armonia eucologica in seno alla stazione: la petizione colletta riprende quella dell'ultima strofa dell'inno, ripetendo l'antitesi *spogliarsi dai vizi* e *adornarsi con le virtù*.

7.6. Suggerimenti per cambiamenti

Come per la stazione precedente, nessun *hic* va inserito nell'eucologia di questa stazione votiva.

7.6.1. Presentazione

Con questa stazione, si interrompono le citazioni dei versetti degli Improperi visto che non c'è nessun versetto che tratti dello spogliamento di Gesù. Si adopererà perciò la prima strofa dell'attuale inno: «Adeste, pacis Angeli, de sede cæli nobili, alasque vestras tendite, et membra Christi condite» che viene omessa dalla riforma proposta. Questo brano eucologico gerosolimitano conserverà quindi la sua funzione tradizionale di introdurre l'inno e la stazione in generale.

7.6.2. Inno

Le due prime strofe sono caratteristiche della forma di pietà che regnava tra il XIX e il XX secolo; mentre il carme del periodo precedente usa la tipologia biblica che è molto più ricca e concorda meglio con le altre strofe dell'inno. Si potrebbe ripristinare integralmente l'inno dell'OBICINI, ma per facilitare la riforma evitando eventuali incomprensioni, sarebbe preferibile lasciare le altre strofe nella forma odierna. Inoltre, l'ottava e la nona strofa dell'inno del secondo periodo contengono quegli *hic* (*Tinctæ rubent hic sanguine* in 8,3 e *Hic sunt partiti impii* in 9,1) che sono stati tolti a causa della non storicità del luogo, e che non è conveniente reinserire. Ha fatto bene la riforma del 1924 a riformulare le strofe. Si propone quindi di sostituire le due prime strofe dell'*Adeste pacis* con le prime sei del carme precedente. In questo modo il tempo occupato dalle quattro nuove strofe sostituisce quello del *Pater-Ave-Gloria* di questa stazione e di quella precedente. Il testo finale proposto (con la sua musica modificata come nel *Liber Hymnarius*[526]) è quindi il seguente:

---

[526] Cfr. *LibH*, 55-56.

textus: Thomas O*BICINI OFM? sæc.* XVI.
melodia: S. G*REGORIUS* M*AGNUS?, sæc.* VI.

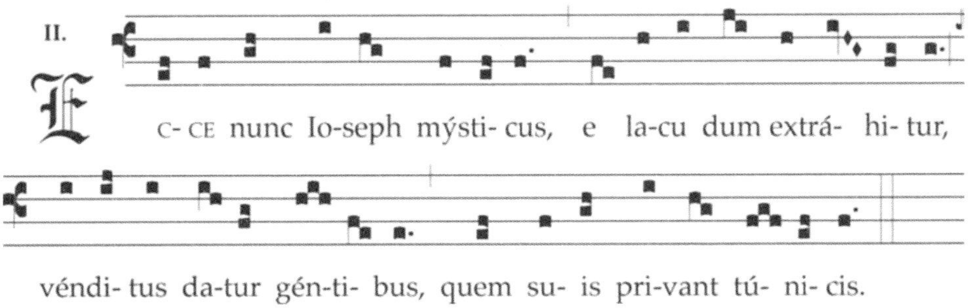

2. Erat Salvátor étenim
succúrrens mundo lánguido:
cinctus amóre próperat,
ut nos salúte cíngeret.

3. Iacob en sic pellíceis
vestitus fratris hœ́dinis:
ut benedíctum ráperet
arte, quod culpa pérdidit.

4. Hic Agnus est sanctíssimus
promíssus quondam pátribus,
qui vénerat ut víctima
vestire nudum hóminem.

5. Hinc is se privat túnicis,
ut noxam primi hóminis
per nuditátem aúferat,
et dona vitæ cónferat.

6. Vah gens iníqua, símilis
Cham, patris inguen détegens
musto madéntis, lánguidum
nudasti Christum Dóminum.

7. O dífferens recéptio!
vestes, dum intrat Sólymas,
stérnunt Iësu próprias,
sed exeúnti détrahunt.

8. Vestes velut nix cándidæ
vis*æ* in Thabór*e* et spléndidæ,
modo rubéscunt sánguine,
divís*æ* in hoc Calvário.

9. Impléta sunt quæ díxerat
davídicum præcónium:
partít*i* amíctus, túnicæ
fecére sortes árbitras.

10. Precámur ergo súpplices
te, sæculórum Cónditor,
sic spoliátum véstibus,
nos índuas virtútibus.

11. Iesu, tibi sit glória,
qui passus es pro sérvulis,
cum Patr*e* et almo Spíritu,
in sempitérna sǽcula. Amen.

7.6.3. Lettura breve

L'attuale testo risulta adatto per la stazione e corrisponde esattamente all'odierna edizione della *Neo Vulgata*.

Lectio brevis *Io* 19,23

Mílites ergo cum crucifixíssent Iesum, accepérunt vestiménta eius et fecérunt quattuor partes, unicuíque míliti partem, et túnicam.

℣. Divisérunt sibi vestiménta mea.
℟. Et super vestem meam misérunt sortem.

7.6.4. Orazione

La stessa orazione, che richiama la conclusione dell'inno tuttora proposto, andrà conservata: solamente la dossologia verrà conformata con quelle della liturgia odierna.

> Orémus.
> Deus, qui per Unigénitum tuum labénti mundo salútis remédia contulísti, concéde nobis, ut, spoliáti vítiis, virtutibúsque adornáti, ante tribúnal tuæ maiestátis in veste cándida præsentári mereámur. Per Christum Dóminum nostrum.
> ℟. Amen.

8. V. AD CRYPTAM INVENTIONIS S. CRUCIS

8.1. *Introduzione*: descrizione della stazione

La cripta dell'*Invenzione della santa Croce* (cfr. mappa al numero 13) è una proprietà latina situata in una fossa ai piedi del Calvario. Si tratta di un'antica cava di pietra usata poi come cisterna e successivamente abbandonata, nella quale furono ritrovate le Croci di Gesù e dei due ladroni[527]. Gli scavi archeologici hanno dimostrato l'origine romana della cisterna, trasformata in santuario solamente nel secolo XI al tempo del restauro di Monomaco. Si possono vedere sulle pareti alcuni affreschi del periodo crociato.

Bisogna aspettare sant'AMBROGIO[528] (395) per avere notizie riguardo al ritrovamento del prezioso Legno da parte di santa Elena, madre dell'imperatore Costantino, durante gli scavi che fece eseguire nelle vicinanze del Golgota: egli precisa che la reliquia fu riconosciuta dal titolo fattovi apporre da Pilato. Sei anni dopo, RUFINO[529] riprendendo la stessa narrazione, aggiunge che Elena si sarebbe recata a Gerusalemme non per sola pietà, ma dopo aver avuto delle visioni, e aggiunge che la vera Croce fu riconosciuta non dal suo titolo bensì dall'istantaneo risanamento di una moribonda. San PAOLINO di Nola[530] e SULPIZIO SEVERO[531] parlano addirittura della risurrezione di un morto e della partecipazione dei Giudei al grande avvenimento. EUSEBIO di Cesarea, contemporaneo agli eventi, nel suo *De vita Constatini*[532] scritto nel 337 non riporta niente a questo riguardo, mentre narra la dedicazione della primitiva basilica del Santo Sepolcro, e descrive il viaggio della madre dell'Imperatore verso i Luoghi santi[533]. Infine la pellegrina EGERIA[534] (384) nel suo

---

527 Cfr. il testo del racconto nella sua versione italiana in appendice al n° **6.**

528 Cfr. AMBROSIUS, *De obitu Theodosii* 41-46, in *Sancti Ambrosii opera. Pars septima*, ed. O. Faller (CSEL 73), Wien 1955, 393-396.

529 Cfr. RUFINUS, *Historiae Ecclesiasticae* 1,7-8, in *Scripta varia*, ed. M. Simonetti (Corpus Scriptorum Ecclesiae Aquileienis 5/2), Aquileia 2000, 202-206.

530 Cfr. PAULINUS NOLANUS, *Epistulae* 31,1, ed. De Hartel, 267-275.

531 «Duabus prius frustra crucibus admotis, ubi Christi patibulo attactum est, dictu mirabile, trepantibus cunctis, funus excussum et inter spectatores suos asistit: crux reperta dignoque ambitu consecra» (in: SULPICIUS SEVERUS, *Chroniques* 2,34, ed. tr. G. de Senneville-Grave (SChr 441), Paris 1999, 304).

532 Cfr. EUSEBIUS PAMPHILUS, *De vita Constantini* 3,25-40, ed. Valesius, 1085-1100.

533 Cfr. E. ROMANELLI, «Invenzione della Santa Croce», in *EnCat* 7, 130-132.

534 «Inde reversi sedent modice in domibus suis et statim toti parati sunt. Et sic ponitur cathedra episcopo in Golgotha post Crucem, quae stat nunc; residet

diario, ci dice che la reliquia veniva custodita nel Santo Sepolcro, e che il venerdì che precedeva la festa della Pasqua, la preziosa reliquia veniva venerata *ante crucem* con il santo bacio dei presenti.

Rito. Scendendo i due piani (cioè attraversando la *Cappella di santa Elena*) fino alla grotta in cui fu trovata la santa Croce, viene recitato il famoso inno plurisecolare *Crux Fidelis*. Tutto si svolge fedelmente come per la stazione precedente, con la differenza che uno dei tre sacrestani latini ha precedentemente posto sull'altare nudo due candele accese ai lati di una croce[535].

8.2. *Inno*: Crux fidelis inter omnes

8.2.1. Paragone dei diversi inni

L'inno appartiene al patrimonio eucologico della Chiesa latina; è il primo che si incontra a non essere stato composto in vista della processione. Molti sono i testi che verranno presentati in questa sede: oltre ai diversi carmi dei quattro periodi della storia della processione si esporranno i vari testi che furono all'origine di quelli che sono stati cantati in questa sacra grotta del ritrovamento della Croce del Signore. Si presentano ora in forma sinottica alcune variazioni dello stesso carme.

Nella prima colonna figurano alcune strofe[536] dell'inno del *Breviarium Romanum* stampato dopo la riforma operata da papa URBANO VIII (1632): queste strofe servirono di base per la redazione dell'inno del processionale del quarto periodo, riportato nella seconda colonna[537].

3. Crux fidelis, inter omnes Arbor vna nobilis: Sylua talem nulla profert Fronde, flore, germine: Dulce ferrum, dulce lignum, Dulce pondus sustinent.	**1.** Crux fidélis, intér omnes Arbor una nóbilis: Silva talem nulla profert Fronde, flore, germine: Dulce ferrum, dulce lignum, Dulce pondus sústinent.

episcopus in cathedra; ponitur ante eum mensa sublinteata; stant in giro mensa diacones et affertur loculus argenteus deauratus, in quo est lignum sanctum crucis, aperitur et profertur, ponitur in mensa tam lignum crucis quam titulus» (in: *IE*, 284 [n° 37,1]).

535 Si noti che non viene incensato il luogo del ritrovamento della Croce prima dell'incensazione dell'altare, nonostante nessun membro del clero orientale sia presente per controllare lo svolgimento della funzione in questa cappella tutta latina.

536 *BR1632*, 371.

537 *PrSS1925*, 22-23; *PrSS1947*, 22-23.

4. Flecte ramos, arbor alta, Tensa laxa viscera, Et rigor lentescat ille, Quem dedit natiuitas; Et superni membra Regis Tende miti stipite.	**2.** Flecte ramos, arbor alta, Tensa laxa víscera, Et rigor lentéscat ille, Quem dedit natívitas: Et supérni membra Regis Tende miti stípite.
5. Sola digna tu fuisti Ferre Mundi Victimam; Atque portum præparare Arca mundo náufrago: Quam sacer cruor perúnxit, Fusus Agni corpore.	**3.** Sola digna tu fuísti Ferre mundi víctimam, Atque portum præparáre Arca mundo náufrago: Quam sacer cruor perúnxit, Fusus Agni córpore.
	4. *Unica spes, o Crux, ave,* *Hic invénta ab Hélena:* *Per hanc salva, rege vagos,* *Tua, Deus, grátia:* *Auge piis spem et fidem,* *Et da reis véniam.*
6. Sempiterna sit Beatæ Trinitati gloria, Aequa Patri, Filioque: Par decus Paraclito: Vnius, Trinique Nomen Laudet Vniversitas. Amen.	**5.** Sempitérna sit beátæ Trinitáti glória: Æqua Patri, Filióque, Par decus Paráclito: Unius Triníque nomen Laudet univérsitas. Amen.

Nella prima colonna di questa seconda sinossi si presenta l'inno originario[538] nella forma in cui fu composto dal suo autore. Dato che questo stesso inno si ritroverà in una stazione seguente, è riportato qui *in extenso*. Nella nota a piè di pagina[539] si riportano le sue correzioni, al modo di come si trovava nel *Breviarium Ro-*

---

[538] W. BULST, *Hymni latini antiquissimi LXXV. Psalmi*, Heidelberg 1956, 128. Cfr. anche in *AH* 50, 71 [n° 66]; VENANTIUS HONORIUS CLEMENTIANUS FORTUNATUS, *Carmina libri* XL 2,2, in *Opera* 1, ed. S. Di Brazzano (Corpus Scriptorum Ecclesiae Aquileienis 8/1), Aquileia 2001, 148-150; *Monumenta Germaniae Historica. Auctorum antiquissimorum* 4/1, *Venanti Fortunati opera poetica*, Berlin 1881, 27-28.

[539] 1,3: *Et super crucis trophæum*; 3,3-4: *Multiformis proditoris / Ars ut artem falleret;* 4,6: *Caro factus prodiit*; 5,5-6: *Et manus pedesque, crura / Stricta cingit fascia*; 6,1: *Lustris sex qui iam peractis*; 8,3-6: *Nulla silua talem profert / Fronde, flore, germine / Dulce lignum, dulces clauos / Dulce pondus sustinent*; 9,6: *Miti tendas stipite*; 10,2: *Ferre sæcli prætium*; Dossologia: *Gloria, & honor Deo / Vsquequaque altissimo; / Vna Patri, Filioque, / Inclyto Paraclito; / Cui laus est & potestas / Per æterna sæcula. Amen* (cfr. *BR1606*, 330.333: si cita questo breviario perché non si possiede il *Breviarium Romanum* clementino originario del 1602).

manum clementino del 1602[540], corrispondente alla versione che ispirò l'autore dell'inno del processionale del terzo periodo, qui presentato nella seconda colonna[541]. Infine, nella terza colonna appare la lezione corretta[542] da Anselmo LENTINI OSB in vista della *Liturgia Horarum* romana dopo la riforma del Vaticano II. La forma attuale dell'inno viene anche riportata in questa sinossi perché ripristinata dalla forma originaria.

1. Pange, lingua, gloriosi
proelium certaminis
et super crucis tropaeo
dic triumphum nobilem,
qualiter redemptor orbis
immolatus uicerit.

2. de parentis protoplasti
fraude factor condolens,
quando pomi noxialis
morte morsu conruit,
ipse lignum tunc notauit,
damna ligni ut solueret.

3. hoc opus nostrae salutis
ordo depoposcerat,
multiformis perditoris
arte ut artem falleret
et medelam ferret inde,
hostis unde laeserat.

4. quando uenit ergo sacri
plenitudo temporis,
missus est ab arce patris
natus orbis conditor
atque uentre uirginali
carne factus prodiit.

5. uagit infans inter arta
conditus praesepia,
membra pannis inuoluta
uirgo mater adligat
et pedes manusque crura
stricta pingit fascia.

a. Pange, lingua, gloriósi
prœ́lium certáminis,
et super crucis tropǽo
dic triúmphum nóbilem,
quáliter redémptor orbis
immolátus vícerit.

b. De paréntis protoplásti
fraude factor cóndolens,
quando pomi noxiális
morte morsu córruit,
ipse lignum tunc notávit,
damna ligni ut sólveret.

c. Hoc opus nostræ salútis
ordo depopóscerat,
multifórmis perditóris
arte ut artem fálleret,
et medélam ferret inde,
hostis unde lǽserat.

d. Quando venit ergo sacri
plenitúdo témporis,
missus est ab arce Patris
Natus, orbis cónditor,
atque ventre virgináli
carne factus pródiit.

540 Cfr. n° **2.5.3.2.**

541 *PrSS1623*, 16-17.

542 *LENT*, 107 [n° 133]; l'inno si trova anche in *MR1970*, 261-262; *MR2002*, 327-329.

6. lustra sex qui iam peracta tempus inplens corporis, se uolente natus ad hoc passioni deditus agnus in crucis leuatur immolandus stipite.		**e.** Lustra sex qui iam perácta tempus implens córporis, se volénte, natus ad hoc, passioni déditus, agnus in crucis levátur immolándus stípite.
		f. Æqua Patri Filióque, ínclito Paráclito, sempitérna sit beátæ Trinitáti glória, cuius alma nos redémit atque servat grátia.
7. *hic* acetum fel arundo sputa claui lancea, mite corpus perforatur, sanguis unda profluit, terra pontus astra mundus quo lauantur flumine.		**a.** *En* acétum, fel, arúndo, sputa, clavi, láncea; mite corpus perforátur, sanguis, unda prófluit; terra, pontus, astra, mundus quo lavántur flúmine!
8. crux fidelis, inter omnes arbor una nobilis – *nulla talem silua* profert flore fronde germine –, dulce lignum dulc*e* clau*o* dulce pondus susti*nens*,	**1.** Crux fidélis, intér omnes Arbor vna nobilis: *Nulla sylva talem* profert Fronde, flore, germine: Dulce lignum, dulc*es* clau*os*, Dulce pondus susti*nent*.	**b.** Crux fidélis, inter omnes arbor una nóbilis! *Nulla talem silva* profert flore, fronde, gérmine. Dulce lignum, dulc*i* clav*o* dulce pondus sústi*nens*!
9. flecte ramos, arbor alta, tensa laxa uiscera, et rigor lentescat ille, quem dedit natiuitas, ut superni membra regis mit*e* tendas stipite.	**2.** Flecte ramos, arbor alta, Tensa laxa víscera, Et rigor lentéscat ille, Quem dedit Natiuitas; Vt superni membra Regis Mit*i* tendas stipite.	**c.** Flecte ramos, arbor alta, tensa laxa víscera, et rigor lentéscat ille quem dedit natívitas, ut supérni membra regis mit*i* tendas stípite.
10. sola digna tu fuisti ferre pretium saeculi atque portum praeparare nauta mundo naufrago, quem sacer cruor perunxit fusus agni corpore.	**3.** Sola digna tu fuisti Ferre sæcli prætium, Atque portum præparare Nauta mundo naufrago: Quem sacer cruor perunxit, Fusus agni corpore.	**d.** Sola digna tu fuísti ferre sæcli prétium, atque portum præparáre nauta mundo náufrago, quem sacer cruor perúnxit fusus Agni córpore.
	4. Vnica spes, ò crux, ave, Hic invénta ab Helena: Per hanc salua, rege vagos, Tua Deus gratia: Auge pijs spem, & fidem, Et da reis véniam.	
	5. Gloria, & honor Deo Vsquequaque altissimo; Vna Patri, Filioque, Inclyto Paraclyto; Cui laus est, & potestas Per æterna sæcula. Amen.	**e.** Æqua Patri Filióque, ínclito Paráclito, sempitérna sit beátæ Trinitáti gloria, cuius alma nos redémit atque servat grátia.

La versione di Tommaso OBICINI rimane globalmente fedele durante tutto il terzo periodo[543]. Confrontando tuttavia il processionale di OBICINI con quello del 1862, oltre al solito adattamento tipografico, si notano le seguenti differenze: 2,5-6: *Et superni membra Regis / Tende miti stipite*; 3,2: *Ferre mundi víctimam*; 3,4: *Arca mundo náufrago / quam sacer cruor perunxit.*

L'inno del secondo periodo non è da collegare con quello che poi verrà ininterrottamente cantato. Il *Crux fidelis* è il primo inno incontrato che fa parte del patrimonio della Chiesa latina. Sin dalla riforma dell'OBICINI viene cantato in questo luogo l'inno di VENANZIO con l'aggiunta di una strofa (legata alla scoperta della Croce da parte di santa Elena) prima della dossologia. L'inno di VENANZIO sopra riportato è stato redatto in una forma che rimase simile a quella dell'edizione del *Breviarium Romanum* clementino del 1602. È chiaro che la versione odierna del LENTINI tende a ripristinare le lezioni originali, senza però dimenticare gli apporti della storia: è il motivo per cui questi tre testi sono presentati in modo sinottico. Dopo la riforma urbaniana (1632), il testo del breviario verrà mutato e servirà di base per l'inno del processionale odierno.

---

543 Cfr. *PrSS1670*, 37-38; *PrSS1752*, 14-15; *PrSS1786*, 14-15; *PrSS1796*, 14-15; *PrSS1855*, 13-15; *PrSS1862*, 14-15; *PrSS1866*, 15-17; *PrSS1877*, 14-15; *PrSS1896*, 21-23; *PrSS1900*, 23-25. Segue il testo dell'inno dello ZUALLARDO adoperato durante il secondo periodo (in *ITS1586*, 339) che rimarrà quasi invariato durante questo tempo (cfr. *ITS1583*, 290-291 e *ITS1598*, 162). Questo inno viene inoltre catalogato dallo CHEVALIER (cfr. *CHEV* IV, 4 [n° 34883]).

1. *Ad Crucis locum pergere, / Debemus, & hanc quærere, / Velut gesserunt martyres, / Qua meruerunt gloriam.*
2. *O Crux miranda gloriæ / Scala, ad cælos eleuans: / Per quam ascendit Dominus / In ea fuso sanguine.*
3. *O Crux arbor dignissima, / Qua mediante animæ / Ascendunt ad cælestia, / Et beatorum præmia.*
4. *O Crux scala excelsior / Cunctis altis arboribus, / Adiuua nos ab infimis / Ad cælos vsque scandere.*
5. *Hæc illa est altissima / Scala, quam iam Sanctissimus, / Iacob vidit in somnio / Per quam pergebant Angeli.*
6. *O Crux sic admirabilis / Ornata Christi sanguine, / Quæ cum Sanctorum agmine, / Mundum illustras lumine.*
7. *O Crux arbor dulcissima, / Quæ mortis das mysterium, / Christi, & nobis pretium / Conasti atque gaudium.*
8. *O Crux aue spes vnica, / Inventa hic ab Helena, / Per te sic nobis gratia / Detur, & sursum gloria. Amen.*

Segue anche l'inno che veniva cantato alla fine del primo periodo (cfr. *ITS1492*, 229):

1. *O crux ave spes unica / hoc inventionis tempore: / auge piis iusticiam / reisque dona veniam.*
2. *Te summa Deus Trinitas, / collaudet omnis spiritus, / quos per crucis misterium, / salvas, rege per secula. Amen.*

Ci si limita ora a paragonare le strofe che fanno parte della processione. La numerazione che seguirà corrisponde a quella del testo del processionale di OBICINI, uguale a quella odierna.

1. Le varianti della prima strofa sono numerose:

a. La prima differenza appare al terzo versetto:

VENANZIO	*nulla talem silva profert*	nessuna selva ne fornisce una tale
BR clementino 1602	*nulla silva talem profert*	*senso equivalente*
PrSS1623	*nulla silva talem profert*	*senso equivalente*
BR urbaniano 1632	*silva talem nulla profert*	*senso equivalente*
PrSS1947	*silva talem nulla profert*	*senso equivalente*
Liturgia Horarum	*nulla talem silva profert*	*senso equivalente*

È evidente che la processione ha sempre seguito il *Breviarium Romanum*. La lezione oggi preferita dalla *Liturgia Horarum* è quindi l'originale.

b. Tutte le versioni dei testi liturgici anteriori al Concilio Vaticano II hanno mutato l'ordine delle parole del quarto stico: dal *flore, fronde, germine* di VENANZIO si passerà poi a *fronde, flore, germine*. Si è oggi ritornati al testo originale.

c. I due ultimi stichi della prima strofa hanno infine subito parecchie varianti.

VENANZIO	*dulce lignum dulce clavo* *dulce pondus sustinens.*	dolce legno, con il dolce chiodo sostenente il dolce peso.
BR clementino 1602	*dulce lignum dulces clavos* *dulce pondus sustinent.*	dolce legno, dolci chiodi sostengono il dolce peso.
PrSS1623	*dulce lignum, dulces clavos* *dulce pondus sustinent.*	dolce legno, dolci chiodi sostengono il dolce peso.
BR urbaniano 1632	*dulce ferrum, dulce lignum* *dulce pondus sustinent.*	dolce chiodo dolce legno sostengono il dolce peso.
PrSS1947	*dulce ferrum, dulce lignum* *dulce pondus sustinent.*	dolce chiodo, dolce legno, sostengono il dolce peso.
Liturgia Horarum	*dulce lignum dulci clavo* *dulce pondus sustinens.*	dolce legno,con il dolce chiodo sostenente il dolce peso.

Il problema nasce dal fatto che l'autore usa una forma anomala dell'ablativo per l'aggettivo di seconda classe: ci si aspetterebbe un *dulci,* ma per rispetto della metrica dell'inno VENANZIO preferì usare questa forma sacrificando la grammatica[544]. Oggi si riprende l'idea originaria preferendo però sacrificare la metrica, ma non il buon senso grammaticale. Gli umanisti del XVII secolo cercheranno poi di mantenere sia la metrica che la grammatica, senza essere mai pienamente soddisfat-

---

544 LENTINI giustifica l'uso di *dulce* all'ablativo citando degli esempi di autori classici (cfr. *LENT*, 107 [n° 103]).

ti e perciò faranno diversi tentativi come si può vedere dai cambiamenti che appaiono sopra.

2. Le discordanze della seconda strofa sono più lievi, appaiono nel sesto stico.

VENANZIO	*mite tendas stipite*	tendi sul tronco morbido
BR clementino 1602	*miti tendas stipite*	*senso equivalente*
PrSS1623	*miti tendas stipite*	*senso equivalente*
BR urbaniano 1632	*tende miti stipite*	*senso equivalente*
PrSS1947	*tende miti stipite*	*senso equivalente*
Liturgia Horarum	*miti tendas stipite*	*senso equivalente*

Come nel caso precedente, il problema nasce un'altra volta dalla forma ablativa non usuale *mite* per l'aggettivo di seconda classe: anche qui l'autore ha sacrificato il buon senso in favore del metro; LENTINI correggendo lo stico in *miti* farà la scelta opposta «per ragione pastorale di chiarezza»[545]. I correttori della riforma clementina seguirono la stessa logica; quelli della riforma urbaniana, per rispettare la metrica, proseguirono allo spostamento di parole e al cambiamento di coniugazione del verbo. Questo è il motivo per cui gli "urbaniani" nel quinto stico mutarono anche l'*ut* in *et* in modo da permettere l'uso dell'imperativo *tende*.

3. Anche la terza strofa ha subito alcuni cambiamenti. Si esamina il secondo stico:

VENANZIO	*ferre pretium sæculi*	portare il prezzo del secolo
BR clementino 1602	*ferre sæcli pretium*	portare il prezzo del secolo
PrSS1623	*ferre sæcli pretium*	portare il prezzo del secolo
BR urbaniano 1632	*ferre mundi victimam*	portare la vittima del mondo
PrSS1947	*ferre mundi victimam*	portare la vittima del mondo
Liturgia Horarum	*ferre sæcli pretium*	portare il prezzo del secolo

La lezione originaria comportava una sillaba soprannumeraria che rende più difficile l'esecuzione musicale. I "clementini" hanno proceduto ad uno spostamento di parole togliendo poi la sillaba in più con una forma analoga per *sæculi*, proposta ritenuta per l'odierna *Liturgia Horarum*. Gli "urbaniani" invece hanno sviato il problema cambiando il senso del pensiero.

Riguardo a questa strofa, si segnala solamente che il quarto stico *nauta mundo naufrago* verrà sostituito nel breviario romano del 1632 con *arca mundo naufrago*; il cambiamento portò di conseguenza alla mutazione del pronome relativo dello stico seguente per *nauta* (marinaio, nocchiero) che è un sostantivo maschile, allorché *arca* è femminile.

---

545 *LENT*, 107 [n° 103].

4. La quarta strofa, strofa propria al luogo, si ritrova nella stessa forma nei processionali del terzo e quarto periodo.

5. Ci sono tre forme di dossologie per questo stesso inno: nessuna faceva parte del testo dell'autore e la sua forma nei vari processionali segue sempre quella del *Breviarium Romanum* contemporaneo.

Nota Bene: Si deve anche tenere presente che già nel processionale del 1862 si erano fatte alcune modifiche per rendere il testo più vicino alla lezione urbaniana, senza tuttavia portare a conclusione definitiva l'aggiornamento.

8.2.2. Autore e storia dell'inno

Questo inno[546], molto ricco ormai di una lunga tradizione, fu scritto nel VI secolo da san VENANZIO FORTUNATO[547] (530-600), il più grande poeta gallicano, di origini italiane. Contemporaneo di Gregorio Magno, nasce vicino a Treviso nell'odierna Valdobbiadene e si trasferisce poi ad Aquileia, invitato dall'allora Patriarca del luogo Paolino, dove riceve una solida educazione latina. Studia poi a Ravenna, città in cui inizia la sua vita intellettuale. Ammalatosi agli occhi, sarà guarito da un miracolo che attribuisce a san Martino di Tours (ungendosi gli occhi con l'olio di una lampada che stava sull'altare del santo). Allo scopo di sciogliere un voto decide di recarsi a Tours nel 565, pellegrino alla tomba del santo. Oltre a questo motivo, che lo porta a compiere un vero cammino interiore, assolve il suo compito di agente politico della corte di Bisanzio e, mentre è in Germania e Lotaringia, incontra molti grandi di questo mondo. Giunto nel 567 a Poitiers incontra santa Radegonda, già regina dei Franchi, figlia del re di Turingia e vedova del re Clotario, che viveva nel monastero di *Notre-Dame* da lei fondato. Pur essendo molto semplice, la monaca aveva la dignità e la cultura classica di un'ex-regina qual'era. Accanto a lei c'è Agnese, sua figlia spirituale. Questo incontro - sulla via del ritorno verso l'Italia - cambia la sua vita avventurosa e girovaga. Nonostante la nostalgia per la patria ed il desiderio di rivedere la sua famiglia, VENANZIO rimane con le sue due amiche franche fino alla fine della sua vita, come intendente del monastero. Negli ultimi anni della sua vita, grazie all'influsso di Radegonda, egli scopre la sua voca-

---

[546] Le fonti di questo capitolo sono: D. NORBERG, «Le "Pange lingua" de Fortunat pour la Croix», *La Maison-Dieu* 173 (1988) 71-79; A. MIRRA, *Gli inni del breviario romano. Per i licei filosofici e per il clero*, Napoli 1947, 114-115; E. PETERSON, «Venanzio», in *EnCat* 10, 1177.

[547] Molti liturgisti (tra cui il cardinale Giuseppe TOMASI e A. MIRRA) non attribuiscono a VENANZIO FORTUNATO la composizione dell'inno, ma concordano nel ritenere che sia Claudiano MAMERZIO, sacerdote della Chiesa di Vienna, vissuto nella prima metà del V secolo (cfr. MIRRA, *Gli inni del breviario romano,* 111). Risulta comunque che oggi la paternità di VENANZIO non viene più messa in dubbio da nessuno.

zione sacerdotale e diventerà elemosiniere dello stesso monastero. Grande poeta, VENANZIO pubblicherà i suoi versi. Alla morte di Radegonda, segue Gregorio di Tours fino a Metz, dove sarà consacrato vescovo per la diocesi di Poitiers, qualche anno prima di morire verso l'anno 600. Dal IX secolo in poi, san VENANZIO FORTUNATO, santa Radegonda e santa Agnese saranno venerati dal popolo cristiano.

Fra gli autori del suo secolo, VENANZIO è quello che ha più familiarità con la lingua latina come dimostrato dalle sue opere, scritte dopo la partenza dall'Italia. Alla fine dell'Impero romano, la Gallia era stata una provincia celebre per la sua erudizione, la sua arte e la sua letteratura. Durante il V secolo, quando i Goti e i Borgognoni si insediano nel paese, si trovano ancora uomini che scrivono con l'eleganza formale del tempo passato. Tuttavia tutto cambia al tempo di VENANZIO: la sparizione dell'amministrazione romana è definitiva, le città non possono mantenere l'insegnamento scolare, l'evoluzione della lingua parlata non ubbidisce alle regole della grammatica. Il clero è costretto ad esprimersi in una lingua di basso livello per poter esser capito. Lo sviluppo della lingua perde la distinzione quantitativa delle sillabe. I re franchi si sentono onorati nel sentire le loro virtù cantate con la poesia latina e VENANZIO scrive anche un'abbondante letteratura in loro onore. La sua attività poetica conta 242 opere tra cui inni, elegie, epigrammi, epitaffi, raccolte in undici libri. L'autore ha molta facilità nel passare da opere mistiche ad altre più mondane. All'inizio del suo secondo libro, troviamo i sei famosi inni in onore della santa Croce e tra questi carmi sono da collocare i celebri *Pange lingua* (secondo inno del secondo libro[548]), che ora viene studiato, e il *Vexilla Regis* (sesto inno) che sarà oggetto dello studio dell'ottava stazione della processione.

Santa Radegonda aveva raccolto nel suo monastero molte reliquie, ma le mancava proprio quella del prezioso Legno a cui era stato crocifisso il Salvatore. Dopo aver chiesto al suo re Sigeberto, essa mandò un messaggio a Giustino II, imperatore d'Oriente, chiedendo il favore di procurarle tale reliquia. L'Imperatore le mandò un frammento della Croce, custodito in un evangeliario d'oro, arricchito con pietre preziose. Quando la reliquia stava all'ingresso di Poitiers, il vescovo del luogo, disprezzandone l'ingresso trionfale, preferì lasciare la città. Radegonda si rivolse allora al re Sigeberto per chiedere la presenza di un altro vescovo: fu così che Eufronio, vescovo di Tours, venne a tributare tutti gli onori dovuti ad un così prezioso dono, che lui stesso porterà nel monastero. I due carmi in onore della Croce furono scritti per celebrare solennemente questo evento, che determinò anche il cambio del titolo del monastero, da *Notre-Dame* in quello di *Santa Croce*.

Il *Crux fidelis* ha conosciuto una bella e ricca tradizione nella liturgia latina: la più importante è il suo canto dopo gli Improperi, al momento della venerazione

---

[548] Cfr. *Monumenta Germaniae Historica*, 27-28; VENANTIUS FORTUNATUS, *Carmina* 2,2, ed. Bergman, 148-150.

della Croce durante l'azione liturgica del Venerdì santo[549]. Una grande quantità di manoscritti e breviari riportano il suo uso sia integrale che nella suddivisione in una, due o tre parti[550]. La versione dell'inno che si trova in questa processione è anche catalogata dallo CHEVALIER[551].

Nell'ufficiatura tridentina questo lungo carme era diviso in due parti: le prime strofe (da *Pange lingua* a *Vagit infans* con la dossologia) venivano cantate al Mattutino dalla *Domenica di Passione* fino al *Mercoledì santo*. Le altre strofe (dal *Lustra sex* fino alla fine con l'aggiunta della dossologia) erano cantate alle Lodi dello stesso periodo[552].

Nella liturgia latina postconciliare, questo inno viene ancora cantato durante l'*Ufficio divino*, ma con una divisione differente. La prima parte si trova (la divisione appare nella numerazione sopraindicata) nell'Ufficio delle letture della Settimana santa e la seconda parte è cantata al mattino, durante le Lodi, dello stesso periodo[553]. La tradizione della Chiesa latina ha riservato anche il canto del *Pange lingua* per la *Celebrazione della Croce* la sera del Venerdì santo. Durante la venerazione del legno della Croce, dopo il canto degli Improperi, questo lungo inno viene cantato in modo responsoriale, vale a dire che la strofa *Crux fidelis* è anteposta all'inno: tra ogni strofa dell'inno poi, sono alternati sia i versetti: «Crux fidelis, inter omnes arbor una nobilis! Nulla talem silva profert flore, fronde, germine» sia i versetti «Dulce lignum, dulci clavo dulce pondus sustinens!»[554]. L'inno riveste una solennità tutta particolare quando è cantato sul Calvario (il *Golgota*) il Venerdì santo mentre si venera la reliquia della santa Croce. Infine, la liturgia di Gerusalemme ha fissato la festa dell'*Invenzione della santa Croce* al 7 maggio[555]: è celebrata con fasto in questa grotta con il canto del *Crux fidelis* che in questo giorno riveste una solennità unica.

---

549 Cfr. *MReg*, 230-231 [n° 1078]; *MR1474*, 146-147 [n° 893]; *MR1570*, 250-251 [n° 1249-1257]; *MR1970*, 326.

550 Cfr. *CHEV* I, 241 [n° 4019].

551 Cfr. *CHEV* I, 241 [n° 4018], con la solita lacuna che lo CHEVALIER non conosce il testo più antico del *PrSS1623*.

552 Cfr. *BR1568*, 354 ss [n° 2107] per la versione tridentina, cfr. *BR1632*, 371-388 per quella urbaniana.

553 Cfr. *LH* II, 330-332.

554 Cfr. *MR1970*, 261-262; *MR2002*, 327-329. Si noti che la strofa *Vagit infans inter arta*, assente dalla *Liturgia Horarum* è però presente nel Messale.

555 Prima della riforma del calendario, la festa dell'*Invenzione della santa Croce* era estesa a tutta la Chiesa il 3 maggio, ma in questo giorno la Chiesa di Gerusalemme celebra la solennità di san Giacomo, suo primo vescovo. La festa di san Filippo viene celebrata da sola il 13 novembre.

8.2.3. Contenuto biblico, teologico, patristico

Prima di esaminare l'inno della processione, bisogna innanzitutto analizzare il suo contesto, vale a dire situarlo all'interno del lungo carme originario[556]. Composto di dieci strofe, il *Pange lingua* si divide in quattro sezioni:

- La prima strofa serve da introduzione e costituisce l'argomento dell'inno: già tutto è orientato verso la Croce. Si rivolge alla lingua dell'uomo interpellandola con un vocativo e invitandola a lodare la Croce salvifica.
- Le due strofe seguenti si rifanno alla *storia salutis* che pone il parallelo tra Adamo e Cristo; a questo ne corrisponde un altro: l'albero del Paradiso e l'albero della Croce[557].
- Al centro dell'inno si trovano le strofe (dalla quarta alla settima) in cui viene narrata tutta l'opera salvifica di Cristo. Iniziando con l'incarnazione del Verbo (*strofa 4*) che porta alla sua nascita a Betlemme (*strofa 5*), l'inno passa poi subito alla passione volontaria (*strofa 6*) e alla morte in Croce del Redentore (*strofa 7*).
- Le ultime tre strofe sono indirizzate alla Croce e verranno analizzate in seguito perché quest'ultima sezione è precisamente quella a cui si sono rifatti i liturgisti di Terra Santa per il testo di questa processione, volendo così rendere omaggio al prezioso Legno che per tre secoli fu miseramente abbandonato in questa cisterna ai piedi del Calvario. Il testo di queste strofe mira a riparare quell'ingratitudine umana, riconoscendo l'unicità e la nobiltà di questo albero che nessun'altra selva avrebbe mai potuto produrre.

---

[556] Per i vari commenti sulla sezione di questo inno, cfr. le seguenti opere: L. VAN TONGEREN, *Exaltation of the Cross. Toward the Origins of the Feast of the Cross and the Meaning of the Cross in Early Medieval Liturgy*, Louvain – Paris – Sterling 2000, 236-243; J. SZÖVÉRFFY, *Hymns of the Holy Cross. An annotated Edition with Introduction* (Medieval Classics: Texts and Studies 7), Brookline – Leyden 1976, 10-12; G. MONGELLI, *Gli inni della Liturgia delle Ore. Testo latino e versione ritmica italiana*, Venezia 1980-1981, 219-222; NORBERG, «Le "Pange lingua" de Fortunat pour la Croix», 71-79; G. OLITA, *Espositione delli sacri Hinni del nuouo Breuiario Romano*, Napoli 1639, 190-202; MIRRA, *Gli inni del breviario romano*, 109-114.

[557] Nel *Pange lingua* «l'albero spettrale del paradiso sovrappone l'albero salvifico della croce»; il suo autore «giustifica il confronto tra l'albero e la croce ricorrendo a un antichissimo argomento della tradizione patristica: per vincere il diavolo bisogna usare la stessa arma con cui egli ha colpito, e trarre rimedio da ciò di cui si è servito per provocare il male» (in: J. PINELL, *Liturgia delle ore* (Anàmnesis 5), Genova 1990, 152-153).

Analizzando l'inno del processionale si vede che è composto di quattro strofe in cui ci si rivolge direttamente alla Croce, e di una dossologia. Il carme si divide come segue (ogni strofa coincide ad un tema):

1. a. Lode alla Croce
2. b. Invocazione - petizioni (con imperativo)
3. a. Lode alla Croce
4. b. Invocazione - petizioni (con imperativo)
5. Dossologia

1. L'inno della processione inizia giustamente con questa strofa, perché con essa VENANZIO colse l'occasione di dare al suo carme un nuovo slancio, iniziando così una nuova sezione. Il parallelismo tra le strofe *Pange lingua* e *Crux fidelis* è chiaro: ambedue sono costruite usando un genere letterario che, facendo appello ad un oggetto inanimato (*lingua*, *crux*) opera in esso un transfer di ordine spirituale.

L'inno fu composto, come già detto, per accogliere la preziosa reliquia della Croce a Poitiers. Con Dag NORBERG si può affermare:

> « Les reliques de la Sainte Croix ont été portées, comme dans une procession de triomphe, au monastère de Radegonde. Fortunat savait bien que dans un triomphe romain on montrait les trophées conquis dans la bataille. Le Christ avait remporté la victoire sur la croix, et la croix était donc devenue son trophée »[558].

Si tratta quindi di una battaglia, di un trofeo di vittoria, di una vittoria senza precedenti che il Redentore ha riportato e che nessuna selva poteva fornire per *fronde*, *flore*, *germine*. Si ritrova ancora questo stile composto di *assyndeta* (numerazione di vari termini senza la copula *et*) come già nella quinta e settima strofa dell'inno originario.

Gli ultimi versetti di questa strofa non si rifanno direttamente alla Sacra Scrittura, ma ad un carme anteriore, quello di PRUDENZIO (348-415), altro celebre innografo. VENANZIO si ricordava senz'altro del verso «dulce tunc iustis cremari, dulce ferrum perpeti»[559] (i giusti trovavano dolcezza ad essere bruciati, dolcezza nel soffrire i ferri) che era dedicato ai martiri di Calahorra. Anche san GREGORIO NAZIANZENO ritiene che dolci sono questi chiodi benché duri[560], invitando il cristiano a salire di buon animo sulla Croce assieme a Gesù. In tutto il carme varie realtà spirituali vengono trasferite in realtà materiali: tutto ciò che sarebbe da attribuire a Cristo viene attribuito al legno per motivi stilistici; concretamente, *dulcis* è solamente

---

558 NORBERG, «Le "Pange lingua" de Fortunat pour la Croix», 78.

559 PRUDENTIUS CLEMENS, *Peristephanon* 1,51, in *Carmina*, ed. I. Bergman (CSEL 61), Wien 1926, 293.

560 Cfr. GREGORIUS NAZANZENUS, *Oratio* 45,23, in *Opera quæ exstant omnia* (PG 36), Paris 1885, 655 (nella versione latina: *Dulces sunt clavi, tametsi valde acerbi*).

l'amore misericordioso di Gesù salvatore. L'inno chiama *dulce* anche il *pondus* di Cristo, anzi tramite il corpo del Crocifisso tutto diventa dolce: il *lignum* e perfino il *ferrum*. Tutto viene inserito nel contesto della Redenzione. Dolci sono chiamati i chiodi e dolce il legno della Croce perché dolce fu a Cristo il patire per l'uomo e perché così la Croce ha addolcito il palato dell'uomo, reso amaro dal pomo gustato da Adamo (*quando pomi noxialis morte morsu corruit* recitava la seconda strofa originaria). Figura di questa realtà fu il legno con il quale Mosè, toccando l'acqua di Mara, le tolse l'amarezza e le restituì l'originale dolcezza (cfr. *Ex* 15,22-27).

2. Dopo essersi rivolto alla Croce, ovvero al legno, nella strofa precedente, il poeta ora si intrattiene con l'albero, che di per sé è senza anima e senza sentimenti; anzi ecco che il legno viene pregato. Siccome il Redentore del mondo è morto per tutti (cfr. *2 Cor* 5,15) così vuole che tutti conservino nella memoria il comune beneficio della Redenzione e contemplino i gravi dolori che patì nella sua passione acerba e crudele. L'orante con l'imperativo *flecte* e *laxa* chiede che l'albero si pieghi, si faccia più morbido, per ricevere le membra del Re celeste. Il poeta sta quindi in ginocchio davanti a quella Croce e la supplica di flettere i suoi rami, ad addolcire la sua durezza, perché quel Re che vi pende, possa essere accolto su di essa in maniera meno cruda.

In questo modo si esercita nelle anime dei fedeli una tenerezza ancora più viva per il Crocifisso. Il legno rappresenta la compassione che l'uomo deve avere quando medita su Gesù crocifisso: è l'invito a convertire il suo cuore duro in un cuore misericordioso. Si può cantare il trionfo della Croce a patto che si imiti la Croce nel suo essere flessibile, legno/albero che si sa abbassare.

3. Nella terza strofa si riprende la lode alla Croce. Come al tempo dell'antica legge gli uomini offrivano a Dio sacrifici per la remissione dei propri peccati (*hostia pro peccato*, cfr. *Lv* 9,7; 14,13) e poi si faceva l'offerta a Dio per rendergli grazie (*hostia pacifica*, cfr. per esempio *Num* 7,35); così Cristo, venuto non per abolire la legge ma per portarla a compimento (cfr. *Mt* 5,17-19), volle redimere i nostri peccati e renderci la pace con Dio. Si è offerto in sacrificio all'eterno Padre per noi e *tradidit seipsum pro nobis oblationem et hostiam Deo* (*Eph* 5,2). Ora è legittimo lodare la Croce con una lode che si fa anamnesi. Infatti della Croce fu prefigurazione l'arca di Noè, al di fuori della quale nessuno scampò dalle acque del diluvio (cfr. *Gn* 7,17-24). Coloro che si salvarono nell'arca durante il diluvio universale adombravano il mistero della Chiesa a venire[561]. Ogni beneficio è pervenuto all'uomo dal sangue di Cristo, agnello immolato.

---

[561] Come dice sant'AGOSTINO, la Chiesa «nunc in fluctibus saeculi natat, et per lignum crucis Christi a submersione liberatur» (in: AUGUSTINUS, *De catechizandis rudibus* 27,53, ed. I.-B. Bauer, in *Opera. Pars XIII,2* (CCL 46), Turnhout 1969, 175).

4. Questa strofa, come già detto, è un'aggiunta, ma la sua inserzione rispecchia la logica del poeta. Egli si rivolge direttamente alla Croce, unica gloria del cristiano (cfr. *Gal* 6,14) e come nella strofa *Sola digna* le rivolge una petizione[562] usando gli imperativi (come nella strofa seconda) *salva, rege, auge* e infine *da*. Quest'aggiunta che precede la dossologia ricorda quella che sin dal medioevo viene anteposta alla dossologia del *Vexilla*[563]. Nonostante questo scambio di parole, l'*O Crux, ave, spes unica* del *Vexilla* servì senz'altro di modello all'autore della strofa (che potrebbe essere lo stesso OBICINI).

Si può dire che si tratta di una strofa conclusiva anteposta alla dossologia in cui viene riassunta la teologia dell'inno esprimendo tutto il suo senso a motivo del Luogo santo in cui viene pregato: il ritrovamento da parte di Elena ha permesso di riportare alla luce la Croce materiale. Tutto l'inno, come già detto, ha la caratteristica di trasferire a realtà materiali delle proprietà spirituali. In questo luogo e con questo poema si fa un passo più avanti: la Croce era sì materiale, ma finché non era stata *hic inventata ab Helena* (4,2) mancava di concretezza. Ora essa ha ritrovato quella fisicità che permette di risalire la catena: dalla Croce ritrovata alla Croce nel momento della passione per giungere infine alla divinità. Ed è proprio ciò che avviene: all'improvviso colui che prega cambia interlocutore. *Deus* (4,4) - non più la Croce - diventa il vocativo a cui si riferiscono i quattro imperativi.

5. La dossologia contiene un testo classico per gli inni latini di questo periodo. Insiste sull'eternità di Dio e la sua unità nelle tre persone divine. È proprio di Dio l'essere eterno, secondo quanto già affermava Isaia: *Deus sempiternus Dominus* (*Is* 40,28).

Attraverso i sentimenti del poeta (e dell'autore della quarta strofa) traspare la profonda pietà per la vittima divina. Tutto l'inno è orientato alla Croce, Croce che ancora oggi si trova piantata nello stesso foro in cui fu fissata quando vi pendeva l'*Orbis conditor*, insieme altare e trono di Dio, unico segno di salvezza per i figli di Adamo. Il poeta ha sentito tutta le bellezza e la grandiosità del dramma svoltosi sulla Croce, e con spirito di credente ne ha penetrato il valore e la portata universale.

8.2.4. Aspetto metrico e musicale

Il *Crux fidelis* è un inno metrico tetrametrico trocaico catalettico diviso in due: dimetro trocaico acatalettico e catalettico alternato.

---

[562] Riguardo alla legittimità o meno di pregare la Croce, ci si può riportare al commento della strofa analoga del *Vexilla Regis* al n° **12.2.2.**

[563] Cfr. n° **11.2.**

1. La melodia di questo carme corrisponde probabilmente alla melodia originaria composta nel VI secolo da VENANZIO FORTUNATO[564], autore del testo. L'ampiezza della gamma delle note è caratteristica del canto non romano di provenienza franca: vasto è il quadro dell'inno come ampio è il respiro della melodia. In questo carme si comprende tutta la storia della caduta e della redenzione.

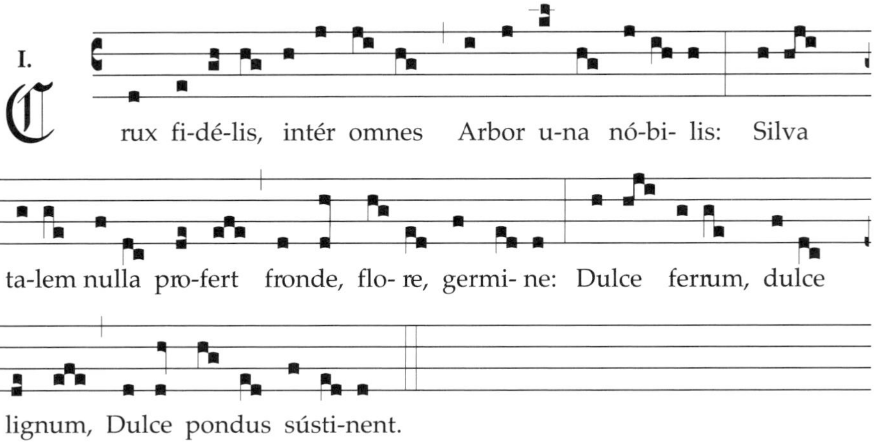

Nell'odierna *Liturgia Horarum* la stessa melodia viene adoperata per le due sezioni del carme di VENANZIO[565].

2. Durante il terzo periodo lo stesso inno veniva cantato con un'altra melodia, identica a quella che a quel tempo e tuttora è impiegata alla *Pietra dell'Unzione*. Era un modo semplice per sottolineare il legame tra questi due carmi di cui uno precede e l'altro segue la stazione al Calvario.

8.3. *Antifona*: O Crux benedicta

Dopo aver concluso le varie incensazioni, il sacerdote recita la seguente antifona[566].

> O Crux benedícta, quæ sola fuísti digna portáre Regem cælórum et Dóminum! Allelúja.
> ℣. Hoc signum Crucis erit in cælo.
> ℟. Cum Dóminus ad judicándum vénerit.

---

[564] Cfr. J. SZÖVÉRFFY, *Die Annalen der Lateinischen Hymnendichtung* 1, Berlin 1964.

[565] Cfr. *LibH*, 61-65.

[566] *PrSS1925*, 24; *PrSS1947*, 24.

A questo punto del processionale, tra l'antifona e il suo versetto responsoriale, si legge la seguente rubrica: «Post Septuagesimam omittitur *Allelúia* hic et ubicumque occurrerit».

Uguale era il testo della riforma dell'OBICINI[567] e uguale rimase durante l'intero terzo periodo[568] e perciò non viene ora presentato.

Questi testi non provengono dalla Sacra Scrittura, ma dal patrimonio liturgico latino. Si tratta di due antifone incluse nell'Ufficio dell'*Esaltazione della santa Croce* (14 settembre). La prima (*O crux benedicta*) corrisponde tale e quale all'antifona del *Magnificat* dei Vespri tridentini[569] e all'antifona del terzo salmo dell'Ufficio delle letture della liturgia conciliare[570]. Questo testo ricorda il saluto rivolto alla Madonna: «aue redemptoris mater et uirgo quae sola primo digna fuisti uidere coelorum regem et dominum resurexisse a mortuis»[571].

La seconda antifona (*Hoc signum crucis*) allude alla visione che l'imperatore Costantino aveva avuto nel 312, assieme ai suoi soldati. Prima di essere vincitore del rivale Massenzio al Ponte Milvio[572], aveva visto nel cielo il trofeo della Croce. Questo brano faceva parte dell'antico Ufficio dell'*Invenzione della santa Croce* (tre Maggio) e veniva ripetuto molte volte: versetto conclusivo all'inno *Vexilla regis* dei primi[573] e secondi[574] Vespri; versetto conclusivo della salmodia del primo[575], secon-

---

567 *PrSS1623*, 17.

568 Cfr. *PrSS1670*, 38; *PrSS1752*, 15; *PrSS1786*, 15; *PrSS1796*, 15; *PrSS1855*, 15; *PrSS1862*, 15; *PrSS1866*, 17; *PrSS1877*, 15; *PrSS1896*, 23; *PrSS1900*, 25. Segue ora l'antifona del secondo periodo:

> «Orabat Iudas dicens: Deus, Deus meus, ostende mihi lignum sanctæ Crucis, cumque ascendisset de lacu, perrexit ad hunc locum, vbi iacebat sancta Crux. ℣. Hoc signum Crucis erit in cælo. ℟. Cum Dominus ad iudicandū[m] venerit» (in: *ITS1586*, 339; cfr. anche *ITS1583*, 291; *ITS1598*, 162).

Nel primo periodo, un testo simile veniva proclamato dal sacerdote (cfr. *ITS1431*, 78; *ITS1492*, 229; *ITS1567*, 168), tuttavia, tra le differenze, si segnala che per BONIFACIO (1567), l'antifona era: «Orabat Helena Deus, Deus meus, ostende mihi lignum sanctae Crucis».

569 Cfr. *BR1568*, 888 [n° 5652].

570 Cfr. *LH* IV, 1200.

571 AUGUSTINUS (PSEUDO) BELGICUS, *S. Aurelii Augustini Hipponensis episcopi operum supplementum* 2. *Sermones*, ed. A. B. Caillau – B. Saint-Yves, Paris 1836, I 69.

572 Cfr. SOZOMENUS, *Histoire ecclésiastique* 1, 3,2-3, intr. B. Grillet – G. Sabbah, tr. A.-J. Festugière, note G. Sabbah (SChr 306), Paris 1983, 124.

573 Cfr. *BR1568*, 768 [n° 4759].

574 Cfr. *BR1568*, 772 [n° 4799].

575 Cfr. *BR1568*, 768 [n° 4763].

do[576] e terzo[577] notturno; versetto conclusivo della salmodia di Terza[578] e Nona[579]. Il medesimo testo veniva inoltre utilizzato per l'altra festa dell'*Esaltazione*, al termine del primo notturno del Mattutino[580]. Con la liturgia rinnovata, viene usato come responsorio della lettura breve dell'ora Nona[581] della stessa festa dell'*Esaltazione*.

8.4. *Orazione*: Deus qui hic in præclara

Si presenta il testo della colletta[582] che si trova nell'odierno processionale a conclusione della stazione presso la cappella dell'Invenzione della santa Croce:

> Deus, qui *hic* in præclára salutíferæ Crucis Inventióne, passiónis tuæ mirácula suscitásti: concéde; ut vitális ligni prétio, ætérnæ vitæ suffrágia consequámur: Qui vivis et regnas in sæcula sæculórum. ℟. Amen.

La stessa preghiera[583], con la riforma del 1623, veniva già intonata dal celebrante: questo testo non ebbe nessun cambiamento durante tutto il terzo periodo[584] se non nei caratteri tipografici e nella punteggiatura.

Tolto l'avverbio *hic*, identico era il testo[585] contenuto nell'edizione del 1570 del Messale romano per questa ricorrenza.

Il testo originario viene riportato dalle concordanze dei Sacramentari antichi[586] e da quelle del DESHUSSES[587]: ha quindi una ricca tradizione alle spalle. Per una maggiore inerenza con il Luogo santo, la versione della processione viene leggermente mutata rispetto a quella del Messale e si nota l'aggiunta del caratteristico avverbio *hic*.

---

576 Cfr. *BR1568*, 770 [n° 4778].

577 Cfr. *BR1568*, 770 [n° 4782].

578 Cfr. *BR1568*, 772 [n° 4794].

579 Cfr. *BR1568*, 772 [n° 4798].

580 Cfr. *BR1568*, 885 [n° 5626].

581 Cfr. *LH* IV, 1207.

582 *PrSS1925*, 24; *PrSS1947*, 24.

583 *PrSS1623*, 18.

584 Cfr. *PrSS1670*, 38; *PrSS1752*, 15; *PrSS1786*, 15; *PrSS1796*, 15; *PrSS1855*, 15; *PrSS1862*, 15-16; *PrSS1866*, 17; *PrSS1877*, 16; *PrSS1896*, 23-24; *PrSS1900*, 25. La stessa orazione si adoperava nel secondo periodo (cfr. *ITS1583*, 291; *ITS1586*, 339; *ITS1598*, 162) e nel primo (cfr. *ITS1431*, 78; *ITS1492*, 229; *ITS1567*, 168).

585 *MR1570*, 484 [n° 2579].

586 Cfr. *DD*, 72 [n° 1035].

587 Cfr. *OrMR*, 101 [n° 368].

Questa colletta (tolto l'avverbio *hic*) fa parte del formulario della festa *In Inventione Sanctæ Crucis* che fa la sua apparizione con il Sacramentario Gelasiano[588]. La preghiera passerà poi nei vari Sacramentari (nel Sacramentario *Gregorianum Paduense*, quelli di Gellone, di Bergamo, di San Gallo...)[589] fino a ritrovarsi nel *Missale Franciscanum Regulæ*[590], nell'*editio princeps*[591] stampata a Milano, e ancora nel Messale tridentino[592] nonché nelle sue molteplici edizioni successive. Con l'abolizione della festa dell'Invenzione, la colletta esce dalla liturgia e perciò non c'è più nel Messale del Vaticano II. La liturgia gerosolimitana della ricorrenza dell'*Invenzione* adoperava questa colletta durante il periodo tridentino[593]; tuttavia dopo l'edizione dei nuovi libri liturgici della Chiesa gerosolimitana, questa preghiera è stata modificata per assumere un carattere pasquale[594].

A Gerusalemme la venerazione delle reliquie del prezioso Legno viene già attestata nel IV secolo[595], mentre la ricorrenza liturgica della santa Croce viene testimoniata per la prima volta in occidente in una biografia di papa SERGIO I[596] (687-701). A Roma era celebrata, in un primo tempo, nell'oratorio della santa Croce al Laterano e, in seguito, nella basilica Sessoriana della santa Croce in Gerusalemme. Mentre a Roma si affermava la festa dell'*Esaltazione*, nelle Gallie (prima metà del VII secolo) si introduceva quella dell'*Invenzione*[597]. L'eucologia di questa ricorrenza verrà probabilmente formulata in Gallia e aggiunta al Gelasiano. Non si tratterà quindi di un formulario eucologico romano, bensì franco.

---

588 Cfr. *GeV*, 138 [n° 869].

589 Cfr. *GrP*, 639 [n° 421]; *GeG*, 127 [n° 944]; *Be*, 239 [n° 905]; *GeS*, 114 [n° 743]; *GeE*, 138 [n° 939]; *GeA*, 90 [n° 747].

590 Cfr. *MReg*, 409 [n° 2131].

591 Cfr. *MR1474*, 265 [n° 1862].

592 Cfr. *MR1570*, 484 [n° 2579].

593 Cfr. *MVCTS1898*, 9-10.

594 «Deus, qui in salutíferæ Crucis Inventióne, paschále Fílii tui mystérium recólere nos docuísti, concéde quaésumus, ut per grátiam consórtes effécti crucis, partem habeámus resurrectiónis et vitæ. Per Dóminum» in: *Missæ Propriæ Diœcesis Patriarchalis Hierosolymitanæ*, ed. Patriarchatus Latinus Jerusalem, Jerusalem 1977, 42. Purtroppo l'odierno Messale della Custodia non riporta questa festa: per la sua celebrazione si deve ricorrere al Messale della Diocesi patriarcale.

595 Cfr. *IE*, 282-288 [n°36,3-37,8]; CYRILLUS ARCHIESPISCOPUS HIEROSOLYMITANUS, *Cathechesis decima tertia* 4. *De Christo crucifixo et sepulto*, ed. Touttæus, 776-777.

596 Infatti, si legge nel *Liber pontificalis* per la biografia di papa SERGIO: «Qui etiam ex die illo pro salute humani generis ab omni populo christiano, die Exhaltationis sanctae Crucis, in basilicam Salvatoris, quae appelatur Constantiniana, osculatur ac adoratur» in: *Le Liber Pontificalis* 1, ed. L. Duchesne, Paris 1955, 374.

597 A. BUGNINI, «Croce. VII. La Croce nella liturgia. Le feste della Santa Croce» *EntCat* IV, Città del Vaticano 195O, 962.

8.5. Interpretazione sintetica

La venerazione dell'Invenzione in questa cripta si può leggere come un'anticipazione del ciclo della Croce che avverrà poi sul Calvario. Con la deposizione in questa cisterna del prezioso legno avviene una quasi sepoltura della Croce: guardando alla liturgia delle Chiese orientali vediamo che i Siri seppelliscono un crocifisso sotto l'altare il Venerdì santo, riportandolo alla luce con la festa di Pasqua. Avviene quindi un transfer da Gesù crocifisso alla Croce del suo supplizio. Riprendendo la stessa analogia, nel ciclo della Croce della processione avviene in questa cripta la sepoltura della Croce, che sarà venerata esaltata e trionfante sul Calvario. La "morte" della Croce non viene vista come una tragedia nella quale svanisce la speranza: l'intero inno ne sottolinea le sue uniche virtù, l'*unica spes* che porta al genere umano. Meritano di essere sottolineati gli aggettivi che qualificano la Croce in questa stazione: *fidelis, nobilis, dulce, sola, digna, unica spes* nell'inno, *benedicta* nell'antifona, *salutifera* e *vitalis* nella colletta. In questo modo, senza oscurare la partecipazione alle sofferenze del Signore, viene dato maggiore spazio alla considerazione della sua passione come frutto del suo amore salvifico[598].

Durante la processione solenne, quando sotto le volte medievali della basilica del Santo Sepolcro, viene cantato per intero questo carme, accompagnato dalla sua solenne melodia, i partecipanti sono portati spontaneamente a lodare il Redentore che per mezzo della sua Croce ha redento l'intero genere umano.

8.6. Suggerimenti per cambiamenti

8.6.1. Presentazione

Per presentare la stazione, si ripristinerà l'antifona che finora veniva recitata dopo l'inno: «O Crux benedicta, quæ sola fuisti digna portare Regem cælorum et Dominum!» antifona che canta la salvezza proveniente dal prezioso legno che sostenne il Salvatore del mondo.

8.6.2. Inno

In questo luogo, gli inni della processione sono da sempre conformi a quelli del *Breviarium Romanum*[599]: è quindi necessario revisionarli sulla base del testo dell'odierna *Liturgia Horarum*. Le tre prime strofe della processione sono perfettamente in sintonia con l'Ufficio divino romano e perciò basterà sostituirle con quelle

---

598 Cfr. MULÉ STAGNO, «La processione pomeridiana al Santo Sepolcro», 276.

599 Cfr. *PrSS1925*, 9; *PrSS1947*, 9 riportato al n° **2.6.3.2.**

corrispondenti. La quarta strofa invece verrà lasciata tale e quale e la dossologia verrà resa conforme a quella dell'inno della *Liturgia Horarum*.

Come chiarito al paragrafo **3.4 §4-5.**, con la soppressione del *Pater-Ave-Gloria* legato al lucro delle indulgenze, si deve prolungare la durata degli inni. Il tempo trascorso nei sotterranei della basilica favorisce la preghiera dei partecipanti alla processione, dal momento che nessun'altra Chiesa orientale ha contemporaneamente delle funzioni religiose e, qualora ci fossero dei turisti o dei pellegrini, essi vengono pregati dal dragomanno di lasciar libero il luogo prima dell'arrivo della processione. In cripta si può quindi prolungare la sosta per il tempo di quattro *Pater-Ave-Gloria*, quelli delle due stazioni in cripta e quelli delle due cappelle absidiali del deambulatorio (prima e dopo la discesa in cripta), durante le quali la partecipazione dei pellegrini è molto limitata a causa dell'esiguità di spazi. Al contrario, le cappelle che si trovano in cripta favoriscono la preghiera e la partecipazione di tutti. Sarebbe quindi opportuno premettere al *Crux fidelis* le tre prime strofe dell'inno di VENANZIO nella forma che presenta la liturgia conciliare[600]. Quando la processione si svolge secondo il rito semplice, la recita di queste tre strofe e il canto delle litanie non impiegherebbero più tempo della recita dei quattro *Pater-Ave-Gloria*.

Durante la processione solenne, si aggiungerà anche, come si fa il Venerdì santo, dopo ogni strofa il responsorio[601] alternativo *Crux fidelis* e *Dulce lignum*. Questa strofa (come la prima[602]) introduce e ricorda il tema di tutto il carme. Le strofe sarebbero cantate a due cori (francescani e altri), il responsorio verrebbe eseguito da tutti. Inoltre, date queste aggiunte, se lo permetteranno i responsabili dello *Statu quo*, si potrà anteporre all'incensazione dell'altare quella del luogo dell'Invenzione, uniformandosi alla prassi delle stazioni dove c'è una reliquia o un segno che indica il posto preciso del mistero celebrato.

Oltre alle necessità temporali, l'aggiunta delle tre strofe iniziali di questo carme si giustifica in due modi:

- Queste prime strofe preparano la venuta del Redentore inserendola nell'ambito della storia della Salvezza. La teologia che viene offerta dal Luogo sacro è molto simile a quella del canto: sotto il luogo dove Cristo morì in

---

[600] Il cuore di questo inno (*Lustra sex* e *Hic acetum*) non va cantato in questa stazione perché le due strofe legate alla Passione verranno cantate poi davanti all'altare che commemora la morte in Croce del Salvatore. Le strofe *Quando venit* e *Vagit infans* sono anche cantate quotidianamente durante la processione presso la basilica della Natività di Betlemme mentre si procede all'incensazione del santo Presepio. In questo modo tutto il carme di VENANZIO verrà eseguito durante queste funzioni francescane manifestando così l'unità tra i misteri dell'infanzia, passione, morte, crocifissione (cfr. contenuto dell'inno al n° **8.2.3.**).

[601] Nel testo della processione quotidiana non apparirebbe questo responsorio.

[602] Cfr. n° **8.2.3.**

Croce la tradizione indica la tomba di Adamo (che viene giustamente nominato nella seconda strofa di VENANZIO). Si tratta infatti di una credenza a carattere teologico che ha le sue origini nel III secolo: essa afferma che in questo luogo fosse sepolto il primo uomo e che nel giorno della crocifissione il sangue del Redentore scendesse sul suo capo, come a tergerlo della macchia del suo peccato. Si tratta di un'esegesi popolare di *Rom* 5,12-21[603]: al primo uomo peccatore si contrappone il nuovo Adamo, il Cristo. Giustamente *ars ut artem falleret* scrive il poeta nella terza sua strofa.

- Nell'inno di VENANZIO le strofe legate all'opera salvifica di Cristo si trovano come al centro di una cornice. Modificando così il carme della processione, anche le stazioni sul Calvario (luogo della redenzione) si ritroveranno tra la cornice di due *Pange lingua gloriosi* (quello di questa stazione, prima della salita, e quello della stazione alla *Pietra dell'unzione,* dopo la discesa) con una logica identica a quella dell'inno di VENANZIO. Durante il terzo periodo la cornice si rendeva con l'uguaglianza delle melodie di queste due stazioni[604]; nel futuro si ripristinerà con due carmi che hanno lo stesso inizio (e quindi lo stesso titolo). Da un punto di vista grafico, si potrà rendere la stessa idea inserendo una bella lettera miniata di uguali dimensioni per questi due inni[605].

In concreto, per questo carme si userà quella bella lettera **C**[606] all'interno della quale la presenza del legno tra le braccia di san Francesco richiama il ciclo della Croce[607] di cui questa stazione è il centro della prima parte.

Nella processione solenne, il testo finale della prima strofa (che servirà anche da ritornello) sarà il seguente:

---

[603] «Igitur sicut per unius delictum in omnes homines in condemnationem, sic et per unius iustitiam in omnes homines in iustificationem vitae; sicut enim per inoboedientiam unius hominis peccatores constituti sunt multi, ita et per unius oboeditionem iusti constituentur multi» (in: *Rom* 5,18-19).

[604] Cfr. n° **8.2.4. §2.**

[605] Come già detto, nel futuro processionale si farà un capitolo per la processione quotidiana e un altro per la Processione solenne. Queste lettere miniate si useranno nella parte della Processione solenne: quotidianamente l'inno di questa stazione non viene eseguito *in cantu* e quindi ne sarà trascritto semplicemente il testo. La lettera iniziale è un **C** perché si inizierà il canto con la strofa *Crux fidelis,* cantata in modo responsoriale.

[606] Una raffigurazione di questa lettera è pubblicata in: BUX, *Codici liturgici latini di Terra Santa*, 110 [figura 60]. Si tratta dell'iniziale dell'innario 13 (seconda metà del secolo XVII) custodito al museo dello *Studium Biblicum Franciscanum* della Flagellazione: vi è disegnato san Francesco che espone, abbracciandola, una grande croce messa al centro della lettera. Nel manoscritto originale essa iniziava la parola *Crucis*.

[607] Cfr. n° **3.4. §2**.

textus et melodia: S. Venantius Fortunatus, sæc. VI.

Invece il testo per la processione quotidiana sarà il seguente:

1. Pange, lingua, gloriósi
prœ́lium certáminis,
et super crucis tropǽo
dic triúmphum nóbilem,
quáliter redémptor orbis
immolátus vícerit.

2. De paréntis protoplásti
fraude factor cóndolens,
quando pomi noxiális
morte morsu córruit,
ipse lignum tunc notávit,
damna lign*i* ut sólveret.

3. Hoc opus nostræ salútis
ordo depopóscerat,
multifórmis perditóris
art*e* ut artem fálleret,
et medélam ferret inde,
hostis unde lǽserat.

[**4.** Crux fidélis, inter omnes
arbor una nóbilis!
Nulla talem silva profert
flore, fronde, gérmine.
Dulce lignum, dulci clavo
dulce pondus sústinens!]

5. Flecte ramos, arbor alta,
tensa laxa víscera,
et rigor lentéscat ille
quem dedit natívitas,
ut supérni membra regis
miti tendas stípite.

6. Sola digna tu fuísti
ferre sæcli prétium,
atque portum præparáre
nauta mundo náufrago,
quem sacer cruor perúnxit
fusus Agni córpore.

7. Única spes, o Crux, ave,
HIC invént*a* ab Hélena:
per hanc salva, rege vagos,
tua, Deus, grátia:
auge piis spem et fidem,
et da reis véniam.

8. Ǽqua Patri Filióque,
ínclito Paráclito,
sempitérna sit beátæ
Trinitáti gloria,
cuius alma nos redémit
atque servat grátia. Amen.

8.6.3. Lettura breve

È evidente che nessun testo biblico spiegherà perché si venera questa grotta, dato che la scoperta del Legno salvifico appartiene alla storia ecclesiastica. Il seguente testo:

> Lectio brevis *Phil* 2,7-8
>
> Semetípsum exinánivit formam servi accípiens, in similitúdinem hóminum factus; et hábitu invéntus ut homo, humiliávit semetípsum factus obœ́diens usque ad mortem, mortem autem crucis.
>
> ℣. Hoc signum Crucis erit in cælo.
> ℟. Cum Dóminus ad iudicándum vénerit.

si addice al luogo perché tratta dell'abbassamento di Cristo fino all'umiliazione della Croce[608]. A questo punto, la processione si trova precisamente nel luogo più basso: nel secondo sottosuolo. Dopo questa prima stazione legata alla Croce avverrà la seconda, quella in alto, sul Calvario, dove si celebrerà Cristo esaltato al di sopra di tutte le creature e proclamato Signore dell'universo.

8.6.4. Orazione

La logica sarebbe di assumere questa colletta dal Messale della diocesi patriarcale, unica fonte conciliare per l'Invenzione della Croce, dopo che la festa è stata tolta dalla liturgia romana. Si fa tuttavia la scelta di conservare il testo attuale (con l'aggiunta dell'*hic*) perché:

- La lezione del Patriarcato, pur possedendo un carattere puramente pasquale, non gode di nessuna tradizione. Inoltre, trattandosi di una memoria facoltativa, non viene celebrata da nessuno, se non durante la solenne liturgia compiuta in grotta il giorno della festa.
- La stazione dell'Invenzione ha luogo durante il ciclo della Croce e non durante quello della Risurrezione[609]: conviene quindi che la sua eucologia rimanga in relazione con il suo ciclo.

Il testo proposto è perciò il seguente:

---

[608] Questo brano inoltre viene letto nella liturgia eucaristica il giorno della festa dell'Esaltazione della santa Croce (cfr. *OLM*, 306) e viene anche proclamato in questo luogo il giorno della solennità dell'Invenzione (cfr. *Missæ Propriæ Diœcesis Patriarchalis Hierosolymitanæ*, ed. Patriarchatus Latinus Jerusalem, 44).

[609] Cfr. n° **3.4. §2**.

Orémus.

Deus, qui **HIC** in præclára salutíferæ Crucis Inventióne, passiónis tuæ mirácula suscitásti: concéde, ut vitális ligni prétio, ætérnæ vitæ suffrágia consequámur. Qui vivis et regnas in sǽcula sæculórum. ℟. Amen.

9. VI. AD SACELLUM S. HELENÆ

9.1. *Introduzione*: descrizione della stazione

La cappella dedicata a santa Elena (cfr. mappa alla lettera D) è di proprietà della Chiesa armeno-apostolica. Contrariamente a tutti gli altri Luoghi santi della basilica, qui non si fa memoria di un evento legato alla passione-risurrezione del Signore, ma la memoria votiva della madre dell'imperatore Costantino, la quale, ammonita da visioni divine, si recò a Gerusalemme dove fece ricercare dagli abitanti della città il luogo dove Cristo era stato crocifisso. Nata verso il 248, era molto avanzata in età quando nel 326 venne in Terra Santa per purificare e onorare i luoghi consacrati alla vita umana di Cristo. Fece distruggere gli edifici pagani costruiti dall'imperatore pagano Adriano, ripulì il luogo da quello che vi si trovava di profano e lordo, e dopo aver rimosso i ruderi trovò nella cisterna vicina le tre croci disposte in ordine sparso. Quanto al legno stesso della nostra salvezza, ne diede una parte al figlio e un'altra fu da lei fatta ricoprire con involucro d'argento e lasciata sul posto per la venerazione dei Cristiani[610]. In Palestina, oltre l'imponente complesso del Santo Sepolcro, fece edificare la basilica sul luogo della nascita di Cristo a Betlemme, la chiesa dell'Eleona (odierno santuario del *Pater noster*) sul Monte degli Ulivi e una chiesa a Mambre (vicino ad Hebron) dove avvenne l'incontro di Abramo con i tre angeli (cfr. *Gn* 18,1-15).

Si legge nel *Martirologio romano* al giorno 18 agosto dedicato alla sua commemorazione liturgica per la Chiesa romana:

> «Romæ via Labicana, sanctæ Hélenæ, matris Constantíni imperatóris, quæ singuláriter stúduit egénos iuváre et pie mixta turbis ecclésias adíre atque, Hierosólymam perigrináta, ut Christi Nativitátis, Passiónis et Resurrectiónis loca investigáret, præsépe crucémque Dómini venerándis basílicis honorávit»[611].

---

[610] «Ligni vero ipsius salutaris partem detulit filio, partem vero thecis argenteis conditam dereliquit in loco, quae etiam nunc ad memoriam sollicita veneratione servatur» in: RUFINUS, *Historiae Ecclesiasticae* 1,8, ed. Simonetti, 204. Cfr. anche H. LECLERCQ *Hélène impératrice*, in *Dictionnaire d'Archéologie chrétienne et de liturgie* 6,2, ed. F. Cabrol – H. Leclerq, Paris 1925, 2128.

[611] *MartR*, 437.

Rito. Risalendo le scale e raggiungendo la *Cappella di santa Elena*, viene recitato l'inno *Fortem virili pectore*[612]. Tutto si svolge come nelle due stazioni precedenti con la differenza che, mentre i due assistenti si fermano fuori, il celebrante da solo entra dentro la cancellata e si ferma davanti all'altare armeno dove resta fino alla fine del *Gloria Patri*[613].

9.2. *Inno*: Fortem virili pectore

9.2.1. Paragone dei diversi inni

Nella prima colonna si riporta la lezione[614] come appare nel *Breviarium Romanum* corretto da papa URBANO VIII; questa lezione servì poi di base al carme[615] dell'odierno processionale che viene ricordato nella seconda colonna:

1. Fortem viríli péctore Laudêmus omnes *feminam*, Quæ sanctitatis gloria Vbique fulget inclyta.	**1.** Fortem viríli péctore Laudémus omnes *Hélenam*, Quæ sanctitátis glória Ubíque fulget ínclyta.
2. Hæc *Christi*[616] amóre sáucia, Dum *Mundi amorem noxium* *Horrêscit*, ad Cælestia Iter perêgit arduum.	**2.** Hæc *Jesu* amóre sáucia, Dum *Christi Crucem férvida* *Inquírit*, ad cæléstia Iter perégit árduum.
3. Carnem domans ieiunijs, Dulciq̃[ue]. mentem pábulo Orationis nutriens, Cæli potitur gáudiis.	**3.** Carnem domans jejúniis, Dulcíque mentem pábulo Oratiónis nútriens, Cæli pótitur gáudiis.
4. Rex Christe, virtus fortium, Qui magna solus éfficis, Hujus precâtu, quæsumus, Audi benignus supplices.	**4.** Rex Christe, virtus fórtium, Qui magna solus éfficis, Hujus precátu, quǽsumus, Audi benígnus súpplices.
5. Deo Patri sit gloria, Ejusq̃[ue]. soli Filio, Cum Spiritu Paraclito, Nunc, & per omne sæculū[m]. Amen.	**5.** Deo Patri sit glória, Ejúsque soli Fílio, Cum Spíritu Paráclito, Nunc et per omne sǽculum. Amen.

---

[612] Oltre alla Processione solenne quest'inno viene anche cantato durante la processione quotidiana il 21 maggio (e non il 18 agosto), giorno della festa di santa Elena nella diocesi patriarcale.

[613] Cfr. *3SSQ*, 88-90.

[614] *BR1632*, LXXIX.

[615] *PrSS1925*, 24-25; *PrSS1947*, 24-25.

[616] Si noti che questa lezione verrà poi corretta in alcuni breviari con *Hæc Iesu*.

L'inno ha subito pochi ritocchi con la riforma del 1924. Si presentano: nella prima colonna l'inno originario del suo autore[617] con, nella nota a piè di pagina[618] le precisazioni del *Breviarium Romanum* clementino, che servì poi di riferimento per la versione dell'inno[619] del processionale del terzo periodo (seconda colonna); e nella terza colonna, si espone la versione riveduta[620] dopo la riforma del Concilio Vaticano II:

1. Fortem virili pectore Laudemus omnes *foeminam*, Quae sanctitatis gloria *Seris refulget posteris* *(refulget in ecclesia)*.	**1.** Fortem virili pectore Laudémus omnes *Helenam*, Quæ sanctitatis gloria Vbiq́[ue]; fulget inclyta.	**a.** Fortem virili péctore laudémus omnes *féminam*, quæ sanctitátis glória ubíque fulget ínclita.
2. Hæc *Christi* amore sancia, *Dum mundi amorem noxium* *Horrescit*, ad coelestia *Per iter tetendit arduum* (iter peregit arduum)	**2.** Hæc *Iesu* amore saucia, *Dum Christi Crucem feruida* *Inquirit*, ad cælestia Iter peregit arduum.	**b.** Hæc *sancto* amóre sáucia, *huius cadúca sǽculi* *dum calcat*, ad cæléstia iter perégit árduum.
3. Carnem domans ieiunijs, Dulci*(suavi)*que mentem pabulo Orationis nutriens, Coeli potitur gaudijs.	**3.** Carnem domans ieiuniis, Dulciq́ue mentem pabulo Orationis nutriens, Cœli potitur gaudiis.	**c.** Carnem domans ieiúniis, dulcíque mentem pábulo oratiónis nútriens, cæli potítur gáudiis.

---

617 Citato in Y. DELAPORTE, «Les hymnes du Bréviaire Romain de Pie V à Urbain VIII (1568-1632). Une réforme de l'Hymnaire au début du XVIIe siècle», *Rassegna Gregoriana* 7 (1908) 241-242. Prima della citazione del testo, il DELAPORTE prova che tale versione è proprio quella dell'autore perché a proposito del manoscritto su cui ha copiato il testo, scrive: « l'écriture facile à reconnaître est celle d'Antoniano ». In principio la strofa *Rex Christe* non apparteneva al carme: era composta dall'ANTONIANO come terza strofa di un altro inno, il *Sol luce pura clarior*. Per tutti questi inni egli non aveva perfettamente fissato il testo: è il motivo per cui a volte si trovano due lezioni parallele. Si noti che questo inno non viene inventariato in A*H*.

618 L'inno seguente si trova in *BR1606, 1*663.

1. *Fortem virili pectore / Laudemus omnes feminam, / Quæ sanctitatis gloria / Vbique fulget inclyta.*

2. *Hæc Christi amore saucia, / Dum mundi amorem noxium / Horrescit, ad cælestia / Iter peregit arduum.*

3. *Carnem domans ieiunijs, / Dulciq[ue] mentem pabulo / Orationis nutriens, / Cæli potitur gaudijs.*

4. *Rex Christe, virtus fortium, / Qui magna solus efficis, / Hujus precatu, quæsumus, / Audi benignus supplices.*

5. *Deo Patri sit gloria, / Ejusq[ue] soli Filio, / Cum Spiritu paraclito, / Et nunc & in perpetuum. Amen.*

619 *PrSS1623*, 234-236.

620 *LENT*, 290 [n° 284].

[**3.** Rex Christe, virtus fortium, Qui magna solus efficis, Huius precatu *supplices* (quæsumus), Audi benignus *servulos* (supplices).] **4.** Deo Patri sit gloria,	**4.** Rex Christe, virtus fortium, Qui magna solus efficis, Huius precatu, quæsumus, Audi benignus supplices. **5.** Deo Patri sit gloria, Eiusque soli Filio, Cum Spiritu Paraclyto, Et *nunc & in perpetuum*. Amen.	**d.** Rex Christe, virtus fórtium, qui magna solus éfficis, huius precátu, quǽsumus, audi benígnus súpplices. **e.** Iesu, tibi sit glória, qui nos beátæ sérvulæ speráre das suffrágia et *sempitérna prǽmia*.

Se durante tutto il terzo periodo l'inno rimase invariato[621], la riforma del 1924 ha lasciato questo carme senza modificarlo se non nel suo ultimo stico.

Il manoscritto non era ancora perfettamente limato e quindi a volte proponeva versioni non ancora definitive. Si può però pensare che il cardinale ANTONIANO sia anche all'origine della forma finale che l'inno assume con l'edizione del *Breviarium Romanum* del 1602, dato che egli era precisamente il curatore degli inni e delle loro eventuali modifiche. Questo è il motivo per cui la forma primitiva dell'inno dell'ANTONIANO presentata al paragrafo **9.2.1.** è di interesse relativo, perché non

---

[621] Cfr. *PrSS1670*, 38-39; *PrSS1752*, 16-17; *PrSS1786*, 16-17; *PrSS1796*, 16-17; *PrSS1855*, 16-17; *PrSS1862*, 16-17; *PrSS1866*, 18-19; *PrSS1877*, 16-17; *PrSS1896*, 24-25; *PrSS1900*, 26-27.

Segue anche il testo della processione durante il secondo periodo che ci tramanda lo ZUALLARDO (in: *ITS1586*, 339: è riportato in una versione quasi identica in *ITS1583*, 291 e in *ITS1598*, 163. Viene inoltre catalogato in *CHEV* IV, 232 [n° 39205]).

1. *Nunc Helenæ suffragia / Quæramus primum laudibus, / Vt cum beatis meritis / Acquirat nobis veniam.*
2. *Deuota Christi Helena / Crucem quæsiuit fervida, / Quam reperit cum titulo, / Corona, clauis, lancea.*
3. *Quam Crucem vt acquireret, / Tulit timorem omnibus / Sub pœna mortis illico, / Amore ardens cœlico.*
4. *Inuenta Cruce Domini, / Canamus illis canticum: / Qui dedit talem gratiam, / Donatque sursum præmium.*
5. *O Helena sanctissima, / Quæ Crucem tantæ gratiæ, / Amasti totis viribus, / Nos tuis iuua precibus.*
6. *Exaudi santa Trinitas, / Preces sanctorum omnium: / Vt per eorum merita, / Dones & nobis gloriam. Amen.*

Segue pure l'inno che veniva cantato alla fine del primo periodo (1492): cfr. *ITS1492*, 229:

1. *Huius obtentu Deus alme nostris, / parce iam culpis vitia remmittens / quo tibi resonemus almum / pectoris hymnum.*
2. *Gloria Patri, Genitoque proli, / et tibi compar utriusque / collaudet omnis spiritus, / quos per crucis misterium, / tempore secli. Amen.*

Questo inno richiama l'inno *Huius oratu Deus alme nobis* del Mattutino del Comune delle sante non vergini, prima che fosse mutato dalla riforma urbaniana.

definitiva. Invece il testo del breviario del 1602[622] verrà considerato con maggiore rilevanza. Si esaminano i soli stichi che sono stati soggetti a variazioni:

1. La prima strofa conosce una sola variante nel suo secondo stico:

ANTONIANO	*laudemus omnes feminam*	lodiamo tutti la donna
BR clementino 1602	*laudemus omnes feminam*	lodiamo tutti la donna
PrSS1623	*laudemus omnes Helenam*	lodiamo tutti Elena
BR urbaniano 1632	*laudemus omnes feminam*	lodiamo tutti la donna
PrSS1947	*laudemus omnes Helenam*	lodiamo tutti Elena
Liturgia Horarum	*laudemus omnes feminam*	lodiamo tutti la donna

In sostanza la lezione è identica: tutti i testi liturgici presentano lo stesso testo e i liturgisti della processione hanno adattato il verso precisando che la donna da lodare è Elena, alla quale tutto il canto è rivolto.

2. Nella seconda strofa si trovano i maggiori cambiamenti:

ANTONIANO	*Hæc Christi amore sancia*[623] *dum mundi amorem noxium* *horrescit, …*	Essa ferita d'amore per Cristo, mentre trema di fronte all'amore dannoso del mondo
BR clementino 1602	*Hæc Christi amore saucia* *dum mundi amorem noxium* *horrescit, …*	Essa ferita d'amore per Cristo, mentre trema di fronte all'amore dannoso del mondo
PrSS1623	*Hæc Iesu amore saucia* *dum Christi Crucem fervida* *inquirit, …*	Essa ferita d'amore per Gesù, mentre cerca fervente la croce di Cristo
BR urbaniano 1632	*Hæc Christi amore saucia* *dum mundi amorem noxium* *horrescit, …*	Essa ferita d'amore per Cristo, mentre trema di fronte all'amore dannoso del mondo
PrSS1947	*Hæc Iesu amore saucia* *dum Christi Crucem fervida* *inquirit, …*	Essa ferita d'amore per Gesù, mentre cerca fervente la croce di Cristo
Liturgia Horarum	*Hæc sancto amore saucia* *huius caduca sæculi* *dum calcat, …*	Essa ferita da un santo amore, mentre calpesta le cose caduche di questo secolo

a. Al primo versetto appare la parola *Christi* nei vari *Breviaria* e *Iesu* in ogni caso per la processione; si deve però rilevare che anche alcuni breviari hanno ritenuto il termine *Iesu*. LENTINI preferisce sostituire al nome di Gesù un altro termine

---

[622] Cfr. nota **618.**

[623] Si ritiene che la lezione *sancia* sia uno sbaglio ortografico del manoscritto oppure del DELAPORTE quando lo trascrisse: si suppone pacificamente che l'ANTONIANO avesse scritto *saucia*.

(*sancto*) perché poco dopo, all'inizio della terza strofa, si parlerà a Cristo in seconda persona. Con il commento del DELAPORTE[624] l'incongruenza si spiega col fatto che questa quarta strofa faceva, all'inizio, parte di un altro inno. Inserendola nel *Fortem virili* i liturgisti non si accorsero di questo leggero difetto.

b. Il secondo versetto conosce tre lezioni perché è stato cambiato nella processione e anche dalla liturgia moderna. Il LENTINI giustifica il suo cambiamento perché non gradisce l'atteggiamento verso il mondo che viene descritto nell'inno, precisando che oggi tale posizione non è pienamente accettata. Per quanto riguarda la processione, il problema è risolto dal fatto che i versetti problematici sono sostituiti da altri più legati all'operato di Elena nel luogo in cui si canta ora l'inno.

3. La dossologia infine era quasi uniforme (salvo nel terzo stico[625]) finché fu cambiata per l'odierna liturgia. Si noti comunque che quella del processionale è sempre stata conforme a quella del *Breviarium* coevo.

In conclusione, l'inno del breviario è rimasto uguale nel 1602 e nel 1632 (eccetto un verso della dossologia) e siccome l'inno del processionale segue la lezione di quello romano, la conseguenza logica è che l'inno del quarto periodo è rimasto uguale a quello del terzo (se non in questo versetto della dossologia).

9.2.2. Autore e storia dell'inno

L'inno *Fortem virili pectore* fu composto dal cardinale Silvio ANTONIANO[626] nella seconda metà del secolo XVI e Tommaso OBICINI lo inserì subito nella processione adattandolo al luogo in cui viene cantato.

ANTONIANO[627] nacque a Roma il 31 dicembre 1540 e morì nella stessa città il 15-16 agosto 1603. Di umili origini, avendo fin dalla fanciullezza rivelato capacità per lo studio, compì studi giuridici a Ferrara. Si occupò all'inizio di poesia e di musica; i suoi successi letterari furono talmente brillanti e precoci che attirarono su di lui l'attenzione di Ercole II, duca di Ferrara, il quale sebbene Silvio fosse appena sedicenne, lo mise a insegnare eloquenza e materie umanistiche. Chiamato da papa PIO IV, nel 1559, divenne a Milano segretario di san Carlo BORROMEO. Di ritorno a Roma, compì gli studi di teologia sotto la direzione di san Filippo NERI. Ordinato sacerdote nel 1567, fu poi creato cardinale il 3 Marzo 1599 da CLEMENTE VIII.

---

624 Cfr. nota **617.**

625 Al posto di *Et nunc et in perpetuum* (e ora e in perpetuo) si legge oggi *Nunc et per omne sæculum* (ora e per ogni secolo).

626 Cfr. *LENT*, 290 [n° 284].

627 Le fonti di questo capitolo provengono da V. OBLET, «Antoniano Silvio», in *Dictionnaire de Théologie catholique* 1/2, Paris 1909, 1449 e da G. CASTALIONE, «Antoniano Silvio», in *EnCat* 1, 1525-1526.

Rappresentante del tardo Umanesimo e formatosi sullo stile di Cicerone, Silvio fu fecondo scrittore di carmi ed orazioni latine. Scrisse molte opere tra cui: *De Christiana puerorum educatione* (*Della educazione cristiana dei figliuoli*, tradotto in tutte le lingue del tempo); *De obscuritate solis in morte Christi*; *De primatu S. Pietri; De successione apostolorum*. Inoltre, si dice di lui che avrebbe composto, nel catechismo del Concilio di Trento, la spiegazione del simbolo degli Apostoli.

I tre cardinali ANTONIANO, BARONIO e BELLARMINO lavorarono assieme alla riforma del nuovo *Breviarium Romanum* di papa CLEMENTE VIII (1602). ANTONIANO ebbe il compito specifico di studiare tutti gli inni del breviario segnalando gli sbagli contro la prosodia e proponendone correzioni. La sorprendente facilità con la quale affrontava la versificazione latina, che praticava sin dall'infanzia, era tanto famosa che ci si era rivolti a lui per lo studio letterario degli inni. Il *Fortem virili pectore* che non era ancora presente nel breviario del 1568, verrà allora inserito nell'*Ufficio divino* per la prima volta, ancora vivo e operante il suo autore, nel 1602[628]. Completato della sua quarta strofa e della sua dossologia, il carme verrà cantato come inno vespertino nel *Commune non virginum*[629]. L'inno rivisto per l'odierna liturgia si canta all'inizio dei Vespri del *Commune sanctarum mulierum* (*pro una sancta muliere*) e si trova inserito nei quattro volumi della *Liturgia Horarum*[630].

Nella forma che assume in questo processionale, specifico per il culto di santa Elena, l'inno non si trova in nessuna altra ricorrenza[631].

9.2.3. Contenuto biblico, teologico, patristico

Questo carme[632] scritto nel periodo post-tridentino si ispira al ben noto passo del poema alfabetico di *Prov* 31,10-31 nel quale si celebra la donna ideale che viene qui assimilata ad Elena. Si può dividere nel seguente modo:

---

628 Cfr. Y. DELAPORTE, «Les hymnes du Bréviaire Romain de Pie V à Urbain VIII (1568-1632). Une réforme de l'Hymnaire au début du XVIIe siècle», *Rassegna Gregoriana* 6 (1907) 507.508; DELAPORTE, «Les hymnes du Bréviaire Romain», *Rassegna Gregoriana* 7 (1908) 236.243.244.

629 Cfr. *BR1606*, 1063 (si ricorda che si usa questo breviario perché non si possiede il *Breviarium Romanum* originario del 1602).

630 Cfr. *LH* I, 1249; *LH* II, 1740-1741; *LH* III, 1626; *LH* IV, 1616.

631 Cfr. *CHEV* I, 387 [n° 6473].

632 Alcuni commenti su questo carme si trovano nelle seguenti opere: MONGELLI, *Gli inni della Liturgia delle Ore*, 304-305; OLITA, *Espositione delli sacri Hinni del nuouo Breuiario Romano*, 401-404; MIRRA, *Gli inni del breviario romano*, 262-263.

1. Panegirico di Elena
- **a** - introduzione: lode a Elena (*strofa 1*)
- **b** - la sua azione nei Luoghi della Redenzione (*strofa 2*)
- **c** - la sua ascesi (*strofa 3*)

2. Supplica a Cristo e dossologia trinitaria (*strofe 4-5*)

1.a Il poeta ha saputo, fin dalle prime parole molto espressive, presentare Elena veramente virile per le sue virtù, e perciò degna di santità e di gloria. Nessuno si può gloriare davanti a Dio perché egli sceglie chi vuole, come vuole e perché così piace a lui; non elegge i grandi di questo mondo ma la vecchia madre di Costantino: *infirma elegit Deus, ut confundat fortia* (*1 Cor* 1,27).

Il primo stico richiama il versetto biblico *Mulierem fortem quis inveniet*? (*Prov* 31,10) in cui la parola *fortem* presente nella Volgata traduce il termine *perfetto* più vicino al testo originale ebraico; si richiama dunque all'efficacia e alla virtù e si rifà quindi alla perfetta padrona di casa[633]. La lezione si adatta molto bene per l'inno del comune delle donne non vergini e quindi madri di famiglia; conviene ancora di più a santa Elena la quale, spinta dalla sua nobile fede, da buona madre ha saputo lasciare i suoi palazzi imperiali per compiere questo pio pellegrinaggio.

1.b Con questa strofa si segue la madre dell'Imperatore nel suo viaggio presso i Luoghi della morte e risurrezione di Cristo. Dopo aver lodato, nell'inno della stazione precedente, il Legno su cui è avvenuta la Redenzione del genere umano, pare logico lodare ora colei per la quale questa *Crux fidelis* è ritornata alla luce dopo tre secoli di oblio nelle profondità di questa caverna. Elena è particolarmente portata al sentimento dell'amore e perciò, *hæc Iesu amore saucia* (2,1)[634].

1.c Durante la sua vita quotidiana Elena usa due mezzi per la propria santificazione: la mortificazione del corpo con i digiuni e il dolce nutrimento della preghiera come pascolo della mente. Già l'apostolo esortava a camminare secondo lo Spirito per non soddisfare i desideri della carne, contrari allo Spirito (cfr. *Gal* 5,16). Mentre digiuna, Elena ha per modello un'altra regina, Ester, la quale pur essendo anch'essa una sovrana, quando si rifugiava nel Signore completava la sua preghiera (cfr. *Est* 4,17k-17z) alimentandola con severi digiuni (cfr. *Est* 4,16); non temeva di ri-

[633] Anche frate SALIMBENE riconosceva che Elena era una donna forte. Infatti scriveva: «De sanctitate trium nobilium mulierum sive dominarum Certe tres mulieres sunt michi valde amabiles, que forte ab iliis non reputantur, scilicet Helena Constantini mater, Galla Placida, mater Valentiniani imperatoris, et comitissa Matildis» (in: SALIMBENE DE ADAM, *Chronica*, ed. G. Scalia (CCM 125 A), Turnhout 1998, 572).

[634] Ora con ragione l'Imperatrice riposa in cielo e gode la visione di Dio in premio delle sue fatiche per il Signore e per la Chiesa, difatti dice sant'AGOSTINO: «ipse erit portus laborum nostrorum, videre Deum, laudare Deum» (in: AUGUSTINUS, *Sermones de Vetere Testamento* 37,29, in *Opera. Pars XI,1*, ed. C. Lambot (CCL 41), Turnhout 1961, 472).

nunciare al rango al quale aveva diritto per abbassarsi di fronte al suo vero Signore. Elena quindi adempiva così in modo mirabile il comando di san Paolo di pregare senza stancarsi (cfr. *1 Th* 5,17)[635].

Dopo aver ritrovata la preziosissima Croce, la santa ha crocifisso la sua carne con le sue passioni e i suoi desideri, cammina secondo lo Spirito (cfr. *Gal* 5,24.25), e in questo modo potrà raggiungere i *cæli gaudia* (cfr. 3,4)[636].

2. Il poeta ha già espresso tutte le virtù della santa nel suo carme; per concludere non gli rimane che alzare una preghiera al Signore Gesù, preghiera che è sobriamente formulata con il solo stico *audi benignus supplices* (4,4). La preghiera del poeta non si poteva concludere rivolgendosi solamente a santa Elena: ora si invoca Cristo, *virtus fortium* (4,1), sostegno della santa che, come fu cantato nella prima strofa, è forte. Tuttavia l'Imperatrice non riteneva provenisse da sé stessa la propria forza, ma da Cristo che solo compie cose grandi. L'inno si conclude con una dossologia rivolta a tutta la Trinità.

9.2.4. Aspetto metrico e musicale

Il testo di questo inno segue la forma metrica. Le leggi della strofa dimetro giambica vengono scrupolosamente osservate dal poeta, correttore della metrica del *Breviarium*. Il testo e la melodia dell'inno di questa stazione sono rimasti identici durante il terzo e il quarto periodo. Si noti infine che la musica del carme qui riportata è conforme a quella dell'allora *Breviarium Romanum*:

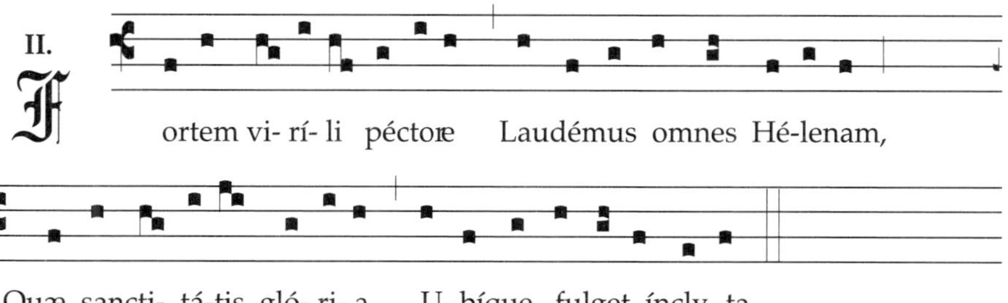

Dopo la riforma liturgica del Vaticano II, la parte musicale del *Fortem virili pectore* ha conosciuto una lieve modifica nella cadenza finale della strofa; infatti il

---

[635] Per questo motivo viene ora lodata dal popolo cristiano e così riceve, secondo l'avviso di san GIROLAMO, la grazia per mezzo dell'orazione («Nosti hoc esse Christianae animae pabulum, si in lege domini meditetur die, ac nocte» in: HIERONYMUS, *Epistula ad Florentinum* 1,2. *Pars I*, ed. I. Hilberg (CSEL 54), Wien 1996, 22).

[636] Dello stesso parere è san CLEMENTE Alessandrino quando scrive che il digiuno è la via migliore che porta in cielo (cfr. CLEMENS ALEXANDRINUS, *Le Pédagogue* 3,7, ed. H. Marrou, tr. C. Mondésert – Ch. Matray (SChr 158), Paris 1970, 83-89).

penultimo *punctum* da *do* viene mutato in *mi*. Fuori di questo lieve cambiamento l'inno conserva ancora la stessa melodia[637].

9.3. *Antifona*: Helena Constantini mater

Compiuta l'incensazione dell'altare armeno, il sacerdote recita la seguente antifona[638]:

> Hélena, Constantíni mater, Jerosólymam venit, ut Crucem Dómini inveníret. Allelúja.
>
> ℣. Ora pro nobis, beáta Hélena.
>
> ℟. Ut digni efficiámur promissiónibus Christi.

L'antifona e il suo versetto erano già in uso a questo punto della processione sin dalla riforma del 1623[639] in modo continuo lungo tutto il terzo periodo[640].

Come per la stazione precedente questa antifona è parte del patrimonio eucologico latino. Si tratta di un ampliamento della prima antifona: «Helena, Constantini mater, Hierosolymam petijt, allel[uia]» della salmodia dei primi Vespri[641], delle Lodi[642] e dei secondi Vespri[643] della festa dell'*Invenzione della Santa Croce* dell'ufficiatura tridentina. La forma corrisponde a quella che si usava per la processione nel primo e secondo periodo.

Il versetto responsoriale è tipico della liturgia latina: viene adattato al santo venerato inserendone il nome. La seconda parte del verso allude in un certo qual modo a *Gal* 3,22.

---

637 Cfr. *LibH*, 322-323.

638 *PrSS1925*, 25-26; *PrSS1947*, 25.

639 *PrSS1623*, 19.

640 Cfr. *PrSS1670*, 39; *PrSS1752*, 17; *PrSS1786*, 17; *PrSS1796*, 17; *PrSS1855*, 17; *PrSS1862*, 17; *PrSS1866*, 19; *PrSS1877*, 17; *PrSS1896*, 25-26; *PrSS1900*, 27.

Durante il secondo (cfr. *ITS1583*, 291; *ITS1586*, 340; *ITS1598*, 163) e il primo periodo (cfr. *ITS1431*, 77; *ITS1492*, 229; *ITS1567*, 169) veniva recitata la stessa antifona per la quale tuttavia non si diceva *venit, ut Crucem Domini inveniret. Alleluia*, ma si usava il solo verbo *petiit*.

641 Cfr. *BR1568*, 767 [n° 4756].

642 Cfr. *BR1568*, 771 [n° 4786].

643 Cfr. *BR1568*, 772 [n° 4799].

9.4. *Orazione*: Preces familiæ tuæ

La stazione presso l'altare della madre dell'Imperatore viene conclusa dalla seguente orazione[644] recitata dal sacerdote:

> Preces famíliæ tuæ, quǽsumus, Dómine, cleménter exáudi: ut sicut de férvido beátæ Hélenæ stúdio ubíque gaudet, quæ læta hic desiderátum sanctæ Crucis lignum invénit; ita ejus méritis et précibus in cælésti glória semper gaudére mereátur. Per Christum Dóminum nostrum. ℟. Amen.

La colletta proposta nel processionale dell'OBICINI[645] era identica a quella che viene tuttora adoperata. Non ebbe alcuna variante[646] durante tutto il periodo.

Sconosciuta ad ogni concordanza, l'attuale preghiera che sin dalla riforma dell'OBICINI viene usata in questo luogo, non corrisponde a nessuna delle molte preghiere proprie della festa di santa Elena[647] e neppure dei vari comuni: riflette la narrazione della scoperta della Croce da parte dell'Imperatrice. Sembra quindi sia stata composta in vista della processione.

---

644 *PrSS1925*, 26; *PrSS1947*, 26.

645 *PrSS1623*, 19-20.

646 Cfr. *PrSS1670*, 39; *PrSS1752*, 17; *PrSS1786*, 17; *PrSS1796*, 17; *PrSS1855*, 17; *PrSS1862*, 17; *PrSS1866*, 19; *PrSS1877*, 17-18; *PrSS1896*, 26; *PrSS1900*, 28. Segue ora l'orazione del secondo periodo:

> «Deus, qui inter cætera potentiæ tuæ miracula, etiam in sexu fragili virtutem rectæ intentionis corroboras: Præsta quæsumus, vt S. Helenæ Regin[a]ę exemplo, cuius studio desideratum Regis nostri lignum sanctæ Crucis detegere dignatus es ea, quæ Christi sunt, iugiter indagare, & te fauente, consequi mereamur. Per eumdem Christum, &c.» (in: *ITS1586*, 340; cfr. anche *ITS1583*, 292; *ITS1598*, 163).

La stessa orazione veniva adoperata dal tempo di FABRI in poi (cfr. *ITS1492*, 229; *ITS1567*, 170). Invece, grazie alla testimonianza di MARIANO, si sa che nel 1431 si pregava con la seguente colletta:

> «Deus, qui omnes Sanctos, et electos pro suis meritis honore disponis, praesta quaesumus, ut Sanctae Helenae Reginae, cujus Religionem Sanctae Crucis veneramur, apud tuam misericordiam precibus, et meritis adjuvemur. Per Christum Dominum nostrum. Amen» (in: *ITS1431*, 77-78).

647 Non corrisponde alla colletta del Messale anteriore alla riforma (il Messale del 1570 non includeva la celebrazione della madre di Costantino), neppure a quella del proprio della Custodia in uso all'inizio del quarto periodo (cfr. *MVCTS1898*, 8). Anche il testo odierno possiede un'altra forma, differente da tutte le altre («Dómine, qui erga crucis mystérium, beátam Hélenam tanta devotióne ditásti, fac ut, illíus intercessióne et exémplo, Filium tuum crucifíxum in córdibus nostris perpétuo deferémus. Qui tecum vivit.» in: *Missæ Propriæ Diœcesis Patriarchalis Hierosolymitanæ*, ed. Patriarchatus Latinus Jerusalem, 57). Si noti infine che non si trovano formulari in onore di sant'Elena nei Sacramentari antichi.

9.5. Interpretazione sintetica

Si è appena venerata nella cripta della stazione precedente il ritrovamento della santa Croce. Nel paragrafo **8.5.** si afferma l'analogia tra la sepoltura della Croce e quella di Gesù. In modo simile, l'incontro tra Elena e il Legno salvifico (l'invenzione della Croce) si può paragonare all'incontro tra la Maddalena e il Risorto. La Maddalena convertita dalla misericordia del Signore era in pianto quando giunse alla tomba; l'inno presenta Elena come una donna santa e forte (prima strofa), ma in continua conversione (*carnem domans ieiuniis, dulcique mentem pabulo* in 2,1-2). Nei due casi una donna ferita d'amore per Gesù (*hæc Iesu amore saucia* in 2,1) riceve la gioia dell'incontro salvifico. La gioia terrena di Elena viene comunicata al credente che merita di godere per sempre della gloria celeste[648].

9.6. Suggerimenti per cambiamenti

9.6.1. Presentazione

Come per la stazione precedente, l'antica antifona: «Helena, Constantini mater, Ierosolymam venit, ut Crucem Domini inveniret» riporta il nome della santa venerata in questa stazione e precisa il suo rapporto con la scoperta della santa Croce, tema della stazione che verrà poi ripreso nell'inno e nella colletta.

9.6.2. Inno

In virtù del principio che gli inni cosiddetti liturgici della processione si adattino a quelli corrispondenti dell'*Ufficium divinum* coevo, è la versione della *Liturgia Horarum* che deve essere alla base del carme che sarà proposto in sostituzione di quello ora in vigore. Perciò, eseguita l'interpretazione sintetica di questo testo del LENTINI, risulta che lo si deve modificare come segue:

- Il cambiamento della prima strofa (*feminam* in *Helenam*) è una costante della tradizione della processione che precisa a chi è rivolto l'inno e va mantenuta.
- Allo stesso modo il cambiamento della seconda strofa (*Hæc Iesu amore saucia / dum mundi amorem noxium / horrescit...*) evita la polemica legata alla lezione del breviario romano e permette di ricordare perché si venera sant'Elena in questo luogo. Riguardo alla parola *Iesu* del primo verso, sarà opportuno tenere conto dell'osservazione fatta al paragrafo **9.2.1. §2.a** e quindi seguire LENTINI sostituendolo con il termine *sancto*.
- Anche per quanto riguarda la dossologia il processionale ha sempre seguito l'Ufficio divino e quindi la prassi va mantenuta.

---

648 Cfr. la colletta della stazione in cui appaiono i termini *gaudet*, *læta* e *gaudere*.

Il testo proposto con il suo tetragramma corrispondente è quindi il seguente:

auctor textus et melodiæ: card. Silvius Antonianus, *sæc.* xvi; *LH 322.*

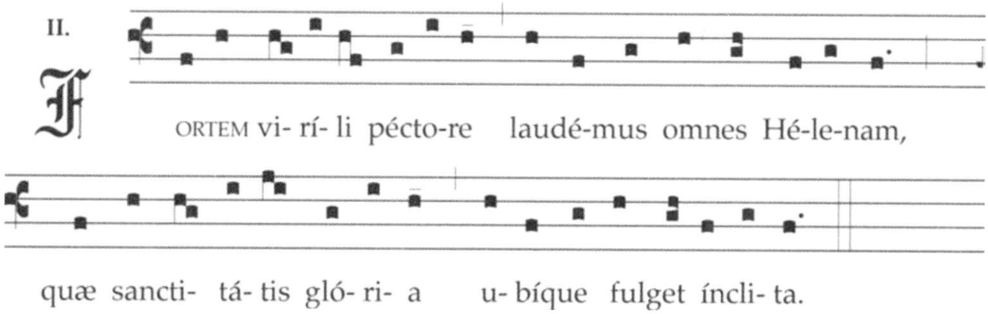

2. Hæc sanct*o* amóre sáucia,
dum Christi Crucem férvida
inquirit, ad cæléstia
iter perégit árduum.

3. Carnem domans ieiúniis,
dulcíque mentem pábulo
oratiónis nútriens,
cæli potítur gáudiis.

4. Rex Christe, virtus fórtium,
qui magna solus éfficis,
huius precátu, quǽsumus,
audi benígnus súpplices.

5. Iesu, tibi sit glória,
qui nos beátæ sérvulæ
sperāre das suffrágia
et sempitérna prǽmia. Amen.

Da qualche anno è consuetudine cantare questo inno durante la processione anche il giorno della festa della Santa il 21 maggio: questo uso andrà legiferato tra le future rubriche.

9.6.3. Lettura breve

Si sceglie di presentare questo testo perché l'attuale (non biblico) andava sostituito. A Elena viene rivolto l'elogio che il libro dei Proverbi fa della donna forte il cui pregio non consiste in una vana bellezza ma nell'amore per il Signore. Perciò questo brano sapienziale risulta adatto per la santa qui venerata a motivo dell'inno che precede[649]:

---

[649] Si noti anche che questo versetto viene estratto dalla prima lettura della messa propria della santa: cfr. *Missæ Propriæ Diœcesis Patriarchalis Hierosolymitanæ*, ed. Patriarchatus Latinus Jerusalem, 42.

Lectio brevis *Prov* 31,30

Fallax gratia et vana est pulchritúdo, múlier timens Dóminum ipsa laudábitur.

℣. Ora pro nobis, beáta Hélena. (*T.P*. Alléluia).

℟. Ut digni efficiámur promissiónibus Christi. (*T.P*. Alléluia).

9.6.4. Orazione

Le scelte possibili per questa colletta sono varie, ma l'attuale è l'unica che fa esplicito riferimento alla scoperta del prezioso legno, e che parla della gioia di Elena.

Le altre, pur facendo un accenno alla Croce sono di ordine più spirituale. Spetterà quindi alla colletta fare un chiaro annuncio del mistero che venera la stazione, l'*Invenzione della Croce*, dato che la *lectio brevis* proposta fa solamente un'allusione alle virtù della santa e, nella lezione propria dell'inno, il versetto *dum Christi Crucem fervida inquirit* (2.2-3) non si riferisce neppure alla scoperta. Sarà quindi mantenuto lo stesso testo:

Orémus.

Preces famíliæ tuæ, quǽsumus, Dómine, cleménter exáudi: ut sicut de férvido beátæ Hélenæ stúdio ubíque gaudet, quæ læta **HIC** desiderátum sanctæ Crucis lignum invénit; ita eius méritis et précibus in cælésti glória semper gaudére mereátur. Per Christum Dóminum nostrum. ℟. Amen.

10. VII. Ad Columnam Coronationis et Improperiorum

10.1. *Introduzione*: descrizione della stazione

Risalendo la scala proveniente dalla *Cappella di santa Elena*, si giunge alla terza abside della basilica crociata proprietà della Chiesa greco ortodossa (cfr. mappa al numero 14). Sin dal XII secolo, sotto l'altare della cappella viene custodito un frammento della colonna sulla quale, si dice, era seduto Gesù mentre i soldati lo insultavano e lo schernivano. Si legge infatti nel racconto di frate Francesco QUARESMI OFM (scritto tra il secondo e terzo periodo):

> «ad hanc capellam delata fuit, et adhuc ibi asservatur columna quaedam vel ex domo Pilati, vel ex altera illi proxima, supra quam suae passionis tempore sedens humani generis Reparator fuit ab impiis opprobriis saturatus, consputus, colaphis caesus, illusus, spinis coronatus, aliis contumeliis et improperiis affectus»[650].

Vi si ricordano gli insulti che i sacerdoti, gli scribi e gli anziani rivolgevano contro il Signore (cfr. *Mt* 27,27-31; *Io* 19,1-5).

Gli Improperi invece consistono in quella serie di lamenti di ispirazione biblica messi in bocca al Signore e rivolti al popolo di Israele, per manifestargli così la sua ingratitudine di fronte ai tanti benefici che ha sempre ricevuto da Dio. Nella liturgia latina questi lamenti vengono cantati il Venerdì santo durante la venerazione della Croce. Sono stati composti nel VI secolo e pervennero in Occidente proprio attraverso la Chiesa di Gerusalemme.

È difficile parlare di autenticità per questo luogo e per questa colonna, anche se appare probabile che Cristo sia stato detenuto, spogliato della tunica e ulteriormente deriso proprio in questi luoghi mentre veniva preparata la Croce.

Rito: L'inno inizia mentre si lascia la cappella inferiore. Lo svolgersi del rito presso questa stazione riprende quello della *Cappella della divisione delle Vesti*. Il celebrante non entra dentro la cappella, ma procede all'incensazione dai cancelli. Inoltre, i fedeli non avendo lo spazio per sistemarsi, rimangono nel corridoio antistante e anche sulle scale che scendono in cripta senza poter vedere l'azione liturgica che si svolge nell'abside. Anche in questo caso non si incensa la sacra colonna.

---

650 QUARESMIUS, *Elucidatio Terrae Sanctae* 5,1,31, 244.

10.2. *Inno*: Cœtus piorum exeat

10.2.1. Paragone dei diversi inni

Due sono gli inni che furono cantati davanti alla *Colonna degli Improperi*: uno nel secondo periodo e un altro in due forme leggermente differenti nel terzo e quarto periodo. La prima colonna presenta il testo odierno[651] mentre la seconda riporta l'inno[652] nella stesura che assumeva nel terzo periodo nel processionale dell'OBICINI:

1. Cœtus piórum éxeat Dávidis prolem cérnere; Non in parátu spléndido, Sed cunctis, heu! ludíbrio.	**1.** Cœtus piorum exeat Dauidis prolem cernere, Non in paratu splendido, Sed cunctis, hei ludibrio.
2. Contémptior est ómnibus, *Et ómnium novíssimus*; Hunc multitúdo oppróbriis Coram lacéssit ásperis.	**2.** Contemptior est omnibus: *Quam lamna testæ fictilis*, Hunc multitudo opprobriis Coram lacessit asperis.
3. Hoc Isaías díxerat: Corpus percutiéntibus *Præbet*, genas velléntibus, Vultúmque conspuéntibus.	**3.** Hoc Esaias dixerat; Corpus percutientibus *Dum dat*, genas vellentibus, Vultumque conspuentibus.
4. In tui Christi fáciem O réspice nunc, ánima; A planta ad usque vérticem Non est in eo sánitas.	**4.** In tui Christi faciem O respice nunc, anima; A planta ad usq́[ue]; verticem Non est in eo sanitas.
5. Vidísti, Móyses, Dóminum In rubo ardénti fúlgidum: Sed nos vidémus lánguidum Et spinis, sputo sórdidum.	**5.** Vidisti, Moyses, Dominum: In rubo ardenti fulgidum; Sed nos videmus languidum, Et spinis, sputo sordidum.
6. Dum velut Isaac týpicus Mactándus modo cérnitur; Ut áries in végribus Sic séntibus, heu, címgitur.	**6.** Dum velut Isaac typicus Mactandus modo cernitur; Vt aries in vepribus; Sic sentibus heu cingitur.
7. Precémur Christum lácrimis, Pro chlámyde coccínea, Spinis, flagris, arúndine, Ut nos corónet glória. Amen.	**7.** Precemur Christum lacrymis, Pro chlamyde coccinea: Spinis, flagris, arundine; Vt nos coronet gloria. Amen.

651 *PrSS1925*, 26-27; *PrSS1947*, 26-27.

652 *PrSS1623*, 20-21.

Il testo del terzo periodo (1623) rimane immutato[653] fino alla riforma del 1924, salvo per le solite correzioni tipografiche, il breve cambiamento della parola *hei* in *heu!* in 1,4, e la sostituzione della parola *Esaias* in *Isaias* in 3,1.

In questa stazione ci sono soltanto due inni a disposizione da poter paragonare: quello del secondo periodo e quello del terzo, che sarà leggermente corretto nel quarto periodo. Il carme di OBICINI non si è ispirato a quello del secondo periodo e non si ispira neppure al canto degli Improperi della solenne liturgia del Venerdì santo. Riguardo alla modifica del 1924, si noti un cambiamento del verso 2,2. Nell'inno originario si legge *Quam lamna testæ fictilis;* questa lezione verrà corretta in *Et omnium novissimum*. La prima versione è certamente più vicina a *Ps* 31[30],13: tuttavia questa lezione, se relativamente chiara nel contesto del salmo, sembrava piuttosto oscura all'interno dell'inno e per questo motivo verrà sostituita. In 3,3 invece, il *dum dat* viene sostituito in *præbet* probabilmente per evitare di introdurre una frase principale con il *dum*: il senso viene però conservato.

10.2.2. Autore e storia dell'inno

L'inno è il primo che apparve per la prima volta nella riforma dell'OBICINI del 1623 e viene tuttora conservato per la medesima stazione. Il *Cœtus piorum exeat* non uscì mai dall'ambito della Chiesa di Gerusalemme[654], e lo si comprende dal fatto che è rivolto alla *Colonna della Coronazione di spine e degli Improperi*. Non si poteva quindi trovare nel patrimonio degli inni della Chiesa latina e neppure po-

---

[653] Cfr. *PrSS1670*, 40-41; *PrSS1752*, 18-19; *PrSS1786*, 18-19; *PrSS1796*, 18-19; *PrSS1855*, 18-19; *PrSS1862*, 18-19; *PrSS1866*, 20-21; *PrSS1877*, 18-19; *PrSS1896*, 27-29; *PrSS1900*, 29-30. Come per le stazioni precedenti, segue poi il testo dell'inno del secondo periodo che precedeva la riforma di OBICINI (in: *ITS1586*, 340), testo quasi immutato nelle edizioni successive di questo stesso periodo (cfr. *ITS1583*, 292 e *ITS1598*, 164 - Il n° della pagina è erroneamente scritto 146 all'interno dell'opera citata). L'inno viene anche catalogato in *CHEV* IV, 71 [n° 36142].

1. *Christi iam impropria, / Quæ tulit, & ludibria: / Canamus & purpuream / Vestem, sputa, & alapas.*

2. *Iam flagellato corpore / Christi Iesu, effunditur, / Sanguis, ab his crudelibus, / Aue Rexque clamantibus.*

3. *Perfundunt vultum sanguine, / Ficta corona capiti: / Quam ponunt illi Milites / Spinarum, sed arundine.*

4. *Heu, qui semper gloriæ, / Honorisque meruerat, / Coronam cur sic vepribus, / Circumdant & aculeis.*

5. *Fundamus vultum lachrymis, / Pro pietate Domini, / Vultum cuius, sic impii, / Fuderunt sputi sordibus.*

6. *O tu Iesu sanctissime, / Concede nobis pretij, / Partem sacrati sanguinis: / Quem tunc fudisti, capitis. Ame [n].*

[654] Cfr. *CHEV* I, 218 [n° 3626].

teva entrarvi, perché non è mai stata introdotta per tutta la Chiesa nessuna festa liturgica dedicata a questa colonna. Come gli altri carmi che sono entrati in questa processione con la riforma del terzo periodo, si può supporre che l'autore del *Cœtus piorum exeat* sia Tommaso OBICINI OFM stesso o il suo segretario belga.

10.2.3. Contenuto biblico, teologico, patristico

Il *Cœtus piorum* è rimasto immutato durante un luogo periodo, proprio perché sa combinare, con molta felicità, la Sacra Scrittura e il mistero celebrato in questo luogo, elaborando così un vero centone biblico. L'inno usa sempre il parallelismo con una geniale variazione applicandolo ai due misteri che vengono celebrati in questo luogo.

Composto di sette strofe, l'inno si può suddividere come segue:

1. ***a*** Cristo in gloria prefigurato nell'Antico Testamento (*1,1-2*)
Cristo sofferente (*1,3-4*)
b Sofferenze di Cristo prefigurate nell'Antico Testamento (*2,1-2*)
Cristo sofferente (*2,3-4*)
2. ***c*** Cristo sofferente annunciato (*strofa 3*)
Cristo sofferente (*strofa 4*)
3. ***a*** Cristo in gloria prefigurato nell'Antico Testamento (*5,1-2*)
Cristo sofferente (*5,3-4*)
b Sofferenze di Cristo prefigurate nell'Antico Testamento (*6,1-3*)
Cristo sofferente (*6,4*)
4. Dossologia (*strofa7*)

Riguardo agli Improperi (***a***.: strofe 1 e 5), l'autore del carme usa il parallelismo antitetico: per un beneficio concesso ad Israele, sottolinea l'umiliazione che subisce il Messia da parte del suo popolo. Mentre per la condanna e la sofferenza di Cristo (***b***.: strofe 2 e 6) usa il parallelismo sinonimico, mostrando come ciò che ora avviene al Messia sofferente fosse già palese nell'Antico Testamento. Al centro del carme (***c***. strofe 3 e 4) viene sviluppato in due strofe il tema già presente in ***b***.

Il piano dell'inno è il seguente: *a-b-c-a-b-dossologia*. Dopo ogni affermazione, l'autore pone un ritornello che si focalizza sulla sofferenza e sull'umiliazione di Gesù.

1. L'inizio delle strofe 1 e 5 insiste sulla gloria con cui Gesù era prefigurato nell'Antico Testamento. Nella prima si invitano i fedeli ad uscire per vedere i Figlio di Davide, così come nel terzo poema del Cantico dei Cantici le figlie di Sion erano invitate ad uscire per guardare il grande re Salomone che, rivestito di gloria, teneva sul capo la corona che gli pose sua madre il giorno delle nozze, giorno della sua gioia. Dopo la descrizione della schiera e della scorta che lo sposo ha mandato per accompagnare la fidanzata (cfr. *Cant* 3,6-10) avviene l'incontro (cfr. *Cant* 3,11) con il re-fidanzato. Al contrario, non c'è niente di simile per quest'altro Re che è Gesù:

egli stesso si definisce Re dopo la domanda di Pilato (cfr. *Mt* 27,11); *non in paratu splendido* (1,3), è spogliato (*Mt* 27,28), la corona che ha sulla testa è una corona di spine, lo scettro che tiene in mano è una canna che gli è stata data da quelli che lo scherniscono (cfr. *Mt* 27,28), gli sputano addosso e lo percuotano sul capo (cfr. *Mt* 27,29).

La strofa seguente riprende lo stesso tema e lo sviluppa citando *Ps* 31[30],12 e manifestandone il compimento nello stesso *Mt* 27,39. Il salmo 31 è un salmo di lamentazione e i versetti 10-15 sono un elenco di solitudini ed emarginazioni che richiedono la pietà di Dio. È vero, Dio aveva salvato il salmista nel passato, ma quale contrasto con i suoi sentimenti mentre sta pregando. Ora i suoi vicini lo temono come un essere abbandonato da Dio, e i suoi familiari per paura di essere coinvolti nella sua caduta ne hanno terrore. Tutti cercano di non avere niente a che fare con lui, è semplicemente rigettato... come Gesù nel pretorio quando si trova abbandonato alla sua sorte.

2. Le strofe 3 e 4 sono al centro dell'inno. Con la terza, si è nel contesto del *Servo sofferente* di Yahvé (cfr. *Is* 50,4-5), il quale, più che un profeta, viene presentato come discepolo fedele incaricato di istruire coloro che temono Dio, cioè i pii di Israele (cfr. *Is* 50,10), così come gli smarriti o gli infedeli che camminano nelle tenebre. Per questo, sopporterà ogni persecuzione: presentando il suo dorso ai flagellatori, le sue guance a quelli che gli strappano la barba e non sottraendo la faccia agli insulti e agli sputi (cfr. *Is* 50,5-6), perché sa che Dio gli accorderà il trionfo definitivo (cfr. *Is* 50,9-11). Questo testo prefigura ovviamente, nei minimi dettagli, la passione di Gesù prima della sua gloriosa Risurrezione.

La quarta strofa cita la profezia del salmo e applica con ironia questi versi a Gesù flagellato. Per questo si cita *Ps* 84[83], un salmo che canta la Sion trionfante nella sua bellezza e nel fulgore della sua santità. Nella sua preghiera, il salmista implora il Signore per il Re, per il volto del suo consacrato, del suo Cristo. Ora l'uomo che guarda Gesù, l'Unto del Signore non vede altro che umiliazione, *a planta usque verticem* (4,3; citazione di *Is* 1,6 in cui il popolo di Giuda peccatore sarà castigato e non si troverà più in lui alcuna parte sana). Le stesse parole sono applicate a Gesù: per portare la colpa del popolo, è flagellato e insanguinato in tutto il suo corpo: *non est in eo sanitas* (4,4).

3. Questa terza parte è simmetrica alla prima: Mosè sul Monte Sinai vide l'Angelo del Signore, ossia il Signore stesso nel roveto ardente (cfr. *Ex* 3,2), così radioso che dovette velarsi il viso perché temeva di morire guardando verso Dio (cfr. *Ex* 3,6). Ora chi canta l'inno si unisce a quelli che videro passare Gesù, il condannato, insanguinato dalle ferite, coronato di spine (cfr. *Mt* 27,29) e coperto di sputi (cfr. *Mt* 29,30). Non c'è più la paura di rivolgere lo sguardo verso Dio, c'è solo la repulsione di vedere l'uomo così malridotto. Tuttavia questo era prefigurato nell'Antico Testamento: Dio chiese ad Abramo di sacrificargli Isacco, il suo unico figlio, ma dopo che la sua fede era stata messa alla prova, Abraham vide un ariete impigliato con le corna in un cespuglio, e sostituì il suo unigenito con l'animale (cfr. *Gn* 23,13-14)[655].

Anche Gesù è impigliato dalle spine con le quali è stato incoronato (cfr. *Mt* 27,29), e che lo costringono a sottomettersi al suo tragico destino che è ormai ineluttabile.

4. Dopo aver contemplato con l'aiuto della Scrittura e con le lacrime agli occhi, le sofferenze ingiuste del nostro Messia, si riassumono i pensieri in una preghiera dossologica rivolta a Cristo.

Per mezzo degli strumenti della sua passione[656], Cristo venne per portare la salvezza universale. Sí, un Re era atteso, ma sarà un Re schernito, disprezzato; come lo predisse Isaia (cfr. *Is* 53,7-9), il Messia sarà umiliato prima di essere sacrificato.

In questo luogo di Improperi, nel quale vengono messe sulla bocca di Gesù le parole di lamento verso il suo popolo traditore, noi abbiamo l'audacia di pregare il Re per chiedergli, nonostante la nostra mediocrità, di partecipare alla sua gloria e ricevere da lui la corona[657]: non già quella di spine che l'uomo gli ha messo sul capo per deriderlo, bensì quella di gloria, che lui solo merita.

10.2.4. Aspetto metrico e musicale

La melodia dell'inno di questa stazione corrisponde a quella dell'inno *En efferata rabies*, che è già stato studiato; essa era uguale a quella odierna anche durante il periodo precedente. Per altri dettagli sulle origini e gli odierni cambiamenti musicali, si veda il paragrafo **6.2.4.**

---

[655] Il parallelismo con Gesù è flagrante e già lo affermava ORIGENE scrivendo: «Isaac formam generet Christi, sed et aries hic nihilominus formam Christi gerere videtur. Sed quomodo Christo uterque conveniat, et Isaac, qui non est iugulatus, et aries qui iugulatus est, operae pretium est noscere» (in: ORIGENES, *Homélies sur la Genèse* 8,9, intr. tr. H. de Lubac - L. Doutreleau (SChr 7 bis), Paris ^{2}1996, 230).

[656] Come diceva già san GIROLAMO: «In clamide coccinea opera gentium cruenta sustentat, in corona spinea maledictum soluit antiquum, in calamo uenenata occidit animalia; siue calamum tenebat in manu ut sacrilegium scriberet Iuderorum» (in: HIERONYMUS, *Commentaire sur S. Matthieu* 4, ed. Bonnard (SChr 259), 265).

[657] Si legge nel diario di fra Leonardo DU CLOU OFM: «Ad verbum *coronet*, omnes fratres versus coronationis locum suum caput inclinat» (in: L. DU CLOU, *Itinerarium breve Terrae Sanctae patris fratris Leonardi du Clou Lemovicensis*, 108). I frati volevano così manifestare il loro riconoscimento per questa incoronazione di cui sono gli indegni beneficiari.

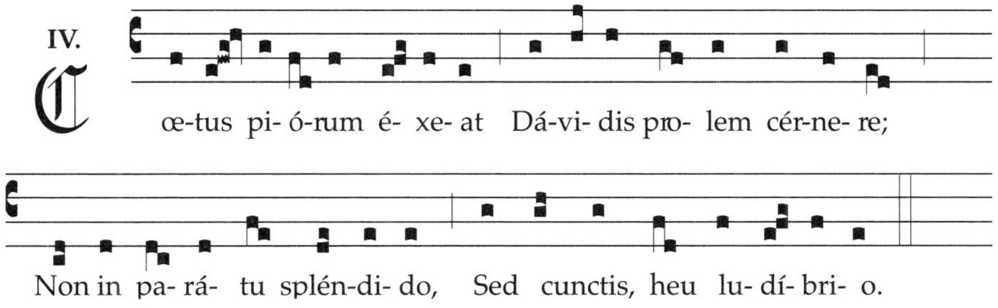

Inoltre, nonostante la riforma eseguita nel 1924, tutti gli inni - da questa stazione della processione in poi - hanno conservato la stessa melodia, anche se il testo è stato cambiato o aggiornato. Trattandosi di stazioni sempre eseguite *in cantu*, sembra legittimo supporre che i riformatori hanno lasciato invariate le melodie per non suscitare problemi con le comunità orientali.

10.3. *Antifona*: Ego dedi tibi sceptrum regale

Segue il testo[658] dell'antifona recitata davanti alla *Colonna degli Improperi*:

> Ego dedi tibi sceptrum regále: et tu cápiti meo imposuísti spíneam Corónam!
> ℣. Plecténtes corónam de spinis.
> ℟. Posuérunt super caput ejus.

Il testo era già così con la riforma dell'OBICINI[659] e rimase invariato durante l'intero terzo periodo[660].

Come per la stazione del *Carcere*, l'antifona non proviene dalla Scrittura, ma si ispira agli Improperi della liturgia romana del Venerdì santo[661] mutando il verbo *dedisti* in *imposuisti*. Il versetto invece è fedele a *Mt* 27,29. In questo caso, non fu mai inserita la parola *hic* perché in *Mt* 27,27 si precisava che il luogo dell'accaduto

---

658 *PrSS1925*, 28; *PrSS1947*, 28.

659 *PrSS1623*, 21.

660 Cfr. *PrSS1670*, 41; *PrSS1752*, 19; *PrSS1786*, 19; *PrSS1796*, 19; *PrSS1855*, 19; *PrSS1862*, 19; *PrSS1866*, 21; *PrSS1877*, 19; *PrSS1896*, 29; *PrSS1900*, 31. Nel secondo periodo (*ITS1583*, 292; *ITS1586*, 340; *ITS1598*, 164) e nel primo (*ITS1431*, 79; *ITS1492*, 228; *ITS1567*, 170-171), l'antifona era la seguente:

> «Ego dedi tibi sceptrum regale, & tu capiti meo imposuisti spineam coronam. ℣. Posuisti Domine super caput eius. ℟. Coronam de lapide pretioso».

Al tempo di MARIANO tuttavia (1431), il responsorio era il seguente: «℣. Gloria et honore coronasti eum, Domine. ℟. E constituisti seu super opera manuum tuarum».

661 Cfr. *MR1570*, 250 [n° 1247]; *MR1970*, 327.

evangelico era il Pretorio, e quindi non concorda con il luogo di sosta della processione.

10.4. *Orazione*: Deus qui in Filii tui

La stazione viene conclusa dall'orazione[662] recitata dal sacerdote:

> Deus, qui in Fílii tui humilitáte jacéntem mundum erexísti: concéde propítius; ut, supérbiæ coróna abjécta, immarcescíbilem *corónam* glóriæ consequámur. Per eúmdem Christum Dóminum nostrum. ℟. Amen.

Leggermente diversa era la colletta proposta dall'OBICINI per la sua riforma[663]; il testo riportato rimase identico durante tutto il terzo periodo[664] con la sola aggiunta della parola *coronam* dopo *immarcescibilem* per tutte le edizioni dal 1855 in poi:

> Deus, qui in filii tui humilitate iacentem mundum erexisti: cõ[n]cede propitius; vt superbiæ corona abiecta: immarcescibilem gloriæ consequamur. Per eumdem Christum Dominum nostrum.

Sono invece uguali l'invocazione e la premessa della seguente orazione del breviario tridentino[665]:

> Deus, qui in filij tui humilitate iacentem mundum erexisti: *fidelibus tuis perpetuam concede l[a]ę̨titiam; vt, quos perpetu[a]ę̨ mortis eripuisti cásibus, gaudijs facias sempiternis pérfrui*. Per dominum

---

662 *PrSS1925*, 28; *PrSS1947*, 28.

663 *PrSS1623*, 22.

664 Cfr. *PrSS1670*, 41; *PrSS1752*, 19; *PrSS1786*, 19; *PrSS1796*, 19; *PrSS1855*, 19-20; *PrSS1862*, 19; *PrSS1866*, 21-22; *PrSS1877*, 20; *PrSS1896*, 29; *PrSS1900*, 31. L'orazione del secondo periodo era la seguente:

> «Domine Iesu Christe, qui humano generi condolens, coronam spinarum in tuo sacratissimo capite suscepisti: & sanguinem tuum pro salute omnium fudisti: respice ad indignas præces nostras: vt à te clementer exauditi Indulgentiam, & remissionem omnium peccatorum nobis tribuas, per tuam magnam misericordiam, & pietatem. Qui viuis, & regnas cum Deo patre, &c.» (in: *ITS1586*, 340; *ITS1583*, 292 in *ITS1598*, 164 la fine della preghiera viene accorciata da *ut a te clementer* in poi.

Un testo equivalente veniva proclamato dal sacerdote nel primo periodo (cfr. *ITS1431*, 79; *ITS1492*, 228-229; *ITS1567*, 171).

665 *MR1570*, 367 [n° 1661].

Sostanzialmente uguale durante i due ultimi periodi, la preghiera conclusiva di questa stazione viene quindi scritta in vista della processione, sotto l'ispirazione della colletta[666] dell'allora seconda domenica *post Pascha* del Messale romano tridentino che è diventata la colletta del lunedì della quarta settimana dopo Pasqua[667] nella liturgia rinnovata.

10.5. Interpretazione sintetica

La stazione è molto sobria: essendo quasi giunti al culmine del ciclo della Croce, si è invitati a contemplare la debolezza di colui il quale verrà esposto al supplizio. La sobrietà della *Colonna degli Improperi* giacente sotto l'altare che viene ora incensato mentre si canta l'inno ricorda la condizione di colui che, pur essendo Figlio di Dio, viene schernito su questa stessa colonna. Secondo la tradizione, Cristo era seduto su di essa mentre veniva insultato e umiliato (come ricorda il quadro dei Greci che si trova nel trittico appeso sopra l'altare). Oggi, sulla preziosa reliquia, si trova l'altare dove non viene mai celebrata l'Eucaristia, perciò non è ricoperto da nessuna tovaglia e non ha candelabro. Tuttavia, come ogni altare, anche questo è segno di Cristo e la sua condizione si addice perfettamente allo stico del carme *non in paratu splendido* (1,3).

Più che verso la colonna, l'eucologia della stazione converge verso la tematica della corona: corona di umiliazione e di disprezzo imposta al Signore e corona di gloria richiesta dal credente (cfr. la petizione della colletta che riecheggia la dossologia del carme).

10.6. Suggerimenti per cambiamenti

10.6.1. Presentazione

Con questa stazione si riprende lo svolgersi mimetico della memoria della passione del Signore e si raggiunge di nuovo il livello topografico della basilica. Il versetto che da secoli è recitato dopo l'inno: «Ego dedi tibi sceptrum regále: et tu dedísti cápiti meo spíneam Corónam»[668] appartiene prima di tutto alla serie degli Impro-

---

[666] Cfr. *DD*, 71 [n° 1030] e *OrMR*, 100 [n° 364].

Questo testo eucologico non è che parzialmente citato nella processione: si presentano ora le referenze dei Sacramentari e dei Messali in cui si trova: *GeV*, 85 [n° 541]; *GrP*, 637 [n° 390]; *GeG*, 117 [n° 861]; *GeE*, 133 [n° 892]; *GeS*, 105 [n° 687]; *GrS*, 386 [n° 1114]; *MReg*, 291 [n° 1377]; *MR1474*, 194 [n° 1124]; *MR1570*, 367 [n° 1661] nonché le sue edizioni successive.

[667] Cfr. *MR1970*, 315.

[668] *MR2002*, 327.

peri della liturgia latina e ricorda anche il coronamento di spine del Signore, corrispondendo perfettamente al doppio attributo del titolo di questa stazione. Mentre la sostituzione della parola *dedisti* con *imposuisti* non andrà conservata, perché è di significato equivalente e non sottolinea nessuna particolarità del Luogo santo.

10.6.2. Inno

I criteri di paragone sono quindi pochi. Le correzioni del 1924 di questo carme sono opportune e non si vede la necessità di ritornare alle lezioni precedenti. La dossologia non ha un'espressione in armonia con quelle moderne, tuttavia in essa sta la conclusione di tutto ciò che precede e quindi può rimanere perfettamente identica. Che questo canto sia il migliore inno composto OBICINI, è provato dal fatto che è uno dei pochi rimasti durante il quarto periodo, e sarà l'unico che potrebbe rimanere invariato in un'ulteriore riforma.

Il solo aggiornamento necessario sarà quello di conformare la melodia con la musica riformata dello *Iesu nostra redemptio* come viene riportata nell'odierno *Liber Hymnarius*[669]. Il testo ora proposto abbinato con la sua nuova melodia è quindi il seguente:

textus: Thomas OBICINI OFM*? sæc.* XVI*;*
melodia sæc. IX*?*

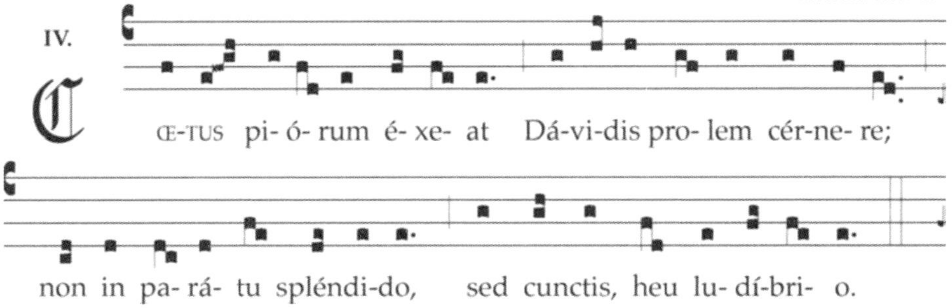

2. Contémptior est ómnibus,
et ómnium novíssimus;
hunc multitúd*o* oppróbriis
coram lacéssit ásperis.

3. Hoc Isaías díxerat:
corpus percutiéntibus
præbet, genas velléntibus,
vultúmque conspuéntibus.

4. In tui Christi fáciem
o réspice nunc, ánima;
a plant*a* ad usque vérticem
non est in eo sánitas.

5. Vidísti, Móyses, Dóminum
in rub*o* ardénti fúlgidum:
sed nos vidémus lánguidum
et spinis, sputo sórdidum.

6. Dum velut Isa*a*c týpicus
mactándus modo cérnitur;
ut áries in vépribus
sic séntibus, heu, cíngitur.

7. Precémur Christum lácrimis,
pro clámyde coccínea,
spinis, flagris, arúndine,
ut nos corónet glória. Amen.

---

[669] Cfr. **6.2.4.** e *LibH*, 88-89.

Riguardo al rito, si potrebbe anche incensare la *Colonna degli Improperi* prima di incensare l'altare greco.

10.6.3. Lettura breve

Il versetto di *Mt* 27,29 viene usato sin dall'origine della processione e risulta perfettamente adatto. Non potendo ripristinare l'attuale antifona, si propone la lettura *Mt* 27,28-29 alla quale:

- si omette la prima parola et che diventa superflua all'inizio della lettura;
- si specifica il pronome eum in Iesum come si è fatto in tutta la tradizione di questa eucologia;
- si tolgono le parole che si ritroveranno nel responsorio;
- si ripete il verbo posuerunt per rendere meglio intelligibile il senso del periodo.

In questo modo i versetti riprendono gli elementi cantati dall'inno ed esplicitano in modo diretto le umiliazioni subite dal Signore durante la sua passione. Il testo proposto è quindi il seguente:

Lectio brevis *Mt* 27,28-29

Exuéntes Iesum, clamydem coccíneam circumdéderunt ei. Posuérunt arúndinem in déxtera eius et, genu flexo ante eum, illudébant ei dicéntes: "Ave, rex Iudǽorum".

℣. Plecténtes corónam de spinis.

℟. Posuérunt super caput eius.

10.6.4. Orazione

La colletta va ripristinata tale e quale in modo da mantenere il richiamo con la conclusione dell'inno. Andrà però mutata la sua dossologia togliendo il pronome *eundem* che stona con la liturgia rinnovata.

Orémus.

Deus, qui in Fílii tui humilitáte iacéntem mundum erexísti, concéde propítius, ut, supérbiæ coróna abiécta, immarcescíbilem corónam glóriæ consequámur. Per Christum Dóminum nostrum. ℟. Amen.

11. VIII. In Sacro Monte Calvario ad Locum Crucifixionis D. N. I. C.

11.1. *Introduzione*: descrizione della stazione

La stazione, oltre alla venerazione dell'*Altare della Crocifissione* (cfr. mappa al numero 15), celebra anche la *salita* al Calvario (cfr. mappa alla lettera F). La sommità del *Golgota* si divide in due navate: a sinistra, si fa memoria della crocifissione di Gesù mentre a destra, si ricorda la sua morte in Croce (cfr. mappa al numero 16). La navata di sinistra appartiene ai francescani, quella di destra è proprietà dei Greci. Sotto l'arco, che separa le due navate, si trova l'*Altare dello Stabat Mater* o *dell'Addolorata* (cfr. mappa al numero 17) che è di proprietà latina. L'*Altare della Crocifissione* corrisponde anche all'undicesima stazione della *Via Crucis*[670].

Rito. Dopo il *Gloria Patri* della stazione precedente, si inizia per la prima volta (a meno che si tratti della processione solenne) a cantare l'inno. Mentre si esegue il carme, i frati salgono i gradini che portano alla sommità del *Golgota*. Passando davanti alla Croce collocata nel luogo dove Cristo morì per i peccati degli uomini, tutti fanno la genuflessione[671] e si recano davanti all'*Altare della Crocifissione* disponendosi in file parallele. L'ebdomadario si ferma in mezzo ai due assistenti innanzi all'altare (altare di proprietà latina che un sacrestano avrà precedentemente preparato accendendovi le sei candele), quasi in linea retta tra il pilastro e la finestra della *Cappella dei Franchi*. Amministrato l'incenso, prende il turibolo tenendolo per lungo e, camminando, incensa con tre *ductus* il quadrato sul pavimento davanti all'altare, girando verso la propria destra. Questo quadrato mosaicato indica il luogo in cui Cristo fu inchiodato in Croce e corrisponde quindi al luogo che gode della

---

[670] La zona del Calvario di proprietà latina fu egregiamente rinnovata nei marmi e nei mosaici nel 1937 dall'architetto italiano A. Barluzzi ed ispira profonda devozione. Al centro della volta viene conservata l'antica figura del Salvatore (XII secolo). L'altare in bronzo argentato, sui cui pannelli sono rappresentate le varie scene della passione, dono del granduca Ferdinando dei Medici, è del 1588.

[671] Sul Calvario, si genuflette sempre davanti alla Croce (benché sia di proprietà della Chiesa greca ortodossa) come si fa nella liturgia latina il Venerdì santo (cfr. *MR1970*, 257; *MR2002*, 324; *CE*, 94 [n° 322]). Nei Luoghi santi, in ogni momento, si celebra il mistero della Storia della Salvezza commemorato in quel luogo; mentre la Chiesa lo celebra solamente il giorno della sua ricorrenza annuale.

venerazione di questa stazione[672]. Quindi pervenuto davanti all'altare lo incensa *more solito*. Terminata l'incensazione e fatto l'inchino alla croce dell'altare, si volterà ed incenserà con tre *ductus,* camminando, il pavimento verso la sua destra. Arrivato al suo posto, alla fine dell'inno, canterà l'antifona e, dopo il versetto, la colletta in tono feriale. Si recita infine il *Pater-Ave-Gloria*[673].

11.2. *Inno*: Vexilla regis prodeunt

11.2.1. Paragone dei diversi inni

In questo luogo fu usato, per ogni periodo storico della processione, un carme differente. Si presenteranno i quattro testi conosciuti[674] e gli inni che sono stati la fonte diretta per la loro composizione. Come per gli altri due carmi che facevano parte del patrimonio della Chiesa latina, vengono presentate le due sinossi seguenti.

L'inno oggi in uso è il celeberrimo *Vexilla Regis,* adattato al luogo in cui viene cantato. Essendo questo carme una correzione dell'inno dell'*Ufficium divinum* urbaniano, vengono presentati: nella prima colonna il testo[675] del *Breviarium*, nella seconda quello[676] del processionale:

1. Vexilla Regis pródeunt: Fulget crucis mysterium, Qua vita mortem pértulit, Et morte vitam prótulit.	**1.** Vexilla Regis pródeunt: Fulget crucis mysterium, Qua vita mortem pértulit: Et morte vitam prótulit.
2. Quæ vulneráta lánceæ Mucrône diro, críminum Vt nos lauaret sordibus, Manauit vnda & sanguine.	**2.** Quæ vulneráta lánceæ Mucróne diro, críminum Ut nos laváret sórdibus, Manávit unda et sánguine.
3. Impleta sunt, quæ cóncinit Dauid fideli carmine, Dicendo nationibus : Regnauit à ligno Deus.	**3.** Impléta sunt quæ cóncinit David fideli cármine: Dicéndo natiónibus: Regnávit a ligno Deus.

---

672 Il Venerdì santo durante la processione funebre la mimesi della crocifissione del Signore non avviene all'altare, ma su questo mosaico.

673 Cfr. *3SSQ*, 88-90.

674 Nel periodo chiamato *albori* (cfr. n° **2.2.3.** §**2**) il PELLEGRINO INGLESE scriveva che la salita al Calvario già si faceva mentre i fedeli cantavano, senza però precisare quale inno veniva eseguito.

675 *BR1632*, 366.

676 *PrSS1925*, 28-31; *PrSS1947*, 28-31.

4. Arbor decôra et fúlgida, Ornata Regis purpura, *Electa digno stipite* *Tam sancta membra tangere.*	**4.** Arbor decóra et fúlgida, Ornáta Regis púrpura, *Suscépit hic quæ Dómini* *Corpus flagéllis lívidum.*
5. Beata, cujus brachijs Pretium pependit sæculi, Statéra facta córporis, Tulitq́[ue]; prædam Tártari.	**5.** Beáta, cujus bráchiis Prétium pepéndit sǽculi: Statéra facta córporis, Tulítque prædam tártari.
6. O Crux aue spes única, *Hoc Passionis tempore* Pijs adauge gratiam, Reísq́[ue]; dele crimina.	**6.** O Crux, ave, spes única, *Hic uda Christi Sánguine*[677] Piis adáuge grátiam, Reísque dele crímina.
7. Te, fons salutis Trinitas, Collaudet omnis spiritus: Quibus Crucis victoriam Largîris, adde præmium. Amen.	**7.** Te fons salútis Trínitas, Colláudet omnis spíritus: Quibus Crucis victóriam Largíris, adde prǽmium. Amen.

Si riportano ora la versione originaria di questo carme (prima colonna[678] con nella nota le modifiche del breviario riformato da CLEMENTE VIII[679]), la versione inclusa nel processionale del 1623 (seconda colonna[680]), e la versione rivista dopo il Concilio Vaticano II per la *Liturgia Horarum* (terza colonna[681]):

1. Vexilla regis prodeunt, fulget crucis mysterium, quo carne carnis conditor suspensus est patibulo.	**1.** Vexilla Regis prodeunt, Fulget Crucis mysterium, Quo carne, carnis Conditor Suspensus est patibulo.	**a.** Vexílla regis pródeunt, fulget crucis mystérium, quo carne carnis cónditor suspénsus est patíbulo;
2. confixa clauis uiscera tendens manus, uestigia redemptionis gratia hic immolata est hostia.		

677 Cfr. nota n° **674**.

678 BULST, *Hymni latini antiquissimi*, 129; cfr. anche in *AH* 50, 74 [n° 67]; VENANTIUS. FORTUNATUS, *Carmina* 2,6, ed. Bergman, 156; *Monumenta Germaniae Historica*, 34-35.

679 Cfr. in *BR1606*, 329: la seconda, settima e ottava strofa sono inesistenti; 4,3: *dicens in nationibus*; 6,2: *sæcli pependit pretium*; Si noti poi l'aggiunta finale: *O crux aue spes unica / Hoc passionis tempore: / Auge piis iustitiam, / Reisque dona ueniam. // Te summa deus Trinitas / Collaudet omnis spiritus: / Quos per crucis mysterium / Salvas, rege per sæcula. Amen.*

680 *PrSS1623*, 22-24.

681 *LENT*, 103 [n° 101].

3. quo uulneratus insuper mucrone diro lanceae, ut nos lauaret crimine, manauit unda et sanguine.	**2.** Quo vulnerattis insuper Mucrone diro lanceæ, Vt nos lauaret crimine, Manavit vnda & sanguine.	**b.** Quo, vulnerátus ínsuper mucróne diro lánceæ, ut nos laváret crímine, manávit unda et sánguine.
4. impleta sunt, quae concinit Dauid fideli carmine, *dicendo* nationibus: regnauit a ligno Deus.	**3.** Impleta sunt quæ concinit Dauid fideli carmine, *Dicens* in nationibus: Regnauit a ligno Deus.	
5. arbor decora et fulgida, ornata regis purpura, electa digno stipite tam sancta membra tangere.	**4.** Arbor decora, & fulgida Ornata Regis purpura, *Suscepit hic quæ Domini* *Corpus flagellis lividum.*	**c.** Arbor decóra et fulgida, ornáta regis púrpura, elécta digno stípite tam sancta membra tángere!
6. beata, cuius bracchiis *pretium pependit sæculi*, statera facta est corporis praedam tulitque tartari.	**5.** Beata, cuius brachiis Sæcli pependit pretium, Statèra facta corporis, Prædamq́[ue]; tulit tartari.	**d.** Beáta, cuius brácchiis sæcli pependit prétium; statéra facta est córporis prædam tulítque tártari.
7. fundis aroma cortice, uincis sapore nectare, iucunda fructu fertili plaudis triumpho nobili.		
8. salue, ara, salue, uictima, de passionis gloria, qua uita mortem pertulit et morte uitam reddidit.		**e.** Salve, ara, salve, víctima, de passiónis glória, qua Vita mortem pértulit et morte vitam réddidit!
	6. O crux, ave spes vnica, *Hic Christi tendens brachia,* *Auge piis iustitiam*, Reisq́[ue]; dona veniam.	**f.** O crux, ave, spes única! *hoc passiónis témpore*[682] piis adáuge grátiam reísque dele crimina.
	7. Te summa Deus Trinitas Collaudet omnis spiritus. Quos per Crucis mysterium Saluas, rege per sæcula. Amen.	**g.** Te, fons salútis, Trínitas, colláudet omnis spíritus; quos per crucis mystérium salvas, fove per sǽcula. Amen.

Il testo rimase invariato[683] durante tutto il terzo periodo, ad eccezione dei soliti cambiamenti tipografici e, nel versetto 3,3, dove da *Dicens in nationibus* diventerà, nel 1900, *Dicendo nationibus*.

---

682 Il giorno della festa dell'Esaltazione della santa Croce questo stico viene sostituito con: *in hac triúmphi gloria* (cfr. LENT, 103 [n° 101])

683 Cfr. *PrSS1670*, 41-42; *PrSS1752*, 20-21; *PrSS1786*, 20-21; *PrSS1796*, 20-21; *PrSS1855*, 20-21; *PrSS1862*, 20-21; *PrSS1866*, 22-23; *PrSS1877*, 20-21; *PrSS1896*, 30-31; *PrSS1900*, 32-33. Segue il testo dell'inno che si cantava durante il secondo periodo: in

Se i due carmi (*Crux fidelis* e *Fortem virili pectore*), già studiati, hanno subito solamente qualche aggiustamento tra la versione originaria, quella del *Breviarium Romanum* clementino (1602), quella della riforma urbaniana (1632) e la versione dell'odierna *Liturgia Horarum*, non si può dire lo stesso di questo inno in onore della Croce. Più che di un semplice aggiornamento, il carme è stato profondamente ripensato da URBANO VIII e risulta difficile paragonarne i vari stichi. Per questo motivo si cercherà solamente di individuare:

- le differenze tra l'inno della processione e le forme del breviario corrispondente,
- le varie glosse legate al Calvario nei due inni proposti dalla processione.

1. Paragonando l'inno di VENANZIO, quello del breviario clementino e quello del processionale del terzo periodo, risulta che tre sono i versetti in cui il processionale si differenzia rispetto agli altri carmi. Si tratta degli stichi 4,3-4 *Sucepit hic quæ Domini / corpus flagellis lividum* e di 6,2 *Hic Christi tendens brachia*. È evidente che queste modifiche si giustificano a motivo del Luogo santo in cui l'inno si esegue.

Inoltre, come viene segnalato nella nota **675**, la versione clementina differisce da quella di VENANZIO perchè le tre strofe *Confixa clavis, Fundis aroma* e *Salve ara* vengono cancellate dalla liturgia; al loro posto si aggiungono la sesta strofa in

---

ITS1586, 341 (cfr. anche *ITS1583*, 294 e *ITS1598*, 168). L'inno è registrato in CHEV IV, 239 [n° 39334]. Si ricorda che in quel tempo le due stazioni sul Calvario si eseguivano nell'ordine opposto a quello dell prassi odierna. L'inno che segue non coincideva con la salita al *Golgota*.

1. *O Amor desiderij, / Nostræ salutis pretium, / Qui pedes, manus percuti, / Hic extendisti, crucique.*
2. *Decreti tunc chyrographum, / Christus extingui cupiens, / Hic crucifigi manibus, / Permisit atque pedibus.*
3. *Nec tantis in doloribus, / Oblitus erat Virginis, / Tensis in Cruce brachijs, / Ipsam reliquit Virgini.*
4. *Et hunc illi sanctissimæ, / Matri donauit iuuenem, / Quem diligebat feruide, / Ex charitate nimia.*
5. *O gutta Christi sanguinis, / Valoris tanti pretij, / Quæ infiniti meriti, / Fuisti nostris cordibus.*
6. *Gloria tibi Domine, / Pro effusione sanguinis, / Quem hic fudisti vulnerum / Vt nos ditares meritis. Amen.*

Già alla fine del primo periodo (secondo *ITS1492*, 230-231) si cantavano le otto strofe del *Vexilla* nella forma dell'allora *Breviarium*, vale a dire: le sei prime in una forma ancora simile a quella di VENANZIO (con la differenza *dicens in nationibus* in 4,3 e la sesta strofa *Beata, cuius bracchiis / secli pependit pretium, / statera facta corporis / predam que tulit tartari*), le due ultime strofe corrispondono all'aggiunta posteriore dell'*O Crux ave* nella sua forma aggiunta originaria: **7.** *O crux ave spes unica / hoc passonis tempore / auge piis iusticiam / reisque dona veniam.* **8.** *Te summa Deus Trinitas, / collaudet omnis spiritus; / quos per crucis mysterium / salvas, rege per secula. Amen.*

onore della Croce e la dossologia. La versione clementina inoltre muta i due stichi 4,3 e 6,2 (si veda nella nota appena citata). Logicamente, oltre gli stichi *inculturati* la versione del processionale segue fedelmente le lezioni clementine. Il LENTINI[684] giustifica l'antica cancellazione dicendo che la prima (*Confixa clavis*) fu omessa forse per la difficoltà grammaticale del primo versetto (accusativo assoluto); la seconda (*Fundis aroma*) perché comportava un inizio metricamente difettoso e il suo senso proponeva un ornamento non troppo felice per un albero; e la terza fu omessa senza che presenti altri problemi.

2. Tre sono anche gli stichi del processionale odierno che non corrispondono alla versione urbaniana dell'inno, ognuno per un motivo inerente al luogo in cui il carme viene cantato. Tali glosse occupano lo stesso posto che avevano nell'inno di OBICINI. I due primi stichi sono conservati (4,3-4 *Sucepit hic quæ Domini / corpus flagellis lividum*) e il terzo (6,2) viene mutato non più in *Hic Christi tendens brachia* ma in *hic uda Christi sanguine*. Ad eccezione di questo, le versioni della processione del 1924 e quella del *Breviarium* urbaniano coincidono perfettamente.

3. La proposta di LENTINI[685] invece comportò cambiamenti di sostanza. Decise di abolire la strofa *Impleta sunt* perché si riferiva a *Ps* 96[95],10: *dicite in gentibus, quia Dominus regnavit* nella versione clementina della Bibbia; *dicite in gentibus: "Dominus regnavit!"* nella *Nova Vulgata* e *dicite in gentibus, quia Dominus regnavit a ligno* nell'antica versione italica. Quel *a ligno* non è più accettato oggi e perciò si è presa la decisione di cancellare tutta la strofa, anche se il LENTINI riconosce che è molto bella. In sostituzione, la *Liturgia Horarum* ha ripristinato la strofa *Salve ara*. Occorre sottolineare che, nonostante la sua soppressione dall'uso innologico romano, questa lezione viene mantenuta nel patrimonio liturgico perché usata come responsorio al salmo della messa gerosolimitana dell'Invenzione[686]. Inoltre, la lezione viene anche citata nel *Catechismo della Chiesa Cattolica*[687].

Così scelte le strofe da adottare, in conformità con *SC* 93, sono poi state riportate alla loro forma originaria: ognuna di esse (dalla **a.** alla **e.**) rispecchia perfettamente il testo di VENANZIO. Riguardo alle due ultime che sono delle aggiunte posteriori, LENTINI aveva la scelta della versione del 1602, del 1632, o poteva modificarle a suo piacere. Visto che i versi *auge piis iustitiam / reisque dona veniam* sono difettosi per la prosodia e non trattandosi dell'originale, preferì lasciare la correzione metricamente corretta della forma urbaniana. Per la dossologia fece invece la scelta clementina.

---

[684] Cfr. *LENT*, 103-104 [n° 101].

[685] Cfr. *LENT*, 103-104 [n° 101].

[686] Cfr. *Missæ Propriæ Diœcesis Patriarchalis Hierosolymitanæ*, ed. Patriarchatus Latinus Jerusalem, 43.

[687] Cfr. *Catechismus Catholicae Ecclesiae* 550, Città del Vaticano 1997, 152.

Infine, riguardo alla strofa *O Crux ave*, il terzo stico originale diceva *In hac triumphi gloria* (in questa gloria di trionfo) come appunto viene oggi mantenuto per la festa dell'Esaltazione della Croce; *Hoc passionis tempore* (in questo tempo di passione) è un versetto sostituito dalla Chiesa per adattare l'inno al tempo, e quindi *Hic uda Christi sanguine* (qui bagnata con il sangue di Cristo) è un versetto sostitutivo per legare il carme al luogo. Prima della riforma liturgica, durante il tempo pasquale si diceva *Paschale quæ fers gaudium* (tu che ci porti la gioia della Pasqua). Così si canta tuttora, al termine della solenne Eucaristia durante la processione che compie tre giri attorno alla Tomba vuota di Cristo, con la reliquia della santa Croce, il giorno della festa dell'Invenzione della Croce (a maggio, la festa cade in genere nel tempo di Pasqua).

11.2.2. Autore e storia dell'inno

Abbiamo visto che questo inno come il *Crux fidelis* (già studiato al capitolo **ottavo**) fu scritto da san VENANZIO FORTUNATO nel VI secolo, quando la reliquia della santa Croce offerta dall'imperatore GIUSTINO II giunse a Poitiers su richiesta della già regina dei Franchi santa RADEGONDA[688]. Si tratta del sesto carme del secondo libro di VENANZIO[689].

L'inno ha una lunga tradizione nella Chiesa latina[690]. Dalla riforma tridentina in poi veniva cantato ogni giorno durante l'ufficio dei Vespri ad iniziare quelli della *Dominica Passionis* fino all'inizio del Triduo Sacro[691]. Nell'odierna liturgia, visto che la settimana della passione è stata abolita, il *Vexilla Regis* viene cantato solamente durante i Vespri dei giorni della Settimana santa[692]. Risulta chiaramente, quindi, che tutti gli inni dell'odierno *Ufficio divino* della Settimana santa sono stati composti da VENANZIO FORTUNATO.

11.2.3. Contenuto biblico, teologico, patristico

L'inno[693] è un'apoteosi alla Croce: il Crocifisso non è un condannato a morte, ma un re, e la Croce è la sua bandiera; sulla Croce è morta la vita, ma da quella

---

688 Cfr. n° **8.2.2.**

689 Cfr. *Monumenta Germaniae Historica*, 34-35; VENANTIUS FORTUNATUS, *Carmina* 2,6, ed. Bergman, 156.

690 Cfr. *CHEV* II, 734-735 [n° 21480-21481].

691 Cfr. *BR1568*, 354 ss [n° 2101 ss] per la versione primitiva, cfr. *BR1632*, 366 ss per quella urbaniana.

692 Cfr. *LH* II, 329-330.

693 Per i vari commentari del *Vexilla Regis* cfr. le seguenti opere: VAN TONGEREN, *Exaltation of the Cross*, 243-245; SZÖVÉRFFY, *Hymns of the Holy Cross*, 15-16; P. PARIS, *Les hymnes de la Liturgie romaine*, Paris 1954, 65-75; MONGELLI, *Gli inni della Liturgia delle*

morte sorge una vita nuova come la liturgia proclama cantando «qui salutem humani generis in ligno crucis constituisti, ut unde mors oriebatur, inde vita resurgeret; et, qui in ligno vincebat, in ligno quoque vinceretur»[694]. Qui c'è poesia, anche se poesia diversa da quella a cui si è abituati. L'inno composto di sette strofe si divide nel modo seguente:

1. Introduzione (*strofa 1*)
2. Ricordo della Passione (*stichi* 2,1-2)
e effetti della stessa (*stichi* 2,3-4)
3. Compimento delle profezie (*strofa 3*)
4. Venerazione dell'Albero (*strofe 4 e 5*)
5. Petizione fatta alla Croce (*strofa 6*)
6. Dossologia (*strofa 7*)

1. Nonostante le correzioni di URBANO VIII, l'inizio del carme ha sempre conservato il suo stico *Vexilla Regis prodeunt*. Già al tempo della costruzione della prima basilica sui luoghi della redenzione, la Croce veniva vista quale stendardo grazie al quale l'imperatore Costantino Magno vinse i nemici della Chiesa quando nel cielo una croce apparve al suo esercito con le parole: "*In hoc signo vinces*". Anche quando VENANZIO scriveva il suo carme si era introdotto l'uso di portare la croce all'inizio delle processioni cristiane; alcuni secoli dopo, in Terra Santa, la croce camminò anche in testa all'arrivo dei Crociati, costruttori della basilica del Santo Sepolcro. Essa era segno della cristianità in cammino verso il regno dei cieli. Il liturgista J. PINELL commenta la dimensione gloriosa della Croce affermando che

> «è quel segno di salvezza che il messaggio evangelico e la teologia paolina le attribuiscono: dal *crucis mysterium* irradiano gli effetti della preordinata azione salvifica compiutasi nella carne di Cristo [...]. Per questo <la Chiesa> osa esclamare: *O crux, ave spes unica!*»[695].

Questa prima strofa serve da introduzione al carme: sulla Croce Cristo rese lo Spirito; tuttavia lui è *via et veritas et vita* (*Io* 14,6); vita che rimane pur quando muore: *morte vitam protulit* (1,4); morì in Croce per dare la vita al mondo[696]. Que-

Ore, 219-222; MIRRA, *Gli inni del breviario romano*, 115-116; OLITA, *Espositione delli sacri Hinni del nuouo Breuiario Romano*, 181-189; VENANZIO FORTUNATO, *Vite dei santi Ilario e Radegonda di Poitiers*, 32.

694 *MR1570*, 326 [n° 1477]; *MR1970*, 269-610; *MR2002*, 829 (præfatio: *De victoria crucis gloriosæ*).

695 PINELL, *Liturgia delle ore* (Anàmnesis 5), 153.

696 Così commentano RUFINO: «Ad crucem ducitur et in ligno totius mundi vita suspenditur» (in: RUFINUS, *Expositio symboli* 20, in *Opera*, ed. M. Simonetti (CCL 20), Turnhout 1951, 157) e Sant'AGOSTINO: «Nonne uita Christus? et tamen mortuus Christus. Sed in morte Christi mors mortua est; quia uita mortua occidit mortem» (in: AUGUSTINUS, *In Io-*

sto Legno solennemente alzato alla cima del sacro Monte, riporta alla mente del credente il serpente di rame messo sopra l'asta che conservava in vita chiunque lo fissava dopo essere stato morso dai serpenti velenosi (cfr. *Num* 21-4-9).

2. In questa seconda parte, si fa memoria degli eventi che sono avvenuti su questo sacro Monte. Tralasciando di evocare le numerose e crudeli sofferenze che Cristo subì in questo luogo, si inizia con la ferita prodotta dalla punta della lancia quando era già spirato. Giovanni, il discepolo amato presente alla scena, scrisse: *unus militum lancea latus eius aperuit, et continuo exivit sanguis et aqua* (*Io* 19,34). Altrove nelle sue epistole lo stesso Giovanni ribadisce che quando la lancia aprì il costato di Gesù fluirono acqua e sangue (cfr. *1 Io* 5,6): con l'acqua l'uomo viene lavato dalle macchie delle colpe, con il sangue invece viene redento («aqua ut mundaret, sanguis ut redimet»[697]). L'acqua è simbolo del battesimo e il sangue dell'Eucaristia. La Chiesa nasce da questi due sacramenti usciti dal costato di Cristo, come il costato di Adamo aveva dato vita ad Eva[698].

Tutto è avvenuto come già Isaia aveva profetizzato: *ipse autem vulneratus est propter iniquitates nostras* (*Is* 53,5) e *ut nos lavaret sordibus* (2,3)[699].

3. Citandolo in una versione libera, il poeta allude al salmo di Davide, profeta e re (*Ps* 96[95],10), il quale affermava che il Dio incarnato dopo la sua passione e morte doveva regnare dal Legno. Sant'AGOSTINO commenta il salmo 54 dicendo «domuit orbem, non ferro, sed ligno»[700]; e ancora scrive: «dicite in nationibus, dominus regnavit a ligno»[701]. Tale era quindi la versione biblica citata dai Padri latini[702].

---

hannis Evangelium tractatus XII 12,11, ed. R. Willelms, in *Opera. Pars VIII* (CCL 36), Turnhout 1954, 127).

697 AMBROSIUS, *Des sacrements* 5,4, in *Des sacrements. Des mystères. Explication du symbole*, ed. B. Botte (SChr 25 bis), Paris 1961, 122.

698 Cfr. IOANNES CHRYSOSTOMUS, *Huit catéchèses baptismales inédites* 3,17, ed. tr. A. Wenger (SChr 50), Paris 1957, 161.

699 Dice bene san BERNARDO quando afferma: «Agnosce, homo, quam gravia sunt vulnera pro quibus necesse est Christum Dominum vulnerari» (in: BERNARDUS, *Sermo tertius*, in *Sermones* 1, ed. J. Leclecq – H. Rochais (S. Bernardi Opera 4), Roma 1966, 261).

700 AUGUSTINUS, *Enarrationes in Psalmos* 54,12, ed. Dekkers – Fraipont, 665.

701 AUGUSTINUS, *Enarrationes in Psalmos* 95,11, ed. Dekkers – Fraipont, 1350.

702 Molti altri autori scrivono che il Signore *regnavit a ligno*: cfr. per esempio TERTULLIANUS, *Adversus Marcionem* 3,19,1, in *Opera Catholica. Ad Marcionem. Pars I*, ed. A. Kroymann (CCL 1), Turnhout 1954, 533; TERTULLIANUS, *Adversus Iudaeos* 10,11, in *Opera Montanistica. Pars II*, ed. A. Kroymann (CCL 2), Turnhout 1954, 1378; CASSIODORUS, *Expositio psalmorum LXXI-CL*, in *Opera. Pars 2,2*, 95,9, ed. M. Adriaen (CCL 98), Turnhout 1958, 866; LEO MAGNUS, *Tractatus septem et nonaginta* 55, ed. A. Chavasse (CCL 138 A), Turnhout 1973, 325; GREGORIUS MAGNUS, *Homiliae in Hezechiehelem prophetam* 1, 6,13, ed. M. Adriaen (CCL 142), Turnhout 1971, 74; GREGORIUS MAGNUS, *In*

4. La quarta strofa canta che colui che l'Albero accolse era un re vestito di porpora[703]. Tuttavia la porpora più preziosa che ornò il legno della Croce non fu altro che il preziosissimo sangue che sgorgò dalle membra del Redentore. Da strumento per il supplizio dell'Agnello, la Croce è divenuta trono per accogliere il *Dominus dominorum* e il *Rex regum* (cfr. *Ap* 17,14).

La quinta strofa paragona la Croce ad una stadera. Questa comparazione era classica nel medioevo: si tratta della bilancia romana di cui la croce rende bene l'aspetto. L'idea di un riscatto pesato sulla stadera è ben conforme agli usi antichi: il corpo che è appeso alla Croce, prezzo del nostro riscatto, è più pesante di tutto l'universo carico dei suoi crimini. In questo modo ruba la preda al Tartaro e la redenzione totale viene compiuta[704]. È su questa bilancia che il genere umano è stato comprato a caro prezzo (cfr. *1 Cor* 7,20).

5. Questa sesta strofa non appartiene, come già abbiamo visto, all'opera originaria di VENANZIO. Si tratta del grido del cuore cristiano che diventa preghiera, un richiamo alla Croce che ha valore sia per i fedeli che per i peccatori.

Due sono i motivi per cui il credente deve riverire e adorare la Croce come fa per Cristo stesso: in quanto ci rappresenta Cristo e perché toccò le sue sante membra del cui sangue è rimasta aspersa. San TOMMASO afferma:

> «Si ergo loquamur de ipsa cruce in qua Christus crucifixus est, utroque modo est a nobis veneranda: uno modo scilicet inquantum repraesentat nobis fuguram Christi extensi in ea; alio modo, ex contactu ad membra Christi, et ex hoc quod eius sanguine est perfusa. Unde utroque modo adoratur eadem adoratione cum Cristo, scilicet adoratione latriae»[705].

È quindi lecito indirizzare le nostre preghiere alla Croce come si fa a Cristo ed è ciò che fa questa strofa: «Et propter hoc etiam crucem alloquimur et deprecamur,

---

librum primum Regum expositionum libri VI iv,177, in *Expositiones in Canticum Canticorum in librum primum Regum*, ed. P. Verbracken (CCL 144), Turnhout 1963, 392...

Si deve infine notare che anche il Serafico Padre san Francesco, nel salmo del vespro dell'*Ufficium Passionis Domini* che compose per i suoi frati, insegnò loro a pregare scrivendo che il Signore regna dal legno (cfr. FRANCISCUS ASSISIENSIS, *Officium Passionis Domini* [psalmus 7,9], in *Écrits,* ed. Desbonnets-Godet-Matura-Vorreux, 304).

[703] Sant'AMBROGIO (cfr. AMBROSIUS, *Traité sur l'Évangile de S. Luc*, intr. tr. G. Tissot (SChr 52), Paris 1958, 105) e san GIROLAMO (cfr. HIERONYMUS, *Commentaire sur S. Matthieu* 4, ed. Bonnard (SChr 259), 284) sviluppano lo stesso pensiero affermando che la porpora è il colore del vestito regale (vi allude pure *Cant* 7,5 in alcune versioni).

[704] San MASSIMO di Torino afferma: «apertum enim tartarum reddit mortuos, innovata terra germinat resurgentes, caelum reseratum suscipit ascendentes» (in: MAXIMUS EPISCOPUS TAURINENSIS, *Sermo* 53,1, ed. A. Mutzenbecher (CCL 23), Turnhout 1962, 214).

[705] THOMAS AQUINAS, *Summa Theologiae* p.3, q.25, a.4, Milano 1988, 1991.

quasi ipsum crucifixum»[706]. La liturgia rinnovata dopo il Concilio Vaticano II ritiene ancora legittime queste affermazioni[707].

6. L'inno non poteva concludersi con una sola invocazione alla Croce, e quindi si trova ora la dossologia finale trinitaria, comunque fedele al tema della Croce. Da essa sorge la vita diceva la prima strofa, *apud te est fons vitæ* (*Ps* 36[35],10): ora la Santa Trinità viene contemplata come *fons salutis* (7,1) che ogni spirito deve lodare (cfr. *Ps* 145,5). *Deo autem gratias, qui dedit nobis victoriam per Dominum nostrum Iesum Christum* scrive san Paolo (*1 Cor* 16,57): è quindi logico che il poeta richieda il premio dovuto alla vittoria della Croce.

11.2.4. Aspetto metrico e musicale

Il testo di questo carme ha una struttura dimetro giambica con frequenti assonanze (una novità nel secolo dell'autore) e possiede una melodia in rapporto a tale metro. Si presume che sia stato VENANZIO FORTUNATO a comporre la musica e il testo di questo inno, nel VI secolo. Sia nel terzo periodo che in quello attuale, durante la processione la melodia del *Vexilla* è rimasta identica:

Nell'odierna riforma degli inni dell'*Ufficio divino*, questo carme ha subito vari cambiamenti e aggiornamenti nell'esecuzione musicale del secondo, terzo e soprattutto quarto stico[708]. Quando si svolge la processione nella sua forma solenne, si sostituisce la musica gregoriana tradizionale del *Vexilla*, e la salita al Calvario è accompagnata da una melodia più solenne, a tre voci, composta nel 1657 da G. NEUMARK[709] di cui presentiamo la prima strofa musicata:

---

706 THOMAS AQUINAS, *Summa Theologiae* p.3, q.25, a.4, 1991.

707 Le croci vengono incensate come tutto ciò che rimanda a Cristo, nello stesso modo: le specie consacrate, le reliquie della santa Croce, le immagini del Signore, i doni per il sacrificio eucaristico, la croce dell'altare, il vangelo, il cero pasquale, il sacerdote e infine il popolo (cfr. *Institutio generalis Missalis Romani* in: *MR2002*, 64 che riprende *CE*, 33 [n° 92]).

708 Cfr. *LibH*, 60.

709 Cfr. كتاب الترنيم , Bethlehem 1993, 276.

11.3. *Antifona*: Susceperunt Iesum et eduxerunt

Giunto sul Calvario, il sacerdote recita questa antifona davanti all'*Altare della crocifissione*[710]:

> Suscepérunt Jesum et eduxérunt: *et* bájulans sibi Crucem, exívit in hunc qui dicitur Calváriæ locu*m*, hebráice autem Gólgotha: ubi crucifixérunt eum.
>
> ℣. Fodérunt hic manus meas et pedes meos.
>
> ℟. Dinumeravérunt ómnia ossa mea.

Si presenta il testo della riforma dell'OBICINI[711], perché leggermente diverso:

> Susceperunt *autem* Iesum: & eduxerunt *eum,* baiulans sibi crucem: exiuit in hunc qui dicitur Caluariæ locu*s*: Hebraice autem golgotha, ubi crucifixerunt eum.
>
> ℣. Foderunt hic manus meas, & pedes meos.
>
> ℟. *Et* dinumerauerunt omnia ossa mea.

Nel 1900, alla fine del terzo periodo[712] questo testo fu modificato: la parola *eum* sarà cancellata; la parola *locus* corretta in *locum*; la congiunzione *et* del responsorio sarà tralasciata.

---

710 *PrSS1925*, 31; *PrSS1947*, 31.

711 *PrSS1623*, 24.

712 Cfr. *PrSS1670*, 42; *PrSS1752*, 21; *PrSS1786*, 21; *PrSS1796*, 21; *PrSS1855*, 21-22; *PrSS1862*, 21; *PrSS1866*, 23-24; *PrSS1877*, 21-22; *PrSS1896*, 32; *PrSS1900*, 34. Segue l'antifona del secondo periodo:

> «Ego quasi agnus innocens ductus sum ad immolã[n]dum: postquam carnem meam totam verberibus repleuerant, ita vt numerare valerent omnia ossa mea, &

Il testo del terzo periodo nella forma che assume nel 1900 corrisponde alla pericope *Io* 19,16-17 nella quale la parole *hunc* sostituisce un *eum* per adattare meglio il testo al luogo in cui si celebra.

Il versetto viene preso da *Ps* 22[21],17-18 con l'aggiunta *et* che verrà poi tolta per rendere il testo conforme alla versione clementina.

11.4. *Orazione*: Domine Iesu Christe Fili Dei vivi

La seguente colletta conclude oggi la stazione presso l'altare latino della crocifissione[713]:

> Dómine Jesu Christe, Fili Dei vivi, qui hora sexta pro redemptióne mundi Crucis patíbulum in hoc Calvário ascendísti, et Sánguinem (*) tuum pretiósum in remissiónem peccatórum nostrórum fudísti: te humíliter deprecámur; ut post óbitum nostrum, Paradísi iánua*s* nos gaudénter introíre concédas. Qui vivis et regnas in sǽcula sæculórum. ℟. Amen.

A piè di pagina del processionale appare questa rubrica: «Hic omnes deoscultantur terram, nisi Processio solemniori ritu celebretur» che non viene più seguita da molto tempo.

Nonostante la lieve differenza con l'odierna antifona, segue il testo dell'*oremus*[714] in vigore con la riforma del 1623:

> Domine Iesu Christe fili Dei viui, qui hora sexta pro redemptione mundi crucis patibulum in hoc Caluario ascendisti: & sanguinem tuū[m] pretiosum in remissionem peccatorū[m] nostrorum fudisti; te humiliter deprecamur: vt post obitum nostrum paradisi ianua*m* nos gaudenter introire concedas: Qui viuis et regnas in sæcula sæculorum. Amen.

> pupugissent caput meum spinis, & vepribus, foderunt hic manus meas: & pedes meos ferreis clauis configentes Cruci. ℣. Ipse vulneratus est hic propter iniquitates nostras. ℟. Cuius liuore sanati sumus»» (in: *ITS1586*, 342; cfr. anche *ITS1583*, 294; *ITS1598*, 168-169).

A questo punto, si ricorda che nel primo periodo avveniva un'unica sosta sul Calvario la cui antifona verrà poi ripresa nel secondo periodo nella stazione seguente, allorché la sua colletta rimarrà legata a questo luogo in cui si commemora la salita al *Golgota* e la crocifissione del Signore.

713 *PrSS1925*, 31-32; *PrSS1947*, 31-32.

714 *PrSS1623*, 24.

Durante il terzo periodo[715] questa orazione rimase globalmente identica, salvo la correzione della parola *ianuam* in *ianuas* (1868). Inoltre si aggiunse la rubrica di baciare la terra pronunciando la parola *sanguinem*.

Nonostante la differenza dell'aggiunta della lezione «in hoc Calvario» inserita per rendere più aderente la preghiera al Luogo santo, quest'antico testo viene adoperato per la prima volta nell'*editio princeps* del Messale romano[716] (1474) come *post communionem* del formulario *Missa quinque plagarum sanctissimi corporis Iesu Christi*; passerà poi nel Messale della riforma come *post communionem* del formulario della Messa votiva *de Passione DNIC*[717].

Riguardo al suo contesto nella processione, si sottolinea la divergenza tra il ricordo della stazione, ossia la crocifissione di Gesù avvenuta nell'ora terza (cfr. *Mc* 15,25) e la premessa della colletta che si situa all'ora sesta. Inoltre, si può sottolineare che, contrariamente a quelle delle stazioni precedenti, questa preghiera non si aggancia all'inno e allude invece a Gesù che apre le porte del paradiso al ladrone pentito (cfr. *Lc* 23,39-43).

Viste le sue incongruenze, questo testo fu abolito dalla riforma liturgica del Vaticano II e la *Liturgia Horarum* compose di nuovo, adattandole, le due orazioni antiche che erano state fuse nel Messale del 1474. Infatti, si ripristina per l'Ora Se-

---

[715] Cfr. *PrSS1670*, 42-43; *PrSS1752*, 21-22; *PrSS1786*, 21; *PrSS1796*, 21-22; *PrSS1855*, 22; *PrSS1862*, 21-22; *PrSS1866*, 24; *PrSS1877*, 22; *PrSS1896*, 32; *PrSS1900*, 34. All'inizio del secondo periodo si cantava la seguente orazione:

> «Domine Iesu Christe fili Dei viui, qui hunc sacratissimū[m] locum, pro salute humani generis, precioso sanguine tuo cō[n]secrasti: ad quem hora tertia, baiulans crucem, duci voluisti: ac demum hora sexta cruci affixus, pro peccatoribus exorasti: matremque dolorosam, Virginem virgini commendasti: concede quæsumus: vt vos omnes, qui hic tuo pretioso sanguine redempti sumus, & tuæ passionis memoriam celebramus: eiusdem passionis beneficium consequi valeamus. Qui viuis, & regnas, &c.» (in: *ITS1586*, 342; cfr. anche *ITS1583*, 295; *ITS1598*, 169).

Nel primo periodo questa stessa preghiera era proclamata, ma era amplificata con la seguente lezione: «ad ultimum hora nona in manibus Patris clamans, orans, et lacrimans spiritum tradidisti; ibidem corpus tuum sanctissimum lancea perforari substinuisti, concede, quaesumus...» (in: *ITS1431*, 81-82; *ITS1492*, 231; *ITS1567*, 175-176).

[716] Cfr. *OrMR*, 135 [n° 491]. Si tratta della colletta del formulario: *Missæ Votivæ Feria VI. Missa de Passione Domini* (cfr. *Missale Romanum mediolani 1474* 2, ed. R. Lippe (Henry Bradshaw Society 33), London 1907, 331).

[717] Cfr. *MR1570*, 618 [n° 3893] e nelle sue edizioni successive.

sta[718] e per l'Ora Nona[719] di ogni venerdì del tempo *per annum* l'orazione degli antichi sacramentari gelasiani dell'ottavo secolo, che era la loro fonte eucologica[720].

11.5. Interpretazione sintetica

Il *Vexilla Regis* che si canta mentre la processione sale i gradini che portano vicino all'altare della crocifissione fu, come quello della stazione dell'*Invenzione della santa Croce*, composto per venerare il prezioso Legno salvifico. Per sentire la bellezza di questo carme bisogna riandare con la mente al momento in cui il corteo che portava le reliquie mandate dall'imperatore Giustino II si muoveva verso Poitiers per incontrare i delegati di santa Radegonda che le attendevano. I frati e i fedeli, mentre si avvicinano al luogo della Passione redentrice, continuano l'osanna alla Croce trionfante.

La strofa viene cantata mentre il corteo sale devotamente le scale che portano al Calvario: non sono più i vessilli del re che, come a Poitiers, si avvicinano, ma i credenti che vanno verso di essi. Giunti alla sommità del *Golgota*, pressappoco quando finisce quella prima strofa, tutti fanno la genuflessione davanti alla gloriosa Croce di legno che ricoperta d'argento, si trova oggi nel luogo in cui il Salvatore *inclinato capite tradidit spiritum* (*Io* 19,30): tutto corrisponde al contenuto del testo dell'inno.

11.6. Suggerimenti per cambiamenti

11.6.1. Presentazione

Per riprendere la serie degli Improperi del Venerdì santo, il versetto più adatto per questa stazione risulta il seguente: «Ego te exaltávi magna virtúte: et tu me suspendísti in patíbulo Crucis»[721]. Infatti, narra con molta semplicità l'innalzamento in croce del Salvatore.

11.6.2. Inno

Come è stato spiegato sopra[722], la sostituzione del *Pater-Ave-Gloria* di questa stazione permetterà di aggiungere due nuove strofe all'inno, in modo che il tempo di permanenza durante la stazione rimanga identico.

---

718 Cfr. *LH* III, 699.830.959.1086; *LH* IV, 649.780.909.1036.

719 Cfr. *LH* III, 699.830.959-960.1087; *LH* IV, 649.780.909-910.1037.

720 Cfr. *GeG*, 303 [n° 2123]; *GeE*, 284 [n° 1892] per l'Ora Sesta e *GeG*, 303 [n° 2124]; *GeE*, 285 [n° 1895] per l'Ora Nona; cfr. anche *Be*, 360 [n°1583.1584].

721 *MR2002*, 327.

722 Cfr. n° **3.4. §4.**

Come per gli altri inni che fanno parte del patrimonio dell'odierna liturgia, si propone come testo di base per questa stazione la lezione quale appare nella *Liturgia Horarum*. Dovendo aumentare il canto di due strofe non pare opportuno cancellare la strofa *Impleta sunt*: è bella e fa parte di quelle più tradizionali di questo canto[723]. L'aggiunta della strofa *Salve ara salve victima* nell'*Ufficium divinum* andrà presa in considerazione anche per la processione. Dovendo inserire ancora un'altra strofa e avendone due a disposizione, si fa la scelta del *Confixa clavis* che non contiene nessuna difficoltà di natura teologica o poetica (la strofa *Fundis aroma* era vivamente criticata[724]). Inoltre si tratta giustamente della strofa dell'inno che risulta adatta all'evento qui celebrato. Nel paragrafo **11.2.3.** è stato detto che nelle altre strofe l'inno narra la crocifissione: l'aggiunta della strofa *Confixa clavis viscera, tendens manus, vestigia* permette di inserire la descrizione dei fatti che vengono ricordati in questa stazione[725]. Infine l'ultimo stico *hic immolata est hostia* contiene quell'*hic*, riferito alla Croce che in questo contesto si adatta sia alla Croce che al Luogo santo, e ne esalta il doppio significato. La seconda strofa inizierà subito dopo che i frati avranno a fatto la genuflessione davanti alla croce dell'altare greco: anzi mentre si canterà questa seconda strofa si procederà all'incensazione del quadrato che, sul pavimento davanti a questo altare, indica il luogo della crocifissione. L'aggiunta di questa strofa sembra imprescindibile... Ci si potrebbe anche chiedere se non sia opportuno ripristinare l'antico uso di cantare, durante il periodo pasquale, la lezione *Paschale quæ fers gaudium*[726] preferendo così sottolineare il tempo della risurrezione piuttosto che il luogo della passione (come avviene per il carme presso la sacra Tomba[727]). Una prassi simile si trova applicata alla strofa che precede la dossologia dell'inno *Aurora cælum* cantato durante la stazione presso la Tomba: infatti durante il tempo di Pasqua si preferisce la strofa legata al tempo liturgico anziché quella legata al luogo. *A fortiori* questa stessa logica vale per il Calvario. I tre stichi legati al *Golgota* già messi in rilievo, ricupereranno naturalmente il loro posto logico. Tenendo conto anche della variante musicale descritta in **11.2.4.**, il testo definitivo proposto con la sua musica per questo inno risulta quindi il seguente:

---

[723] Per la legittimità di questa lezione nella liturgia francescana, cfr. n° **11.2.3 §3.**

[724] Cfr. n° **11.2.1. §1.**

[725] Questa seconda strofa si cantava già alla fine del primo periodo: cfr. *Processionale Jerosolymitanum*, in *GB* I,5, 359; *ITS1492*, 230.

[726] Cfr. n° **11.2.1.**

[727] Cfr. n° **15.2.1.**

textus et melodia: S. Venantius Fortunatus, sæc. VI; melodia sæc XVIII. LH 58

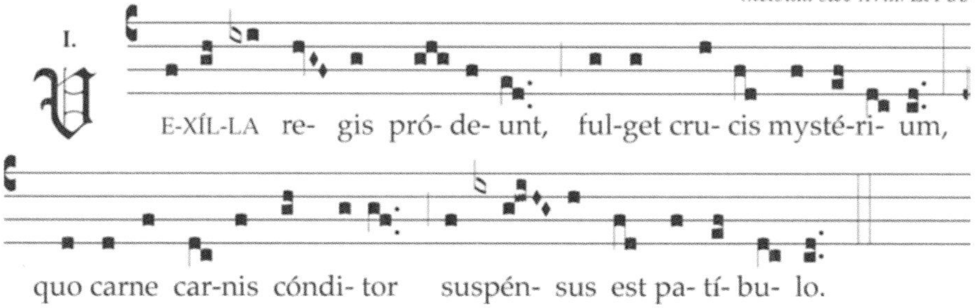

2. Confíxa clavis víscera
tendens manus, vestígia
redémptionis grátia
HIC immolát*a* est hóstia.

3. Quo, vulnerátus ínsuper
mucróne diro lánceæ,
ut nos laváret crímine,
manávit und*a* et sánguine.

4. Impléta sunt quæ cóncinit
David fideli cármine
dicéndo natiónibus:
regnávit a ligno Deus.

5. Arbor decór*a* et fulgida,
ornáta regis púrpura,
suscépit **HIC** quæ Dómini
corpus flagéllis lívidum.

6. Beáta, cuius brácchiis
sæcli pepéndit prétium;
statéra fact*a* est córporis
prædam tulitque tártari.

7. Salv*e*, ara, salve, víctima,
de passiónis glória,
qua Vita mortem pértulit
et morte vitam réddidit!

8. O crux, ave, spes única!
HIC uda Christi Sánguine
piis adáuge grátiam
reísque dele crímina.

8. *T.P.* O crux, ave, spes única!
Paschále quæ fers gaúdium
piis adáuge grátiam
reísque dele crímina.

9. Te, fons salútis, Trínitas,
colláudet omnis spíritus;
quos per crucis mystérium
salvas, fove per sǽcula. Amen.

È inoltre lodevole mantenere la tradizione della processione e dell'*Ufficium divinum* e quindi sostituire lo stico 8,2 con *in hac triúmphi glória* il giorno della festa dell'Esaltazione della Croce (14 settembre).

11.6.3. Lettura breve

Lo stesso versetto andrà ripristinato, nella versione leggermente differente della *Neo Vulgata*. La sostituzione *exívit in eum* in *exívit in hunc* andrà tuttavia conservata. Anche il responsorio andrà aggiornato con la *Neo Vulgata* adoperando così la prima persona singolare.

Lectio brevis *Io* 19,16b-18a

Suscepérunt ergo Iesum. Et báiulans sibi crucem exívit in **HUNC**, qui dicitur Calvariæ locum, quod Hebráice dícitur Gólgotha, ubi eum crucifixérunt.

℣. Fodérunt **HIC** manus meas et pedes meos.

℟. Et dinumerávi ómnia ossa mea.

11.6.4. Orazione

Per quanto già detto nel commento sulla colletta attuale, risulta che va sostituita, anzi andrà spostata, migliorandone la forma, nella stazione seguente che ricorda appunto gli eventi dell'ora sesta. Molti sono i testi che potrebbero concludere questa stazione: una delle due collette della celebrazione dell'Ufficio della passione alla sera del Venerdì santo[728]; la colletta del secondo periodo, molto ricca di dettagli sulla passione... Si fa tuttavia la scelta di adoperare la colletta tradizionale *Réspice, quǽsumus, Dómine, super hanc famíliam tuam* che presenta i vantaggi di fare parte della tradizione della processione (conclude da quasi quattro secoli la stazione seguente) e di appartenere alla *Liturgia Horarum* (Venerdì santo)[729]. Per una maggiore attinenza con il *Golgota*, andrà ovviamente mantenuta con l'aggiunta del suo *hic* che riporta l'attuale processionale nella stazione seguente. La conclusione della preghiera non andrà più recitata in silenzio dal celebrante:

Orémus.
Réspice, quǽsumus, Dómine, super hanc famíliam tuam, pro qua Dóminus noster Iesus Christus non dubitávit mánibus tradi nocéntium et crucis **HIC** subíre torméntum. Qui tecum vivit et regnat in sǽcula sæculórum. ℟. Amen.

---

728 Cfr. *MR2002*, 313.

729 Per il suo uso nella liturgia, cfr. il n° **12.4.**

12. IX. In Sacro Monte Calvario ad locum ubi Christus in Cruce exspiravit

12.1. *Introduzione*: descrizione della stazione

Si è ora giunti nel Luogo più santo - assieme al posto della Risurrezione - per la fede cristiana. Qui, Cristo ha dato la sua vita per la remissione dei nostri peccati. Questa cappella poggia sulla roccia dov'era infissa la Croce del Redentore e dove egli spirò (cfr. mappa al numero 16). Fra le quattro colonne che sostengono l'altare dei Greci, sta un disco d'argento, aperto al centro, che ricopre il punto dove era piantato il patibolo di Cristo. Qui i pellegrini si inginocchiano per toccare e baciare la sacra roccia. Sebbene il luogo appartenga esclusivamente ai Greci, a tutti è permesso di soffermarsi in preghiera. Ai lati dell'altare, protetta da vetro, si può vedere la roccia della sommità del Calvario. A destra di chi guarda viene anche mostrata la fenditura che si produsse al momento del terremoto quando avvenne la morte di Gesù. Questo altare corrisponde alla dodicesima stazione della *Via Crucis*.

In questa stazione il rito deve essere osservato nel modo più rigoroso: lo esige l'importanza del Luogo, e la permanente e attenta sorveglianza del sacrestano greco che rende quanto mai doveroso obbedire allo *Statu quo*. L'incensazione che viene praticata quotidianamente[730] davanti a questo altare è l'unico atto che la Chiesa cattolica può compiere qui[731].

Il pellegrino (sacerdote, religioso, laico) che osserva questa incensazione non capisce la puntigliosità di un atto la cui evidente necessità verrebbe meglio esaltata dalla semplicità. Per questo sembra doveroso precisare che i fra

ti chiamati a prestare servizio al Santo Sepolcro studiano e imparano una disciplina che trae la sua ragion d'essere dal *servizio* che essi sono chiamati ad offrire ai Luoghi santi e ai pellegrini e che è parte essenziale della loro vocazione di frati minori della Custodia di Terra Santa. Fedeltà e servizio al Luogo, nel rispetto della sua storia, senza giudizio sulla medesima, ma accettandone il peso; e servizio ai Pellegrini che qui vengono, e devono poter continuare a venire, da ogni paese del mondo alle radici della fede e della Chiesa. Lo *Statu quo* fissa i diritti dei Latini, che sono i diritti della Chiesa in questa basilica. Il mantenimento di questi diritti, la loro intangibilità, è anche questione di fedeltà, quotidiana, giorno dopo giorno, a

---

[730] Si ricorda che non si fa il *Giovedì santo,* come già visto al n° **1.4 §3.**

[731] Il Venerdì santo, in questo luogo si conclude il *Passio* dell'Azione liturgica e successivamente si effettua di notte una mimesi della morte di Gesù (cfr. capitolo **19.**).

gesti che possono sembrare incomprensibili, ma che sono, nella loro umiltà, espressione reale di quella *fedeltà nel poco* (cf *Lc*, 16,9-15), che permette alla Chiesa di continuare nei secoli la sua fedeltà al Santo Sepolcro.

Rito. Fatto l'inchino all'altare della stazione precedente, i frati si collocano in due file davanti alla Croce del *Golgota*. Il celebrante passa all'altare dei Greci, dove fu innalzata la Croce; genuflette[732] e si ferma in mezzo, sulla seconda striscia nera del pavimento. Amministra l'incenso, prende il turibolo e va ai piedi dell'altare; genuflette e, mettendosi in ginocchio sotto l'altare, incensa il foro nella roccia (come si incensavano i doni all'offertorio nella Messa solenne nel rito di san PIO V[733]). Uscito di sotto all'altare e ripetuta la genuflessione, incensa (escluso l'altare) i banchi di cristallo che lasciano intravedere la roccia del Calvario, che si trovano ai lati dell'altare, fino all'*Altare dell'Addolorata* in *cornu Epistolæ* e fino alla Protasi (piccolo altare greco) in *cornu Evangelii*, quasi nello stesso modo con cui s'incensa un altare. Infatti dovrà tenere il turibolo alquanto basso e, quando incensa i lati ed il prospetto, lo terrà quasi disteso e farà attenzione di abbassare bene il turibolo al lato estremo della parte dove si trova il sacrestano greco. Il piccolo artificio serve a trattenerlo al di là dello spazio necessario alla funzione latina. Essendo breve l'inno che si canta durante questa lunga incensazione, tra una strofa e l'altra il cantore osserva una pausa, prima di intonare la strofa seguente. Mentre si procede all'incensazione, il dragomanno accende presso i candelabri dell'altare greco una candela che tiene in mano; si ferma quindi accanto ai celebranti francescani controllando che tutto venga eseguito secondo norma e consuetudine.

Finita l'incensazione, il celebrante ripete la genuflessione davanti alla Croce e ritorna al suo posto sulla seconda striscia nera del pavimento dove canta l'antifona fino alle parole *Hic exspiravit* che pronuncia abbassando alquanto la voce. Durante il responsorio *Adoramus te* il celebrante con i suoi assistenti si mette in ginocchio davanti all'altare greco[734] dove Gesù crocifisso spirò; anche gli altri frati si inginocchiano in doppia fila davanti alla Croce. Il solo celebrante si rialza, e in piedi recita della colletta; poi si rimette nuovamente in ginocchio mentre vengono recitati il *Pater-Ave-Gloria* a voce bassa[735].

---

[732] Davanti all'altare, dove Gesù spirò (altare dei Greci ortodossi), il celebrante con i suoi assistenti, deve genuflettere sopra la seconda striscia nera del pavimento, né più avanti, né più indietro, per non perdere i diritti latini.

[733] Cfr. *MR1570*, 14.

[734] Devono mettersi in ginocchio sopra la seconda striscia nera del pavimento: né più avanti, né più indietro.

[735] Cfr. *3SSQ*, 88-90.

12.2. *Inno*: Lustra sex qui iam peregit

12.2.1. Paragone dei diversi inni

Anche in questa stazione gli inni cantati erano diversi per ognuno dei tre ultimi periodi della processione. Vengono ora presentati questi testi con gli inni da cui hanno attinto la loro composizione. Come per gli altri carmi che appartengono al patrimonio latino, seguono due tabelle sinottiche.

La prima colonna di questa sinossi contiene le due strofe[736] del *Breviarium Romanum* urbaniano che venne usato come modello per l'inno[737] del processionale del quarto periodo presentato nella seconda colonna:

1. Lvstra sex qui jam perêgit, Tempus implens corporis, Sponte libera Redemptor Passionis deditus, Agnus in crucis leuatur Immolandus stípite.	**1.** Lustra sex qui jam perégit, Tempus implens córporis, Sponte líbera Redémptor Passiónis déditus, Agnus in crucis levátur Immolándus stípite.
2. Felle potus ecce languet, Spina, claui, lancea, Mite corpus perforarunt: Vnda manat, & cruor: Terra, pontus, astra, Mundus, Quo lauantur flumine.	**2.** Felle potus ecce lánguet: Spina, clavi, láncea, Mite corpus perforárunt: Unda manat et cruor: Terra, pontus, astra, mundus, Quo lavántur flúmine.
	3. Heu! Salvator mundi pendet, In Crucis patibulo; Membra dire laceráta Virgo Mater áspicit: Hinc precámur, nobis, Pater, Des felícem éxitum. Amen.

Nella seconda sinossi invece vengono riportati in tre colonne successive: il testo originario di VENANZIO FORTUNATO[738] (con in nota le varianti del *Breviarium Romanum* clementino[739]), il testo del processionale del terzo periodo[740] e infine la versione moderna presentata nella *Liturgia Horarum*[741]:

---

[736] *BR1632*, 371.

[737] *PrSS1925*, 32-33; *PrSS1947*, 32-33.

[738] BULST, *Hymni latini antiquissimi*, 128; il testo si trova anche nelle seguenti opere: *AH* 50, 71 [n° 66]; VENANTIUS FORTUNATUS, *Carmina* 2,2, ed. Bergman, 148; *Monumenta Germaniae Historica*, 28.

[739] In *BR1606*, 333 si osserva che lo stico 1,1 viene cambiato in *Lustra sex qui iam peractis*.

6. *Lustra* sex qui iam *peracta* tempus inplens corporis, se uolente natus ad hoc passioni deditus agnus in crucis leuatur immolandus stipite.	**1.** *Lustris* sex qui iam *peractis* Tempus implens corporis, Se volente, natus ad hoc, Passioni déditus, Agnus in crucis levatur Immolándus stípite.	**e.** *Lustra* sex qui iam *perácta* tempus implens córporis, se voléente, natus ad hoc, passioni déditus, agnus in crucis levátur immolándus stípite.
7. *hic* acetum fel arundo sputa claui lancea, mite corpus perforatur, sanguis unda profluit, terra pontus astra mundus quo lauantur flumine.	**2.** *Hic* acetum, fel, arundo, Sputa, claui, lancea; Mite corpus perforatur, Sanguis, vnda profluit; Terra, pontus, astra, mundus Quo lavantur flumine!	**a.** *En* acétum, fel, arúndo, sputa, clavi, láncea; mite corpus perforátur, sanguis, unda prófluit; terra, pontus, astra, mundus quo lavántur flúmine!
	3. *Heu! Salvator mundi pendet,* *In Crucis patibulo;* *Membra dire lacerata* *Virgo Mater aspicit:* *Hinc precamur, nobis, pater,* *Des fœlicem exitum. Amen.*	

Eccetto nei soliti adattamenti tipografici, la versione del processionale del 1623 rimase uguale[742] durante tutto il terzo periodo.

---

740 *PrSS1623*, 25-26.

741 LENT, 105.107 [n° 102.103]: le due strofe appartengono a due sezioni differenti dello stesso inno originario; questo è il motivo della strana numerazione che appare all'interno del testo. Per il testo, cfr. anche con un'altra numerazione *MR1970*, 262; *MR2002*, 328-329.

742 Cfr. *PrSS1670*, 43; *PrSS1752*, 22-23; *PrSS1786*, 22-23; *PrSS1796*, 22-23; *PrSS1855*, 23-24; *PrSS1862*, 22-23; *PrSS1866*, 25-26; *PrSS1877*, 23-24; *PrSS1896*, 33-35; *PrSS1900*, 35-36. Ecco poi il testo dell'inno riportato dallo ZUALLARDO durante il suo pellegrinaggio a Gerusalemme: in *ITS1586*, 340-341 (cfr. i testi equivalenti in *ITS1583*, 293 e *ITS1598*, 167 e la sua catalogazione in CHEV IV, 6 [n° 34928]).

1. *Ad Montem nunc Caluariæ / Pergamus cunctis laudibus, / Vt Christus sua gratia / Ignoscat nobis omnibus.*

2. *Ad montem sanctum ibimus, / Deuoti totis viribus: / Iesumq[ue]; contemplantibus / In Cruce fixum pendere.*

3. *Ad montem hunc sanctissimum / Eamus, vbi sanguinis / Christus, tunc sacrificium / In Cruce pendens obtulit.*

4. *Ad locum nunc peruenimus, / In quo Saluator sæculi, / Se obtulit pro omnibus: / Et hic emisit spiritum.*

5. *Ecce locus sanctissimus, / Sacratus Christi sanguine: / Qui hic salutem animæ / Inuenit Crucis opere.*

6. *Confixa clauis viscera, / Tendens manu vestigia: / Redemptionis gratia: / Offerta est hic hostia.*

7. *O sacer sanguis victimæ, / Salutis nostræ animæ, / In hac fusus Caluario, / Ex Christi Iesu corpore.*

Le due prime strofe di questo breve inno fanno parte del *Pange lingua* (vedi paragrafo **8.2.**) ma, contrariamente alle strofe della quinta stazione queste hanno subito notevoli mutazioni. La terza strofa invece è di composizione gerosolimitana ed è rimasta invariata sin dalla sua apparizione nel 1623.

Queste strofe del processionale di OBICINI seguono fedelmente il breviario clementino (a sua volta rimasto fedele a VENANZIO salvo per il primo versetto che da *lustra sex qui iam peracta* cambiò in *lustra sex qui iam peractis*, togliendo così l'accusativo assoluto). In modo simile l'inno del quarto periodo segue in tutto il breviario urbaniano.

Gli inni dei due ultimi periodi della processione non hanno la dossologia, e si può spiegare col fatto che nella liturgia tridentina l'inno delle Lodi del tempo della passione era composto di 5 strofe con dossologia. Le tre ultime e la dossologia si usano per la stazione nella *Cripta dell'Invenzione*; le due prime sono quindi troncate e monche della loro conclusione naturale. Si è rimediato a questo disagio aggiungendo una strofa conclusiva legata al Luogo santo, anche se la lode non vi è presente.

Le due strofe corrispondenti nella *Liturgia Horarum* appartengono a due sezioni differenti dello stesso inno. Si nota che LENTINI ha ripristinato la lezione di VENANZIO per la strofa **a.** ristabilendo così l'accusativo assoluto; invece ha cambiato la prima parola *hic* della strofa **b.** in *en* perché non era conveniente iniziare un inno con un *hic*. La sostituì quindi a motivo del suo cambiamento di divisione dell'inno in due nuove sezioni.

12.2.2. Autore e storia dell'inno

Le due prime strofe di questo inno sono del celeberrimo *Pange lingua gloriosi* di VENANZIO FORTUNATO di cui si è già parlato in occasione della stazione dell'*Invenzione della santa Croce*. Si tratta infatti della sesta e settima strofa dell'inno originario[743]. Invece la terza strofa sembra essere stata composta in funzione di questa processione ed è adatta al luogo in cui si celebra. La versione del processionale odierno è stata presa dal *Breviarium Romanum* della riforma urbaniana e lo CHEVALIER non la conosce. La versione del processionale del 1623 era più antica: potrebbe risalire al 1500, quando veniva cantata per le vie di Gerusalemme[744] (forse in occasione del pio esercizio della *Via Crucis*) e l'OBICINI l'avrebbe poi adottata per cantarla nel luogo in cui il Salvatore rese lo Spirito.

---

8. *Gloria tibi Domine, / Pro nostro passo scelere, / Infunde nobis gratiam, / Quam acquisisti sanguine, Ame [n].*

[743] Cfr. n° **8.2.1.**

[744] Cfr. *CHEV* II, 55 [n° 10765].

Le due strofe del breviario tridentino facevano parte delle Lodi del periodo che iniziava con la *Domenica della passione* e finiva con il *Mercoledì santo*[745]. Si deduce che le strofe cantate durante questa stazione e nella Cripta dell'Invenzione provengono tutte dall'Ufficio tridentino delle stesse Lodi.

È differente invece la loro distribuzione nell'odierna ufficiatura: la strofa *Lustra sex* appartiene all'ultima parte dell'inno dell'*Ufficium lectionis* della Settimana santa, mentre la seconda *En acetum* ne inizia l'inno delle *Laudes matutinas*[746].

12.2.3. Contenuto biblico, teologico, patristico

In questo luogo, centro della redenzione del mondo, si canta l'inno più breve di tutta la processione, ma che sintetizza perfettamente la densità del mistero che qui si celebra.

Composto di sole tre strofe, non ha nessuna dossologia: le prime due[747] riprendono il carme che è già stato eseguito ai piedi del Calvario e che, in un certo modo, era già proteso verso il *Golgota*, luogo della crocifissione.

Anche qui VENANZIO descrive con molta plasticità e molti dettagli la passione del Redentore. Il poeta indica con precisione l'età del condannato (*lustra sex*); dipinge la passione in tutta la sua concretezza (pur evitando ogni prolissità, ricorrendo perciò ad una vigorosa concentrazione verbale) come se avesse perduto ogni speranza nella bontà degli uomini che hanno crudelmente ucciso il Figlio di Dio. Gesù è *felle potus* (2,1), il suo corpo è perforato con *spina, clavi, lancea* (2,2): il poeta, come per il *Crux fidelis*, usa anche qui questo effetto stilistico dell'*assyndeton*. Frati e fedeli sono sul Calvario dove possono contemplare con i loro occhi la roccia nuda del *Golgota*: una croce vi domina con tutta solennità con ai lati le icone di Maria e Giovanni: tutti gli altri dettagli della passione vengono forniti in modo complementare dalle parole del canto.

Con queste due strofe si è nel cuore dell'inno di VENANZIO in cui il poeta narra l'attività salvifica di Cristo. Omettendo le due strofe legate all'incarnazione e alla nascita a Betlemme, si va subito all'essenziale come indica la struttura dell'inno diviso in tre parti corrispondenti alle tre strofe:

---

745 Cfr. n° **8.2.2.** inno *Crux Fidelis*.

746 Cfr. *LH* II, 331-332.

747 Si troveranno dei commenti su queste due strofe nelle seguenti opere: VAN TONGEREN, *Exaltation of the Cross*, 236-243; SZÖVÉRFFY, *Hymns of the Holy Cross*, 10-12; MONGELLI, *Gli inni della Liturgia delle Ore*, 219-222; NORBERG, «Le "Pange lingua" de Fortunat pour la Croix», 71-79; OLITA, *Espositione delli sacri Hinni del nuouo Breuiario Romano*, 196-199.

1. Passione volontaria di Cristo
2. Sua morte sul Legno
3. Presa di coscienza da parte di chi è redento; invocazione

1. Il periodo di trent'anni viene espresso con la dicitura romana, *lustra sex*; dopo tale periodo, il sacrificio di Cristo si compie quando viene innalzato sull'albero della Croce. Si tratta del momento culminante del dramma grandioso nella lotta tra Cristo e satana. La scena del Calvario sta davanti agli occhi in tutta la sua tragica potenza.

Il Signore, buono e generoso pastore, offre la sua vita sulla Croce come aveva predetto: il Padre lo ama *quia ego pono animam meam, ut iterum sumam eam. Nemo tollit eam a me, sed ego pono eam a meipso. Potestatem habeo ponendi eam et potestatem habeo iterum sumendi eam* (*Io* 10,17-18); la sua innocenza fu già manifestata per bocca del profeta Geremia *Innocens ego sum [...] Non peccavi* (*Ier* 2,35).

Dato che Adamo - del quale si fa la memoria del sepolcro qualche metro sotto il luogo dove si canta questa strofa - aveva trasgredito il precetto divino di non mangiare il pomo vietato[748], si è reso necessario che il Figlio di Dio togliesse la pena del peccato del primo uomo con il suo patire sul Legno, restituendo con la sua morte quanto il proto-genitore aveva tolto[749]. Cristo muore quindi nello splendore dell'età virile, per dimostrare il suo amore per l'uomo al quale offre, immolato come un agnello, la propria vita.

2. Nella seconda strofa Gesù, carico dei peccati dell'umanità, muore fra pene atrocissime in un oceano di sofferenze e di spasmi che vengono descritti con molto realismo e ineguagliabile potenza. È il punto più alto del carme di VENANZIO, e il centro della prima parte della processione[750]. Il poeta evita ogni verbosità elencando nei due primi stichi (senza usare la congiunzione come già aveva fatto nella prima parte dello stesso carme[751]) gli strumenti della passione.

Mentre pativa sulla Croce, Gesù manifestò la sua sete (*felle potus ecce languet* in 2,2): i giudei gli diedero da bere fiele (cfr. *Io* 19,28-29) mortificando così la sua lingua, la sola a non aver patito, compiendo così la profezia del salmo: *Et dederunt in escam meam fel et in siti mea potaverunt me aceto* (*Ps* 69[68],22). Quale contrasto con la lingua gioiosa di colui che interpreta l'inno nella sua totalità (*pange lingua*).

---

[748] Cfr. la seconda strofa dello stesso inno di VENANZIO al numero **8.2.1.**

[749] THOMAS AQUINAS, *Summa Theologiae* p.3, q.46, a.4,2, 2092.

[750] Come già affermato in **3.4.** **§2.** questa stazione è il culmine della prima parte della processione: il cosiddetto ciclo della Croce.

[751] Cfr. n° **8.2.3.**

Cristo è ingiuriato e afflitto in molti modi prima di morire, come ricorda questa strofa (*spina, clavi, lancea* in 2,2) che anche il CRISOSTOMO ha commentato con forza di dettagli plastici narrando (nella sua traduzione latina): «caput per coronam et calamum, facies colaphis et sputis, genæ alapis, corpus totum flagellis, nuditate, amictu chlamydis, et simula adoratione; manus calamo, qui pro sceptro datus est; os rursum per oblatum acetum»[752]. Alla fine gli viene inferto al costato un colpo di lancia (*mite corpus perforarunt: unda manat et cruor* in 2,3-4) e dalla ferita scaturisce sangue ed acqua (cfr. *Io* 19,34).

Con la morte salvifica del Redentore tutto il creato, visibile e invisibile, viene purificato e lavato; *terra, pontus, astra, mundus* (2,5): l'umanità tutta è sicuramente da considerarsi inclusa in questo elenco. La purificazione avviene come un fiume (*quo lavantur flumine* in 2,6) che passa e lava tutto. Sotto il Calvario si vede, secondo la tradizione, quella macchia prodotta dal flusso di sangue che scese dalla Croce per tergere il sepolcro e il teschio di Adamo: purificata così la causa del peccato, viene purificata anche ogni sua conseguenza[753].

3. Fin qui, il poeta ha narrato oggettivamente la tragedia accaduta senza fare nessun riferimento a coloro che erano presenti per godere dell'offerta fatta loro da Cristo. Nell'ultima strofa lo sfondo cambia e viene contemplata dall'occhio umano. Finalmente l'uomo si accorge che il *Salvator mundi pendet in Crucis patibulo* (3,1-2) anzi, viene citata Maria sua madre, anticipando così la stazione seguente. Maria contempla, osserva (*aspicit*) le membra lacerate del suo Figlio: in questo stico si intravede tutto il dolore che il cuore di una madre subisce vedendo agonizzare il figlio in questo modo.

Anche morto sulla Croce, Gesù rimane sorgente di vita. Si legge nel libro del Deuteronomio: *Et erit vita tua quasi pendens ante te* (*Dt* 28,66). È il motivo per cui la speranza del poeta non si perde, e gli permette una conclusione che cambia all'improvviso di genere letterario: interviene una petizione rivolta a Dio Padre fatta in prima persona plurale. Gli si chiede di ottenere un *felicem exitum* (3,6). La morte in Croce ha lo scopo di portare gli uomini alla salvezza eterna. Come per il *Crux*

---

[752] Cfr. IOANNES CHRYSOSTOMUS, *Commentariorum in Matthæum contiuatio. Homilia* 87,1, in *Opere omnia quæ exstant*, ed. B. De Montfaucon (PG 58), Paris 1952, 769.

[753] Come già scriveva il conoscitore dei luoghi san GIROLAMO:

> «*Et uenerunt in locum qui dicitur Golgotha quod est Caluariae locus*. Audiui quendam exposuisse Caluariae locum in quo sepultus est Adam et ideo sic appellatum quia ibi antiqui hominis sit conditum caput, et hoc esse quod apostolus dicat: *surge qui dormis et exsurge a mortuis, et inluminabit te Christus*» (in: HIERONYMUS, *Commentaire sur S. Matthieu* 4, ed. Bonnard (SChr 259), 288).

fidelis[754], si procede ad un altro transfer: la morte temporale di Cristo porterà il genere umano alla vita eterna.

12.2.4. Aspetto metrico e musicale

Il metro di questo carme è già stato presentato con lo studio dell'inno che si canta nella cripta dell'*Invenzione della Santa Croce*[755]. Avendo già in questo luogo cantato la melodia originale di Venanzio Fortunato, per assicurare una certa varietà Obicini sostituì la musica del *Pange lingua* con quella dell'inno *Urbs beata Ierusalem*[756], testo probabilmente composto durante l'epoca merovingia e la cui melodia è anche una trasmutazione di quella di Venanzio (musica già cantata nel XII secolo dai romani). Due sembrano i motivi per i quali Obicini attribuisce questa musica a questa stazione: come l'inno di Venanzio, l'*Urbs beata Ierusalem* è un canto processionale[757], di uguale metro e di identica modalità. Questo carme merovingio era sconosciuto alla liturgia tridentina, tuttavia la sua melodia era ancora usata per l'altro *Pange lingua*[758] di stesso metro (e di stesso nome) di san Tommaso d'Aquino. Quindi la musica del *Pange lingua* della processione richiama la musica di un altro *Pange lingua*, quello della processione eucaristica.

Infine, dopo la riforma conciliare della *Liturgia Horarum*, tutte le strofe dell'inno di Venanzio si cantano sulla melodia originaria (quella della quinta stazione di questa processione). Invece la melodia cantata durante questa stazione si trova nell'odierno Ufficio divino connessa con il *Pange lingua* di Tommaso

754 Cfr. n° **8.2.3.**

755 Cfr. n° **8.2.4.**

756 Cfr. *CRS*, 390.

757 Cfr. Norberg, «Le "Pange lingua" de Fortunat pour la Croix», 77.

758 Cfr. *LU* 950-952; *CRS*, 38-39.

D'AQUINO, con numerosissimi cambiamenti di neumi come risulta nel *Liber Hymnarius*[759].

12.3. *Antifona*: Erat autem fere hora sexta

Il sacerdote, davanti all'altare greco del Calvario, recita questa antifona[760]:

> Erat autem fere hora sexta, et ténebræ factæ sunt in univérsam terram usque in horam nonam: et obscurátus est sol, et velum templi scissum est médium. Et clamans voce magna Jesus ait: Pater, in manus tuas comméndo spíritum meum. Et hæc dicens, (*) hic exspirávit.
>
> ℣. Adorámus te, Christe, et benedícimus tibi.
>
> ℟. Quia per sanctam Crucem tuam redemísti mundum.
>
> (*) *Cetera quæ sequuntur usque ad conclusionem Oratione exclusive dicuntur submissa voce*

Si noti che il processionale include la rubrica che era già esistente nel terzo periodo. Inoltre la prassi attuale è che, quando il sacerdote dice sottovoce *hic exspiravit*, tutti i partecipanti alla sacra funzione si mettono in ginocchio davanti alla Croce alzata sopra la roccia del Calvario, fino alla fine del *Gloria*, per lucrare le indulgenze. Nessuno bacia la terra.

Simile era il testo dell'antifona della riforma del 1623: viene solamente presentato il responsorio che allora differiva[761]:

> ℣. Adoramus te Christe, & benedicimus tibi.
>
> ℟. Quia per sanctam Crucem tuam *hic* redemisti mundum.

Il testo dell'antifona rimase quasi identico durante il terzo periodo[762]: si osservarono le sole modifiche tipologiche. Infine, con la recita della locuzione *hic exspi-*

---

759 Cfr. *LibH*, 110-112.

760 *PrSS1925*, 34; *PrSS1947*, 34.

761 *PrSS1623*, 26.

762 Cfr. *PrSS1670*, 44; *PrSS1752*, 23; *PrSS1786*, 23; *PrSS1796*, 23; *PrSS1855*, 24; *PrSS1862*, 23; *PrSS1866*, 26; *PrSS1877*, 24; *PrSS1896*, 35-36; *PrSS1900*, 37. Segue il testo dei due primi periodi:

> «Ecce locus vbi Saluator Mundi pependit, ex latere cuius sanguis, in redemptionem, & aqua ac nostrorū[m] criminum ablutionem exiuit, venite adoremus. ℣. Adoramus te Christe, & benedicimus tibi. ℟. Quia per sanctam Crucem tuam, Hic redemisti mundum» (in: *ITS1586*, 341; *ITS1583*, 293; *ITS1598*, 167).

Invece, nel primo periodo si limitava a: «Ecce locus ubi salus mundi pependit. Venite adoremus» (in: *ITS1431*, 81; *ITS1492*, 231; *ITS1567*, 175). Al tempo di BONIFACIO, oltre ad *ravit* si osserva la pratica, già presente nel processionale del 1755[763], di baciare la terra. Dal 1866, appare anche in margine al testo la rubrica «quæ sequuntur a signo † usque ad conclusionem Orationis exclusive dicuntur submissa voce».

L'antifona solennemente recitata davanti al luogo in cui Cristo spirò è tratta dal vangelo di Luca (*Lc* 23,44-46) con l'aggiunta del locativo *hic*. La scelta di questo brano evidenzia in modo chiaro il fatto evangelico le cui conseguenze erano finora proclamate nell'inno.

Il versetto invece, contrariamente a molte altre stazioni, non viene preso dai salmi bensì dall'eucologia latina dell'Ufficio divino[764] e della liturgia eucaristica (versetto alleluiatico della festa dell'Esaltazione[765]).

12.4. *Orazione*: Respice quæsumus Domine

Così conclude la stazione[766] che celebra la morte in croce del Salvatore del mondo:

> Réspice, quǽsumus, Dómine, super hanc famíliam tuam, pro qua Dóminus noster Jesus Christus non dubitávit mánibus tradi nocéntium, et Crucis hic subíre torméntum. *Sed dicitur sub silentio:* Qui tecum vivit et regnat in sǽcula sæculórum. ℟. Amen.

Si presenta il testo della riforma del 1623[767] che differiva nella sola dossologia. Il testo della colletta rimase uguale durante il terzo periodo[768], solamente la dossologia verrà successivamente cambiata in *Qui tecum vivit, et regnat*:

---

essere cantato da due cantori mentre mostravano il luogo della crocifissione, questo testo era preceduto dalla lettura evangelica di *Mt* 27, 27-50 proclamata dal diacono (cfr. *ITS1567*, 175).

[763] Questa rubrica non figura nel processionale di Obicini: non si può però dedurre che la prassi non fosse già esistente all'epoca.

[764] Cfr. per esempio in *BR1568*, 770… [n° 4779…], *LH* II, 393.

[765] Cfr. *OLM*, 306.

[766] *PrSS1925*, 34; *PrSS1947*, 34.

[767] *PrSS1623*, 26.

[768] Cfr. *PrSS1670*, 44; *PrSS1752*, 23; *PrSS1786*, 23; *PrSS1796*, 23; *PrSS1855*, 24-25; *PrSS1862*, 23; *PrSS1866*, 26-27; *PrSS1877*, 24-25; *PrSS1896*, 36; *PrSS1900*, 37. L'orazione del secondo periodo era invece la seguente:

> «Deus Pater æternæ pietatis, & infinitæ charitatis, qui furorem iræ tuæ quem nos pro peccatis nostris merebamur, hoc in loco super filium tuum vnigenitum, totius humani generis redemptorem ostendisti, cum ipsum in Cruce suspendi permisisti, aceto, & felle potari: clauis & lancea vulnerari voluisti: concede nobis indignis seruis tuæ sanctissimæ Maiestatis, eiusdem filij tui doloribus

> Respice quæsumus Domine super hanc familiã[m] tuam, pro qua Dominus noster Iesus Christus nõ[n] dubitauit manibus tradi nocentium & crucis hic subire tormentum. Qui vivi*s* et regna*s*.

Aggiunto l'avverbio *hic* all'orazione, a motivo della presenza del Calvario, questa colletta apparsa con la riforma dell'OBICINI fa parte dei più celebri testi dell'eucologia latina. Usata nella liturgia eucaristica in quanto *oratio super populum* della funzione del Mercoledì santo[769], questa benedizione è tanto bella che, prima della riforma liturgica, la Chiesa se ne serviva al termine di tutte le ore canoniche degli ultimi giorni della Settimana santa[770]. Su questo testo, il cardinale SCHUSTER scrisse: «Non vi è nulla che più intenerisca il Padre e lo muova a misericordia verso di noi, quanto il ricordargli la passione del suo Unigenito, la Chiesa, la famiglia che egli morendo si è formata»[771].

Assente dalle prime edizioni del Messale romano conciliare, questa orazione *super populum* fa un suo ritorno nella terza edizione tipica del Messale in conclusione della Messa del giorno delle Palme[772]. Riguardo alla *Liturgia Horarum*, il suo uso si limita oggi alla conclusione delle sole ore canoniche del Venerdì santo[773].

12.5. Interpretazione sintetica

Questa stazione è centro e culmine del ciclo della Croce ed è una delle più solenni di tutta la funzione. Tutto l'insieme aiuta a rivivere con i sensi e l'intelletto gli eventi qui accaduti per la salvezza del genere umano. Dagli ultimi restauri viene evidenziata sotto l'altare la sommità della roccia del Calvario, un segno naturale dell'autenticità del luogo. Le icone sopra la roccia che rappresentano Maria e Gio-

---

compatientibus, vt fructum tantæ passionis, & mortis eius, in æternæ felicitatis gloria perfrui mereamur. Per eumdem Christum, &c.» (in: *ITS1586*, 341; che anche *ITS1583*, 293-294; *ITS1598*, 167-168).

Come detto sopra (cfr. n° **2.3.3.1.**), essendovi solamente una stazione sulla sommità del Calvario durante il primo periodo, non viene ora presentata nessuna colletta.

[769] Conosciuta dalle concordanze (*DD*, 194 [n° 3101]; *OrMR*, 285 [n° 987]), quest'orazione viene adoperata allo stesso modo nei seguenti Sacramentari e Messali: *GrH*, 171 [n° 327], *GrP*, 629 [n° 295]; *GeS*, 68 [n° 485]; *GeE*, 77 [n° 590]; *GeG*, 76 [n° 587]; *MReg*, 217 [n° 1027]; *MR1474*, 134 [n° 832]; *MR1570*, 235 [n° 1176] e le sue edizioni successive.

[770] Cfr. *BR1568*, 375 ss [n° 2300 ss].

[771] Cfr. SCHUSTER, *Liber Sacramentorum* 1. *Il regno messianico*, ed. d'Amato, 296.

[772] Cfr. *MR2002*, 284.

[773] Cfr. *LH* II, 383.388.394.398.

vanni ai piedi della Croce offrono una rappresentazione plastica e devozionale di quanto si legge nel Vangelo. Infine, il carme con il suo testo ricco di molti dettagli plastici ispirati dal racconto evangelico[774] completa armoniosamente la mimesi ricordata in questo luogo.

I lunghi silenzi intercalati tra le strofe mentre il celebrante prosegue alle varie incensazioni, permettono a quanti partecipano alla sacra funzione di interiorizzare e gustare questi fatti della salvezza, donata gratuitamente dal Signore Gesù, che offrì la sua vita per il riscatto di tutti.

12.6. Suggerimenti per cambiamenti

12.6.1. Presentazione

Con la morte in Croce del Salvatore, si propone l'ultimo versetto della serie degli Improperi: «Ego te potávi aqua salútis de petra: et tu me potásti felle et acéto»[775] che presenta il contrasto tra la sete degli Ebrei nel deserto e quella che sperimentò il Signore prima di rimettere lo Spirito, sete che viene ricordata nella seconda strofa dell'inno.

12.6.2. Inno

È già stato detto che l'inno attuale è troppo breve rispetto al rito che si svolge e quindi si devono intercalare delle pause tra le strofe per occupare il tempo a disposizione. Si potrebbero aggiungere delle strofe al canto, ma è bene tener conto che questi intervalli permettono una maggiore concentrazione dei partecipanti. Vista la gravità del mistero che qui viene contemplato, è opportuno che si possa avere il tempo per interiorizzare ciò che viene celebrato. È evidente che questo guardare è negativo se abitua alla passività, ma in questo contesto, e anche se la celebrazione si svolge in latino, il solo guardare si trasforma in pura contemplazione e trova la sua legittimità.

Riguardo ai suggerimenti, si propone di adoperare le due strofe della *Liturgia Horarum* alle quali si può aggiungere la strofa *Heu! Salvator*. Tuttavia per una maggior conformità con l'inno originario, non avendo la necessità di iniziare l'inno dalla strofa **a.**, e la parola *hic*[776] essendo gradita in questa processione, si suggerisce di lasciare la lezione *hic acetum, fel, arundo*.

---

[774] Cfr. n° **8.2.3.**

[775] *MR2002*, 327.

[776] Nel suo significato originale questa parola non possedeva il senso locativo, ma in questo ambito lo può perfettamente assumere.

Il testo e la sua melodia che vengono proposti in vista di un cambiamento sono quindi i seguenti:

textus: S. Venantius Fortunatus, sæc. VI; melodia sæc. a. XII.

2. **Hic** acétum, fel, arúndo,
sputa, clavi, láncea;
mite corpus perforátur,
sanguis, unda prófluit;
terra, pontus, astra, mundus
quo lavántur flúmine!

3. Heu! Salvator mundi pendet,
In Crucis patibulo;
Membra dire laceráta
Virgo Mater áspicit:
Hinc precámur, nobis, Pater,
Des felícem éxitum. Amen.

12.6.3. Lettura breve

Lo stesso brano biblico viene conservato per questa stazione adattandolo con la *Neo Vulgata* e mantenendo l'*hic exspirávit*. L'*hic* contenuto nel responsorio del terzo periodo andrà ripristinato; e infine una rubrica preciserà di spegnere la candela mentre i fedeli si mettono in ginocchio.

Lectio brevis *Lc* 23,44-46

Erat iam fere hora sexta, et ténebræ factæ sunt in univérsa terra usque in horam nonam, et obscurátus est sol, et velum templi scissum est médium. Et clamans voce magna Iesus ait: "Pater, in manus tuas comméndo spíritum meum"; et hæc dicens, **(*) HIC** exspirávit.

℣. Adorámus te, Christe, et benedícimus tibi.

℟. Quia per sanctam Crucem tuam **HIC** redemísti mundum.

(*) Omnes genuflectunt et candelam exstinguunt. Cetera quæ sequuntur usque ad conclusionem orationis exclusive dicuntur submissa voce.

12.6.4. Orazione

Si suggerisce di sostituire la colletta odierna con quella contenuta nella *Liturgia Horarum* per l'Ora Sesta dei venerdì *per annum*. Infatti, il testo della liturgia riprende nella sua premessa il brano evangelico appena proclamato e sopratutto si addice perfettamente con la riforma proposta. Il parallelismo antitetico tra le tenebre che avvolgevano la terra nel momento della morte del Signore e la richiesta della luce che guida gli uomini sulla via della vita, risulta in perfetta analogia con il rito della luce nuovamente introdotto in cui alle tenebre scese dopo la morte di Cristo (sottolineate con lo spegnersi delle candele) corrisponde l'effusione di luce sui fedeli, dopo il ricordo della sua risurrezione (messo in evidenza con il lucernario della stazione presso la Tomba vuota). Infine, come per la stazione precedente nel terzo e quarto periodo, per una maggiora inerenza con il Luogo santo, questo testo andrà arricchito dalla lezione *in hoc Calvario* nel modo seguente:

Orémus.
Dómine Iesu Christe, qui hora sexta, univérso mundo in ténebris constitúto, pro redemptióne nostra crucis lignum in **HOC** Calvário ínnocens ascendísti, illam nobis lucem semper concéde, per quam ad ætérnam vitam perveníre mereámur. Qui vivis et regnas in sǽcula sæculórum. ℟. Amen.

13. X. In eodem Monte Calvario ad Altare B. Mariæ Virg. Perdolentis

13.1. *Introduzione*: descrizione della stazione

La stazione presso l'*Altare dell'Addolorata* (cfr. mappa al numero 17) compare con la riforma del 1924. Prima, si scendeva subito alla *Pietra dell'Unzione*. Si è potuto inserire questa stazione perché l'altare è proprietà della Chiesa cattolica.

L'Obicini non avrebbe potuto includerla nel suo processionale (1623) perché in quel tempo non si faceva ancora memoria della presenza della Madonna Addolorata in questo luogo, ma in quello che viene chiamato oggi *Cappella dei Franchi*, alla quale si accede dall'esterno del complesso della basilica. Questi fatti vengono descritti da F. Quaresmi (giunto in Terra Santa nel 1616, vi morì nel 1656):

> «Loco memorato crucifixionis Domini ad laevam et Meridionalem partem alius proximus est, in quo, ut habet harum partium traditio, stabat sanctissima Deipara cum dilecto Christi discipulo Ioanne, quando Dei et hominis Filius pro mundi salute crucifigebatur [...]. Hoc sacellum est extra magni templum ambitum, annexum tamen eidem, a loco crucifixionis solo muro divisorio seiunctum, quod in Sepulchri platea eminet [...]. In praesentia est quidem templo inhaerens scala, sed exterius ostium clausum»[777].

Rito. Dopo il *Gloria Patri* della stazione precedente, tutti si alzano, ma rimangono al loro posto davanti alla Croce. Solo il celebrante fa di nuovo la genuflessione alla Croce e si sposta verso l'*Altare dell'Addolorata* ove compie tutto come ha già fatto agli altari precedenti, facendo attenzione di incensare la statua della Madonna con due *ductus*, dopo aver incensato la croce dell'altare. Finito, ritorna assieme ai suoi due assistenti, davanti all'altare dei Greci, allo stesso posto. Fatta la genuflessione alla Croce, tutti scendono alla *Pietra dell'Unzione*[778].

---

[777] Quaresmius, *Elucidatio Terrae Sanctae* 5,1,37, 248; cfr. anche l'illustrazione del Quaresmi inserita tra le pagine 221 e 222 nella stessa opera.

[778] Cfr. *3SSQ*, 88-90.

13.2. *Inno*: Stabat mater dolorosa

13.2.1. Paragone dei diversi inni

Non un inno bensì una sequenza, il celebre *Stabat Mater*, è ora intonato in questa decima stazione. Si presentano le strofe[779] cantate davanti all'*Altare dell'Addolorata* durante la processione:

1. Stabat Mater Dolórosa,
Juxta crucem lacrimósa,
Dum pendébat Fílius.

2. Pro peccátis suæ gentis
vidit Jesum in torméntis
et flagéllis súbditum.

3. Vidit suum dulcem natum
moriéndo, desolátum,
cum emísit spíritum.

4. Eja, mater, fons amóris,
me sentire vim dolóris
fac, ut tecum lúgeam.

5. Fac ut árdeat cor meum
in amándo Christum Deum,
ut sibi compláceam.

6. Fac me tecum pie flere,
Crucifíxo condolére,
donec ego víxero.

7. Juxta crucem tecum stare
et me tibi sociáre
in planctu desídero. Amen.

Per questa stazione, non ci sono altri testi da confrontare; come appena detto, questa stazione è recente (1924) e quindi il processionale del 1623 non propone nessun inno per questo luogo. Si noti che questo carme ci è pervenuto in molte redazioni (messali, libri liturgici e manoscritti) e la ricostruzione critica del testo risulta molto ardua[780]; e dato che il testo della processione coincide con quello dell'odierna liturgia, non pare necessario affrontare il problema delle versioni alternative. Si riporta perciò il solo testo completo della sequenza dello *Stabat Mater*[781] nella versione in cui viene oggi impiegato[782]:

1. Stabat Mater dolórosa
iuxta crucem lacrimósa,
dum pendébat Fílius.

2. Cuius ánimam geméntem,
contristátam et doléntem
pertransívit gládius.

---

[779] *PrSS1925*, 35-36; *PrSS1947*, 35-36.

[780] Cfr. R. RUGGIERI, «Stabat Mater», in *EnCat* 11, 182.

[781] Cfr. *LENT*, 214-216 [n° 209-211] e *OLM*, 451; il testo corrisponde globalmente a quello dell'edizione critica di *AH* 54, 312 [n° 201] con la differenza che mancano le strofe 9 e 21 e che si notano alcuni cambiamenti nelle strofe 17, 18 e 19.

[782] Cfr. *LENT*, 214 [n° 209] avverte che la nona strofa non sembra originaria, pur essendo presente in alcuni manoscritti: si trova come dossologia della prima parte dell'inno della *Liturgia Horarum* mentre viene del tutto omessa durante la sequenza della Messa del 15 settembre.

3. O quam tristis et afflícta
fuit illa benedícta
mater Unigéniti!
4. Quæ mærébat et dolébat
pia mater, cum vidébat
nati pœnas íncliti.
5. Quis est homo qui non fleret,
matrem Christi si vidéret
in tanto supplício?
6. Quis non posset contristári,
Christi matrem contemplári
doléntem cum Fílio?
7. Pro peccátis suæ gentis
vidit Iesum in torméntis
et flagéllis súbditum.
8. Vidit suum dulcem natum
moriéndo, desolátum,
cum emísit spíritum.
9. (Christi, cum sit hinc exíre,
da per matrem me veníre
ad palmam victóriæ.)
10. Eia, mater, fons amóris,
me sentire vim dolóris
fac, ut tecum lúgeam.
11. Fac ut árdeat cor meum
in amándo Christum Deum,
ut sibi compláceam.
12. Sancta mater, istud agas,
Crucifíxi fige plagas
cordi meo válide.
13. Tui Nati vulneráti,
tam dignáti pro me pati
pœnas mecum dívide.
14. Fac me tecum pie flere,
Crucifíxo condolére,
donec ego víxero.
15. Iuxta crucem tecum stare
et me tibi sociáre
in planctu desídero.
16. Virgo vírginum præclára,
mihi iam non sis amára;
fac me tecum plángere.
17. Fac ut portem Christi mortem,
passiónis fac consortem
et plagas recólere.
18. Fac me plagis vulnerári,
fac me cruce inebriári,
et cruóre Fílii.
19. Flammis urar ne succénsus,
per te, Virgo, sim defénsus
in die iudícii.
20. Fac me cruce custodíri,
morte Christi præmuníri,
confovéri grátia.
21. Christe, cum sit hinc exíre,
da per matrem me veníre
ad palmam victóriæ.
22. Quando corpus moriétur,
fac ut ánimæ donétur
paradísi glória. Amen

13.2.2. Autore e storia dell'inno

La sequenza *Stabat Mater dolorosa* è attribuita a molti autori, ma in modo speciale al francescano fra IACOPO DE BENEDETTI[783], più conosciuto come IACOPONE da Todi.

IACOPONE[784] nacque nel 1228 (o 1230) a Collazzone (Perugia) e studiò diritto a Bologna. Sposò una giovane ragazza di nome Vanna che dopo un anno di matri-

---

783 Cfr. *LENT*, 214 [n° 209].

784 Seguono le fonti di questo capitolo: P. ÉDOUARD D'ALENÇON, «Jacopone de Todi», in *Dictionnaire de Théologie catholique* 8/1, Paris 1924, 258-259; M. BERTAGNA, «Iacopo-

monio morì tragicamente durante una festa popolare. Questo giurista lascia il mondo e dal 1268 al 1278 visse come "*bizzoco*" in eccessiva penitenza. Entra poi come laico nell'Ordine dei frati minori, dove medita la mistica di san Bonaventura e canta la povertà di san Francesco. Di temperamento estremista, intollerante alle mitigazioni dell'osservanza della regola francescana, entrò a fare parte del gruppo più acceso dei dissidenti: i sostenitori della corrente spirituale di Angelo CLARENO. Gli spirituali avevano ottenuto favori e privilegi da papa CELESTINO V, privilegi che poi furono tolti da papa BONIFACIO VIII. Intanto molti spirituali si allearono con i cardinali Giacomo e Pietro COLONNA contro papa BONIFACIO. Tra questi, vi era anche IACOPONE che si mise a scrivere contro il papa (anche se le strofe più virulente sembrano oggi apocrife). Nel 1294, si unì ai ribelli del papa a Palestrina, e nel 1297 venne scomunicato assieme a loro. Quando le truppe pontificie entrarono a Palestrina, cittadella dei ribelli, anche IACOPONE sarà gettato in prigione, e vi rimarrà nonostante il giubileo dell'anno 1300. Accettata gioiosamente la prigionia come suprema povertà, egli scrisse rime di pentimento a papa BONIFACIO, perché gli venisse tolta la scomunica, cosa che ottenne solamente da papa BENEDETTO XI, che lo liberò nel 1303. Durante i tre anni che precedettero la sua morte, domato dall'amore, IACOPONE cantò l'ebbrezza dell'amore di Dio. Morì il 25 dicembre 1308 dopo aver cantato - così si dice - le strofe dello *Stabat Mater del Presepio*, composte sul modello di quello della Croce, oggetto di questo studio. La sua fama è legata alle numerose poesie scritte sia in latino che in lingua volgare (le *Laude di frate Jacopone da Todi*). Gli viene a volte attribuito il titolo di beato (per la santità di vita, informata ad un rigido ascetismo con forti espressioni di alto ed infuocato misticismo, evidentissimo negli scritti), benché il suo culto non sia mai stato approvato dalla Chiesa, sicuramente a causa dei suoi atteggiamenti nei riguardi di BONIFACIO VIII e delle note intemperanze poetiche relative allo stesso pontefice. Il suo corpo fu trasportato nella chiesa delle clarisse di Montecristo presso Todi, nel 1433; le sue ossa furono poi trasferite nella cripta di san Venanzio Fortunato. Lo *Stabat Mater* sarebbe stato scritto da IACOPONE durante i suoi tre ultimi anni di vita. Lo si può dedurre dal tono generale e dall'atteggiamento sentimentale della sequenza che si addicono, dal punto di vista psicologico, a quello di varie poesie ed espressioni del poeta di Todi. La versione ora in uso fu stabilita nel Messale romano da papa BENEDETTO XIII (1724-1730).

La sequenza *Stabat Mater* caratterizza bene la pietà francescana del secolo XIII, tutta fatta di dolcezza ingenua e di serafico amore: la pietà popolare non cesserà più di cantarla. Questo carme è legato alle due feste liturgiche della *Madonna Addolorata* che venivano tradizionalmente celebrate il venerdì di passione, o *vener-*

---

ne da Todi», in *EnCat* 6, 1525-1528; I. SCHUSTER, *Liber Sacramentorum* 2. *La Chiesa trionfante*, ed. C. d'Amato, Casale 1966, 607-609.

dì dei dolori di Maria per la prima, e la terza domenica di settembre per la seconda. In ambedue le ricorrenze, la sequenza veniva cantata prima del Vangelo della Messa. La prima festa fu inserita da papa BENEDETTO XIII il 22 aprile 1727[785], mentre la seconda entrerà a fare parte del patrimonio della liturgia latina nel 1814 quando papa PIO VII (1800-1823) estese la celebrazione dei *Sette Dolori della Madonna* a tutta la Chiesa[786]. San PIO X, infine, nel 1914, stabilì la data di questa festa al 15 dello stesso mese, per la nota proibizione di assegnare alla domenica feste che non siano del Signore.

La liturgia conciliare ha conservato la sola memoria facoltativa del 15 settembre in cui si celebra la memoria della *Beata Maria Virgo Perdolens* e lo *Stabat Mater* viene cantato nella sua funzione originaria di sequenza[787]. Viene inoltre diviso in tre sezioni e cantato come inno per l'*Ufficio delle letture* (strofe da 1 a 8 con la dossologia 9), per le Lodi (strofe da 10 a 15 con la dossologia 20) e per il Vespro (strofe da 16 a 20) della stessa festa[788]. Nella liturgia gerosolimitana, conformemente al calendario liturgico anteriore alla riforma conciliare, la festa dell'*Addolorata* viene ancora solennemente festeggiata per motivi di *Statu quo* presso l'*Altare della Madonna* il venerdì che precede la domenica delle Palme: durante questa solenne celebrazione eucaristica, tutta la sequenza viene cantata sul Calvario prima della proclamazione del Vangelo.

13.2.3. Contenuto biblico, teologico, patristico

Questo canto[789], che rivela la grazia delicata e l'ingenuità caratteristica di tutta l'arte umbra medievale della poesia volgare, corrisponde al culmine della pietà mariana: la Madonna Addolorata, Maria donna forte che partecipa nell'amore e nel dolore alla Croce di suo figlio (cfr. *Io* 19,25-27), ha sempre avuto un posto privilegiato.

Sia nella sua forma completa sia nelle sole strofe della processione, lo *Stabat Mater* si divide in due parti omogenee: nelle tre prime strofe della processione (le dieci prime dell'intera sequenza) si parla dell'Addolorata in terza persona, mentre

---

785 Cfr. BÄUMER – BIRON, *Histoire du bréviaire*, 315.

786 Cfr. BÄUMER – BIRON, *Histoire du bréviaire*, 319. Prima di fare parte della liturgia romana, da un secolo l'Ordine religioso dei Serviti e l'Austria già celebravano questa ricorrenza.

787 Cfr. *OLM*, 451: si noti la mancanza delle strofe 9 e 21.

788 Cfr. *LENT*, 214-216 [n° 209-211].

789 La sequenza di fra IACOPONE viene commentata nelle seguenti opere: MONGELLI, *Gli inni della Liturgia delle Ore*, 389-392; MIRRA, *Gli inni del breviario romano*, 170-172; C. CARBONE, *L'inno del dolore mariano. Stabat Mater. Studi critico-dogmatico-letterari*, Roma 1911.

nelle ultime strofe, dopo averla direttamente chiamata con il vocativo *eia Mater*, il testo prosegue interpellandola in seconda persona. Inoltre le due sezioni iniziano con la parola *mater* che, usata al nominativo nella prima parte, si riferisce a Maria, madre di Gesù; al vocativo, all'inizio della seconda parte, e si rifà a Maria, madre del credente. Le sette strofe della processione si possono dividere come segue:

1. Descrizione della crocifissione e dei sentimenti
della Madonna durante la crocifissione (*strofe 1-3*)
2. Tre petizioni rivolte alla Madonna (*strofe 4-6*)
3. Conclusione (*strofa 7*)

1. La prima strofa descrive la scena evangelica della crocifissione: Maria sta accanto alla Croce (cfr. *Io* 19,25) con Gesù che vi è appeso. La seconda strofa fa un passo indietro nella cronologia dei fatti e riprende la scena della flagellazione (cfr. *Io* 19,1); la terza strofa presenta il dolore della madre che assiste impotente alla morte del proprio figlio (cfr. *Io* 19,30).

Il carme inizia con l'affermazione *Stabat Mater dolorosa*: il verbo *stabat* riprende *Io* 19,25: Maria assiste silenziosa e colma di dignità. Questo silenzio solenne corrisponde all'atmosfera propria della crocifissione e rivela un dolore così profondo da non potersi sfogare in pianto. La Vergine stava impietrita ai piedi della Croce nell'immensità del suo dolore. Il suo stare ritta ed immobile comunica tutta l'intrepidezza, tutta la grandezza e la nobiltà del suo cuore di Madre. Il dolore della Madonna era proprio un dolore materno, il dolore più intimamente sentito che si possa avere. Sin dal primo stico viene affermato che la Madonna è *dolorosa*: si tratta di una parola che compendia tutto l'inno. I tre vangeli sinottici narrano che i testimoni della crocifissione erano lontani da Gesù (*longe* in *Mt* 27,55; *Mc* 15,40; *Lc* 23,49), IACOPONE segue la lezione del quarto evangelista[790] che precisa che la Madonna con le pie donne e Giovanni erano vicini (*iuxta crucem* in *Io* 19,25) e afferma in seguito che Gesù pendeva dalla Croce: il verbo mostra come la sequenza si ispira alla Scrittura (cfr. *Dt* 21,25; *Lc* 23,39; *Gal* 3,13) e alla liturgia[791].

Seconda strofa: *Iesus*, l'unico in cui sussista la salvezza (cfr. *Act* 4,11-12), subisce la passione *pro peccatis suæ gentis* (2,1) come afferma per ben due volte san Pietro: *Christus semel pro peccatis nostris mortuus est* (*1 Pe* 3,18), *qui peccata*

---

[790] Sant'AGOSTINO prende in esame l'apparente discrepanza e la risolve riflettendo che nei due luoghi si parla di diversi tempi: al compiersi dell'ora sesta Gesù fu alzato in Croce, e fu allora permesso di accostarvisi e rimanervi a Maria accompagnata dalla cugina, da Giovanni e dalla Maddalena (cfr. AUGUSTINUS, *De consensu Evangelistarum* 21, ed. F. Weihrich (CSEL 43), Wien 1904, 346-347).

[791] Si canta infatti il Venerdì santo «Ecce lignum crucis, in quo salus mundi pependit» (in: *MR1570*, 249 [n° 1244]; *MR1970*, 257); l'inno *Vexilla regis* di VENANZIO così recita: «pretium pependit sæculi» (n° **11.2.1.**)...

nostra ipse pertulit in corpore suo super lignum (*1 Pe* 2,24), e san Giovanni nel suo vangelo (cfr. *1 Io* 2,2).

La terza strofa ricorda fortemente l'inno *Pange lingua*[792] di VENANZIO in cui il *dulcis natus* (cfr. 3,1) richiama due concetti già ivi incontrati[793]. In ambedue i casi:

si lega la morte del Signore con la sua nascita, che corrisponde, secondo un sermone natalizio di papa san LEONE MAGNO, ai *primordia*[794] della salvezza;

l'aggettivo *dulcis* viene detto del corpo di Gesù crocifisso (*dulcem natum* nel caso dello *Stabat* e *dulce pondus* per il *Crux fidelis*).

2. Nella seconda parte della sequenza tutto tace intorno al poeta che ora rappresenta l'intera famiglia dei credenti. Ora è lui stesso che prende la parola e si rivolge con il cuore infuocato a Maria, Regina dei dolori.

Il primo titolo della Madonna è *fons amoris* (4,1) perché ha partorito colui che sin dall'eternità suscita l'amore del Padre e lo personifica nello Spirito Santo. Nella Scrittura la fonte si attribuisce alla vita (cfr. *Ps* 36[35],9; *Prov* 18,4) e alla grazia divina (cfr. *Io* 4,14). Maria è così chiamata perché beve all'amore divino e come se possedesse l'abbondanza delle fiamme amorose non solo per sé, ma per trasfonderle negli uomini[795].

Per tre volte vengono presentate delle petizioni alla Madonna che iniziano con l'imperativo *fac*. Si aspettano da lei queste grazie, certi che ella le concederà. Tutto dipende dal suo arbitrio, secondo il suo *fecit mihi magna qui potens est* (*Lc* 1,49). Non vengono richieste né gioie, né soddisfazioni, né vittorie, bensì il solo retaggio del dolore del figlio (*strofa 4*). Nella seconda petizione si chiede: *fac ut ardeat cor meum* (5,1); non si tratta di altro fuoco che quello portato sulla terra dallo stesso Redentore e da lui stesso sparso in tutto il mondo, secondo le sue parole: *ignem veni mittere in terram, et quid volo nisi ut accendatur?* (*Lc* 12,49). Dello stesso fuoco erano infiammati i due discepoli al sentire le parole del Risorto sulla strada di Emmaus (cfr. *Lc* 24,32). La terza petizione infine chiede a Maria la grazia di concedere all'orante di partecipare al suo dolore e a quello del figlio suo crocifisso.

3. L'ultima strofa non è una dossologia, ma serve tuttavia di conclusione al canto. Il cristiano deve combattere sotto la croce, vessillo di Cristo, sforzandosi di imitare Cristo, che non senza ragione è detto l'uomo dei dolori. Il poeta adempie a

---

792 L'inno viene presentato al n° **8.2.1.**

793 Cfr. n° **8.2.3.**

794 Cfr. LEO MAGNUS, *Tractatus septem et nonaginta* 96,2, ed. Chavasse, 594.

795 A questo proposito scrive san BERNARDINO da Siena: «Sicut a fornace summi ardoris non egreditur nisi incendium fervens, sic de corde Matris Christi exire non potuit verbum, nisi summi summeque divini amoris atque ardoris» (in: BERNARDINUS SENENSIS, *Sermo* IX sulla Visitazione, in *Opera omnia*, Quaracchi, 1950, 556).

questo imprescindibile dovere con animo generoso e con grande coraggio. Nella prima strofa Maria *stabat iuxta crucem*; di sé ora il poeta ripete *iuxta crucem tecum stare* (7,1) per associarsi al dolore della madre di Gesù. Si tratta così dell'inclusione voluta da chi scelse le strofe della processione.

In conclusione lo *Stabat Mater* si inserisce armonicamente in una lunga e ricca tradizione, accreditata con il sigillo dell'arte di un poeta che alla commozione sincera e profonda, attratto dal rapimento della mistica contemplazione, ha saputo unire un linguaggio semplice, scorrevole, e denso di ben collocate reminiscenze bibliche.

13.2.4. Aspetto metrico e musicale

Questo carme medievale non è metrico, bensì il primo inno ritmico che si incontra nel corso di questa processione. Formato da una congiunzione di dimetro trocaico acatalettico (i due primi stichi) con un dimetro catalettico (terzo stico) con strofa a rima perfetta (*aab ccb*) l'inno di IACOPONE è infatti composto di dieci stanze, o di due decadi di strofe (cioè venti periodi ritmici di tre versetti ciascuno). Varie sono le melodie della Chiesa per questa sequenza: di origine francese (secolo XVI-XVII)[796], quella usata durante la processione corrisponde alla melodia tradizionale. Risulta chiaramente in armonia con la struttura delle strofe: alla semplicità dell'eloquio corrisponde quella del metro e quella della melodia. Questa musica molto popolare viene anche usata per la traduzione dello *Stabat* nelle varie lingue moderne, e è consuetudine sentirla quando i vari gruppi di pellegrini di diverse nazioni percorrono la *Via dolorosa* su passi del Condannato.

Bisogna segnalare l'offesa fatta alla rima della sequenza durante la processione. Infatti la prima strofa *Stabat Mater* viene privata della seconda parte della decade. Invece, le strofe successivamente proposte sono state scelte in modo da rispettare quelle decadi ritmiche.

[796] Cfr. *CRS*, 395.

Con la riforma della *Liturgia Horarum* questa sequenza si può cantare con due melodie assai diverse. Quella tradizionale, adottata dalla processione, corrisponde alla seconda (*ad libitum*) proposta nel *Liber Hymnarius*. Con la riforma conciliare, questa musica non ha subito nessun cambiamento[797], sicuramente perché si tratta di un inno tanto universalmente conosciuto che sarebbe arduo imporre al popolo dei fedeli una melodia diversa.

13.3. *Antifona*: Cum vidisset Iesus Matrem

Si presenta il testo[798] proclamato dal sacerdote dopo aver terminato l'incensazione dell'effigie della Madonna Addolorata:

> Cum vidísset Jesus Matrem hic stantem iuxta Crucem et discípulum quem diligébat, dicit Matri suæ: Múlier, ecce fílius tuus. Deínde dicit discípulo: Ecce Mater tua.
>
> ℣. Regína Mártyrum, ora pro nobis.
>
> ℟. Quæ iuxta crucem Jesu constitísti.

Questa stazione essendo stata introdotta solo dall'inizio del quarto periodo (1924), non ha nessun altro testo proveniente dai tre periodi anteriori[799].

L'antifona riprende, adattandola, la pericope *Io* 19,26-27 sostituendo però la lezione *et discipulum stantem quem diligebat* in «hic stantem iuxta Crucem et discípulum quem diligébat» procedendo a una compilazione con il versetto 25 *stabant autem iuxta crucem Iesu mater eius [etc.]* in modo da ottenere un eco con l'inno. Questa libertà è dovuta al fatto che non si pretendeva citare un testo biblico ma un'antifona per la quale ogni mutamento era permesso. In questo modo, si riprendeva lo *stare* della Madonna ai piedi della Croce (nell'inno appena cantato) mentre veniva crocifisso suo figlio. Il responsorio, proveniente dalla liturgia latina, allude nella sua seconda parte a *Io* 19,25.

13.4. *Orazione*: Interveniat pro nobis

La stazione si conclude con la seguente colletta[800]:

---

[797] Cfr. *LibH*, 435.437.439.

[798] *PrSS1925*, 37; *PrSS1947*, 37.

[799] Si deve tuttavia segnalare che durante il secondo periodo, all'uscire dalla basilica, vi era una stazione presso l'altare che si trova nell'odierna cappella dei Franchi. Ivi si faceva la memoria dell'Addolorata mentre veniva letto lo stesso brano evangelico (in cui non era inserito l'avverbio *hic*) con questo versetto responsoriale: «℣. Et ex illa hora. ℟. Accipit eam discipulus in suam» (in: *ITS1586*, 346).

[800] *PrSS1925*, 37; *PrSS1947*, 37.

> Intervéniat pro nobis, quǽsumus, Dómine Jesu Christe, nunc et in hora mortis nostræ, apud tuam cleméntiam beáta Virgo María Mater tua: cujus sacratíssimam ánimam in hora tuæ passiónis dolóris gládius pertransívit: Qui vivis et regnas in sǽcula sæculórum. ℟. Amen.

Essendo recente la stazione, non vi è nessuna possibilità di paragone con l'eucologia del terzo periodo. Si ricorda però che nei tempi antichi i dolori della Madonna venivano ricordati nell'odierna cappella dei Franchi (all'esterno della basilica) dopo l'uscita dei pellegrini[801].

Questa orazione solamente conosciuta dal BRUYLANTS[802] (ma non dalle concordanze dei Sacramentari antichi) appare tardivamente nella liturgia romana con l'*editio princeps* del Messale Romano[803]; successivamente, con la creazione della ricorrenza dei Setti dolori della Beata Maria Vergine (*feria* VI *post Dominicam Passionis*), la preghiera passerà nel Messale romano. Non si tratta tuttavia della colletta di questa Messa bensì di quella della celebrazione votiva di questa festa durante l'anno; si noti che anche il coevo Messale della Custodia adoperava questa preghiera[804]. La liturgia conciliare tralascia questo testo eucologico.

13.5. Interpretazione sintetica

Il dolore della Madonna presentato nel quarto Vangelo viene reso con maestà dalle strofe del beato fra IACOPONE e dall'iconografia mariana del luogo. Alla sommità del Calvario stanno i tre altari, ognuno con una rappresentazione della Madonna. L'altare eretto sul foro in cui era infissa la Croce del Redentore ha una solenne icona ricoperta d'argento, della Vergine che sta *iuxta crucem*; l'altare latino della Crocifissione è sormontato da un mosaico al cui centro spicca una rappresentazione della Madonna in piedi nello splendore della sua dignità, mentre davanti a lei il figlio viene inchiodato sulla Croce. Infine, sull'altare dell'Addolorata, che viene ora incensato, vi è il busto di una statua il cui petto è trafitto da una lancia,

---

801 Non esiste nessun testimone della venerazione di questa cappella durante il primo periodo; segue però la colletta che concludeva questa stazione nel secondo periodo:

> «Beatæ Mariæ semper Virginis quæsumus Domine, nos tibi commendet Oratio: quam hic in Cruce moriens matrem tuam Virginem, Virgini cõ[m]mendasti. Qui viuis, &c.» (in: *ITS1586*).

802 Cfr. *OrMR*, 182 [n° 652].

803 Apparteneva al formulario *Missa nostræ Dominæ pietatis per papam Sixtum quartum edita* (cfr. *Missale Romanum mediolani 1474* 2, ed. R. Lippe (Henry Bradshaw Society 33), 340).

804 Cfr. *MVCTS1898*, 11.

come dice la profezia del vecchio Simeone (cfr. *Lc* 2,35). Ci si può meravigliare dell'assenza della seconda strofa di IACOPONE (*cuius animam gementem contristam et dolentem pertransivit gladius*) che corrisponde a quella più adatta al luogo. Inoltre la seconda e terza strofa della processione sottolineano fatti avvenuti prima della morte di Gesù, quando molte sono le strofe non usate che descrivono il dolore di Maria davanti alla morte del figlio.

13.6. Suggerimenti per cambiamenti

13.6.1. Presentazione

Si introdurrà questa stazione con il versetto alleluiatico proprio della ricorrenza del 15 settembre: «Felix est beata Maria Virgo, quæ sine morte meruit martyrii palmam sub cruce Domini»[805]. Questo brano possiede le caratteristiche di essere eucologico e legato alla celebrazione liturgica di quanto avvenuto in questo luogo; la lezione «sub cruce Domini» introduce all'inno *Stabat mater* e alla lettura breve proposti di seguito. Nel responsorio verrà anche rilevato il martirio *sui generis* della Madonna.

13.6.2. Inno

Le strofe di questo carme sono brevi: per sostituire il tempo della recita del *Pater-Ave-Gloria* necessaria per lucrare le indulgenze sarà opportuno aggiungere quattro altre strofe al canto dello *Stabat Mater*, cioè portarle a dieci.

Viste le conclusioni dell'interpretazione sintetica, sembra opportuno sostituire la seconda e terza strofa della processione con le sei prime strofe di IACOPONE che alludono alla profezia di Simeone (*strofa 2*), al dolore di Maria (*strofa 3*), alle piaghe di Cristo morto (*strofa 4*), alla compassione del credente per il dolore mariano (*strofe 5-6*). Riguardo alla seconda parte dell'inno composta dalle petizioni del poeta si suggerisce di mantenere le stesse strofe in modo da concludere l'inno con l'inclusione descritta al paragrafo **13.2.3. §3.**

Il testo che viene ora proposto per la riforma della processione è quindi il seguente:

---

805 *OLM*, 306.

textus: IACOBUS DE BENEDETTI OFM?, *sæc.* XIII.

2. Cuius ánimam geméntem,
contristátam et doléntem
pertransívit gládius.

3. O quam tristis et afflícta
fuit illa benedícta
mater Unigéniti!

4. Quæ mærébat et dolébat
pia mater, cum vidébat
nati pœnas íncliti.

5. Quis est homo qui non fleret,
matrem Christi si vidéret
in tanto supplício?

6. Quis non posset contristári,
Christi matrem contempl ári
doléntem cum Fílio?

7. Eia, mater, fons amóris,
me sentire vim dolóris
fac, ut tecum lúgeam.

8. Fac ut árdeat cor meum
in amándo Christum Deum,
ut sibi compláceam.

9. Fac me tecum pie flere,
Crucifíxo condolére,
donec ego víxero.

10. Iuxta crucem tecum stare
et me tibi sociáre
in planctu desídero.

13.6.3. Lettura breve

La lettura attuale corrisponde all'evento celebrato in questo luogo, ma andrà amplificato con il versetto precedente (in armonia con l'inno) a cui andrà inserito un *hic*. L'avverbio *autem* presente nel testo evangelico andrà rimosso.

Lectio brevis *Io* 19,25-27a

Stabant **HIC** iuxta crucem Iesu mater eius et soror matris eius, María Cléopæ, et María Magdaléne. Cum vidísset ergo Iesus matrem et discípulum stantem, quem diligébat, dicit matri: "Mulier, ecce fílius tuus". Deinde dicit discípulo: "Ecce mater tua".

℣. Regína Mártyrum, ora pro nobis.
℟. Quæ iuxta crucem Iesu constitísti.

La seconda parte del versetto 27 non viene presa in considerazione perché non riguarda più il dolore della Madonna.

13.6.4. Orazione

L'attuale preghiera non appartiene all'eucologia gerosolimitana ed è inoltre stata tolta dalla liturgia attuale. Va quindi sostituita con l'attuale colletta[806] della memoria *Beatæ Mariæ Virginis Perdolentis* aggiungendo l'*hic* come segue:

> Orémus.
> Deus, qui Fílio tuo **HIC** in cruce exaltáto compatiéntem Matrem astáre voluísti, da Ecclésiæ tuæ, ut, Christi passiónis cum ipsa consors effécta, eiúsdem resurrectiónis párticeps esse mereátur. Per Christum Dóminum nostrum. ℟. Amen.

Le parole di questa preghiera sono da preferire perché:

Il luogo geografico della stazione viene menzionato nell'invocazione della colletta e l'inserzione dell'*hic* appare perciò naturale.

L'appartenenza della preghiera alla liturgia romana favorisce la sua traduzione nelle varie lingue.

Il verbo *astare* che precisa la posizione della Madonna crea un insieme armonioso con l'inno e la lettura breve.

La petizione e il suo fine preparano l'esito della processione quando, dopo aver contemplato con Maria il Cristo risorto (quattordicesima stazione), tutti i partecipanti della funzione verranno invitati ad unirsi ai misteri celebrati in questi Luoghi santi per poi, di ritorno nel loro paese, vivere del mistero pasquale che hanno qui celebrato.

---

806 Cfr. *MR2002*, 830.

14. XI. Ad Lapidem Unctionis

14.1. *Introduzione*: descrizione della stazione

La *Pietra dell'Unzione* (cfr. mappa al numero 1), che i Latini hanno in comproprietà con i Greci, gli Armeni e i Copti, è collocata ai piedi del *Golgota*, davanti alla porta d'ingresso della basilica. Questa pietra memoriale si trova tra il luogo della morte di Gesù e quello della sua sepoltura, come indicato dal mosaico che i Greci hanno affisso sul muro retrostante negli anni '90. Esso illustra il rito con il quale Giuseppe di Arimatea e Nicodemo[807] hanno adagiato il corpo morto del Crocifisso per cospargerlo d'aromi e d'unguenti, secondo l'uso giudaico (cfr. *Io* 19, 38-40), avvolgendolo poi con il bianco lenzuolo (la sindone) prima di deporlo nel sepolcro. Si tratta di una grande lastra rossastra (lunga m 2.70 e larga m 1.30) bordata da una semplice cornice marmorea leggermente venata di rosso che dal 1810 sostituisce altre pietre antecedentemente venerate. Spesso viene cosparsa di profumi dai pellegrini orientali ed è oggetto di molta devozione, anche da parte dei cristiani cattolici[808]. L'ospite (a qualsiasi rito appartenga) che compie l'Ingresso solenne nella basilica, si inginocchia davanti a questa pietra e la bacia.

Rito. Finita la recita del *Pater-Ave-Gloria* che conclude la stazione precedente, il cantore intona la prima strofa del *Pange lingua*. Nella processione quotidiana vengono cantate le sole strofe dispari. Le altre a cui precede una crocetta (†) sia nel processionale sia nel testo riportato al capitolo seguente, sono eseguite solamente in occasione della processione solenne. Arrivati alla *Pietra dell'Unzione*, i frati la circondano disposti in due file: una fila si mette davanti, con le spalle rivolte al mosaico; l'altra con la faccia rivolta al mosaico, creando una barriera che indica il divieto di passaggio a coloro che volessero procedere verso la Tomba[809]. Il celebrante si

---

[807] Nel *Martirologio romano*, riguardo a questi due santi venerati nella Chiesa di Gerusalemme il 31 agosto, si dice che Giuseppe di Arimatea e Nicodemo, «qui corpus Iesu a cruce depósitum accepérunt, involvérunt in sindone et posuérunt in monuménto. Ioseph, nóbilis decúrio et discípulus Dómini, regnum Dei exspectábat; Nicodemus autem, ex Pharisǽis, princeps Iudæórum, ad Iesum nocte vénerat intérrogans de missióne eius atque coram pontifícibus et Pharisǽis, qui volébant Iesum apprehéndere, causam eius deféndit» (in: *MartR*, 461).

[808] Molti cristiani locali e pellegrini, entrati in basilica vanno direttamente alla *Pietra dell'Unzione*, s'inginocchiano, pregano e la baciano più volte e, alla fine, fanno il segno della croce.

[809] Durante il canto dello *Stabat Mater*, il dragomanno chiude completamente il primo battente della porta della basilica, mentre chiude il secondo all'80%, per impedire l'afflusso

ferma nell'asse della *Pietra* con il dorso al muro del Calvario. Qui, amministrato l'incenso e preso il turibolo, incensa in questo modo: prima con due *ductus* stando in mezzo ai grandi candelieri greco e armeno; tenendo poi il turibolo disteso e camminando, incensa il lato destro della *Pietra* con tre *ductus*; quindi stando in mezzo ai candelieri greco ed armeno dall'altro capo della *Pietra*, la incensa con altri due *ictus*, tenendo il turibolo *more solito*; fa lo stesso, fermandosi tra i candelieri greco e latino, e camminando come prima, incensa l'altro lato più lungo della *Pietra*: infine, fermandosi tra i candelieri latino e greco, la incensa ancora con due *ictus*. Tornato al suo posto tra i due assistenti, canta l'antifona, il versetto e la colletta.

Durante questa stazione, il primo assistente rimane in piedi vicino alla scala che scende dal Calvario, toccando con i talloni il muro; il secondo rimane in piedi davanti al passaggio della *Cappella d'Adamo*, toccando con i talloni la soglia della porta per chiudere il passaggio[810].

14.2. *Inno*: Pange lingua vulneratum

14.2.1. Paragone dei diversi inni

In questo capitolo vengono presentati i quattro diversi inni che sono stati cantati alla stazione della *Pietra dell'Unzione* durante i quattro periodi della storia della processione.

Si inizia con la presentazione della versione dell'inno del processionale[811]:

1. Pange lingua vulnerátum
Corde Christum láncea,
Quod ferus miles reclusit
Mortis in tentámine,
Unde cæli dona cuncta
Usque nobis prófluunt.

2. † Ecce noctis instat hora
Qua Redémptor stípite
Amovendus, brachiísque
Collocandus Vírginis,
Alma mater, quo dolóre,
Pectus intus ángitur.

3. Joseph audax atque iustus,
Comparáta síndone,
Integérque Nicodémus
Vim ferens arómatum,
Corpus ungunt linteísque
Hic Magístri cólligant.

4. † O Redémptor, dulcis ardor
Cordis effectus mei,
Utque præsens adpropínquo
Osculórque vúlnera,
Te lacértis cingo castis
Fórtiter compléxibus.

---

di gente durante la funzione. Questa chiusura, oltre ad essere funzionale allo svolgimento della processione, corrisponde ad un diritto importante visto che la custodia della porta viene garantita dalle autorità islamiche.

810 Cfr. *3SSQ*, 88-90.

811 *PrSS1925*, 37-40; *PrSS1947*, 37-40.

5. Veste corpus cerno nudum
Sauciúmque vúlnere,
Forma cæli Christus adstat
Inquinátus sánguine;
Membra cerno collocáta
Rupis hoc in léctulo

6. † O caput, salve, coróna
Spínea circúmdatum,
O, ave latus cruénto
Vulnerátum cúspide:
Me recónde criminósum
Sacro in hoc forámine.

7. Vos avéte, sauciátæ
Efferis clavis manus:
Ne repéllas me, Redémptor,
E forátis gréssibus:
Fac sodálem supplicántem
Cælicórum cívium. Amen.

Si presenta ora la forma dell'inno riportata nel processionale[812] di Tommaso OBICINI del terzo periodo e cantata mentre si incensava la *Pietra dell'Unzione*. Questo inno, ad eccezione di alcuni segni tipografici, rimane rigidamente immutato durante tutto il terzo periodo[813]. Come avviene oggi, non tutte le strofe venivano

---

812 *PrSS1623*, 27-29.

813 Cfr. *PrSS1670*, 44-46; *PrSS1752*, 24-26; *PrSS1786*, 24-26; *PrSS1796*, 24-26; *PrSS1855*, 25-27; *PrSS1862*, 24-26; *PrSS1866*, 27-29; *PrSS1877*, 25-27; *PrSS1896*, 37-40; *PrSS1900*, 38-41. Per una maggiore conoscenza della stazione, segue l'inno cantato nel secondo periodo durante la discesa dal Calvario e mentre si incensava la *Pietra dell'Unzione*: in *ITS1586*, 342 (per i testi equivalenti dello stesso periodo, cfr. *ITS1583*, 295 e *ITS1598*, 170. L'inno viene riportato in CHEV IV, 6 [n° 34917]).

1. *Ad Iesum modo vngere / Deuotionis oleo / Pergamus omnes feruide, / Vt nos inugat gratia.*
2. *Qui pietate nimia, / Nomen effusum oleum, / Habet, atque dulcissimum, / Cordis vngamus lachrymis.*
3. *O tu excelsa pietas, / O Iesus ardens charitas, / Qui mortem morte destruis, / Sic vitam donas mortuis.*
4. *De Cruce iam depositus, / In matris suæ brachijs / Repositus vt creditur / In loco isto vngitur.*
5. *Contempla matrem lachrymis / Plenam, atque mœroribus / Dolore mortis filij, / Cuius amore moritur.*
6. *Sicque Ioannes adfuit, / Qui Matrem loco filij / Recepit, Virgo Virginem, / Pro pietate mortui.*
7. *Veni Ioseph sanctissime, / Tu Nicodeme propere, / Huc cum mixtura aloe, / Ac myrrha Iesum vngere.*
8. *Nunc ego super sydera, / Preces pro nobis fundite / Ad Iesum Dei filium, / Quem hic vnxistis mortuum.*
9. *Quem hic in munda sindone, / Ligatis, & cum linteis / Tantisque aromatibus, / Ipsum rogate precibus.*
10. *Beata vestra brachia, / Quæ meruerunt cingere / Corpus Iesu sanctissimum, / Et id vnguentis vngere.*
11. *Gloria tibi Domine, / Decus tibi perpetuæ, / Honor tibi sanctissimæ, / Pro vnguentorū[m] nomine. Amen.*

sempre cantate, ma solamente la prima, seconda, quarta, sesta e nona. Il venerdì si aggiungeva anche la settima[814].

1. Pange lingua gloriosi
Prælium certaminis,
Et super crucis trophæum,
Dic triumphum nobilem:
Qualiter redemptor orbis
Immolatus vicerit.

2. Transit luctus in triumphum,
Traxit ad se omnia:
Exaltatus ligno crucis;
Mors tunc morsu corruit,
Cedit Princeps mundi huius,
Dum hic Rex inungitur.

3. Vbi tua mors est palma?
Tuus vbi stimulus?
Mors absorpta victa iacet;
Cur satan erigeris?
Tolle portas, Rex virtute
Sua Christus aduenit.

4. A Ioseph, & Nicodemo
Qui dum hic inungitur:
Tremunt Dæmones, descendens
Prædam tulit tartari;
Morsus tuus est inferne,
Triumphator gloriæ.

5. Scala quam videbat Iacob,
In qua stabat Dominus,
Crucem Christi præsignabat
Cum petra quam vnxerat;
Christus autem erat lapis,
Quem hic vngunt mortuum.

6. Ortus morti correspondet,
Dum vngendus colitur;
Dona Regi dantur auri,
Sacerdoti thurea:
Myrrha quoq[ue]; datur ei,
Quæ, sepulchrum prænotat.

7. Iam Prophetæ Danielis
Completur oraculum,
Vt probrosa morte Christi
Leuetur iniquitas;
Et Sanctorum sanctus ille,
Hic vngatur mortuus.

8. Nunc plangamus; hunc vncturi
Pietatis oleo:
Cordis lachrymis vngamus
Omnes Christum fervide,
Cuius nomen mel, est dulcor,
Et effusum oleum.

9. Te precamur corde, Christe:
Quos vnxisti gratia,
Oleo baptismi natos;
Salute perpetua,
Vt nos tecum corregnemus
In æterna gloria. Amen.

Invece nel 1491, alla fine del primo periodo, si cantavano le prime cinque strofe del *Pange lingua* nella forma del *Breviarium Romanum* del tempo, che era simile alla forma scritta da VENANZIO (cfr. n° **8.2.1.**) con le seguenti modifiche. 2,1: *pretium certaminis*; 3,1: *fraude fracta condolens*; 4,6: *caro factus prodiit*. La dossologia corrispondeva a quella del *PrSS1623*.

814 Cfr. *RSSFJ*, 148. L'autore di queste pagine aggiunge: «C'est dans les années cinquante [del secolo XIX] que l'on introduisit cette abréviation regrettable».

Risulta chiaro che ognuno dei quattro periodi possiede un proprio carme. Due sono i temi che vengono maggiormente evidenziati a motivo del luogo: il primo e terzo periodo sottolineano la colpa di Adamo e il suo riscatto da parte di Cristo, mentre il secondo, terzo e quarto insistono sull'unzione delle sue spoglie mortali.

Il *Pange lingua*[815] di VENANZIO ha fortemente ispirato i carmi di questa stazione: nel primo periodo, ne sono state prese 5 strofe; nel terzo, la prima venne mantenuta come prima anche nel carme dell'OBICINI. Con la riforma del 1924 tutto l'inno fu sostituito, mantenendo tuttavia le due prime parole del canto in modo da conservarne almeno il titolo.

14.2.2. Autore e storia dell'inno

L'inno odierno inno è sconosciuto allo CHEVALIER: fu composto in vista della processione riformata nel 1924 da un autore di cui ancora non si conosce con certezza il nome[816].

Sembra che OBICINI non abbia composto l'inno del terzo periodo; anzi, lo CHEVALIER[817] ci informa che le sue nove strofe erano già cantate verso il 1500 nelle strade della Città santa. Ci si può tuttavia chiedere come un carme così legato alla morte già avvenuta del Salvatore, si potesse cantare lungo la via della sua passione.

14.2.3. Contenuto biblico, teologico, patristico

Composto di sette strofe senza dossologia e senza neppure la conclusione trinitaria, questo inno scritto usando la distribuzione chiasmatica si può dividere nel seguente modo:

---

815 Cfr. n° **8.2.1.**

816 Cfr. n° **6.2.2.**

817 Cfr. *CHEV* II, 289 [n° 14482].

1. Narrazione oggettiva degli avvenimenti accaduti tra la morte e la sepoltura di Cristo
- **a.** morte di Cristo trafitto (*strofa 1*)
  - **b.** Cristo morto, dolore del cuore di Maria (*strofa 2*)
    - **c.** unzione e avvolgimento con le bende (*strofa 3*)
      - **2.** Coinvolgimento del poeta (*strofa 4*)

3. Conseguenze soggettive per il poeta
- **c.** visione dell'unzione e avvolgimento con le bende (*strofa 5*)
- **b.** visione di Cristo morto, salvezza dal cuore di Cristo (*strofa 6*)
- **a.** visione della morte di Cristo trafitto (*strofa 7*)

1. Contrariamente agli inni delle stazioni precedenti, il transfer questa volta non si stabilisce tra Cristo e uno strumento materiale legato alla sua passione, ma tra il credente e la sua lingua: infatti se la lingua canta, canta pure il cuore. In questa introduzione l'innografo si rifà all'inizio del *Pange lingua* di VENANZIO FORTUNATO[818] già studiato in antecedenza, inizio che ha ispirato moltissimi altri autori[819]. Dopo quest'introduzione il poeta segue, con le tre prime strofe, il tragico racconto della passione. La narrazione suscita la lode perché, per suo mezzo, viene donata al mondo la salvezza.

a. Il carme inizia con la morte di Cristo appena avvenuta. A motivo della preparazione della Pasqua dei giudei, Pilato chiese che venissero spezzate le gambe dei suppliziati per affrettarne la morte, ma trovando Gesù già morto, un soldato gli colpì il fianco con la lancia e ne uscì sangue ed acqua (cfr. *Io* 19,34). L'inno non precisa questo, ma afferma che dal costato sgorgarono *cæli dona cuncta* (1,5). Gesù aveva già detto che fiumi d'acqua sarebbero sgorgati dal seno di coloro che avrebbero creduto in lui, precisando che si riferiva allo Spirito Santo (cfr. *Io* 7,38-39). Con la sua morte in Croce, egli diventa il tempio definitivo dal quale, come per il tempio descritto dal profeta Ezechiele, sgorga acqua (cfr. *Ez* 47,1)[820].

---

[818] Cfr. BULST, *Hymni latini antiquissimi,* 128.

[819] Cfr. *CHEV* II, 284-291 [n° 14433-14523]; *CHEV* III, 468-469 [n° 31439-31463]; *CHEV* IV, 265 [n° 39837-39844]

[820] Sant'AMBROGIO di Milano commenta questa duplice effusione dal costato del Signore scrivendo: «aqua ut mundaret, sanguis ut redimet» (in: AMBROSIUS, *Des sacrements* 5,4, ed. Botte, 122).

Con questo fatto viene formata la Chiesa e per questa ragione la Chiesa romana, nella liturgia del giorno della festa del Sacro Cuore fa dire a san BONAVENTURA:

> «Porro, ut de latere Christi dormientis in cruce formaretur Ecclesia [...] divina est ordinatione indultum, ut unus militum lancea latus illud sacrum aperiendo perfoderet, quatenus, sanguine cum aqua manante, pretium nostrae salutis» (in: BONAVENTURA, *Lignum vitae* 30, in *Opuscoli spirituali* (Nuova

b. I Vangeli sinottici alludono al sole che si eclissa alla morte del Redentore (cfr. *Mt* 27,45; *Mc* 15,33; *Lc* 23,44). Nell'intero carme il poeta sembra seguire la cronologia giovannea. Tuttavia parlando, nella seconda strofa, della notte calata dopo la morte di Gesù mentre si rimuove il suo corpo dalla Croce, l'autore allude piuttosto alla notte spirituale del dolore della Madonna.

c. Con la terza strofa si riprende la narrazione evangelica: Giuseppe di Arimatea viene chiamato *audax atque iustus* (3,1) perché vincendo il timore dei giudei (cfr. *Io* 19,38) chiede a Pilato il corpo di Gesù. Nicodemo era già venuto *ad Iesum nocte primum* (*Io* 19,39) per incontrarlo e interrogarlo (cfr. *Io* 3,1ss). Ora ritorna in questa notte spirituale (cfr. strofa precedente) *ferens mixturam myrrhæ et aloes quasi libras centum* (*Io* 19,39). Essi avvolgono il corpo di Gesù con le bende. La strofa riprende fedelmente il brano di Giovanni relativo alla sepoltura del Signore.

2. La quarta strofa è il centro chiasmatico dell'inno. L'orante si avvicina *utque præsens* (4,3): questo stico traduce molto bene la grazia dei Luoghi santi che permettono a chi si avvicina ad essi di essere testimoni degli eventi della storia della salvezza. Attraverso la celebrazione che si svolge davanti alla sacra *Pietra* il cristiano può cantare *osculor vulnera* (4,4). Dopo aver narrata nella loro oggettività i fatti avvenuti attorno a questo Luogo, il poeta si situa come beneficiario della salvezza traducendola con atti di devozione al corpo del Crocifisso. A questo punto risulta più chiaro l'inizio del carme: il poeta invita la propria lingua alla lode perché la passione del Signore susciterà sentimenti di meravigliato stupore per la salvezza operata da Cristo.

3. La terza parte del carme si pone dal punto di vista soggettivo dei sensi umani (a motivo della strofa precedente) riprendendo, al rovescio, i tre temi già sviluppati nella prima parte.

c. La quinta strofa fa eco della terza: l'orante contempla con realismo il corpo morto di Cristo che giace sulla Pietra: *hoc lectulo rupis* (cfr. 5,6).

b. Nella sesta strofa, dopo un richiamo alle ferite del Signore, il poeta chiede *me reconde sacro in hoc foramine* (cfr. 6,5-6). Il foro di cui si parla è la ferita al cuore dovuta al colpo di lancia, e nella quale il poeta spera di trovare protezione. Questa petizione ricorda la lettura dell'Ufficio della solennità del Sacro Cuore[821], in cui san BONAVENTURA chiede che la sua

---

Collana Bonaventuriana 13), tr. A. Calufetti, intr. note indici M. Malaguti, Roma 1992, 244).

[821] Questa lettura si leggeva nel *Breviarium* coevo alla redazione dell'inno, e si trova tuttora nell'*Ufficium Divinum*. È ovvio che questa lettura faceva parte del patrimonio

anima, come la colomba di *Ier* 58,28, o come il passero di *Ps* 84[83],4, venga a nascondersi nella ferita del divino costato[822]. La strofa riprende la seconda, dove viene contemplato il dolore del cuore della Madonna. Ora il poeta vuole sostituire le sue angosce nascondendosi nel cuore ferito del Signore.

a. Nell'ultima strofa, come nella precedente, il poeta contempla le ferite del corpo morto del Signore e lo supplica di farlo concittadino del Regno dei cieli.

14.2.4. Aspetto metrico e musicale

Come il *Pange lingua* di VENANZIO, anche questo carme è metrico (tetrametrico trocaico catalettico diviso in due: dimetro trocaico acatalettico e catalettico alternato). Composta probabilmente da RABANO MAURO (IX secolo) questa musica era destinata ad accompagnare l'antico carme *Tibi Christe splendor Patris*[823]. La melodia verrà in seguito adoperata per cantare il *Tantum ergo* di san TOMMASO durante le benedizioni eucaristiche[824]. Viene scelta dalla processione per offrire ai partecipanti una più ampia varietà musicale e per non riprendere la musica di VENANZIO, già cantata nella *Grotta dell'Invenzione* (come avveniva nel terzo periodo).

---

dell'autore del carme perché all'inizio del ventesimo secolo, quando fu composto questo inno, la festa del Sacro Cuore godeva di una grande devozione e BONAVENTURA, ugualmente all'autore del carme, era francescano.

822 Cfr. BONAVENTURA, *Lignum vitae* 30, ed. Malaguti - Calufetti, 244.

823 Cfr. *CRS*, 396.

824 Cfr. *CRS*, 51.

14.3. *Antifona*: Acceperunt Ioseph et Nicodemus

Dopo aver terminato di incensare la *Pietra dell'Unzione*, il sacerdote celebrante recita questa antifona[825]:

> Accepérunt Joseph et Nicodémus corpus Jesu, et ligavérunt illud *hic* línteis cum aromátibus, sicut mos est Judǽis sepelíre.
> ℣. Oleum effúsum nomen tuum.
> ℟. Ideo adolescéntulæ dilexérunt te.

Segue la versione[826] della stessa orazione presentata dalla riforma dell'OBICINI che rimase identica durante il terzo periodo[827]:

> Acceperunt Ioseph, & Nicodemus corpus Iesu: & ligauerunt illud linteis; cum aromatibus, sicut mos est Iudæis sepelire.
> ℣. Oleum effusum nomen tuum.
> ℟. Ideo adolescentulæ dilexerunt te.

Il testo che viene oggi proclamato in questo luogo, riprende *Io* 19,40 aggiungendo il soggetto - *Ioseph et Nicodemus* - già menzionato rispettivamente ai versetti 38 e 39 dello stesso paragrafo di Giovanni. Un *hic* viene anche inserito per legare il brano evangelico con la pietra che ora viene venerata.

Il versetto è estratto dalla Sacra Scrittura: si tratta di *Cant* 1,3. Il corpo del Crocifisso viene cosparso di unguento che esprime dolcezza e bontà diffusive. L'olio che alimenta la fiamma addolcisce anche le ferite. Il nome di Gesù, come l'olio che si sparge, è simbolo di dolcezza.

14.4. *Orazione*: Domine I. C. qui tuum sacratissimum Corpus

Con questa orazione[828] si conclude la dodicesima stazione della processione nonché il ciclo della Croce:

---

825 *PrSS1925*, 40-41; *PrSS1947*, 40-41.

826 *PrSS1623*, 29-30.

827 Cfr. *PrSS1670*, 46; *PrSS1752*, 26; *PrSS1786*, 26; *PrSS1796*, 26; *PrSS1855*, 28; *PrSS1862*, 26; *PrSS1866*, 30; *PrSS1877*, 27; *PrSS1896*, 40; *PrSS1900*, 41. Segue il testo del secondo (in: *ITS1586*, 342; *ITS1583*, 295; *ITS1598*, 170) e del primo periodo dal FABRI in poi (*ITS1492*, 233; *ITS1567*, 177):

> «Vngentum effusum nomen tuum, ideo adolescentulæ dilexerunt te. ℣. Dilexisti iustitiam, & odisti iniquitatem. ℟. Propterea vnxit te Deus, Deus tuus».

MARIANO riporta il seguente diverso responsorio dopo l'inno *Pange lingua*: «Proprio Filio non pepercit Deus. Sed pro nobis tradidit illum» (in: *ITS1431*, 83).

> Dómine Jesu Christe, qui tu*um* sacratíssim*um* Corp*us*, tuórum condescéndens devotióni fidélium, inúngi *hic* ab eísdem permisísti: concéde; ut corda nostra, unctióne grátiæ tuæ, váleant ab omni infectióne peccáti præservári: Qui vivis et regnas in sǽcula sæculórum. ℟. Amen.

Il testo che segue è della colletta proposta nel processionale del 1623[829]:

> Domine Iesu Christe, qui tu*o* sacratissim*o* Corp*ore* tuorum condescendens Deuotioni fidelium *vt te verum Deum, Regem, & sacerdotem colerent:* inungi ab eisdem permisisti: concede, vt corda nostra vnctione gratiæ tuæ, valeant ab omni infectione peccati præseruari. Qui viuis & regnas in sæcula sæculorum. Amen.

L'orazione rimase identica durante tutto il terzo periodo[830]. Si aggiunse l'avverbio *hic* dopo la parola *inungi*, precisando che, dopo averla pronunciata, si doveva baciare la terra.

Questa colletta, totalmente sconosciuta alla liturgia romana, venne composta *ad hoc* dall'OBICINI, prima che la processione venisse aggiornata dalla riforma del 1924.

14.5. Interpretazione sintetica

Il versetto *Pange lingua* si canta mentre tutti genuflettono davanti alla Croce innalzata sul Luogo in cui Cristo offrì la sua vita per la salvezza degli uomini. Quando il corteo giunge alla *Pietra dell'Unzione*, i partecipanti godono la vista della *Pietra* e di un maestoso mosaico commissionato dalla comunità greco ortodossa nell'ultima decade del secondo millennio e che illustra la morte, l'unzione e la se-

---

828 *PrSS1925*, 41; *PrSS1947*, 41.

829 *PrSS1623*, 30.

830 Cfr. *PrSS1670*, 46; *PrSS1752*, 26; *PrSS1786*, 26; *PrSS1796*, 26; *PrSS1855*, 28; *PrSS1862*, 26-27; *PrSS1866*, 30; *PrSS1877*, 28; *PrSS1896*, 41; *PrSS1900*, 41. La colletta del secondo periodo era invece la seguente:

> «Dulcissime Iesu Christe, qui in tuo sanctissimo corpore, tuorum condescendens deuotioni fidelium: vt te verum Regem, & sacerdotem ostenderes iniungi ab eisdem tui fidelibus voluisti: concede, vt corda nostra vnctione Spiritus sancti valeant ab omni infectione peccati continue præseruari. Qui viuis, &c.» (in: *ITS1586*, 343; cfr. anche *ITS1583*, 296; *ITS1598*, 170).

Un testo simile veniva proclamato durante il primo periodo: cfr. *ITS1431*, 83-84; *ITS1492*, 233; *ITS1567*, 177.

poltura di Gesù. La processione segue la stessa cronologia: dopo la discesa dal Calvario e la stazione attorno alla *Pietra*, proseguirà verso la *Tomba* del Signore.

Questa stazione commemora l'unzione del corpo di Gesù. La liturgia concorda in tutte le sue espressioni mentre si procede alla venerazione di questo luogo: la liturgia verbale canta *Ioseph audax atque iustus, comparata sindone, integerque Nicodemus vim ferens aromatum, corpus ungunt linteisque hic Magistri colligant* (strofa 3) mentre la liturgia non verbale invita il sacerdote ad incensare (cioè a profumare) la *Pietra* che, a motivo del solito transfer, rappresenta il corpo del Signore.

Si tenga presente che i tre celebranti principali, durante lo svolgimento di questo rito, restano in piedi davanti all'ingresso della *Cappella di Adamo* che simboliz-za la discesa agli inferi quando Gesù *qui in carcere erant spiritibus adveniens prædicavit* (*1 Pe* 3,19) per riscattare le anime dei giusti, morti prima della sua morte in Croce. Tale evento, caro alla teologia cattolica, non gode di nessun'allusione nel testo attuale.

Il carme è simmetrico al *Crux fidelis* in quanto, come già spiegato, uno precede il culmine del ciclo della Croce e l'altro lo segue. Nel primo venivano salutati gli strumenti della passione (*dulce ferrum; dulce lignum; dulce clavo; o crux ave...*); ora si venerano le piaghe causate da questi strumenti (*O caput salve corona spinea circumdatum, ave latus cruento vulneratum cuspide* in 6,1-4; *avete sauciate efferis clavis manus* in 7,1-2...).

14.6. Suggerimenti per cambiamenti

14.6.1. Presentazione

Con questa stazione si conclude il ciclo della Croce, ma nessun versetto degli Improperi è adatto a presentare l'evento evangelico che essa ricorda. Assieme all'unzione del Signore, per motivo della vicinanza con la *Tomba* di Adamo e dell'aggiunta delle due strofe dell'inno[831], il versetto dell'*Exultet*: «O certe necessárium Adæ peccátum, quod Christi morte delétum est!»[832] che appartiene all'eucologia latina, concentra in poche parole il mistero celebrato in questo luogo e risulta perfettamente adatto.

14.6.2. Inno

In sostituzione del *Pater-Ave-Gloria*, sarà necessario aggiungere due strofe al canto di quest'inno, portandole così a sei per la processione quotidiana e a nove per

---

[831] Cfr. paragrafo seguente.

[832] *MR2002*, 348.

quella solenne. Avendo le strofe dell'inno attuale una metrica uguale a quello del terzo periodo, disponiamo di un patrimonio di sedici strofe al quale attingere per l'inno definitivo.

Si suggerisce di adottare la terza e quarta strofa dell'inno del terzo periodo che sono centrate sulla discesa agli inferi. Per conservare la struttura chiasmatica le due strofe andranno collocate, l'una prima della quarta strofa, il perno del carme (*O Redemptor, dulcis ardor*), e l'altra dopo. La seconda delle strofe aggiunte contiene un *hic* legato al luogo dell'unzione del Signore.

L'inno che oggi si canta è scritto in un modo approvato dal LENTINI per la liturgia gerosolimita rinnovata[833]. Durante la processione quotidiana vengono cantate le sole strofe dispari e simmetriche (*strofe 1,3,5,7*): manca quindi il centro dell'inno (*strofa 4*). Nella proposta di riforma si aggiungerà alle strofe attuali il canto delle due (del terzo periodo) legate alla discesa agli inferi.

Con questa stazione si conclude il ciclo della Croce[834], che ha avuto inizio con la venerazione della *Colonna della Flagellazione,* una preparazione che ci ha condotti alla grandezza della cripta dell'*Invenzione della Santa Croce*, per toccare il culmine al Calvario. Il richiamo simmetrico di questa stazione con quella dell'*Invenzione* è già stato affermato[835]. Ognuna di queste varie tappe è stata messa in rilievo con una lettera miniata appartenente al patrimonio di Terra Santa (che contiene sempre san Francesco e una Croce)[836].

Il testo proposto è quindi il seguente[837]:

---

833 Infatti, il proprio della *Liturgia Horarum* della diocesi di Gerusalemme (ossia la Chiesa patriarcale) adopera questo testo in due sezioni (inno delle Lodi e inno del Vespro) per la festa dei santi Giuseppe di Arimatea e Nicodemo il 31 agosto (cfr. *Liturgia Horarum. Celebrationes propriae dioecesis Patriarchatus latini Hierosolymitani* 4, Jerusalem 1975). La diocesi patriarcale curò con una particolare attenzione gli inni del suo proprio, la cui preparazione fu affidata ad A. LENTINI (cfr. la lettera pastorale dell'allora Patriarca G. G. BELTRITTI in: *Messe proprie della diocesi gerosolimitana*, traduzione italiana del testo originale latino approvato dalla S.C. per i sacramenti e il Culto Divino, ed. Patriarcato latino di Gerusalemme, Jerusalem 1987, IX).

834 Cfr. n° **3.4. §2**.

835 Cfr. n° **8.6.**

836 Anche in questo caso una provvidenziale lettera con le caratteristiche adatte inizierà il *Pange lingua vulneratur*: la lettera **P** è presa all'innario 13, e originariamente iniziava la parola *proles*. Una raffigurazione di questa lettera è pubblicata in BUX, *Codici liturgici latini di Terra Santa*, 111 [figura 61].

837 Come per l'attuale processionale le strofe che iniziano con il segno † vengono cantate solamente durante la Processione solenne.

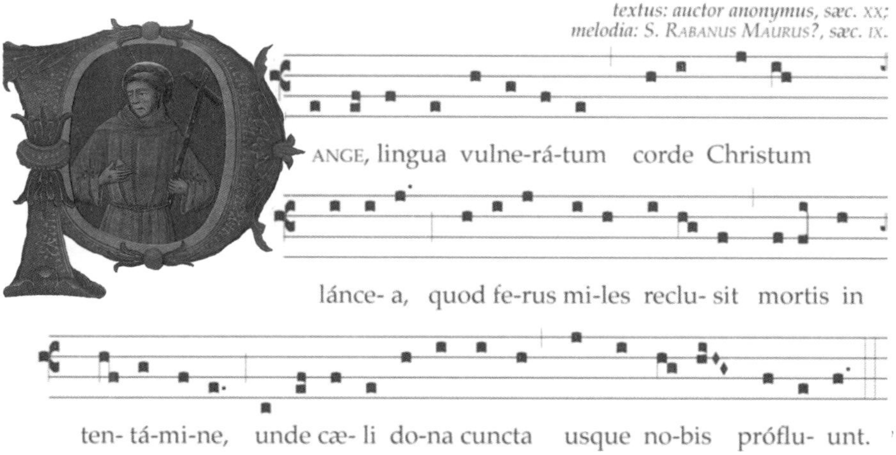

2. † Ecce noctis instat hora
qua Redémptor stípite
amovéndus, brachiísque
collocándus Vírginis,
alma mater, quo dolóre,
pectus intus ángitur.

3. Ioseph audax atque iustus,
comparáta síndone,
integérque Nicodémus
vim ferens arómatum,
corpus ungunt linteísque
HIC Magístri cólligant.

4. Ubi tua mors est palma?
Tuus ubi stímulus?
Mors absórpta victa iacet;
cur satan erígeris?
Tolle portas, Rex virtúte
sua Christus advénit.

5. † O Redémptor, dulcis ardor
cordis efféctus mei,
utque præsens adpropínquo
osculórque vúlnera,
te lacértis cingo castis
fórtiter compléxibus.

6. A Ioseph, et Nicodémo
qui dum **HIC** inúngitur:
tremunt dǽmones, descéndens
prædam tulit tártari;
morsus tuus est inférne,
triumphátor glóriæ.

7. Veste corpus cerno nudum
sauciúmque vúlnere,
forma cæli Christus adstat
inquinátus sánguine;
membra cerno collocáta
rupis **HOC** in léctulo

8. † O caput, salve, coróna
spínea circúmdatum,
o, ave latus cruénto
vulnerátum cúspide:
me recónde criminósum
sacr*o* in **HOC** forámine.

9. Vos avéte, sauciátæ
efferis clavis manus:
ne repéllas me, Redémptor,
e forátis gréssibus:
fac sodálem supplicántem
cælicórum cívium. Amen.

14.6.3. Lettura breve

Lo stesso brano evangelico corretto sulla base della *Neo Vulgata* verrà conservato come l'*hic* e l'esplicitazione del soggetto. Il versetto responsoriale verrà mantenuto nella stessa sua forma:

Lectio brevis *Io* 19,40

Accepérunt Ioseph et Nicodémus corpus Iesu et ligavérunt illud **HIC** línteis cum aromátibus, sicut mos Iudǽis est sepelíre.

℣. Oleum effúsum nomen tuum.
℟. Ídeo adolescéntulæ dilexérunt te.

14.6.4. Orazione

Andrà mantenuta la stessa orazione conclusiva:

Orémus

Dómine Iesu Christe, qui tuum sacratíssimum corpus, tuórum condescéndens devotióni fidélium, inúngi **HIC** ab eísdem permisísti: concéde, ut corda nostra, unctióne grátiæ tuæ, váleant ab omni infectióne peccáti præservári. Qui vivis et regnas in sǽcula sæculórum. ℟. Amen.

15. XII. AD GLORIOSUM D. N. IESU CHRISTI SEPULCRUM

15.1. *Introduzione*: descrizione della stazione

Ora la processione si avvia verso l'*Anastasis* (cfr. mappa alla lettera C) al centro della quale s'innalza l'edicola con la *sacra Tomba* che è proprietà delle tre comunità maggiori presenti nella basilica. È il luogo della quattordicesima stazione della *Via Crucis*. L'interno dell'edicola (di forma rettangolare, lunga m 8.30, larga e alta m 5.90) ha conservato la disposizione antica: si penetra prima in un piccolo vestibolo chiamato *Cappella dell'Angelo* (cfr. mappa al numero 3) in cui è racchiuso, sopra un piedestallo, un frammento della pietra sulla quale era seduto l'Angelo che annunciò la Risurrezione di Cristo alle pie donne (si tratta precisamente del brano della Scrittura che è proclamato dopo l'inno), e poi nella Tomba stessa (cfr. mappa al numero 4), dove una lastra di marmo copre la pietra rocciosa sulla quale giaceva il corpo di Cristo.

L'edicola fu rifatta molte volte. Fino alla distruzione della basilica costantiniana da parte del fanatico Hakim (1009) si poteva vedere la roccia naturale. Quando l'imperatore Monomaco prima e i Crociati poi restaurarono la basilica, un'edicola nuova fu edificata sul posto della Tomba del Signore. Fra BONIFACIO da Ragusa (1555) intraprese un altro restauro, e dopo l'incendio del 1808 fu costruita l'attuale edicola.

Rito. I martedì (in onore di sant'Antonio), venerdì, sabati, domeniche e per la processione solenne, a questo punto, il canto è sostenuto dal grande organo situato nella galleria dell'*Anastasis*, secondo il principio della solennità progressiva (inizio della processione recitata, cantata *a cappella* al Calvario e infine accompagnata con organo dal luogo della Risurrezione in poi).

Nel caso della processione quotidiana, arrivati davanti all'edicola, fatta la genuflessione, stando i frati in due file davanti alla porta della Tomba vuota, il celebrante entra all'interno col turiferario e, amministrato l'incenso, incenserà con due tiri il quadro latino della Risurrezione, quindi il banco di marmo dove giaceva il Corpo del Risorto. Nel cantare l'antifona e la colletta si volterà verso la porta, rimanendo nella *Cappella dell'Angelo*; alla fine del *Pater-Ave-Gloria*, esce e fa assieme agli altri la genuflessione alla Tomba[838].

---

[838] Cfr. *3SSQ*, 88-90.

Come afferma C. VALENZIANO, la simbologia del Sepolcro vuoto il mattino di Pasqua sarà poi assunta dalla tradizione cristiana nell'ambone delle chiese. Peraltro la proclamazione liturgica della Sacra Scrittura da quel *monumentum* (come gli evangelisti chiamano la Tomba vuota), per i cristiani è annuncio pasquale per eccellenza. Per questo, soltanto questa rotonda dell'*Anastasis* non aveva mai avuto un ambone liturgico: perché lì la proclamazione pasquale era fatta dall'ingresso aperto del Sepolcro vuoto nella sua fisicità, davanti al quale ogni simbolismo è superfluo[839]. Durante la processione è eloquente questo simbolo del sacerdote che proclama il Vangelo della Risurrezione davanti alla porta della Tomba vuota.

Quando la processione riveste la forma solenne, il rito si svolge come è già stato descritto al numero **1.4.2.** Dopo le quattro prime strofe dell'*Aurora cælum* «in solemnioribus Processionibus, omissis duabus ultimis strophis, Hymno præcedenti adjungitur sequens»[840], segue il testo dell'*Ad regias Agni dapes*. Una volta terminato il terzo giro, il celebrante entra nell'edicola e tutto si conclude come per la processione quotidiana.

15.2. *Inno*: Aurora cælum purpurat

15.2.1. Paragone dei diversi inni

La più solenne di queste quattordici stazioni possiede un proprio inno sin dal primo periodo della storia di questa funzione. Vengono qui presentati i diversi carmi legati a questo luogo, con il testo degli inni che sono stati fonte diretta della loro composizione. Come per gli inni di VENANZIO FORTUNATO e per quello del cardinale Silvio ANTONIANO, anche questo carme fa parte del patrimonio della Chiesa latina, perciò come per le stazioni analoghe vengono presentate le due serie di sinossi.

La prima colonna della prima sinossi riporta la versione[841] corretta da papa URBANO VIII presente nel *Breviarium Romanum*, versione che servì di prototipo per il carme[842] del quarto periodo ricordato nella seconda colonna:

---

[839] Cfr. C. VALENZIANO, «Architettura liturgica», in *Tempo e spazio liturgico*, ed. A. Chupungco (Scientia Liturgica 5), Casale Monferrato 1998, 425-429. Già durante il tempo crociato, il monaco russo DANIEL paragonava l'aspetto esterno della Tomba ad un ambone, infatti, scriveva: «La grotticina è adornata esternamente di bel marmo come un ambone» (cfr. DANIIL EGUMENO, *Itinerario in Terra Santa*, ed. Garzaniti, 85). Tuttavia si può ricordare che in questo periodo, secondo la testimonianza di ARNOUL (cfr. n° **2.1.2.2.1.**), almeno la lettura dell'epistola si faceva da un pulpito ben determinato.

[840] *PrSS1925*, 43; *PrSS1947*, 44.

[841] *BR1632*, 442.

[842] *PrSS1925*, 41-43; *PrSS1947*, 41-43.

1. Avrora cælum púrpurat, Aether resultat láudibus, Mundus triumphans iubilat, Horrens Auernus ínfremit.	**1.** Auróra cælum púrpurat, Æther resúltat láudibus: Mundus triúmphans júbilat, Horrens avérnus ínfremit.
2. Rex ille dum fortissimus De mortis inferno specu Patrum senâtum liberum Edûcit ad vitæ iubar.	**2.** Rex ille dum fortíssimus, De mortis inférno specu, Patrum senátum líberum Edúcit ad vitæ jubar.
3. Cuius sepulchrum plurimo Custode signabat lapis, Victor triumphat, & suo Mortem sepulcro fúnerat.	**3.** Cujus sepúlcrum plúrimo Custóde signábat lapis, Victor triúmphat, et suo Mortem sepúlcro fúnerat.
4. Sat fúneri, sat lacrymis, Sat est datum doloribus: Surrexit exstinctor necis, Clamat coruscans Angelus.	**4.** Sat fúneri, sat lácrimis, Sat est datum dolóribus: Surréxit exstínctor necis, Clamat corúscans Ángelus.
	5. *Ad hunc sacrátum Túmulum,* *Precámur, Auctor ómnium:* *Ab omni mortis ímpetu* *Tuum defénde pópulum.*
5. Vt sis perenne mentibus Paschale Iesu gaudium, A morte dira criminum Vitæ renâtos libera.	**5.** T.P. Ut sis perénne méntibus Paschále Jesu gáudium, A morte dira críminum Vitæ renátos líbera.
6. Deo Patri sit glória, Et Fílio, qui à mórtuis Surrexit, ac Paraclito, In sempiterna sæcula. Amen.	**6.** Deo Patri sit glória, Et Fílio, qui a mórtuis Surréxit, ac Paráclito, In sempitérna sǽcula. Amen.

Nella seconda sinossi si presenta la versione originaria dell'inno (prima colonna[843], con in nota le correzioni del *Breviarium Romanum* clementino[844]), la versione del carme del terzo periodo (seconda colonna[845]), e il testo odierno nella versione conciliare della *Liturgia Horarum* (terza colonna[846]):

---

843 BULST, *Hymni latini antiquissimi*, 114-115; cfr. anche in *AH* 51, 89 [n° 84].

844 Si cambia 2.4 in *Soluit à pœna miseros*; si aggiungono poi come quinta e sesta strofa le stesse strofe della processione con la variante *In hoc Paschali gaudio* in 5,2 (in: *BR1606*, 396-397).

845 *PrSS1623*, 30-31.

846 *LENT*, 116 [n° 112].

1. Aurora lucis rutilat, Caelum laudibus intonat, Mundus exsultans iubilat, Gemens infernus ululat,	**1.** Avrora lucis rutilat: Cælum laudibus intonat, Mundus exultans iubilat: Gemens infernus vlulat.	**a.** Auróra lucis rútilat, cælum *resúltat* láudibus, mundus exsúltans iúbilat, gemens inférnus úlulat,
2. Cum rex ille fortissimus Mortis confractis viribus Pede conculcans tartara Solvit catena miseros.	**2.** Cum Rex ille fortissimus: Mortis confractis viribus, Pede conculcans tartara, Soluit a pæna miseros.	**b.** Cum rex ille fortíssimus, mortis confráctis víribus, pede concúlcans tártara solvít caténa míseros.
3. Ille, qui clausus lapide Custoditur sub milite, Triumphans pompa nobili, Victor surgit de funere.	**3.** Ille, qui clausus lapide Custoditur sub milite: Triumphans pompa nobili, Victor surgit de funere.	**c.** Ille, *quem clausum* lápide *miles custódit ácriter*, triúmphans pompa nóbili, victor surgit de fúnere.
4. Solutis iam gemitibus, Et inferni doloribus: "Quia surrexit Dominus" Splendens clamat angelus.	**4.** Solutis iam gemitibus, Et inferni doloribus: Quia surrexit Dominus, Resplendens clamat Angelus.	**d.** *Inférni* iam gemítibus *solútis et* dolóribus, quia surréxit Dóminus respléndens clamat ángelus.
	5. *Quæsumus auctor omnium:* *Ad hunc sacratum Tumulum,* *Ab omni mortis impetu,* *Tuum defende populum.*	**e.** *Esto perénne méntibus* *paschále, Iesu, gáudium,* *et nos renátos grátiæ* *tuis triúmphis ággrega.*
	6. *Gloria tibi Domine,* Qui *surrexisti a mortuis*, Cum Patre, & *sancto* Spiritu: In sempiterna sæcula. Amen.	**f.** *Iesu, tibi sit gloria,* qui *morte victa prænites,* cum Patre et *almo* Spíritu, in sempitérna sǽcula. Amen.
5. Tristes erant apostoli…		

L'inno, patrimonio della Chiesa universale, non ha subito nessuna evoluzione nel periodo che va dalla riforma del 1623 fino all'ultima del 1924[847] (se non nei soliti aggiustamenti dei caratteri tipografici).

---

[847] Cfr. *PrSS1670*, 47; *PrSS1752*, 27-28; *PrSS1786*, 27-28; *PrSS1796*, 27-28; *PrSS1855*, 29-30; *PrSS1862*, 27-28; *PrSS1866*, 31-32; *PrSS1877*, 28-29; *PrSS1896*, 42-44; *PrSS1900*, 43-45. Segue il testo dell'inno in *ITS1586*, 343 (simile a quello di *ITS1583*, 296 e *ITS1598*, 172-173 catalogato in CHEV IV, 6 [n° 34923]).

1. *Ad locum iam sanctissum, / Sepulchri Christi corporis, / Eamus totis mentibus / Quærentes Iesum laudibus;*

2. *Ad locum tam amabilem / Cunctis Christi fidelibus, / Peragamus non cum iubilis, / Feruore moti Spiritus.*

3. *Ecce Ioseph decurio, / Arimatheæ nomine, / Qui Christi corpus vnxerat, / Cuius erat discipulus.*

4. *Et Nicodemus pariter, / Cum sanctis quoque alijs, / Tulerunt hoc in proprio / Sepulchro, pleni lachrymis.*

Come per i due inni cantati sul Calvario, abbiamo le versioni pre e post-urbaniane che differiscono tanto da essere considerate due inni di contenuto differente pur essendo simili. Si osserva inoltre che la versione del processionale del 1924 segue quella urbaniana (1632) mentre quella dell'OBICINI (1623) è conforme al *Breviarium* clementino (1602). Nei due casi, l'unica strofa della processione che non è in armonia con il breviario è la quinta.

L'inno del quarto periodo prevede due strofe *ad libitum* prima della dossologia come «gaudioso ritornello pasquale»[848]: la prima per i giorni fuori dal tempo pasquale, la seconda durante il tempo pasquale. L'inno del terzo periodo prevedeva una sola quinta strofa, perchè durante il tempo di Pasqua il secondo inno veniva sempre inserito a questo punto, e il secondo possedeva la doppia quinta strofa[849] (durante o fuori dal tempo pasquale).

Segue uno specchietto sinottico delle varie forme di questa stessa strofa:

---

5. *In hoc exciso lapide, / In quo numquam quis fuerat, / Perunctum ponunt mortuum / Corpus Christi sanctissimum.*
6. *Tunc currunt duo pariter / Ad gloriosum tumulum, / Sed præcucurrit citius, / Ioannes Petro iunior.*
7. *Ioannes tamen ingredi / Non vult, pro reverentia / Pastoris iam Ecclesiæ, / Intus tantum prospiciens.*
8. *Tunc vidit linteamina, / Quibus cum aromatibus / Corpus Iesu ligauerant, / Sacratumque sudarium.*
9. *Iesum tamen non viderant, / Qui iam liber à mortuis, / Fuit peracto tempore, / Dierum trium spatij.*
10. *Iam anima sanctissima / Ad inferos descenderat, / Vt lumen daret mortuis, / Ad cælosque perduceret.*
11. *Contriuit portas æreas, / Ligauitque Luciferum / In pœnis his perpetuis, / Sua virtute propria.*
12. *Sic ergo tulit animas, / Atque sanctorum corpora, / Quæ resurgentes pariter / Conduxit ad cælestia.*
13. *Vnitur post hæc anima / Sacrato Christi corpori, / Cum in vtroque fuerit / Excelsamet Diuinitas.*
14. *Resurgit tunc in gloria, / Passurus numquam amplius, / Sed vita beatissima, / Vsurus, & perpetua.*

...

15. *Gloria tibi Domine, / Qui surrexisti à mortuis, / Cum Patre & sancto Spiritu, / In sempiterna sæcula, Amen.*

Si ricorda inoltre che nel primo periodo si cantava l'inno *Ad cenam agni providi* (cfr. *ITS1431*, 86-87; *ITS1492*, 233-234; *ITS1567*, 178)

[848] LENT, 116 [n° 112].

[849] In questo caso si sostituiva il versetto 5.2 *Ad hunc sacratum Tumulum* con l'*In hoc Paschali gaudio* (come risulta dal *PrSS1623*, 33).

	Fuori tempo pasquale	Tempo pasquale
BR1602		Quæsumus auctor omnium: *In hoc Paschali gaudio* Ab omni mortis impetu, Tuum defende populum.
PrSS1623	Quæsumus auctor omnium: *Ad hunc sacratum Tumulum,* Ab omni mortis impetu, Tuum defende populum.	Quæsumus auctor omnium: *In hoc Paschali gaudio* Ab omni mortis impetu, Tuum defende populum.
BR1632		Ut sis perenne mentibus *Paschale Iesu gaudium,* A morte dira criminum Vitæ renatos libera.
PrSS1925	*Ad hunc sacratum Tumulum,* Precamur, Auctor omnium: Ab omni mortis impetu Tuum defénde pópulum.	Ut sis perenne mentibus *Paschale Iesu gaudium,* A morte dira criminum Vitæ renatos libera.
Liturgia Horarum		Esto perenne mentibus *paschale, Iesu, gaudium,* et nos renatos gratiæ tuis triumphis aggrega.

I breviari non presentano nessuna variante per questa strofa al di fuori del tempo pasquale perché il canto non veniva eseguito fuori da questo periodo. Solo a Gerusalemme esiste una celebrazione votiva e formale della Risurrezione *extra tempore*. LENTINI valuta "meschina"[850] la strofa dei breviari romani anteriori e perciò l'ha trasformata.

Come sempre la versione della *Liturgia Horarum* ha cercato di ritornare alla forma originaria dell'autore, procedendo tuttavia a molte varianti che sono di interesse relativo[851] perché non toccano stichi in cui avvengono delle modificazioni per l'adattamento al Luogo santo.

La quinta strofa della *Liturgia Horarum* non faceva parte dell'inno originario e quindi LENTINI ha avuto piena libertà di ispirarsi più alla versione clementina che a quella urbaniana. Per la dossologia invece abbandona i due modelli presenti e ado-

---

850 Cfr. *LENT*, 116 [n° 112].

851 Questi versi sono: 1,2 *cælum laudibus intonat* mutato in *cælum resultat laudibus* per un migliore ritmo del canto; 3,1-2 *ille qui clausus lapide / custoditur sub milite* cambiato in *Cum rex ille fortissimus / mortis confractis viribus* a causa del duro ritmo di *custoditur*; 4,1-2 *Solutis iam gemetibus / et inferni doloribus* sostituito in *inferni iam gementibus / solutis et doloribus* perché le parole *et inferni* davano un ritmo fastidioso (cfr. *LENT*, 116 [n° 112]).

pera la classica dossologia *Iesu, tibi sit gloria* che già è in uso per le stazioni *ad carcerem, ad altare divisionis vestimentorum Christi* e *ad sacellum sanctæ Helenæ*, inserendovi la particolarità *qui morte victa prænites* legata al tempo pasquale in cui viene cantata.

15.2.2. Autore e storia dell'inno

Non si conosce chi sia l'autore di questo testo[852], ma risulta che potrebbe risalire al secolo IX. Le quattro strofe qui presentate fanno parte della prima sezione di un inno originario di undici strofe. Nella liturgia tridentina questo carme veniva adoperato come inno dell'ufficio delle Lodi dal giorno della domenica *in albis* fino al giorno dell'Ascensione[853]. La sua forma, rivista dopo il Concilio Vaticano II, viene ora cantata nella *Liturgia Horarum* durante le Lodi dello stesso periodo pasquale[854].

15.2.3. Contenuto biblico, teologico, patristico

Tutte le strofe di questo carme pasquale[855] si svolgono agili e festose, e riflettono fedelmente la gioia dell'aurora di quella primavera in cui il Signore risorse dai morti. In questo stesso luogo, davanti a questo monumento, la Chiesa vuol far rivivere ai suoi figli amati e amanti del Signore quel misterioso e straordinario istante in cui, alla luce fiammeggiante dell'aurora che ormai non si spegnerà più, si riversò sul mondo l'immensa gioia che ha riempito di spavento e di terrore l'inferno.

L'occhio del poeta è tutto concentrato sul miracolo luminoso della risurrezione e vede tutta la natura prendere parte, con i suoi colori e con i suoi suoni, alla gioia degli uomini. In disparte sta l'inferno che si rode dalla rabbia della sconfitta. In centro, illuminato di una luce più bella della primavera, si trova il glorioso sepolcro con la pietra rovesciata e l'Angelo dall'aspetto di folgore, bianco come la neve, che annuncia alle pie donne: *Non est hic: surrexit enim, sicut dixit* (*Mt* 28, 6).

Composto di sei strofe questo carme solenne si divide nel modo seguente:

---

[852] Una volta se ne considerava autore sant'AMBROGIO, ma oggi gli studiosi respingono questa possibilità (cfr. MIRRA, *Gli inni del breviario romano*, 119; AMBROSIUS, *Hymni S. Ambrosio Attributi*, in *Opera Omnia* (PL 17), Paris 1879, 1203).

[853] Cfr. *BR1568*, 399 [n° 2534] per la versione primitiva, cfr. *BR1632*, 429-487 per quella urbaniana.

[854] Cfr. *LH* II, 429-430; cfr. anche *LH* II, 447-448.

[855] Questo carme viene studiato nelle seguenti opere: MONGELLI, *Gli inni della Liturgia delle Ore. Testo latino e versione ritmica italiana*, Venezia 1980-1981, 235-236; OLITA, *Espositione delli sacri Hinni del nuouo Breuiario Romano*, Napoli 1639, 208-210.216-219; MIRRA, *Gli inni del breviario romano*, 118-119.

1. Introduzione (*strofa 1*) **2.** Fatti della Risurrezione (*strofe 2,3 e 4*) **a.** avvenuti prima (*strofa 2*) **b.** avvenuti durante (*strofa 3*) **c.** conseguenze (*strofa 4*) **3.** Petizione rivolta al Risorto che si allarga a tutta la Trinità (*strofe 5 e 6*)

1. Con questa strofa il poeta rappresenta la realtà della risurrezione del Signore: in questo luogo Gesù risorse all'alba del primo giorno e da allora i fedeli cantano il loro giubilo mentre l'aurora che non tramonterà mai più imporpora il cielo. Plasmando il mondo in questo primo giorno, Dio creò la luce (cfr. *Gn* 1,2), invece nell'aurora di quest'ottavo giorno il Signore risorse dalla morte e apparve ai suoi apostoli e discepoli per insegnare loro la dottrina: in questo giorno «lux mundi orta est, hodie sol iustitiae ortus est»[856]. Il giorno declinava verso sera e calarono le tenebre quando il Signore morì (cfr. *Mt* 27,45; *Mc* 15,33; *Lc* 23,44). La sua morte distruggeva le tenebre della colpa e della pena: per darcene certezza è nella luce di un giorno nuovo che la risurrezione conduce l'umanità alla luce della gloria.

Con la vittoria di Cristo risuonano senza fine i canti mentre l'inferno è costretto a fremere. Già quando Gesù, giunto nel paese dei Gadareni, liberò due posseduti, il demonio gridò a Gesù per mezzo della loro bocca: *ut quid venisti ante tempus torquere nos?* (*Mt* 8,29)[857]; ora, dopo la solenne e definitiva liberazione degli inferi, si è compiuto il tempo della vittoria del Salvatore sulle potenze malefiche.

2.a. Cantando *Patrum senatum liberum educit ad vitæ iubar* (2,3-4) si ricorda l'ora in cui il Cristo portò allo splendore della vita eterna gli antichi Padri che ebbero fede nella sua venuta[858].

Gesù appare come il forte trionfatore, il *fortissime, magne et potens* (*Ier* 32,18) che riduce in frantumi le forze della morte con il suo piede vittorioso, annienta i nemici del regno del Tartaro (come già si è cantato al Calvario con il *Vexilla Regis*), e libera quelli che erano tenuti schiavi dal demonio.

---

[856] HIERONYMUS, *In die dominica Paschae*, in *Opera homiletica. Pars II*, ed. G. Morin (CCL 78), Turnhout 1958, 550.

[857] San GIROLAMO scrive che «Praesentia Saluatoris tormenta sunt daemonum» (in: HIERONYMUS, *Commentaire sur S. Matthieu* 1, intr. tr. ed. É. Bonnard (SChr 242), Paris 1977, 164).

[858] Come scrisse san MASSIMO di Torino:

> «per resurrectionem Christi aperitur tartarum [...]. Tartarum quos habet reddit ad superos, terra quos sepelit mittit ad caelum, caelum quos suscipit repraesentat ad dominum; et una eademque operatione salvatoris passio elevat de imis suscitat de terrenis, collocat in excelsis» (in: MAXIMUS EPISCOPUS TAURINENSIS, *Sermo* 53,1, ed. Mutzenbecher, 214).

Le anime dei Padri che giacevano negli inferi erano esenti dalla pena di senso, ma non dalla pena di danno perché erano prive dalla contemplazione del volto del Signore. Come dice il libro dei Proverbi *spes quæ differtur, affligit animam* (*Prov* 13,12).

2.b. Questa strofa descrive plasticamente l'accaduto nella mattina di Pasqua in modo analogo all'evangelista Matteo: la tomba era custodita per ordine di Ponzio Pilato fino al terzo giorno perché non venissero i suoi discepoli a rubare il corpo di Gesù (cfr. *Mt* 27,62-66): le donne venute ad ungere il corpo di Gesù non sapevano come fare per rotolare la pesante pietra[859] (cfr. *Mc* 16,3) ed ecco che *Angelus enim Domini descendit de cælo, et accendens revolvit lapidem, et sedebat super eum* (*Mt* 28,2). Il masso che chiudeva il sepolcro e i soldati che custodivano la sua tomba hanno resa più splendida la sua vittoria, più luminoso il suo trionfo, più chiara ogni dimostrazione della sua potenza.

Il Signore stesso era uscito trionfalmente dal suo sepolcro sigillato e custodito, e ve ne aveva sepolta la morte. Il sepolcro quindi non si è impadronito della vita di Cristo, bensì della morte come dissero prima il profeta Osea (cfr. *Os* 13,14) e san Paolo poi: *Absorpta est mors in victoria. Ubi est mors victoria tua? Ubi est, mors, stimulus tuus?* (*1 Cor* 15,54-55).

2. c. Si è pianto abbastanza ed ecco che ora l'Angelo della gloriosa risurrezione può esclamare: *scio quod Iesum quæritis, non est hic, surrexit* (*Mt* 28,5-6), *surrexit extinctor necis* (3,3); la morte del peccato è compiuta, il tempo della penitenza è terminato; comincia ora la nuova vita gloriosa nel Cristo risorto. *Sat funeris, sat lacrimis, sat est datum doloribus* (4,1-2), lo diceva anche il Qohelet affermando: *tempus plangendi, et tempus ridendi* (*Qoh* 3,4). La penitenza e il lutto esplodono ora nell'esultanza e nella gioia. Con il suo soffrire sul patibolo della Croce, patibolo che Gesù ha abbracciato in obbedienza alla volontà del Padre, Cristo assolve l'uomo e con la sua morte uccide quella dell'uomo[860]; lo stesso afferma la liturgia quando canta «qui mortem nostram moriendo destruxit, et vitam resurgendo reparavit»[861]. La profezia di Isaia è pienamente avverata: *Præcipitabit mortem in sempiternum; et auferet Dominus Deus lacrymam ab omni facie, et opprobrium populi sui auferet de universa terra* (*Is* 25,8).

---

[859] San TOMMASO afferma: «Unde et saxum magnum quod appositum fuit, ostendit non absque auxilio plurimorum sepulcrum potuisse reserari» (in: THOMAS AQUINAS, *Summa Theologiae* p.3, q.51, a.2, ad.4, 2122).

[860] Lo *PSEUDO* GIROLAMO, a questo riguardo, dice: «cruce sua cruciatum nostrum absolveret; et morte sua mortem nostram necaret» (in: SCRIPTORES CELTIGENAE, *Expositio Evangelii secundum Marcum* 14,64, ed. M. Cahill (CCL 82), Turnhout 1997, 69).

[861] *GeV*, 75-76 [n° 458]; *MReg*, 256 [n° 1145]; *MR1474*, 169 [n° 993], *MR1570*, 308 [n° 1448]; *MR1970*, 405 (*præfatio paschalis I*).

3. A questo punto l'*ordo* propone due possibilità per concludere il carme: una strofa che si canta durante il tempo pasquale e un'altra al di fuori di questo periodo. Come per le altre importanti stazioni della processione questo canto ha, prima della dossologia, una strofa aggiunta[862] dalla Chiesa che contiene una petizione legata al mistero appena celebrato. Nell'*Aurora cælum* in ambedue i casi della quinta strofa si chiede di essere svincolati dalla morte, di liberare i *vitæ renatos* (5bis,4) cioè di sciogliere dalla terribile morte del peccato tutti coloro che Cristo ha salvato, non in virtù delle opere di giustizia umane, ma come dice l'apostolo: *Salvos nos fecit, per lavacrum regenerationis et rennovationis Spiritu Sancti* (*Tit* 3,5). Infatti si chiede al Risorto: *ab omni mortis impetu tuum defende populum* (5,3-4) perché ogni vita è del Signore anche se colui che pecca morirà (cfr. *Ez* 18,4). Così, affrancati dalla morte, con il profeta Abacuc si può affermare: *ego autem in Domino gaudebo; et exultabo in Deo Iesu*[863] *meo* (*Hab* 3,18).

Si conclude tutto l'inno con la dossologia trinitaria nella quale si sottolinea che il Figlio è risorto dai morti, ragione di essere della nostra fede. *Si autem Christus non resurrexit, inanis est ergo prædicatio nostra, inanis est fides vestra* (*1 Cor* 15,14), diceva san Paolo ai Corinzi; Cristo *traditus est propter delicta nostra, et resurrexit propter iustificationem nostram* (*Rom* 4,25). Era quindi necessario che Cristo risorgesse dai morti: egli doveva adempiere le Scritture (*expecta me, dicit Dominus, in die resurrectionis meæ*: *Soph* 3,8) come aveva promesso dicendo: *filius hominis tradetur ad illudendum et flagellandum et crucifigendum et tertia die resurget* (*Mt* 20,18-19). Perciò dice l'evangelista: *nondum enim sciebant Scripturam, quo opportebat eum a mortuis resurgere* (*Io* 20,9).

15.2.4. Aspetto metrico e musicale

Benché ritmico e non metrico, questo carme composto con un modo dimetro giambico con molte assonanze possiede una musica molto antica (il cui autore è sconosciuto), che risulta ovviamente in armonia con la sua struttura.

---

[862] Cfr. le strofe *Unica spes* del *Crux fidelis*, *O crux ave* del *Vexilla Regis* e infine *Heu! Salvator* del *Lustra sex* (anche per quest'ultimo carme mancava la dossologia).

[863] La parola *Iesu* è ormai tolta dalla *Nova Vulgata*, ma compare nella Bibbia clementina. Si ricorda che le citazioni della Sacra Scrittura sono estratte dalla versione della Bibbia clementina, in vigore durante la riforma urbaniana degli inni.

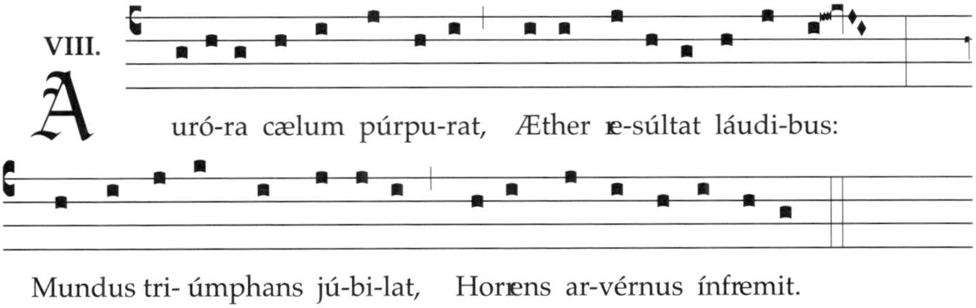

Nella liturgia rinnovata dopo il Concilio Vaticano II, l'inno pasquale *Aurora lucis* viene ancora cantato esattamente con la stessa melodia[864].

15.3. *Inno*: Ad regias Agni dapes

Un secondo inno viene aggiunto al precedente se si compie la Processione solenne: in tal modo si prolunga il canto mentre si fanno i tre solenni giri attorno all'edicola della risurrezione.

15.3.1. Paragone dei diversi inni

Trattandosi di un inno del *Breviarium Romanum*, si presentano le varie forme che assume nel processionale e nella liturgia. Come per gli altri inni liturgici inclusi in questa processione, si presenta in seguito la doppia serie di sinossi del testo studiato in questo capitolo.

La prima tabella offre il paragone tra l'inno urbaniano ossia l'inno del *Breviarium Romanum*[865] del 1632 (prima colonna) e quello dei processionali[866] del 1925 e 1947 (seconda colonna):

1. Ad regias Agni dapes, Stolis amicti candidis, Post tránsitum Maris rubri, Christo canâmus Principi.	1. Ad régias Agni dapes, Stolis amícti cándidis, Post tránsitum maris Rubri, Christo canámus Príncipi.
2. Diuina cuius Caritas Sacrum propînat sanguinem, Almiq[ue]. membra corporis Amor Sacerdos ímmolat.	2. Divína cuius cáritas Sacrum propínat sánguinem, Almíque membra córporis Amor sacérdos ímmolat.
3. Sparsum cruôrem póstibus Vastâtor horret Angelus: Fugitq[ue]. diuîsum mare: Merguntur Hostes fluctibus.	3. Sparsum cruórem póstibus Vastátor hórret Ángelus: Fugítque divísum mare, Mergúntur hostes flúctibus.

[864] Cfr. *LibH*, 82.

[865] *BR1632*, 437.

[866] *PrSS1925*, 44-45; *PrSS1947*, 44-45.

4. Iam Pascha nostrum Christus est, Paschális idem Victima, Et pura puris mentibus Sinceritatis Azyma.	4. Iam Pascha nostrum Chrístus est, Paschális idem víctima, Et pura puris méntibus Sinceritátis ázyma.
5. O vera cæli Victima, Subiecta cui sunt Tártara, Soluta mortis vincula Recepta vitæ præmia.	5. O vera cæli víctima, Subiécta cui sunt tártara, Solúta mortis víncula Recépta vitæ prǽmia.
6. Victor subactis Inferis Trophæa Christus éxplicat, Cœloq[ue]. aperto, súbditum Regem tenebrârum trahit.	6. Victor subáctis ínferis Trophǽa Christus éxplicat, Cælóque apérto, súbditum Regem tenebrárum trahit.
	7. ** Ad hunc sacrátum Túmulum,* *Precámur, Auctor ómnium:* *Ab omni mortis ímpetu* *Tuum defénde pópulum.*
7. Vt sis perenne mentibus Paschale Iesu gaudium, A morte dira críminum Vitæ renâtos libera.	7. T.P. Ut sis perénne méntibus Paschále Iesu gáudium, A morte dira críminum Vitæ renátos líbera.
8. Deo Patri sit gloria, Et Fílio, qui à mortuis Surrexit, ac Paraclito, In sempiterna s[a]ecula. Amen.	8. Deo Patri sit glória, Et Fílio, qui a mórtuis Surréxit, ac Paráclito, In sempitérna sǽcula. Amen.

Nella seconda serie di sinossi, la prima colonna[867] presenta il testo originario dell'inno (la nota[868] riporta le variazioni del breviario clementino del 1602), la seconda colonna[869] invece ne presenta la forma nel processionale del terzo periodo, e infine la terza colonna[870] offre il testo che ha nuovamente assunto la *Liturgia Horarum*.

1. Ad cenam Agni prouidi *stolis albis* candidi post transitum maris rubri Christo canamus principi.	**1.** Ad cœnam Agni prouidi, *Et stolis albis* candidi, Post transitum maris Rubri, Christo canamus principi.	**a.** Ad cenam Agni próvidi, stolis salútis cándidi, post tránsitum maris Rubri Christo canámus príncipi.

867 BULST, *Hymni latini antiquissimi*, 116; cfr. anche in *AH* 51, 87 [n° 83].

868 Si tratta dei seguenti versetti: 1.2 *Et stolis albis candidi*; 2.2. *Cuius corpus sanctissimum*; 3.3 *Protecti Paschæ vespere*; 6.1 *Consurgit Christus tumulo*; 6.4. *Et paradisum reserans*; si aggiungono due strofe conclusive che corrispondono fedelmente a quelle della processione (in: *BR1606*, 390).

869 *PrSS1623*, 32-33.

870 *LENT*, 117 [n° 113].

2. cuius *sacrum corpusculum* in ara crucis torridum, cruore eius roseo gustando uiuimus deo.	**2.** Cuius corpus sanctissimum, In Ara Crucis torridum, Cruore eius roseo: Gustando, viuimus Deo.	**b.** Cuius corpus sanctíssimum in ara crucis tórridum, *sed et cruórem róseum* gustándo, Deo vívimus.
3. protecti paschae vesper*um,* a deuastante angelo erepti de durissimo Pharaonis imperio.	**3.** Protecti Paschæ vesper*e,* A deuastante Angelo; Erepti de durissimo Pharaonis imperio.	**c.** Protécti paschæ véspero a devastánte ángelo, *de Pharaónis áspero* *sumus erépti império.*
4. iam pascha nostrum Christus est, qui immolatus agnus est, sinceritatis azyma caro eius oblata est.	**4.** Iam Pascha nostrum Christus est, Qui immolatus Agnus est, Sinceritatis azyma, Caro eius oblata est.	**d.** Iam pascha nostrum Christus est, *agnus occisus ínnocens*; sinceritátis ázyma *qui carnem suam óbtulit.*
5. o uer*a* digna hostia, per quam fracta sunt tartara, redempta plebs captiuata, reddita vitae præmia,	**5.** O ver*e*, digna hostia, Per quam fracta sunt tartara, Redempta plebs captiuata, Reddita vitæ prǽmia.	**e.** O vera, digna hóstia, per quam frangúntur tártara, *captíva* plebs *redímitur*, redd*úntur* vitæ prǽmia!
6. consurgit Christus tumulo, uictor redit de barathro, tyrannum trudens uinculo et *reserans paradisum.*	**6.** Consurgit Christus tumulo, Victor redit de barathro, Tyrannum trudens vinculo Et paradisum reserans.	**f.** Consúrgit Christus túmulo, victor redit de bárathro, tyránnum trudens vínculo et paradísum réserans.
7. quæsumus auctor omnium, in hoc paschal*e* gaudio ab omni mortis impetu tuum defend*as* populum.	**7.** Quæsumus auctor omnium, In hoc Paschal*i* gaudio *Ad hunc sacratum Tumulum,* Ab omni mortis impetu Tuum defend*e* pópulum.	**g.** *Esto perenne méntibus* *paschále, Iesu, gáudium* *et nos renátos grátiæ,* *tuis triúmphis ággrega.*
	8. Gloria tibi Domine, &c.	**h.** Iesu, tibi sit glória, qui morte victa prdenites, cum Patre et almo Spíritu, in sempitérna sǽcula. Amen.

Questo testo ha conservato la stessa forma durante tutto il terzo periodo[871]. Si osserva inoltre che sin dall'edizione del 1786, di fronte al testo della penultima stro-

---

[871] Cfr. *PrSS1670*, 48-49; *PrSS1752*, 28-29; *PrSS1786*, 28-29; *PrSS1796*, 28-29; *PrSS1855*, 30-32; *PrSS1862*, 32-34; *PrSS1866*, 32-34; *PrSS1877*, 330-31; *PrSS1896*, 44-45; *PrSS1900*, 45-46. L'inno del terzo periodo viene preceduto da questa rubrica: «Quando circumdatur gloriosissimum Christi Sepulcrum tribus vicibus, omissis ultimis strophis *Quǽsumus* et *Glória*, præcedenti Hymno adjungitur sequens».

Quando la processione avvolgeva l'Edicola con i tre giri, nel secondo periodo, su aggiungeva il testo che segue (in: *ITS1586*, 343-344; cfr. anche *ITS1583*, 297-298; *ITS1598*, 173-174):

fa, la rubrica viene scritta in tutti i processionali in margine del testo dell'inno: «Hic genuflectitur versus SS. Sepulchrum».

Come per l'altro inno pasquale, nessuna lezione propria al Luogo santo viene inserita nel testo che risulta sempre perfettamente copiato dal breviario coevo, ossia quello clementino per il testo dell'OBICINI e quello urbaniano per il testo del 1925. Il testo originale differisce abbastanza sia dalla versione urbaniana e che dall'inno dell'odierno Ufficio divino[872], anche se quest'ultimo doveva tendere a ripristinare il

---

15. *Resumpsit Iesus omnia, / Quæ patiens amiserat: / Et sanguinem, & alia, / Ad vnionem corporis.*
16. *Revolvit tunc ab ostio / Sepulchri huius lapidem, / Vt legitur sic Angelus / Ad resurgentis gloriam.*
17. *Fit terræmotis maximus / Quo perterrentur milites: / Ruunt terrore homines / In terram velut mortui.*
18. *O Diuina potentia, / O summa sapientia, / Qui post tormenta talia, / Resurgit tanta gloria.*
19. *Surgunt mane Mulieres, / Cum super terram tenebræ, / Essent adhuc, sed anxiæ, / Cuius erant discipulæ.*
20. *Pergunt in prima Sabbati, / Aromatum huc copiam, / Portantes, his vt vngerent / Corpus Iesu sanctissimum.*
21. *Tunc Iesum non inueniunt, / Sed vident solos Angelos: / In albis hic sedentesque, / Qui dicunt ipsum viuere.*
22. *Ex his ergo miraculis, / Ac iantis his prodigijs, / Pergunt huc gentes omnium, / Regnorum atque partium.*
23. *Ad hunc currunt ex partibus / Mundi totius homines, / Ac etiam Mulieres, / Omnes amare anxij.*
24. *Ex Orientis partibus, / Et Aquilonis Montibus, / Meridie Plagisque, / Et ab occasus Omnibus,*
25. *Festinant Parthi Medique, / Sic Elamitæ properant, / Atque Mesopotamij, / Simul, & Cappadocij.*
26. *Ex Pontique Prouincia, / A regione Libyæ, / A Phrigiaque populi, / Omnes amore properant.*
27. *Gentes sic ex Pamphilia / Et ex Aegypti partibus, / Atque totius Aliæ, / Ad locum hunc perveniunt.*
28. *Pergunt Romani Aduenæ / Omnes feruore calidi: / Ob Christi reuerentiam, / Ac Matris suæ Virginis.*
29. *Agamus ergo gratias, / Simulq[ue]. cum his omnibus, / Vt suam ob victoriam, / Donet nobis & veniam.*
30. *Gloria tibi Domine, / Pro tantis donis gratiæ, / Quibus ditasti animas, / Quæ tuã[m] colunt gloriam. Ame [n].*

Durante il primo periodo non si aggiungeva nessun inno perché la processione era sempre identica.

872 I versi differenti sono: 1.2 *stolis albis* in *stolis salutis* per provvedere alla mancanza della sillaba; 2,1 *sacrum corpusculum* cambiato in *corpus sanctissium* perché la parola *corpusculum* suona male perché non più capitato nel suo senso affettivo bensì come un diminutivo; 2,3-4 *cruore eius roseo gustando vivimus Deo* cambiata in *cuius corpus sanctissium in ara crucis sed et cruorem roseum gustando Deo vivimus*, 3,1-2 viene cambiato per assenza del predicato; 4,2.4 mutati per la ripetizione tre volte della finale *est*; 5,1-2 perché è impos-

testo antico. Queste discrepanze non sono fondamentali per il nostro studio, visto che non riguardano le lezioni in cui si trovano delle particolarità gerosolimitane.

15.3.2. Autore e storia dell'inno

Non si conosce con certezza l'autore di questo carme: alcuni pensano sia NICETA da Remesiana[873] (secolo V), o sant'AMBROGIO[874]. L'unica certezza è la sua antichità. Visto il suo contenuto, l'inno è da sempre cantato nel tempo pasquale. Nella liturgia della riforma tridentina, veniva cantato per i Vespri dal giorno della domenica *in albis* fino all'Ascensione[875]. Dopo la riforma del Vaticano II, l'inno viene ancora proposto ogni sera al Vespro durante lo stesso periodo[876].

15.3.3. Contenuto biblico, teologico, patristico

Questo inno pasquale[877] è un canto di trionfo a Cristo risorto e al suo popolo eletto, liberato dalla morte del peccato. Da una parte si canta all'Agnello immolato e dall'altra si interpretano i sentimenti dei fedeli che si accostano *ad regias Agni dapes*. Le allusioni all'antica Pasqua ebraica sono permanenti: l'angelo sterminatore che preserva le case degli Ebrei segnate dal sangue dell'agnello, il passaggio del mar Rosso, lo sterminio degli Egiziani. Ora la nostra Pasqua è Cristo accompagnata da prodigi di ben altro genere: le porte degli Inferi sono spalancate, Cristo vince la morte, il paradiso è riaperto.

Composto di otto strofe, sei appartengono all'autore originario e le due altre (identiche a quello dell'inno precedente e perciò non esaminate ora) sono un'aggiunta della Chiesa. Questo carme usa il parallelismo antitetico, e si divide nel modo seguente:

---

sibile conservare *captiváta* o peggio cantare *captívata,* perciò si porta la strofa al presente; 6,4 scambiato come nei breviari per l'insopportabile penultima accentata (cfr. *LENT*, 117-118 [n° 113]).

873 Cfr. *LENT*, 117 [n° 113].

874 Cfr. AMBROSIUS, *Hymni S. Ambrosio Attributi*, 1242-1243.

875 Cfr. *BR1568*, 369 ss [n° 2507] per la versione primitiva, cfr. *BR1632*, 437 ss per quella urbaniana.

876 Cfr. *LH* II, 438.

877 Alcuni commenti su questo carme si trovano nelle opere seguenti: MONGELLI, *Gli inni della Liturgia delle Ore*, 229; OLITA, *Espositione delli sacri Hinni del nuouo Breuiario Romano*, 203-209; MIRRA, *Gli inni del breviario romano*, 120-121.

1. Introduzione: tipologia Cristo / Esodo (*strofe 1-2*) **2.** Ebrei salvati / Egiziani uccisi (*strofe 3*) **3.** Ormai Cristo è la nuova Pasqua (*strofe 4*) **4.** Sconfitta della morte / vittoria della vita (*strofe 5*) **5.** Cielo aperto / male sconfitto (*strofe 5*)

1. Il Popolo di Israele celebra ogni anno la Pasqua in memoria della sua uscita dall'Egitto, attraversando il mar Rosso (cfr. *Ex* 14,22). Si mangia l'agnello *unusquisque Agnum per familias et domos suas* (*Ex* 12,3), *erit enim agnus absque macula, masculus, anniculus* (*Ex* 12,5) figura della nostra Pasqua, in cui celebriamo il passaggio dallo stato di peccato a quello della grazia. Le bianche vesti ricordano le vesti dei salvati (cfr. *Ap* 6,11) e ne viene significata anche la loro allegrezza interiore. San GREGORIO afferma: «in albis autem vestibus gaudium et solemnitas mentis ostenditur»[878]. Nella Pasqua ebraica si mangiava l'agnello immacolato, ora parimenti si mangia Cristo, il nuovo Agnello immacolato.

Per il cristiano, il mar Rosso è simbolo del battesimo ricevuto, in cui il peccato rimane sommerso e da cui emerge la nuova vita con Cristo.

La seconda strofa mostra che, per amore nostro, Cristo si offrì in sacrificio a Dio Padre (cfr. *Eph* 5,2): in questo sacrificio come dice Paolo, *tradidit semetipsum* (cfr. *Gal* 2,20). Cristo diventa ostia e sacerdote; lo dice bene sant'AGOSTINO: «sacerdos est ipse offerens ipse et oblatio cuius rei sacramentum cotidianum esse uoluit ecclesiae sacrificium»[879]. E l'apostolo Giovanni specifica: *Deus caritas est* (*1 Io* 4,8; 4,16), l'amore spinge Cristo ad offrire le sue membra al supplizio per la salvezza del genere umano.

2. Nonostante tanti flagelli ricevuti, Faraone voleva fermare il popolo d'Israele contro il volere divino (cfr. *Ex* 11,10). Dio gli mostra la sua onnipotenza con un'ultima prova: sulla mezzanotte, un angelo mandato da Dio uccide tutti i primogeniti d'Egitto (cfr. *Ex* 12,29) lasciando illeso il popolo ebraico (cfr. *Ex* 12,23) che obbedendo al comando divino aveva tinto di sangue gli stipiti delle porte (cfr. *Ex* 12,7). Non si ferma qui il divino castigo: dopo essersi aperte per far passare gli ebrei (cfr. *Ex* 14,16), le acque del Mar Rosso sommergono Faraone e il suo potente esercito (cfr. *Ex* 14,27).

3. Con questa strofa si giunge al cuore del carme: l'agnello che gli ebrei uccidevano in ricordo dalla loro liberazione era chiamato *Pascha*; ugualmente san Luca

---

[878] GREGORIUS MAGNUS, *Homiliae in Evangelia. Evangelien Teilband*, 29,9 ed. M. Fiedrowicz (Fontes Christiani 28/2), Freiburg – Basel – Wien – Barcelona – Rom – New-York 1998, 544.

[879] AUGUSTINUS, *De Civitate Dei* 10,20, ed. B. Dombart, in *Opera. Pars* XIV,*1* (CCL 47), Turnhout 1955, 294.

dice che erano venuti i giorni *in qua necesse erat occidi pascha* (*Lc* 22,7): Cristo è quindi la Pasqua di cui l'agnello era figura. Dice bene Paolo: *Pascha nostrum immolatus est Christus!* (*1 Cor* 5,7). Per gli ebrei, l'agnello si mangiava con il pane azzimo (cfr. *Ex* 12,15-20) e perciò Paolo ammonisce i Cristiani: *itaque epulemur, non in fermento veteri, neque in fermento malitiæ et nequitiæ, sed in azymis sinceritatis et veritatis* (*1 Cor* 5,8).

4. Il Salvatore del mondo ha pagato il prezzo della nostra redenzione scendendo dal cielo per sacrificarsi sulla croce: ci ha liberati dalla morte *delens quod adversus nos erat chirographum decreti, quod erat contrarium nobis* (*Col* 2,14). La sua anima scese negli inferi per liberare i padri e al suo comando si spalancarono le porte degli Inferi. Così afferma san LEONE: «Post passionem uero, ruptis mortis uinculis, quae uim suam in eum qui *peccati erat nescius* incedendo perdiderat, infirmitas in uirtutem, mortalitas in aeternitatem, contumelia transiuit in gloriam»[880].

5. In segno di vittoria, Cristo riporta dagli Inferi le anime dei santi Padri: *et eduxit eos de tenebris et umbra mortis, et vincula eorum disrupit* (*Ps* 107[106],14).

15.3.4. Aspetto metrico e musicale

Questo inno si canta in seguito all'*Aurora cælum purpurat*, ed è quindi logico che abbia la stessa struttura metrica, ossia è dimetro giambico. La musica propria del carme[881] non viene tuttavia presa in considerazione dai processionali perché si canta con la melodia dell'inno precedente. Oggi però, quando si esegue la processione solenne questi due inni vengono cantati con la seguente musica polifonica:

[880] LEO MAGNUS, *Tractatus septem et nonaginta* 74, ed. Chavasse, 455.

[881] Per la melodia rinnovata dell'inno, cfr. *LibH*, 74.

Non è facile dire da quanto tempo si utilizza questa musica polifonica: nessun processionale ne prevede l'uso.

15.4. *Antifona*: Dixit Angelus hic mulieribus

Con molta solennità il sacerdote esce dalla Tomba e tra le porte del *Monumentum* canta ad alta voce l'annuncio della risurrezione con la seguente lettura[882]:

> Dixit Angelus *hic* muliéribus: Nolíte expavéscere. Jesum quǽritis Nazarénum, crucifíxum: surréxit, non est hic; ecce locus ubi posuérunt eum. Allelúja.
> ℣. Surréxit Dóminus de hoc Sepúlcro. Allelúja.
> ℟. Qui pro nobis pepéndit in ligno. Allelúja.

Nel 1623, il testo era leggermente differente, e la risurrezione veniva proclamata in questi termini[883]:

> Dixit Angelus mulieribus, nolite expauescere Iesum quæritis Nazarenum crucifixum; Surrexit, non est hic; Ecce locus ubi posuerunt eum. Alleluia.
> ℣. Surrexit Dominus de hoc Sepulchro. Alleluia.
> ℟. Qui pro nobis pependit in ligno. Alleluia.

Se non per l'aggiunta nel processionale del 1786 di un *hic* dopo la parola *angelus*, questo testo rimase identico durante l'intero terzo periodo[884].

La narrazione della risurrezione del Signore viene proclamata davanti alle porte del Sepolcro vuoto con lo stesso testo di Vangelo (*Mc* 16,6). Il brano è introdotto da *Dixit angelus (hic) mulieribus* che non fa parte della pericope biblica, ma che permette di iniziare l'antifona a modo di annuncio. Il testo biblico originale precisa

---

[882] *PrSS1925*, 45; *PrSS1947*, 45.

[883] *PrSS1623*, 33.

[884] Cfr. *PrSS1670*, 49; *PrSS1752*, 29-30; *PrSS1786*, 29; *PrSS1796*, 29-30; *PrSS1855*, 32; *PrSS1862*, 29-30; *PrSS1866*, 34; *PrSS1877*, 31; *PrSS1896*, 46; *PrSS1900*, 47. L'antifona del secondo periodo era invece la seguente:

> «Quem totus mundus capere nequiuerat, hic vno saxo clausus fuit: atque morte iam perempta inferni claustra penetrauit. ℣. Surrexit Dominus de hoc sepulcro, Alleluia. ℟. Qui pro nobis pependit in ligno alleluia» (in: *ITS1586*, 344; *ITS1583*, 298; *ITS1598*, 174).

Lo stesso testo veniva proclamato durante il primo periodo: cfr. *ITS1431*, 88; *ITS1492*, 234; *ITS1567*, 179. Anche per questa stazione, BONIFACIO prescrive che dopo l'inno e prima dell'antifona il diacono canti il Vangelo in rapporto con il luogo (*Mc* 25,42-46).

che colui che fece quest'annuncio trionfale alle donne non era un *angelus* bensì un *iuvenis*.

Il versetto responsoriale riprende, con l'aggiunta dell'*hic*, la tradizionale antifona pasquale della liturgia romana[885] che funge ancora da responsorio in conclusione alla lettura breve delle Lodi feriali durante il periodo pasquale (esclusa l'ottava)[886]; non cita testualmente un passo biblico, ma allude al racconto evangelico della risurrezione per la prima metà e a *Gal* 3,13 per la seconda.

15.5. *Orazione*: Deus qui per triumphalem Unigeniti tui

A conclusione della stazione il sacerdote canta la colletta[887]:

> Deus, qui per triumphálem Unigéniti tui Resurrectiónem mundo salútis remédia contulísti, atque æternitátis nobis áditum devícta morte reserásti: vota nostra quæ præveniéndo aspíras, étiam adiuvándo proséquere. Per eúmdem Christum Dóminum nostrum. ℟. Amen.

Il testo odierno di questa colletta era già in uso con la riforma dell'OBICINI[888] e non subì poi nessun cambiamento se non l'aggiunta dell'avverbio *hic* dopo la parola *triumphalem*, in tutte le edizioni successive dei processionali del terzo periodo[889].

Segue ora una sinossi di varie forme della stessa orazione: la prima colonna riporta il testo del Sacramentario Gelasiano[890], la seconda il testo tridentino[891], la terza l'orazione del processionale e la quarta presenta la colletta della liturgia attuale[892]:

---

885 Cfr. *BR1568*, 390 [n° 2426] ecc.

886 Cfr. *LH* II, 533ss.

887 *PrSS1925*, 46; *PrSS1947*, 46.

888 *PrSS1623*, 34.

889 Cfr. *PrSS1670*, 49; *PrSS1752*, 30; *PrSS1786*, 30; *PrSS1796*, 30; *PrSS1855*, 32-33; *PrSS1862*, 30; *PrSS1866*, 34-35; *PrSS1877*, 32; *PrSS1896*, 46; *PrSS1900*, 47. L'orazione colletta del secondo periodo era la seguente:

> «Domine Iesu Christe, qui in hora diei vespertina de Cruce depositus, in brachijs dulcissimæ matris tuæ, vt pie creditur reclinatus fuisti: horaque vltima in hoc sanctissimo monumento corpus tuum examine contulisti: & die tertia, mortalitate deposita gloriosus ex inde resurrexisti: Angelos quidem eiusdem resurrectionis testes, apparere iusisti, tribue quæsumus: vt nos, & omnes quos in orationem comendatos suscepimus: qui de tua passione, & morte memoriã[m] facimus: Resurrectionis tuæ gloriam consequamur. Qui viuis, &c» (in: *ITS1586*, 344; *ITS1598*, 174. Per questa stazione il testo della colletta riportato da RADZIVIŁ risulta assai diverso da quello precedente *ITS1583*, 298).

Durante il primo periodo, un testo simile veniva già cantato: cfr. *ITS1431*, 88-89; *ITS1492*, 234; *ITS1567*, 180.

GeV	*MR1570*	*PrSS1947*	*MR1970*
Deus, qui	Deus, qui	Deus, qui	Deus, qui
	hodierna die,		hodiérna die,
per unigenitum tuum	per vnigenitum tuum,	per triumphálem [hic] Unigéniti tui Resurrectiónem mundo salútis remédia contulísti, atque	per Unigénitum tuum;
aeternitatis nobis aditum, deuicta morte, reserasti,	[a]ęternitatis nobis aditum deuicta morte reserasti:	æternitátis nobis áditum devícta morte reserásti:	æternitátis nobis áditum, devícta morte, reserásti,
	vota nostra, qu[a]ę pr[a]ęueniendo aspiras, etiã[m] adiuuando proséquere.	vota nostra quæ præveniéndo aspíras, étiam adiuvándo proséquere.	
da nobis, quesumus, ut qui resurrectionis sollempnia colimus per innouatione tui spiritus a morte animae resurgamus:			da nobis quǽsumus, ut, qui resurrectiónis domínicæ sollémnia cólimus, per innovatiónem tui Spiritus in lúmine vitæ resurgamus.
per dominum.	Per eundem.	Per eúmdem Christum Dóminum nostrum. ℟. Amen.	Per Dóminum.

L'attuale testo della processione, introdotto dall'OBICINI nel 1623, prende spunto dalla colletta del formulario del giorno di Pasqua nel Messale tridentino, ma differisce da essa nella premessa. Infatti, la prima parte della premessa dell'allora colletta del Messale assumeva una forma legata al giorno di Pasqua (*hodierna die*) che quindi viene omessa. La seconda parte della premessa viene poi amplificata (*per triumphalem [hic] Unigéniti tui Resurrectionem mundo salútis remedia contulisti, atque*), ma non con una lezione che si riferisce al luogo della risurrezione (se non con quell'*hic* aggiunto durante il terzo periodo e tolto con la riforma del 1925).

La colletta tridentina viene formata dalla fusione di due orazioni incluse nei Sacramentari antichi, ambedue appartenenti al formulario della liturgia del giorno

---

[890] *GeV*, 353 [n° 1566].

[891] *MR1570*, 353 [n° 1566].

[892] *MR1970*, 291.

di Pasqua; i due testi originari sono conosciuti dalle concordanze di questi Sacramentari[893]. La prima parte appare già come colletta nel Sacramentario Gelasiano[894]; la seconda comparirà con i vari Gregoriani (formulario del giorno di Pasqua come preghiera della liturgia vespertina) nonché con il Sacramentario di Gellone[895]. Ambedue le preghiere rimarranno in questa forma primitiva per un po' di tempo.

Secondo il BRUYLANTS[896], la forma tridentina di questa preghiera si ritrova nei Sacramentari latini nonché nei primi Messali manoscritti[897]; dall'invenzione della stampa in poi, questo testo sarà presente in tutte le edizioni dei Messali romani[898]. Con la riforma liturgica del Vaticano II il testo primitivo del Gelasiano verrà parzialmente ripristinato[899]. Infatti la parte finale della petizione chiedeva che si risorgesse dalla morte dell'anima; la liturgia rinnovata preferisce invece una concezione positiva, ossia che si rinasca nella luce della vita.

15.6. Interpretazione sintetica

Può destare meraviglia che *l'Aurora cælum*, quale canto mattinale venga cantato all'ora del tramonto; infatti i liturgisti di Terra Santa avrebbero potuto preferire che si cantasse ogni giorno l'*Ad regias Agni dapes* della liturgia pasquale vespertina. Lo scopo era di far sentire a coloro che pregano durante la processione l'atmosfera della mattina della Risurrezione. La grazia dei Luoghi santi fa sì che si celebri in ogni momento l'evento ivi accaduto; riguardo alla sacra Tomba non è il giorno di Pasqua che viene quotidianamente ricordato, ma è la Risurrezione ad essere in qualunque momento celebrata. Cristo celebrato di sera come la luce radiosa della gloria del Padre è nello stesso tempo la luce uscita dalle tenebre della morte[900]. Questo è il motivo per cui si canta l'inno proprio dell'aurora, momento in cui Cristo risorto apparve alle donne e ai suoi primi discepoli.

Come già affermato al numero **12.2.3.**, il testo di questo carme riporta l'orante a quella prima mattina quando il Signore risorse dalla morte e rinnovò la vita. Il canto inizia mentre il corteo solenne dei frati assieme ai pellegrini si trova ancora

---

[893] Per la prima parte, cfr. *DD*, 79 [n° 1159]; per la seconda, cfr. *DD*, 40 [n° 493].

[894] Cfr. *GeV*, 76 [n° 463]; e poi cfr. *GeG*, 101 [n° 716], 103 [n° 727], 111 [n° 809]; *GeS*, 87 [n° 555].

[895] Cfr. *GrH*, 193 [n° 389]; *GrP*, 632 [n° 334]; *GeG*, 104 [n° 734]; *GeS*, 91 [n° 574].

[896] Cfr. *OrMR*, 97 [n° 350].

[897] Cfr. *GrP*, 632 [n° 333]; *GrH*, 191 [n° 383]; *GeE*, 118 [n° 773]; *GeS*, 89 [n° 566]; *MReg*, 274 [n° 1282].

[898] Cfr. *MR1474*, 184 [n° 1042]; *MR1570*, 353 [n° 1566] e le sue varie edizioni successive.

[899] Cfr. *MR1970*, 291.

[900] Cfr. RENOUX, *Le codex arménien Jérusalem*, 92.

attorno alla *Pietra dell'Unzione* e vicino alla *Tomba di Adamo* da cui Cristo *Patrum senatum liberum educit ad vitæ iubar* (2,3-4). La processione ripercorre quindi simbolicamente il cammino dell'anima umana e della divinità di Cristo dagli Inferi fino alla Tomba dove esse si uniranno di nuovo al suo corpo ridonandogli la vita. Anche la liturgia verbale e non verbale si uniscono a simbolizzare col rito, il canto e le preghiere la risurrezione del Signore, fondamento della fede e della salvezza del cristiano.

Mentre viene cantata la terza strofa *Cuius sepulcrum plurimo custode signabat lapis, victor triumphat, et suo mortem sepulcro funerat*, i frati sono in fila davanti a questo stesso sepolcro, la cui porta viene spalancata, invitando tutti a prendere coscienza che colui che era morto è ormai tornato in vita. Vuoto è il Sepolcro; chi viene a venerarlo si reca in questo Luogo santo per sperimentare che non c'è proprio niente da vedere se non la tomba vuota che una volta accolse il corpo del Risorto.

Quando i frati e i fedeli iniziano l'inno pasquale legato a questo luogo, la gloriosa Risurrezione dissipa ogni tristezza e inquietudine che finora dominavano sulla liturgia cambiandole in allegria e serenità: nonostante le diverse provenienze dei partecipanti, essi, *con-sepolti* e *con-risorti* con Cristo sono ora parte di quest'unica famiglia dei salvati.

15.6.1. I tre giri della Processione Solenne

Sono due i possibili sensi per qualsiasi movimento circolare attorno ad un cardine: quello che in questa sede viene chiamato *senso diretto* corrisponde al giro opposto alla rotazione della lancetta dell'orologio; e il *senso indiretto*, che va nella direzione contraria. Tra i vari modi di girare attorno all'edicola, il più visibile e caratteristico della processione coincide con i tre giri che si svolgono durante la processione solenne e, in questo caso, le circonvoluzioni avvengono in senso diretto. I Crociati ci hanno tramandato testimonianze in cui appare chiaro il duplice significato liturgico e spirituale di questo rito.

1. A sua volta, il contenuto liturgico presenta due componenti, la prima delle quali questo "avvolgersi attorno alla Tomba" traduce una supplica, un'invocazione della benevolenza divina (cfr. le testimonianze dei Crociati prima di dare l'assalto a Gerusalemme[901], o i fedeli che attendono l'arrivo del Fuoco santo, particolarmente se il miracolo tarda ad accadere[902]). La seconda componente è la lode dei credenti dopo la risposta divina (cfr. le stesse cronache dopo la discesa del Fuoco). Nel caso della processione, non appare subito evidente a quale di queste due corrispondano i

---

[901] Cfr. n° **2.1.1. §2.**

[902] Cfr. n° **2.1.2.2.2.**

tre giri. Se nel primo periodo[903] l'*Anastasis* veniva considerata come il luogo della *statio* prima della celebrazione Eucaristica in altro luogo, allora i tre giri assumevano una connotazione di penitenza e di supplica. Questo vale in modo particolare per le processioni di quaresima e per le due solennità dell'Invenzione della santa Croce e del *Corpus Domini* che hanno luogo il giorno prima della solenne celebrazione Eucaristica con assistenza pontificale. Si è già detto che, agli inizi della presenza francescana in basilica, la pellegrinazione al Santo Sepolcro consisteva nell'ingresso pomeridiano, seguito immediatamente dalla visita-processione degli ospiti, nella liturgia notturna e nell'Eucaristia a cui assistevano i pellegrini[904]. In questa prospettiva, la processione viene considerata come una preparazione spirituale che anticipa l'Eucaristia festiva: il senso di questi giri sarebbe allora quello di un'invocazione penitenziale. Il significato è meno chiaro per la processione che si svolge il pomeriggio del Sabato santo: essa non segue un ingresso solenne e si compie tra l'Eucaristia della veglia pasquale (celebrata al mattino) e la Messa del giorno (la domenica di Pasqua), trovando senso come rito di azione di grazie dopo la solenne concelebrazione al mattino del Sabato santo. È così che, assieme alla processione che segue immediatamente la Messa della domenica mattina, durante la quale vengono lette quattro pericopi della Risurrezione, questo girare assume il valore di una corale, maestosa lode a Dio.

2. Un'interpretazione di ordine spirituale ci viene di nuovo offerta dalla liturgia medievale[905]: i fedeli giravano attorno all'edicola come le pie donne che cercavano con affanno il corpo del Crocifisso fino alla scoperta della sua risurrezione. È da rilevare che i tre giri della processione avvengono prima della proclamazione del Vangelo. Perciò dopo aver, nella stazione precedente, proceduto all'unzione e sepoltura del Signore, il suono dell'organo segnala il cambiamento avvenuto: il programma rituale infatti non ricorda più la passione ma riporta spiritualmente i fedeli al mattino della risurrezione. I fedeli rivivono nella mimesi l'arrivo delle donne al Sepolcro e la loro ricerca angosciata del corpo dell'amato. Questa situazione ci riporta alla situazione descritta nel *Cantico dei Cantici* quando la sposa cercava lo sposo:

«In lectulo meo per noctes
quaesivi, quem diligit anima mea;
quaesivi illum et non inveni.
"Surgam et circuibo civitatem;
per vicos et plateas

---

[903] Cfr. n° **2.3.2. §2.a.**

[904] Cfr. n° **2.2.3. §2.**

[905] Cfr. n° **2.1.2.2.1.** e cfr. anche RICOLDUS A MONTECRUCE, *Liber peregrinationis* 6, *IHC* IV, 272-274.

quaeram, quem diligit anima mea".
Quaesivi illum et non inveni.
Invenerunt me vigiles,
qui circumeunt civitatem:
"Num, quem diligit anima mea, vidistis?".
Paululum cum pertransissem eos,
inveni, quem diligit anima mea;
tenui eum nec dimittam,
donec introducam illum in domum matris meae
et in cubiculum genetricis meae» (*Cant* 3,1-4).

Come per la sposa del *Cantico*, le donne del Vangelo, e quindi i fedeli ad esse personificati, vengono alla Tomba con la speranza di incontrare il loro sposo. Nella loro ricerca, girano... invano. Dopo il terzo giro dell'*Anastasis*, tutti si fermano attorno all'edicola, tutti si volgono verso il Sacerdote che proclama il Vangelo della Risurrezione: *Surréxit, non est hic*. L'incontro si è compiuto, ed è l'incontro con il Vivente. È l'incontro personale di ognuno con il Risorto.

15.7. Suggerimenti per cambiamenti

15.7.1. Presentazione

Una preparazione alla celebrazione della risurrezione avvenuta in questo luogo sarà offerta grazie a questa strofa dell'*Exultet* della notte pasquale: «Lætetur et mater Ecclesia, tanti luminis adornata fulgoribus: et magnis populorum vocibus hæc aula resultet»[906]. Oltre ad invitare i credenti alla gioia della risurrezione, il testo liturgico prepara anche il lucernario che concluderà la stazione.

15.7.2. Inno primo

Contrariamente alle stazioni che precedono non appare necessario aumentare di nessuna strofa l'inno che viene cantato davanti alla tomba di Cristo, visto che in sostituzione del *Pater-Ave-Gloria* per lucrare l'indulgenza, come già indicato al paragrafo **3.4. §1**, verrà introdotto un breve lucernario a significare lo stesso rito che si svolge durante la veglia pasquale. Paragonando i vari inni cantati in questo luogo[907], risulta che, per conformità alla *Liturgia Horarum*, sarà necessario ripristinare tutto il testo tale e quale (anche la quinta strofa e la dossologia). La quinta strofa della *Liturgia Horarum* è legata al tempo della celebrazione e quindi andrà cantata durante il tempo di Pasqua. Fuori da questo periodo si deve mantenere una strofa legata al luogo, la sacra Tomba: per questo la scelta può cadere tra la strofa del ter-

---

906 *MR2002*, 347.

907 Cfr. n° **15.2.1.**

zo o quella del quarto periodo. Si preferisce l'attuale perché di senso equivalente e permette di evitare cambiamenti non assolutamente necessari.

Il testo proposto in sostituzione dell'attuale è quindi il seguente:

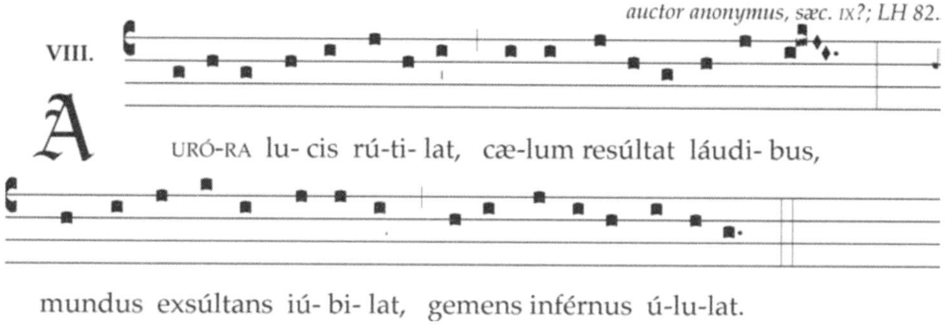

2. Cum rex ille fortíssimus,
mortis confráctis víribus,
pede concúlcans tártara
solvít caténa míseros.

3. Ille, quem clausum lápide
miles custódit ácriter,
triúmphans pompa nóbili,
victor surgit de fúnere.

4. Inférni iam gemítibus
solútis et dolóribus,
quia surréxit Dóminus
respléndens clamat ángelus.

5. Ad **HUNC** sacrátum túmulum,
precámur, Auctor ómnium,
ab omni mortis ímpetu
tuum defénde pópulum.

5. *T.P.* Esto perénne méntibus
paschále, Iesu, gáudium,
et nos renátos grátiæ
tuis triúmphis ággrega.

6. Iesu, tibi sit gloria,
qui morte victa prǽnites,
cum Patre et almo Spíritu,
in sempitérna sǽcula. Amen.

Qualora la processione fosse solenne, l'inno verrà cantato con la stessa melodia polifonica già presentata.

15.7.3. Inno secondo

Quando si svolge la processione solenne, l'inno aggiunto non ha mai contenuto particolarità dovute al Luogo santo davanti a cui viene cantato: per questo, prima della dossologia dell'*Aurora lucis rutilat* si aggiungerà il carme *Ad cenam Agni providi* nella forma assunta dalla *Liturgia Horarum*.

5. Ad cenam Agni próvidi,
stolis salútis cándidi,
post tránsitum maris Rubri
Christo canámus principi.

6. Cuius corpus sanctíssimum
in ara crucis tórridum,
sed et cruórem róseum
gustándo, Deo vívimus.

7. Protécti paschæ véspero
a devastánte ángelo,
de Pharaónis áspero
sumus erépt*i* império.

8. Iam pascha nostrum Christus est,
agnus occisus ínnocens;
sinceritátis ázyma
qui carnem suam óbtulit.

9. O vera, digna hóstia,
per quam frangúntur tártara,
captíva plebs redímitur,
reddúntur vitæ prǽmia!

10. Consúrgit Christus túmulo,
victor redit de bárathro,
tyránnum trudens vínculo
et paradísum réserans.

11. Ad HUNC sacrátum túmulum...

Va da sé che in questo caso, l'attuale melodia polifonica verrà conservata e adatta al testo proposto.

15.7.4. Lucernario

Arrivati davanti all'edicola, il celebrante entra nella Tomba, incensa la lastra di pietra su cui giaceva il Signore e aspetta la fine del canto dell'inno. A questo punto si inserisce il lucernario come già descritto al paragrafo **3.4. §3**: il celebrante accende la sua candela dalla lampada che arde sopra la Tomba del Risorto, esce dall'edicola con la candela proclamando il *Lumen Christi*[908], quindi comunica la fiamma ai suoi assistenti che a loro volta la comunicano ai *circumstantes*. Per accompagnare l'accensione delle candele dei fedeli, verrà eseguito il canto composto per il lucernario della Veglia pasquale dell'*Anastasis* in occasione della riforma liturgica del 1995. Verrà leggermente modificato perché durante la veglia pasquale il lucernario ha luogo prima dell'alleluia. Perciò il testo originale che segue verrà mutato da «dicéntes omnes: amen, amen» in «dicéntes omnes: allelúia»:

℟. Benedicámus Patri et Fílio et Spirítui Sancto Dei,
dicéntes omnes: **allelúia**.

1. Lumen exhilarans sanctæ glóriæ immortális,
Patris cæléstis, sancti Vivificatóris, Iesu Christe. ℟.

2. Iube nos síngulis horis benedícere in voce cantus
nómini glóriæ Sanctissimæ Trinitátis quæ ómnibus dat vitam. ℟.

3. Idcirco et mundus te gloríficat. ℟.

---

[908] Nel processionale, la rubrica che segue andrà anteposta alla proclamazione del *Lumen Christi* «In memoriam ritus Vigiliæ paschalis, iuxta antiquissimam traditionem liturgicam istius loci, sacerdos egreditur ex ædicula cum candela accensa supra Sepulcrum Domini, deinde, priusquam flammam circumstantibus dat, profert:»

Questo testo proviene dal Breviario armeno[909] e la musica (polifonica e facile da eseguire) che gli è connessa fu composta in vista della celebrazione della veglia pasquale da fra Armando PIERRUCCI OFM, attuale organista della basilica.

Quando la processione è solenne, il lucernario verrà riportato alla celebrazione vigilare, prima della lettura del Vangelo della Risurrezione[910]; in questo modo, oltre alla ricerca del Risorto, i tre giri della Processione solenne assumerebbero un valore penitenziale di supplica[911].

15.7.5. Lettura breve

Il testo attuale viene proclamato in questo luogo sin dalla riforma dell'OBICINI e corrisponde perfettamente al messaggio del luogo: si tratta di annunciare la risurrezione agli uomini di oggi così come venne annunciata alle donne del Vangelo. Si deve tuttavia notare che, con l'aggiunta dell'alleluia, il brano viene concluso a mo' di antifona, il che è contrario a quanto auspicato da questa riforma. Perciò questo alleluia andrà tolto. L'*hic* aggiunto invece conserva perfettamente la sua ragione di essere.

Similmente il responsorio è in vigore sin dagli inizi della processione, è adatto al luogo e appartiene tuttora alla liturgia latina: perciò verrà mantenuto.

> Lectio brevis *Mc* 16,6
>
> Dixit Ángelus **HIC** muliéribus: "Nolíte expavéscere! Iesum quǽritis Nazarénum crucifíxum. Surréxit, non est **HIC**; ecce locus, ubi posuérunt eum".
>
> ℣. Surréxit Dóminus de **HOC** Sepúlcro, allelúia.
>
> ℟. Qui pro nobis pepéndit in ligno, allelúia.

15.7.6. Orazione

In conformità con la tradizione, la preghiera conclusiva per questa stazione va conformata alla colletta del giorno di Pasqua. La lezione: «qui per triumphálem hic

---

[909] Cfr. BERMEJO CABRERA, «Una riforma liturgica problematica», 238.

[910] Cfr. n° **3.4. §3.**

L'ideale sarebbe di rinunciare ai tre giri della Processione solenne del pomeriggio del Sabato santo e di trasferirli a questo punto della veglia. Il ripristino dei giri prima dell'accensione del cero pasquale farebbe acquistare la giusta prospettiva al lucernario della Processione solenne.

Il lettore capisce che tale accomodamento non dipende esclusivamente dalla buona volontà dei liturgisti latini!

[911] Cfr. n° **2.1.2.2.2.** e **2.2.2. §2.**

Unigéniti tui Resurrectiónem mundo salútis remédia contulísti, atque», propria della processione, andrà mantenuta al suo posto. La preghiera seguente:

> Orémus.
> Deus, qui per triumphálem **HIC** Unigéniti tui Resurrectiónem mundo salútis remédia contulísti, atque æternitátis nobis áditum, devícta morte, reserásti, da nobis quǽsumus, ut, qui resurrectiónis domínicæ sollémnia cólimus, per innovatiónem tui Spiritus in lúmine vitæ resurgámus. Per Christum Dóminum nostrum. ℟. Amen.

così ottenuta presenta il vantaggio di essere in armonia con la liturgia romana, di essere adatta al Luogo santo e di armonizzarsi con il lucernario appena svoltosi. Lo scopo di questo rito non è solo ricordare dei fatti, ma vuol essere soprattutto un invito dinamico per risorgere nella luce del Signore risorto.

16. XIII. AD LOCUM UBI CHRISTUS APPARUIT MARIÆ MAGDALENÆ

16.1. *Introduzione*: descrizione della stazione

All'uscire dall'*Anastasis*, il corteo si dirige verso la cappella latina in cui si commemora l'incontro di Gesù con Maria Maddalena (cfr. mappa al numero 6).

Alcune polemiche sono sorte riguardo alla vita di questa Santa. In passato, facendo eco a san GREGORIO MAGNO[912], i Latini hanno confuso la Maddalena con l'anonima peccatrice (cfr. *Lc* 7,36-50) nonché con l'altra Maria, la sorella di Marta e Lazzaro di Betania (cfr. *Io* 12,1-11); i Greci invece, hanno sempre distinto le tre donne. Oggi, grazie alla ricerca biblica, le uniche informazioni sicure sono che essa fu liberata dall'ossessione dei sette demoni (cfr. *Lc* 8,2), fu la fedele seguace del Signore anche nell'ora della crocifissione (cfr. *Io* 19,25), sollecita della sepoltura (cfr. *Mc* 15,47) e infine è stata testimone privilegiata della risurrezione (cfr. *Io* 20,1-2.11-18)[913]. Anzi, il *Martirologio romano*, per il giorno 22 luglio in cui si celebra la sua memoria conferma bene queste nuove tesi:

> «Memoria sanctæ Maríæ Magdalénæ, quæ, a septem dæmónis ab ipso liberáta et discípula Dómini effécta, eum usque ad Calvárium montem secúta est et summo mane Páschatis prima méruit Salvatórem vidére a mortuis resurgéntem et áliis discípulis núntium afférre resurrectiónis»[914].

Rito. Davanti all'*Altare di santa Maria Maddalena* i frati si dispongono in due file. Il celebrante si ferma davanti al circolo marcato sul pavimento ai piedi dell'altare della Santa, amministra l'incenso e, con il turibolo in lungo, camminando incensa il pavimento disegnato in circolo, con tre *ictus*; giunto all'altare, lo incensa; quindi voltandosi a destra continua ad incensare il pavimento dall'altra parte proseguendo il giro del circolo, finché giungerà al suo posto tra i suoi due assistenti. Qui

---

912 Cfr. «In hoc fonte misericordiae lota est maria magdalene, quae prius famosa peccatrix, postmodum lauit maculas lacrimis, detersit maculas corrigendo mores» in GREGORIUS MAGNUS, *Homiliae in Hezechiehelem prophetam* 2,8,2, ed. Adriaen, 352; «Maria magdalene, quae fuerat in ciuitate peccatrix, amando ueritatem, lauit lacrimis maculas criminis: et uox ueritatis impletur, qua dicitur: dimissa sunt ei peccata multa, quoniam dilexit multum» in: GREGORIUS MAGNUS, *Homiliae in Evangelia*, 25,1, ed. Fiedrowicz, 442.

913 Cfr. *LENT*, 184 [n° 179].

914 *MartR*, 383.

concluderà la stazione cantando l'antifona e la colletta[915]. Riguardo a questi due circoli marcati sul pavimento, il Fabri (1480) rapporta: «in loco unius circuli stetit Dominus, et Maria in loco alterius»[916].

16.2. *Inno*: Christus triumphum gloriæ

16.2.1. Paragone dei diversi inni

Solamente due sono gli inni riportati nella storia della processione per il tempo dell'incensazione dell'*Altare della Maddalena*. In questa sede, questi due carmi verranno presentati così come quelli dell'*Ufficium divinum* essendo, in un modo o nell'altro, ad essi legati.

Il testo dell'inno[917] della processione (seconda colonna) era già integralmente presente sin dalla riforma di Tommaso Obicini[918]: si presentano qui le sue fonti (prima colonna) riportando due inni del *Breviarium Romanum* clementino della festa della Maddalena[919]:

1. Pater superni luminis, Cum Magdalenam respicis; Flammas amoris éxcitas, Geluq[ue]; soluis pectoris.	1. Christus triúmphum glóriæ Monstráre cunctis vóluit; Sed prima ferunt gaudia, Qui plus ardébant céteris.

[915] Cfr. *3SSQ*, 88-90.

[916] *ITS1480*, 289.

[917] *PrSS1925*, 46-48; *PrSS1947*, 46-48.

[918] Cfr. *PrSS1623*, 34-35; *PrSS1670*, 49-50; *PrSS1752*, 30-31; *PrSS1786*, 30-31; *PrSS1796*, 30-31; *PrSS1855*, 33-34; *PrSS1862*, 30-31; *PrSS1866*, 35-36; *PrSS1877*, 32-33; *PrSS1896*, 47-48; *PrSS1900*, 48-49.

[919] *BR1606*, 836. Tra parentesi quadrate viene riportata la terza strofa di un altro inno in onore della santa: si tratta dell'*Æterni Patris unice* (che diventerà *Summi Parentis Unice* con la riforma urbaniana) desunto da *BR1606*, 839.

Sono state presentate le versioni del *Breviarium Romanum* perché il testo del processionale non fu cambiato nel 1924 e quindi si rifà, come tutti gli inni del terzo periodo, al testo clementino. Per completare l'argomento si precisa che, con la riforma urbaniana, le strofe del *Pater superni luminis* non verranno cambiate se non la dossologia (cfr. *BR1632*, 937); invece la strofa *Iesu, dulce refugium* diventerà *Iesv, medêla vulnerum, / Spes vna pœnitentium / Per Magdalenæ lacrymas / Peccata nostra diluas* (*BR1632*, 940).

La quinta strofa della processione allude vagamente alla strofa *Nardo Maria pistico* (cfr. *BR1606*, 836) che iniziava l'inno dei Vespri "clementini".

2. Amore currit saucia
Pedes beatos vngere,
Lauare fletu, tergere
Comis, & ore lambere.
3. Adstare non timet cruci,
Sepulchro inhæret anxia,
Truces nec horret milites:
Pellit timorem charitas.

[3. Iesu, dulce refugium,
Spes vna pœnitentium:
Per *peccatricis* meritum,
Peccati solue debitum.]
4. O vera, Christe, charitas,
Tu nostra purga crimina,
Tu corda reple gratia,
Tu redde cæli præmia.
5. Deo Patri sit gloria,
Eiusq[ue] soli Filio,
Cum Spiritu paraclito,
Et nunc & in perpetuum. Amen.

2. Quod Magdaléna nóverat,
Dum luce prima férvida
Hinc inde currit sáucia,
Amóre Christi lánguida.

3. Adstáre non timet cruci,
Sepúlcro inhǽret ánxia,
Truces nec horret mílites:
Pellit timórem cáritas.
4. Christum quem vivum fórtiter
Diléxit, quǽrit mórtuum
Unguénto ungéndum óptimo,
Quem unxit vivum pístico.
5. Hinc dúlcia collóquia
Sui merétur Dómini,
Dum hortuláni in hábitu:
Me noli, dixit, tángere.
6. Jesu, dulce refúgium,
Spes una pœniténtium:
Per Magdalénæ méritum,
Peccáti solve débitum. Amen.

Questo carme non potrà essere conservato tale quale perché contiene la confusione già descritta creatasi int orno a Maria Maddalena. Per questo motivo, si devono effettuare alcuni cambiamenti (parziali o radicali) all'interno dell'inno. La *Liturgia Horarum* odierna non ha né conserv ato né aggiornato nessuno dei carmi antecedenti in onore di questa Santa, ma propone due inni composti l'uno per le Lodi, l'altro per i Vespri.

L'inno delle Lodi[920] della *Liturgia Horarum* è di metro uguale a quello tuttora esistente (quello vesperale è un inno saffico che non si potrebbe cantare con la melodia polifonica adoperata nei giorni in cui la processione riveste la forma solenne):

a. Aurora surgit lúcida
Christi triúmphos ấfferens,
cum corpus eius vísere,
María, vis et úngere.

b. Anhéla curris; ángelus
at ecce lætus prǽdocet
mortis refráctis póstibus
redísse quem desíderas.

c. Sed te manet iucúndius
intácti amóris prǽmium,
cum, voce pulsans vílicum,
tuum Magístrum cónspicis.

d. Quæ cum doléntì Vírgine
hæsísti acerbo stípiti,
tu prima vivi ab ínferis
es testis atque núntia.

e. O flos venúste Mágdalæ,
o Christi amóre sáucia,
tu caritátis ígnibus
fac nostra corda férveant.

f. Da, Christe, tantæ sérvulæ
dilectiónem pérsequi,
et nos ut in cæléstibus
tibi canámus glóriam.

L'inno del secondo periodo[921] appartiene al patrimonio francescano locale:

1. De Magdalena fervida,
Quæramus nunc quid viderat,
O tu Christi discipula
Dic nobis, quid apparuit?

2. Sepulchrum cum sudario,
Et testibus angelicis,
In albisque sedentibus,
Hæc meis vidi oculis.

3. Meum quærebam Dominum,
Sed tota plena lachrymis,
Hinc inde currens rediens,
Et mori secum cupiens,

4. Euntibus discipulis
Non ibam ego illico:
Igne amoris anxia,
Ardebam desiderio.

5. O vitæ nostræ gloria,
O nostræ amor animæ,
Clamabam vt insipiens,
Amore eius languida.

6. Ipse post hæc apparuit,
Sua diuina gratia,
Licet tunc non cognouerim
In hortulani hábitu.

7. Sed qui donauit mortuis
Vitam, & hos ab inferis,
Reduxerat ad gaudia,
Me consolari voluit.

8. Noli deuota plangere,
Maria, quod quiescere
Oportet ab his lachrymis
Imple cor tuum gaudijs.

9. Ad ipsum cito adij,
O tu mi dulcis Rabboni,
Dixi, & pedes protinus
Tunc osculari volui.

10. Sed ille, quia omnia,
Nondum sciebam optime,
Ad Patrem quod ascenderat,
Noli, inquit, me tangere.

---

[920] *Lent*, 184 [n° 179].

[921] *ITS1586*, 344-345 (cfr. anche *ITS1583*, 299 e *ITS1598*, 175-176). L'inno viene catalogato in *Chev* IV, 95 [n° 36584].

11. Gloria tibi domine,
et nobis hic ignoscere,
Digneris, nam ex cordibus
Mariæ huic credimus. Amen.

L'inno attualmente cantato non ha avuto nessuna modifica quando la processione fu riformata nel 1924. Si tratta di una raccolta di strofe provenienti da diversi carmi in onore di santa Maria Maddalena. Nella forma attuale, il testo non rispecchia l'odierna teologia biblica[922] facendo confusione attorno alla persona della Maddalena come detto al paragrafo **16.1.**

Il testo della *Liturgia Horarum* allude all'altro carme che viene cantato al mattino di Pasqua: inizia con le stesse parole, si situa nello stesso contesto e ha la stessa melodia. Come per l'inno della processione, il LENTINI ha composto un inno di sei strofe senza che sia presente una dossologia trinitaria. L'*Aurora surgit lucida* presenta il notevole vantaggio di essere già tradotto in modo ritmico dalle varie Conferenze episcopali.

Il testo del secondo periodo è un inno puramente pasquale: nella prima strofa viene chiesto alla Santa ciò che vide la mattina della risurrezione; ella risponde al suo interlocutore nelle nove strofe che seguono, rispecchiando la cronologia dei fatti così come ella li ha vissuti. L'inno quindi rispecchia la verità sulla persona della Maddalena.

16.2.2. Autore e storia dell'inno

1. L'antichità del *Christus triumphum gloriæ* è chiara: il carme, nella sua forma definitiva, fu composto per il processionale del 1623 e non è mai uscito dall'ambito gerosolimitano[923]. È stato composto compilando dal *Breviarium Romanum* due altri inni presi nell'Ufficio della Santa identificata con la peccatrice: il *Pater superni luminis* (del Vespro) e una strofa del *Summi Parentis Unice* (delle Lodi). Non si sa con certezza chi abbia composti i due inni. Alcuni attribuiscono il primo a san Roberto BELLARMINO[924] e il secondo a sant'ODDONE[925] di Cluny. La

---

922 E contraddice questo punto della *Sacrosanctum Concilium*: *SC*, 106 [n° 23].

923 Cfr. *CHEV* I, 193 [n° 3247].

924 San Roberto BELLARMINO nacque nel 1542. A Padova per frequentare l'Università, incontrò i Gesuiti e decise di entrare nella Compagnia di Gesù. Oltre ad essere un insegnante di lettere e di teologia, fu un grande predicatore contro il protestantismo (dal 1575 al 1588 scrisse le *Disputationes et controversiæ christianæ fidei*). Creato cardinale nel 1599, membro di molte congregazioni (Sant'Uffizio, Riti, Indice, Riforma del Breviario, Esame del matrimonio di Enrico IV), amico di papa CLEMENTE VIII conservò sempre l'umiltà della vita religiosa. Di sua iniziativa iniziò la revisione della traduzione della *Vulgata* (1592). Autore straordinariamente fecondo, toccò quasi tutti gli argomenti della scienza ecclesiasti-

forma compilata nel 1623, nonché le due strofe conclusive, devono essere state elaborate, come tutti gli inni di questo periodo, da OBICINI con il concorso di MELCHIORRE, suo segretario.

2. Sono qui di seguito proposti due inni: l'*Aurora surgit lucida* che è stato composto *ex nihilo* dopo la riforma del Vaticano II da Anselmo LENTINI OSB († 1989), curatore dell'innario della *Liturgia Horarum.* Il *De Magdalena fervida* invece è stato composto a Gerusalemme all'inizio del secondo periodo, in vista della venerazione della Santa durante la processione presso questo altare. Non si conosce il suo autore, ma è legittimo supporre che si tratti di un frate minore di Terra Santa.

16.2.3. Contenuto biblico, teologico, patristico

Come già detto, l'inno è il risultato di una compilazione di vari altri carmi legati al culto della Maddalena. Questo canto si situa in continuità con quello appena eseguito davanti al Sepolcro vuoto. Composto di sei strofe, il poema narra in chiave puramente pasquale i vari eventi legati alla vita della Maddalena, e si suddivide nel modo seguente:

1. Inno all'amore
- **a.** introduzione (*strofa 1*)
- **b.** amore che muove (*strofa 2*)
- **c.** amore che da coraggio (*strofa 3*)
- **d.** amore che spinge ad operare (*strofa 4*)

2. Premio dell'amore (*strofe 5*)
3. Petizione rivolta al Risorto (*strofe 6*)

1.a. Cristo è risorto dai morti: pochi lo hanno visto, tuttavia il mondo intero è invitato a partecipare al suo trionfo (*Christus triumphum gloriæ monstrare cunctis voluit* in 1,1-2) e a diffondere per mezzo degli apostoli il profumo della conoscenza

---

ca. Pubblicò il Grande e il Piccolo catechismo: *Dottrina cristiana breve* 1597; *Dichiarazione più copiosa della dottrina cristiana* 1598. Venne canonizzato da papa BENEDETTO XV nel 1920 e ricevette il titolo di Dottore della Chiesa da papa PIO XI nel 1931 (cfr. A. PIOLANTI, «Roberto Bellarmino», in *EnCat* 10, 1043-1050).

[925] Sant'ODDONE (secondo abbatte di Cluny) discendente da una nobile famiglia del Maine (Francia) nasce nel 878-879. Ammesso nell'898 fra i Canonici di san Martino de Tours si distingue per la sua intelligenza. Segue poi a Cluny nel 910 il grande riformatore BERNONE a cui succede nel 927. Con lui, il movimento cluniacense si espande rapidamente guadagnando molti monasteri francesi ed italiani. Una bolla di papa GIOVANNI XI gli confermò la sua missione di riformatore dei monasteri che, sottratti da ogni autorità civile e ecclesiastica, furono posti sotto l'autorità della Santa Sede. La sua opera letteraria è considerevole (morale, storia agiografica...). Da liturgista e stimato musico compose vari inni e antifone in onore di san Martino (cfr. C. SCHMITT, «Oddone di Cluny», in *EnCat* 9, 65-67).

di Cristo (cfr. *2 Cor* 2,14). Coloro che per primi hanno la gioia di entrare in contatto con il Risorto sono quelli che lo amano di più. Pietro entra per primo all'interno del Sepolcro vuoto (cfr. *Io* 20,4) perché Giovanni gli riconosce il primato. Gesù sceglie di manifestarsi per primo a Maria di Magdala (cfr. *Io* 20,11-18) che da sempre l'ha amato di più[926] (cfr. *Lc* 7,47). Prima testimone dell'annuncio della gioia pasquale, la Maddalena non ritiene gelosamente il suo privilegio: tutti i credenti sono invitati, per la sua preghiera e il suo esempio, ad annunciare la risurrezione di Cristo e contemplarlo nella sua gloria[927]. Infatti *caritas Christi urget nos [...] ut et qui vivunt, iam non sibi vivant, sed ei qui pro ipsis mortuus est et resurrexit* (*2 Cor* 5,14-15).

1.b. La Maddalena è tutta *amore Christi languida* (2,4): come nel Cantico dei Cantici, ella si può rivolgere a Gesù dicendogli *vulnerasti cor meum* (*Cant* 4,9). Quando si accorge che il sepolcro è vuoto, i suoi sentimenti sono così confusi che corre dai due discepoli per riferire loro che il corpo del Signore è stato rubato (cfr. *Io* 20,1-3). Anche dopo il loro arrivo non si rende conto dell'accaduto, ma rimane accanto alla tomba e si mette a piangere (cfr. *Io* 20,11)[928]. Ella persevera nel cercare, ed è allora che le viene dato di incontrarlo.

1.c. La strofa sottolinea ancora una volta il premio ricevuto da Maria di Magdala: ella è la testimone privilegiata della risurrezione anche perché aveva avuto il coraggio di essere fedele al suo Signore rimanendo ai piedi della Croce, assieme a coloro che in verità lo amavano: Maria sua madre, l'altra Maria sorella di sua madre e moglie di Cleofa (cfr. *Io* 19,25) e l'apostolo Giovanni (cfr. *Io* 19,26). L'amore della Maddalena è più forte della morte dell'amato: ancora tre giorni dopo la crocifissione sul Calvario, *Maria autem stabat ad monumentum foris plorans* (*Io* 20,11). Niente, neppure la separazione dovuta alla morte ignominiosa di Gesù può diminuire l'amore dell'amata per l'amato: *aquæ multæ non potuerunt exstinguere caritatem* (*Cant* 8,7) diceva la sposa del Cantico dei Cantici. *Pellit timorem caritas* (3,4): per puro amore era rimasta fedele al momento della crocifissione, così ancora ardente di carità osservava dove i soldati avevano sepolto il corpo di Gesù (cfr. *Mc* 15,47). È per questo amore che non teme di avvicinarsi alla tomba, nonostante la presenza armata della guardia che veglia perché nessuno venga a rubare la salma (cfr. *Mt* 27,62-66). Nell'amore, non c'è timore. Difatti l'amore perfetto scaccia il timore,

---

[926] Si ricorda che tutto l'inno, secondo la mentalità del tempo in cui fu scritto, evidenzia la solita confusione attorno alla persona di Maria di Magdala.

[927] Cfr. *MR1970*, 579; *MR2002*, 790 [colletta della festa di Santa Maria Maddalena].

[928] Con san GREGORIO MAGNO si può dire:

> «Qua in re pensandum est huius mulieris mentem quanta uis amoris accenderat, quae a monumento domini, etiam discipulis recedentibus, non recedebat. Exquirebat quem non inuenerat, flebat inquirendo, et amoris sui igne succensa, eius quem ablatum credidit ardebat desiderio» (in: GREGORIUS MAGNUS, *Homiliae in Evangelia*, 25,1, ed. Fiedrowicz, 444.

dato che il timore suppone un castigo: chi teme non è perfetto nell'amore (cfr. 1 *Io* 4,18). Non così Maddalena, ricolma di amore e di vera carità[929].

1.d. L'autore di questa strofa mette prima di tutto in rilievo la conversione della "peccatrice", narrando la scena avvenuta in casa di Simone il fariseo: Gesù, invitato a pranzo, viene messo al posto d'onore ed ecco che interviene una peccatrice (la Maddalena). Mentre essa piange ai suoi piedi, bagnandoli con le proprie lacrime, asciugandoli con i propri capelli, cospargendoli poi di olio profumato (cfr. *Lc* 7,36-38), al grande stupore di Simone, il Signore Gesù dichiara: *remittuntur ei peccata multa, quoniam dilexit multum* (*Lc* 7,47). Dice l'apostolo Pietro: *caritas operit multitudinem peccatorum* (*1 Pe* 4,8)[930].

Con questa scena evangelica Gesù manifesta ciò che affermerà san Paolo scrivendo: *sicut exhibuistis membra vestra sevire immunditiæ et iniquitati ad iniquitatem, ita et nunc exhibete membra vestra servire iustitiæ in sanctificationem* (*Rom* 6,19)[931].

2. Tutto l'amore che i poeti hanno descritto nelle strofe che precedono questa penultima, ci conducono all'incontro della Maddalena con il Signore risorto: ella merita questi *dulcia colloquia* perché sta sperimentando *quoniam dulcis est Dominus* (*1 Pe* 2,3); dolci sono pure le sue parole, come dice il salmo: *quam dulcia faucibus meis eloquia tua! super mel ori meo* (*Ps* 119[118],103). Lei tuttavia non lo riconosce quando le appare di fronte, e neppure quando le chiede *Mulier, quid ploras? Quem quæris?* (*Io* 20,15), perché pensa che sia l'ortolano. Gesù le chiede la causa del suo dolore, accrescendo ancor più il suo desiderio; la chiama *Mulier*, e Maddalena sente ancor più l'amore per lui[932]. Infine quando viene chiamata per

---

929 Come afferma san GIROLAMO: «nihil amantibus durum est, nullus difficilis cupiendi labor» (in: HIERONYMUS, *Epistula ad Eustochium* 22,40, ed. I. Hilberg (CSEL 54), Wien 1996, 207).

930 A questo riguardo, sant'AGOSTINO afferma:

> «Accessit ergo, non ad caput Domini, sed ad pedes, et quæ diu male ambulaverat, vestigia recta quærebat. Prius fudit lacrimas cordis, et lavit Domini pedes obsequio confessionis, capillis suis tersit, osculata est, unxit; tacita loquebatur, non sermonem promebat, sed devotionem ostendebat» (in: AUGUSTINUS, *Sermo* 99,1, in *Discorsi 2/2*, ed. L. Carrozzi (Nuova Biblioteca Agostiniana 30/2), Roma 1983, 212).

931 La peccatrice ottiene il perdono per i numerosi suoi peccati in così poco tempo di penitenza sincera e di dolore perché, come dicono i santi AGOSTINO e AMBROGIO: «in actione autem paenitentia, [...] non tam consideranda est mensura temporis, quam doloris» (in: AUGUSTINUS, *Enchiridion ad Laurentium. De fide et spe et caritate* 17,64, ed. E. Evans, in *Opera. Pars XIII,2* (CCL 46), Turnhout 1969, 84) e sant'AMBROGIO: «maiora enim crimina maioribus abluuntur fletibus» (in: AMBROSIUS, *La pénitence* 1,3,10, intr. tr. notes R. Gryson (SChr 179), Paris 1970, 60).

932 Cfr. GREGORIUS MAGNUS, *Homiliae in Evangelia*, 25,4-5, ed. Fiedrowicz, 454.

nome, come se Cristo volesse che essa riconosca colui dal quale è stata riconosciuta, lei lo interroga in aramaico dicendogli *rabbunì* (*Io* 20,16). Il Risorto non le permette di trattenerlo e le dice *noli me tangere* (*Io* 20,17). Il testo suppone che essa si sia gettata ai suoi piedi (cfr. *Mt* 28,9) per tenerli abbracciati come già aveva fatto quando li aveva bagnati con le sue lacrime e asciugati con i suoi cappelli (cfr. *Lc* 7,36-50).

3. La supplica di questa strofa è rivolta a Gesù *rifugium* e *spes pœnitentium*: ciascun peccatore come Maddalena deve saper porre in lui la sua speranza per acquistare la salvezza, come già diceva il libro dei Proverbi: *qui sperat in domino sublevabitur* (*Prov* 29,25). Dice san TOMMASO[933] che due tipi di lacrime si trovano negli occhi della Maddalena: lacrime di compunzione per i peccati commessi e lacrime di devozione per conseguire le grazie del cielo. Il poeta in questa ultima strofa chiede al Salvatore del mondo la remissione delle colpe per mezzo del pentimento, seguendo così l'esempio della Maddalena, ovvero chiede il perdono per i meriti che la peccatrice acquistò con le sue lacrime.

Infatti il peccato è una ferita dell'anima (*vulnus, et livor, et plaga tumens: Is* 1,6) e Dio ha promesso di salvare l'umanità, anche per bocca del profeta Geremia: *a vulneribus tuis sanabo te* (*Ier* 30,17). Dio Padre, scorgendo il genere umano prostrato infermo per le molte ferite dovute ai peccati, mandò il suo Figlio unigenito, medico e medicina insieme, come dice il salmo: *misit verbum suum, et sanavit eos* (*Ps* 107[106],20).

Il carme *De Magdalena fervida* del secondo periodo si divide in due parti in forma di dialogo: nella prima strofa un interlocutore chiede alla Maddalena ciò che vide il mattino della risurrezione. Le nove strofe seguenti mettono sulla bocca della Maddalena il racconto (secondo *Io* 20,11-18) di colei che per prima incontrò Cristo risorto. Questo genere letterario ricorda il dialogo della sequenza pasquale di WIPPONE, *Victimæ paschali laudes*, dove viene chiesto alla Maddalena: «Dic nobis Maria, quid vidisti in via?»[934], ma ricorda anche il dialogo tra la sposa e lo sposo del *Cantico dei Cantici*. Anche in questa narrazione il dialogo tra i due amanti si conclude con una separazione che avviene in un giardino (cfr. *Cant* 8,13-14): nell'inno, Gesù dice alla Maddalena *Noli me tangere* (10.4; cfr. pure *Io* 20,27), mentre la sposa del *Cantico* chiede allo sposo che se ne vada.

---

[933] Cfr. THOMAS AQUINAS, *Catena Aurea in quatuor Evangelia* 2. *Expositio in Lucam et Ioannem*, ed. A. Guarienti, Roma 1953, 579.

[934] *MR1570*, 353 [nº 1569]; *OLM*, 449.

16.2.4. Aspetto metrico e musicale

I tre inni che vengono messi a confronto hanno tutti lo stesso metro, vale a dire sono dimetro giambici.

La melodia dell'inno della processione fu presa da Tommaso OBICINI dall'*En gratulemur hodie*[935] dell'*Ufficio liturgico serafico* della festa di sant'Antonio di Padova (Vespri) il cui testo e musica sono stati scritti da fra GIULIANO da Spira prima del 1254[936]. GIULIANO, letterato e musicista francescano, era un famoso maestro di canto alla corte di Francia prima di entrare nell'Ordine dei frati minori. Esaltato per la sua perizia letteraria e musicale e per la santità di vita, compose gli Uffici (testo e canto) delle feste di sant'Antonio e di san Francesco seguendo in essi il biografo francescano fra TOMMASO da Celano. Le sue melodie sono giudicate di grande valore dai critici per la loro originalità, finezza e saldezza di struttura, superiori alle forme decadenti del suo tempo[937]. L'attuale *Liturgia Horarum* adopera questa melodia per il canto del *Orbis patrator optime* delle Lodi della festa dei santi Angeli Custodi[938]. Davvero ben si addice una musica così movimentata allo stato d'animo della Maddalena[939]. Segue il tetragramma della prima strofa:

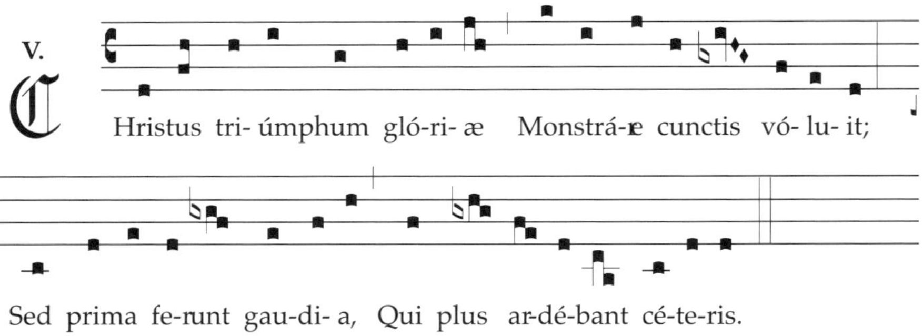

Invece, se la processione è solenne, si usa la seguente melodia polifonica:

[935] Cfr. *CRS*, 187.

[936] Cfr. *CRS*, 378.

[937] Cfr. L. DI FONZO, «Giuliano da Spira», in *EnCat* 6, 747.

[938] Cfr. *LibH*, 450-451.

[939] Cfr. MULÉ STAGNO, «La processione pomeridiana al Santo Sepolcro», 283.

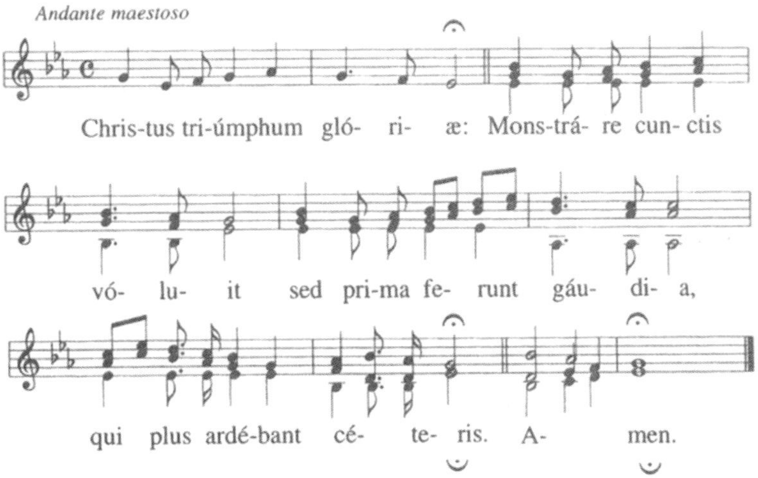

16.3. *Antifona*: Surgens Iesus mane prima sabbati

Conclusa l'incensazione dell'altare e del pavimento, il sacerdote canta la seguente antifona[940]:

> Surgens Jesus mane, prima sábbati, appáruit hic Maríæ Magdalénæ, de qua ejécerat septem dæmónia.
> ℣. María, noli me tángere.
> ℟. Nondum enim ascéndi ad Patrem meum.

Il testo dell'antifona del processionale dell'OBICINI[941] rimase identica durante il terzo periodo[942], e recita:

> Surgens *autem* Iesus mane prima sabbati, apparuit hic Mariæ Magdalenæ, de qua eiecerat septem Dæmonia.
> ℣. Maria, noli me tangere.
> ℟. Nondum enim Ascendi ad Patrem meum.

Il testo del terzo periodo coincide con il brano di *Mc* 16,9 a cui vengono però aggiunti il soggetto *Iesus* (per facilitare la comprensione) e l'avverbio *hic* (a motivo

---

940 *PrSS1925*, 48-49; *PrSS1947*, 48-49.

941 *PrSS1623*, 35.

942 Cfr. *PrSS1670*, 50; *PrSS1752*, 31; *PrSS1786*, 31; *PrSS1796*, 31; *PrSS1855*, 34; *PrSS1862*, 31; *PrSS1866*, 36; *PrSS1877*, 33-34; *PrSS1896*, 48-49; *PrSS1900*, 49-50. L'antifona del secondo periodo era uguale a quella del terzo con la differenza che mancava la parola *autem* (cfr. *ITS1583*, 299; *ITS1586*, 345; *ITS1598*, 176). Un testo simile veniva proclamato nel primo periodo: cfr. *ITS1431*, 75; *ITS1492*, 227; *ITS1567*, 164.

del luogo in cui viene proclamato). L'avverbio *primo* che nel testo figurava davanti a *Mariæ* viene invece tolto perché nella tradizione francescana Gesù si manifestò prima di tutto a sua madre. Si deve però notare che le due stazioni delle apparizioni del Risorto non sono in ordine cronologico.

Il versetto della processione proviene dalla pericope *Io* 20,17: i compilatori della liturgia hanno aggiunto il vocativo *Maria* per rendere più chiara la parola di Gesù.

16.4. *Orazione*: Beatæ Mariæ Magdalenæ

Si presenta il testo della colletta delle edizioni dei due processionali del quarto periodo[943]:

> Béatæ Mariæ Magdalenæ, quǽsumus, Dómine Deus, suffrágiis adjuvémur: cujus précibus *exorátus*, quatriduánum fratrem *Lázarum vivum ab ínferis* resuscitásti: sed te post resurrectiónem vivum hic ostendísti: Qui vivis et regnas in sǽcula sæculórum. ℟. Amen.

Seguono varie orazioni legate alla santa che viene venerata in questa stazione.

Si presenta per prima la colletta che veniva intonata con la riforma dell'OBICINI[944] e che rimase uguale durante il terzo periodo[945]:

> Beatæ Mariæ Magdalenæ quæsumus Domine Deus suffragiis adiuvemur: cuius precibus *non solum* quatriduanum fratrem resuscitasti; sed te *Dominum* post resurrectionem *hic* vivum ostendisti: Qui viuis & regnas in sæcula sæculorum. Amen.

---

943 *PrSS1925*, 49; *PrSS1947*, 49.

944 *PrSS1623*, 36.

945 Cfr. *PrSS1670*, 50-51; *PrSS1752*, 31-32; *PrSS1786*, 31-32; *PrSS1796*, 31-32; *PrSS1855*, 35; *PrSS1862*, 36-37; *PrSS1866*, 37; *PrSS1877*, 34; *PrSS1896*, 49; *PrSS1900*, 50. L'orazione del secondo periodo era invece la seguente:

> «Benignissime Domine Iesu Christe, Alpha, & Omega: qui mane prima sabbathi. Magdalenam lachrymabiliter te quærentem, primum, inter peccatores, in hoc loco, apparere voluisti: & ei, te affabilem iucundis confabulationibus, & vultu desiderabili præbuisti: concede nobis indignis famulis tuis; vt sacratissimam faciem tuam gratiarum plenam, in cælesti gloria meritis tuæ resurrectionis, videre valeamus. Qui viuis & regnas cum Deo patre, &c.» (in: *ITS1586*, 345; cfr. anche *ITS1583*, 300 e *ITS1598*, 176).

Un testo simile veniva proclamato nel primo periodo: cfr. *ITS1431*, 75; *ITS1492*, 228; *ITS1567*, 164-165.

Quindi il testo[946] del formulario del Messale romano prima della riforma del Vaticano II per la ricorrenza di santa Maria Maddalena:

> Beat[a]ę Mari[a]ę Magdalen*e* qu[a]ęsumus domine suffragijs adiuvemur: cuius precibus *exoratus,* quatriduanum fratrem Lazarum viuum ab inferis resuscitasti: Qui viuis & reg[nas].

E quest'ultima tabella presenta il testo dell'orazione di cui si avvale la liturgia conciliare il giorno della festa del 22 luglio[947]:

> Deus, cuius Unigénitus Maríæ Magdalénæ ante omnes gáudium nuntiándum paschále commísit, præsta, quǽsumus, ut, eius intercessióne et exémplo, Christum vivéntem prædicémus, et in glória tua regnántem videámus. Qui tecum vivit.

Oggi il testo del processionale corrisponde a quello del Messale romano antecedente alla riforma, per il giorno del 22 luglio, ricorrenza liturgica della Santa, con l'aggiunta del vocativo *deus* e della lezione *sed te post resurrectionem vivum hic ostendisti* che permette un adattamento della preghiera al Luogo venerato.

La colletta usata nella liturgia tridentina è tardiva e non si trova nei Sacramentari antichi. Riportata dal BRUYLANTS[948], fa la sua apparizione nel Messale romano con il Messale della Regola[949], poi passa nell'*editio princeps*[950], nel Messale tridentino[951] e nelle sue edizioni successive.

La riforma liturgica non ha conservato questa preghiera per la nota confusione sulla Maddalena[952]; anzi il testo precedente insisteva di più sulla risurrezione di Lazzaro che non sull'apparizione di Cristo alla Santa, perciò il testo eucologico viene del tutto modificato. Da alcuni anni, giunti a questo punto della processione, il celebrante non canta più la colletta inclusa nel processionale, ma quella che si trova ora nel Messale romano.

---

946 *MR1570*, 515 [n° 2915]; *MR1962*, 597 [n° 3134].

947 *MR1970*, 579; questo testo viene anche ripreso dal Messale votivo di Terra Santa per la Messa che si può celebrare ogni giorno presso quest'altare (cfr. *MVCTS1982*, 444).

948 Cfr. *OrMR*, 28 [n° 68].

949 Cfr. *MReg*, 441 [n° 2383].

950 Cfr. *MR1474*, 281 [n° 2070].

951 Cfr. *MR1570*, 515 [n° 2915].

952 Cfr. n° **16.1**.

16.5. Interpretazione sintetica

La visione tridentina di questa Santa era tutta orientata verso Maria di Magdala, peccatrice e sorella di Lazzaro. L'eucologia di questa stazione si collocava perciò su dei testi romani "sviati" inserendovi timidamente alcuni ricordi di Maria, testimone della risurrezione. Le uniche allusioni di quest'apparizione del Signore sono aggiunte su un testo che di per sé aveva un altro orientamento. Infatti, le due ultime strofe dell'inno e la lezione *sed te post resurrectionem vivum hic ostendisti* della colletta vengono composte *ad hoc*. Anche l'antifona biblica non corrisponde ad una lettura tridentina, e durante la Messa si legge il racconto della risurrezione di Lazzaro[953].

Molto interessante è la commemorazione della Maddalena a questo punto della celebrazione, in modo particolare quando si compie alla fine dei tre giri della processione solenne. Abbiamo visto nell'interpretazione sintetica della stazione precedente[954] che questi giri attorno all'edicola sono da collegare con una mimesi in cui i fedeli rivivono la ricerca affannosa del Signore da parte delle pie donne e della Maddalena. Inoltre, il brano del *Cantico dei Cantici* già citato (*Cant* 3,1-4) si addice bene alla testimone della risurrezione perché, dalla riforma tridentina in poi, viene proprio adoperato come prima lettura della Messa del giorno della ricorrenza della Santa[955].

16.6. Suggerimenti per cambiamenti

16.6.1. Presentazione

Per introdurre questa stazione, viene ora proposto un versetto della sequenza *Victimæ paschali laudes*. Lo stico «Dic nobis Maria, quid vidisti in via?»[956] chiede alla Maddalena in che modo fu teste privilegiato della risurrezione nella mattina della Pasqua del Signore. Con un genere letterario simile, l'inno proposto per questa stazione[957] presenta la testimonianza della Santa come risposta ad un interlocutore immaginario.

---

953 Cfr. *MR1570*, 515 [n° 2919]. Anche nell'Ufficio non si leggeva il racconto evangelico della risurrezione (cfr. *BR1568*, 817-820 [n° 5132-5157]).

954 Cfr. n° **15.6.**

955 Cfr. *MR1570*, 515 [n° 2916]; *OLM*, 297.

956 *OLM*, 449; si tratta anche del versetto alleluiatico della festa di santa Maria Maddalena (*OLM*, 297).

957 Cfr. n° **16.6.2.**

16.6.2. Inno

Sono molte le possibilità per procedere ad una sana riforma. Non potendo ripristinare totalmente l'inno attuale, si potrebbe, come già fu fatto dall'OBICINI, scegliere varie strofe provenienti dai diversi testi presentati al paragrafo **16.2.1.** La nuova proposta prevede invece di sostituire l'inno tuttora in vigore con quello del secondo periodo (di undici strofe) e che si adatta perfettamente al luogo. Questo inno contiene una coerenza interna che non richiede e neppure permette di inserire strofe prese dai due altri carmi[958]. Il testo ora in uso ha sei strofe, e dobbiamo aggiungerne almeno due per il tempo del *Pater-Ave-Gloria*. L'ambiente in cui si svolge la funzione permette la partecipazione dei fedeli e la presenza dell'organo favorisce la solennità. L'inno proposto potrebbe cancellare l'ottava strofa perché, contrariamente alle altre, non viene scritta in prima persona e ha un testo poco chiaro[959]. Infine, nonostante l'ultima strofa contenga un *hic*, in conformità con gli altri inni in onore della Maddalena, la dossologia verrà soppressa. Il nuovo inno verrà ad essere composto da nove strofe.

È bene mantenere la melodia di questa stazione che è bella e molto apprezzata da tutti: basterà ripristinarla con il testo proposto[960] visto che il metro rimane simile. Nel caso della processione solenne, per mettere in evidenza il carattere introduttivo della prima strofa, essa potrebbe venire cantata con la melodia gregoriana, mentre le altre, che corrispondono alla risposta della Santa, con la melodia polifonica.

---

958 La scelta di introdurre il carme del secondo periodo permette di ridare vita ad un canto del patrimonio francescano di Terra Santa, pur presentando il problema di non essere mai stato tradotto in nessun'altra lingua (contrariamente all'inno di LENTINI che è già stato tradotto in varie lingue in forma ritmica).

959 Infatti, non solamente il testo possiede delle varianti nei tre diari del RADZIVIŁ, ZUALLARDO e COTOVIC, ma anche viene riportato con altre due lezioni ancora differenti dal DU CLOU e dal GRATZ.

960 L'*Instituto generalis de Liturgia Horarum* al n° 177 così recita: «Hymni noviter inducti melodiis eiusdem numeri et metri adornati possunt, quæ usu traditæ sunt» (in: *LH* I, 73).

textus: auctor anonymus OFM, *sæc.* XVI;
melodia: IULIANUS SPIRENSIS OFM?, *sæc.* XIII.

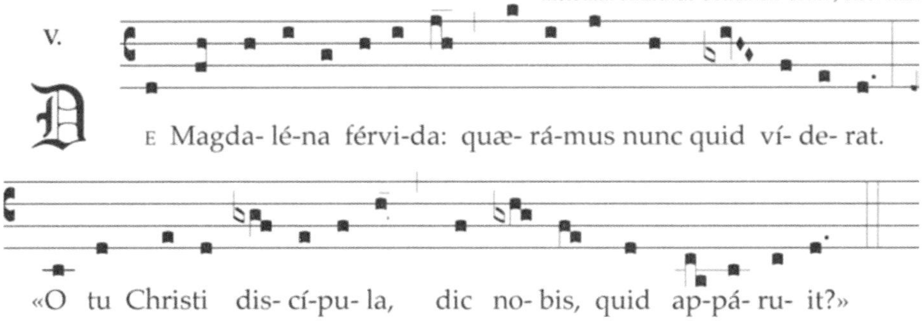

2. «Sepúlcrum cum sudário,
et téstibus angélicis,
in albísque sedéntibus,
hæc meis vidi óculis.

3. Meum quærébam Dóminum,
sed tota plena lácrimis,
hinc inde currens rédiens,
et mori secum cúpiens.

4. Eúntibus discípulis,
non ibam ego íllico;
sed ign*e* amóris ánxia,
ardébam desidério.

5. O vitæ nostræ gloria!
O nostræ amor ánimæ!
Clamábam ut insípiens,
amóre eius lánguida.

6. Ipse post hæc appáruit
sua divína grátia,
licet tunc non cognóverim,
in hortuláni hábitu.

7. Sed qui donávit mortuis
vitam, et hos ab ínferis
redúxerat ad gáudia,
me consolári vóluit.

8. Ad ipsum cito adii,
o tu mi dulcis Rábboni,
dixi, et pedes prótinus
tunc ósculari vólui.

9. Sed ille, quia ómnia,
nondum sciébam óptime,
ad Patrem quod ascénderat,
“Noli, inquit, me tángere”».

16.6.3. Lettura breve

Il brano di Marco non ha avuto nessun cambiamento con la *Neo Vulgata*. Per gli stessi motivi già spiegati in **16.3.**, verranno mantenuti rispetto al testo biblico. Riguardo al versetto, la modifica della nuova lezione biblica, trattandosi di un responsorio e quindi di un testo eucologico, la sua forma tradizionale verrà mantenuta; al versetto però verrà aggiunta la conclusione *allelúia* caratteristica del tempo pasquale e delle stazioni che commemorano eventi pasquali. Il testo proposto è quindi il seguente:

Lectio brevis *Mc* 16,9

Surgens Iesus mane, prima sábbati, appáruit [...] **HIC** Maríæ Magdalénæ, de qua eiécerat septem dæmónia.

℣. María, noli me tángere, allelúia.
℟. Nondum enim ascéndi ad Patrem meum, allelúia.

16.6.4. Orazione

Se l'attuale orazione contiene la confusione sulla Santa, l'orazione del Messale (che in pratica già si usa) si addice perfettamente alla stazione essendo puramente pasquale. La precisazione *ante omnes* dell'orazione del Messale verrà tuttavia tolta perché non corrisponde alla tradizione del Luogo, invece l'aggiunta di un *hic* che lo specifica sembra perfettamente opportuno.

> Orémus.
> Deus, cuius Unigénitus Maríæ Magdalénæ HIC gáudium nuntiándum paschále commísit, præsta, quǽsumus, ut, eius intercessióne et exémplo, Christum vivéntem prædicémus, et in glória tua regnántem videámus. Qui tecum vivit et regnat in sǽcula sæculórum. ℟. Amen.

Questa preghiera presenta il vantaggio di aprire ai pellegrini la grazia di annunciare il Cristo risorto. Proprio nella stazione seguente si celebrerà l'apparizione alla Madre e poi, questa nuova proposta prevede l'apparizione ai discepoli prima di concludere con la manifestazione della presenza del Risorto ad ogni cristiano.

17. XIV. AD SACELLUM APPARITIONIS CHRISTI RESURGENTIS MATRI SUÆ MARIÆ

17.1. *Introduzione*: descrizione della stazione

La processione termina nel luogo in cui era iniziata, vale a dire nella *Cappella dell'Apparizione di Cristo risorto a Maria sua madre* (cfr. mappa al numero 33). Questa apparizione, avvenuta accanto al sepolcro vuoto dopo la risurrezione, non è riferita da nessun dei quattro Vangeli, ma viene legata ad una tradizione copta[961] ripresa a Gerusalemme e testimoniata da vari Padri della Chiesa. Il primo autore ricordato come teste della credenza in un'apparizione di Gesù alla Madonna è TAZIANO. Infatti sant'EFREM[962], nella *Evangelii concordantis expositio*, seguendo il *Diatesseron* di TAZIANO, confonde la Vergine con Maria Maddalena della quale si parla in *Io* 20,1-18. In più luoghi sant'EFREM non mostra nessun dubbio al riguardo. Dopo di lui molti autori orientali, seguiti poi da altri latini[963], porteranno avanti questa tradizione fatta propria da papa GIOVANNI PAOLO II in un'allocuzione[964] tenuta a

---

[961] P. DEVOS, «L'apparition du ressuscité à sa mère. Un nouveau témoin copte», *Analecta Bollandiana* 96 (1978) 388

[962] Cfr. EPHRAEM SYRUS, *Commentaire de l'Évangile concordant ou Diatessaron* 21,22-29. *Traduit du Syriaque et de l'Arménien*, intr. tr. notes L. Leloir (SChr 121), Paris 1966, 385-392.

[963] Per una presentazione dei Padri che testimoniano questo fatto, cfr. V. BUFFON, «A proposito di una recente controversia mariologica», *Marianum* 2 (1940) 410-424; G. M. ROSCHINI, «Intorno all'apparizione di Gesù risorto alla sua santissima Madre», *Palestra del Clero* 19 (1940) 236-246; C. VONA, «L'Apparizione di Cristo risorto alla Madre negli antichi Scrittori cristiani», *Divinitas* 1 (1957) 479-527.

[964] Cfr. GIOVANNI PAOLO II, «Maria fu la prima a ricevere l'annuncio della Risurrezione», in *Insegnamenti di Giovanni Paolo II* 17,1, ed. G. Grieco, Roma 1994, 877-878.

Non era la prima volta che il Pontefice si esprimeva riguardo al privilegio di Maria di essere la prima testimone della Risurrezione: nell'udienza generale del 2 maggio 1979, ribadisce che anche se i Vangeli non dicono nulla della visita della Madonna al luogo della risurrezione, egli pensa che ella doveva "in qualche modo starci per prima" (cfr. GIOVANNI PAOLO II, «Affido a Maria le vocazioni sacerdotali», in *Insegnamenti di Giovanni Paolo II* 2,1, Roma 1980, 1033-1036). Nell'allocuzione della *Regina cœli* del 10 aprile 1983, egli sottolinea che, in quanto prima redenta, come è stata in modo speciale vicino alla croce del Figlio così ha avuto un'esperienza privilegiata del Risorto (in: GIOVANNI PAOLO II, «Nella "Pacem in terris" i fondamenti dell'unica pace vera», in *Insegnamenti di Giovanni Paolo II* 6,1, Roma 1983, 921-923). Durante l'udienza generale del 21 maggio 1997, il Pontefice ipotizza che gli autori del Nuovo Testamento non parlino di quest'incontro perché questa testimo-

Castel Gandolfo dopo la recita della *Regina cœli* il 4 aprile 1994, lunedì dell'Angelo. Il Papa affermò quel giorno che, se Maria ha ricevuto l'annuncio dall'Angelo nell'Incarnazione, è stata lei la prima a ricevere l'annuncio della risurrezione. Anche il recente documento della CONGREGAZIONE PER IL CULTO DIVINO E LA DISCIPLINA DEI SACRAMENTI[965] sulla pietà popolare conferma l'incontro del Risorto con la madre ribadendo che l'associazione del Figlio alla Madre è costante: nell'ora del dolore e della morte, nell'ora del gaudio e della risurrezione.

Molti scrittori vedono il primo indizio scritto di questa tradizione nel mondo latino nel testo di sant'AMBROGIO: «Vidit ergo Maria resurrectionem domini, et prima uidit et credidit»[966]. Ma i critici non sono unanimi sul fatto che egli abbia voluto parlare della Madonna e non della Maddalena. Chi di sicuro ha testimoniato, nel mondo latino, dell'apparizione di Cristo a sua madre è stato il poeta SEDULIO nel quinto secolo, che ne parla esplicitamente:

«Quæ cum clarifico semper sit nomine Mater –
Semper Virgo manens, huius se visibus astans –
Luce palam dominus prius obtulit»[967].

Lo stesso autore precisa il suo pensiero in un altro scritto:

> «Huic sese Dominus illico post triumphum resurrectionis ostendit, ut pia genitrix, et benigna talis miraculi testimonium vulgatura, quae fuit nascentis janua, dum venisset in mundum, haec esset ejus nuntia, deserentis inferna»[968].

Tutto l'Ordine serafico di san Francesco ha ereditato questa devozione nella recita della *corona francescana* per cui, nel sesto dei setti gaudi mariani, si contempla la Madonna che vide «cum gaudio prima a mortuis resuscitatum»[969]. La tradi-

---

nianza avrebbe potuto essere considerata, da parte di coloro che negavano la risurrezione, troppo interessata, e quindi non degna di fede (cfr. GIOVANNI PAOLO II, «Maria e le risurrezione di Cristo» in *Insegnamenti di Giovanni Paolo II* 20,1, Roma 1999, 1223-1225).

965 Cfr. CONGREGAZIONE PER IL CULTO DIVINO, *Direttorio su pietà popolare e liturgia* 149, 126-127.

Questo stesso documento afferma che anche la liturgia odierna allude all'apparizione del Risorto a sua Madre nel prefazio della messa *Beata Maria Virgo in Resurrectione Domini* (Cfr. *Collectio missarum de beata Maria Virgine* 1, Città del Vaticano 1987, 64-65) o quando chiede «qui Maríam [...] in resurrectióne Fílii tui replesti lætitía» nelle preci dei secondi Vespri del comune della Madonna (in: *LH* I, 1443; *LH* II, 1546; *LH* III, 1443; *LH* IV, 1433).

966 AMBROSIUS, *De virginitate* 3,14, in *Opere morali II/II. Verginità e vedovanza*, ed. F. Gori (Sancti Ambrosii Episcopi mediolanensis opera 14/2), Milano-Roma 1989, 24.

967 SEDULIUS, *Carmen Paschale* 5, in *Opera Omnia*, ed. I. Huemer (CSEL 10), Wienn 1885, 140-141.

968 SEDULIUS, *Opus Paschale* 5,29, ed. Huemer, 297-298.

969 *Rituale romano-seraphicum Ordinis Fratrum Minorum [Veni Creator Spiritus]*, Roma 1955, 96.

zione di questo memoriale all'interno della basilica è tanto antica almeno quanto la presenza dei frati minori. In effetti, dopo la sua visita del 25 novembre 1383, il FRESCOBALDI scriveva: «Ancora è ivi appresso un'altra cappella, dove Cristo apparve alla Nostra Donna, e ufficiasi pe' frati del Monte Sion dell'Ordine di san Francesco»[970]. Oggi, nella cappella titolata a questa apparizione, a sinistra dell'altare si può ammirare una rappresentazione in bronzo dell'incontro di Gesù con sua madre sulla quale è incisa l'iscrizione: «Virginis oculi pleni facti sunt filii visu et ipsa vultum eius intuita est divinum».

Rito. Fatta la genuflessione all'*Altare del santissimo Sacramento*, i frati si recano in fondo alla cappella (il coro dove recitano la *Liturgia Horarum*) per lasciar posto in cappella al maggior numero di fedeli. Il celebrante sale sulla predella e, baciato l'altare, incensa la croce, poi l'altare. Quindi, consegna il turibolo al turiferario, e voltato verso di lui, viene incensato. Cantato l'inno *Iesum Christum crucifixum*, nelle vigilie e nelle feste viene rivestito col piviale e il suo primo assistente fa l'esposizione solenne. Nei giorni feriali invece, apre subito il tabernacolo per l'esposizione semplice. Cantato il mottetto eucaristico, si alza e, terminata l'antifona mariana, cioè il *Gaude Virgo*, canta la colletta.

Seguono, diverse per ogni giorno della settimana, alcune antifone con la rispettiva colletta. Cantato il *Tantum ergo*, data la benedizione e deposto il velo omerale, il celebrante rimette il santissimo Sacramento nel tabernacolo. Fatta la genuflessione, ritorna in sagrestia con i suoi assistenti[971].

17.2. *Inno*: Iesum Christum crucifixum

17.2.1. Paragone dei diversi inni

Pochi sono gli inni ricordati per cantare l'incontro di Gesù risorto con sua Madre. Si presenta l'ultimo carme[972] dell'attuale processione:

1. Jesum Christum crucifíxum
Ob peccatórum crímina,
Hunc vidísti, et flevísti,
O gloriósa Dómina.

2. Victa nece, fracta lethe,
Splendor patérnæ gloriæ,
Gaude vivens, venit splendens,
Jam lucis orto sídere.

3. Morti datum suscitatum
Solútis cernis lúctibus;
Unde pontus, astra, mundus;
Exúltet cælum láudibus.

4. Hinc imménsas psallat odas
Omnis sacrátæ Tríadi:
Quæ nos ducat, et inducat
Ad cœnam Agni próvidi. Amen.

---

970 L. FRESCOBALDI – S. SIGOLI – G. GUCCI – ECC., *Viaggi in Terra Santa*, Firenze 1862, 119-121.

971 Cfr. *3SSQ*, 88-90.

972 *PrSS1925*, 49-50; *PrSS1947*, 49-50.

Come il precedente inno, questo entra a far parte della processione con la riforma del 1623 ed è rimasto uguale fino ad oggi[973]. Perciò non si riporta la versione del terzo periodo[974].

Per quest'ultimo carme della processione, gli elementi di paragone sono già stati esposti nella parte storica[975] e riassunti nell'appendice[976]. Si ricava che:

nel primo periodo, quando la processione iniziava ancora con questa stazione, veniva intonata un'antifona alla Madonna (la *Regina cæli* al tempo di MARIANO da Siena [1431] e la *Salve Regina* dalla testimonianza di F. FABRI in poi [1480]): ambedue non facevano memoria delle apparizioni del Risorto a sua Madre;

nel secondo periodo, a conclusione del rito quotidiano, si cantava la *Regina mundi cælique* di composizione gerosolimitana, centrato sull'apparizione del Risorto (*die vidisti tertia, / et corporis et animæ* in 3,2.4.);

infine, dalla riforma dell'OBICINI in poi, si canta (senza nessun mutamento) lo *Iesum Christum* che allude chiaramente alle apparizioni di Cristo risorto a sua Madre.

17.2.2. Autore e storia dell'inno

L'ultimo inno di questa serie risale al periodo tridentino ed è probabilmente stato composto in vista di questa processione dallo stesso Tommaso OBICINI. È rimasto invariato dal 1623, quando è stato inserito per la prima volta nel processio-

---

973 Cfr. *PrSS1623*, 36-37; *PrSS1670*, 51; *PrSS1752*, 32-33; *PrSS1786*, 32-33; *PrSS1796*, 32-33; *PrSS1855*, 35-36; *PrSS1862*, 32-33; *PrSS1866*, 37-38; *PrSS1877*, 34-35; *PrSS1896*, 50-51; *PrSS1900*, 51-52.

974 Invece, si riporta l'inno del secondo periodo che è riportato dallo ZUALLARDO: in *ITS1586*, 345 (cfr. il testo equivalente in *ITS1583*, 184 e *ITS1598*, 176 classificato in CHEV IV, 297 [n° 40451]).

1. *Regina mundi cælique, / Lætare super sydera, / Quem meruisti parere, / Vidisti ipsum vincere.*

2. *Surgens Christus ab inferis, / Primo tibi diluculo / Venit cum omni iubilo, / Vt daret tibi gaudium.*

3. *Quem Crucifixum corpore, / Die vidisti tertia, / Surrexit iam in gloria / Et corporis, & animæ.*

4. *Ex istis ergo omnibus, / Sit Trinitati gloria, / Ac tibi Matri Virgini, / Atque nobis in patria. Amen.*

Si ricorda che, durante il primo periodo, questa stazione non c'era, e la funzione si concludeva davanti all'Edicola.

975 Cfr. capitolo **secondo**.

976 Cfr. al n° **4.**

nale del terzo periodo, fino ad oggi. Inoltre non è mai uscito dall'ambito di questa funzione para-liturgica[977].

17.2.3. Contenuto biblico, teologico, patristico

Questa stazione è l'unica che non sia legata al ricordo di un fatto evangelico o storico (ad esempio, la scoperta della Croce da parte di Elena), bensì ad una pia tradizione. Risulta che il carme viene composto senza usare direttamente la Sacra Scrittura e si accontenta a volte di alludere ad alcuni passi biblici. Viene formato invece da un centone di vari altri inni in uso nella liturgia latina. Il carme riassume la pienezza del mistero pasquale di cui fu testimone privilegiata la Madonna e si può dividere nel modo seguente:

1. Morte di Cristo (*strofa 1*)
2. Discesa negli inferi (*strofa 2*)
3. Risurrezione (*strofa 3*)
4. Dosologia trinitaria (*strofa 4*)

La riforma liturgica svoltasi dopo il Concilio Vaticano II insiste molto sull'unità del mistero pasquale della morte e risurrezione di Gesù Cristo. Il carme che viene cantato in quest'ultima stazione, pur essendo stato composto dopo il Concilio tridentino si rivela d'avanguardia.

1. La prima strofa ci porta sul Calvario dove il Signore viene crocifisso per la remissione dei *peccatorum crimina* (cfr. *Lc* 24,47; *Rom* 5,8), mentre Maria sua madre sta presso la Croce (cfr. *Io* 19,25). Non è l'apostolo Giovanni a scrivere che la Madonna piangeva, bensì il beato IACOPONE, quando aggiunge alla narrazione del quarto Vangelo che la Madre stava «iuxta Crucem lacrimosa»[978], come Rachele che piange la morte dei figli (cfr. *Ier* 31,15 ripreso in *Mt* 3,18). Anche contemplata in preda al massimo del suo dolore, il poeta la interpella: *O gloriosa Domina*[979] (1,4) usando il titolo di un altro inno del VII-VIII secolo (di autore sconosciuto) che da secoli fa parte del Comune dell'Ufficio della Madonna[980], e - per una parte del terzo

---

977 Cfr. *CHEV* I, 587 [n° 9717].

978 *AH* 54, 312 [n° 201]; cfr. pure n° **12.2.1.**

979 Cfr. *BR1568*, 1016 [n° 6659]; *LENT*, 254 [n° 249]; cfr. pure l'edizione critica dell'inno in *AH* 50, 87 [n° 72]: si tratta infatti delle tre ultime strofe del *Quem terra, pontus, æthera*.

In questo paragrafo, tutti gli inni vengono citati dal *BR1568* perché, visto il periodo di redazione dello *Iesum Christum crucifixum*, il carme cita sempre la forma pre-urbaniana degli altri inni.

980 Cfr. *BR1568*, 1016 [n° 6659]; *LENT*, 254 [n° 249].

periodo[981] - della processione Quest'ultimo inno per secoli è stato attribuito a VENANZIO FORTUNATO[982], autore che senz'altro ha sempre ispirato i liturgisti di Terra Santa.

2. Con la seconda strofa il poeta si reca con la mente negli inferi dove è vinta la morte (cfr. *1 Cor* 15,33) e abbattuto l'inferno (cfr. *1 Pe* 3,19). Maria viene invitata a rallegrarsi perché il sole sta per sorgere, come afferma il poeta citando il titolo dell'antico inno del secolo VIII di autore ignoto[983]: *iam lucis orto sidere* (2,4). Non si annuncia l'astro del cielo ma suo Figlio, vero sole, che *vivens venit splendens* (in 2,3; cfr. *Mt* 28,3; *Mc* 16,5; *Lc* 24,4).

3. I sentimenti di Maria si sviluppano in ogni strofa: dalle lacrime davanti alla morte del Figlio, alla gioia nel momento della risurrezione: ecco che adesso ogni dolore svanisce perché contempla con i suoi occhi colui che era morto e che ora vive per sempre. La gioia della Madonna non è una gioia egoista, tutto il creato viene invitato a esultare assieme a lei:

i *pontus, astra, mundus* (3,3) che il poeta cita ricordano gli elementi che, secondo il *Lustra sex* di san VENANZIO FORTUNATO, sono stati purificati dal sangue di Cristo[984];

e non solo il mondo terrestre ma anche quello celeste *exultet cælum laudibus* (3,4) come canta la Chiesa[985], con le parole dell'ignoto autore del secolo X, nel Vespro delle feste degli Apostoli.

4. Infine, dopo questo crescendo delle gioie della Madonna che si comunicano a tutta la Chiesa di cui la Madre di Dio è figura[986], risulta evidente che il poeta chiama ciascuno alla lode della Santissima Trinità: essa invita tutti *ad cenam Agni providi* (4,4) riprendendo così l'inno[987] del Vespro del tempo pasquale che si aggiunge a quello cantato davanti alla Tomba durante la processione solenne.

---

[981] Questo inno verrà inserito nella processione per la prima volta nel 1855 (cfr. *PrSS1855*, 43-44; *PrSS1862*, 38-39; *PrSS1866*, 48-49; *PrSS1877*, 45-46; *PrSS1896*, 65-66; *PrSS1900*, 64-65) nella sua forma urbaniana *O Gloriosa Virginum* (in uso nell'allora Breviario romano) dopo il canto del *Gaude Virgo*. L'aggiunta di questo carme verrà abolita con la riforma del 1924.

[982] Cfr. *LENT*, 253-254 [n° 248-249].

[983] Cfr. *BR1568*, 48 [n° 90]; cfr. anche *LENT*, 58 [n° 56]; *AH* 51, 40 [n° 41].

[984] Cfr. BULST, *Hymni latini antiquissimi*, 128; *LENT*, 107 [n° 103]. Il testo viene anche riportato al n° **12.2.1.** perché è cantato al Calvario durante la processione.

[985] Cfr. *BR1568*, 939 [n° 6040]; cfr. *LENT*, 259 [n° 254]; *AH* 51, 125 [n° 109].

[986] Cfr. *LG*, 64 [n° 63].

[987] Cfr. *BR1568*, 399-400 [n° 2507]; cfr. BULST, *Hymni latini antiquissimi*, 116; *AH* 51, 87 [n° 83]; cfr. pure per la versione riformata di stesso titolo in *LENT*, 117 [n° 113].

17.2.4. Aspetto metrico e musicale

È difficile dire quale fosse la melodia originaria di questo inno dimetro giambico, visto che nel libretto del 1623 figura solamente il suo *incipit*: sembra che allora corrispondesse al *Decus morum*[988] il cui testo fu composto, secondo la cronaca di fra SALIMBENE DE ADAM[989], dal cardinale TOMMASO DA CAPUA, e la cui melodia fu scritta dal suo maestro di canto, fra ENRICO DA LUCCA. Secondo altre fonti, il compositore della melodia del *Decus morum* sarebbe fra GIULIANO DA SPIRA[990]. Il *Decus morum* si cantava durante i Vespri della solennità di san Francesco. Dato che la musica fu scritta per intero nel processionale solamente dalla fine del XIX secolo in poi, non si può affermare che già al tempo di OBICINI tutto lo *Iesum Christum* si cantasse con questa musica[991].

Con la riforma del 1924 si cambiò la melodia con un'altra di stessa modalità e non si è in grado di dire da dove provenga l'attuale che viene ora riportata:

17.3. *Antifona*: Gaude Virgo

Anziché un responsorio recitato dal sacerdote celebrante, dopo l'inno viene cantata dal cantore quest'antifona alla quale i partecipanti rispondono con il proprio ritornello[992]. La musica di questo canto verrà riportata al paragrafo **17.7.3.** di questo studio.

---

988 Cfr. *CRS*, 167.

989 Cfr. *Fonti Francescane. Scritti di san Francesco d'Assisi. Cronache e altre testimonianze del primo secolo francescano. Scritti e biografie di santa Chiara d'Assisi*, Litovelox - Trento 1990, 2103 [n° 2591]; SALIMBENE DE ADAM, *Chronica*, ed. Scalia, 580.

990 Cfr. *CRS*, 377.

991 Cfr. *FACC*, 140.

992 *PrSS1925*, 53-56; *PrSS1947*, 54-56. Si osserva che il processionale inserisce il canto delle litanie della Madonna tra l'inno *Iesum Christum crucifixum* e l'antifona: queste suppliche, che venivano cantate durante la processione tra le varie stazioni senza inno (cfr. n° **2.3.3.** **§3**), vengono conservate a questo punto della funzione. Tuttavia, trovandosi nella cappella del santissimo Sacramento in cui non vige lo *Statu quo*, per non appesantire la processione, il canto delle litanie è abolito da anni.

Gaude, Virgo, Mater Christi: Condemnátum quem vidísti.
℟. Resurréxit sicut dixit.
Gaude, lumen claritátum: Quem vidísti conclavátum.
℟. Resurréxit sicut dixit.
Gaude, *magnum fletus mare*: Quem vidísti exspiráre.
℟. Resurréxit sicut dixit.
Gaude, flos odóris miri: Quem vidísti sepelíri.
℟. Resurréxit sicut dixit.
Gaude, *Mater alma* Christi: Gloriósum quem vidísti.
℟. Resurréxit sicut dixit. Allelúja, allelúja, allelúja!
℣. Gaude et lætáre, Virgo María. Allelúja.
℟. Quia surréxit Dóminus vere. Allelúja.

La versione presentata dall'OBICINI era invece la seguente[993]:

Gaude virgo mater Christi condemnatum quem vidisti.
Resurrexit sicut Dixit.
Gaude lumen claritatum quem vidisti conclauatum.
Resurrexit sicut Dixit.
Gaude *decus virginale* quem vidisti exspirare.
Resurrexit sicut Dixit.
Gaude flos odoris miri quem vidisti sepeliri.
Resurrexit sicut Dixit.
Gaude *gaude virgo mater* Christi gloriosum quem vidisti.
Resurrexit sicut Dixit. Alleluia. Alleluia. Alleluia.
℣. Gaude & lætare virgo Maria, Alleluia.
℟. Quia surrexit Dominus vere. Alleluia.

L'antifona cambierà con il processionale del 1786 e si stabilizzerà con il testo che diventerà poi quello presentato nel paragrafo precedente[994]. Il DU CLOU precisa che, nel terzo periodo, gli *alleluia* venivano cantati «cum maxima solemnitate et

---

[993] *PrSS1623*, 40-43.

[994] Cfr. *PrSS1670*, 52-54; *PrSS1752*, 36-39; *PrSS1786*, 36-39; *PrSS1796*, 36-39; *PrSS1855*, 40-43; *PrSS1862*, 36-37; *PrSS1866*, 42-48; *PrSS1877*, 39-45; *PrSS1896*, 56-63; *PrSS1900*, 50.

Nel secondo periodo, si distingueva un formulario per la quaresima e uno per il resto del tempo liturgico. In Quaresima si diceva: «℣. Ora pro nobis sancta Dei Genitrix. ℟. Vt digni efficiamur promissionibus Christi» (in: *ITS1586*, 346); altrimenti si usava l'antifona che rimarrà poi nel terzo periodo (cfr. *ITS1586*, 345).

cum nota omni tempore, triduo Hebdomadae Sanctae excepto in quo nulla fit processio»[995].

Questa antifona è elencata dallo CHEVALIER che riserva alla processione l'uso esclusivo di questo canto[996]. Si può supporre che sia nata a Gerusalemme prima di estendersi all'Ordine serafico, che se ne serve dopo le litanie del tempo pasquale al posto del *Tota pulchra*[997].

La sua melodia varia leggermente secondo i processionali, come illustra il FACCHINI[998] presentando alcune versioni di questa stessa musica. Dalla lettera che scrisse al padre G. GOLUBOVICH[999], si può concludere che tentò di ripristinare la versione più autentica per questa edizione del processionale, anche se ci può stupire che in un cantuale dell'Ordine che lui conosceva[1000], la stessa antifona venisse proposta con il testo del 1623. FACCHINI ritiene tuttavia che quest'antifona non appartiene al patrimonio gerosolimitano, bensì a quello francescano[1001].

Il testo dell'antifona viene formato da un centone di eventi scritturistici che mettono i gaudi della Madonna in contrasto con la tragica visione della passione di suo Figlio. L'evangelista Luca riporta la presenza dei testimoni delle varie tappe della passione: tra questi è logico ci fosse anche la Madre del Signore. Infatti, la prima di queste presenze di Maria (*condemnatum quem vidisti*) viene testimoniata in *Lc* 23,27, la seconda (*quem vidisti conclavatum*) in *Lc* 23,35, la terza (*quem vidisti exspirare*) in *Lc* 23,49. Per la quarta accennata in *Lc* 23,55 (*quem vidisti sepeliri*), il gaudio di Maria viene ora contrapposto alla sua visione del Risorto, soggetto di questa stazione (essendo apocrifo, non viene riportato da Luca). Dopo ognuna di queste memorie, alla risposta dell'assemblea vengono cantati i triplici *alleluia*. Anche la risposta del versetto conclusivo viene estratta dallo stesso evangelista (cfr.

---

[995] L. DU CLOU, *Itinerarium breve Terrae Sanctae patris fratris Leonardi du Clou Lemovicensis*, 114.

[996] Cfr. *CHEV* I, 420 [n° 7012].

[997] Cfr. *CRS*, 380.

[998] Cfr. *FACC*, 141-142.

[999] Cfr. A. FACCHINI, *Lettera al MRP Girolamo Golubovich del 9 maggio 1914*, lettera di 3 pagine scritta da Ain Karem, conservata presso l'Archivio del Centro Francescano Studi Orientali Cristiani del Musky, Cairo.

[1000] Cfr. *Cantus varii in usu apud nostrates ab origine ordinis aliaque carmina in decursu sæculorum pie usu parta*, Roma – Tournai – Paris 1902, 72. Questo cantuale viene citato in *FACC*, 142.

[1001] È comunque curioso che se questo canto fosse stato familiare ai frati, venisse trascritto interamente con le note musicali in ogni processionale, mentre tutti gli inni vengono riportati con musica solamente nel primo stico. Inoltre la variazione sia del testo che della melodia è anche un segno che l'antifona può essere di composizione gerosolimitana.

Lc 24,34). Ad ogni visione, l'assemblea risponde: *resurrexit sicut dixit*, che richiama anche melodicamente il versetto dell'antifona *Regina cæli*.

17.4. *Orazione*: Deus qui per resurrectionem Filii tui

Il processionale prescrive che, all'*Altare delle Apparizioni*, la stazione venga conclusa dalle seguenti orazioni[1002] (da anni, la prassi è di cantare solo la prima):

> Deus, qui per resurrectiónem Fílii tui Dómini nostri Jesu Christi mundum lætificáre dignátus es: præsta, quǽsumus; ut per ejus Genitrícem Vírginem Maríam perpétuæ capiámus gáudia vitæ.
>
> Sanctíssimæ Genitrícis tuæ Sponsi, quǽsumus, Dómine, méritis adjuvémur: ut quod possibílitas nostra non óbtinet, ejus nobis intercessióne donétur.
>
> Deus, qui Ecclésiam tuam beáti Patris nostri Francísci méritis fœtu novæ prolis amplíficas: tríbue nobis ex ejus imitatíone terréna despícere, et cælestium donórum semper participatíone gaudére.
>
> Deus, ómnium fidélium pastor et rector, fámulum tuum *N.*, quem pastórem Ecclésiæ tuæ præésse voluísti, propitíus réspice: da ei, quǽsumus, verbo et exémplo, quibus præest, profícere; ut ad vitam, una cum grege sibi credito, pervéniat sempitérnam.
>
> Quǽsumus, omnípotens Deus, ut fámulus tuus *N.*, Rex noster, qui tua miseratióne suscépit regni gubernácula, virtútum étiam ómnium percípiat increménta: quibus decénter ornátus, et vitiórum monstra devitáre, et ad te, qui via, véritas et vita es, gratiósus váleat perveníre.
>
> Deus, refúgium nostrum et virtus, adésto piis Ecclésiæ tuæ précibus, auctor ipse pietátis, et præsta: ut quod pro præséntibus Terræ Sanctæ necessitátibus fidéliter pétimus, efficáciter conséquamur. Per Christum Dóminum nostrum. ℟. Amen

Con la riforma dell'OBICINI, la processione concludeva già con la stessa prima orazione, accompagnata da quelle che qui si presentano[1003]:

1002 *PrSS1925*, 56-57; *PrSS1947*, 56.

1003 *PrSS1623*, 43-47.

Pro Summo Pontifice

Deus, omnium fidelium Pastor, & rector, famulum tuum N. quem Pastorem Ecclesiæ tuæ præesse voluísti propitius respice; da ei quæsumus, verbo, & exemplo, quibus præest, proficere, vt ad vitam vna cum grege sibi credito, perueniat sempiternam;

Pro Imperatore

Deus regnorum omnium, & Christiani maximè Protector Imperij; da seruo tuo Imperatori nostro N. triumphum virtutis tuæ scienter excolere, vt fit semper munere totev[n]s;

Pro Regibus nostris

Qvæsumus omnipotens Deus, vt famuli tuii N.N., Reges nostri, qui tua miseratione susceperū[n]t Regnorū[m] gubernacula, virtutum etiam omnium percipiant incrementa: quibus decenter ornati, & vitiorum monstra deuitare, & ad te, qui via, veritas et vita es, gloriosi valeant peruenire;

Pro vnione Christianorum Principum

Deus qui errata corrigis: & dispersa congregas, & congregata conseruas: quæsumus super Reges, & Principes Christianos tuæ vnionis gratiam clementer infundas, vt diuisione reiecta: vero Pastori Ecclesiæ tuæ servientes tibi dignè valeant famulari;

Pro recuperatione Terræ Sanctæ

Deus, qui admirabili prouidentia tua cū[n]cta disponis, te suppliciter exoramus vt hanc terram quam vnigentus tuus proprio sanguine consecrauit; de manibus inimicorum cunctis eripias: & eam in Christiana Religione tuo nomini seruire concedas;

Pro familia Terræ Sanctæ

Defende quæsumus Domine Beata Maria semper virgine intercedente istam ab omni aduersitate Familiam, & toto corde tibi prostratam: ab hostium propitius tuere clementer indidijs;

Pro Nauigantibus

Deus, qui transtulisti Patres nostros per Mare rubrum: & transuexisti eos per aquam nimiam, laudem tui nominis decantantes te suppliciter deprecamur, vt in Naui famulos tuos repulsis aduersitatibus, portu semper optabili, cursuq[ue]; tranquillo tuearis;

Pro Peregrinis

Adesto, quæsumus Domine supplicationibus nostris: & uiam Famulorum tuorum in salutis tuæ prosperitate dispone vt inter omnes viæ, & vitæ huius varietates tuo semper protegantur auxilio;

Communis oratio.

Domine Iesu Christe largitor gratiæ & amator charitatis, qui nos orare docuisti ad te nunc clamantes exaudi: & intercedente gloriosa Virgine Maria Matre tua cum Beatis Apostolis tuis Petro & Paulo atque Beato Francisco, & omnibus Sanctis Cardinalem nostri Seraphici Ordinis Protectorem: Ierosolymitanæ Ecclesiæ Patriarcham, Prælatos omnes; et Principes, Religionis nostræ Generalem, Sacri Montis Siõ[n] Guardianum, & cunctum populum Christianum ab omni aduersitate custodi: Loca Sancta nostra, nos famulos tuos: consanguineos: ac benefactores nostros, in omni sanctitate conserua: omnesque peccatores à vitijs purga, virtutibus illustra, pacem, & salutem eis tribue, hostes verò visibiles atque inuisibiles, à nobis remoue, carnalia desideria repelle: Aërem salubrem, atque fertilem præsta, amicis, & inimicis nostris charitatem largire, atque ciuitatem istam sanctam ad cultum Christianum conuerte, & nos ab omni peste, fame, & feritate inimicorum illæsos conserua, & omnibus Fidelibus viuis atque defunctis in terra viuentium: vitam, & Requiem æternam concede: & benedictio tua sit super nos semper: Qui viuis & regnas in sæcula sæculorum. Amen. Finis.

Tutte queste preghiere si manterranno durante il terzo periodo, anzi molte altre verranno aggiunte e inserite fra di esse[1004].

La prima di queste orazioni concorda con il mistero venerato dalla stazione; le altre sono commemorazioni aggiunte, come si usava fare in quel periodo. Questa prima orazione appartiene all'eucologia romana: veniva usata nella liturgia tridenti-

---

[1004] Cfr. *PrSS1670*, 54; *PrSS1752*, 39-45; *PrSS1786*, 39-45; *PrSS1796*, 39-45; *PrSS1855*, 44-51; *PrSS1862*, 38-45; *PrSS1866*, 50-56; *PrSS1877*, 46-52; *PrSS1896*, 63-70; *PrSS1900*, 65-73.

Nel secondo periodo, veniva recitata un'unica preghiera:

«Devs, qui per resurrectionem vnigeniti filj tui Domini nostri Iesu Christi familiam tuam lætificare dignatus es, præsta quæsumus: vt per venerabilem genitricem eius, Virginem Mariam: perpetuæ capiamus gaudia vitæ. Per eundem, &c.» (in: *ITS1586*, 346; oppure una preghiere simile in: *ITS1583*, 300; *ITS1598*, 176).

A questo punto, la processione del secondo periodo concludeva subito con la seguente formula:

«℣. Dominus vobiscum. ℟. Et cum Spiritu tuo. ℣. Benedicamus Domino. ℟. Deo gratias. ℣. Diuinum auxilium, maneat semper nobiscum. Amen.» (in: *ITS1586*, 346; *ITS1583*, 300).

na alla fine della Compieta dopo l'antifona *Regina cœli*[1005]. La liturgia rinnovata utilizza questa colletta:

all'interno del formulario del comune della Beata Vergine durante il tempo pasquale[1006];

nel formulario *Beata Maria Virgo in Resurrectione Domini* inclusa nella raccolta di formulari delle Messe "della" Vergine Maria;[1007]

tra le preghiere conclusive dell'Ufficio del comune della beata Maria Vergine durante il tempo pasquale[1008].

Si deve tuttavia osservare che quest'orazione conclude ancora la preghiera della *Regina cœli*[1009] nella sua recita devozionale al mattino, a mezzogiorno e alla sera quando sostituisce l'*Angelus Domini* durante il tempo pasquale.

La consuetudine di aggiungere alle preghiere vespertine una serie di collette in cui si prega per chi è rivestito d'autorità o per necessità varie, faceva parte delle consuetudini dell'Ordine serafico[1010].

17.5. Devozioni successive

L'aggiunta di queste devozioni non era ancora presente nel processionale dell'OBICINI, che concludeva con la serie di orazioni elencata nel paragrafo **17.4.** Cominciano ad apparire con l'edizione del 1877, quando, dopo la colletta mariana conclusiva della stazione precedente, si iniziava quasi una nuova stazione[1011] in cui si cantava, dell'inno *O gloriosa Virginis*, il versetto «℣. In Conceptione tua, Virgo, Immaculata fuisti. ℟. Ora pro nobis Patrem, cujus Filium peperisti»[1012] e l'*oremus* della festa dell'Immacolata, seguito dalle varie commemorazioni che la concludevano. È evidente che questa quasi-stazione era un'infelice aggiunta votiva alla processione, probabilmente per sottolineare la *vittoria* francescana della promulgazione del dogma dell'Immacolata Concezione (1854) ad opera di papa Pio IX.

1005 Cfr. *BR1568*, 140 [n° 474]. La forma della preghiera nel breviario del 1568 corrispondeva a quella presentata nella nota precedente per la processione; verrà successivamente modificata con l'edizione clementina del 1602. È la versione mutata che sarà, sin dalla riforma dell'OBICINI, il modello per la processione.

1006 Cfr. *MR1970*, 675.

1007 *Collectio Missarum de Beata Maria Virgine*, 64.

1008 Cfr. *LH* II, 1525.1540.1547.

1009 Cfr. *Enchiridion Indulgentiarum* 17,2,3. *Normae et concessiones*, Editio quarta, Città del Vaticano 1999, 63.

1010 *Rituale romano-seraphicum Ordinis Fratrum Minorum*, 115-124.

1011 Cfr. *PrSS1877*, 45-52; *PrSS1900*, 64-67.

1012 *PrSS1877*, 46.

Con la riforma del 1925, al termine della processione i frati continuano la loro meditazione con alcune devozioni francescane nella *Cappella del Santissimo*. La serie di dieci orazioni (con una sola conclusione) ritorna a concludere la stazione che commemora le apparizioni del Risorto a sua Madre[1013]. Segue poi il canto del *Si quæris* con la sua orazione (in onore di sant'Antonio), la recita di sei *Pater-Ave-Gloria* per lucrare un'altra volta le indulgenze, una preghiera per i defunti (salmo 129, preghiera litanica, orazione) e infine si conclude con la preghiera di san Francesco: *Adoramus te*[1014]. Dopo questo, alcuni giorni della settimana si passa a devozioni francescane variabili: i martedì e venerdì[1015] si espone il *santissimo Sacramento* al canto dell'*O Salutaris Hostia* e si recitano le litanie del *Santissimo Nome di Gesù* (martedì) o del *Sacro Cuore* (venerdì), si canta il *Tantum ergo* e si dà la benedizione eucaristica; i mercoledì si recitano le litanie di san Giuseppe con versetto biblico e orazione nonché altre litanie della Madonna[1016].

Per aiutare la partecipazione dei fedeli, non usi a pii esercizi francescani, queste devozioni sono tutte state riformate nel 1964 con un rituale che ha subito molte modifiche. La prassi attuale, fissata con gli ultimi sussidi liturgici[1017], prevede che dopo l'inno *Iesum Christum crucifixum* si esponga ogni giorno il santissimo Sacramento, con un canto variabile. Al canto segue l'antifona mariana *Gaude Virgo* con il suo versetto e il suo *oremus*. Si intona quindi un'antifona: in genere in onore di san Francesco il lunedì, di sant'Antonio di Padova il martedì, di san Giuseppe il mercoledì, per la pace gli altri giorni. Dopo una pausa di silenzio, si prosegue con il canto del *Tantum ergo* con il suo versetto e la sua orazione. Infine il celebrante impartisce in silenzio la benedizione eucaristica. Dopo un canto finale (in genere dedicato alla Madonna) si scioglie l'assemblea. Si deve notare che la prassi odierna ha compiuto un notevole passo indietro, ripristinando quelle devozioni francescane che si volevano togliere.

17.6. Interpretazione sintetica

La processione quotidiana, dopo aver seguito Cristo che partiva dal Cenacolo nella notte del tradimento di Giuda, è ora giunta di nuovo nel Cenacolo, dove Gesù appare ai suoi discepoli la sera della risurrezione, e dove nasce la Chiesa il giorno di

---

[1013] Cfr. *PrSS1925*, 56-57; *PrSS1947*, 56-57.

[1014] Cfr. *PrSS1925*, 57-59; *PrSS1947*, 58-60.

[1015] Cfr. *PrSS1925*, 59-64; *PrSS1947*, 61-69.

[1016] Cfr. *PrSS1925*, 64-67; *PrSS1947*, 69-72.

[1017] Cfr. *PrSS2000.IEE*, 54-68; *PrSS2000.AFP*, 54-68 e *PrSS2006.IEE*, 54-83; *PrSS2006.AFP*, 54-83; *PrSS2013.DSH*, 54-83.

Pentecoste. La simbologia della stazione è quella di ricordare che il Signore si è manifestato a sua Madre, prima fra i discepoli, e che tutti li rappresenta.

Non solo l'inno che viene cantato mentre si incensa l'altare, ma anche l'antifona riassume l'intero mistero pasquale ed esprime il cammino compiuto dalla Madonna. Con lei ogni credente viene chiamato, al termine della processione, a vivere questo cammino di conversione lasciandosi invitare al convito eucaristico: *ad cenam Agni providi* concludeva l'inno in 4.4. Il credente potrà gioire assieme a Maria: per questo tutto il creato canta di gioia, afferma il poeta: *hinc immensas psallat odas* (4,1).

Questa stazione pone fine alla processione. Essendo l'inno così composto da un centone di vari altri inni, lo *Iesum Christum crucifixum* risulta essere una sintesi conclusiva dei vari carmi precedenti. Lo stesso vale per l'antifona.

17.7. Suggerimenti per cambiamenti

Tutto il programma rituale svoltosi in questa cappella andrà diviso in due stazioni distinte. Nella prima, si commemorerà l'apparizione del Risorto a Maria per conservare a questa stazione l'uniformità a quelle che l'hanno preceduta. La prassi attuale di esporre il Santissimo tra l'inno e l'antifona, e che non è contemplata dal processionale del 1947, costituirà il nucleo centrale di una seconda e ultima stazione. Si potrà così concludere la processione meditando sulla presenza reale del Signore.

17.7.1. Presentazione

Nessun testo eucologico latino presenta l'apparizione venerata in questo luogo, e nessun testo biblico la narra. La scritta sul bassorilievo di bronzo che rappresenta l'incontro: «Virginis oculi pleni facti sunt filii visu et ipsa vultum eius intuita est divinum!» verrà proposta come introduzione alla stazione.

17.7.2. Inno

Il testo del carme cita inni liturgici nella forma che assumevano nel *Breviarium* clementino e quindi appaiono di nuovo conformi all'attuale *Liturgia Horarum*. Se la citazione degli altri inni corrispondesse all'odierna forma (urbaniana), sarebbero comunque stati lasciati invariati: lo scopo della costituzione *Sacrosanctum Concilium* è di restituire gli inni alla loro forma originaria e non di riscriverli con criteri anacronistici[1018].

[1018] Cfr. *SC*, 123 [n° 93].

Nessun cambiamento legato al testo o alla musica appare quindi necessario per questo carme che perciò viene riproposto tale e quale:

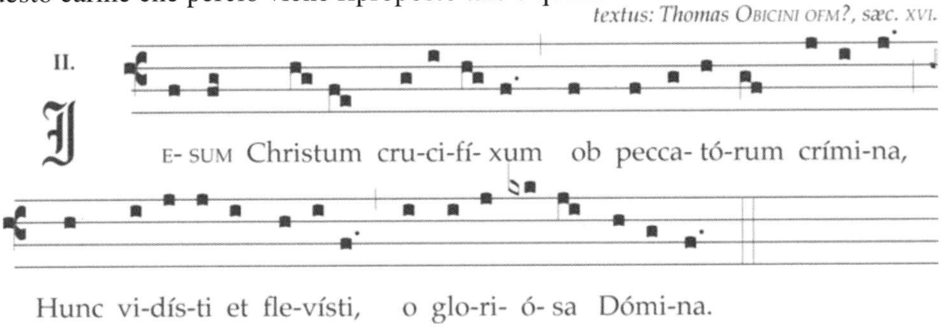

2. Victa nece, fracta lethe,
splendor patérnæ gloriæ,
gaude vivens, venit splendens,
iam lucis orto sídere.

3. Morti datum suscitatum
solútis cernis lúctibus;
unde pontus, astra, mundus;
exúltet cælum láudibus.

4. Hinc imménsas psallat odas
omnis sacrátæ Tríadi:
quæ nos ducat, et inducat
ad cenam Agni pró vidi. Amen.

17.7.3. Antifona

È evidente che nessuna lettura biblica narra esplicitamente l'incontro di Maria con il Risorto. Sembra quindi opportuno rispettare la tradizione di questa stazione e passare direttamente all'antifona dopo l'inno, come già fatto a Betlemme con la riforma del 2007 dove, davanti alla stella della Natività, dopo l'inno *Christe redempor omnium* si canta subito l'antifona solenne gerosolimitana *Bethlehem ecce in hoc parvo terrœ foraminœ* senza lettura biblica[1019].

[1019] Cfr. *PrB2007*, 6-9; *PrB2011*, 6-9.

Tuttavia, se si preferisse fare una lettura breve, si propone *Zach* 2,14-17: la Figlia di Sion chiamata ad esultare per il Signore, si addice bene ai sentimenti di lode e di ringraziamento di Maria davanti alla risurrezione di suo Figlio. Come *Yahvé* nell'antica alleanza, ecco che il Risorto ritorna ad abitare in mezzo al suo popolo. Con la risurrezione, tutte le nazioni sono chiamate a fare parte del popolo di Dio. Nel versetto 17, il Signore degli eserciti annunciava la presenza della sua divinità; questa pericope annuncia il ritorno del Risorto: si sveglia dal sonno, *consurrexit* il Signore dall'*habitaculo sancto suo*.

Con la melodia attuale, che verrà conservata, l'antifona *Gaude Virgo*, molto bella e di tradizione francescana, farà da responsorio all'inno:

cf. *Lc* 1,39; *Lc* 23,27; *Mt* 28,6; *Eccl* 24,6; *Lc* 23,35; *Lc* 23,49; *Cant* 21,1, *sæc.* XVII.

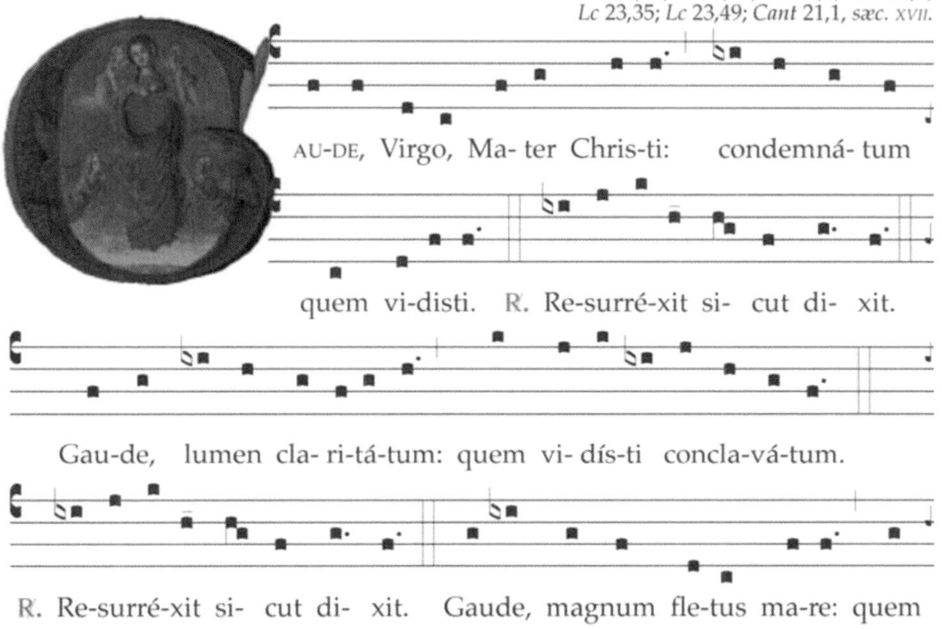

L'inizio del testo *iubila et lætare* si armonizza poi con l'inno (*gaude*, *splendens*, *exultet*, *psallat odas*), con l'antifona responsoriale *Gaude Virgo* e con la colletta (*lætificare dignatus es*):

Lectio brevis *Zach* 2,14-17

Iúbila et lætáre, fília Sion, quia ecce ego vénio et habitábo in médio tui, ait Dóminus. Et applicabúntur gentes multæ ad Dóminum in die illa et erunt ei in pópulum. Et habitábo in médio tui, et scies quia Dóminus exercítuum misit me ad te. Et possidébit Dóminus Iudam partem suam super terram sanctam et eliget adhuc Ierúsalem. Sileat omnis caro a fácie Dómini, quia consurréxit de habitáculo sancto suo".

con il responsorio:

> ℣. Gaude et lætáre virgo María, allelúia.
> ℟. Quia surréxit Dóminus vere, allelúia.

17.7.4. Orazione

L'orazione attuale andrà conservata perché possiede i vantaggi di essere pasquale, mariana, gioiosa, e cantata in questo luogo sin dal 1623:

> Orémus.
> Deus, qui per resurrectiónem Fílii tui Dómini nostri Iesu Christi, mundum lætificáre dignátus es, præsta, quǽsumus, ut, per eius Genitrícem Vírginem Maríam, perpétuæ capiámus gáudia vitæ. Per Christum Dóminum nostrum. ℟. Amen.

17.7.5. Quindicesima stazione

In epoca bizantina, appare a Roma un ufficio vesperale del giorno di Pasqua e che dura per tutta l'ottava. Viene riportato nell'*Ordo Romanus* XXVII[1020] con il titolo: *Ad vesperas die Paschæ sanctum*. Questo rito sembra dipendere dalla liturgia

[1020] Cfr. *Les Ordines Romani du haut Moyen Age* 3 [Ordo XXVII, n° 67-94]. *Les textes (ordines XIV-XXXIV)*, ed. M. Andrieu (Spicilegium Sacrum Lovaniense. Études et documents 24), Louvain 1961, 362-372.

gerosolimitana[1021]. La pellegrina EGERIA riporta nel suo diario[1022] che la sera dell'ottava di Pasqua, vescovo, clero, neofiti e popolo tutto salivano sul Monte degli Ulivi per cantare inni, salmi e recitare preghiere (Ufficio divino?) e di là si recavano verso l'*Anastasis* cantando inni, e verso il Calvario.

Nella liturgia romana classica, in Laterano, dopo l'ingresso del clero e il canto dei *Kyrie eleison*[1023], venivano intonati i salmi del giorno con le proprie antifone[1024]. Tutti si recavano poi *ad Fontes*[1025], *ad Sanctum Ioannem*[1026] e *ad Sanctum Andream ad Crucem*[1027] cantando ogni volta alcuni salmi con antifona. La celebrazione veniva conclusa con una degustazione di vino[1028]. Erano tre i *Magnificat* con antifona che venivano cantati, come tre erano i luoghi importanti di questa peregrinazione (ossia: il luogo di culto, il battistero e la cappella della Croce).

Oggi, la liturgia gerosolimitana ripete quotidianamente[1029] i testi adatti «diei et loco»[1030], che nel medioevo, nella basilica lateranense si celebravano nella sola ricorrenza pasquale. È già stato illustrato il parallelismo tra battistero e Tomba del Risorto[1031]; perciò quando a Roma si venera il fonte battesimale, a Gerusalemme si riverisce il Sepolcro vuoto. Come per la celebrazione della sera del giorno di Pasqua, la processione quotidiana inizia con la recita dell'Ufficio divino nel luogo assegnato alla liturgia, per proseguire poi verso i due poli della nostra fede, ossia la Croce e la (ri)nascita.

La prassi attualmente in vigore di esporre il Santissimo al termine della processione andrà rivista, e l'esposizione incorporata alla processione in modo da creare una quindicesima stazione che commemori l'apparizione del Risorto ai suoi discepoli[1032]. Inoltre, sin dall'inizio del quarto periodo, a questo punto della celebrazione l'eucologia è variabile; si propone perciò una scelta di testi che riprendono diverse apparizioni del Signore o eventi avvenuti dopo la risurrezione.

1021 Cfr. P. JOUNEL, « Les vêpres de Pâques », *La Maison-Dieu* 49 (1957) 97.

1022 Cfr. *IE*, 294 [n° 40,1].

1023 Cfr. *Les Ordines Romani* [Ordo XXVII, n° 68-69], ed. Andrieu, 362-363.

1024 Cfr. *Les Ordines Romani* [Ordo XXVII, n° 70-73], ed. Andrieu, 363-364.

1025 Cfr. *Les Ordines Romani* [Ordo XXVII, n° 74-75], ed. Andrieu, 364.

1026 Cfr. *Les Ordines Romani* [Ordo XXVII, n° 76], ed. Andrieu, 364-365.

1027 Cfr. *Les Ordines Romani* [Ordo XXVII, n° 77], ed. Andrieu, 365-366.

1028 Cfr. *Les Ordines Romani* [Ordo XXVII, n° 79], ed. Andrieu, 366.

1029 Cfr. n° **2.5.2.**

1030 *IE*, 270 [n° 29,5]; *IE*, 276 [n° 32,1]; *IE*, 280 [n° 35,3]; *IE*, 280 [n° 35,4]; *IE*, 294 [n° 39,5]; *IE*, 294 [n° 40,1]; *IE*, 298 [n° 42]; *IE*, 300 [n° 43,5].

1031 Cfr. n° **2.1.2.2.2.**

1032 Cfr. n° **3.4. §8**

Al termine della colletta della stazione precedente, si canterà l'inno della nuova stazione che coinciderà con un canto di esposizione (la scelta di questi inni sarà compiuta in conformità con il Rituale Romano sul culto eucaristico fuori della messa, dando la preferenza alle strofe di carattere pasquale). La spiegazione della stazione verrà offerta dalla lettura breve. Finora la maggioranza delle stazioni godeva dell'adesione del Luogo santo al mistero celebrato (come sottolineano i vari *hic*); ora si ritorna ad una celebrazione slegata dalla storicità del Luogo, anche se, come già detto, questa cappella del Santissimo ricorda in un certo qual modo il Cenacolo dove, appunto, il Signore apparve ai suoi discepoli dopo la sua risurrezione (cfr. *Mc* 16,14-15; *Lc* 24,36-49; *Io* 20,19-29). Per connettere l'eucologia della nuova stazione con la liturgia romana, verranno scelti i vari responsorii dell'ufficio del tempo pasquale che seguono la lettura biblica. Si propongono quindi sette schemi per quest'ultima stazione; essi vengono ordinati secondo un criterio cronologico (nella misura del possibile) delle letture brevi.

1. Ad inaugurare la serie, verranno scelte le due strofe di *O salutaris hostia*, ossia l'ultima parte del celebre inno eucaristico *Verbum supernum*[1033] di san TOMMASO, note per il loro collegamento con l'Eucaristia. Segue poi la lettura di *Mt* 28,8-10, che riporta le prime apparizioni del Risorto alle donne che stavano accanto alla tomba. La proclamazione viene conclusa dalla professione di fede: «℣. Christe, Fili Dei vivi, miserére nobis, allelúia. ℟. Qui surrexísti a mórtuis, allelúia»[1034].

2. Le strofe (1, 2 e 4) del *Pange lingua*[1035] che finora non sono ancora state usate dalla processione introdurranno la seconda serie: saranno seguite dalla lettura del brano di *Lc* 24,29-31 che narra la sera di Pasqua quando Gesù appare sulla strada di Emmaus e si fa riconoscere alla frazione del pane. Con il versetto conclusivo: «℣. Surréxit Dóminus vere, allelúia. ℟. Et appáruit Simóni, allelúia»[1036] (cfr. *Lc* 24,34), i fedeli sono invitati a riprendere ed a fare proprio l'invito dei discepoli: *Mane nobiscum, quoniam advesperascit* (*Lc* 24,29).

[1033] Cfr. *RR.SC1973*, 57 (*LH* III, 536; LENT, 141: l'inno si canta alle Lodi della solennità del *Corpus Domini*); per la melodia, anziché ripristinare quella proposta dalla liturgia rinnovata (cfr. *LibH*, 115), si fa la scelta di conservare la melodia tradizionale proposta nell'appendice del *Liber hymnarius* (cfr. *LibH*, 607).

[1034] *LH* II, 576; si tratta del responsorio della lettura breve delle domeniche nel tempo pasquale.

[1035] Cfr. *RR.SC1973*, 54-55 (*LH* III, 524-525; LENT, 139, è il celebre inno del Vespro del *Corpus Domini*); per la melodia, si conserva la melodia tradizionale pur sempre presentata dal *Liber hymnarius* (cfr. *LibH*, 112).

[1036] *LH* II, 535ss, responsorio dell'ora Terza nel tempo pasquale.

3. Nella terza serie, verrà proclamata la pericope di *Mc* 16,14a.15b-20 che narra un'apparizione del Signore mentre i discepoli erano a tavola. Al termine di quell'incontro, il Signore venne assunto in cielo. Con il versetto: «℣. Exaltáte regem regum, allelúia. ℟. Et hymnum dícite Deo, allelúia»[1037], i fedeli esprimono la loro lode al re dei re presente nell'Eucaristia. Questa lettura sarà preceduta dall'*Iesu nostra redemptio*[1038] che si canta appunto per l'Ascensione.

4. Dopo il canto di esposizione *Ave Verum*[1039] di papa INNOCENZO III (o IV - secolo XIII), la lettura di *Io* 20,19-20a.21-23 narra l'apparizione di Gesù ai discepoli radunati nel Cenacolo, assente Tommaso, e al dono dello Spirito per la remissione dei peccati. Le conseguenze emozioni dell'apparizione del Risorto sono identiche per i discepoli e per i cristiani di tutti i tempi: perciò i fedeli confessano quel comune stato d'animo riprendendo il versetto: «℣. Gavísi sunt discípuli, allelúia. ℟. Viso Dómino, allelúia»[1040] (cfr. *Io* 20,20) che era stato omesso dalla lettura.

5. Si inizia con alcune strofe del canto eucaristico *Adorote te*[1041], la cui strofa *Plagas sicut Thomas* prepara la pericope di *Io* 20,26-27 in cui il Risorto offre a Tommaso di riconoscerlo. Con le stesse parole con cui il discepolo fece la sua professione di fede davanti al Signore che mostrava le ferite della crocifissione, i fedeli, pur senza l'aiuto di quei segni tangibili, esprimono la stessa professione di fede con il seguente versetto: «℣. Dóminus meus, allelúia. ℟. Et Deus meus, allelúia».

6. Il Santissimo viene esposto al canto della sequenza di san TOMMASO *Ecce panis angelorum*[1042] e la meditazione sul mistero della stazione viene offerta dalla lettura di *Mt* 28,18-20 che ricorda le apparizioni del Salvatore in Galilea, quando invita gli Undici a predicare il Vangelo fino ai confini della terra e a battezzare tutte le nazioni.

[1037] *LH* II, 764; responsorio dell'ora Nona del giorno dell'Ascensione.

[1038] Cfr. *RR.SC1973*, 57-58 (*LH* II, 749; *LENT*, 127: Vespri dell'Ascensione); per la melodia, cfr. *LibH*, 88.

[1039] Cfr. *RR.SC1973*, 63.

[1040] *LH* II, 535ss; responsorio dell'ora Sesta nel tempo pasquale.

[1041] Cfr. *RR.SC1973*, 61-62. Il testo proposto nel rituale stona molto con il senso comune. Si riterrà la lezione classica meno problematica. Questa scelta può sembrare in opposizione con i criteri finora seguiti. Invece, la versione del rituale non è univoca nella liturgia. Infatti, di questo inno si trovano nella *Liturgia Horarum* due sole strofe (con dossologia creata dal LENTINI per concludere l'inno) che appaiono nella versione tradizionale (cfr. *LH* II, 372; *LENT*, 109). La melodia non sta nel *Liber hymnarius* perché il Vespro del Giovedì santo viene recitato solo da chi non partecipa alla messa *in Cena Domini*. Si conserverà perciò la melodia tradizionale.

[1042] Cfr. *RR.SC1973*, 61 (*OLM*, 450).

7. L'ultima di queste tappe riporta gli oranti nel Cenacolo, dopo la Pentecoste. L'inno *Veni creator Spiritus*[1043] offre il tono e la lettura di *Act* 5,30-32, che si legge nelle Lodi della solennità di Pentecoste. Infatti, con il discorso di Pietro, già colmo della grazia del dono dello Spirito Santo, viene manifestata la fede di chi è testimone degli eventi della morte e risurrezione del Signore. La lettura si conclude col suo versetto liturgico: «℣. Repléti sunt omnes Spíritu Sancto, allelúia. ℟. Et cœpérunt loqui, allelúia» [1044] (cfr. *Act* 2,4) in cui i fedeli, come Pietro, confessano che, grazie allo Spirito loro donato, sono chiamati a testimoniare ciò che hanno visto e udito.

Terminato il versetto, si ripristinerà il cantico vespertino della Madonna: il *Magnificat*, verrà introdotto e concluso dall'antifona pasquale come era consuetudine durante il periodo crociato[1045]. La processione verrà quindi ad innestarsi naturalmente nell'ambito della liturgia della sera di Pasqua, quando si venerava il fonte battesimale e la Sacra Tomba[1046]. In questo periodo medievale infatti, si cantava l'allora antifona *Vespere autem sabbati* (cfr. *Mt* 28,1) che coincideva con l'antifona del *Magnificat* del "pro"-Vespro che concludeva la Veglia pasquale[1047]. Il canto di quest'antifona verrà mantenuto dalla riforma tridentina[1048] fino alla revisione di papa Pio XII, quando il Vespro del Sabato santo rinnoverà il suo carattere realmente vespertino e la Vigilia il suo carattere notturno. Si userà, ovviamente, l'antifona odierna del *Magnificat* del giorno di Pasqua. L'antifona medievale soppressa era collegata con la mattina della risurrezione, mentre l'attuale: «Cum esset sero die illa una sabbatórum, et fores essent clausæ ubi erant discípuli congregáti, stetit Iesus in médio, et dixit eis: Pax vobis, allelúia»[1049] (cfr. *Io* 20,19) si addice meglio a ciò che si intende venerare con l'introduzione di questa nuova stazione.

A questo punto, verrà inserito un breve spazio di silenzio per aiutare i partecipanti a meditare sulla presenza reale del Signore nell'Eucaristia. Inoltre i pellegrini che hanno compiuto questo sacro rito devono avere l'opportunità di presentare al Signore le loro intenzioni personali, dal momento che ora essi sono giunti alla meta del loro pellegrinaggio nella Città santa.

1043 Cfr. *LH* II, 769; *Lent*, 130; per la melodia, cfr. *LibH*, 90.

1044 *LH* II, 847; responsorio delle Lodi di Pentecoste.

1045 Cfr. n° **2.1.2.2.3.**

1046 È stato affermato all'inizio di questo stesso capitolo che, nella liturgia romana classica, il *Magnificat* veniva intonato più volte all'interno della stessa celebrazione pasquale. La prima volta durante il vespro, e successivamente al termine della visita al battistero.

1047 Cfr. *PRG*, 111 [n° xcix, 394].

1048 Cfr. *BR1568*, 389 [n° 2418].

1049 *LH* II, 441. La melodia di quest'antifona proviene dal giorno del *Sabbato in Albis* della liturgia tridentina (cfr. *Liber Usualis*, 807).

Conformemente ai libri liturgici del culto eucaristico *extra missam*, l'adorazione verrà conclusa con il canto del *Tantum ergo* seguito dall'orazione *Corda nostra, Domine, fidei lumine*[1050], dalla benedizione eucaristica e da una delle antifone mariane. La colletta romana verrà modificata secondo le aggiunte seguenti (messe in rilievo nella grafia anche nel futuro processionale):

> Orémus.
> Corda nostra, Dómine, fídei lúmine collústra, et caritátis igne succénde, ut, quem in hoc sacraménto Deum ac Dóminum nostrum **HIC** et **NUNC** agnóscimus, in spíritu et veritáte fidénter **SEMPER** et **UBÍQUE** adorémus. Qui vivit et regnat in sǽcula sæculórum. ℟. Amen.

I fedeli infatti hanno seguito gli eventi della passione morte e risurrezione del Signore nei luoghi stessi in cui è avvenuta. Ora si trovano davanti al santissimo Sacramento e sono invitati a riconoscervi, come i discepoli dopo la risurrezione, la presenza del Risorto.

Come le sante donne presenti attorno alla Tomba vuota, il Signore invita i suoi fedeli a non temere ed a annunciare a tutti la sua risurrezione (cfr. *Mt* 28,10; cfr. la prima delle letture brevi di questa nuova stazione).

Come ai discepoli di Emmaus, il Risorto apre gli occhi dei suoi fedeli (cfr. *Lc* 24,31 e seconda lettura) perchè lo riconoscano.

Come gli Undici prima della sua Ascensione, Gesù invia i suoi seguaci ad andare nel mondo intero a predicare il Vangelo ad ogni creatura (cfr. *Mc* 16,14 e terza lettura).

Come nel Cenacolo, alla sera della gloriosa risurrezione il Signore offriva la pace ai suoi apostoli e il perdono dei peccati (cfr. *Io* 20,19-23 e quarta lettura), egli rinnova ora gli stessi doni a quelli che lo seguono.

Come Tommaso otto giorni dopo la risurrezione, il *Kyrios* chiama tutti a riconoscerlo come Signore e Dio (cfr. *Io* 20,28, e versetto della quinta lettura).

Come per gli Undici giunti in Galilea, il Maestro risorto invita i suoi attuali seguaci ad ammaestrare tutte le nazioni, battezzandole e insegnando loro ad osservare i comandamenti (cfr. *Mt* 28,19-20 e sesta lettura).

Come Pietro e gli apostoli davanti al Sinedrio, i cristiani che hanno compiuto questa processione meditando sulla morte e risurrezione del loro Signore, sono in grado, nonostante i pericoli di ogni genere, di testimoniare la loro fede nel mistero pasquale (cfr. *Act* 5,30-32 ed ultima lezione della quindicesima stazione).

[1050] *RR.SC1973*, 68.

Infine, da questo rito svoltosi nel tempo e nello spazio, con fede illuminata e carità ardente, tutti sono chiamati ad adorare dovunque e dappertutto quel Cristo che ora vive e regna per sempre. Mentre i ministri si ritirano, la celebrazione viene conclusa con il canto della *Regina cæli* o di un'altra delle antifone in onore della Beata Vergine Maria.

Parte terza

Le particolari forme di celebrazione incluse nel processionale

Nella seconda parte del processionale odierno, dopo l'*ordo* della processione quotidiana, sono riportate le modalità con le quali la processione dev'essere svolta in alcune celebrazioni o giorni particolari:

lo svolgersi della processione al mattino del Mercoledì santo;

la solenne funzione del Cristo Morto che conclude la celebrazione del Venerdì santo;

la triplice processione attorno all'*Anastasis* durante la quale vengono letti, a conclusione della Messa stazionale del giorno di Pasqua, i quattro Vangeli della Risurrezione;

la triplice processione con la reliquia della santa Croce a conclusione della Messa stazionale della solennità dell'Invenzione della Croce.

L'ultima parte del processionale è dedicata all'Ingresso solenne in basilica. Non si tratta di uno svolgimento particolare della processione, ma è legato ad essa in modo da costituirne la prima parte del programma rituale.

Nei cinque capitoli successivi, verranno presentate tutte queste celebrazioni: alla fine di ogni capitolo verrà esposto un programma rituale di aggiornamento per poterle conformare ai libri liturgici della riforma conciliare, ripristinando le tradizioni celebrative del Luogo santo.

18. Mercoledì santo

18.1. Descrizione

Lungo tutto il Mercoledì santo si venera la sacra Colonna della Flagellazione del Signore, esposta solennemente nella cappella del Santissimo. A motivo dell'anticipazione del *Triduum* al pomeriggio del mercoledì, la processione ha luogo al mattino (l'antico ufficio delle Tenebre era cantato davanti all'edicola alle ore 15). Non potendo svolgersi dunque alla solita ora, la processione andava anticipata al mattino o posticipata dopo le Tenebre. È stato precedentemente spiegato che, qualora si modifica l'orario[1051], la processione si svolge in mattinata (non potendo comunque svolgersi dopo, perché la tradizione non ammette che la si esegua durante il *Triduum*).

Il Mercoledì santo, dunque, la processione inizia subito dopo la Messa solenne che la comunità francescana della basilica celebra davanti all'Edicola alle ore 7, e durante la quale il Vangelo, previsto dalla liturgia, è sostituito dal canto della Passione. La processione prende avvio dalla *Cappella del Carcere* e si svolge secondo consuetudine fino alla stazione presso l'*Altare della Maddalena* incluso. A questo punto, dopo essere entrati nella Cappella del Santissimo, anziché far memoria delle apparizioni del Risorto a sua Madre, si intona il canto *Salve Columna nobilis*, che era stato omesso all'inizio della processione, a cui si aggiungono le preghiere prescritte per questa stazione. La processione si scioglierà senza alcuno rito di conclusione.

Nel frattempo, nella basilica del Getsemani i frati della comunità di San Salvatore celebrano la messa, che corrisponde alla liturgia stazionale del giorno. Terminata la celebrazione, dopo una breve colazione, inizia una processione dal Getsemani al Santo Sepolcro. Questa processione viene aperta da due *kawas* e i frati camminano disposti in due file attraverso i quartieri musulmano e cristiano fino a giungere davanti alle porte della basilica del Santo Sepolcro. L'ingresso in basilica si fa in forma semplice (niente cerimonia alle porte, niente accoglienza liturgica): mentre i *kawas* aprono il passaggio battendo con il loro bastone, il corteo entra in chiesa e raggiunge la Cappella del Santissimo dove si trova esposta la Colonna. Qui si svolge la venerazione della Colonna da parte di tutti. Il rituale da osservare per

---

[1051] Cfr. n° **1.4. §2.**

questa pia devozione non è contenuto nei libri liturgici[1052]: da alcuni anni la prassi è di cantare le preghiere prescritte dal processionale per questa stazione, prima che ognuno vada a baciare la colonna.

18.2. Storia

Nessuno tra i processionali anteriori al quarto periodo accenna ad un rito specifico della processione in questo giorno. «Juxta antiquissimum morem, S. Columna Flagellationis hodie publicæ venerationi exponitur»[1053], indicano tuttavia le rubriche del processionale del Mercoledì santo.

Nel 1623, secondo la testimonianza di DIDACE DE CEA[1054] non si venerava ancora la *Colonna della Flagellazione,* ma già si celebrava al Getsemani[1055] la santa Messa con molta devozione e commozione per le sofferenze del Signore, in particolare quando veniva cantato nel Vangelo della Passione: «Pater, si vis, transfer calicem istum a me»[1056] (*Lc* 22,42). L'enfasi celebrativa veniva data all'effusione di sangue sulla roccia sacra. Infatti:

> «dum canitur, *Factus est sudor eius, quasi guttæ sanguinis decurrentis in terram* [*Lc* 22,44], omnes humi procumbunt terram illam Christi sanguine sacratam exosculantur. oculis fletu liquescentibus, tangunt, amplexibus stringunt: & qua cuique licet, cultus demonstratione venerantur»[1057].

La pellegrinazione nasce il Mercoledì santo perché in quel periodo vi si leggeva la Passione secondo Luca, che specifica il particolare del sudore che divenne come gocce di sangue che cadevano a terra (cfr. *Lc* 22,44) mentre Gesù era in preda all'angoscia. La stazione del Getsemani nasce da questo versetto, come sosta di meditazione e preghiera nel Luogo santo che fa memoria di questo evento e ne custodisce la roccia.

DIDACE DE CEA descrive come ognuno, dopo la celebrazione, proseguiva dandosi la disciplina per conformarsi di più con la passione del Signore. Non si parla

---

1052 Tutta la cerimonia si svolge nella cappella francescana e quindi non è così rigorosamente imposta dallo *Statu quo*. L'attraversamento della basilica da parte dei partecipanti accompagnati dai *kawas* invece costituisce un diritto molto visibile e da nessuno contestato.

1053 *PrSS1925*, 71; *PrSS1947*, 81.

1054 Cfr. DIDACUS DE CEA, *Thesavrus Terrae Sanctae*, 276-281.

1055 Non si celebrava nella basilica del Getsemani: distrutta dopo le Crociate, verrà nuovamente ricostruita solamente dopo la prima guerra mondiale. La messa si celebrava nella grotta dell'Agonia, che si trova tra la Roccia del Getsemani e la tomba della Madonna.

1056 *MR1570*, 232 [n° 1163]. A rigore di termini, DIDACUS DE CEA cita il testo nella seguente forma: «Pater si fieri potest transeat a me calix iste» che non corrisponde a nessuna lezione evangelica.

1057 DIDACUS DE CEA, *Thesavrus Terrae Sanctae*, 278.

ancora della venerazione della colonna della Flagellazione, tuttavia la connessione liturgica tra la roccia del Getsemani e questa colonna, ambedue bagnate dal sangue del Signore, era evidente. Non prima del diciannovesimo secolo[1058] apparirà l'usanza di recarsi processionalmente, dopo la celebrazione Eucaristica, fino al sacello del Santo Sepolcro dove viene custodita la preziosa reliquia, più facilmente venerabile che non la roccia del Getsemani che si trovava allora in mezzo alle rovine crociate.

Con la ricostruzione della basilica ad opera dell'architetto BARLUZZI, l'Eucaristia del Mercoledì santo si svolge ora in basilica e non più nella vicina grotta dell'Agonia. Durante questa Messa, a partire da una riforma fatta solo nel 2010, si è introdotto il bacio della roccia da parte del diacono, durante la liturgia. Si è così ristabilita una venerazione simmetrica tra la pietra del Getsemani e la pietra della Colonna. A motivo dello *Statu quo*, la pellegrinazione che porta i frati e i pellegrini dal Getsemani al Santo Sepolcro per venerare la *Colonna della Flagellazione* è rimasta. Si rende tuttavia necessario, per una partecipazione più consapevole dei pellegrini, esprimere chiaramente ai fedeli questo collegamento.

18.3. Suggerimenti per cambiamenti

La liturgia di questo giorno non è ancora stata modificata. Tre sono le celebrazioni che si svolgono in basilica: la messa delle ore 7, la processione che la segue, e l'Ufficio che sostituisce le antiche Tenebre alle ore 15. Visto che la riforma del *Triduum* ha voluto ripristinare la verità delle ore[1059], si suggerisce che:

la comunità del Sepolcro continui a celebrare l'Eucaristia seguita dalla processione al mattino (mentre gli altri frati sono al Getsemani)[1060];

al pomeriggio tutti i frati, convergendo al Santo Sepolcro, cantino i Vespri assieme all'Ufficio delle letture del Mercoledì santo[1061].

La processione si compirebbe quindi dopo la fine della messa, iniziando dalla terza stazione e concludendosi con la venerazione della colonna dopo la stazione della Maddalena. Si suggerisce quindi di ripristinare per questo giorno tutta l'eucologia del terzo periodo. Infatti, tre sono gli inni conosciuti e cantati lungo i

---

[1058] Cfr. *RSSFJ*, 123.

[1059] Cfr. n° **2.6.2.2.**

[1060] Cfr. *Feria IV Hebdomadæ Sanctæ, Sollemnitas, Celebratio Eucharistica in basilica Gethsemani*, Custodia Terræ Sanctæ 2011.

[1061] Una diversa proposta: abolire la messa del Getsemani (non sottoposta allo *Statu quo*) e mandare tutti i frati al Santo Sepolcro, dove cantano il solenne Ufficio delle Letture (unito magari con le vigilie e la lettura della Passione, se il tempo lo richiedesse) assieme alle Lodi, prima di iniziare la processione. Al pomeriggio, il Patriarca farebbe il suo ingresso in basilica non più in vista delle Tenebre, ma per celebrare la messa del giorno, Vespri inclusi.

secoli davanti a questa colonna[1062]. In questo giorno così particolare dell'anno liturgico, sembra opportuno rimettere in vigore un carme che la tradizione ha dimenticato: perciò l'inno dell'OBICINI *Trophæa Crucis mystica* sarebbe da ripristinare[1063] sia durante la processione ufficiale della comunità dei frati del Santo Sepolcro, sia per questa seconda peregrinazione a cui partecipano coloro che ritornano dal Getsemani. L'inno si canta con una melodia conosciuta (quella del *Vexilla*) e sostituirlo all'inno quotidiano permette di mettere in rilievo la venerazione della colonna. Anche la colletta del terzo periodo verrà ristabilita: inizia con le parole «Réspice quǽsumus Dómine super Ecclésiam tuam» che, in consonanza con la colletta del Venerdì santo, introduce efficacemente alla passione del Signore. Il testo ricorda che il Signore operò la redenzione del mondo con il suo sangue prezioso, e sottolinea il nesso con la peregrinazione che in contemporanea si è svolta alla roccia del Getsemani, anch'essa bagnata dal sangue del Salvatore.

Lo stesso schema a cui seguirà la recita del *Pater-Ave-Gloria* e il bacio della colonna, verrà riportato per la seconda pellegrinazione, al ritorno del Getsemani.

1062 Cfr. n° **5.2.1.**

1063 Cfr. n° **5.6.**

19. VENERDÌ SANTO

Il Venerdì santo, la processione riveste una forma del tutto differente dagli altri giorni, quasi si trattasse di un'altra celebrazione. Sin dalla riforma del 1925[1064], questa funzione viene inclusa nel processionale del Santo Sepolcro e perciò viene studiata in questa sede.

19.1. Descrizione

La celebrazione[1065] inizia verso le ore 20.10: tutti i frati si rivestono con cotta e aspettano, disposti in due file, davanti alle porte della *Cappella dell'Apparizione*. Il Custode di Terra Santa si riveste, all'altare del Santissimo, di preziosi ornamenti (piviale di colore nero con mitra semplice) assistito da due diaconi (vestiti con dalmatiche nere). Un sacerdote, con la sola stola nera sopra l'abito, porta una grande croce su cui viene fissato il crocifisso. Durante gli spostamenti, i diaconi, che fungono da Nicodemo e da Giuseppe di Arimatea, portano in mano i vasi che contengono l'acqua profumata per la sepoltura del Signore. La funzione si snoda in sette differenti stazioni corrispondenti ad altrettanti altari della basilica.

1. Nella cappella del Santissimo, dopo il canto dell'antifona *Offerimus ergo tibi Pater* (cfr. *Eph* 5,2), un sacerdote con la stola nera sull'abito francescano, pronuncia un sermone in lingua italiana.

2. Al canto del *Miserere* la processione si avvia all'altare della *Divisione delle vesti* dove un altro sacerdote, riveste un'altra stola nera, e pronuncia un altro sermone (la tradizione era di pronunciarlo in lingua greca).

3. La processione prosegue, continuando il canto del *Miserere* fino alla cappella absidale ove si trova la *Colonna degli Improperi*. Lì un terzo sacerdote riveste una nuova stola e proferisce ancora un sermone (in tedesco, secondo l'usanza non fissata dalle rubriche).

4. Il corteo si reca poi al Calvario mentre si riprende il canto del salmo. Giunti davanti all'altare della Crocifissione, la croce viene deposta sul segno pavimentale che indica il luogo della crocifissione del Signore. Di nuovo un sacerdote viene

---

1064 Cfr. *PrSS1925*, 73-83; *PrSS1947*, 83-93.

1065 Le rubriche del processionale sono povere di dettagli: le informazioni di questi paragrafi provengono dall'osservazione della prassi attuale confrontata con il cerimoniale custodiale (cfr. *ECTS1754*, 241-251; *Diarium Terræ Sanctæ* 1 (1908) 116-121) e con il regolamento del beato Federico JANSSONE (cfr. *RSSFJ*, 124).

rivestito da una stola e proclama una quarta omelia (in inglese). I due diaconi si tengono da ambedue i lati dell'altare.

5. «Deinde, ad locum ubi Christus exspiravit proceditur, et collocatur Crux in ipso foramine Calvariæ rupis ubi Crux Christi erecta fuerit. Hic quintur habetur sermo gallico idiomate»[1066]. La lingua dell'omelia, in questo caso, viene prescritta. Ora uno dei diaconi, chiesta la benedizione al celebrante, canta solennemente il vangelo *Post hæc* (*Io* 19,38-42). Al termine, i diaconi depongono le dalmatiche e fatta la genuflessione davanti all'altare stando a metà dello stesso, salgono sulla roccia del Calvario, il primo a destra e il secondo a sinistra. Il crocifero sta al centro, dietro l'altare. Tutti i partecipanti si inginocchiano e inizia lo schiodamento del crocifisso: Giuseppe con la tenaglia toglie dal capo del crocifisso la corona di spine, la mostra al popolo, la bacia e la depone sul piatto degli strumenti. Quindi prende il martello, colpisce il chiodo del braccio destro e con le tenaglie lo estrae, lo mostra al popolo, lo bacia e lo depone sul piattino; abbassa quindi il braccio del Crocifisso. Nicodemo riproduce lo stesso rituale schiodando il braccio sinistro; Giuseppe estrae il chiodo dei piedi. Infine, Giuseppe e Nicodemo prendono il crocifisso, lo calano dalla croce e lo depongono su un lenzuolo spiegato, mentre il coro intona l'antifona *Velum templi scissum est* (cfr. *Mt* 27,51-52; *Lc* 23,42). I diaconi scendono davanti all'altare, indossano di nuovo le dalmatiche e riprendono i vasi con l'acqua profumata. Quattro dei predicatori si avanzano, prendono il lenzuolo con la statua che raffigura Gesù morto e scendono fino alla *Pietra dell'Unzione*.

6. Discesi dal Calvario, deposto il crocifisso sulla Pietra, i diaconi si fermano da ambedue i lati di Gesù sulla cui immagine vengono mimate - nella commozione generale - le azioni che avevano preparato il suo corpo alla sepoltura, terminando con la profumazione e l'incensazione. Un sesto sacerdote riveste una stola nera e inizia un sermone in lingua araba, al termine del quale, al canto dell'antifona *Sepulto Domino* (cfr. *Mt* 27,66) la processione prosegue verso la Tomba, per la sepoltura.

7. Giunti alla Tomba, i due diaconi si mettono da ambedue i lati della porta dell'Edicola e il crocifisso viene deposto sulla pietra della Tomba. Dopo il settimo sermone, in lingua spagnola, viene cantata l'antifona *Christus factus est* (cfr. *Phil* 2,8-9) e il Custode conclude con l'orazione *Respice quæsumus*. Tutti tornano all'altare del Santissimo, dove si toglieranno i paramenti sacri.

Da questo rituale appare evidente la mimesi della scena evangelica della crocifissione - morte e sepoltura del Signore. Come per il caso della processione ordinaria, la funzione inizia nel luogo in cui finisce ossia la *Cappella dell'Apparizione*.

[1066] *PrSS1925*, 79; *PrSS1947*, 89.

19.2. Storia

Questa funzione, come già detto, trova le sue origini nelle celebrazioni di fine cinquecento, tempo in cui - al termine della liturgia del Venerdì santo - i Latini seppellivano per la seconda volta (la prima aveva luogo dopo la messa *in Cœna Domini*) l'Eucaristia all'interno della Tomba del Signore[1067]. Gli Etiopici invece procedevano ad una mimesi plastica della deposizione del Crocifisso, che verrà successivamente effettuata all'inizio del secolo seguente dai francescani, con la differenza che essi la svolgeranno all'interno della liturgia, dopo il canto della Passione dell'evangelista Giovanni[1068].

Nel 1639 poi, la processione[1069] esce dall'ambito liturgico (sicuramente per il noto fissarsi della liturgia che ormai non permette più nessuna particolarità all'interno degli stessi riti romani[1070]) e si svolge in serata, assumendo una forma simile all'attuale. Infatti prevedeva che l'immagine del crocifisso venisse prima inchiodata sulla croce, e quindi schiodata accanto dell'altare greco. Nonostante il ripristino del Patriarcato latino a Gerusalemme (1848), questa celebrazione fa ancora parte delle celebrazioni pontificali presiedute dal Reverendissimo Custode di Terra Santa.

19.3. Suggerimenti per cambiamenti

Questo tipo di celebrazione viene contemplato dal recente direttorio sulla pietà popolare e la liturgia[1071] le cui richieste (clima di austerità, di silenzio, di preghiera; partecipazione di numerosi fedeli; separata dall'azione liturgica) vengono tutte soddisfatte dal modo con cui già oggi si svolge. A prescindere da questo, sarebbe comunque molto difficile procedere a cambiamenti sostanziali visto che si tratta di una celebrazione estremamente popolare a cui partecipano anche molti religiosi acattolici. Inoltre, dato che la parte più "teatrale" si svolge davanti all'altare dei Greci e sotto la loro accurata sorveglianza, sembra quasi impossibile modificarne sostanzialmente il rito.

Il testo della funzione è stato, da alcuni anni, rivisto e adattato: i vari sermoni che si tenevano all'inizio di ogni stazione sono stati aboliti; l'omelia in lingua araba che si fa davanti alla *Pietra dell'Unzione* è stata conservata data la presenza di molti

---

[1067] Cfr. n° **2.3.2. §2.**

[1068] Cfr. n° **2.4.2. §2.**

[1069] Cfr. DIDACUS DE CEA, *Thesavrus Terrae Sanctae*, 283-284.

[1070] Cfr. n° **2.5.1. §2.**

[1071] Cfr. CONGREGAZIONE PER IL CULTO DIVINO, *Direttorio su pietà popolare e liturgia* 142-143, 122-123.

cristiani locali e lo spazio che circonda la Pietra è tanto ampio da permettere a molti di loro di ascoltare in raccoglimento le parole del predicatore. Gli altri sermoni sono stati sostituiti da altrettante pericopi evangeliche, qui elencate:

Mt 26,1-5 alla porta della cappella del santissimo Sacramento, in italiano;
Mc 14,53-72 all'altare della Divisione delle vesti, in greco;
Lc 22,66-71; 23,1-12 all'altare degli Improperi, in tedesco;
Io 19,1-16 davanti all'altare latino del Calvario, in inglese;
Io 19,17-37 davanti al Calvario greco, in francese;
Io 19,38-42; 20,1-10 alla Tomba, in spagnolo.

Con questi testi, vengono letti i racconti dei quattro Evangelisti nel Luogo che corrisponde al messaggio contenuto in ciascuno. Si noti che il Vangelo di Giovanni viene diviso in tre pericopi. Tra i nuovi suggerimenti, al testo di Matteo, si propone di aggiungere i versetti 20-25 che riportano spiritualmente i fedeli nel Cenacolo, quando il Signore annuncia il tradimento di Giuda. Si ricorda che questa cappella ricorda in modo votivo sia il luogo dell'istituzione dell'Eucaristia, sia quello delle apparizioni del Risorto.

Il processionale attuale indica che gli spostamenti tra le prime stazioni si fanno al canto del *Ps* 50(51). Si osserva che in questo giorno in cui la processione si celebra con tanta solennità, si è mantenuta la prassi antica di procedere agli spostamenti cantando un salmo. Nel processionale rinnovato, quest'usanza andrà mantenuta, ma per una maggiore partecipazione dei presenti, i versetti del salmo andranno intervallati dal noto ritornello *Parce Domine* di primo modo.

Le varie antifone gregoriane andranno conservate (la melodia del responsorio *Sepulto Domino* sarà aggiornata sulla base di quella del *Liber Hymnarius*[1072]), ma in appendice del processionale si troverà *ad libitum* la melodia polifonica così come eseguita da vari decenni[1073]. Infine prima della trascrizione delle varie antifone, verranno indicate le referenze del testo biblico che cita (oppure a cui si ispira) l'antifona.

È anche legittimo valutare l'opportunità dei paramenti neri: è pur vero che si tratta di un "funerale" e non della celebrazione liturgica del Venerdì santo.

1072 Cfr. *LibH*, 497.

1073 Si tratta della musica di MITTETER.

20. Pasqua

Anche la processione della domenica di Pasqua assume un profilo del tutto particolare: essa è stata inserita nel processionale[1074] perché corrisponde all'elemento caratteristico della liturgia gerosolimitana del giorno di Pasqua. Come ogni altra domenica, anche nel pomeriggio della Pasqua, alla solita ora, si svolge la processione quotidiana. Questa che andremo ad illustrare è la particolare processione che si svolge in questa specialissima domenica, e che la rendono, anch'essa, speciale.

20.1. Descrizione

Al termine della messa stazionale della domenica di Pasqua, il Patriarca si leva la casula e assume il piviale. Quattro nuovi diaconi francescani, rivestiti con sontuose dalmatiche, si aggiungono ai due diaconi del seminario patriarcale che hanno servito la messa. I sacrestani greco e armeno accendono i loro candelabri che si trovano da ambedue i lati delle porte dell'Edicola (i candelabri latini erano già accesi per la celebrazione eucaristica) e i tre sacrestani si dispongono, nel modo previsto dallo *Statu quo*, a custodire le porte della Tomba fino alla fine della funzione. Contrariamente alla celebrazione del Venerdì, questa celebrazione ha uno schema molto semplice:

> «Ordinatur Processio et Sanctum Domini Sepulcrum tribus vicibus circumitur. Processione perdurante, canuntur hymni *Auróra lucis rútilat*, et *Ad cenam Agni próvidi,* ac a quatuor Diaconis quatuor Evangelia Resurrectionis ordine infrascripto decantantur»[1075].

Le pericopi evangeliche che vengono lette sono le seguenti: dopo il primo giro dell'edicola, il primo diacono canta *Io* 20,11-18, dopo il secondo giro un'altro canta il prolungamento del vangelo precedente, ossia *Io* 20,19-31. Alla fine del terzo giro, la processione si reca alla *Pietra dell'Unzione* dove il terzo diacono canta la pericope riguardante i discepoli di Emmaus (*Lc* 24,13-35)[1076]. Giunti di nuovo tra le porte dell'edicola, il quarto diacono canta *Mc* 16,1-7. Alla fine di questo vangelo, dopo aver incensato il Patriarca, i cantori intonano l'antifona *Et ecce terræ motus* con il versetto «℣. Surrexit Dominus de hoc sepulcro, allelúja. ℟. Qui pro nobis pependit

---

[1074] Cfr. *PrSS1925*, 85-94; *PrSS1947*, 95-103.

[1075] *PrSS1925*, 85; *PrSS1947*, 95.

[1076] Mentre l'azione si svolge alla *Pietra dell'Unzione*, gli impiegati latini rimuovono l'altare di argento che si trova davanti all'Edicola.

in ligno, allelúia»[1077] e la colletta della messa di Pasqua. La processione si reca poi, al canto del *Te Deum*, alla *Cappella dell'Apparizione* dove conclude con alcuni versetti, un oremus e il *Benedicamus Domino*.

In questa celebrazione vengono fuse due funzioni di natura diversa: l'Eucaristia, che è evidentemente liturgica, con la processione, che è un pio esercizio.

20.2. Storia

La prima testimonianza sulla ritualità specifica della liturgia pasquale dei francescani viene riportata da fra Paolo WALTER da Gugligen (1482)[1078]. Mentre nel pomeriggio precedente alla Pasqua, Greci, Armeni e Abissini erano in attesa della discesa del Fuoco santo, i francescani assieme ai Maroniti aspettavano la mezzanotte per cantare il mattutino nonché l'Ora Prima. Celebravano poi, l'uno dopo l'altro, una messa letta sulla Tomba del Signore. «Et expeditis missis dicunt fratres tertiam et sextam, et dictis preparant se fratres et faciunt ante summum officium processionem secundum consutudinem introductam»[1079]. La processione iniziva con il *Te Deum*, la *Regina cœli* e proseguiva con l'inno *Ad cenam agni*. Tre volte giravano attorno all'edicola dopodiché il cantore intonava: «Surrexit Dominus de illo sepulchro» e leggeva la colletta del giorno di Pasqua. La funzione veniva sciolta nella cappella dell'Apparizione ove era iniziata, e dove infine celebravano la messa solenne.

Negli anni successivi (1567), oltre all'introduzione della lettura dei quattro Vangeli della Risurrezione, la processione veniva conclusa dalla messa celebrata dal padre Custode[1080]. Già nel 1651, M. DOUBDAN[1081] riporta che la processione si svolgeva dopo la celebrazione eucaristica, come è ancora usanza odierna. Si noti che il fatto di girare attorno alla Tomba mentre quattro diaconi proclamano quattro brani evangelici che si riferiscono alla festa e al Luogo santo, volgendosi ai quattro punti cardinali, ricorda la prassi della Chiesa romana primitiva quando quattro diaconi leggevano per gli *electi* l'inizio dei quattro Vangeli al mattino del Sabato Santo ai quattro lati dell'altare[1082].

1077 *PrSS1925*, 93; *PrSS1947*, 102. L'antifono coincide con cfr. *LU* 782.

1078 Cfr. P. WALTHERUS, *Fratris Pauli Waltheri Guglingensis Itinerarium in Terram Sanctam ed ad Sanctam Catharinam*, ed. M. Sollweck, Tübingen 1892, 143-146.

1079 WALTHERUS, *Fratris Pauli Waltheri Guglingensis Itinerarium in Terram Sanctam*, 145.

1080 Cfr. n° **2.3.2. §2.f.**; cfr. *ITS1567*, 58-61.

1081 Cfr. n° **2.5.2.**; cfr. M. I. DOUBDAN, *Voyage de la Terre Sainte*, Paris 1661, 89.

1082 Cfr. *GeV*, 46-48 [n° 299 ss].

Nel 2003 è stato edito[1083] un libretto ad uso dei pellegrini che partecipano alla celebrazione pasquale. Questo sussidio riporta l'eucologia della messa di Pasqua secondo il Messale romano (con la differenza che, secondo la tradizione gerosolimitana, il Vescovo stesso legge il Vangelo della Risurrezione davanti alla porte della Tomba) seguito dall'esatto contenuto dell'attuale della processione che lo segue. Prima del canto del *Te Deum*, viene inserita la benedizione con indulgenza apostolica secondo le norme del *Cæremoniale Episcoporum*[1084].

20.3. Suggerimenti per cambiamenti

È già stato detto che alla *depositio* del Cristo morto il Venerdì santo dovrebbe corrispondere un'*elevatio* il giorno di Pasqua. Sarebbe opportuno integrare questa dimensione rituale in questa speciale processione. Visto che quattro pericopi evangeliche della risurrezione verranno proclamate dai quattro diaconi, si potrebbe, in analogia con la proclamazione del Vangelo durante la *memoria resurrectionis* delle veglie quaresimali[1085], introdurre una solenne uscita delL (o ancor meglio dei quattro Libri) del Vangelo in modo da significare quell'*elevatio* che si concretizzerà poi nella lettura attualizzante *in hoc ipso loco et in hoc ipso die* del racconto della risurrezione del Signore. Inoltre, si potrebbe anche ripristinare il ciclo dei quattro vangeli precedenti alla riforma del 1924, in modo da leggere lo stesso straordinario evento con le parole di ognuno dei quattro evangelisti. In questo modo, si otterrebbe una simmetria con la celebrazione notturna del cosiddetto *Funerale di Cristo* alla sera del Venerdì santo[1086].

Anziché cantare questi testi in latino, sembra utile introdurre alcune lingue moderne in modo da favorire la partecipazione dei fedeli, così come la proclamazione in varie lingue dei brani della Passione letti durante la funzione simmetrica della *depositio* del Venerdì Santo.

1083 *Dominica Paschae in Resurrectione Domini. Missa in Die et sollemnis Processio in Basilica Resurrectionis Domini Ierosolymis*, ed. Commissio Liturgica Custodiæ Terræ Sanctæ - Officium Liturgicum, Jerusalem 2003.

1084 Cfr. *CE*, 259-260 [n° 1122-1126].

1085 Cfr. n° **2.6.2.1.**

1086 Cfr. n° **19.3**.

La lettura dei quattro testi evangelici troverebbe anche corrispondenza nella nuova celebrazione pomeridiana del Venerdì santo (in sostituzione dell'antico ufficio delle Tenebre del Sabato santo) quando davanti all'Edicola vengono proclamati i quattro Vangeli della Passione del Signore (*Mt* 27,1-26; *Mc* 15,16-28; *Lc* 23,27-43; *Io* 19,25-37); cfr. *Feria Sexta Hebdomadae Sanctae. Hora Nona. Vigilia ad S. Sepulcrum Domini*, Custodia Terræ Sanctæ, sussidio provvisorio di 31 pagine, in attesa della stampa definitiva di un nuovo *ordo*.

Al termine della celebrazione, dopo l'ultimo Vangelo cantato davanti alle porte dell'edicola seguito poi dall'antifona *Et ecce terræmotus* e dall'oremus del giorno di Pasqua[1087], verranno opportunamente[1088] inserite la formula e le rubriche della benedizione apostolica[1089]. La funzione conclude con l'inno *Te Deum laudamus* mentre tutti si recano nella *Cappella dell'Apparizione*.

1087 Questa colletta andrà aggiornata secondo il testo dell'attuale Messale: verranno conservati la lezione *hodierna die* e introdotto l'*hic*; benché pronunciato davanti alle porte dell'Edicola, il testo attuale è sprovvisto di quest'avverbio.

1088 Riguardo all'opportunità della benedizione, cfr. la conclusione generale di questo lavoro.

1089 La processione di questo giorno è legata alla Messa stazionale del giorno di Pasqua: sarà quindi inclusa sia nel processionale che nei libri liturgici della Messa di Pasqua: anzi, i concelebranti e i fedeli non seguiranno mai questa funzione con il processionale, ma avendo tra le mani il sussidio liturgico del giorno.

21. INVENZIONE DELLA SANTA CROCE

Fuori dal Triduo, nella diocesi gerosolimitana, per la basilica del Santo Sepolcro, si celebra, il 7 maggio, la solennità dell'Invenzione della santa Croce. Il sacello sotterraneo viene sontuosamente decorato con tappeti, tende e fiori. Anche in questa festa la processione solenne assume particolari caratteristiche.

21.1. Descrizione

Due sono le processioni che si svolgono:

1. La vigilia della solennità, all'inizio del pomeriggio si assiste, nella basilica del Santo Sepolcro, all'ingresso del Custode di Terra Santa: dopo il baciamano, inizia la processione solenne che si svolge secondo le disposizioni dei Sabati di quaresima. Tuttavia, si deve osservare che una volta scesi nella cripta dell'Invenzione con il canto del *Crux fidelis*, anziché procedere con l'antifona del processionale, il Custode si riveste di alba, stola e piviale (i due diaconi lo aspettavano in cripta già rivestiti con le dalmatiche) e iniziano i primi Vespri della solennità. Dopo la benedizione a conclusione dei Vespri, il Custode si leva i suoi abiti liturgici, riprende la cotta, e la processione si riavvia salendo fino la *Cappella di santa Elena* al canto del *Fortem virili pectore*. È l'unica volta che la processione viene sospesa per un'altra funzione: in questo caso, contrariamente alla processione che segue la messa del giorno di Pasqua, non si può parlare di fusione tra un pio esercizio di pietà con una celebrazione liturgica, perché la processione viene interrotta per iniziare i Vespri e riprende dopo la fine di questi. Questa particolarità non viene contemplata in nessuno dei processionali (neppure nell'attuale): ma è un diritto che non viene contestato dallo *Statu quo*.

2. Un'altra processione ben più singolare viene descritta dal processionale[1090]: si tratta della triplice circonvoluzione dell'edicola che segue la messa stazionale del giorno dell'Invenzione. Come la processione dopo la Messa del giorno di Pasqua, «Missa Pontificali in Crypta Inventionis S. Crucis expleta, omnes ad partem superiorem Templi conscendunt et processionaliter S. Sepulcrum ter circumeunt»[1091]. La salita verso l'*Anastasis* e i tre giri che avvolgono l'edicola si fanno al canto del *Vexilla Regis*. Si è codificata l'usanza, non riportata dal processionale, che:

[1090] Cfr. *PrSS1925*, 95-97; *PrSS1947*, 105-108, cfr. anche il sussidio composto nel 2007 che riprende tutta la liturgia di questa solennità: *In Inventione Sanctæ Crucis, Sollemnitas, diebus 6-7 Maii, Celebrationes in Basilica Resurrectionis Domini Hierosolymis*, Custodia Terræ Sanctæ 2007, 95.

[1091] *PrSS1925*, 95; *PrSS1947*, 105.

Come per Pasqua, dopo la preghiera *post communionem*, il Custode, che presiedeva la Messa, si toglie la casula e assume il piviale; i sacrestani delle tre comunità maggiori accendono i loro candelabri e si pongono accanto alle porte dell'edicola.

Per tutto il tempo della processione, il Custode porta la reliquia della santa Croce. E l'inno di VENANZIO FORTUNATO che è scritto nel processionale viene cantato con la melodia polifonica, come per tutte le processioni solenni.

Le prime cinque strofe dell'inno si riprendono da capo molte volte e, compiuto l'ultimo giro, si intonano le due strofe che lo concludono. I cantori intonano l'antifona Nos autem gloriari oportet seguita dal suo versetto e dall'orazione colletta della festa dell'Invenzione (senza l'hic, perché si è davanti alla Tomba). Il Custode impartisce al popolo, che si mette in ginocchio, la benedizione con la reliquia della santa Croce.

Il processionale prescrive poi di intonare l'inno *Te Deum laudamus*, mentre il corteo si reca verso la *Cappella dell'Apparizione*.

21.2. Storia

La festa dell'Invenzione della santa Croce viene celebrata con grande decoro dalla Chiesa latina, da molti secoli. Secondo le cronache[1092] di Pietro VERNIERO OFM (1636-1638) e il cerimoniale del 1754[1093], il programma rituale di questo giorno è uguale a quella odierno: le uniche differenze sono legate al testo. Dopo il terzo giro, il diacono cantava il Vangelo del giorno di Pasqua e il sacerdote vi aggiungeva l'orazione. Si andava poi verso la *Cappella dell'Apparizione* cantando l'*O Gloriosa Domina*.

21.3. Suggerimenti per cambiamenti

Dopo il Concilio, nonostante la soppressione di questa festa per la Chiesa universale, la celebrazione della Messa avviene con il formulario proprio incluso nel Messale proprio della diocesi patriarcale di Gerusalemme[1094].

Svolta con tranquillità e raccoglimento, e molta solennità, questa processione si compie in un periodo in cui le altre comunità orientali non celebrano nessuna festa (quasi una rarità per le processioni quaresimali!).

[1092] Cfr. VERNIERO, *Croniche ovvero annali*, 2,20, in *GB* II,9, 44.

[1093] Cfr. *ECTS1754*, 297-310; *Diarium Terræ Sanctæ* 1 (1908) 190-194.

[1094] Cfr. *Missæ Propriæ Diœcesis Patriarchalis Hierosolymitanæ*, ed. Patriarchatus Latinus Jerusalem, 42-46. Questa ricorrenza è stata purtroppo dimenticata dal Messale votivo di Terra Santa.

I cambiamenti sono già stati compiuti dal sussidio del 2007. Vista la brevità dell'inno, esso è stato prolungato con tutte le strofe di VENANZIO omesse dalla processione. Non si è tenuto conto delle particolarità del Golgota perché la celebrazione si svolge ora attorno all'edicola. Invece, la lezione attuale *Paschale quæ fers gaudium*[1095] viene mantenuta nella penultima strofa.

[1095] *PrSS1925*, 96; *PrSS1947*, 106; *In Inventione Sanctæ Crucis*, 95-98.

22. GLI INGRESSI SOLENNI

L'ultima parte del processionale[1096] è riservata agli ingressi solenni che si fanno in basilica in alcune circostanze ben determinate. Non si tratta di una speciale forma della processione, ma questo rito viene collegato con la processione solenne quasi a formare con essa un'unico programma rituale. Il rito viene descritto dal cerimoniale stampato nel 1754[1097].

22.1. Descrizione

«Solemnis ingressus in Basilicam S. Sepulcri statutis quidem diebus a Patriarcha Hierosolymitano vel a Custode Terræ Sanctæ peragitur, soletque quoque fieri pro receptione solemni peregrinorum.

Præsul Basilicam ingrediens a Clero ad fores Ecclesiæ consistente recipitur et ad Petram Unctionis deducitur, ubi aliquantisper orat et S. Lapidem devote deoscutatur. Peracta dein aspersione et thurificatione, cantores hymnum *Te Deum laudámus* intonant, ceteris omnibus prosequentibus et ad ædiculam versus S. Sepulcri progredientibus.

Processio, cum ante S. Sepulcrum pervenerit, sistit quoadusque *Te ergo quǽsumus*, decantatum fuerit, ac, dein ad Capellam Apparitionis pergit, ubi præscripta, preces complentur, nisi tamen ingressus solemnis pro peregrinis fiat, quo in casu ritus omnes coram S. Sepulcro explentur»[1098].

Così recitano le rubriche prima di presentare l'eucologia della celebrazione.

Quando c'è un ingresso solenne, i francescani lasciano il loro convento di San Salvatore e si recano, disposti in due file e accompagnati dai loro *kawas*, al Patriarcato latino dove li attende il Patriarca (o un suo Delegato) con il suo seguito (se è il Custode a fare l'ingresso, ci si reca direttamente in basilica). Il corteo si avvia al Santo Sepolcro e, quando il Prelato arriva sul primo gradino del piazzale, il portinaio musulmano apre solennemente le porte della basilica che aveva chiuso poco prima. I frati preceduti dai *kawas* entrano, sempre disposti in due file, in basilica. Se è vescovo, il Prelato indossa la stola[1099] (se è il Custode indossa la cotta, l'anello e la croce pettorale), s'inginocchia sul tappeto appositamente preparato e bacia la *Pietra dell'Unzione*. Mette l'incenso nel turibolo, asperge d'acqua benedetta i presenti.

1096 Cfr. *PrSS1925*, 99-106; *PrSS1947*, 109-116.

1097 Cfr. *ECTS1754*, 109-122; *Diarium Terræ Sanctæ* 2 (1909) 54-58.

1098 *PrSS1925*, 99; *PrSS1947*, 109.

1099 Fino al 2006, indossava la cappa magna.

Quindi viene lui stesso incensato dal presidente della comunità dei frati del Santo Sepolcro che, rivestito con un piviale, era in attesa di accoglierlo assieme a vari ministri. Quando la processione è ordinata per ripartire, un cerimoniere suona il campanello per avvisare l'organista di intonare il *Te Deum*. Giunto innanzi alla Tomba, il corteo si ferma e il Prelato entra nell'edicola e vi rimane in preghiera fino al termine del versetto *Te ergo quæsumus*. Lasciata l'edicola, il corteo prosegue verso la *Cappella dell'Apparizione* mentre il Prelato si reca alla sede dove colui che lo accoglie si colloca in piedi davanti a lui, e canta con l'unica conclusione lunga le tre seguenti orazioni: *Deus cuius misericordiæ*[1100] (colletta della messa votiva per rendere grazie), *Deus qui per immaculatam*[1101] (colletta dell'Immacolata: non si dimentichi che la proclamazione del suo dogma rappresenta una vittoria della teologia francescana scotista) e *Deus qui Ecclesiam tuam*[1102] (colletta di san Francesco). I cantori intonano il solenne invio *Benedicamus Domino* mentre il superiore della comunità francescana si toglie il piviale e si ritira[1103]. In questo modo, viene manifestata la presa di possesso del luogo da parte di chi fa l'ingresso. Tutti i frati procedono poi al baciamano. È da rilevare che questo tipo di funzione non è altro che un adattamento dell'*Ordo ad recipiendum processionaliter Prælatum vel Legatum*[1104] e costituisce un evento per tutta la comunità ecclesiale locale. Dopo qualche minuto si procede con la Processione solenne a cui assiste l'ospite appena ricevuto. L'illustre pellegrino[1105] del Grande Giubileo, papa GIOVANNI PAOLO II, ha compiuto il suo ingresso in basilica il 26 marzo 2000 seguendo questo rituale. Allo stesso modo, al mattino del venerdì 15 maggio 2009, lo compirà papa BENEDETTO XVI, durante il suo pellegrinaggio pastorale in Terra Santa.

L'ingresso appena descritto viene chiamato solenne[1106]. È semi-solenne invece se le porte della basilica non vengono chiuse prima dell'arrivo dell'ospite; in questo caso, non si canta il *Te Deum* e il Prelato si reca in silenzio, senza la sosta nella

---

[1100] Cfr. *MR1570*, 611 [n° 3821].

[1101] Questa preghiera non c'è nel Messale del 1570, perché anteriore alla proclamazione del dogma (1854) di papa PIO IX. In quel tempo, l'orazione dell'Immacolata corrispondeva a quella della Natività della Madonna (cfr. *MR1570*, 450 [n° 2217]). Tuttavia, il testo di questo colletta corrisponde al testo adoperato nel 1925 quando fu redatto il processionale.

[1102] Cfr. *MR1570*, 551 [n° 3295].

[1103] I particolari qui riportati di quest'ingresso, nonché altri eccessivamente dettagliati, si trovano in: A. ROCK, *Programma delle funzioni religiose nella basilica del SS. Sepolcro di N. S. G. C. in preparazione alla festa della Pasqua di Resurrezione*, Jerusalem 1984.

[1104] Cfr. *PR1595*, 662-668 [n° 1439-1453].

[1105] Cfr. *Jubilee Pilgrimage of His Holiness Pope John Paul II to the Holy Land*, 212.

[1106] Per sapere se gli ingressi quaresimali sono solenni oppure no, cfr. la tavola nell'appendice al n° **2**. Per la festa dell'Invenzione e per il *Corpus Domini*, l'ingresso è sempre solenne.

Tomba, nella *Cappella dell'Apparizione* dove aspetta l'inizio della Processione solenne: l'ingresso, quindi, non si conclude con il baciamano.

Durante la quaresima, tutte le comunità orientali hanno anche diritto ad un loro ingresso seguito da una processione. Le diverse processioni iniziano quando tutte le comunità hanno compiuto il loro ingresso. La Chiesa latina gode il privilegio di compiere sempre il suo ingresso per prima perciò, quando il Patriarca latino entra nell'edicola, i Greci avvertono il loro Patriarca che può lasciare la sua sede per compiere il proprio ingresso in basilica.

Si chiama ingresso semplice quello che possono fare, su propria richiesta, alcuni pellegrini. In questo caso, la porta della basilica non viene chiusa prima dell'arrivo degli ospiti: il presidente della comunità francescana del Santo Sepolcro si reca alla *Pietra dell'Unzione* ove accoglie i pellegrini aspergendoli con l'acqua santa. Una processione si reca al canto del *Te Deum* fino all'edicola dove una breve esortazione di benvenuto viene rivolta loro in lingua vernacolare.

Nei primi capitoli è stato ampiamente spiegato che già al tempo di MARIANO da Siena (1431)[1107] il Custode accoglieva i pellegrini alla porta della basilica accompagnandoli poi davanti all'edicola. Lo *Statu quo* permette alla comunità latina di compiere tali accoglienze (o ingressi) in tre orari differenti, ma la prassi odierna si limita a compierli al termine delle processioni vespertine, ossia dopo la benedizione eucaristica latina (e la fine della processione degli Armeni, qualora avesse luogo). In questo caso i pellegrini così accolti non partecipano alla processione, o se vi erano presenti, escono dalla basilica per poter poi compiere il rito di ingresso.

Quando a presiedere la processione solenne è il Custode di Terra Santa, egli ha già compiuto l'ingresso in basilica, che, per motivo di protocollo, risulta impossibile abolire o posticipare. In questo caso, da accogliente, egli diventa l'accolto: è difficile capire quale senso abbia il ricevimento di colui che per eccellenza deve ricevere. La prassi viene tuttavia già testimoniata nel 1679 da un manoscritto del governo francescano di Terra Santa. Infatti, il nuovo Custode faceva un ingresso solenne nei vari santuari di Terra Santa tra cui il Santo Sepolcro dove, dopo l'ingresso in basilica e il canto del Vespro, il Custode assisteva alla solenne processione[1108].

[1107] Cfr. n° **2.3.3. §1.**

[1108] Cfr. PIER MARINO, *Relazione sincera del culto che s'esercita in Gerusalemme ed in alcuni altri conventi di Terra Santa dai PP. Minori Osservanti. Manoscritto inedito del 1679*, Firenze 1887, 12-15.

22.2. Suggerimenti per cambiamenti

Come sempre, tutte le celebrazioni lontane dalla liturgia sacramentale sono quelle per le quali la sorveglianza del clero orientale diventa più acuta e puntigliosa. Per i tre giri dell'*Anastasis* durante le Processioni solenni[1109], si nota la presenza dei tre sacrestani (greco, latino e armeno) davanti alle porte dell'edicola dopo l'accensione dei loro rispettivi candelabri. Nella redazione di un nuovo processionale, si dovrà mettere in rilievo l'ingresso dei fedeli in basilica e non i soli ingressi "pontificali". Infatti questi ingressi pastorali sono quelli più antichi e testimoniano concretamente il senso della presenza dei francescani nei santuari: la cura dei Luoghi santi e l'accoglienza e assistenza dei pellegrini[1110].

Nel processionale, l'*Ordo* degli ingressi verrà anteposto alla processione e non più lasciato in appendice del processionale. In questo modo, verrà significato il loro legame con la processione che ne costituisce una conseguenza logica. Inoltre, tale *Ordo* verrà diviso in due: uno per gli ingressi solenni (accoglienza del Patriarca, di un Vescovo, del Custode, del Ministro generale dell'Ordine francescano) e uno per gli ingressi di gruppi di pellegrini o di personalità laiche di particolare importanza. Per ogni circostanza, un'orazione appropriata concluderà il rito. Per la parte dedicata agli ingressi solenni, si terrà conto che:

> un ingresso particolare viene riservato al Patriarca, che compie in alcune circostanze stabilite dallo *Statu quo* una presa di possesso della basilica. Tale visita corrisponde ad un suo pellegrinaggio presso il santuario, ma anche ad una visita pastorale che, in quanto Vescovo diocesano, ha il dovere di compiere[1111]. Nella loro forma odierna, i riti risultano in armonia con quanto richiede il *Cæremoniale Episcoporum*[1112] e non richiedono tanti aggiornamenti se non la soppressione delle tre orazioni conclusive. Quando il Patriarca o un suo Ausiliare procede all'ingresso, si reciterà la preghiera *Deus, omnium fidelium pastor et rector*[1113]
>
> Se si tratta del primo ingresso del Delegato Apostolico, o dell'entrata di un altro Vescovo, il celebrante proclamerà la colletta *Deus pastor æterne*[1114] conformemente a quanto prevede lo stesso cerimoniale[1115].

1109 Cfr. n° **1.4.2.**, **20.1.**, **21.1**.

1110 Cfr. *Regula et Constitutiones Generales Ordinis Fratrum Minorum* Articolo 123, 82.

1111 Cfr. *CE*, 279 [n° 1177].

1112 Cfr. *CE*, 31 [n° 79]; 279 [n° 1179-1180].

1113 Cfr. *MR2002*, 1083.

1114 Cfr. *MR2002*, 1083.

1115 Cfr. *CE*, 279 [n° 1180].

Infine, se l'ingresso viene compiuto da un francescano (il Ministro generale dell'Ordine oppure lo stesso Custode), si reciterà la colletta *Deus qui seraphico Patri Francisco*[1116] in onore di san Francesco.

Quando il Prelato che fa l'ingresso viene accolto per la prima volta in basilica, si manterrà la consuetudine di ricevere l'ospite con alcuni discorsi di benvenuto pronunciati dalla competente autorità. In ogni caso, la celebrazione si conclude nella Cappella dell'Apparizione con il baciamano.

Nella seconda parte dedicata agli ingressi semplici, l'analogo rito riporterà queste particolarità: giunti davanti all'edicola, anziché proseguire con la seconda parte del *Te Deum* (*Te ergo quǽsumus*), si procederà alla benedizione dei fedeli all'inizio del pellegrinaggio come descritta nel benedizionale[1117] (la lettera evangelica sarà *Mt* 28,1-10). Al termine, il presidente della comunità francescana pronuncerà l'orazione *Omnipotens et misericors Deus, qui famulos tuos*[1118] per i gruppi; *Omnipotens sempiterne Deus, in cuius manu sunt hominum corda et iura populorum*[1119] per le autorità civili e infine *Deus, cui potestates humanæ deserviunt*[1120] per un capo di Stato o un re cattolico [in quest'ultimo caso alla preghiera verrà aggiunta «da N., (regi Belgárum, regi Hispániæ, N.)»]. Sarebbe anche molto bello se, quando è il Custode ad accogliere i pellegrini, lo *Statu quo* permettesse di ripristinare l'antica tradizione della lavanda dei piedi[1121].

[1116] Questa colletta non appartiene al Messale Romano bensì al Messale Romano Serafico (cfr. *Supplementum ad Missale Romanum pro solidalibus Ordinis Fratrum Minorum necnon pro monialibus Clarissis et Conceptionistis et pro Tertio Ordine Franciscali ad mentem Concilii Vaticani II exaratum et a Santa Sede approbatum*. Editio typica, Assisi 1974, 109). Infatti quando avviene questo ingresso, tutti i partecipanti appartengono all'Ordine Francescano e quindi la preghiera della famiglia francescana risulta meglio adatta.

[1117] Cfr. *Rituale romanum ex decreto sacrosancti œcumenici Concilii Vaticani II instauratum auctoritate Ioannis Pauli II promulgatum. De Benedictionibus*, editio typica, Città del Vaticano 1984, 155-162.

[1118] Cfr. *MVCTS1982*, 515.

[1119] Cfr. *MR2002*, 1123.

[1120] Cfr. *MR2002*, 1124.

[1121] Cfr. *PrSal1623*, 3-4.

CONCLUSIONE GENERALE

Queste pagine potrebbero risultare ardue per la mentalità dei liturgisti del nostro tempo: non viene studiato un testo eucologico sconosciuto o un rito della gloriosa liturgia romana classica, ma viene analizzata una processione assimilata ai pii esercizi di devozione, che ha assunto la forma odierna fin dal tempo che ha seguito il Concilio tridentino. A motivo dello *Statu quo* che vige nei Luoghi santi (e in modo particolare nella basilica del Santo Sepolcro), questa funzione si è perpetuata fino ai nostri giorni in modo così particolare che aiuta a mantenere in seno alla fraternità francescana di Terra Santa, identità e coesione. Da frate minore della Custodia, mi è quindi parso necessario affrontare il problema della riforma di questa processione quotidiana che non può essere abolita, ma ora è urgente che si conformi all'aggiornamento liturgico del Concilio Vaticano II.

Nel corso di tutto questo lavoro, si è evitato di legare la nozione di liturgia alla processione, perché essa non viene dichiarata azione liturgica dalla Chiesa. Tuttavia, sopratutto quando riveste la sua forma solenne, essa viene esercitata dall'intera comunità cristiana: Chiesa locale (clero, religiosi e fedeli) e Chiesa universale (rappresentata dai pellegrini), e che viene unita al suo pastore locale (il Patriarca latino) con il chiaro intento di celebrare il mistero di Cristo. Tutte queste condizioni essendo pienamente onorate ciascuna e nel loro insieme[1122], si può fondamentalmente ritenere che questa processione non riconosciuta come azione liturgico, possieda tutte le caratteristiche per essere dichiarata tale dall'autorità magisteriale ecclesiastica.

Riportandosi alle origini della liturgia cristiana, si trovano a Gerusalemme (come pure a Roma e a Bisanzio) i primi elementi essenziali del concetto di processione. Già EGERIA testimoniava che l'intera comunità formava un corteo per scortare, con il canto di salmi e di inni, il vescovo che si spostava per celebrare la liturgia nei vari santuari della città. Durante il periodo bizantino, le processioni stazionali erano molto sviluppate; tuttavia, con la conquista islamica di Gerusalemme (del 638, alla fine della dominazione bizantina, e del 1187, dopo il periodo crociato) le

---

[1122] Cfr. S. MARSILI, «La Liturgia momento storico della Salvezza», in *La Liturgia, momento storico della Salvezza*, ed. B. Neunheuser - S. Marsili - M. Augé - R. Civil (Anàmnesis 1), Casale Monferrato ^{2}1974, 156.

manifestazioni esterne di culto cristiano vennero proibite e tutto il culto si svolge all'interno degli edifici ecclesiali.

Durante il medioevo, i Crociati, con la libertà di cui usufruivano da padroni del paese, celebravano mimicamente, in modo quasi teatrale, la liturgia nei luoghi in cui il Vangelo situa i misteri della salvezza. Successivamente, dopo la seconda perdita di Gerusalemme, i francescani, non avendo la possibilità di celebrare all'aperto a causa della dominazione musulmana, mantennero viva, nella misura del possibile, questa liturgia stazionale all'interno dei santuari o dei luoghi che riuscirono lungo il tempo ad acquistare. La liturgia di Gerusalemme è una liturgia in cammino, in pellegrinaggio, perché lungo l'anno liturgico ripercorre i luoghi memoriali della salvezza, facendo coincidere la celebrazione con il tempo e il luogo memoriale. Per natura sua la liturgia si adatta al tempo e al luogo della celebrazione. Spesso la liturgia di Gerusalemme è tuttora mimica, perché per mezzo dell'imitazione vuole rendere plastica la celebrazione della memoria.

1. Il Triduo: È risaputo che, nell'antichità, Gerusalemme divenne, soprattutto durante la Settimana santa, una fonte liturgica per le varie Chiese cristiane. Infatti, molti riti nati attorno all'*Anastasis* e successivamente assunti dalla Chiesa latina (nonché da molte altre comunità ecclesiali) ritorneranno alla loro fonte con l'arrivo del clero occidentale in Terra Santa. Immersi di nuovo nel loro contesto originario, questi riti - come per esempio la processione delle Palme, il lucernario pasquale... - ritroveranno naturalmente il loro splendore e riacquisteranno difatti la loro forza e la loro potenza celebrativa. I tre giorni del «sacratissimum triduum crucifixi, sepulti, suscitati»[1123] come diceva sant'AGOSTINO, verranno sempre celebrati con molta drammaticità: ci si muove da un luogo all'altro, si piange all'evocazione delle sofferenze di Cristo, si cerca di rivivere con i sensi l'accaduto evangelico: si vive l'evento pasquale come un dramma a cui ogni fedele partecipa internamente ed esternamente. L'originalità di questa liturgia sta anzitutto nel suo carattere storicizzante: la liturgia è orientata al ricordo di Gesù. Le letture evangeliche permettono alla moltitudine dei partecipanti di riviverli giorno dopo giorno, anzi ora dopo ora, presso gli stessi luoghi in cui il Signore visse gli ultimi giorni della sua vita terrena.

2. La processione: La visita *liturgica* del pellegrino tanto latino quanto orientale si manifesta già chiaramente sin dagli albori della presenza francescana. Dopo l'ingresso pomeridiano, i pellegrini compivano la visita del santuario sotto forma processionale e, dopo una notte di preghiera trascorsa in basilica, la *peregrinatio* viene conclusa dall'Eucaristia solenne e comunitaria celebrata da un francesca-

---

[1123] AUGUSTINUS, *Epistulae* 55,14, ed. A. Goldbacher (CSEL 34), Wien 1895, 195.

no[1124]. Si trovano tuttora[1125] alcune tracce di questo antico modo di procedere nella liturgia solenne dei tempi forti dell'anno liturgico (Sabato di Quaresima, Triduo sacro, Invenzione della santa Croce, e ultima in ordine di tempo, la solennità del *Corpus Christi*). In ognuno di questi giorni particolari, l'ospite (il Patriarca o il Custode), alla vigilia della festa, compie un ingresso solenne al termine del quale assiste alla processione solenne. Durante la notte ha luogo il Mattutino solenne e all'alba viene celebrata da un frate una Messa alla quale assiste il Prelato senza celebrarla. Subito dopo la Messa, il corteo procede verso le porte ed esce dalla basilica, terminando così la visita del pellegrino-dignitario ecclesiastico. In questi casi, oggi come ieri, tutti i frati di Gerusalemme vengono ad accogliere il Prelato nei vari momenti della sua visita. La storia delle azioni liturgiche nei santuari di Terra Santa, conferisce verità ad alcune leggi della *liturgie comparée* di BAUMSTARK in cui gli stati più antichi si mantengono con più tenacità nei tempi più sacri dell'anno liturgico[1126], quando la celebrazione viene svolta sotto la presidenza del vescovo. Inoltre, dall'antica e semplice accoglienza dei pellegrini di passaggio da parte dei religiosi che vivevano a Gerusalemme (cfr. gli inizi della presenza francescana), la visita non cesserà di assumere nuove forme celebrative che la renderanno sempre più coerente con la liturgia coeva, fino ad assumere un programma rituale complesso, da osservare meticolosamente. Si assiste, lungo i secoli, ad una processione che nasce nella semplicità e si sviluppa in un arricchimento progressivo[1127], mantenendo a volte riti, testi eucologici, abiti liturgici che diventeranno obsoleti. Viene quindi manifestata un'altra legge secondo cui la periferia liturgica, quale la Città santa, continua a seguire molti usi liturgici che il centro, Roma, ha da tempo abbandonato.

Da queste pagine, risulta evidente che, nel modo in cui si svolge oggi (tanto nella forma quotidiana, quanto in quella solenne, oppure il Venerdì santo o il giorno di Pasqua) la processione trae molti elementi che, nel passato, hanno fatto parte della liturgia. Molti gesti rituali mimici e caratteristici del Luogo santo (che hanno dato vita a forme di celebrazioni *sui generis*) sono nati in seno alla liturgia dei francescani di Gerusalemme, anche se essi hanno a volte assimilato gesti comuni alle altre comunità religiose presenti nei santuari, come, per esempio, la processione funebre del Venerdì santo, la processione pasquale, il Fuoco santo. Visto che la liturgia post-tridentina, già abbastanza lunga e così rigida, permetteva difficilmente

---

[1124] Cfr. n° **2.3.2. §1.**

[1125] Cfr. n° **2.6.2.1.**; **1.3.**; **22.1.**

[1126] Cfr. A. BAUMSTARK, *Liturgie comparée. Principes et méthodes pour l'étude historique des liturgies chrétiennes*, Chevetogne [3]1953, 30.

[1127] Cfr. BAUMSTARK, *Liturgie comparée*, 67.

di lasciar posto ad alcune particolarità rituali locali, questi riti vennero estratti dall'ambito liturgico per venire a fare parte delle pie devozioni. In questo modo:

una seconda processione delle Palme più solenne viene compiuta nelle ore pomeridiane (non si poteva anticipare prima dell'Eucaristia celebrata già presto al mattino);

la mimesi del Venerdì santo esce dal contesto liturgico e viene portata alla sera nell'ambito della processione quotidiana[1128];

la celebrazione pasquale del Fuoco santo che era scomparsa da secoli dalla sfera celebrativa latina (perché presieduta da coloro che erano chiamati gli *eterodossi*) sembra fare di nuovo un timido ritorno[1129].

Riguardo a quest'ultima, la storia ci informerà se, come per il caso della mimesi della *depositio crucis*[1130], questo rito gerosolimitano stia nuovamente entrando dalla porta della liturgia per essere, in futuro, celebrato con maggior enfasi nell'ambito paraliturgico, magari con un buon gesto ecumenico condiviso da tutte le parti, assieme alle altre comunità cristiane locali.

Tra le forme particolare della processione oggetto di questo studio, molto significative sono due celebrazioni che concludono le Messe del giorno di Pasqua e di quello dell'Invenzione della santa Croce. Questi due riti presentano notevoli similitudini. In ambedue i casi, dopo la Messa stazionale celebrata nel Luogo adatto (Tomba del Risorto per Pasqua, cripta dell'Invenzione per la festa della Croce), inizia una triplice processione attorno alla Tomba, luogo fondante per ogni culto cristiano. Dopo il terzo giro attorno all'*Anastatsis*, avviene una sosta sotto il Calvario presso la *Pietra dell'Unzione*; tutto il rituale è sottoposto all'alta sorveglianza dei sacrestani delle tre comunità aventi dei diritti, che si collocano tra le porte dell'edicola. È stato detto[1131] che già all'inizio della presenza francescana a Gerusalemme, LUDOLFO da Sudheim (1336) riportava che i due tempi che emergono dall'anno liturgico sono il *Triduum* pasquale e la festa della Croce. Non desta meraviglia che queste due ricorrenze abbiano conservato una forma cultuale analoga.

[1128] Si osserva un fenomeno analogo per gli altri santuari maggiori: la lettura mimica del Vangelo una volta celebrata durante la Messa stazionale viene ora eseguita durante processione solenne della notte di Natale (Betlemme), dell'Epifania (Betlemme), di San Giovanni (Ain Karem), della Visitazione (Ain Karem)...

[1129] Si ricorda che, dopo il rinnovamento della "Veglia" Pasquale il diacono accende il Cero pasquale non più dal fuoco benedetto, ma da una candella che viene portata fuori dalla Tomba vuota.

[1130] Cfr. n° **2.3.2. §2.c.**

[1131] Cfr. n° **2.2.2. §1.**

Successivamente fu introdotta, secondo le stesse modalità, una triplice circonvoluzione attorno all'edicola alla fine della Messa stazionale di un'altra festa dell'anno liturgico: si tratta della solennità del *Corpus Domini*, che non viene presentata dal processionale perché fa parte del patrimonio comune della liturgia romana.

In questo modo, tutto il mistero pasquale viene celebrato nel consueto modo unitario durante il *Triduum* e viene rispiegato dopo le feste pasquali. Le peculiarità di tale mistero (dono dell'Eucaristia, passione ed Esaltazione in Croce) che potrebbero apparire assorbite dallo splendore della risurrezione vengono successivamente rimesse in evidenza. Tuttavia, per non separarle dalla Risurrezione facendone delle celebrazioni a sé, la processione che segue l'Eucaristia solenne le ricollega con la Tomba del Risorto "avvolgendola" con tre giri.

Per ognuna di queste tre processioni, più che una circonvoluzione di intercessione[1132] (ora, non si richiede più niente: si è al termine del programma rituale del giorno liturgico, dopo l'ingresso, la processione solenne, il Mattutino solenne e la Messa stazionale), si tratta di una corale e solenne azione di grazie che conclude il mistero celebrato alla luce della Risurrezione. Per il *Corpus Domini* si porta il santissimo Sacramento, per la festa della Croce si porta la preziosa reliquia della Croce, il giorno di Pasqua si portano e poi si leggono i Vangeli della risurrezione. Alla fine di questi giri, si da la benedizione eucaristica il giorno della festa del *Corpus*, la benedizione con la santa Croce il giorno dell'Invenzione. È dunque conveniente aver introdotto, dopo la messa di Pasqua, la benedizione apostolica del Patriarca, che ancor più significativamente potrebbe impartire con l'Evangeliario che è stato portato attorno all'edicola.

I giri della processione

Il senso *diretto*[1133] o *naturale* corrisponde al senso in cui girano gli astri: è senso naturale di ogni processione che compie un percorso circolare (anche i Musulmani girano secondo questa direzione attorno alla *Qaba'a* sacra della Mecca). Tutte tutte le diverse comunità che hanno dei diritti nel Santo Sepolcro, Chiesa latina compresa, girano in senso diretto o naturale attorno alla sacra Tomba. Dall'archeologia cristiana o dagli edifici celebrativi ancora in piedi, si vede che molti luoghi di culto sono concepiti in modo da fissare il Luogo santo al centro di uno spazio circolare che permetteva queste processioni: il Santo Sepolcro, la basilica costantiniana di Betlemme, il santuario dell'Ascensione, la chiesa edificata sulla

---

[1132] Cfr. n° **2.1.2.2.2.** per i giri di supplica attorno alla Tomba per implorare che avvenga il miracolo del fuoco santo.

[1133] Per la definizione di questo senso, cfr. n° **15.6.1.**

Casa di san Pietro... ma anche la *Cupola della Roccia* di Gerusalemme[1134]. Si può anche rilevare che ancora oggi, oltre i triplici giri attorno alla *Sacra Tomba*, i francescani effettuano un rito identico sul Monte degli Ulivi presso il santuario dell'*Ascensione*[1135]. Nel capitolo **1.1.2.**, si è visto che lo *Statu quo* ha fissato molti riti, che avrebbero cessato di esistere nella Chiesa latina se non avessero dovuto sottostare a queste restrizioni imposte dall'esterno contro la volontà della stessa Chiesa.

Ritornando alla processione, si ritrovano ambedue i sensi definiti in precedenza, cioè il senso *diretto* (che corrisponde al primitivo senso della processione[1136]) e quello *indiretto*. Il senso *diretto* venne invertito nel secolo XIV, quando la processione si è allontanata dalla sua primaria funzione di introdurre i pellegrini nel santuario, ed ha assunto un significato devozionale con valenza più spiccatamente mimica degli eventi accaduti durante i giorni in cui Cristo visse il suo mistero pasquale. Il senso originario *diretto*, è tuttora presente nelle varie incensazioni quotidiane delle comunità orientali[1137]. Questi ultimi riti sembrano risultare più da un sentimento religioso del clero che da una volontà di realizzare, concretizzandolo, un concetto teologico: per questo la teologia o la pastorale non hanno modificato il senso naturale primitivo.

Dall'esame dello sviluppo storico dei vari riti presentati in queste pagine, si possono così interpretare questi vari movimenti circolari che vengono oggi compiuti durante la processione:

a. Complessivamente, sin dalle sue origini, la processione inizia nel luogo in cui si conclude, vale a dire che il primo giro realizzato coincide con quello dell'itinerario: si gira attorno al *Catholicon*, luogo concepito per la liturgia[1138] (anche se oggi la celebrazione del culto in questo luogo è riservata al solo clero bizantino). Questa processione devozionale si ispira alla liturgia[1139]: essa ne è la fonte e da essa attinge significati e riti. Circondare lo spazio sacro-spazio liturgico, manifesta bene come questa processione trae l'essenziale del suo svolgimento dal culto e

---

[1134] Si tratta di un luogo di culto islamico edificato nel VII secolo da architetti cristiani al soldo dei nuovi conquistatori musulmani, non ancora capaci di costruire edifici con uno stile proprio.

[1135] Il santuario è ora in possesso islamico, retto dallo *Statu quo*: i francescani ne prendono possesso il giorno dell'Ascensione e vi celebrano la liturgia dal mezzogiorno della vigilia fino al termine della Messa solenne del Giovedì. Dopo il canto dei Primi Vespri, tutta l'assemblea, al canto delle litanie effettua tre volte il giro dell'Edicola.

[1136] Cfr. la testimonianza del PELLEGRINO INGLESE presentata in n° **2.2.3. § 2**.

[1137] Cfr. n° **1.5.3.**

[1138] cfr. n° **1.2. §4.**

[1139] Cfr. *SC*, 103 [n° 13].

ne costituisce uno sviluppo devozionale. Ne è prova il fatto che ad ogni riforma liturgica della Chiesa segue, malgrado un "certo" ritardo cronologico, una revisione della processione coerentemente allo spirito della riforma stessa. Infatti, alla pubblicazione dei nuovi libri liturgici del Concilio di Trento (1568-1570) e alla riforma di CLEMENTE VIII (1602) segue la revisione dell'OBICINI (1623)[1140]; alla riforma degli inni latini di URBANO VIII (1632) segue il cambiamento degli inni della processione nel 1924[1141]. Con la stessa logica, alla riforma del Vaticano II, dovrà quindi seguire un rinnovamento del processionale[1142].

b. Nella processione solenne, avviene il triplice giro attorno all'*Anastasis* che è già stato esaminato in precedenza[1143].

c. Altri giri "minori" vengono eseguiti dal solo celebrante prima di incensare l'altare presso cui si svolge la stazione. Infatti, prima di venerare l'altare, (la mensa eucaristica, almeno teoricamente perché su molti di questi altari non si celebra mai), chi presiede la funzione incensa il "Luogo santo" che è l'oggetto primo della stazione. Si ricordi che presso l'*Altare della Crocifissione*, della *Morte di Gesù*, della *Maddalena* si incensa il pavimento ai piedi dell'altare, perchè indica il Luogo in cui avvenne il fatto evangelico. Questa procedura ricorda anche la liturgia stazionale, che ha inizio in un luogo determinato e da questo si incammina verso il luogo dove si celebrerà l'Eucaristia. È anche già stato detto che, durante i secoli passati, prima di salire al Calvario dove si celebrava la divina liturgia, avveniva una *statio* attorno alla Tomba[1144]. Nello stesso modo, per le singole stazioni della processione, si girava attorno al *luogo fondante* prima di andare poi nel luogo del sacrificio eucaristico. È evidente che, in questo caso, il senso *diretto* è il senso ritenuto visto che non viene contestato da nessuna necessità.

Come risulta da quanto precede, tre sono i tipi di giro compiuti dal celebrante principale come tre erano le forme di giro adempiute dai pellegrini che sbarcavano in Terra Santa, ognuno composto di movimenti circolari e concentrici. Come i francescani residenti, i pellegrini effettuavano:

il giro attorno all'*Anastasis*;

quello che si fa attorno alla basilica durante il compiersi del programma rituale;

[1140] Cfr. n° **2.5.3.2.**

[1141] Cfr. n° **2.6.3.2.**

[1142] Cfr. n° **3.4. §1.**

[1143] Cfr. n° **15.6.1.**

[1144] Cfr. per esempio n° **2.3.2. §2.**

e il movimento circolare più ampio costituito dall'intera loro peregrinazione, iniziata nel momento dell'arrivo fino al momento della loro partenza[1145] dalla Terra Santa.

Il centro di questi tre diversi modi di girare è uno e sempre lo stesso: la Tomba del Risorto. La valenza della processione è, in un certo qual modo, analoga a quella dell'anno liturgico. Infatti ogni domenica (Pasqua settimanale) la Chiesa fa memoria della risurrezione del Signore che si ripeterà, insieme alla sua passione, una volta all'anno nella massima solennità della Pasqua[1146]. Attorno alla Tomba del Risorto, il tempo è come per così dire sospeso e perciò vi si celebra in continuo la Pasqua quotidiana[1147]. Come la redenzione portata da Cristo si trova al centro del continuo *circulum*[1148] dell'anno liturgico, così si trova al centro dell'altro *circulum* effettuato quotidianamente, giorno dopo giorno durante l'iter della processione.

Significato della funzione

Nell'attuale programma rituale, frutto della spiritualità dei secoli precedenti, appare una forte devozione alle reliquie (colonna della Flagellazione, colonna degli Improperi, santa Croce, Pietra dell'Unzione) e ai Santi (la Beata Vergine Maria, santa Maria Maddalena e santa Elena) più che l'amore diretto verso il Signore Gesù. Gli inni e i vari testi eucologici, nella loro maggioranza, sono piuttosto descrittivi con accenni alla passione, morte e risurrezione del Signore e contengono inoltre qualche intercessione. Tuttavia dallo studio biblico di ogni testo effettuato volta per volta in questo lavoro, risulta ovvio che predomina sempre la Parola di Dio, sebbene spesso sotto forma di allusione al testo e in forma poetica. Oggi come sempre, nella processione, Cristo rimane la figura centrale. La successione delle stazioni della funzione viene sintetizzata dal seguente diagramma:

1145 Cfr. n° **2.2.3.** **§3** e appendice n° **7**.

1146 Cfr. *SC*, 125 [n° 102].

1147 Cfr. n° **2.5.2.** e **3.4.** **§3**.

1148 Cfr. *SC*, 125 [n° 102.103.104].

A. INTRODUZIONE: *il Cenacolo*	*stazioni 1-2*
B. CICLO DELLA CROCE	
a. Preparazione	
a1. *Via Crucis*	*stazioni 2.3.4.7*
a2. transfer verso il Legno	
sepolto	*stazione 5*
presenza della donna	*stazione 6*
b. Culmine: *il Monte Calvario*	
crocifissione	*stazioni 8-9*
presenza della donna	*stazione 10*
c. Sviluppo	*stazione 11*
C. CICLO DELLA RISURREZIONE	
a. Preparazione: lo stesso ciclo della Croce	
b. Culmine: *la Tomba vuota*	*stazione 12*
c. Sviluppo: presenza della donna	*stazione 13*
D. CONCLUSIONE: *il Cenacolo*	*stazione 14*

A. Iniziando nella *Cappella del Santissimo* (che contiene un pezzo della colonna della Flagellazione, una volta conservato nella basilica della *Haghia Sion*) con la venerazione dello stesso santissimo Sacramento, la sacra funzione riporta i partecipanti nel Cenacolo dopo che il Signore ebbe spezzato il pane con i suoi discepoli.

B. Il primo di questi due cicli chiamato "ciclo della Croce" viene a sua volta diviso in tre tappe il cui culmine corrisponde alla crocifissione e morte del Salvatore. Tale culmine viene anticipato da un tempo di preparazione e seguito da un suo sviluppo.

a. A sua volta la preparazione si suddivise in due parti: rispettando la cronologia offerta dai diversi Vangeli, le varie stazioni seguono Gesù dall'Ultima Cena sul Monte Sion fino alla sua morte sul Calvario. Si tratta di una specie di *Via Crucis* che non si svolge sulla strada percorsa dal Signore, ma presso altari votivi, e ha lo scopo di preparare spiritualmente i partecipanti alla morte in Croce del Signore. L'ultima di queste stazioni di preparazione corrisponde alla venerazione della *Colonna degli Improperi* che si fa dopo la salita dalla cripta dell'Invenzione. In questa luce, si spiega il fatto che fino alla riforma di BONIFACIO da Ragusa (1567) la processione si fermava in questa abside prima di discendere in cripta[1149]: era un modo per concludere la *Via Crucis* prima di venerare la scoperta del prezioso Legno. Oggi invece si preferisce non anticipare il luogo di questa stazione, perdendo così la coerenza di questa tappa. La seconda parte di questo tempo di preparazione corrisponde alla venerazione del Legno della Croce, trasferendo in esso il mistero pasquale della morte e risurrezione del Signore[1150].

b. Con il culmine del Ciclo si riprende la *Via Crucis* delle prime stazioni con la novità che ora i Luoghi in cui si svolgono i riti sacri coincidono con quelli evangelici e includono, nel testo degli inni oppure altri testi ecologici, gli *hic* caratteristici dei Luoghi santi.

c. Questo ciclo viene concluso con lo sviluppo che corrisponde al ricordo dell'unzione del corpo del Signore, conseguenza della sua morte sul Golgota.

Con il ciclo della Croce, per ogni stazione nei testi eucologici avviene un *transfer* dalla salvezza portata da Cristo allo strumento della passione che viene lodato (cfr. la prima strofa del *Salve Columna nobilis* per la Colonna della Flagellazione; il *Crux fidelis* per la Croce del supplizio; l'inchino verso la Colonna degli Improperi mentre si chiede nell'inno *ut nos coronet gloria* nell'ultimo stico...).

Si deve notare che tutti gli inni sono dimetro-giambici ad eccezione dei tre carmi che sono all'apice di queste tre fasi del ciclo della Croce. Infatti questi tre canti (*Crux fidelis*, *Lustra sex* e *Pange lingua vulneratus*) sono tutti tetrametrico trocaico catalettico; inoltre le strofe che li compongono sono tutte ispirate o semplicemente copiate dallo stesso inno *Pange lingua* di VENANZIO FORTUNATO.

C. Anche il ciclo della Risurrezione è composto da tre tappe: un tempo di preparazione, il culmine del ciclo e infine un suo sviluppo.

L'intero ciclo della Croce appena concluso corrisponde alla sua fase di preparazione.

Il culmine del ciclo, poi, corrisponde con la stazione presso la Tomba vuota ove tutto converge verso la risurrezione del Signore: il Luogo stesso (la Tomba vuota che tutti possono vedere), il canto (l'intero inno), la lettura (*surrexit, non est hic*) e la preghiera che conclude la stazione (orazione del giorno di Pasqua). Non trattandosi di una liturgia sacramentale non si può parlare di attualizzazione o di memoriale; tuttavia il credente

---

1149 Cfr. il n° **4.** dell'appendice oppure il paragrafo **2.3.3.1. §4**

1150 Cfr. i paragrafi **8.5.** e **9.5.**

che partecipa alla funzione rivive soggettivamente questo meraviglioso evento salvifico.

Infine, dopo aver contemplato il sepolcro vuoto, tutti sono invitati a contemplare, rivivendolo, il primo incontro tra il Risorto e Maria Maddalena.

D. La processione conclude nel luogo in cui era iniziata, cioè nella *Cappella del Santissimo*, ovvero nel santo Cenacolo dove ora non si contempla più l'Ultima Cena bensì le apparizioni di Gesù risorto ai suoi discepoli, in particolare alla Madonna, testimone e segno dell'intera Chiesa. Si tratta proprio di uno sviluppo della Risurrezione in quanto tutti gli uomini sono chiamati, assieme alla Madonna, a godere di tale evento salvifico e trionfale. In questo modo tutti coloro che hanno partecipato alla processione non solamente faranno esperienza della Risurrezione, ma sono invitati a prendere coscienza della trasformazione che essa porta nella vita del credente.

Un altro punto che merita di essere sottolineato: dopo ogni culmine della processione, si fa memoria di una santa donna che, spinta dall'amore per Cristo, viene ad essere la prima testimone dell'evento accaduto. Nella grotta dell'Invenzione della Croce in cui l'Imperatrice riportò alla luce il prezioso legno sepolto per ben tre secoli, si legge che sant'Elena era *Iesu amore saucia* (2,1); sul Calvario, ove la Madonna assisteva alla Crocifissione e dove per prima ricevette il corpo morto del divin Figlio, si canta che ella era *mater, fons amoris* (4,1). Infine, dopo la risurrezione del Signore, nel luogo in cui la Maddalena incontrò per prima il suo Salvatore, si canta che ottengono le prime gioie *qui plus ardebat ceteris* (1,4); si precisa inoltre che la santa è *saucia amore Christi languida* (2,3-4); che non teme perché *pellit timorem caritas* (3,4); ricerca colui che *vivum fortiter dilexit* (4,1-2). Anche nell'inno proposto in sostituzione viene precisato che l'amore spingeva l'agire della Maddalena (*igne amoris anxia, ardebam desiderio* in 4,3-4; *clamabam ut insipiens, amore eius languida* in 5,3-4).

È da notare che la struttura della processione (il suo itinerario e perciò il significato dei due cicli) si era già stabilita all'inizio del secondo periodo, quando la sosta presso l'altare della Maddalena si spostò dopo la stazione della risurrezione[1151]. Con l'andare del tempo, si verificarono alcune modifiche.

Con la riforma del terzo periodo, si è anteposta la venerazione del santissimo Sacramento presente nel tabernacolo[1152] senza che abbia la struttura di una vera introduzione al programma rituale che viene in seguito.

[1151] Cfr. n° **2.4.3.1.**

[1152] Cfr. n° **4.2.** e **2.6.3.1.**

La fine della funzione venne amplificata durante lo stesso terzo periodo: in un primo tempo Tommaso OBICINI aggiunse le intercessioni conclusive che poi furono accresciute da varie devozioni francescane, e dall'esposizione eucaristica[1153]. Si trattava purtroppo di infelici appendici alla celebrazione.

È evidente che, a motivo dell'insieme delle devozioni dei francescani, assistiamo ad aggiunte nei punti deboli della celebrazione, ossia dei suoi punti estremi[1154]. La riforma ora proposta intende integrare queste novità in modo più omogeneo con l'insieme della celebrazione.

Il servizio dei frati minori di Terra Santa ha la missione di evidenziare la sacralità dei Luoghi evangelici e biblici e di testimoniarvi la speciale presenza di Dio. Non è culto dei reperti archeologici, ma atto di fede e meditazione giorno dopo giorno, con fedeltà e coerenza, della Passione, Morte e Risurrezione di Cristo che appare in modo eminente nel compiersi anche di questa processione quotidiana. Come la liturgia, la processione è una realtà in movimento; obbedendo alla tradizione della Custodia, l'aggiornamento dei carmi e dei testi eucologici proposto in base all'attuale *Liturgia Horarum* è stato studiato in vista di una più fedele aderenza alla liturgia della Chiesa romana. La necessità pastorale di questa proposta di revisione non sarà tanto sentita per i fedeli o per i frati stessi dato che, nella loro globalità, pochi conoscono la lingua latina. Tuttavia si avverte l'urgenza di rimediare ad una discrepanza fra il testo attuale di questa processione quotidiana e la purezza che esso potrebbe invece raggiungere modellandosi sui testi oggi in uso nella Chiesa latina.

In conclusione si deve insistere sul fatto che i cambiamenti suggeriti non si rifanno alla sola fantasia ispirata dalle odierne necessità. Pur riallacciandosi alle origini e alle fonti sia della processione ora studiata, sia alla nobile liturgia romana e alla liturgia primitiva della Chiesa di Gerusalemme, essi rispecchiano lo spirito, la tradizione e la teologia della funzione come è stato messo in rilievo da questo studio. Si è potuto così giungere alla proposta che è stata presentata nel presente lavoro.

1153 Cfr. il capitolo n° **17.**, in particolare il n° **17.5.**

1154 Cfr. BAUMSTARK, *Liturgie comparée*. È anche vero che, a motivo dello *Statu quo*, non sarebbe stato così facile apportare modifiche al programma rituale.

APPENDICI

1. Itinerario della processione e disposizioni dei vari luoghi interni alla basilica

1.1. Mappa

Questa mappa[1155] è stata disegnata nel 1912 da fra Luca THÖNNENSSEN OFM ed è stata modificata *ad hoc* in funzione dei restauri effettuati nella basilica durante il secolo ventesimo. Inoltre l'itinerario della processione quotidiana tiene conto dell'aggiunta della stazione presso l'*Altare dell'Addolorata* all'occasione della riforma del 1924.

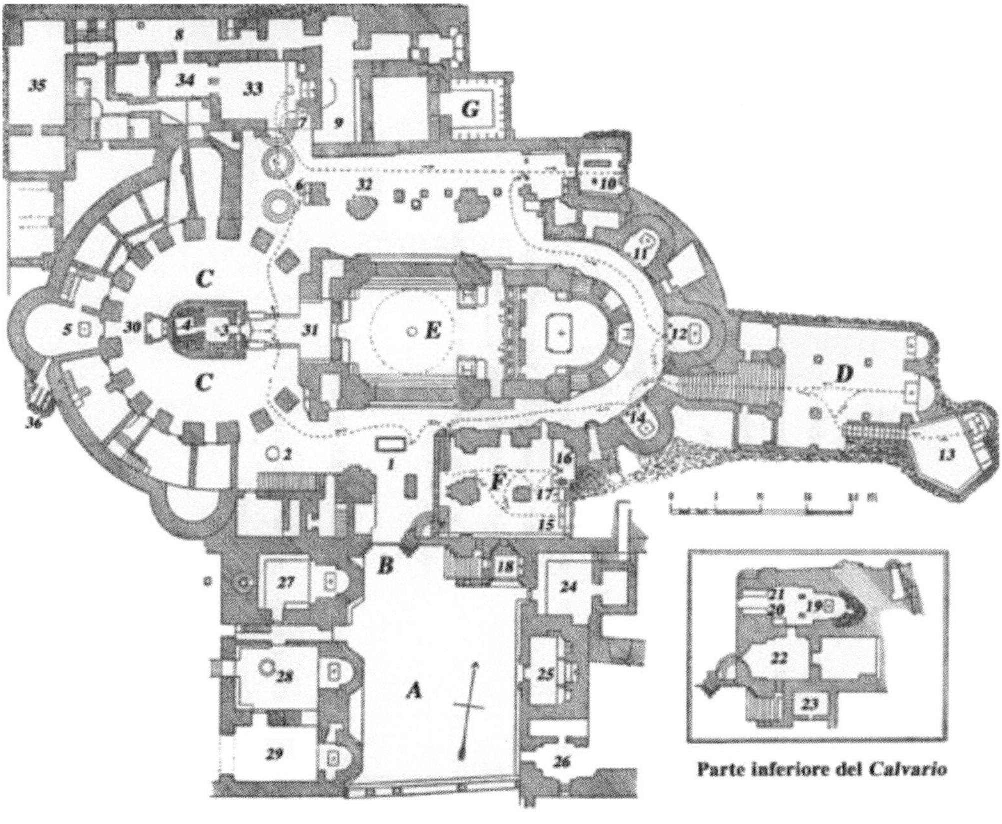

1.2. Leggenda della mappa

I puntini sulla mappa rappresentano l'itinerario della processione studiata.

1155 Viene pubblicata in varie monografie tra cui: SAYEGH, *Le Statu Quo des Lieux-Saints*, 258-259

L. ....proprietà latina
G. ....proprietà greca
A. ....proprietà armena
C ....proprietà copta
Ab. ....proprietà abissina
T. ....proprietà comune

1.	Pietra dell'Unzione	*L/G/A*.
2.	Edicola delle tre Marie	*A*.
3.	Cappella dell'Angelo	*L/G/A*.
4.	Tomba di Gesù Cristo	*L/G/A*.
5.	Cappella di Nicodemo	*A*. (uso *siriano*)
6.	Cappella di santa Maria Maddalena	*L*.
7.	Colonna della Flagellazione	*L*.
8.	Convento francescano	*L*.
9.	Sacrestia dei francescani	*L*.
10.	Prigione di Cristo	*G*.
11.	Cappella di san Longino	*G*.
12.	Cappella della Divisione delle vesti	*G*.
13.	Cappella dell'Invenzione della Croce	*L*.
14.	Cappella degli Improperi	*G*.
15.	Altare della Crocifissione	*L*.
16.	Altare della morte di Gesù	*G*.
17.	Altare dell'Addolorata	*L*.
18.	Cappella dei Franchi	*L*.
19.	Cappella di Adamo	*G*.
20.	Tomba di Goffredo di Buglione	*G*.
21.	Tomba di Baldovino	*G*.
22.	Ufficio della parrocchia greca	*G*.
23.	Cappella di santa Maria l'Egiziaca	*G*.
24.	Cappella di san Michele	*Ab*.
25.	Cappella di san Giovanni	*G*.
26.	Convento di sant'Abramo	*G*.
27.	Cappella dei Quaranta Martiri	*G*.
28.	Cappella di san Giovanni e di santa Maria Maddalena	*G*.
29.	Cappella di san Giacomo	*G*.
30.	Cappellina a ridosso dell'edicola della *Sacra Tomba*	*C*.
31.	Coro dei Latini	*T*.
32.	Sette archi della Vergine	su: *L*., giù *T*.
33.	Cappella del santissimo Sacramento o dell'Apparizione	*L*.
34.	Coro per l'*Ufficio divino* dei frati francescani.	*L*.
35.	Nuova cappella dei Crociati	*L*.
36.	Tomba di Giuseppe di Arimatea	*A*.

***

A.	Piazzale:	*L/G/A*;
	passaggio	*T*.
B.	Ingresso:	*L/G/A*;
	portinaio	*musulmano*;
	passaggio	*T*.
C.	Anastasis	*T*.
D.	Cappella di santa Elena	*A*.
E.	Catholicon	*G*.
F.	Calvario	sinistra: *L*.; destra: *G*.
G.	Bagni	*T*.

2. Ricorrenze della Processione Solenne latina

Si presenta in modo sinottico i giorni in cui ha luogo la Processione solenne nella vigilia di alcune ricorrenze particolari a seconda del numero di settimane tra la Pasqua latina e quella delle varie Chiese orientali[1156].

[1156] Tabella elaborata dal *Programma delle funzioni religiose*, ad opera di p. Alberto ROCK OFM.

	Pasqua contemporanea[1157]	1 settimana di differenza[1158]	4 settimane di differenza[1159]	5 settimane di differenza[1160]
Prima settimana di quaresima	Ingresso e **Processione** 1.30 p.m.	Ingresso e **Processione** 2.00 p.m.	Ingresso e **Processione** 2.00 p.m.	Ingresso e **Processione** 2.00 p.m.
Seconda settimana di quaresima	Ingresso e **Processione** 2.00 p.m.	Ingresso e **Processione** 1.30 p.m.	Ingresso e **Processione** 2.00 p.m.	Ingresso e **Processione** 2.00 p.m.
Terza settimana di quaresima	Vespri 5.00 p.m.	Ingresso e **Processione** 2.00 p.m.	**Processione** 2.30 p.m.	**Processione** 2.30 p.m.
Quarta settimana di quaresima	Vespri 5.00 p.m.	Vespri 5.00 p.m.	**Processione** 2.30 p.m.	**Processione** 2.30 p.m.
Quinta settimana di quaresima	*vacat*[1161]	Vespri 5.00 p.m.	Ingresso e **Processione** 1.30 p.m.	*vacat*
Vigilia delle Palme	Ingresso e **Processione** 1.30 p.m.	Ingresso e **Processione** 2.00 p.m.	Ingresso e **Processione** 2.00 p.m.	Ingresso e **Processione** 1.30 p.m.
Sabato Santo	*vacat*	**Processione** 2.30 p.m.	**Processione** 2.30 p.m.	**Processione** 2.30 p.m.
	Vespri 5.00 p.m.	Vespri 5.00 p.m.	Vespri 5.00 p.m.	Vespri 5.00 p.m.
Sabato *in albis*	**Processione** 3.30 p.m.	*vacat*	*vacat*	*vacat*
Invenzione della Santa Croce	Ingresso, **Processione** e Vespri 2.30 p.m.			
Corpus Domini	Ingresso, **Processione** e Vespri 2.30 p.m.			

[1157] 2014, 2017, 2025, 2028, 2031, 2034, 2037, 2038, 2041, 2045, 2048, ...

[1158] 2012, 2015, 2018, 2019, 2020, 2022, 2023, 2026, 2029, 2030, 2033, 2036, 2039, 2042, 2044, 2047, 2049, 2050, ...

[1159] 2021, 2065, 2089, 2092, ...

[1160] 2013, 2016, 2024, 2027, 2032, 2035, 2040, 2043, 2046, 2051, ...

[1161] In questo giorno si compie solo la processione quotidiana nella sua forma abituale, eseguita al mattino, per lasciare il posto libero alle altre comunità orientali.

3. Schema della storia innologica

Periodi della processione	Riforme del Breviario	Autori cristiani	Cronologia
		Venanzio Fortunato	VI secolo
			1333
Albori			1432
I.			
			1590
II.			1602
	Clemente VIII		1623
III. Th. Obicini		Card. Antoniano	1632
	Urbano VIII		
			1924
IV. A. Facchini			1970
	SC 93		???
V. ?			

4. Sinossi storica dell'itinerario e degli inni

PERIODI	**PRIMO**					**SECONDO**	**TERZO**	**QUARTO**
	MARIANO da Siena 1431	**Felice FABRI** 1480	**Manoscritto parigino** ?	**BERNARDINO da Nali** 1492	**BONIFACIO da Ragusa** 1567	**RADZIVIŁ, ZUALLART COTOVIC** 1583.1586.1598	**Tommaso OBICINI** 1623-1924	***PrSS1925* e *PrSS1947*** 1925-
Ss.mo e Apparizione	2 Regina cæli	1 Salve Regina e *litanie*	1 Regina cæli	1 Salve Regina	1 Salve Regina e *litanie*	12 Regina mundi cælique	1 - 13 Iesum Christum	1 - 14 Iesum Christum
Col. Flagellazione	3	2	2	2	2	1 Eia fratres charissimi	2 Trophæa crucis mystica	2 Salve Columna
Reliquie		3-4 *cantus de S. Cruce*			3			
Carcere	5	6 *cum cantu*	4 *litanie*	4 *litanie*	5	2 Qui lucem dedit Patribus	3 Iam Crucem propter homin.	3 En efferata rabies
Divisione Vesti	6	7	5	5	6	3 Modo narramus qualiter	4 Ecce nunc Ioseph mystic.	4 Adeste pacis angeli
Invenzione Croce	8	10 cum cantu de S. Cruce	6 O crux ave spes unica I	8 O crux ave spes unica	7 O crux ave spes unica	4 Ad crucis locum pergere	5 Crux fidelis inter omnes	5 Crux fidelis inter omnes
Santa Elena	7	9 cum cantu de S. Helena	7 Cuius obtendu Deus alme	7 Huius obtentu Deus alme	8 Huius obtentu Deus alme	5 Nunc Helenæ suffragia	6 Fortem virili pectore	6 Fortem virili pectore
Improperi	9	8 cum lugubri cantu	8 O crux ave spes unica II	6	9	6 Christi magna improperia	7 Cœtus piorum exeat	7 Cœtus piorum exeat
Crocifissione	10 Vexilla regis di VENANZIO	11 Vexilla regis di VENANZIO	9 Vexilla regis di VENANZIO	9 Vexilla regis di VENANZIO	10 Vexilla regis di VENANZIO	8 O dulcis amor cordium	8 Vexilla regis prodeunt I	8 Vexilla regis prodeunt II

Morte di Gesù						7 Ad montem nunc Calvariæ	9 Lustra sex qui iam peractis	9 Lustra sex qui iam peregit
Addolorata								10 Stabat mater dolorosa
Tomba di Adamo				10				
Pietra dell'Unzione	11 Pange di VENANZIO	12 Pange di VENANZIO	10 Pange di VENANZIO	11 Pange di VENANZIO	11 Pange di VENANZIO	9 Ad Christum modo ungere	10 Pange lingua I	11 Pange lingua II
Catholicon Tre Marie		13-14						
Tomba	1 - 12 Ad cenam Agni providi	15 Ad cenam Agni providi	11 Ad cenam Agni providi	12 Ad cenam Agni providi	12 Ad cenam Agni providi	10 Iam ad locum sanctissimum	11 Aurora lucis rutilat	12 Aurora cælum purpurat
Maddalena	4	5 "cantantes ea quæ erant ad propositum"	3	3	4-13 *Te Deum* (in fine)	11 De Magdalena fervida	12 Christum triumphum	13 Christum triumphum

5. Testi di particolare rilevanza

5.1. Regolamento del Beato Federico Jansoone riguardo alla processione quotidiana latina

«Procession quotidienne des Latins

La grande procession quotidienne des Latins suit immédiatement leurs complies et se fait invariablement selon leur Processionnal ad hoc.

On récite *Alto* les prières jusqu'à la Colonne des Impropères inclusivement. De là, on monte au Calvaire *en chantant*, et le chant continue jusqu'au Litanies de la Sainte Vierge exclusivement.

Nota : On récite *Alto* dans la première partie de la Procession toutes les hymnes intégralement ; dans la deuxième partie, on chante aussi intégralement toutes les hymnes avec la modification suivante pour l'hymne seule, à la Pierre de l'Onction :

Cette hymne est composée de neuf strophes. Or on ne chante que les strophes 1-2-4-6-9 = 3^{e} Vendredi, on ajoute la 7ème strophe.

C'est dans les années cinquante que l'on introduisit cette abréviation regrettable.

Nota : Voir plus haut : Encensement à Vêpres, la particularité des 4 gros cierges allumés le Vendredi, à la Pierre de l'Onction, pour la Procession des Latins et des Arméniens»[1162].

5.2. Regolamento del Beato Federico Jansoone riguardo alla processione greca

«Itinéraire ou Parcours de cette process^{on} des Grecs

Leurs pèlerins sont rangés devant le St Sépulcre, tenant chacun un cierge à la main. Un prêtre en ornements sacerdotaux, et le Diacre avec l'encens accompagnés de moines pour le chant, sortent du G^{d} Chœur : Le Prêtre adresse une courte allocution aux pèlerins : on entonne le chant et la Procession se rend à Ste Madeleine. Ici le prêtre monte sur le marchepied de l'autel, et le chant terminé, ainsi que l'encensement, il donne aux pèlerins l'explication du Sanctuaire, ce qu'il répètera à tous les autres Sanctuaires. De là, à la Chapelle de l'Apparition : Si les pèlerins sont trop nombreux, le prêtre se tient sur le seuil de la porte, pour se faire mieux entendre : les pèlerins entrent autant qu'ils le peuvent ; s'ils sont moins nombreux, le prêtre comme à Ste Marie Madeleine monte sur le marchepied de l'autel de la Colonne de la Flagellation. De là à la Prison du Christ – Chapelle St Longin – Division des Vêtements – Invention de la Ste Croix (C'est ici que l'on vend des chandelles : voir la question aux Notes Secrètes) – Chapelle Ste Hélène, qu'ils visitent rapidement – Chapelle de la Colonne des Impropères : les Grecs ouvrent, à chaque Procession, la grille de la Colonne, et ils tiennent là, en même temps un plat pour recevoir les offrandes des pèlerins. De là on monte au Calvaire. Ici toute la cérémonie se fait à leur autel de la plantation de la Croix, mais le diacre encense tout le Calvaire. L'allocution terminée, on y dresse le pupitre et le prêtre qui préside la procession, y chante lui-même l'Evangile. – De là, à la Pierre de l'Onction. Ils ne s'arrêtent ni à la Chapelle d'Adam, ni à la cage de fer des Arméniens, mais font le tour de la Gde Rotonde du côté des Arméniens et arrivent devant le St Sépulcre par le côté des Latins. Le prêtre se place devant le St Edicule, fait l'allocution et chante l'Evangile, comme au Calvaire, puis tous entrent dans le G^{d} Chœur où ils continuent leurs Cérémonies»[1163].

[1162] *RSSFJ*, 148-149.

[1163] *RSSFJ*, 150-152.

6. Esposizione del viaggio di G. Zuallardo in Terra Santa (1586)

Tutte le preghiere erano sempre composte da un versetto biblico adatto al Luogo santo in cui ci si trova, da un responsorio e da una colletta che alza a Dio la preghiera dei fedeli (qualora si aggiunga un inno, sarà specificato nel racconto che segue). Si recitava infine il *Pater, Ave* e *Gloria* per l'acquisto delle indulgenze. Nonostante nel racconto tutte le sue devozioni venissero descritte in modo continuo, è evidente che potevano esserci molti giorni tra due stazioni: ci voleva almeno il tempo di spostarsi tra due santuari. Dopo l'accoglienza al porto, il pellegrino si recava a Ramma (chiesa dei Quaranta Martiri), a Lidda (chiesa di san Giorgio), vicino al luogo della nascita del buon Ladrone, presso la chiesa dei Sette Maccabei, nella chiesa di san Geremia, profeta, nella valle del Terebinto (dove si precisa che si ringrazia Iddio per le forze e per l'animo dato a Davide di combattere e ammazzarvi il gigante Golia, chiedendo inoltre a Dio che conceda anche al pellegrino di poter vincere il Diavolo, il Mondo e la Carne). Avvicinandosi alla Città santa, comunemente tutti i pellegrini scavalcavano e, baciando la terra, lodavano il Signore. Cantando l'inno *Te Deum* seguito dall'altro inno *Urbs beata Hierusalem*. Arrivati a Gerusalemme, i pellegrini visitavano la Chiesa francescana di San Salvatore dove all'altare maggiore (dove già si faceva memoria della discesa dello Spirito Santo il giorno di Pentecoste) cantavano il *Veni Creator Spiritus*, passavano poi all'altare laterale che ricorda l'istituzione dell'Eucaristia e quivi cantavano il *Pange lingua*. Infine, nella stessa chiesa presso l'altare che rappresenta il luogo dove Cristo apparve dopo la risurrezione agli apostoli a porte chiuse e San Tommaso toccò le sue piaghe, si cantava l'*Exultet cœlum laudibus*. La peregrinazione si dirigeva poi verso il Monte Sion e iniziava una processione all'interno del Cenacolo (cena; lavanda dei piedi; dove cadde la sorte su Mattia; dove san Giovanni celebrava la Messa; dove era l'oratorio della Madonna; dove fu arrostito l'agnello pasquale; dove gli apostoli si divisero per andare per il mondo; dove stette il sepolcro di santo Stefano prima che fosse trasferito al tempo dell'imperatrice Eudoxia) e verso i cimiteri dei cattolici. Si passava poi nel luogo dove gli ebrei vollero derubare il corpo della Madonna; dove san Pietro pianse amaramente; al tempio in cui Maria fu nutrita e Gesù fu presentato; alla piscina di Siloè; alla sepoltura di Isaia; dove gli apostoli si nascosero durante la crocifissione (con inno *Tristes erant Apostoli*); nell'Acheldemah (con inno *Ave Maris stella*); al sepolcro di Giuseppe; a quello di Gioacchino; a quello di Anna. Si passava nell'oratorio dove Cristo pregò tre volte durante la sua passione; dove Tommaso ebbe la cintura della Vergine Maria; dove riposava Maria quando andava a visitare i Luoghi santi (!). Si iniziava poi la salita dell'Uliveto con la sosta nell'orto dove Cristo era con i tre discepoli; dove egli fu preso dai soldati; dove sono le impronte delle sue mani e dei suoi piedi vicino al Cedron; dove si nascose san Giacomo il minore. Ci si avvicinava di nuovo alle mura della città facendo una sosta alla Fonte della Madonna (sorgente di Gihon); alla Porta Aurea; al luogo della lapidazione di santo Stefano; alla piscina probatica; nella chiesa di santa Anna; alla

Flagellazione. I pellegrini ritornavano poi stranamente al Monte degli Ulivi per pregare nel luogo dove Gesù pianse su Gerusalemme. Arrivati alla sommità del Monte, recitavano il *Credo* e il *Pater* nei luoghi rispettivi dove, secondo la tradizione Gesù li insegnò. Si prosegue la pellegrinazione nei seguenti Luoghi: nel posto in cui Cristo predisse il giudizio finale; dove fece penitenza santa Pelagia; dove Cristo ascese al cielo; dove l'Angelo diede la palma a Maria. Lasciando l'Uliveto, i nostri pellegrini si recavano a Betphage; nella casa di Marta a Betania; presso la pietra dove Gesù sedeva; nella casa di Maria Maddalena; al sepolcro di Lazzaro e nella casa di Simone il lebbroso (cfr. *ITS1586*, 317-336). Segue poi il racconto della Processione al Santo Sepolcro. Dopo una sosta sul piazzale, il pellegrino si recava poi a Betlemme iniziando il cammino dove stava il Terebinto della Madonna (!) e alla cisterna di Davide. A questo punto, il pellegrinaggio si univa, come era già avvenuto al Santo Sepolcro con la processione che ha luogo nella basilica della Natività. Si noti che un inno veniva cantato ad ogni stazione (*Christe redemptor omniun*, scendendo in grotta; *Quando venit ergo sacri*, andando verso il presepio; *Ibant magi quam viderant*, all'altare dei magi; *Sanctorum meritis*, procedendo verso la cappella degli Innocenti; *Iste confessor Domini*, andando verso i sepolcri di san Girolamo, di sant'Eusebio e di santa Paola; *Te Deum* ritornando alla chiesa di santa Caterina). Lasciando il complesso della Natività, il nostro gruppo di pellegrini si recava poi al Campo dei Pastori per cantarvi il *Gloria in excelsis Deo*. La pellegrinazione concludeva con la visita della chiesa di san Giovanni Battista (inno: *Ut queant laxis*); il posto della nascita del Precursore (canto del *Benedictus*); la chiesa dove era la casa di Zaccaria (canto del *Magnificat*); il deserto di san Giovanni (inno: *Antra deserti teneris*) e la Fontana di Filippo (cfr. *ITS1586*, 346-351).

Dalla narrazione di questo itinerario si può vedere che, oltre a tante stazioni avendo un fondamento biblico, nel XVI secolo si prega anche in tanti luoghi che corrispondevano alla pietà popolare di allora. La maggioranza di questi luoghi viene tuttora ricordata nell'odierna topografia dei santuari anche se oggi il pellegrino visita essenzialmente i luoghi che hanno per origine un evento direttamente legato alla Sacra Scrittura.

INDICE GENERALE

ORDO PROCESSIONUM

Ordo Processionum

quæ Hierosolymis in

Basilica Resurrectionis Domini Nostri Iesu Christi

A FRATRIBUS MINORIBUS PERAGUNTUR

Ierusalem

De Processionibus quæ a Fratribus Minoribus in Basilica Resurrectionis peraguntur

Brevis notitia

Iam a primis temporibus ævi christiani processiones in urbe Hierosolymitana institutæ magnum locum obtinebant in liturgicis functionibus, quæ in sacris huius civitatis Locis et præsertim in Anastasi et in Templo Martyrii peragebantur. Eas quoque assidue, cum sollemni apparatu magnoque populi concursu fieri, facile ex antiquis monumentis eruere possumus. Nobilis virgo Ætheria, alias Silvia ab Aquitania, quæ quarto sæculo Loca sacra invisit, de his processionibus quamplura notatu digna in sua *Peregrinatione* refert, et antiquiores libri liturgici Ecclesiæ Hierosolymitanæ, præsertim liber *Typikon*, varias continent præscriptiones, harum processionum formam ordinemque respicientes. Hæc liturgica praxis etiam postea tempore nempe Crucisignatorum, retenta fuit a clero Latino in Basilica S. Sepulcri sæculi XII qua Patriarchæ Latini Hierosolymitani utebantur, nec immutata fuit a Fratribus Minoribus cum, circa annum 1335, huius S. Templi custodiam officialem susceperunt.

Inter præcipuas processiones quæ nunc in Ecclesia S. Sepulcri a Religiosis S. Francisci peraguntur, sive quæ iam a principio institutæ fuerint, sive temporum decursu a christiana pietate invectæ, notanda est presertim processio quotidiana quæ ad varia sanctuaria in hoc Templo contenta fieri solet; dein etiam processio funerea Feriæ VI in Parasceve, et peculiaris illa processio quæ sacro die Paschatis celebratur, de quibus haud inutile duximus breviter hic quædam de eorum origine ac posterioribus mutationibus lectori benevolo submittere.

***

Processio quotidiana ad sanctuaria quæ in Ecclesia S. Sepulcri includuntur fieri ab initio solebat tantummodo adventu peregrinorum. Sciendum namque est, eo tempore quo Fratres Minores S. Sepulcrum custodiendum susceperunt, aliquorum etiam subsequentium sæculorum decursu, exercitium amplæ et frequentis liturgiæ, quod a locorum sanctitate postulabatur, magnis præpeditum fuisse obstaculis, propter luctuosam conditionem miserrimumque statum quo a mahumeticis principibus Templum hoc detinebatur. Etenim Basilica S. Sepulcri plerumque clausa permanebat, nec aperiebatur nisi in præcipuis christianis festivitatibus, vel occasione adventus peregrinorum, ac, prævia semper magni ponderis tributi solutione, ita ut etiam clerus in Templo hoc residens numero fuerit semper exiguus. Functiones igitur vel processiones quæ a Religiosis nostris in hac Basilica peragebantur, debito cum honore et amplitudine evolvi nequibant, nisi in paucis quos supra memoravimus diebus, quando scilicet et Communitas S. Montis Sion una cum suo Superiore hoc Templum petebat.

Sæculo XIV processio ista a Franciscalibus peragi solebat coniunctim cum ceteris christianis communitatibus quæ in hac Ecclesia commorabantur[1]. Initium sumebat a loco Lapidis Unctionis, hinc ad Montem Calvarium, ad Cappellam S. Helenæ et Cryptam Inventionis S. Crucis progrediebatur, ordinemque servabat hodierno oppositum. Consuetudo autem celebrandi hanc processionem una cum clero Orientali mox obsoleri cœpta est, novusque introductus est etiam ordo in stationibus visitandis. Marianus Senensis, qui peregrinatus est anno 1431, processionem refert a nostratibus celebratam absque interventu cleri Orientalis, incipientem a Cappella Apparitionis, et iter sequentem hodierno conforme. Statio tamen ad altare S. Mariæ Magdalenæ statim post visitatam Columnam Flagellationis peragebatur, et facta unica dumtaxat statione in Monte Calvario, processio regulariter coram Sancto Sepulcro complebatur. Sæculo vero xvi vertente, statio ad altare S. Mariæ Magdalenæ postponi cœpta est stationi S. Sepulcri, et altera ad locum Crucifixionis in Monte Calvario statio instituta.

Quod autem ad preces attinet quæ in decursu processionis recitabantur, nullam certam indicationem suppetunt peregrinorum itinera ante annum 1431. Haud improbabile tamen censetur P. Bartholomæum Alvernicolam, qui anno 1377 Montis Sion Visitator Generalis exstitit ordinemque processionis pro S. Cœnaculo statuit[2], etiam pro Ecclesia S. Sepulcri similia decrevisse. Primus Marianus Senensis (1431) precum ordinem, quibus in hac processione Religiosi utebantur, tradit, pro qualibet stat ione antiphonam propriam adnotans cum versu et oratione cuilibet convenienti, et pro Monte Calvario, Unctione Lapide et S. Sepulcro, præter dictas preces, etiam hymnum referens[3].

Hic precum ordo, etiam a nonnullis posterioribus peregrinis relatus, integer permansit usque ad reformationem libelli processionalis quæ anno 1623 contigit. Post medium seculi xv tamen adiectæ fuerunt novæ quædam preces[4], in processu de una ad aliam stationem dicendæ, et quidem primo litaniæ, dein, earum loco, psalmi nonnulli[5]. Evangelia quoque introducta fuerunt, iis saltem in locis legenda ubi factum quoddam evangelicum commemorabatur, et allocutiones sive exhortationes ad præcipuas stationes peregrinis habebantur[6].

Sæculo xvi ad finem vertente, supplicationes litaniarum et psalmorum abrogatæ fuerunt, et eorum loco hymni quidam novi at non liturgici introducti, antiphonis ceterisque orationibus integre remanentibus[7]. Quæ innovatio tamen non per longum tempus, perduravit, nam anno 1623 P. Thomas Obicini a Novaria, Terræ Sanctæ Custos, ordinem processionis, serio examini subiecit, hymnosque omnes necnon antiphonas orationesque maxima ex parte reformavit et ad meliorem concentum redegit. Processionis liber ab ipso editus omnibus numeris illis temporibus opus absolutum evasit, ita ut precum ordo trium sæculorum spatio immutatus permansit.

Anno 1924 omnes hymni liturgici commutati sunt ut consentanei essent verbis *Breviarii Romani* tunc vigentis, iussu Papæ Urbani viii; præterea multi hymni haud liturgici substituti sunt. Nova insuper statio in honorem B. Mariæ Virginis Perdolentis adaucta fuit, ad eiusdem B. Mariæ Virginis altare in Monte Calvario peragenda, quæ iussu Rmi. P. Ferdinandi Diotallevi instituta, die 17 februarii 1924 fieri cœpta est.

Præsens hæc editio valida a XX XX 20XX nonnullas continet mutationes quæ principaliter textum quorundam hymnorum respiciunt, et præcipue sunt ad finem inductæ, ut prædictorum hymnorum sive textus sive cantus lectioni librorum liturgicorum reformæ Concilii Vaticani II conformarentur, vel etiam ut textus quidam non liturgici ad meliorem redigerentur formam.

***

Processio funerea, quæ Feria VI in Parasceve in hoc Templo a Franciscalibus peragitur, ad recolenda mysteria depositionis Iesu Christi e cruce eiusdemque repositionis in sepulcro, initio sæculi XVII instituta fuit. Imago Salvatoris in cruce pendentis processionaliter defertur, fideliumque venerationi exhibetur, ac tandem cæremoniæ depositionis et sepultum circa ipsam complentur.

P. Bonifacius a Ragusa memoriæ tradidit hanc processionem sæculo XVI non a Fratribus Minoribus, sed ab Æthiopibus peragi. Religiosi Latini tunc aliam processionem celebrabant, deferentes scilicet Sanctissimam Eucharistiam a Monte Calvario ad S. Sepulcrum et ad Cappellam Apparitionis[8]. Circa annum 1620, ut refert Lucas Waddingus, cæremoniæ crucifixionis, depositionis e cruce et sepulturæ peragebantur quidem a nostratibus in Monte Calvario, sed una cum officiis Missæ Presanctificatorum, eo scilicet tempore cum Passio a diaconis decantabatur[9]. Franciscus a Sicli (1628), de hac funerea processione scribens, eam Feria V in Cœna Domini peractam refert[10]; Antonius Del Castillo (1629-1640) vero et Didacus a Cea (1639) in Parasceve quidem, sed statim post completorias preces[11].

Inchoabatur primo in Monte Calvario, sed haud multo post in Cappella Apparitionis, et stationes variæ fieri cœptæ sunt ad sacella deambulatorii, quandoque et iam ad Columnam Flagellationis et ad Cappellam Carceris. Ritus et cæremoniæ quæ in decursu processionis fiebant, præsertim cæremonia crucifixionis Imaginis Salvatoris, a peregrinis sæpe commemorata sed hodie obsoleta, maxima cum gravitate et pietate peragebantur et animos adstantium vehementer commovebant. Mos quoque habendi plures sermones diversis linguis iam ab initio invaluit. Processionem hanc, magna cum sollemnitate et pontificali ritu a Rev.mo Terræ Sanctæ Custode celebratam fuisse, auctores passim commemorant, eaque etiam præsenti tempore summo in honore habetur et magno populi concursu quotannis peragitur.

***

Processionem, quæ in Basilica Sancti Sepulcri die Paschatis celebratur, iam Crucesignatorum tempore Latini, quamvis non eadem forma, peragebant, uti apparet ex quod supra diximus *Rituali S. Sepulcri* sæculi XII[12], et Fratres Minores, cum custodiam huius S. Templi suscepissent, praxi huic iam apud ceteros ritus christianos florenti sese conformare studuerunt. Re quidem vera, non modo processiones in die Paschatis, verum etiam aliæ sollemniores functiones celebrari solebant cum interventu ceterorum rituum in hac Ecclesia existentium, uti testantur inter alios Ludolphus a Sudheim (1336)[13] et Nicolaus Poggibonsius (1345)[14], quæ consuetudo etiam postea diu viguit.

Attamen sæculo XV, processio Paschatis cum participatione illorum dumtaxat Christianorum a Franciscalibus peragebatur qui communionem cum Sede Apostolica retinebant. Valtherus a Guglingen (1482) refert hanc processionem cum interventu Maronitarum celebrari, eamque tribus vicibus S. Sepulcrum circumire consuevisse[15]; et, ut Bonifacius Ragusinus scribit, locum habebat ante Missam sollemnem, eaque perdurante quattuor Evangelia cum quattuor antiphonis et orationibus decantabantur[16]. Maxima sollemnitate semper celebrata fuit, Sanctissimam Eucharistiam vel etiam Reliquiam Vivificæ Crucis processionaliter deferendo[17].

Ordo huius processionis, prouti hodie celebratur, a Cæremoniali Terræ Sanctæ anno 1754 edito stabiliter præfinitus fuit.

***

1 Cf. *Itinerarium cuiusdam Anglici* [1344], in *Bibliotheca Bio-Bibliographica Terræ Sanctæ. Annales* IV, ed. G. Golubovich, Florentiæ 1923, 451-453; Leonardus Frescobaldi [1384], *Viaggi in Terrasanta* (Collana di Viaggi 1), Novaræ 1961, 56-59.

2 Cf. *Diarium Terræ Sanctæ* II/3-4 (1909), 163.

3 Cf. Marianus Nanni, *Del viaggio in Terra Santa fatto e descritto da Ser Mariano da Siena*, Florentiæ 1822, 71-89.

4 Cf. *Niederrhein Pilgerschrift* [1472], in *Vier Rheinische Palaestina-Pilgerschriften des xiv. xv. und xvi. Jahrhunderts*, ed. L. Conrady, Aquis Mattiacis 1882, 133; Tuchern [1479], in *Reyssbuch dess heyligen Landes. Das ist ein grundtliche Beschreibung aller und jeder Meer un Bilgerfahrten zum heyligen Lande*, ed. S. Feyrabend, Francofurti 1584, 354; Sanctus Brasca, *Viaggio in Terra Santa di Santo Brasca 1480 con l'itinerario di Gabriele Capodilista 1458*, ed. A. L. Momigliano Lepschy (I cento Viaggi 4), Mediolani 1966, 92-98; *Processionale Ierosolymitanum*, in *Bibliotheca Bio-Bibliographica Terræ Sanctæ. Annales* V, ed. G. Golubovich, Florentiæ 1927, 356-360; Bernardinus a Nali [1492], *La pellegrinazione a Gerusalemme*, ed. V. Corbo, in *La Custodia di Terra Santa 1342-1942*, Ierusalem 1951, 226-255; Petrus Casola [1494], *Viaggio a Gerusalemme*, Mediolani 1855, 71; Pantaleo de Aveiro [1552], *Itinerario da Terra Sancta e suas particularidades*, Conimbrigæ 1927, xxx, fol. 87.

5 Cf. Bonifacius a Ragusa [1552-1564], *Liber de perenni cultu*, Venetiis 1875, 164.

6 Cf. Bonifacius a Ragusa [1552-1564], *Liber de perenni cultu*, Venetiis 1875, 164.

7 Hymni isti traditi sunt a: Nicolao Radzivił [1583], *Hierosolymitana peregrinatio*, Antverpiæ 1614, 287-301; Ioanne Zuallart [1586], *Il devotissimo viaggio di Gierusalemme*, Romæ 1595, 336-346; a Ioanne Cotovic [1598], *Itinerarium Hierosolymitanum*, Antverpiæ 1619, 158-176; insuper et a patre Leonardo Du Clou [post 1671], *Itinerararium breve Terræ Sanctæ*, Florentiæ 1891, 51-68; necnon et a quibusdam aliis posterioribus.

8 Cf. Leonardus Du Clou, *Itinerararium breve Terræ Sanctæ*, Florentiæ 1891, 41-42.

9 Cf. *Annales Minorum* III, ed. L Wadding, Florentiæ 1635, III, 497.

10 Cf. Franciscus a Sicli, *Viaggio di Gerusalemme*, Lupiis 1639, 124.

11 Cf. Antonius Del Castillo, *El devoto peregrino*, Matriti 1705, 247; Didacus a Cea, *Thesaurus Terræ Sanctæ*, Romæ 1639, 285.

12 Cf. *Itineraria Hierosolymitana Crucesignatorum (sæc. xii-xiii)* IV, ed. S. De Sandoli (SBF-CM 24), Ierusalem 1984, 428-432.

13 Cf. Ludolphus a Sudheim, *De itinere Terre Sancte*, ed. G. A. Neumann, in *Archives de l'Orient Latin* II, Lutetiæ Parisiorum 1888, 354.

14 Cf. Niccoló da Poggibonsi, *Libro d'Oltremare* [1346-1350], ed. B. Bagatti (SBF-CM 2), Ierusalem 1945, 27-28.

15 Cf. Paulus Waltherus, *Fratris Pauli Waltheri Guglingensis Itinerarium in Terram Sanctam et ad sanctam Catharinam* [1483] (Bibliothek des literarischen Vereins in Stuttgart 192), ed. M. Sollweck, Tubingæ 1892, 145-146.

16 Cf. Bonifacius a Ragusa [1552-1564], *Liber de perenni cultu*, Venetiis 1875, 58-62.

17 Cf. Antonius Del Castillo, *El devoto peregrino*, Matriti 1705, 247; Didacus De Cea (1639), *Thesaurus Terræ Sanctæ*, Romæ 1639, 285; Bernardin Surius [1644], *Le pieux pèlerin ou voyage de Jérusalem*, Bruxellis 1666, 501; M. I. Doubdan [1651], *Le voyage de la Terre Sainte*, Lutetiæ Parisiorum 1661, 89; Pier Marino [1679], *Relazione sincera del culto che s'esercita in Gerusalemme ed in alcuni altri conventi di Terra Santa*, Florentiæ 1887, 31-33.

ORDO PRO INGRESSU
IN BASILICAM RESURRECTIONIS

SOLLEMNIS INGRESSUS

Sollemnis ingressus in Basilicam Resurrectionis statutis quidem diebus a Patriarcha Hierosolymitano vel a Custode Terræ Sanctæ peragitur, soletque quoque fieri pro receptione sollemni peregrinorum.

Ecclesiæ ianuæ aperiuntur et Præsul Basilicam ingrediens a Clero ad fores Ecclesiæ consistente recipitur et ad Petram Unctionis deducitur, ubi aliquantisper orat et S. Lapidem devote deosculatur. Peracta dein aspersione et thurificatione, cantores hymnum *Te Deum laudámus* intonant, ceteris omnibus prosequentibus et ad ædiculam versus S. Sepulcri progredientibus.

Processio, cum ante S. Sepulcrum pervenerit, sistit quoadusque *Te ergo quǽsumus*, decantatum fuerit, ac dein ad Cappellam Apparitionis pergit, ubi præscripta, preces complentur, nisi tamen ingressus sollemnis pro peregrinis fiat, quo in casu ritus omnes coram S. Sepulcro explentur.

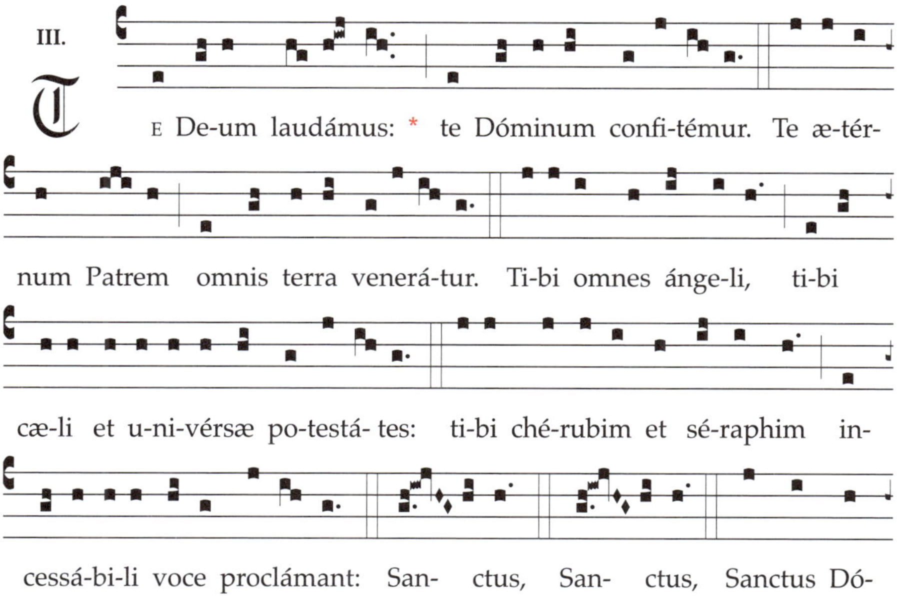

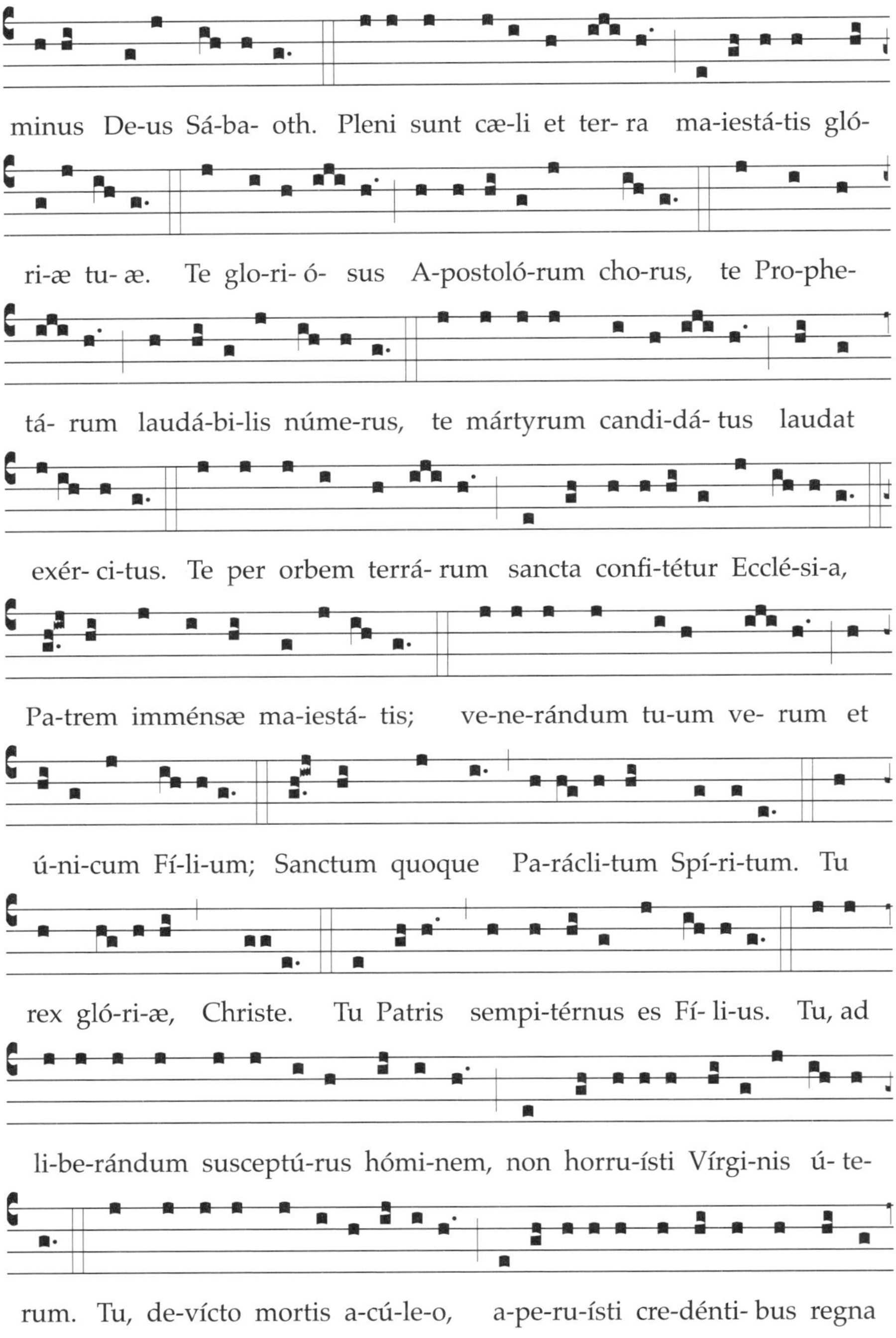
minus De-us Sá-ba- oth. Pleni sunt cæ-li et ter- ra ma-iestá-tis gló-
ri-æ tu- æ. Te glo-ri- ó- sus A-postoló-rum cho-rus, te Pro-phe-
tá- rum laudá-bi-lis núme-rus, te mártyrum candi-dá- tus laudat
exér- ci-tus. Te per orbem terrá- rum sancta confi-tétur Ecclé-si-a,
Pa-trem imménsæ ma-iestá- tis; ve-ne-rándum tu-um ve- rum et
ú-ni-cum Fí-li-um; Sanctum quoque Pa-rácli-tum Spí-ri-tum. Tu
rex gló-ri-æ, Christe. Tu Patris sempi-térnus es Fí- li-us. Tu, ad
li-be-rándum susceptú-rus hómi-nem, non horru-ísti Vírgi-nis ú- te-
rum. Tu, de-vícto mortis a-cú-le-o, a-pe-ru-ísti cre-dénti- bus regna

cæ-ló- rum. Tu ad déxte- ram De- i se- des in gló-ri- a Pa-tris.
Iu-dex créde-ris esse ventú-rus. Te ergo quǽsumus, tu-is fámu-
lis súbveni, quos pre-ti-ó-so sángui-ne re-démísti. Æ-tér-na fac
cum Sanctis tu-is in gló-ri- a nume-rá- ri. Salvum fac pópulum tu-
um, Dómine, et bénedic hæ-re-di- tá-ti tu- æ. Et re-ge e-os,
et extól- le illos usque in æ- tér- num. Per síngu-los di- es be-
ne- di-címus te; et lau-dámus nomen tu-um in sǽcu-lum, et in
sǽ-cu-lum sǽcu- li. Digná-re, Dómi-ne, di- e i- sto sine peccá-to
nos custo-dí-re. Mi-se-ré-re nostri Dómi- ne, mi-se- ré-re nostri.

Cantores intonant:

℟. Benedicámus Patrem et Fílium cum Sancto Spíritu.
℣. Laudémus et superexaltémus eum in sǽcula.

Celebrans dicit:

℟. Dómine exáudi oratiónem meam.
℣. Et clamor meus ad te véniat.

℟. Dóminus vobíscum.
℣. Et cum spíritu tuo.

Si Præsul Patriarcha Ierusalem aut Episcopus auxiliaris eius est:

Orémus.

Deus, ómnium fidélium pastor et rector, fámulum tuum **N.**, quem pastórem Ecclésiæ matris Hierosolymitánæ præésse voluísti, propítius réspice; da ei, quǽsumus, verbo et exémplo, quibus præest profícere, ut ad vitam, una cum grege sibi crédito, pervéniat sempitérnam. Per Dóminum nostrum Iesum Christum, Fílium tuum, qui tecum vivit et regnat in unitáte Spíritus Sancti, Deus, per ómnia sǽcula sæculórum.
℟. Amen.

Si Præsul Episcopus aut Cardinalis est:

Orémus.
Deus, pastor ætérne fidélium, qui Ecclésiæ tuæ multíplici dispensatióne præes et amóre domináris, da quǽsumus, fámulo tuo **N.**, quem plebi tuæ præfecísti, ut gregi cuius est pastor, Christi vice præsídeat, et fidélis sit doctrínæ magíster, sacri cultus sacérdos et gubernatiónis miníster. Per Dóminum nostrum Iesum Christum, Fílium tuum, qui tecum vivit et regnat in unitáte Spíritus Sancti, Deus, per ómnia sǽcula sæculórum. ℟. Amen.

Si Præsul Custos Terræ Sanctæ aut Minister Generalis Ordinis Fratrum Minorum est:

Orémus.
Deus, qui seráphico Patri Francísco paupertáte et humilitáte Christo configuráre tribuísti, concéde, ut, per illíus sémitas gradiéntes, Fílium tuum sequi et tibi coniúngi læta valeámus caritáte. Per Dóminum nostrum Iesum Christum, Fílium tuum, qui tecum vivit et regnat in unitáte Spíritus Sancti, Deus, per ómnia sǽcula sæculórum. ℟. Amen.

Celebrans dicit:

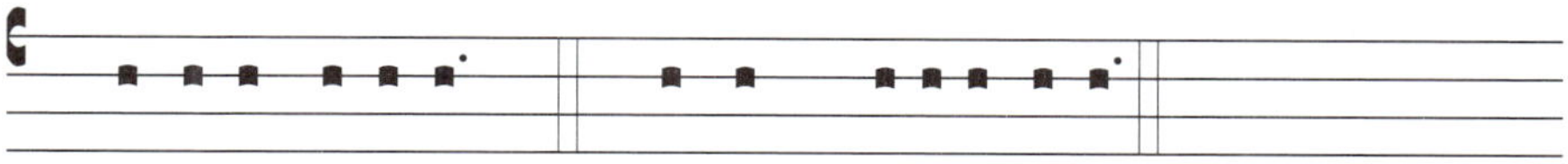

℣. Dóminus vobíscum. ℟. Et cum spí-ri-tu tu- o.

Cantores:

Bene-di-cá-mus Dó- mi- no.
De- o grá- ti- as.

Omnes ad osculandum Prælati manum eunt.

Simplex Ingressus

seu

Benedictio Peregrinorum iter Ineuntium

Ingressus

Cum præclarus hospes vel peregrini in Basilica accipiuntur, una ianua Basilicæ aperitur; dein omnes Basilicam ingredientes a Clero ad fores Ecclesiæ consistente recipiuntur et ad Petram Unctionis deducuntur, ubi aliquantisper orant. Peracta dein aspersione et thurificatione, cantores hymnum *Te Deum laudámus* intonant (cf. p. 11), ceteris omnibus prosequentibus et ad ædiculam versus S. Sepulcri progredientibus.

Ritus initiales

Processio, cum ante S. Sepulcrum pervenerit, sistit quoadusque *Te ergo quǽsumus* decantatum fuerit, ac deinde celebrans peregrinos salutat, dicens hæc vel alia apta verba. Etiam lingua vernacula loqui potest.

In nómine Patris, et Fílii, et Spíritus Sancti.

Omnes signo crucis se signant et respondent:

Amen.

Deinde adstantes salutat, dicens:

Deus, salus et consolátio nostra,
sit cum ómnibus vobis.

Omnes respondent:

Et cum spíritu tuo.

Tum celebrans adstantes ad benedictionem accipiendam hortatur his vel similibus verbis:

Ineúntes vos, fratres caríssimi, hanc sacram peregrinatiónem apud Sanctíssimum Sepúlcrum Dómini nostri Iesu Christi, in mentem revocémus opórtet quo consílio hoc sanctum propósitum maturavéritis. Loca Sancta, quæ invísere cúpitis, devotiónem testántur pópuli Dei, qui eo frequens accúrrit ut inde rédeat in vita christiána profiténda fórtiter confirmátus, et ad caritátis ópera patránda alácriter parátus.

Sed et fidélibus hic degéntibus vos ipsi, peregríni, áliquid afférre debétis: exémplum nempe fidei, spei et caritátis vestræ ut omnes, et indígenæ et adventícii, mútua ædificatióne diténtur.

Lectio Verbi Dei

Deinde unus ex diaconus vel ipse celebrans legit hunc textum aptum isto loco.

✠ Lectio sancti Evangélii secúndum Matthǽum *Mt* 28,1-10

Sero autem post sabbatum, cum illucesceret in primam sábbati, venit María Magdaléne et áltera María vidére sepúlcrum. Et ecce terræ motus factus est magnus: ángelus enim Dómini descéndit de cælo et accédens revólvit lápidem et sedebat super eum. Erat autem aspéctus eius sicut fulgur, et vestiméntum eius cándidum sicut nix. Præ timóre autem eius exterriti sunt custódes et facti sunt velut mórtui. Respóndens autem ángelus dixit hic muliéribus: "Nolíte timére vos! Scio enim quod Iesum, qui crucifíxus est, quǽritis. Non est hic: surréxit enim, sicut dixit. Veníte, vidéte locum, ubi pósitus erat. Et cito euntes dicite discípulis eius: "Surréxit a mórtuis et ecce præcédit vos in Galilǽam; ibi eum vidébitis". Ecce dixi vobis". Et exeúntes cito de monuménto hoc cum timóre et magno gaúdio cucurrérunt nuntiáre discípulis eius. Et ecce Iesus occúrrit illis dicens: "Avéte". Illæ autem accésserunt et tenuérunt pedes eius et adoráverunt eum. Tunc ait illis Iesus: "Nolíte timére; ite, nuntiáte frátribus meis, ut eant in Galilǽam et ibi me vidébunt".

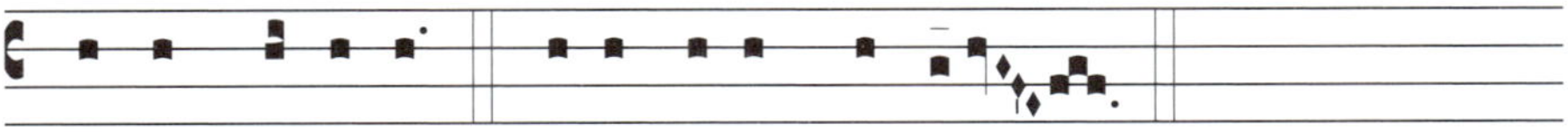

Verbum Dó-mi-ni. ℟. La-us ti-bi Christe.

Celebrans pro opportunitate, adstantes breviter alloquitur, lectionem biblicam illustrans, ut sensum celebrationis fide percipiant.

Si Custos Terræ Sanctæ præsidet huic ritui, potest etiam, si hoc opportunum censet, lavare pedes peregrinorum, vel nonnullorum ex iis. Custos, lynteo se præcingit, et per ordinem ad lavandum peregrinorum pedes accedunt, qui dum hoc pietatis officium perdevote agit, fratres circumstantes cantant:

Preces

Sequitur prex communis. Ex intercessionibus quæ infra proponuntur, celebrans seligere potest eas quæ aptiores videantur vel alias adicere quæ peculiaria peregrinorum, vel rerum adiuncta respiciant.

Deum, humánæ nostræ peregrinatiónis princípium et finem, fidénter invocémus, dicéntes:

℟. **Iter nostrum, Dómine, propítius comitáre.**

Pater sancte, qui olim pópulo tuo in desérto peregrinánti ducem et viam te ipsum præbuísti:
— nobis, hoc iter inchoántibus, præsídium tuum benígnus accómmoda ut, quibúslibet perículis superátis, felíciter ad nostra redeámus. ℟.

Qui Unigénitum tuum tamquam viam qua ad te perveniámus nobis præbuísti,
— fac ut illum fidéliter et perseverántes sequámur. ℟.

Qui Maríam semper Vírginem imáginem et exémplar Christi sequélæ nobis præbuísti,
— tríbue ut illam semper aspiciéntes in novitáte vitæ digne ambulémus. ℟.

Qui Ecclésiam tuam peregrinántem in terris per Spíritum Sanctum ad te dírigis,
— concéde ut te super ómnia quæréntes, in viam mandatórum tuórum currámus. ℟.

Qui nos ad te vocas per sémitas iustítiæ et pacis,
— præsta ut te, in ætérna pátria contemplémur. ℟.

Oratio benedictionis

Tum celebrans, extensis manibus, subiungit:

* Pro peregrinantibus in Terram Sanctam:

Omnípotens et misericors Deus, qui fámulos tuos ad te adorándum in terra redemptiónis benígnus elegísti, imple misericórdias tuas, ut, abundántiam tuæ benedictiónis acquiréntes, verbo et exémplo Evangélium Fílii tui annúntient. Qui tecum vivit et regnat in sǽcula sæculórum.
℟. Amen.

* Pro Rempublicam Moderantibus:

Omnípotens sempitérne Deus, in cuius manu sunt hóminum corda et iura populórum, réspice benígnus ad eos qui nos in potestáte moderántur, ut ubíque terrárum populórum prosperitas, pacis securitas et religiónis libertas, te largiénte, consístant. Per Christum Dóminum nostrum. ℟. Amen.

* Pro Supremo Nationis moderatore:

Deus, cui potestátes humánæ desérviunt, da fámulo tuo **N.**, moderatori **N.**, prosperum suæ dignitátis efféctum, in qua, te semper timens tibíque placere contendens, pópulo sibi credito liberam órdinis tranquillitátem iúgiter procuret et servet. Per Christum Dóminum nostrum. ℟. Amen.

* Pro Rege Catholico:

Deus, cui potestátes humánæ desérviunt, da **N.**, (regi Belgarum, regi Hispaniæ, regi **N.**, ...) prosperum suæ dignitátis efféctum, in qua, te semper timens tibíque placere contendens, pópulo sibi credito liberam órdinis tranquillitátem iúgiter procuret et servet. Per Christum Dóminum nostrum. ℟. Amen.

* Pro novo consule Galliæ

Deus, cui potestátes humánæ desérviunt, da fámulo tuo **N.**, Galliæ consuli, prosperum suæ dignitátis efféctum, in qua, te semper timens tibíque placere contendens, pópulo sibi credito liberam órdinis tranquillitátem iúgiter procuret et servet. Per Christum Dóminum nostrum. ℟. Amen.

Conclusio ritus

Tum celebrans ritum concludit dicens:

Dírigat Dóminus viam vestram et in salútis suæ prosperitáte dispónat. ℟. Amen.

Adsit vobis Dóminus et comes vester esse dignétur. ℟. Amen.

Iter, quod nunc fidénter aggredímini, Deo opitulánte felíciter absolvátis. ℟. Amen.

Opportune fit cantus aptus dum peregrini ad venerandum Sepulcrum Domini eunt.

Ordo Processionis Quotidianæ

I.
Ad institutionem Sanctissimæ Eucharistiæ commemorandam

O sacrum convivium, in quo Christus sumitur:
recolitur memoria passionis eius,
mens impletur gratia,
et futuræ gloriæ nobis pignus datur. Alleluia.

Hymnus

textus: S. Thomas Aquinas op, sæc. xiii.

1. In suprémæ nocte cenæ
recúmbens cum frátribus,
observáta lege plene
cibis in legálibus,
cibum turbæ duodénæ
se dat suis mánibus.

2. Genitóri, Genitóque
laus et iubilátio,
salus, honor, virtus quoque
sit et benedíctio;
procedénti ab utróque
compar sit laudátio. Amen.

Lectio brevis

Mt 26,26-28

Cenántibus eis, accépit Iesus panem et benedíxit ac fregit dedítque discípulis et ait: "Accípite, comédite: hoc est corpus meum". Et accípiens cálicem, grátias egit et dedit illis dicens: "Bíbite ex hoc omnes: hic est enim sanguis meus novi testaménti, qui pro multis effúnditur in remissiónem peccatórum.

℣. Panem de cælo præstitísti eis. (*T.P.* Allelúia.)
℟. Omne delectaméntum in se habéntem. (*T.P.* Allelúia.)

Orémus.
Deus, qui nobis sub sacraménto mirábili passiónis tuæ memóriam reliquísti, tríbue, quǽsumus, ita nos Córporis et Sánguinis tui sacra mystéria venerári, ut redemptiónis tuæ fructum in nobis iúgiter sentiámus. Qui vivis et regnas in sǽcula sæculórum. ℟. Amen.

II.
Ad Columnam Dominicæ Flagellationis

Ego propter te flagellavi Ægyptum cum primogenitis suis:
et tu me flagellatum tradidisti.

Hymnus

auctor anonymus, sæc. XIX.

1. Salve, colúmna nóbilis,
Christi dolórum cónscia:
queis fracta virtus dǽmonis,
exémpta nobis víncula.

2. Cruór*e* Abélis íllita
tellus ad astra clámitat:
clamas, colúmn*a*, ad sídera
inúncta Iesu sánguine.

3. Sed ill*a* ad iram víndicem
clamat sevéri iúdicis:
iram foves tu Núminis,
pacémque quæris sóntibus.

4. O perge semper fléctere
pœnas minántem déxteram:
quæ sanguis emit prǽmia
Christi fruámur pérpetim.

5. Cæso flagéllis glória,
Iesu, tíbi sit iúgiter,
cum Patr*e* et almo Spíritu,
in sempitérna sǽcula. Amen.

Lectio brevis

Io 19,1.16

Apprehéndit Pilátus Iesum et flagellávit: ac trádidit Iudǽis ut crucifigerétur.

℣. Fui flagellátus tota die.
℟. Et castigátio mea in matutínis.

Orémus.
Deus, qui pro salúte nostra in assúmptæ carnis infirmitáte, ad HANC colúmnam alligári, et flagéllis cædi voluísti, concéde propítius, ut qui eiúsdem colúmnæ glóriam celebrámus, pretiósi Sánguinis tui fructum cónsequi mereámur. Qui vivis et regnas in sǽcula sæculórum. ℟. Amen.

LITANIÆ

III.
AD CARCEREM

Ego eduxi te de Ægypto, demerso Pharaone in mare Rubrum: et tu me vinctum tradidisti principibus sacerdotum.

HYMNUS

auctor anonymus, sæc. XX.

1. En efferáta rábies
satéllitum Christum rapit,
post ímpium Iud*æ* ósculum,
et stringit arctis néxibus.

2. Qui sponte venit ut cruce
mortem subíret ínnocens,
vitámque ferret sóntibus,
ut latro vinctus tráhitur.

3. Amóre vinctus vénerat
vincíre nos per grátiam;
hunc vínculis multínodis
servus nec horret stríngere.

4. Absólve, Iesu, sérvulos
a críminum ligámine,
et líberos a dǽmone
constríng*e* amóris néxibus.

5. O dulce, Iesu, gáudium,
ob vincla sacri Córporis,
culpas reis remíttere
dignáre, dona grátiam.

6. Duris ligáte vínculis,
Iesu, tibi sit glória,
cum Patr*e* et almo Spíritu
in sempitérna sǽcula. Amen.

vel:

textus: Thomas Obicini ofm? sæc. xvi.

1. Iam Crucem propter hóminem
suscípere dignátus es,
dedítque suum sánguinem,
nostræ salútis prétium

2. Cæli solíque Dóminus
prostrátus antro cláuditur,
et néxibus multínodis
circúmdatus occúlitur.

3. Ut arte artem fálleret,
lignum in Ligno súperat,
et morte mortem déstruens,
sic vinctus vinctos líberat.

4. Lux mundi, lumen géntium,
in fœdus datur pópuli,
ut lacu cláusos éxtrahat,
heu! prius is detrúditur.

5. Samson velut fortíssimus
arctátur diris mánibus:
sed se colúmna déstruens,
morte triúmphat ínclitus.

6. Dum cómpedes sic cónsecrat,
tradit normam martýribus,
qui crucem læti cápiunt,
qua meruére glóriam.

7. Iesu, dulcis memória,
ob sacri vincla córporis,
reis culpas, supplícia
remíttas, et da prǽmia. Amen.

LECTIO BREVIS *Io* 18,12

Cohors ergo et tríbunus et minístri Iudæórum comprehendérunt Iesum et ligaverunt eum.

℣. Dirupísti, Dómine, víncula mea.
℟. Tibi sacrificábo hóstiam laudis.

Orémus.
Absólve, quǽsumus, Dómine, nostrórum víncula peccatórum, ut, a córporis huius vínculis expedíti, perpétua libertáte gaudére mereámur. Per Christum Dóminum nostrum.
℟. Amen.

LITANIÆ

IV.
AD ALTARE DIVISIONIS VESTIMENTORUM CHRISTI

Adeste, pacis Angeli, de sede cœli nobili,
alasque vestras tendite, et membra Christi condite.

HYMNUS

textus: Thomas OBICINI OFM*? sæc.* XVI.

1. Ecce nunc Ioseph mýsticus,
e lacu dum extráhitur,
vénditus datur géntibus,
quem suis privant túnicis.

2. Erat Salvátor étenim
succúrrens mundo lánguido:
cinctus amóre próperat,
ut nos salúte cíngeret.

3. Iacob en sic pellíceis
vestítus fratris hœdinis:
ut benedíctum ráperet
arte, quod culpa pérdidit.

4. Hic Agnus est sanctíssimus
promíssus quondam pátribus,
qui vénerat ut víctima
vestíre nudum hóminem.

5. Hinc is se privat túnicis,
ut noxam primi hóminis
per nuditátem aúferat,
et dona vitæ cónferat.

6. Vah gens iníqua, símilis
Cham, patris inguen détegens
musto madéntis, lánguidum
nudasti Christum Dóminum.

7. O dífferens recéptio!
vestes, dum intrat Sólymas,
stérnunt Iësu próprias,
sed exeúnti détrahunt.

8. Vestes velut nix cándidæ
vis*æ* in Thabór*e* et spléndidæ,
modo rubéscunt sánguine,
divís*æ* in HOC Calvário.

9. Impléta sunt quæ díxerat
davídicum præcónium:
partít*i* amíctus, túnicæ
fecére sortes árbitras.

10. Precámur ergo súpplices
te, sæculórum Cónditor,
sic spoliátum véstibus,
nos índuas virtútibus.

LECTIO BREVIS *Io* 19,23

Mílites ergo cum crucifixíssent Iesum, accepérunt vestiménta eius et fecérunt quattuor partes, unicuíque míliti partem, et túnicam.

℣. Divisérunt sibi vestiménta mea.
℟. Et super vestem meam misérunt sortem.

Orémus.
Deus, qui per Unigénitum tuum labénti mundo salútis remédia contulísti, concéde nobis, ut, spoliáti vítiis, virtutibúsque adornáti, ante tribúnal tuæ maiestátis in veste cándida præsentári mereámur. Per Christum Dóminum nostrum. ℟. Amen.

LITANIÆ

V.
AD CRYPTAM INVENTIONIS SANCTÆ CRUCIS

O Crux benedicta,
quæ sola fuisti digna portare Regem cælorum et Dominum!

HYMNUS

textus: S. VENANTIUS FORTUNATUS, *sæc.* VI.

1. Pange, lingua, gloriosi
prœlium certáminis,
et super crucis tropǽo
dic triúmphum nóbilem,
quáliter redémptor orbis
immolátus vícerit.

2. De paréntis protoplásti
fraude factor cóndolens,
quando pomi noxiális
morte morsu córruit,
ipse lignum tunc notávit,
damna lign*i* ut sólveret.

3. Hoc opus nostræ salútis
ordo depopóscerat,
multifórmis perditóris
art*e* ut artem fálleret,
et medélam ferret inde,
hostis unde lǽserat.

4. Crux fidélis, inter omnes
arbor una nóbilis!
Nulla talem silva profert
flore, fronde, gérmine.
Dulce lignum, dulci clavo
dulce pondus sústinens!

5. Flecte ramos, arbor alta,
tensa laxa víscera,
et rigor lentéscat ille
quem dedit natívitas,
ut supérni membra regis
miti tendas stípite.

6. Sola digna tu fuísti
ferre sæcli prétium,
atque portum præparáre
nauta mundo náufrago,
quem sacer cruor perúnxit
fusus Agni córpore.

7. Única spes, o Crux, ave,
HIC invénta ab Hélena:
per hanc salva, rege vagos,
tua, Deus, grátia:
auge piis spem et fidem,
et da reis véniam.

8. Æqua Patri Filióque,
ínclito Paráclito,
sempitérna sit beátæ
Trinitáti glória,
cuius alma nos redémit
atque servat grátia. Amen.

LECTIO BREVIS *Phil* 2,7-8

Semetípsum exinánivit formam servi accípiens, in similitúdinem hóminum factus; et hábitu invéntus ut homo, humiliávit semetípsum factus obœ́diens usque ad mortem, mortem autem crucis.

℣. Hoc signum Crucis erit in cælo. (*T.P.* Allelúia.)
℟. Cum Dóminus ad iudicándum vénerit. (*T.P.* Allelúia.)

Orémus.
Deus, qui HIC in præclára salutíferæ Crucis Inventióne, passiónis tuæ mirácula suscitásti: concéde, ut vitális ligni prétio, ætérnæ vitæ suffrágia consequámur. Qui vivis et regnas in sǽcula sæculórum. ℟. Amen.

LITANIÆ

VI.
AD SACELLUM SANCTÆ HELENÆ

Helena, Constantini mater, Ierosolymam venit, ut Crucem Domini inveniret.

HYMNUS

textus: card. Silvius ANTONIANUS, *sæc.* XVI.

1. Fortem virili péctore
laudémus omnes Hélenam,
quæ sanctitátis glória
ubíque fulget ínclita.

2. Hæc sanct*o* amóre sáucia,
dum Christi Crucem férvida
inquirit, ad cæléstia
iter perégit árduum.

3. Carnem domans ieiúniis,
dulcíque mentem pábulo
oratiónis nútriens,
cæli potítur gáudiis.

4. Rex Christe, virtus fórtium,
qui magna solus éfficis,
huius precátu, quǽsumus,
audi benígnus súpplices.

5. Iesu, tibi sit glória,
qui nos beátæ sérvulæ
speráre das suffrágia
et sempitérna prǽmia. Amen.

Die 21 maii, festo Sanctæ Helenæ, hic hymnus canitur (cf. musicam p. 86).

LECTIO BREVIS *Prov* 31,30

Fallax gratia et vana est pulchritúdo; múlier timens Dóminum ipsa laudábitur.

℣. Ora pro nobis, beáta Hélena. (*T.P.* Allélúia.)
℟. Ut digni efficiámur promissiónibus Christi. (*T.P.* Allélúia.)

Orémus.
Preces famíliæ tuæ, quǽsumus, Dómine, cleménter exáudi: ut sicut de férvido beátæ Hélenæ stúdio ubíque gaudet, quæ læta **HIC** desiderátum sanctæ Crucis lignum invénit; ita eius méritis et précibus in cæléstı glória semper gaudére mereátur. Per Christum Dóminum nostrum. ℟. Amen.

LITANIÆ

VII.
AD COLUMNAM CORONATIONIS ET IMPROPERIORUM

Ego dedi tibi sceptrum regale:
et tu capiti meo imposuisti spineam Coronam!

HYMNUS

textus: Thomas OBICINI OFM*? sæc.* XVI.

1. Cœtus piórum éxeat
Dávidis prolem cérnere;
non in parátu spléndido,
sed cunctis, heu! ludíbrio.

2. Contémptior est ómnibus,
et ómnium novíssimus;
hunc multitúd*o* oppróbriis
coram lacéssit ásperis.

3. Hoc Isaías díxerat:
corpus percutiéntibus
præbet, genas velléntibus,
vultúmque conspuéntibus.

4. In tui Christi fáciem
o réspice nunc, ánima;
a plant*a* ad usque vérticem
non est in eo sánitas.

5. Vidísti, Móyses, Dóminum
in rub*o* ardénti fúlgidum:
sed nos vidémus lánguidum
et spinis, sputo sórdidum.

6. Dum velut Isa*a*c týpicus
mactándus modo cérnitur;
ut áries in vépribus
sic séntibus, heu, cíngitur.

7. Precémur Christum lácrimis,
pro clámyde coccínea,
spinis, flagris, arúndine,
ut nos corónet glória. Amen.

LECTIO BREVIS *Mt* 27,28-29

Exuéntes Iesum, clámydem coccíneam circumdéderunt ei. Posuérunt arúndinem in déxtera eius et, genu flexo ante eum, illudébant ei dicéntes: “Ave, rex Iudǽorum”.

℣. Plecténtes corónam de spinis.
℟. Posuérunt super caput eius.

Orémus.
Deus, qui in Fílii tui humilitáte iacéntem mundum erexísti, concéde propítius, ut, supérbiæ coróna abiécta, immarcescíbilem corónam glóriæ consequámur. Per Christum Dóminum nostrum. ℟. Amen.

VIII.
In Sacro Monte Calvario ad Locum Crucifixionis D. N. Iesu Christi

Ego te exaltavi magna virtute:
et tu me suspendisti in patibulo Crucis.

Hymnus

textus et melodia: S. Venantius Fortunatus, sæc. VI;
melodia sæc XVIII. LH 58

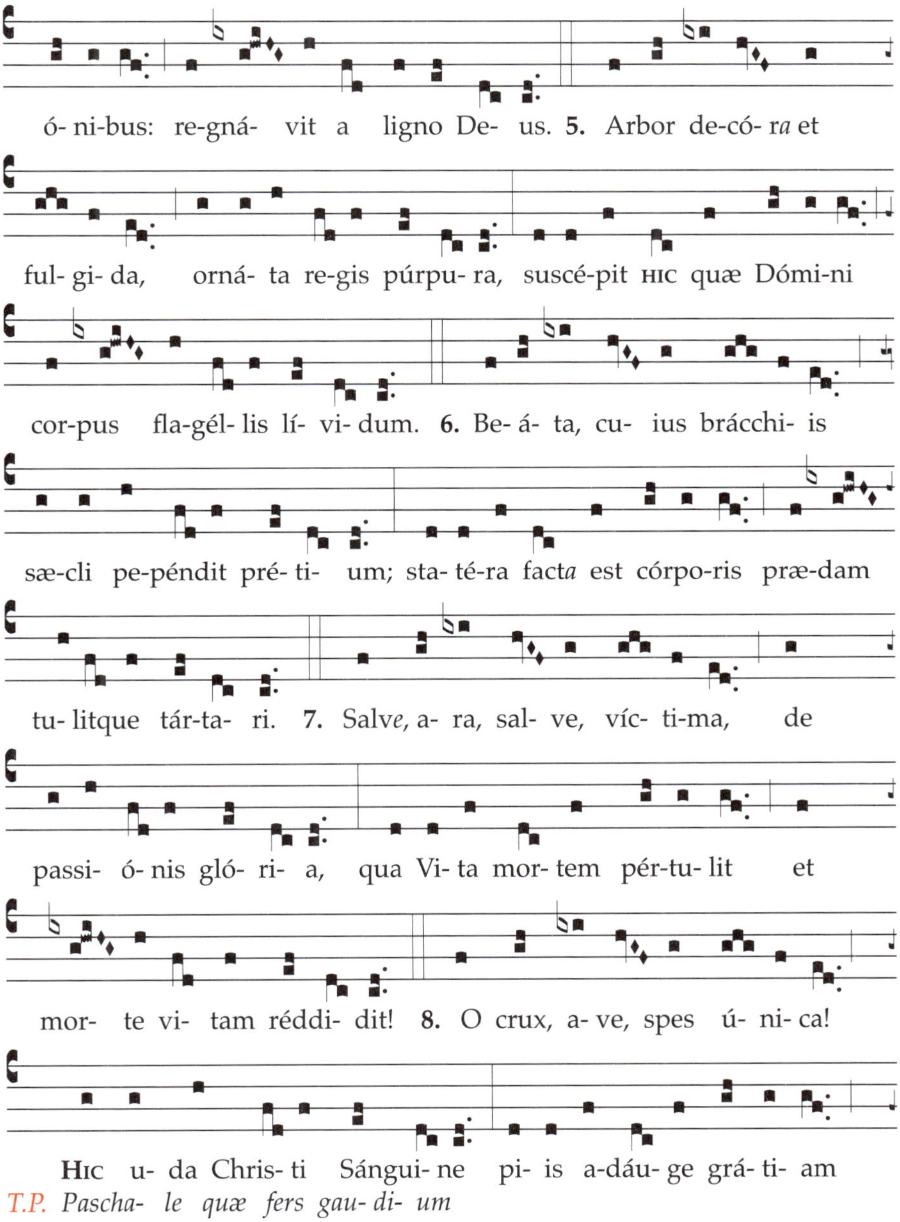

ó- ni-bus: re-gná- vit a ligno De- us. 5. Arbor de-có- ra et
ful- gi- da, orná- ta re-gis púrpu- ra, suscé-pit HIC quæ Dómi-ni
cor-pus fla-gél- lis lí- vi- dum. 6. Be- á- ta, cu- ius brácchi- is
sæ-cli pe-péndit pré- ti- um; sta- té-ra facta est córpo-ris præ-dam
tu- litque tár-ta- ri. 7. Salve, a- ra, sal- ve, víc- ti-ma, de
passi- ó- nis gló- ri- a, qua Vi- ta mor- tem pér-tu- lit et
mor- te vi- tam réddi- dit! 8. O crux, a- ve, spes ú- ni- ca!
HIC u- da Chris- ti Sángui- ne pi- is a-dáu- ge grá- ti- am
T.P. Pascha- le quæ fers gau- di- um

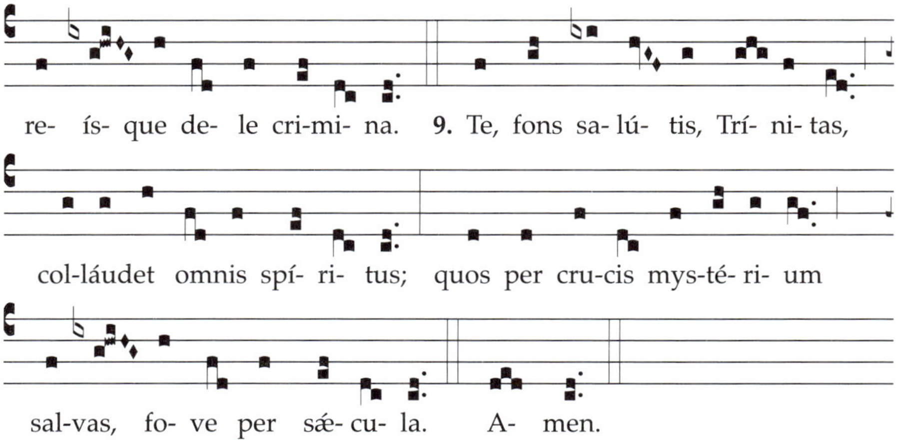

LECTIO BREVIS *Io* 19,16b-18a

Suscepérunt ergo Iesum. Et báiulans sibi crucem exívit in **HUNC**, qui dicitur Calvariæ locum, quod Hebráice dícitur Gólgotha, ubi eum crucifixérunt.

℣. Fodérunt HIC manus meas et pedes meos.
℟. Et dinumerávi ómnia ossa mea.

Orémus.
Réspice, quǽsumus, Dómine, super hanc famíliam tuam, pro qua Dóminus noster Iesus Christus non dubitávit mánibus tradi nocéntium et crucis **HIC** subíre torméntum. Qui tecum vivit et regnat in sǽcula sæculórum. ℟. Amen.

IX.
In Sacro Monte Calvario ad locum ubi Christus in Cruce exspiravit

Ego te potavi aqua salutis de petra:
et tu me potasti felle et aceto.

Hymnus

textus: S. Venantius Fortunatus, sæc. vi;
melodia sæc. a. xii.

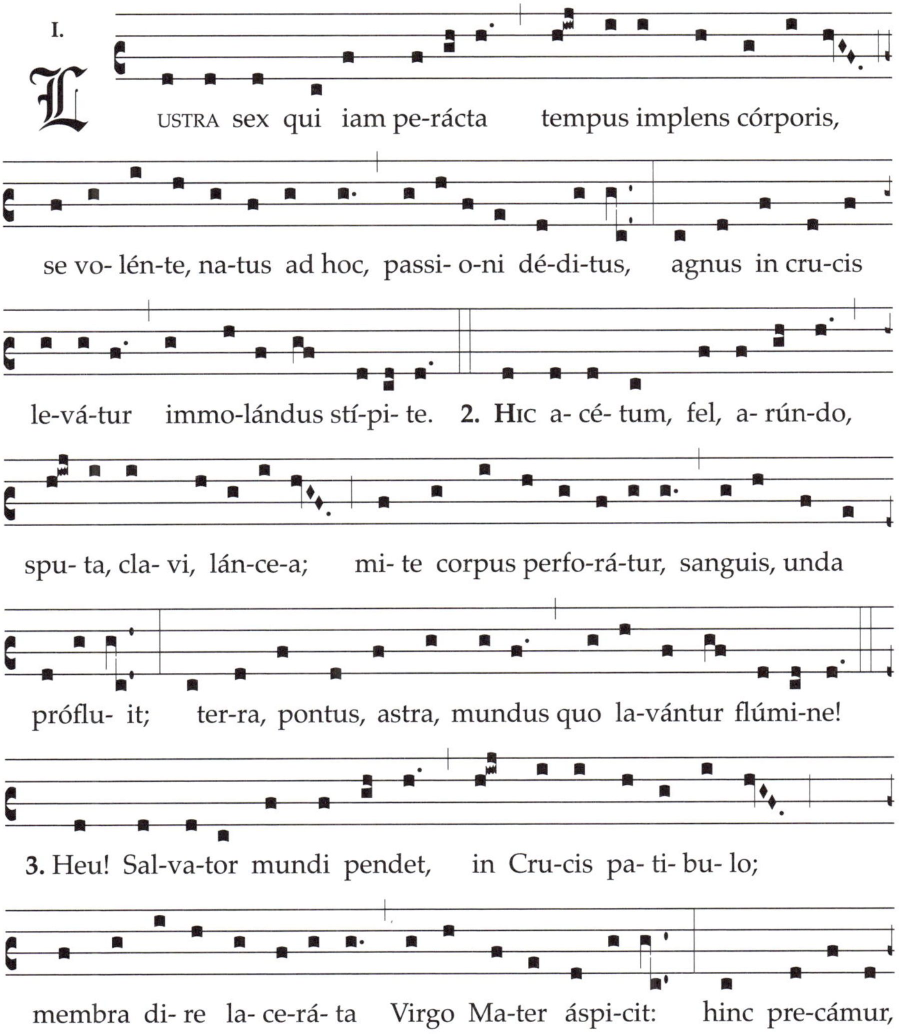

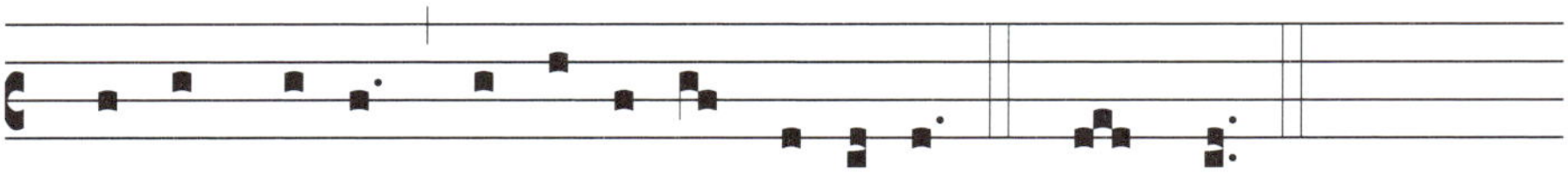

Lectio brevis *Lc* 23,44-46

Erat iam fere hora sexta, et ténebræ factæ sunt in univérsa terra usque in horam nonam, et obscurátus est sol, et velum templi scissum est médium. Et clamans voce magna Iesus ait: “Pater, in manus tuas comméndo spíritum meum”; et hæc dicens, (*) **HIC** exspirávit.

℣. Adorámus te, Christe, et benedícimus tibi.
℟. Quia per sanctam Crucem tuam HIC redemísti mundum.

Orémus.
Dómine Iesu Christe, qui hora sexta, univérso mundo in ténebris constitúto, pro redemptióne nostra crucis lignum in **HOC** Calvário ínnocens ascendísti, illam nobis lucem semper concéde, per quam ad ætérnam vitam perveníre mereámur. Qui vivis et regnas in sǽcula sæculórum. ℟. Amen.

(*) Omnes genuflectunt et candelam exstinguunt. Cetera quæ sequuntur usque ad conclusionem orationis exclusive dicuntur submissa voce.

Ad indulgentias lucrandas

Pater noster, qui es in cælis:
sanctificétur nomen tuum;
advéniat regnum tuum;
fiat volúntas tua, sicut in cælo, et in terra.
* Panem nostrum cotidiánum da nobis hódie;
et dimítte nobis débita nostra,
sicut et nos dimíttimus debitóribus nostris;
et ne nos indúcas in tentatiónem;
sed líbera nos a malo.
Amen.

Ave María, grátia plena, Dóminus tecum;
benedícta tu in muliéribus,
et benedíctus fructus ventris tui, Iesus.
* Sancta María, Mater Dei,
ora pro nobis peccatóribus
nunc et in hora mortis nostræ.
Amen.

Glória Patri, et Fílio,
et Spirítui Sancto.
* Sicut erat in princípio, et nunc et semper,
et in sǽcula sæculórum.
Amen.

X.
In eodem Monte Calvario ad Altare B. Mariæ Virginis Perdolentis

Felix est beata Maria Virgo,
quæ sine morte meruit martyrii palmam sub cruce Domini.

Hymnus

textus: Iacobus De Benedetti ofm? *sæc.* xiii; *LH 435.*

VI.

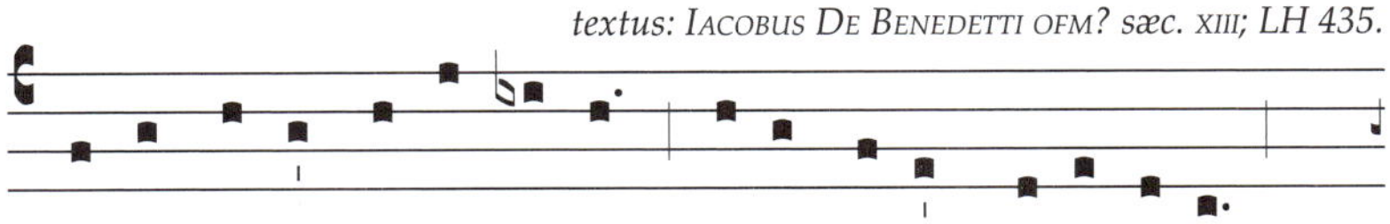

STA-BAT Ma-ter do- ló- ro- sa, iuxta crucem lacrimó-sa

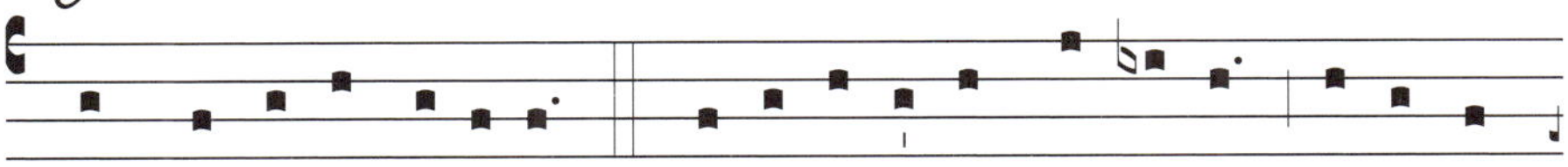

dum pendé- bat Fí- li- us. **2.** Cu-ius á-nimam ge-méntem, contristá-

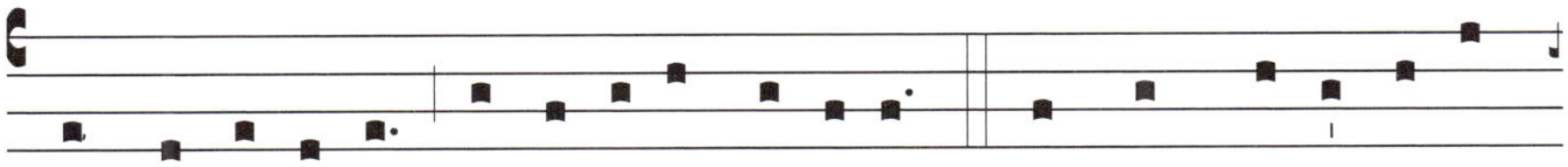

tam et do-léntem pertransí-vit glá-di- us. **3.** O quam tris-tis et af-

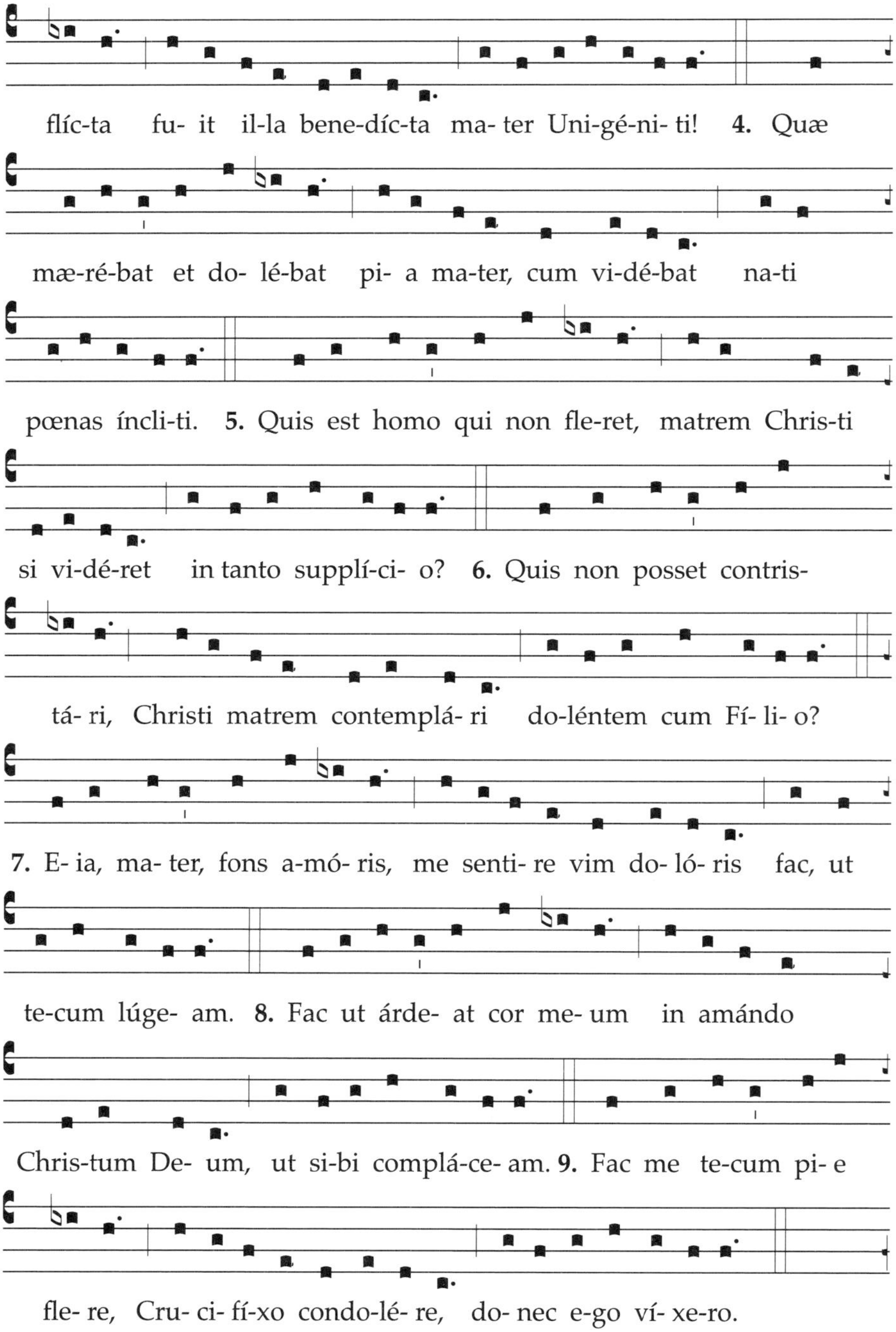
flíc-ta fu- it il-la bene-díc-ta ma- ter Uni-gé-ni- ti! 4. Quæ
mæ-ré-bat et do- lé-bat pi- a ma-ter, cum vi-dé-bat na-ti
pœnas íncli-ti. 5. Quis est homo qui non fle-ret, matrem Chris-ti
si vi-dé-ret in tanto supplí-ci- o? 6. Quis non posset contris-
tá- ri, Christi matrem contemplá- ri do-léntem cum Fí- li- o?
7. E- ia, ma- ter, fons a-mó- ris, me senti- re vim do- ló- ris fac, ut
te-cum lúge- am. 8. Fac ut árde- at cor me- um in amándo
Chris-tum De- um, ut si-bi complá-ce- am. 9. Fac me te-cum pi- e
fle- re, Cru- ci- fí-xo condo-lé- re, do- nec e-go ví- xe-ro.

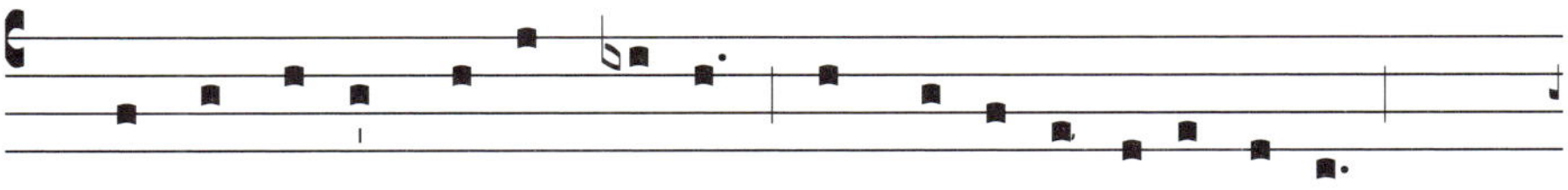

10. Iux-ta cru-cem te-cum sta-re et me ti- bi so-ci- á- re

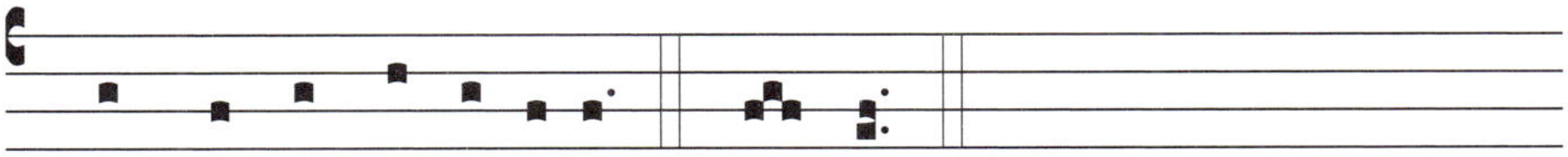

in planctu de- sí-de-ro. A- men.

Lectio brevis *Io* 19,25-27a

Stabant **hic** iuxta crucem Iesu mater eius et soror matris eius, María Cléopæ, et María Magdaléne. Cum vidísset ergo Iesus matrem et discípulum stantem, quem diligébat, dicit matri: "Múlier, ecce fílius tuus". Déinde dicit discípulo: "Ecce mater tua".

℣. Regína Mártyrum, ora pro nobis.
℟. Quæ iuxta crucem Iesu constitísti.

Orémus.
Deus, qui Fílio tuo **hic** in cruce exaltáto compatiéntem Matrem astáre voluísti, da Ecclésiæ tuæ, ut, Christi passiónis cum ipsa consors effécta, eiúsdem resurrectiónis párticeps esse mereátur. Per Cristum Dóminum nostrum. ℟. Amen.

XI.
Ad Lapidem Unctionis

O certe felix Adæ peccatum,
quod Christi morte deletum est!

Hymnus

textus: auctor anonymus, sæc. XX;
melodia: S. Rabanus Maurus?, sæc. IX.

II.

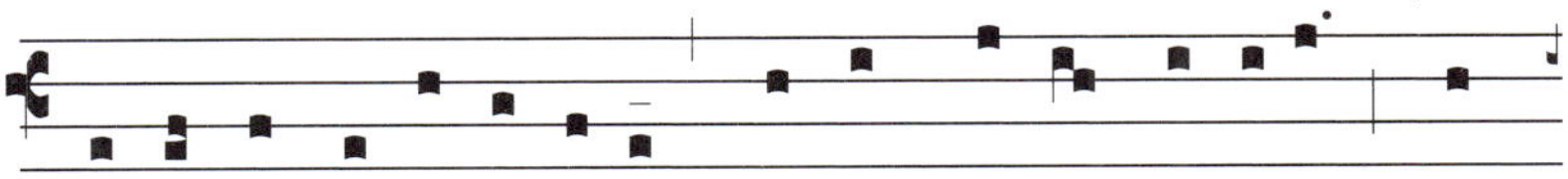

P ange, lingua vulne-rá-tum corde Christum lánce- a, quod

fe-rus miles reclu- sit mortis in ten-támi-ne, unde cæ-li do-na cuncta
usque no-bis próflu- unt. 2. Io-seph audax atque iustus, compa-
rá- ta síndo-ne, inte-gérque Ni-co-démus vim fe-rens a- róma-tum,
corpus ungunt linte- ísque HIC Ma-gístri cól-li- gant. 3. U- bi
tu- a mors est palma? Tu- us u-bi stí-mu-lus? Mors absórpta
vic- ta ia- cet; cur sa-tan e- rí- ge- ris? Tol- le por-tas,
Rex vir-tu-te su- a Chris- tus advé- nit.
4. A Io- seph, et Ni-co-démo qui dum HIC i- núngi-tur: tre-munt
dæmones, descéndens prædam tu-lit tárta- ri; morsus tu- us est

Lectio brevis *Io* 19,40

Accepérunt Ioseph et Nicodémus corpus Iesu et ligavérunt illud **HIC** línteis cum aromátibus, sicut mos Iudǽis est sepelíre.

℣. Óleum effúsum nomen tuum.
℟. Ídeo adolescéntulæ dilexérunt te.

Orémus
Dómine Iesu Christe, qui tuum sacratíssimum corpus, tuórum condescéndens devotióni fidélium, inúngi **HIC** ab eísdem permisísti: concéde, ut corda nostra, unctióne grátiæ tuæ, váleant ab omni infectióne peccáti præservári. Qui vivis et regnas in sǽcula sæculórum. ℟. Amen.

XII.
Ad gloriosum Domini Nostri Iesu Christi Sepulcrum

Lætetur et mater Ecclesia, tanti luminis adornata fulgoribus:
et magnis populorum vocibus hæc aula resultet

Hymnus

auctor anonymus, sæc. IX*?; LH 82.*

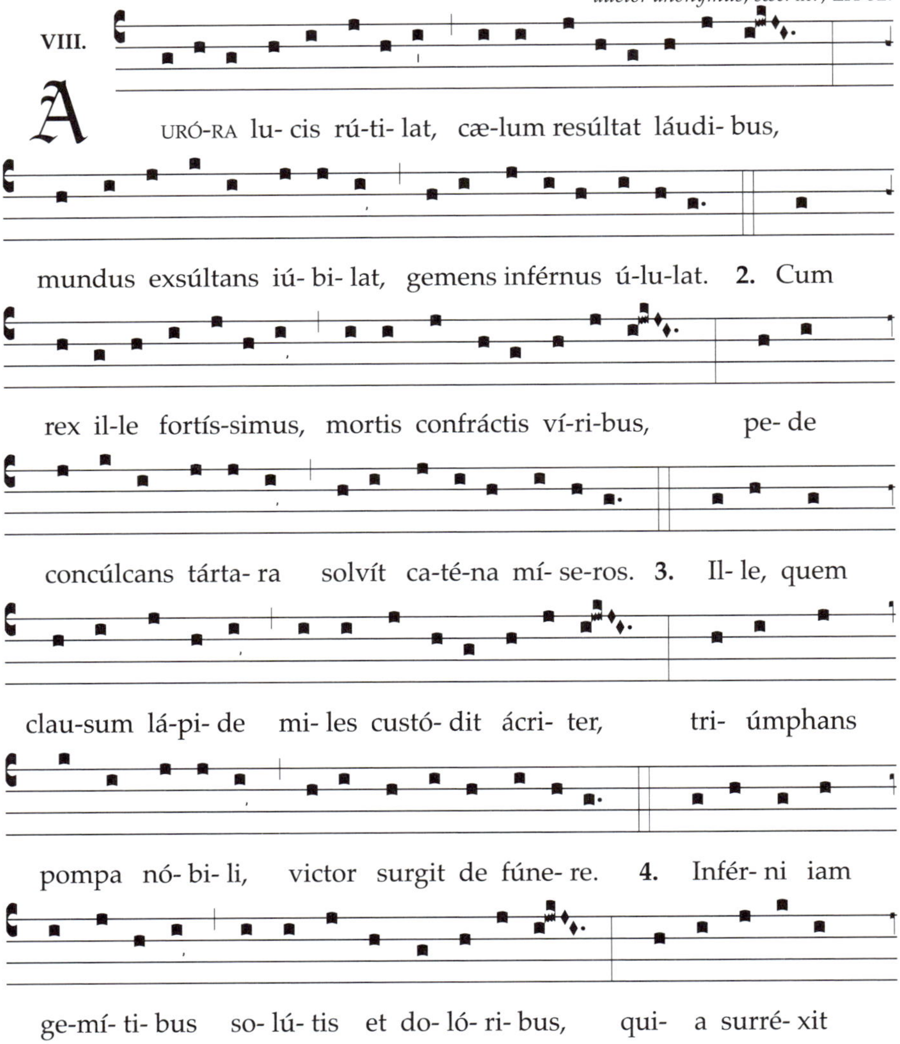

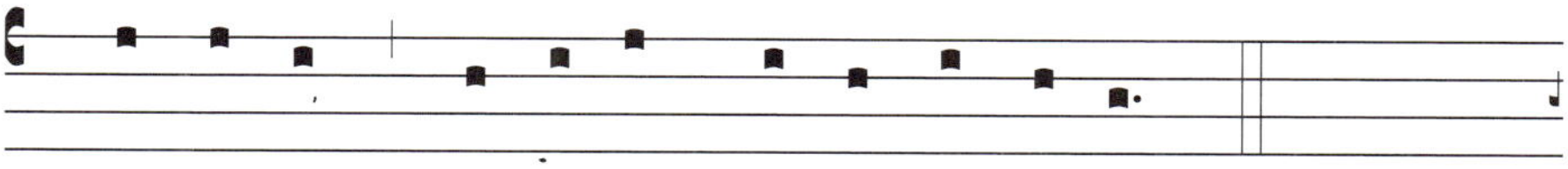

Dó- mi- nus respléndens cla- mat án-ge- lus.

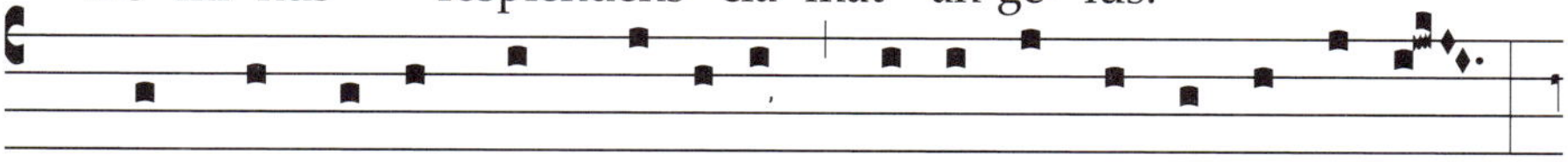

5. Ad HUNC sacrá- tum Túmu-lum, precámur, Auctor ómni-um,
T.P. **5.** *Es- to pe- rén- ne mén-ti-bus paschá-le, Ie- su, gáu-di-um,*

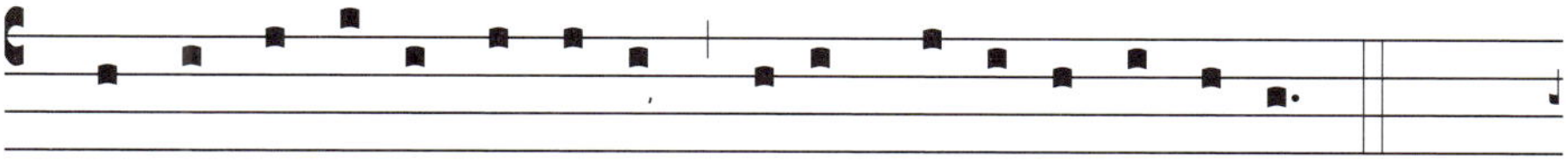

ab omni mortis ímpe-tu tu- um de-fénde pó-pu- lum.
T.P. et nos re- ná-tos grá- ti- æ tu- is tri- úmphis ággre-ga.

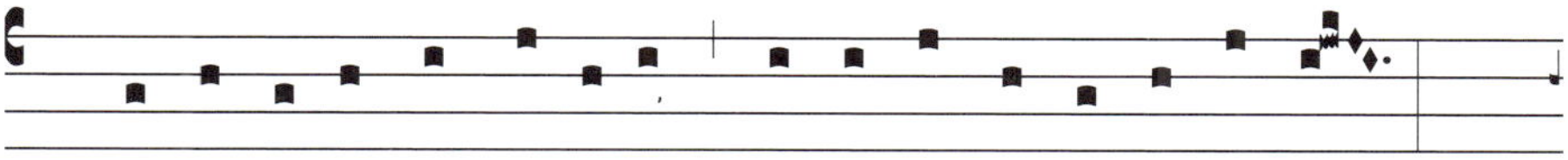

6. Ie- su, ti- bi sit glo- ri- a, qui morte vic- ta prǽ-ni- tes,

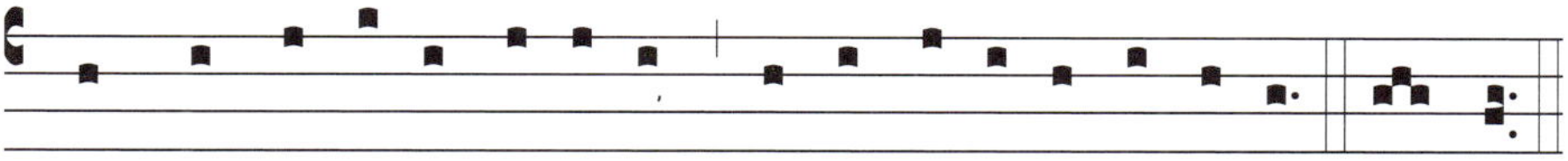

cum Patre et almo Spí- ri- tu, in sempi-térna sǽ-cu- la. A- men.

LUCERNARIUM

In memoriam ritus Vigiliæ paschalis, iuxta antiquissimam traditionem liturgicam istius loci, sacerdos egreditur ex ædicula cum candela accensa supra Sepulcrum Domini, deinde, priusquam flammam circumstantibus dat, cantat:

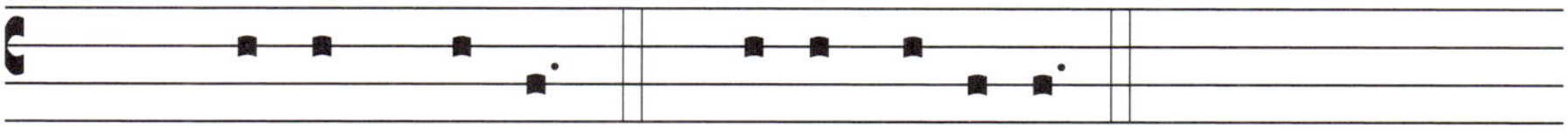

℣. Lumen Chris-ti. ℟. De- o grá- ti- as.

textus: liturgia Georgiana (sæc VI); melodia AP (1995)

LECTIO BREVIS

Mc 16,6

Dixit Ángelus HIC muliéribus: “Nolíte expavéscere! Iesum quǽritis Nazarénum crucifíxum. Surréxit, non est HIC; ecce locus, ubi posuérunt eum”.

℣. Surréxit Dóminus de HOC Sepúlcro, allelúia.
℟. Qui pro nobis pepéndit in ligno, allelúia.

Orémus.
Deus, qui per triumphálem HIC Unigéniti tui Resurrectiónem mundo salútis remédia contulísti, atque æternitátis nobis áditum, devícta morte, reserásti, da nobis quǽsumus, ut, qui resurrectiónis domínicæ sollémnia cólimus, per innovatiónem tui Spiritus in lúmine vitæ resurgámus. Per Christum Dóminum nostrum. ℟. Amen.

XIII.
Ad Locum ubi Christus apparuit Mariæ Magdalenæ

Dic nobis Maria,
quid vidisti in via?

Hymnus

textus: auctor anonymus OFM, *sæc.* XVI;
melodia: IULIANUS SPIRENSIS OFM?, *sæc.* XIII.

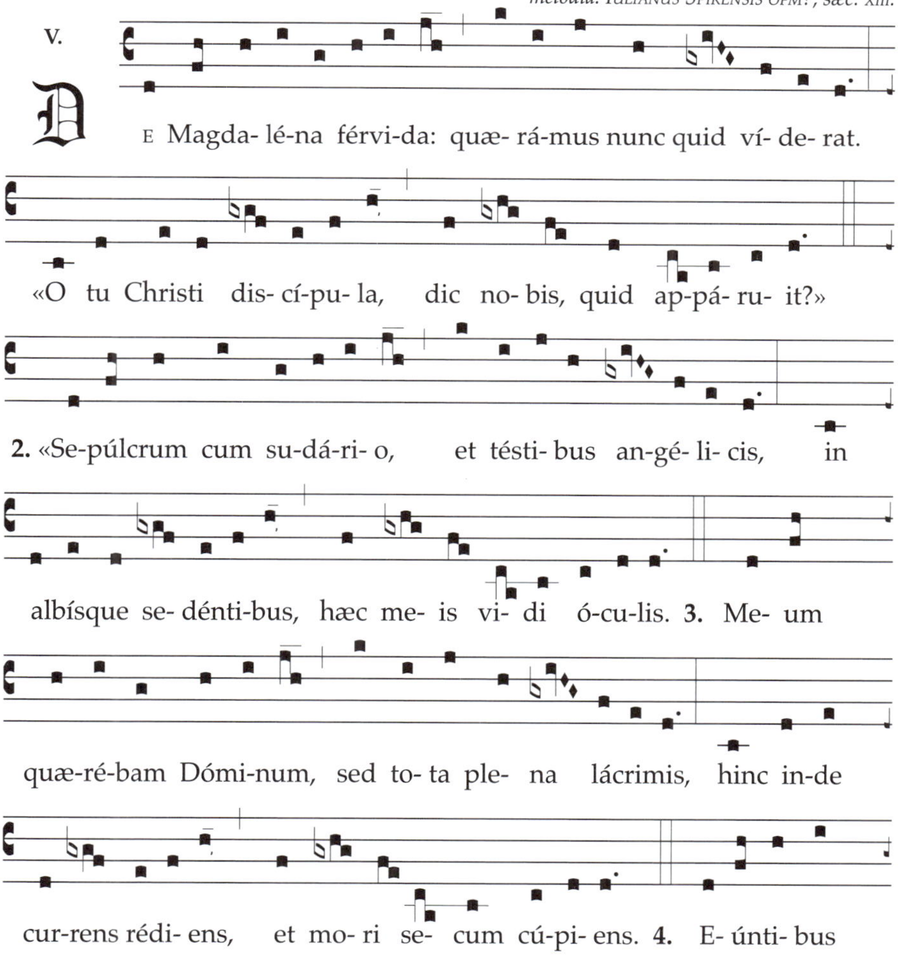

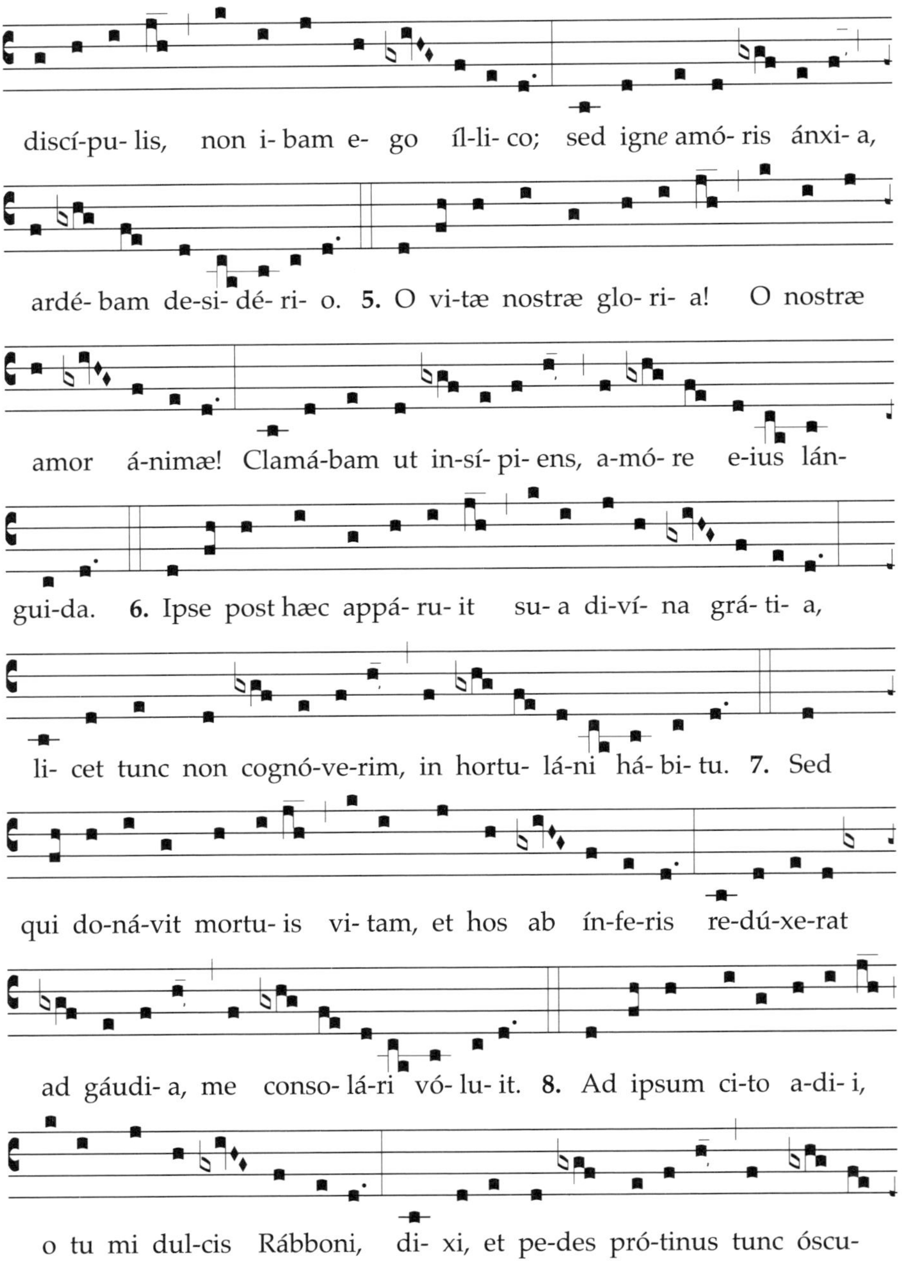
discí-pu- lis, non i- bam e- go íl-li- co; sed igne amó- ris ánxi- a,
ardé- bam de-si- dé- ri- o. 5. O vi-tæ nostræ glo- ri- a! O nostræ
amor á-nimæ! Clamá-bam ut in-sí- pi- ens, a-mó- re e-ius lán-
gui-da. 6. Ipse post hæc appá- ru- it su- a di-ví- na grá- ti- a,
li- cet tunc non cognó-ve-rim, in hortu- lá-ni há- bi- tu. 7. Sed
qui do-ná-vit mortu- is vi- tam, et hos ab ín-fe-ris re-dú-xe-rat
ad gáudi- a, me conso- lá-ri vó- lu- it. 8. Ad ipsum ci-to a-di- i,
o tu mi dul-cis Rábboni, di- xi, et pe-des pró-tinus tunc óscu-

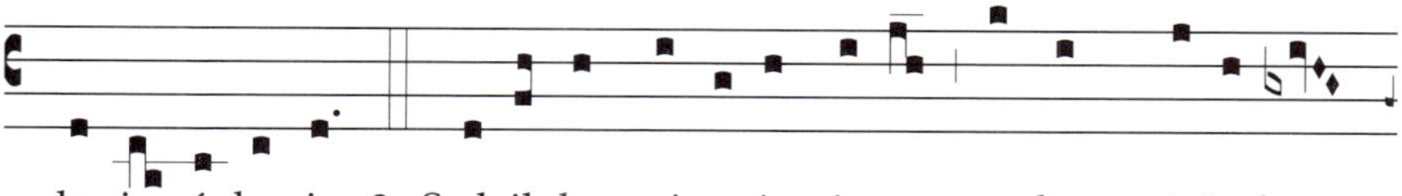

la-ri vó- lu- i. **9.** Sed il- le, qui- a ómni- a, nondum sci-é- bam

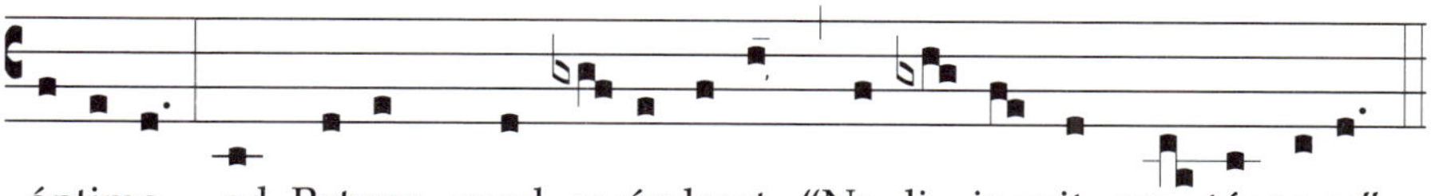

óptime, ad Patrem quod ascénderat, "No- li, inquit, me tánge-re"».

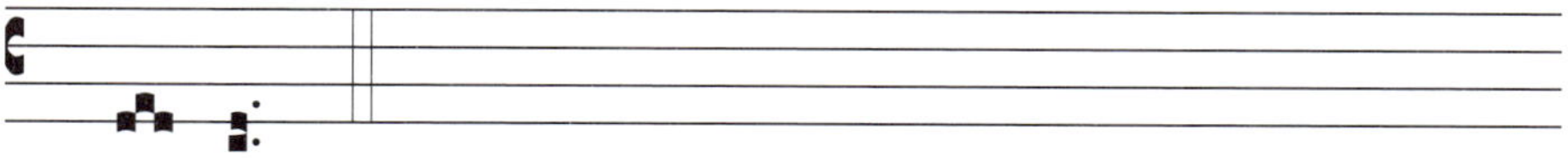

A- men.

LECTIO BREVIS *Mc* 16,9

Surgens Iesus mane, prima sábbati, appáruit **HIC** Maríæ Magdalénæ, de qua eiécerat septem dæmónia.

℣. María, noli me tángere, allelúia.
℞. Nondum enim ascéndi ad Patrem meum, allelúia.

Orémus.
Deus, cuius Unigénitus Maríæ Magdalénæ **HIC** gáudium nuntiándum paschále commísit, præsta, quǽsumus, ut, eius intercessióne et exémplo, Christum vivéntem prædicémus, et in glória tua regnantem videámus. Qui tecum vivit et regnat in sǽcula sæculórum. ℞. Amen.

XIV.
Ad Sacellum Apparitionis Christi Resurgentis Matri suæ Mariæ

Virginis oculi pleni facti sunt
Filii visu et ipsa vultum eius intuita est divinum!

Hymnus

textus: Thomas Obicini *ofm?, sæc.* xvi.

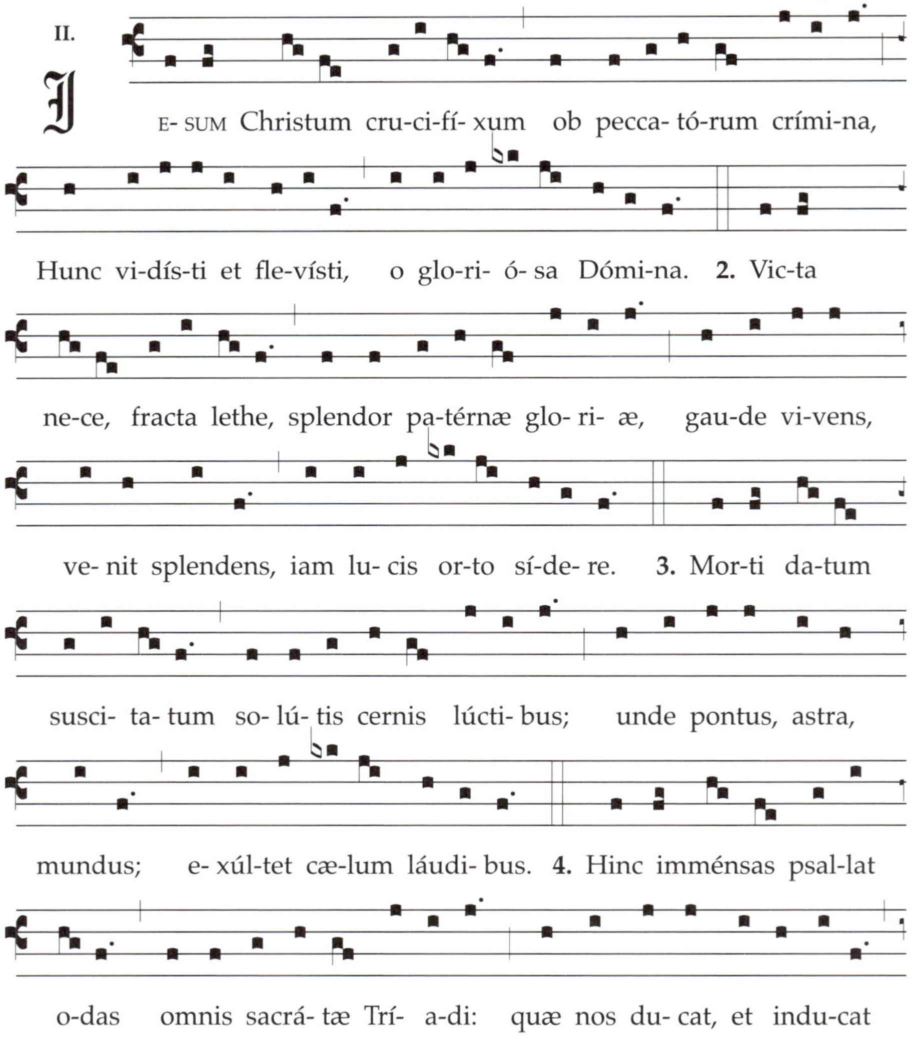

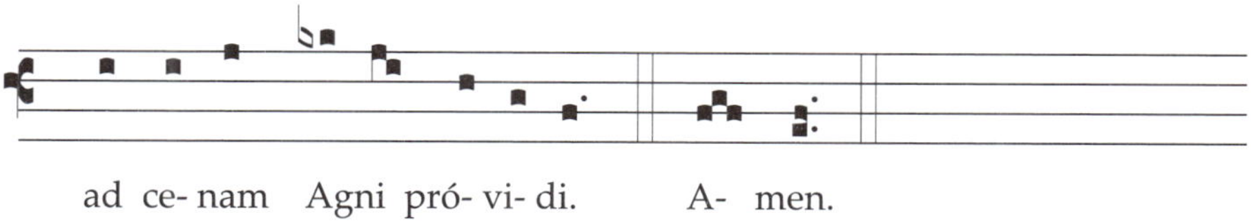

RESPONSORIUM B. MARIÆ VIRGINIS

cf. *Lc* 1,39; *Lc* 23,27; *Mt* 28,6; *Eccl* 24,6; *Lc* 23,35; *Lc* 23,49; *Cant* 21,1, *sæc.* XVII.

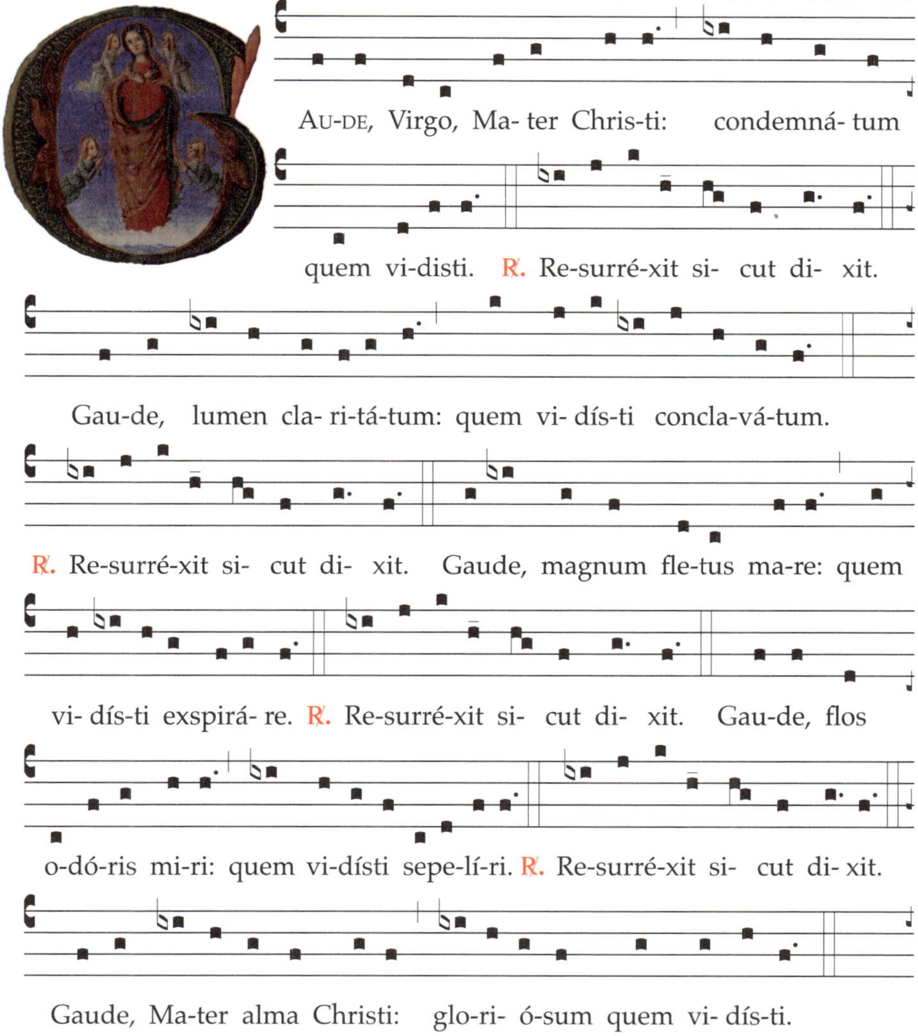

℣. Gaude et lætáre, Virgo María, allelúia.
℟. Quia surréxit Dóminus vere, allelúia.

Orémus.
Deus, qui per resurrectiónem Fílii tui Dómini nostri Iesu Christi, mundum lætificáre dignátus es, præsta, quǽsumus, ut, per eius Genitrícem Vírginem Maríam, perpétuæ capiámus gáudia vitæ. Per Christum Dóminum nostrum. ℟. Amen.

XV.
Adoratio SS.mi Sacramenti

Hymnus

textus: S. Thomas Aquinas OP, sæc. XIII; LH 607.

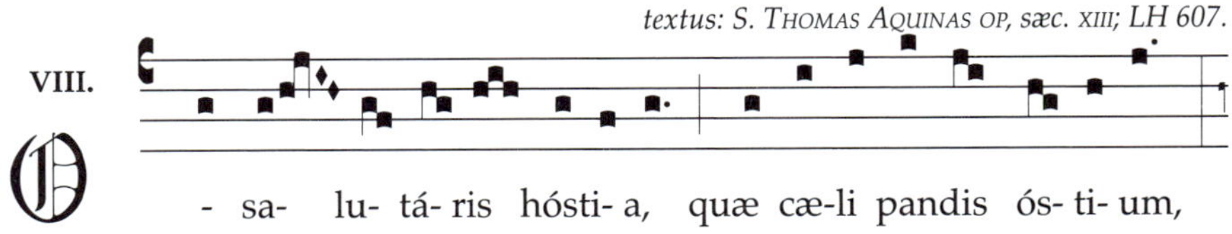

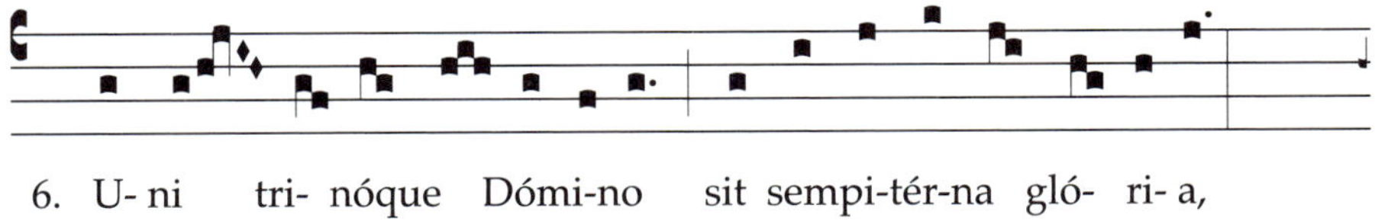

qui vi- tam si-ne térmi-no no-bis donet in pátri- a. A- men.

Lectio brevis *Mt* 28,8-10

Et exeúntes cito de monuménto cum timóre et magno gaúdio cucurrérunt nuntiáre discípulis eius. Et ecce Iesus occúrrit illis dicens: “Avéte”. Illæ autem accésserunt et tenuérunt pedes eius et adoráverunt eum. Tunc ait illis Iesus: “Nolíte timére; ite, nuntiáte frátribus meis, ut eant in Galilǽam et ibi me vidébunt”.

℣. Christe, Fili Dei vivi, miserére nobis, allelúia.
℟. Qui surrexísti a mórtuis, allelúia.

vel:

Hymnus

textus: S. Thomas Aquinas op, sæc. xiii; LH 112

III.

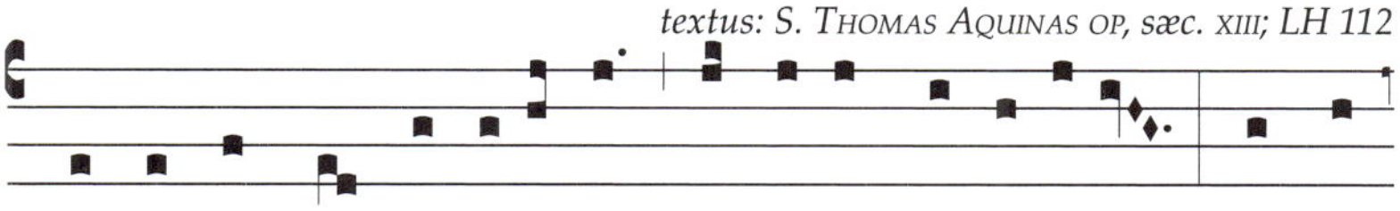

PANGE, lingua, glo-ri- ó- si córpo-ris mysté-ri- um, sangui-

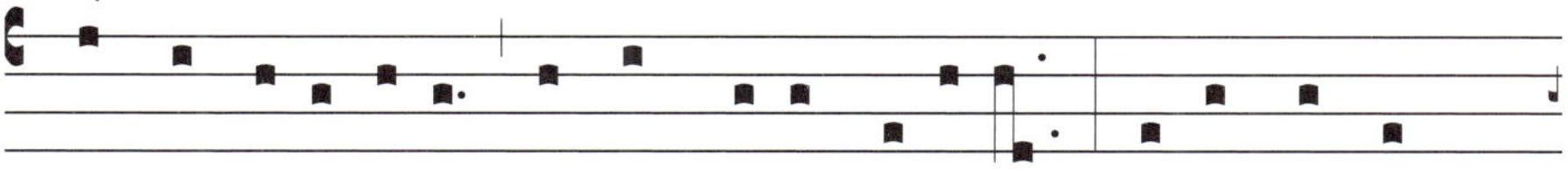

nísque pre-ti- ó- si, quem in mundi pré-ti- um fructus ventris

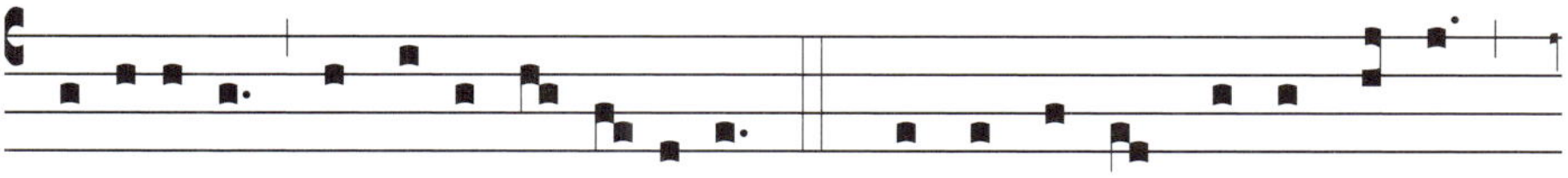

generó-si Rex effú-dit génti- um. **2.** No-bis da-tus, no-bis na-tus

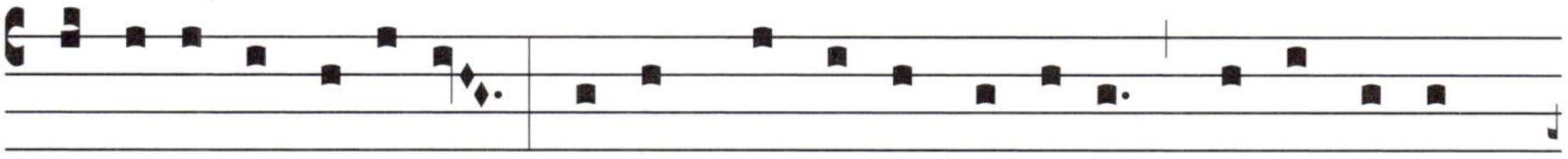

ex intácta Virgi-ne et in mundo conversá-tus, sparso verbi

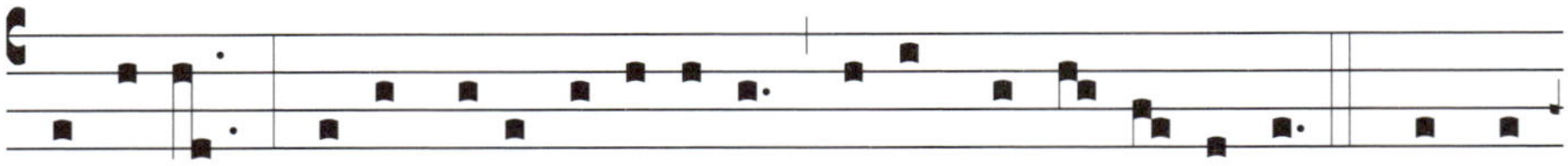

sémine, su- i moras inco-lá-tus mi-ro clausit ór-di-ne. **3.** Verbum,

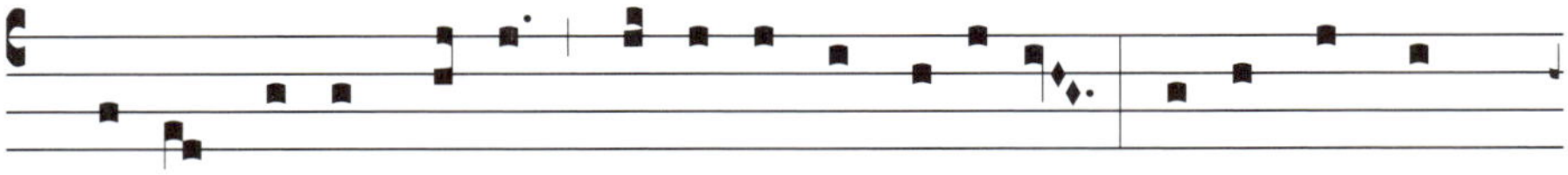

ca-ro, pa-nem ve-rum verbo carnem éffi-cit fitque Sanguis

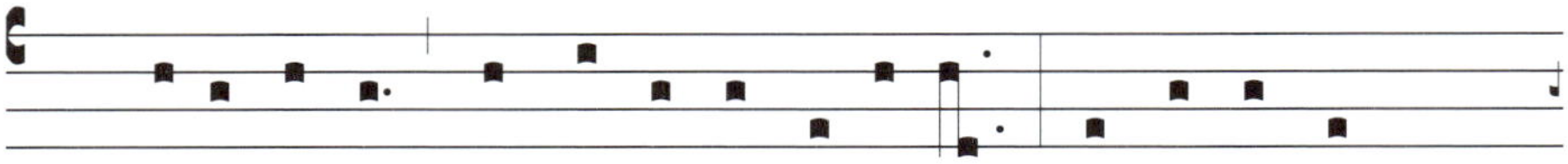

Christi me-rum, et, si sensus dé- fi-cit, ad firmándum

cor sincé-rum so-la fi-des súf- fi- cit. A- men.

Lectio brevis

Lc 24,29-31

Et coegérunt illum dicéntes: "Mane nobíscum, quóniam advesperáscit, et inclináta est iam dies". Et intrávit, ut manéret cum illis. Et factum est, dum recúmberet cum illis, accépit panem et benedíxit ac fregit et porrigébat illis. Et apérti sunt óculi eórum, et cognóverunt eum; et ipse evánuit ab eis.

℣. Surréxit Dóminus vere, allelúia.
℟. Et appáruit Simóni, allelúia.

vel:

Hymnus

auctor anonymus, sæc. IX*; LH 88.*

IV.

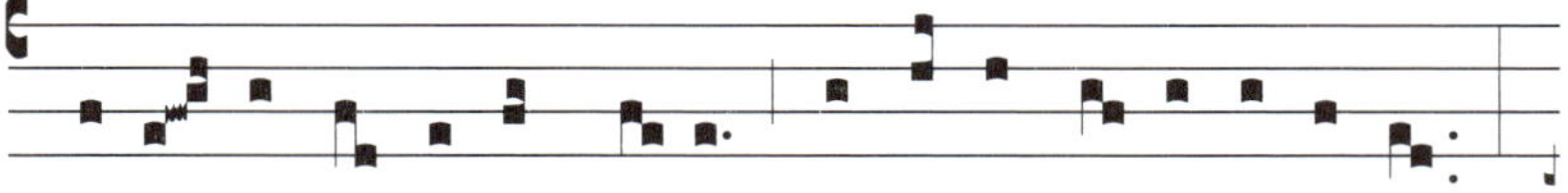

J E-SU, nostra re-démpti- o, * amor et de- si- dé- ri- um,

Lectio brevis *Mc* 16,14a.15b-20

Novíssime recumbéntibus illis Úndecim appáruit, et dixit eis: "Euntes in mundum univérsum prædicáte evangélium omni creatúræ. Qui credíderit et baptizátus fuerit, salvus erit; qui vero non credíderit, condemnábitur. Signa autem eos, qui credíderint, hæc sequéntur: in nómine meo dæmónia eícient, linguis loquéntur novis, serpéntes tollent, et, si mortíferum quid biberint, non eos nocébit, super ægrótos manus impónent, et bene habébunt". Et Dóminus quidem Iesus, postquam locútus est eis, assúmptus est in cælum et sedit a dextris Dei.Illi autem profécti prædicavérunt ubíque, Dómino cooperánte et sermónem confirmánte, sequéntibus signis.

℣. Exaltáte regem regum, allelúia.
℟. Et hymnum dícite Deo, allelúia.

vel:

Antiphona

Innocentius III vel *Innocentius IV (sæc. xiii)*; LC 75

Lectio brevis *Io* 20,19-20a.21-23

Cum esset ergo sero die illa prima sabbatórum, et fores essent clausæ, ubi erant discípuli, propter metum Iudæórum, venit Iesus et stetit in médio et dicit eis: “Pax vobis!”. Et hoc cum dixísset, osténdit eis manus et latus. Dixit ergo eis iterum: “Pax vobis! Sicut misit me Pater, et ego mitto vos”. Et cum hoc dixísset, insufflávit et dicit eis: “Accípite Spíritum Sanctum. Quorum remiséritis peccáta, remíssa sunt eis; quorum retinuéritis, reténta sunt”.

℣. Gavísi sunt discípuli, allelúia.
℟. Viso Dómino, allelúia.

vel:

Hymnus

textus: S. Thomas Aquinas op, sæc. xiii.

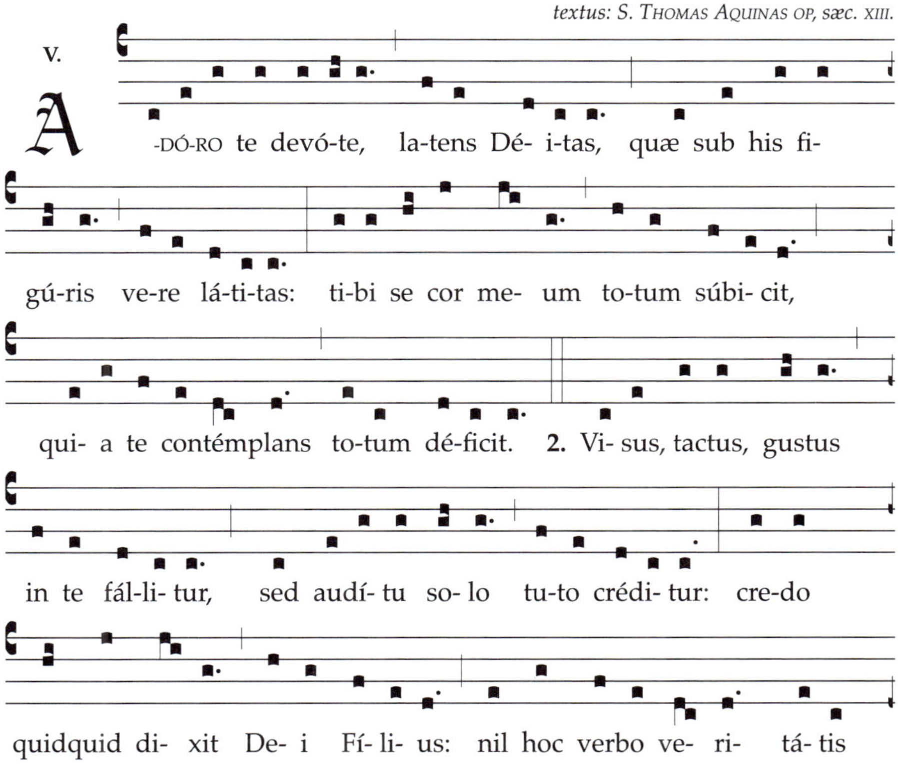

véri- us. 3. In Cruce la- té- bat so-la Dé- i- tas, at hic latet simul
et humá-ni-tas: ambo tamen cre-dens atque cónfi-tens, pe-to quod
pe-tí- vit latro pæni- tens. 4. Plagas, si-cut Thomas, non intú- e- or,
De- um tamen me- um te confí- te- or fac me ti- bi semper magis
cré-de-re, in te spem ha-bé- re, te di-lí-ge-re. 5. O memori- á-le
mortis Dómi-ni, pa-nis vi-vus vi- tam præstans hómi-ni, præsta
me- æ men- ti de te ví- ve-re et te il-li semper dulce
sá-pe-re. A- men.

vel:

Lectio brevis *Io* 20,26-27

Et post dies octo íterum erant discípuli eius intus, et Thomas cum eis. Venit Iesus iánuis clausis et stetit in médio et dixit: “Pax vobis!”. Déinde dicit Thomæ: “Infer dígitum tuum huc et vide manus meas et affer manum tuam et mitte in latus meum; et noli fíeri incrédulus sed fidélis!”.

℣. Dóminus meus, allelúia.
℟. Et Deus meus, allelúia.

Hymnus

textus: S. Thomas Aquinas op, sæc. xiii.

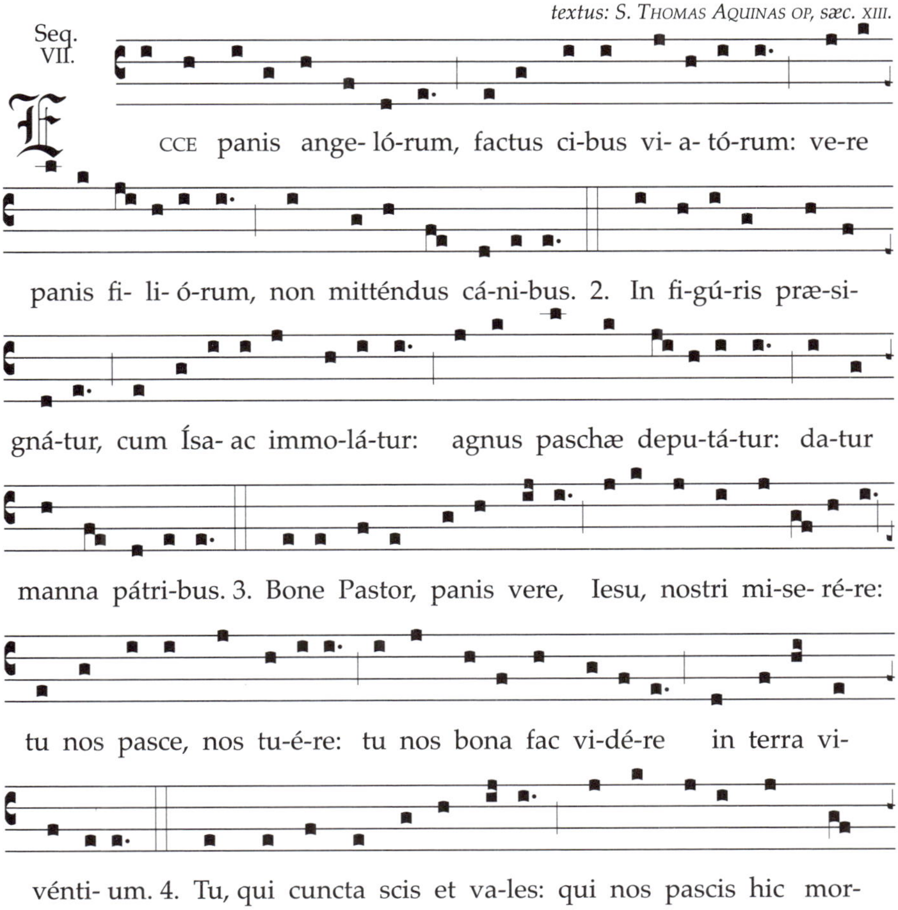

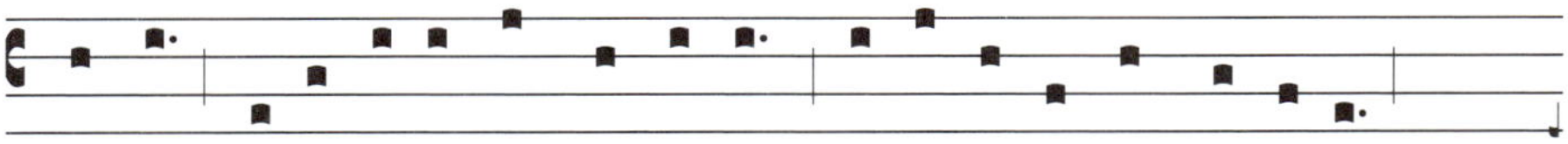

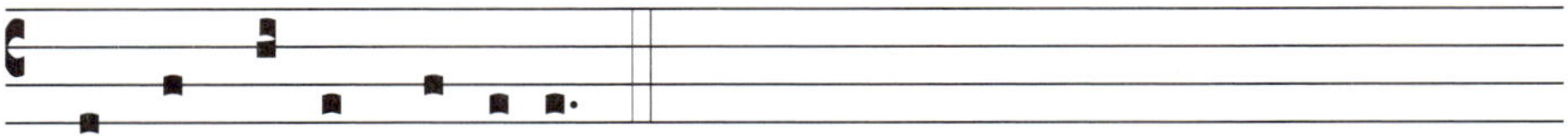

LECTIO BREVIS *Mt* 28,18-20

Et accédens Iesus locútus est eis dicens: "Data est mihi omnis potéstas in cælo et in terra. Euntes ergo docéte omnes gentes, baptizántes eos in nómine Patris et Fílii et Spíritus Sancti, docéntes eos serváre ómnia, quæcúmque mandávi vobis. Et ecce ego vobíscum sum ómnibus diébus usque ad consummatiónem sǽculi".

℣. Christe, Fili Dei vivi, miserére nobis, allelúia.
℟. Qui surrexísti a mórtuis, allelúia.

vel:

HYMNUS

textus: S. RABANUS MAURUS, sæc. IX; LH 90

VIII.

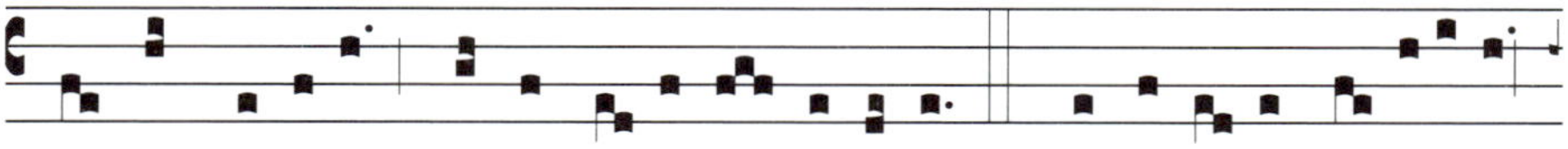

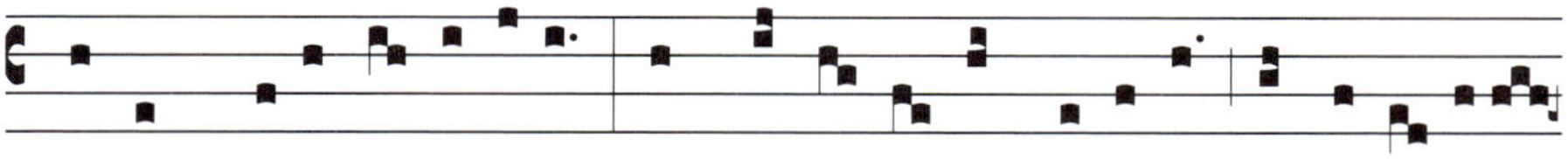

LECTIO BREVIS *Act* 5,30-32

Deus patrum nostrórum suscitávit Iesum, quem vos interemístis suspendéntes in ligno; hunc Deus Príncipem et Salvatórem exaltávit déxtera sua ad dandam pæniténtiam Ísrael et remissiónem peccatórum. Et nos sumus testes horum verbórum, et Spíritus Sanctus, quem dedit obœdiéntibus sibi.

℣. Repléti sunt omnes Spíritu Sancto, allelúia.
℟. Et cœpérunt loqui, allelúia.

Canticum evangelicum *Lc* 1,46-55

In memoriam consuetæ processionis vespertinæ dominica Paschæ canitur:

cf. Io 20,19, LU 807.

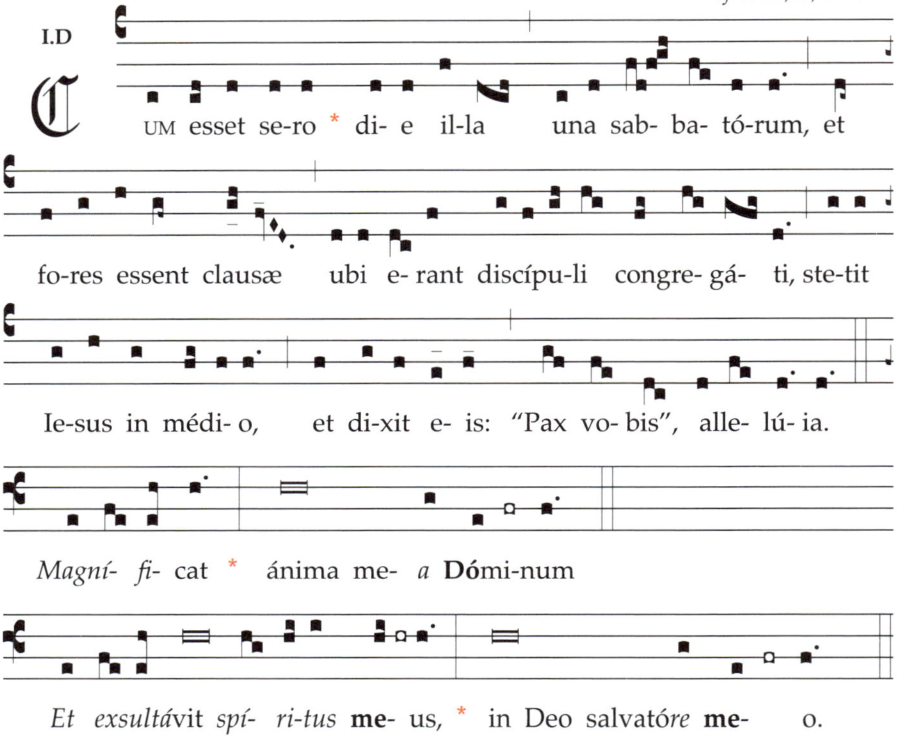

8 *quia re*spéxit humilitátem *ancíllæ* **su**æ. *
Ecce enim ex hoc beátam me dicent omnes genera*ti***ó**nes,

49 *quia fe*cit mihi *magna, qui* **po**tens est, *
et sanctum no*men* **e**ius,

50 *et mise*ricórdia eius in progéni*es et pro***gé**nies *
timénti*bus* **e**um.

51 *Fecit po*téntiam in *bráchio* **su**o, *
dispérsit supérbos mente cor*dis* **su**i;

52 *depó*suit po*téntes de* **se**de *
et exaltá*vit* **hú**miles;

51 *esu*riéntes *implévit* **bo**nis *
et dívites dimísit *i***ná**nes.

54 *Suscépit* Ísrael *púerum* **su**um, *
recordátus miser*i***cór**diæ,

55 *sicut lo*cútus est *ad patres* **nos**tros, *
Ábraham et sémini eius *in* **sǽ**cula.

Glória Patri et **Fí**lio *
et Spirítu*i* **Sanc**to.

*Sicut e*rat in princípio, *et nunc et* **sem**per, *
et in sǽcula sæculó*rum*. **A**men.

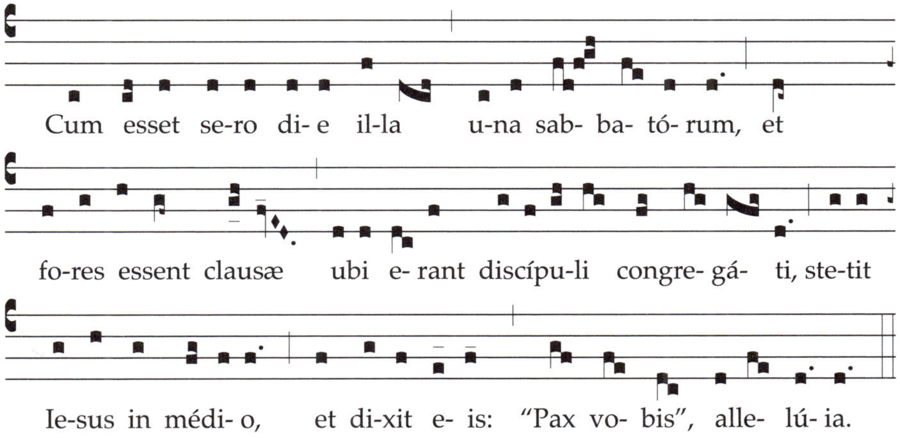

Sacrum silentium

Expedit nunc ut aptis momentis sacrum silentium habeatur.

Tantum ergo

Deinde, sacerdos ad altare accedit, genuflexionem peragit et genua flectit, et canitur hymnus *Tantum ergo* cum sequenti melodia vel altera. Interim minister genuflexus sanctissumum Sacramentum incensat, quando expositio cum ostensorio facta sit.

textus: S. Thomas Aquinas op, sæc. xiii; LH 112

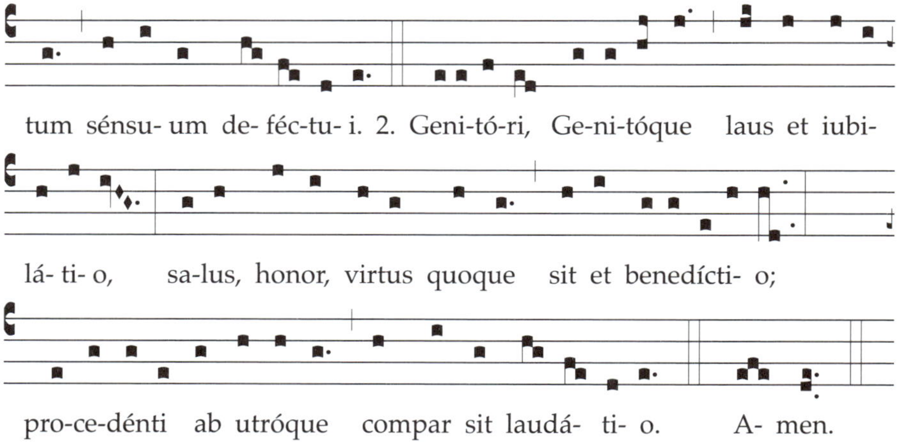

vel:

textus: S. THOMAS AQUINAS OP; *melodia sæc.* XVIII-XIX.

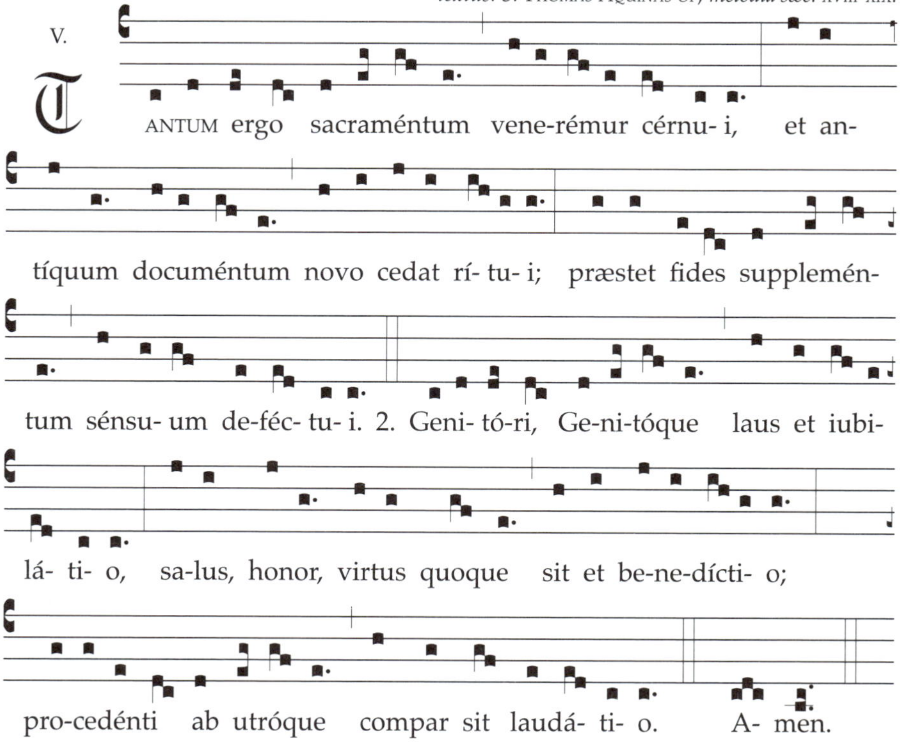

vel:

textus: S. Thomas Aquinas op, Mozarabico

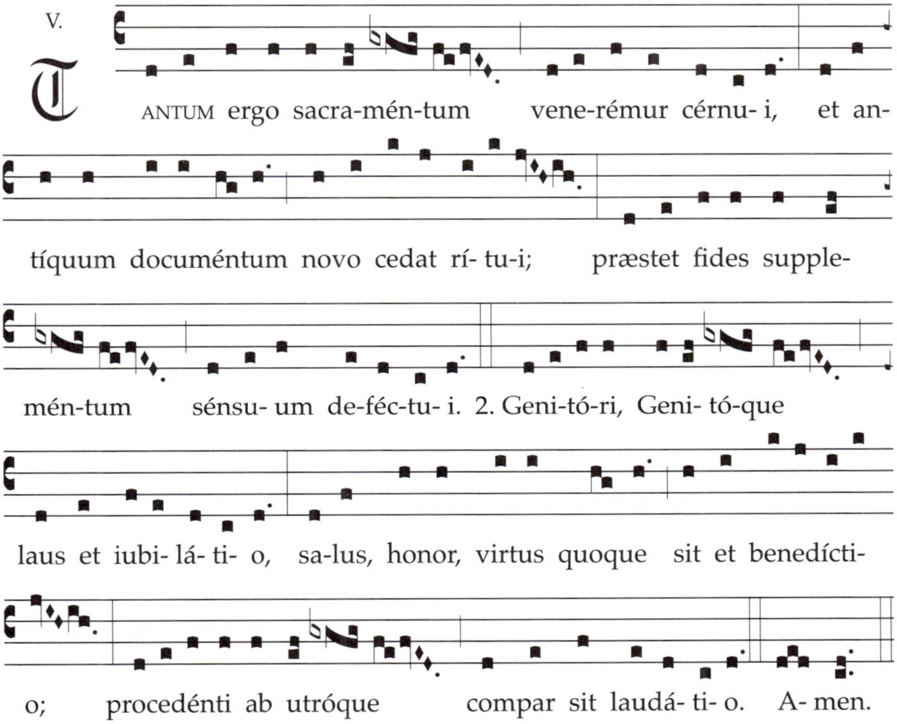

vel:

textus: S. Thomas Aquinas op
melodia: S. Rabanus Maurus?, sæc. ix.

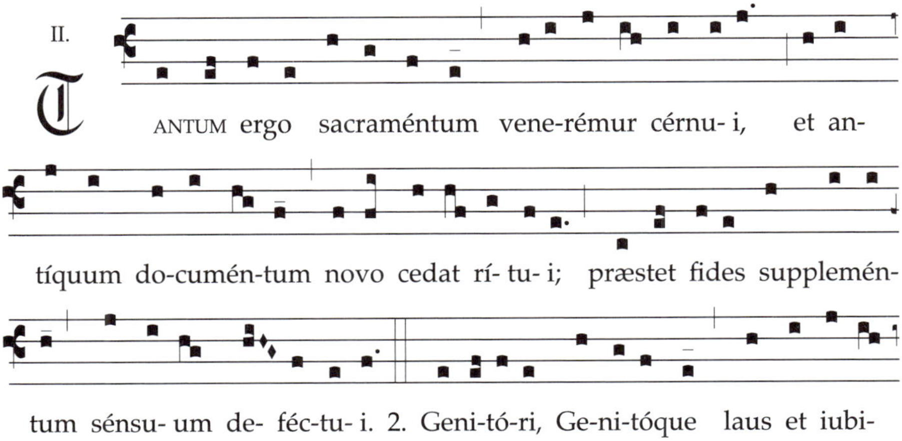

vel:

textus: S. Thomas Aquinas OP
melodia sæc. a. XII.

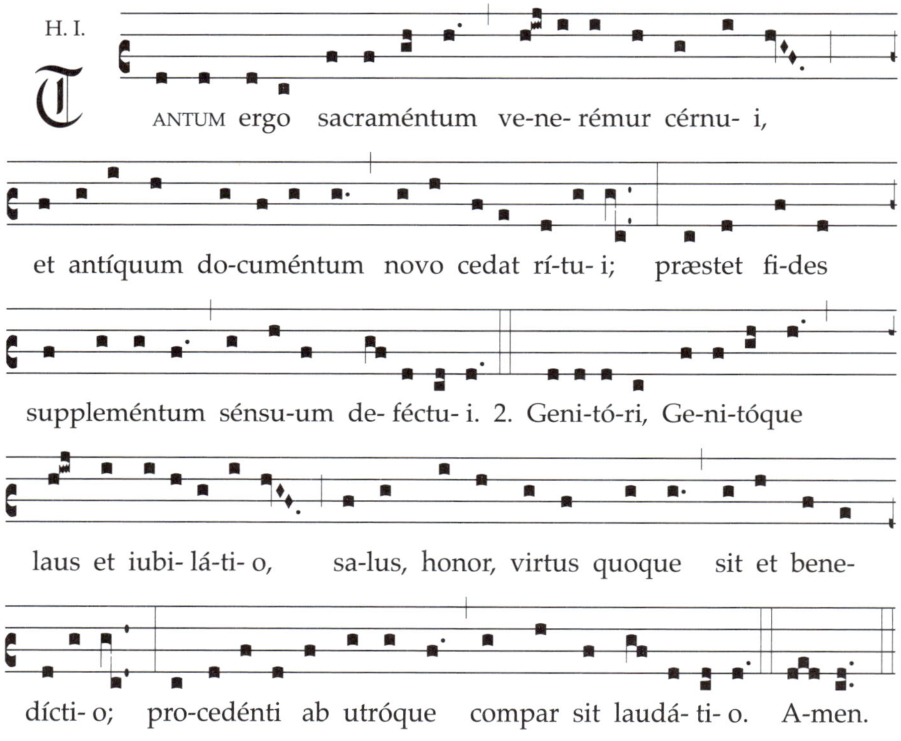

vel:

textus: S. Thomas Aquinas op; melodia: J. Haydn (1732-1809)

Andante *2 voci*

vel:

textus: S. Thomas Aquinas op; melodia: L. Perosi (1872-1956)

Largo maestosi

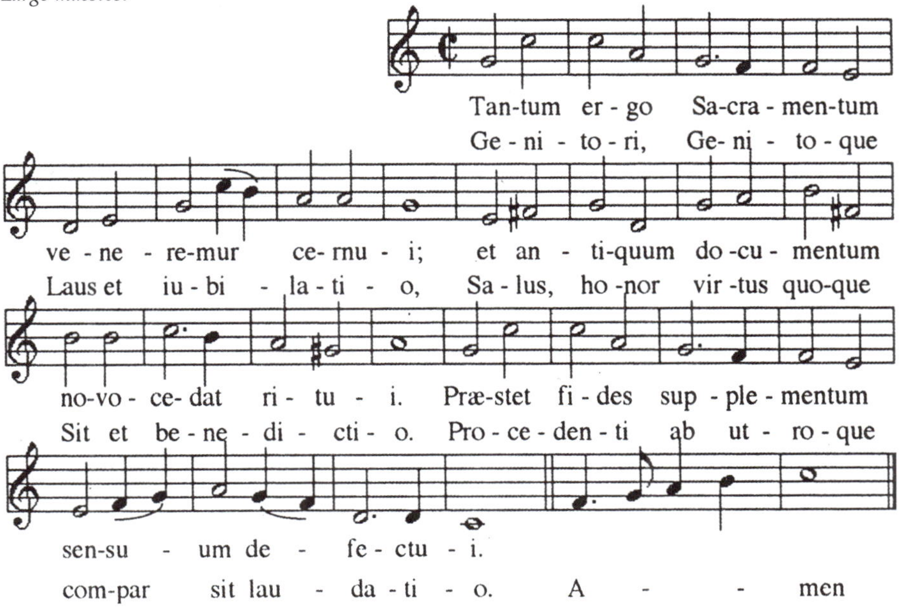

Oratio finalis

Sacerdos surgit et cantat sequentem orationem:

Orémus.
Corda nostra, Dómine, fídei lúmine collústra, et caritátis igne succénde, ut, quem in hoc sacraménto Deum ac Dóminum nostrum HIC et NUNC agnóscimus, in spíritu et veritáte fidénter SEMPER et UBÍQUE adorémus. Qui vivit et regnat in sǽcula sæculórum. ℟. Amen.

Benedictio Eucharistica

Dicta oratione, sacerdos, velo umerali assumpto, genuflectit, accipit ostensorium vel pyxidem et cum eo signum crucis peragit super populum, nihil dicens.

Cantus finalis

Benedictione absoluta, ipse sacerdos qui benedictionem impertivit, vel alius sacerdos, Sacramentum in tabernaculo reponit et genuflectit. Post repositionem populus antiphonam marialem canit, ac sacerdos tandem recedit.

textus: Godefridus, abbas Vindocinensis, sæc. XI; melodia sæc. XVII.
LC 96

vel:

Ægyptus, sæc. III; LU 1861

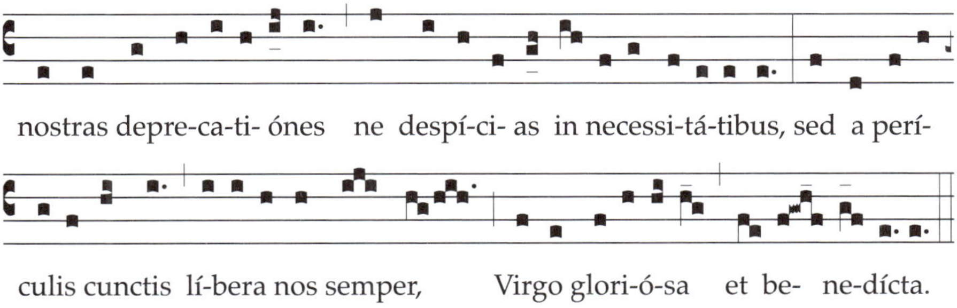

vel

cf. Lc 1,28; textus sæc. XV; LC 72

I.

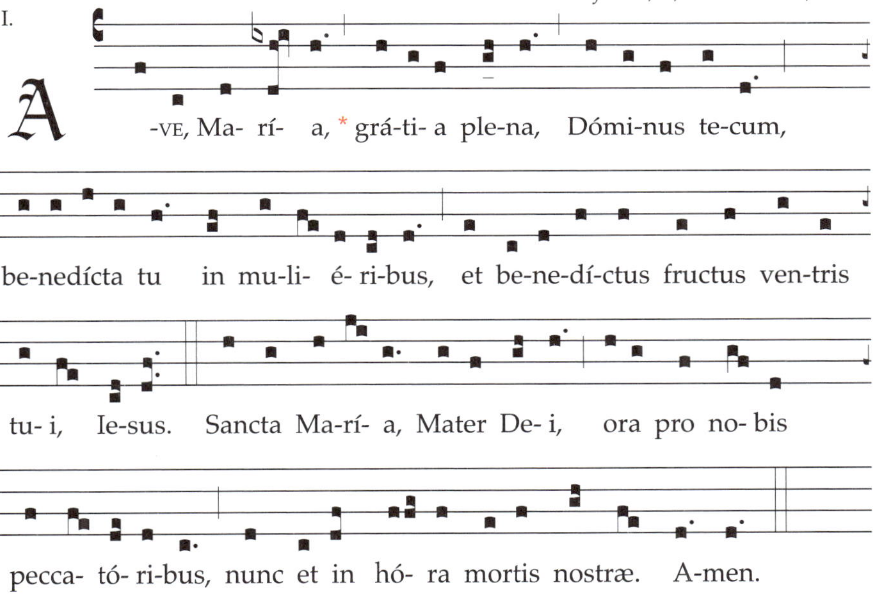

vel:

textus: GODEFRIDUS?, abbas Vindocinensis, sæc. XI.
LC 75

I.

vel:

textus: AIMARIUS?, *episcopus Aniciensis, sæc.* XI;
melodia: F. BOURGET, *1615; LC 98*

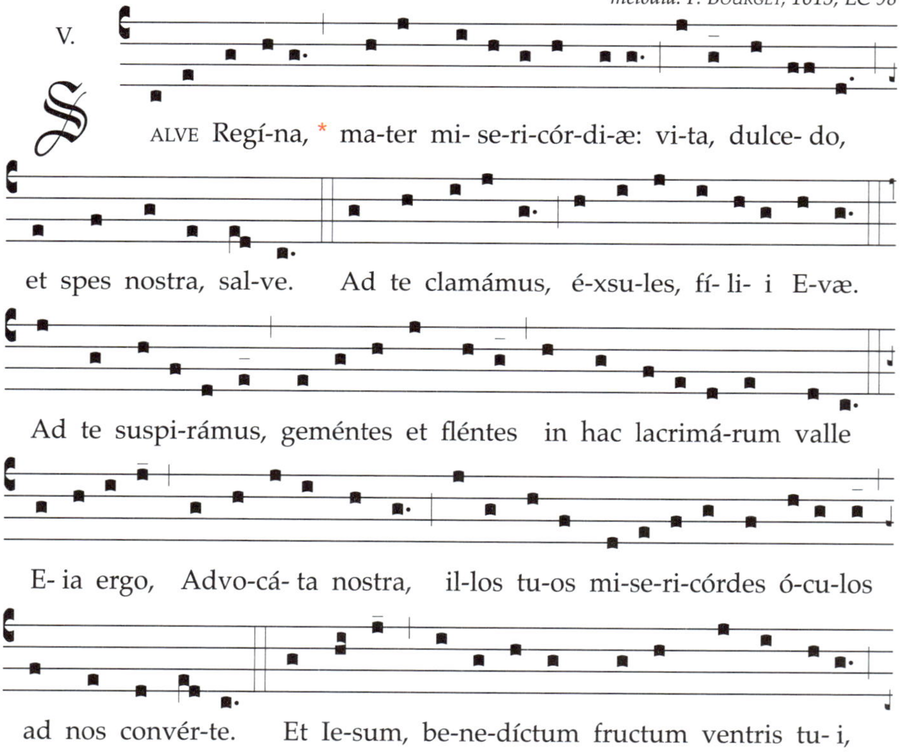

vel:

textus: Hermannus Contractus?, sæc. xi; melodia sæc. xvii.
LC 70

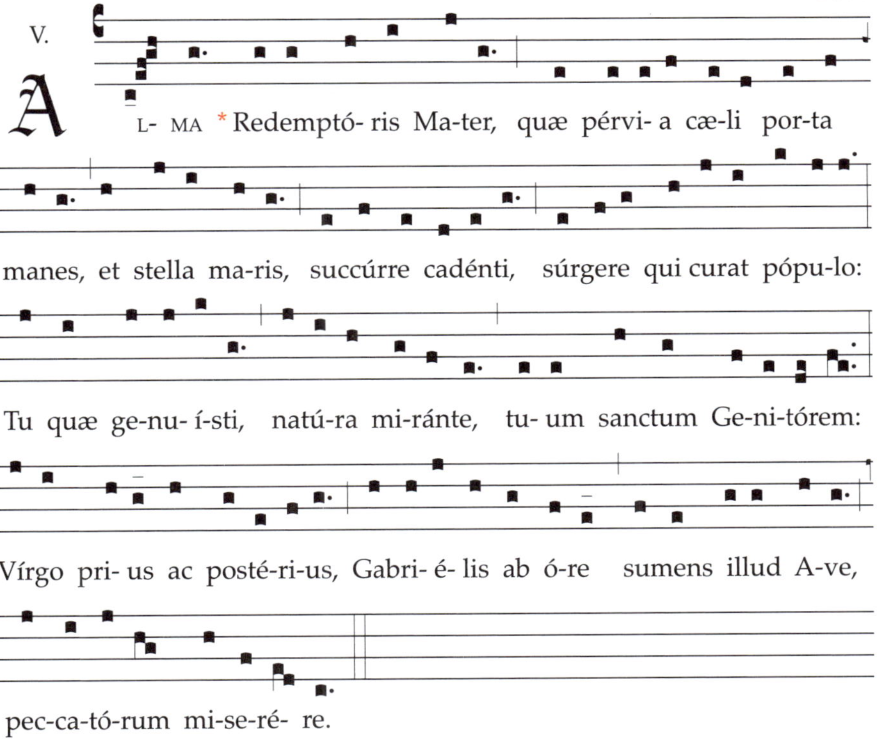

Ordo Processionis Sollemnis

I.
Ad institutionem Sanctissimæ Eucharistiæ commemorandam

O sacrum convivium, in quo Christus sumitur:
recolitur memoria passionis eius, mens impletur gratia,
et futuræ gloriæ nobis pignus datur. Alleluia.

Hymnus

textus: S. Thomas Aquinas op, sæc. xiii; melodia: Augustinus Frapiccini ofm, sæc. xx. (op. 7a)

Lectio brevis *Mt* 26,26-28

Cenántibus eis, accépit Iesus panem et benedíxit ac fregit dedítque discípulis et ait: “Accípite, comédite: hoc est corpus meum”. Et accípiens cálicem, grátias egit et dedit illis dicens: “Bíbite ex hoc omnes: hic est enim sanguis meus novi testaménti, qui pro multis effúnditur in remissiónem peccatórum.

℣. Panem de cælo præstitísti eis. (*T.P.* Allelúia.)
℟. Omne delectaméntum in se habéntem. (*T.P.* Allelúia.)

Orémus.
Deus, qui nobis sub sacraménto mirábili passiónis tuæ memóriam reliquísti, tríbue, quǽsumus, ita nos Córporis et Sánguinis tui sacra mystéria venerári, ut redemptiónis tuæ fructum in nobis iúgiter sentiámus. Qui vivis et regnas in sǽcula sæculórum. ℟. Amen.

II.
Ad Columnam Dominicæ Flagellationis

Ego propter te flagellavi Ægyptum cum primogenitis suis: et tu me flagellatum tradidisti.

Hymnus

textus: auctor anonymus, sæc. XIX*;*
melodia: S. Gregorius Magnus*?, sæc.* VI*.*

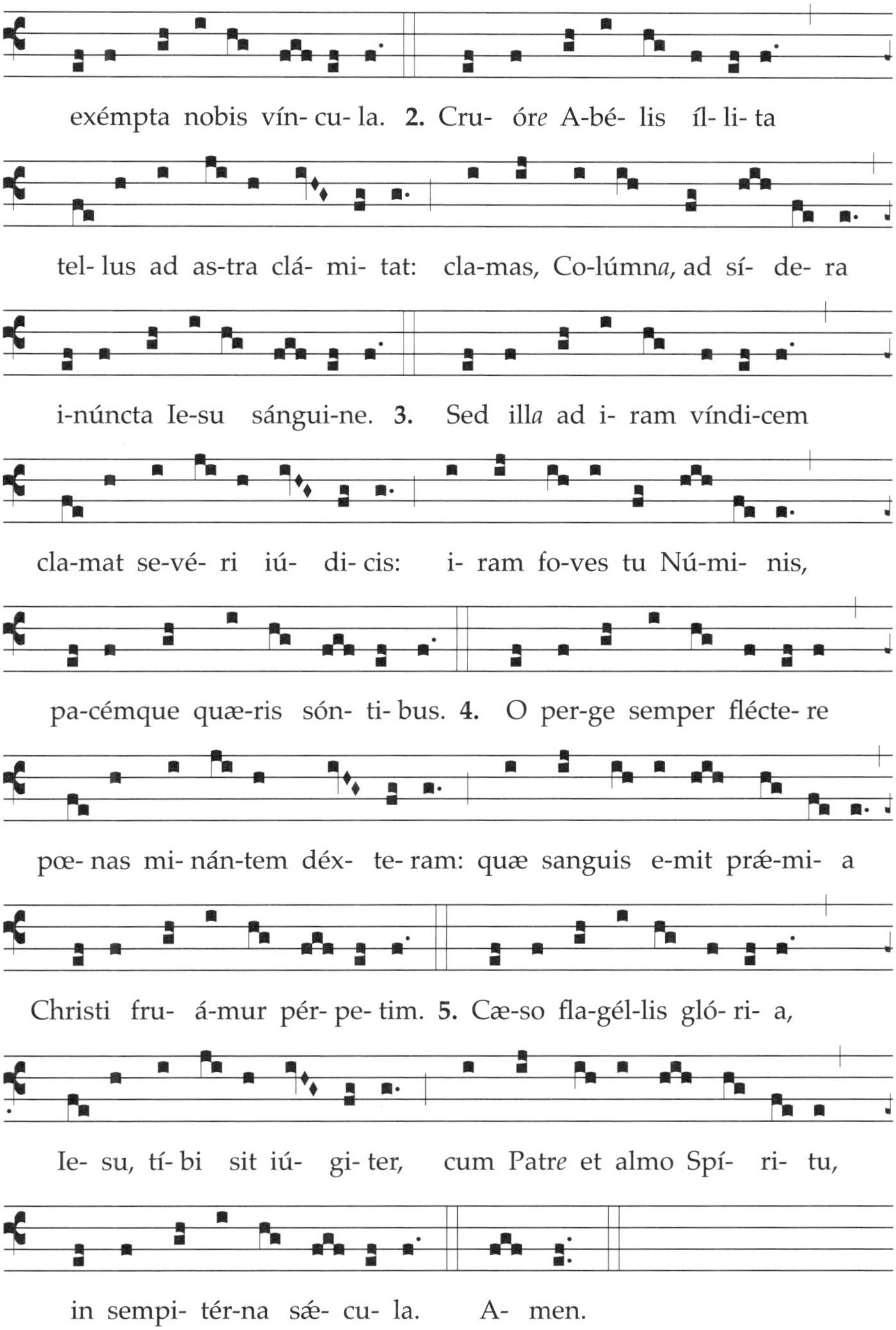
exémpta nobis vín- cu- la. 2. Cru- óre A-bé- lis íl- li- ta
tel- lus ad as-tra clá- mi- tat: cla-mas, Co-lúmna, ad sí- de- ra
i-núncta Ie-su sángui-ne. 3. Sed illa ad i- ram víndi-cem
cla-mat se-vé- ri iú- di- cis: i- ram fo-ves tu Nú-mi- nis,
pa-cémque quæ-ris són- ti- bus. 4. O per-ge semper flécte- re
pœ- nas mi- nán-tem déx- te- ram: quæ sanguis e-mit prǽ-mi- a
Christi fru- á-mur pér- pe- tim. 5. Cæ-so fla-gél-lis gló- ri- a,
Ie- su, tí- bi sit iú- gi- ter, cum Patre et almo Spí- ri- tu,
in sempi- tér-na sǽ- cu- la. A- men.

LECTIO BREVIS *Io* 19,1.16

Apprehéndit Pilátus Iesum et flagellávit: ac trádidit Iudǽis ut crucifigerétur.

℣. Fui flagellátus tota die.
℟. Et castigátio mea in matutínis.

Orémus.
Deus, qui pro salúte nostra in assúmptæ carnis infirmitáte, ad HANC colúmnam alligári, et flagéllis cædi voluísti, concéde propítius, ut qui eiúsdem colúmnæ glóriam celebrámus, pretiósi Sánguinis tui fructum cónsequi mereámur. Qui vivis et regnas in sǽcula sæculórum. ℟. Amen.

III.

AD COMPREHENSIONEM DOMINI COMMEMORANDAM

Ego eduxi te de Ægypto, demerso Pharaone in mare Rubrum: et tu me vinctum tradidisti principibus sacerdotum.

HYMNUS

textus: auctor anonymus, sæc. XX; melodia: auctor anonymus, sæc. IX.

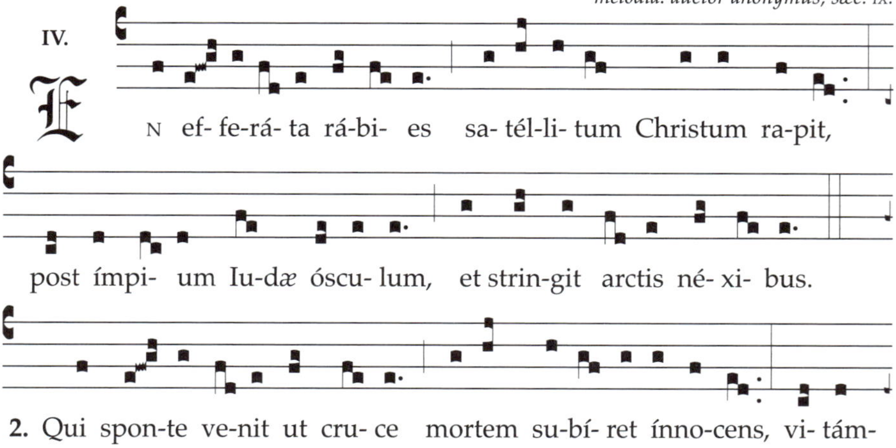

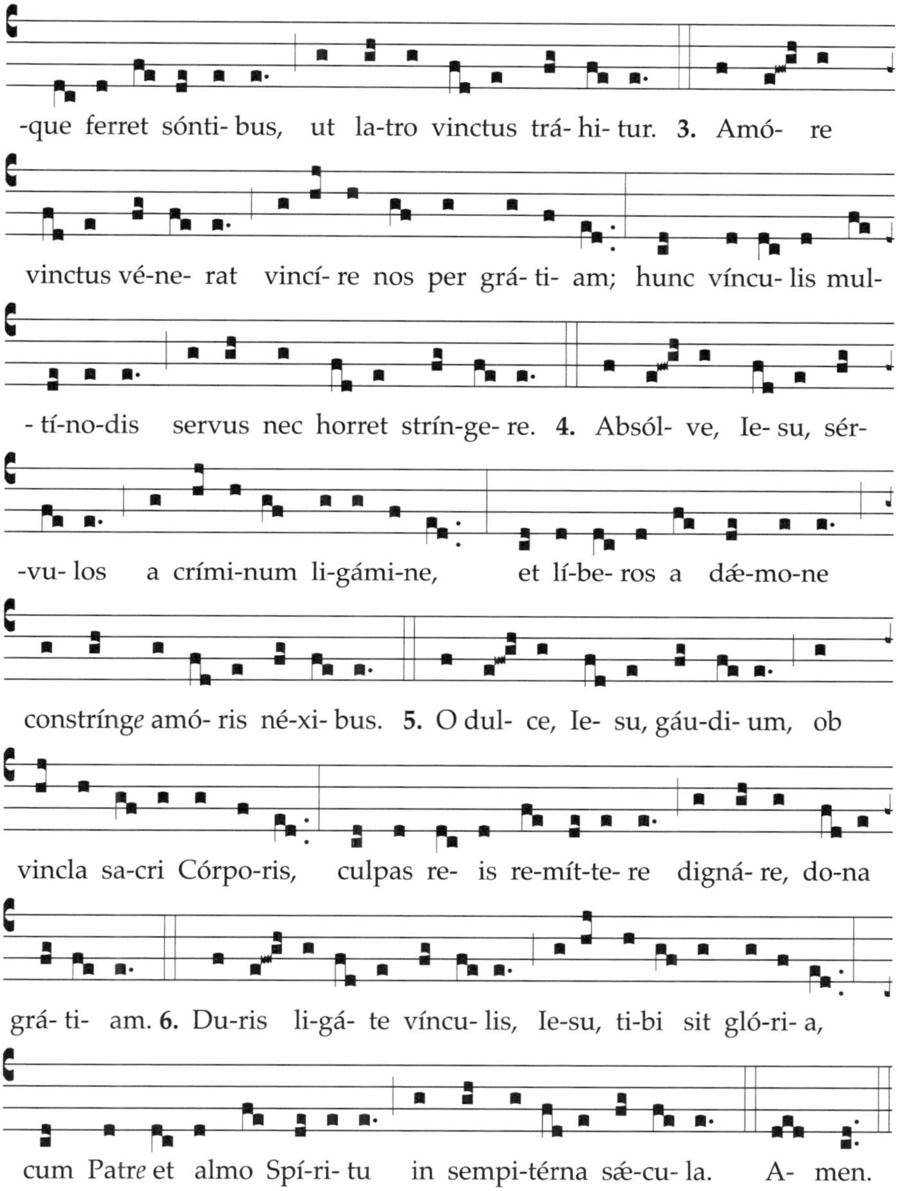
-que ferret sónti- bus, ut la-tro vinctus trá- hi- tur. 3. Amó- re
vinctus vé-ne- rat vincí- re nos per grá- ti- am; hunc víncu- lis mul-
- tí-no-dis servus nec horret strín-ge- re. 4. Absól- ve, Ie- su, sér-
-vu- los a crími-num li-gámi-ne, et lí-be- ros a dǽ-mo-ne
constrínge amó- ris né-xi- bus. 5. O dul- ce, Ie- su, gáu-di- um, ob
vincla sa-cri Córpo-ris, culpas re- is re-mít-te- re digná- re, do-na
grá- ti- am. 6. Du-ris li-gá- te víncu- lis, Ie-su, ti-bi sit glóri- a,
cum Patre et almo Spí-ri- tu in sempi-térna sǽ-cu- la. A- men.

Lectio brevis *Io* 18,12

Cohors ergo et tríbunus et minístri Iudæórum comprehendérunt Iesum et ligavérunt eum.

℣. Dirupísti, Dómine, vincula mea.
℟. Tibi sacrificábo hóstiam laudis.

Orémus.
Absólve, quǽsumus, Dómine, nostrórum víncula peccatórum, ut, a córporis huius vínculis expedíti, perpétua libertáte gaudére mereámur. Per Christum Dóminum nostrum. ℟. Amen.

IV.
Ad Altare Divisionis Vestimentorum Christi

Adeste, pacis Angeli, de sede cæli nobili,
alasque vestras tendite, et membra Christi condite.

Hymnus

textus: Thomas Obicini ofm? sæc. xvi.
melodia: S. Gregorius Magnus?, sæc. vi.

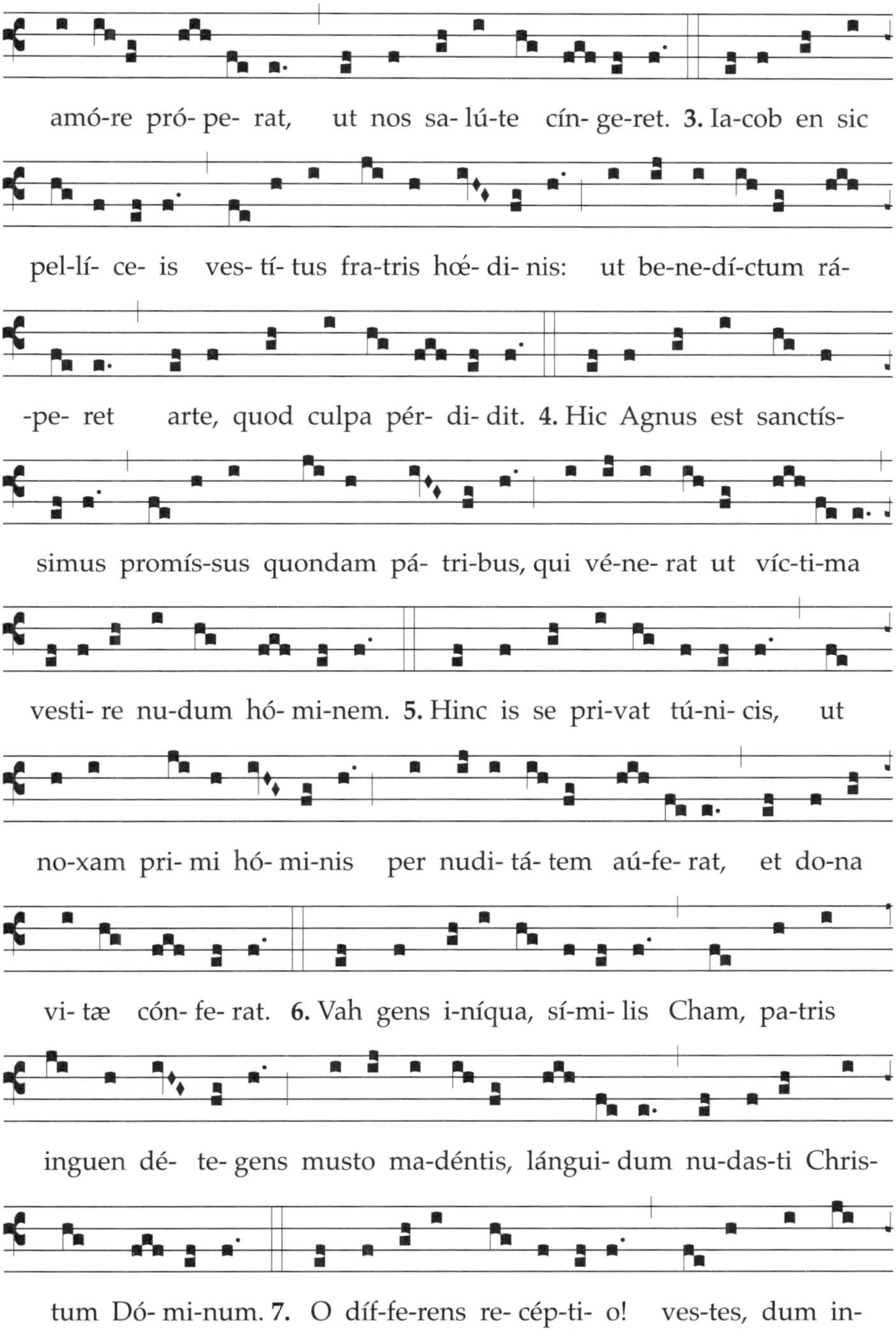
amó-re pró- pe- rat, ut nos sa- lú-te cín- ge-ret. 3. Ia-cob en sic
pel-lí- ce- is ves- tí- tus fra-tris hœ́- di- nis: ut be-ne-dí-ctum rá-
-pe- ret arte, quod culpa pér- di- dit. 4. Hic Agnus est sanctís-
simus promís-sus quondam pá- tri-bus, qui vé-ne- rat ut víc-ti-ma
vesti- re nu-dum hó- mi-nem. 5. Hinc is se pri-vat tú-ni- cis, ut
no-xam pri- mi hó- mi-nis per nudi- tá- tem aú-fe- rat, et do-na
vi- tæ cón- fe- rat. 6. Vah gens i-níqua, sí-mi- lis Cham, pa-tris
inguen dé- te- gens musto ma-déntis, lángui- dum nu-das-ti Chris-
tum Dó- mi-num. 7. O díf-fe-rens re- cép-ti- o! ves-tes, dum in-

trat Só- lymas, stérnunt I- ë- su própri- as, sed e-xe- únti
dé- tra-hunt. 8. Vestes ve-lut nix cándi-dæ visæ in Thabóre et splén-
di-dæ, mo-do rubéscunt sángui- ne, di- vísæ in HOC Calvá- ri- o.
9. Implé- ta sunt quæ dí-xe- rat da- ví- di-cum præ-có- ni- um:
partíti amíctus, tú- ni- cæ fe-cé- re sortes ár- bi-tras. 10. Pre-cámur
ergo súppli-ces te, sæ-cu-ló- rum Cón-di- tor, sic spo- li- á- tum
vés- ti- bus, nos índu- as vir- tú- ti-bus. 11. Ie-su, ti-bi sit gló- ri- a,
qui passus es pro sér- vu- lis, cum Patre et almo Spí- ri- tu,
in sempi- térna sǽ- cu- la. A- men.

LECTIO BREVIS *Io* 19,23

Mílites ergo, cum crucifixíssent Iesum, accepérunt vestiménta eius et fecérunt quattuor partes, unicuíque míliti partem, et túnicam.

℣. Divisérunt sibi vestiménta mea.
℟. Et super vestem meam misérunt sortem.

Orémus.
Deus, qui per Unigénitum tuum labénti mundo salútis remédia contulísti, concéde nobis, ut, spoliáti vítiis, virtutibúsque adornáti, ante tribúnal tuæ maiestátis in veste cándida præsentári mereámur. Per Christum Dóminum nostrum. ℟. Amen.

V.
AD CRYPTAM INVENTIONIS SANCTÆ CRUCIS

O Crux benedicta,
quæ sola fuisti digna portare Regem cælorum et Dominum!

HYMNUS

textus et melodia: S. VENANTIUS FORTUNATUS, *sæc.* VI.
P 52

1. Pange, lingua, glo-ri- o- si prœ́- li- um cer-támi- nis, et su- per
cru- cis tro-pǽ- o dic tri- úmphum nó-bi- lem, quá-li- ter re-
démptor orbis immo-lá- tus ví-ce- rit. ℟.¹ Crux fi-dé- lis, intér
omnes arbor u-na nó-bi- lis! Nulla ta- lem silva pro- fert flo-
re, fronde, gérmi- ne. 2. De pa-réntis pro-toplás-ti fraude factor
cóndo- lens, quando pomi no-xi- á- lis morte morsu córru- it,
ipse lignum tunc no- tá-vit, damna ligni ut sólve- ret.
℟.² Dulce lignum, dulci cla-vo, dulce pondus sústi- nens. 3. Hoc
opus nostræ sa-lú- tis ordo de-po- pósce- rat, multi- fórmis

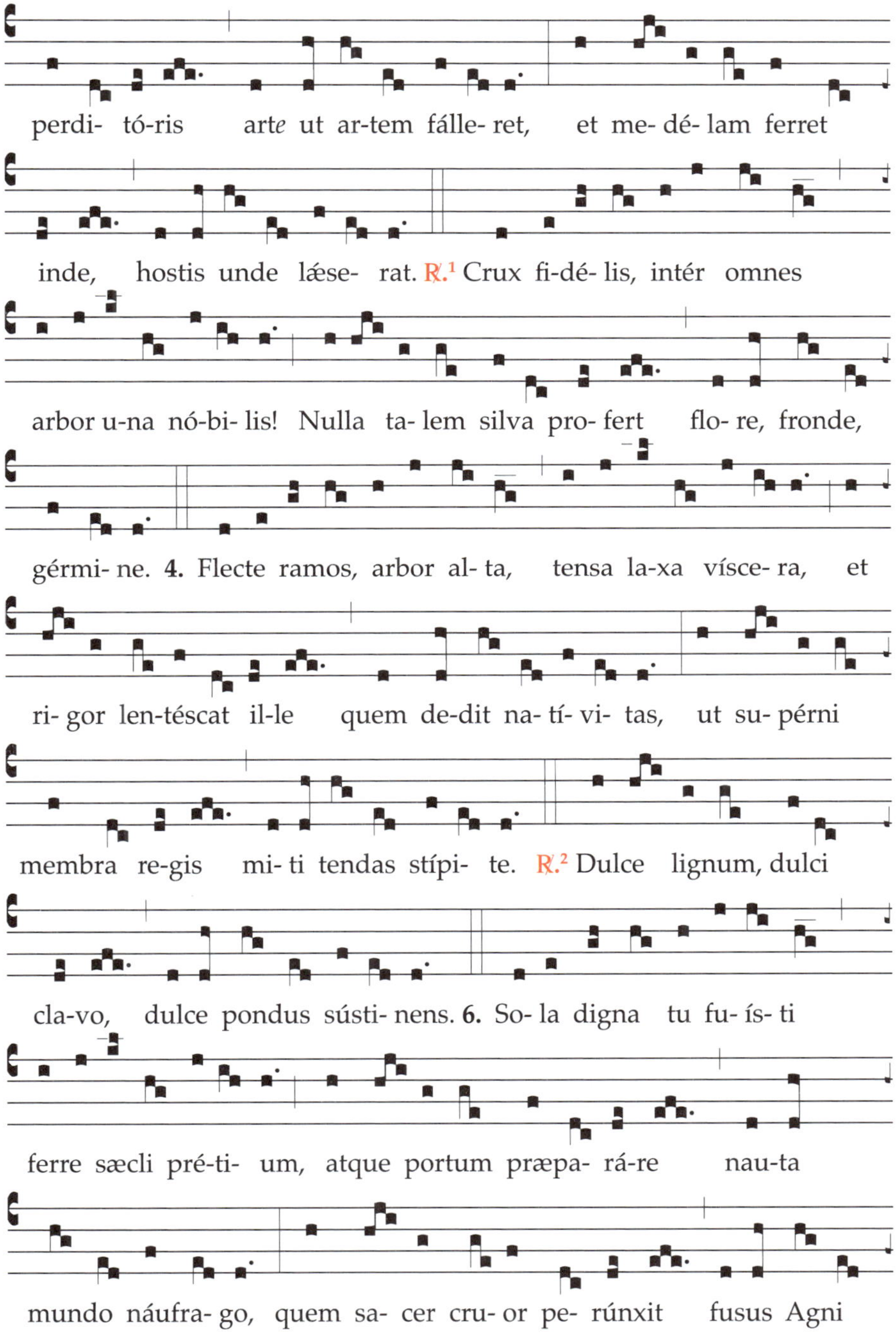
perdi- tó-ris arte ut ar-tem fálle- ret, et me- dé- lam ferret
inde, hostis unde lǽse- rat. ℟.1 Crux fi-dé- lis, intér omnes
arbor u-na nó-bi- lis! Nulla ta- lem silva pro- fert flo- re, fronde,
gérmi- ne. 4. Flecte ramos, arbor al- ta, tensa la-xa vísce- ra, et
ri- gor len-téscat il-le quem de-dit na- tí- vi- tas, ut su- pérni
membra re-gis mi- ti tendas stípi- te. ℟.2 Dulce lignum, dulci
cla-vo, dulce pondus sústi- nens. 6. So- la digna tu fu- ís- ti
ferre sæcli pré-ti- um, atque portum præpa- rá-re nau-ta
mundo náufra- go, quem sa- cer cru- or pe- rúnxit fusus Agni

córpo- re. ℟.1 Crux fi-dé- lis, intér omnes arbor u-na nó-bi- lis!
Nulla ta- lem silva pro- fert flo- re, fronde, gérmi- ne. 7. Ú-ni-ca
spes, o Crux, a-ve, HIC invénta ab Hé-le-na: per hanc salva,
re-ge va-gos, tu- a, De- us, grá- ti- a: au-ge pi- is spem et
fi- dem, et da re- is vé- ni- am. ℟.2 Dulce lignum, dulci cla-
vo, dulce pondus sústi- nens. 8. Æqua Patri Fi- li- óque,
íncli-to Pa- rácli- to, sempi- térna sit be- á- tæ Tri- ni- tá- ti
glo-ri- a, cu- ius alma nos re- dé-mit atque servat grá-ti- a.
A- men.

LECTIO BREVIS *Phil* 2,7-8

Semetípsum exinánivit formam servi accípiens, in similitúdinem hóminum factus; et hábitu invéntus ut homo, humiliávit semetípsum factus obœ́diens usque ad mortem, mortem autem crucis.

℣. Hoc signum Crucis erit in cælo. (*T.P.* Allelúia.)
℟. Cum Dóminus ad iudicándum vénerit. (*T.P.* Allelúia.)

Orémus.
Deus, qui HIC in præclára salutíferæ Crucis Inventióne, passiónis tuæ mirácula suscitásti: concéde, ut vitális ligni prétio, ætérnæ vitæ suffrágia consequámur. Qui vivis et regnas in sǽcula sæculórum. ℟. Amen.

VI.
AD SACELLUM SANCTÆ HELENÆ

Helena, Constantini mater, Ierosolymam venit, ut Crucem Domini inveniret.

HYMNUS

auctor textus et melodiæ: card. Silvius ANTONIANUS, *sæc.* XVI; *LH* 322.

II.

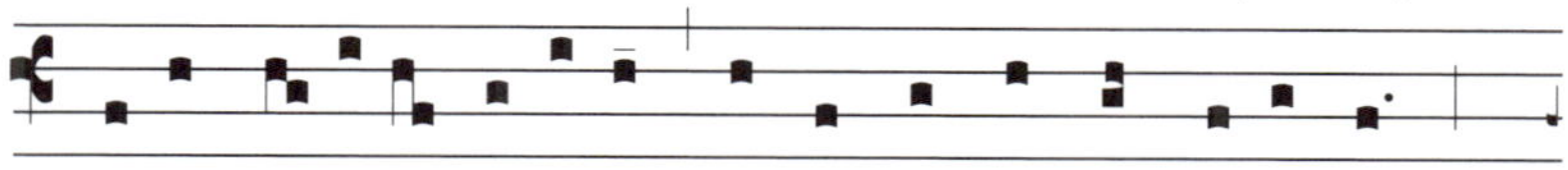

FORTEM vi- rí- li pécto-re laudé-mus omnes Hé-le-nam,

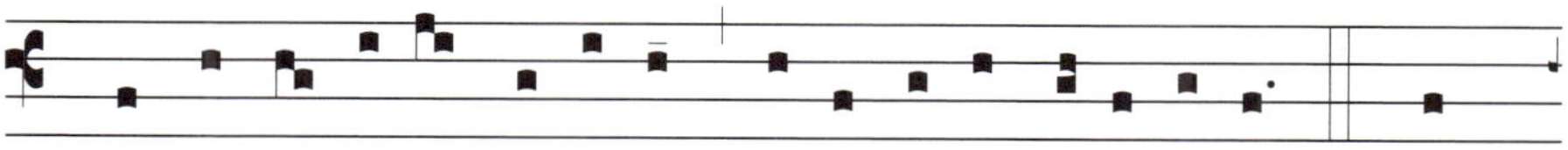

quæ sancti- tá- tis gló- ri- a u- bíque fulget íncli- ta. **2.** Hæc

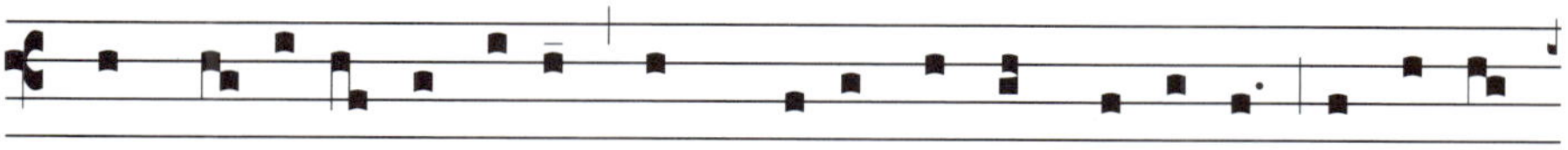

sancto a-mó-re sáu-ci- a, dum Christi Cru-cem férvi- da inqui-rit,

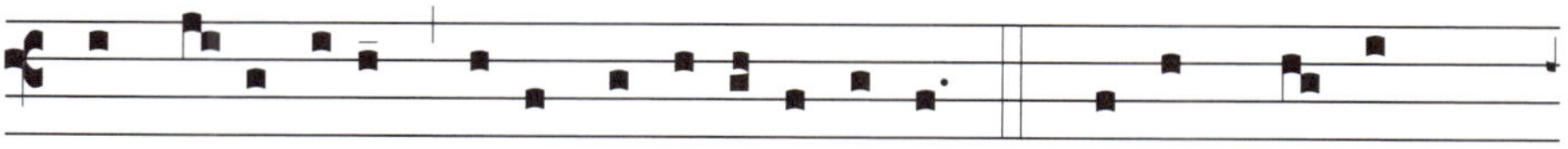

ad cæ-lésti- a i- ter pe-ré-git árdu- um. **3.** Carnem do-mans

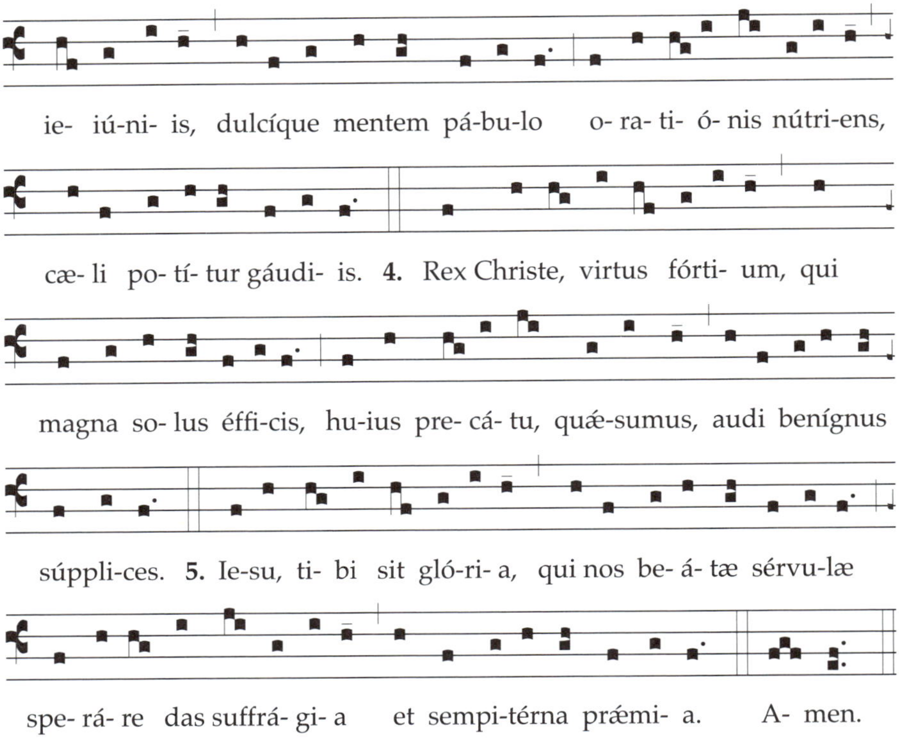

Lectio brevis *Prov* 31,30

Fallax gratia et vana est pulchritúdo; múlier timens Dóminum ipsa laudábitur.

℣. Ora pro nobis, beáta Hélena. (*T.P.* Allelúia.)
℟. Ut digni efficiámur promissiónibus Christi. (*T.P.* Allelúia.)

Orémus.
Preces famíliæ tuæ, quǽsumus, Dómine, cleménter exáudi: ut sicut de férvido beátæ Hélenæ stúdio ubíque gaudet, quæ læta HIC desiderátum sanctæ Crucis lignum invénit; ita eius méritis et précibus in cælésti glória semper gaudére mereátur. Per Christum Dóminum nostrum. ℟. Amen.

VII.
Ad Columnam Coronationis et Improperiorum

Ego dedi tibi sceptrum regale:
et tu capiti meo imposuisti spineam Coronam!

Hymnus

textus: Thomas O*bicini ofm? sæc.* xvi*;*
melodia sæc. ix*?*

LECTIO BREVIS *Mt* 27,28-29

Exuéntes Iesum, clamydem coccíneam circumdéderunt ei. Posuérunt arúndinem in déxtera eius et, genu flexo ante eum, illudébant ei dicéntes: “Ave, rex Iudæorum”.

℣. Plecténtes corónam de spinis.
℟. Posuérunt super caput eius.

Orémus.
Deus, qui in Fílii tui humilitáte iacéntem mundum erexísti, concéde propítius, ut, supérbiæ coróna abiécta, immarcescíbilem corónam glóriæ consequámur. Per Christum Dóminum nostrum. ℟. Amen.

VIII.
In Sacro Monte Calvario ad Locum Crucifixionis D. N. Iesu Christi

Ego te exaltavi magna virtute:
et tu me suspendisti in patibulo Crucis.

Hymnus

textus: S. Venantius Fortunatus, sæc. vi;
melodia: G. Neumark, 1657.

2. Confíxa clavis víscera
tendens manus, vestígia
redémptionis grátia
hic immoláta est hóstia.

3. Quo, vulnerátus ínsuper
mucróne diro lánceæ,
ut nos laváret crímine,
manávit und*a* et sánguine.

4. Impléta sunt quæ cóncinit
David fideli cármine
dicéndo natiónibus:
regnávit a ligno Deus.

5. Arbor decór*a* et fulgida,
ornáta regis púrpura,
suscépit HIC quæ Dómini
corpus flagéllis lívidum.

6. Beáta, cuius brácchiis
sæcli pepéndit prétium;
statéra fact*a* est córporis
prædam tulitque tártari.

7. Salv*e*, ara, salve, víctima,
de passiónis glória,
qua Vita mortem pértulit
et morte vitam réddidit!

8. O crux, ave, spes única!
HIC uda Christi Sánguine
piis adáuge grátiam
reísque dele crímina.

8. *T.P.* O crux, ave, spes única!
Paschále quæ fers gaúdium
piis adáuge grátiam
reísque dele crímina.

9. Te, fons salútis, Trínitas,
colláudet omnis spíritus;
quos per crucis mystérium
salvas, fove per sǽcula. Amen.

LECTIO BREVIS *Io* 19,16b-18a

Suscepérunt ergo Iesum. Et báiulans sibi crucem exívit in HUNC, qui dicitur Calvariæ locum, quod Hebráice dícitur Gólgotha, ubi eum crucifixérunt.

℣. Fodérunt HIC manus meas et pedes meos.
℟. Et dinumerávi ómnia ossa mea.

Orémus.

Réspice, quǽsumus, Dómine, super hanc famíliam tuam, pro qua Dóminus noster Iesus Christus non dubitávit mánibus tradi nocéntium et crucis **HIC** subíre torméntum. Qui tecum vivit et regnat in sǽcula sæculórum. ℟. Amen.

IX.
IN SACRO MONTE CALVARIO AD LOCUM UBI CHRISTUS IN CRUCE EXSPIRAVIT

Ego te potavi aqua salutis de petra:
et tu me potasti felle et aceto.

HYMNUS

textus: S. VENANTIUS FORTUNATUS, sæc. VI;
melodia sæc. a. XII.

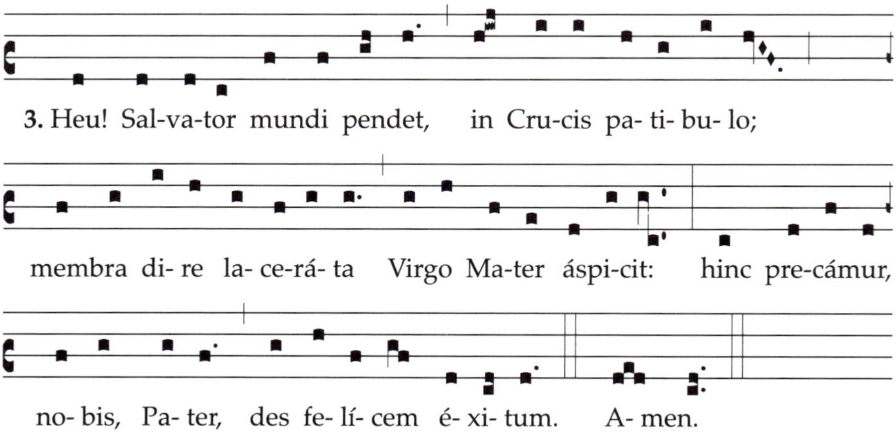

LECTIO BREVIS *Io* 23,44-46

Erat iam fere hora sexta, et ténebræ factæ sunt in univérsa terra usque in horam nonam, et obscurátus est sol, et velum templi scissum est médium. Et clamans voce magna Iesus ait: “Pater, in manus tuas comméndo spíritum meum”; et hæc dicens, (*) **HIC** exspirávit.

℣. Adorámus te, Christe, et benedícimus tibi.
℟. Quia per sanctam Crucem tuam HIC redemísti mundum.

Orémus.
Dómine Iesu Christe, qui hora sexta, univérso mundo in ténebris constitúto, pro redemptióne nostra crucis lignum in **HOC** Calvário ínnocens ascendísti, illam nobis lucem semper concéde, per quam ad ætérnam vitam perveníre mereámur. Qui vivis et regnas in sǽcula sæculórum. ℟. Amen.

(*) Omnes genuflectunt; cetera quæ sequuntur usque ad conclusionem orationis exclusive dicuntur submissa voce.

Ad indulgentias lucrandas

Pater noster, qui es in cælis:
sanctificétur nomen tuum;
advéniat regnum tuum;
fiat volúntas tua, sicut in cælo, et in terra.
* Panem nostrum cotidiánum da nobis hódie;
et dimítte nobis débita nostra,
sicut et nos dimíttimus debitóribus nostris;
et ne nos indúcas in tentatiónem;
sed líbera nos a malo.
Amen.

Ave María, grátia plena, Dóminus tecum;
benedícta tu in muliéribus,
et benedíctus fructus ventris tui, Iesus.
* Sancta María, Mater Dei,
ora pro nobis peccatóribus
nunc et in hora mortis nostræ.
Amen.

Glória Patri, et Fílio,
et Spirítui Sancto.
* Sicut erat in princípio, et nunc et semper,
et in sǽcula sæculórum.
Amen.

X.
In eodem Monte Calvario ad Altare B. Mariæ Virginis Perdolentis

Felix est beata Maria Virgo,
quæ sine morte meruit martyrii palmam sub cruce Domini.

Hymnus

textus: Iacobus De Benedetti ofm? *sæc.* xiii; *LH 435.*

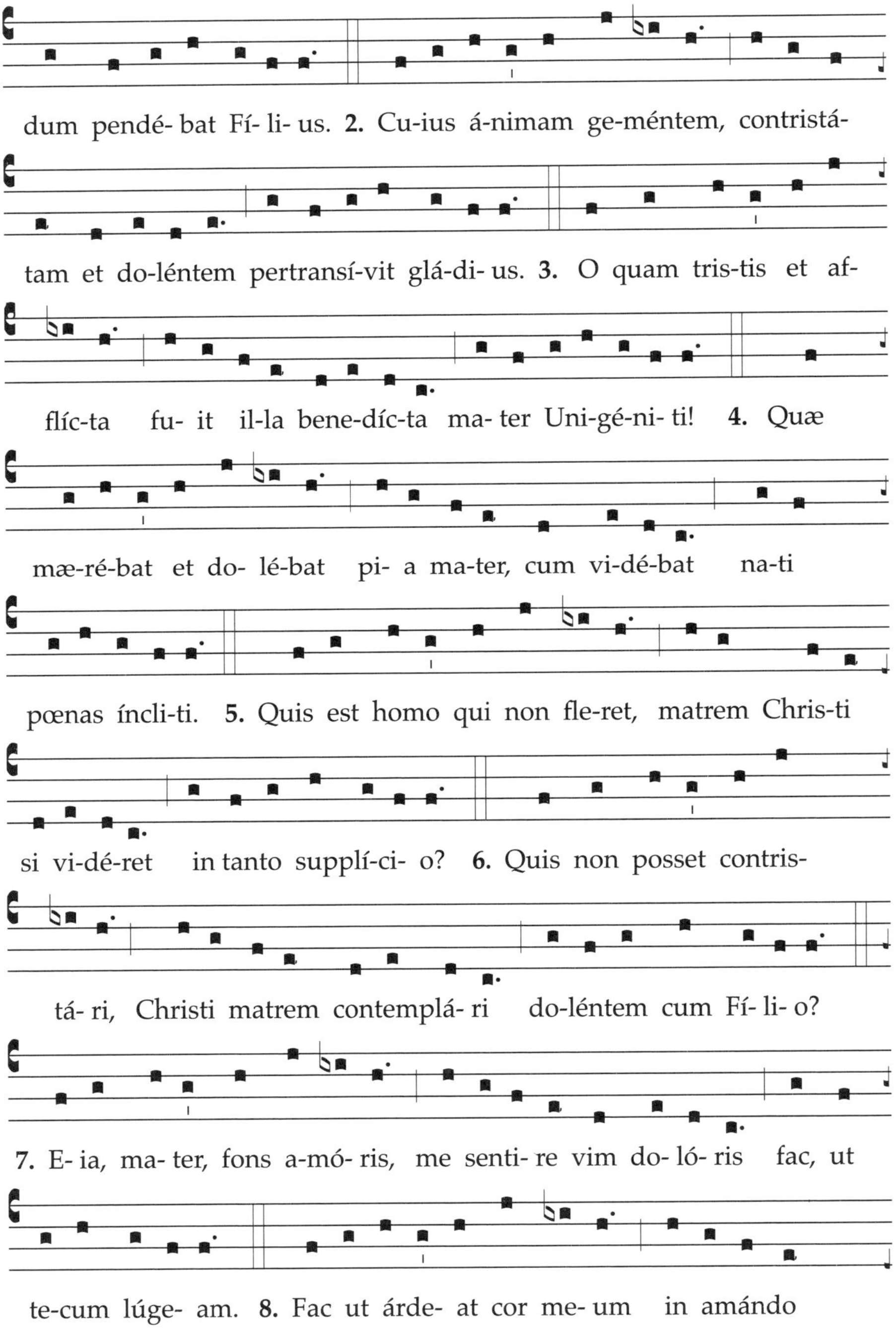
dum pendé- bat Fí- li- us. 2. Cu-ius á-nimam ge-méntem, contristá-
tam et do-léntem pertransí-vit glá-di- us. 3. O quam tris-tis et af-
flíc-ta fu- it il-la bene-díc-ta ma- ter Uni-gé-ni- ti! 4. Quæ
mæ-ré-bat et do- lé-bat pi- a ma-ter, cum vi-dé-bat na-ti
pœnas íncli-ti. 5. Quis est homo qui non fle-ret, matrem Chris-ti
si vi-dé-ret in tanto supplí-ci- o? 6. Quis non posset contris-
tá- ri, Christi matrem contemplá- ri do-léntem cum Fí- li- o?
7. E- ia, ma- ter, fons a-mó- ris, me senti- re vim do- ló- ris fac, ut
te-cum lúge- am. 8. Fac ut árde- at cor me- um in amándo

Lectio brevis *Io* 19,25-27a

Stabant HIC iuxta crucem Iesu mater eius et soror matris eius, María Cléopæ, et María Magdaléne. Cum vidísset ergo Iesus matrem et discípulum stantem, quem diligébat, dicit matri: “Múlier, ecce fílius tuus”. Déinde dicit discípulo: “Ecce mater tua”.

℣. Regína Mártyrum, ora pro nobis.
℟. Quæ iuxta crucem Iesu constitísti.

Orémus.
Deus, qui Fílio tuo HIC in cruce exaltáto compatiéntem Matrem astáre voluísti, da Ecclésiæ tuæ, ut, Christi passiónis cum ipsa consors effécta, eiúsdem resurrectiónis párticeps esse mereátur. Per Christum Dóminum nostrum. ℟. Amen.

XI.
Ad Lapidem Unctionis

O certe felix Adæ peccatum,
quod Christi morte deletum est!

Hymnus

textus: auctor anonymus, sæc. XX;
melodia: S. Rabanus Maurus?, sæc. IX.

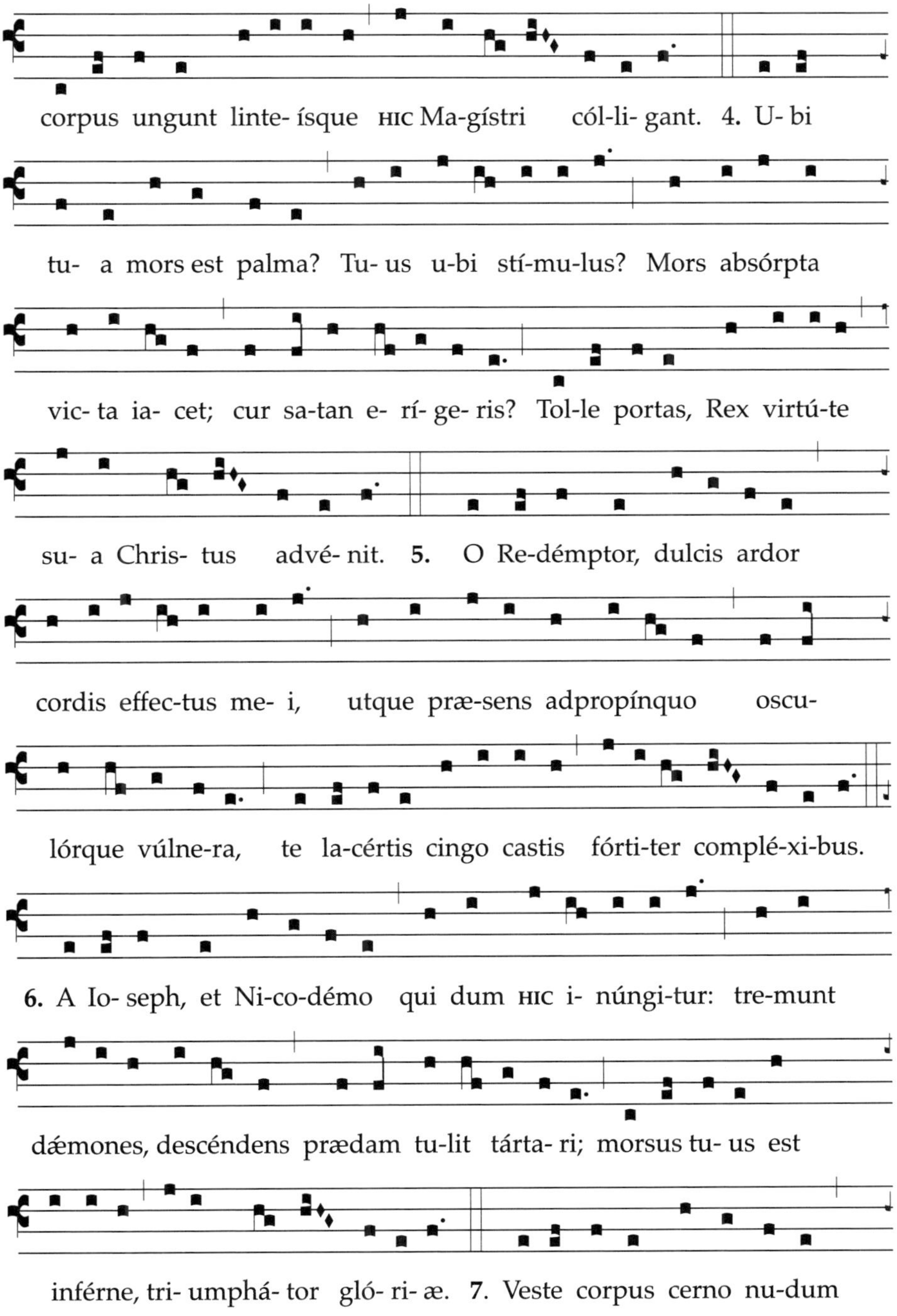
corpus ungunt linte- ísque HIC Ma-gístri cól-li- gant. 4. U- bi
tu- a mors est palma? Tu- us u-bi stí-mu-lus? Mors absórpta
vic- ta ia- cet; cur sa-tan e- rí- ge- ris? Tol-le portas, Rex virtú-te
su- a Chris- tus advé- nit. 5. O Re-démptor, dulcis ardor
cordis effec-tus me- i, utque præ-sens adpropínquo oscu-
lórque vúlne-ra, te la-cértis cingo castis fórti-ter complé-xi-bus.
6. A Io- seph, et Ni-co-démo qui dum HIC i- núngi-tur: tre-munt
dǽmones, descéndens prædam tu-lit tárta- ri; morsus tu- us est
inférne, tri- umphá- tor gló- ri- æ. 7. Veste corpus cerno nu-dum

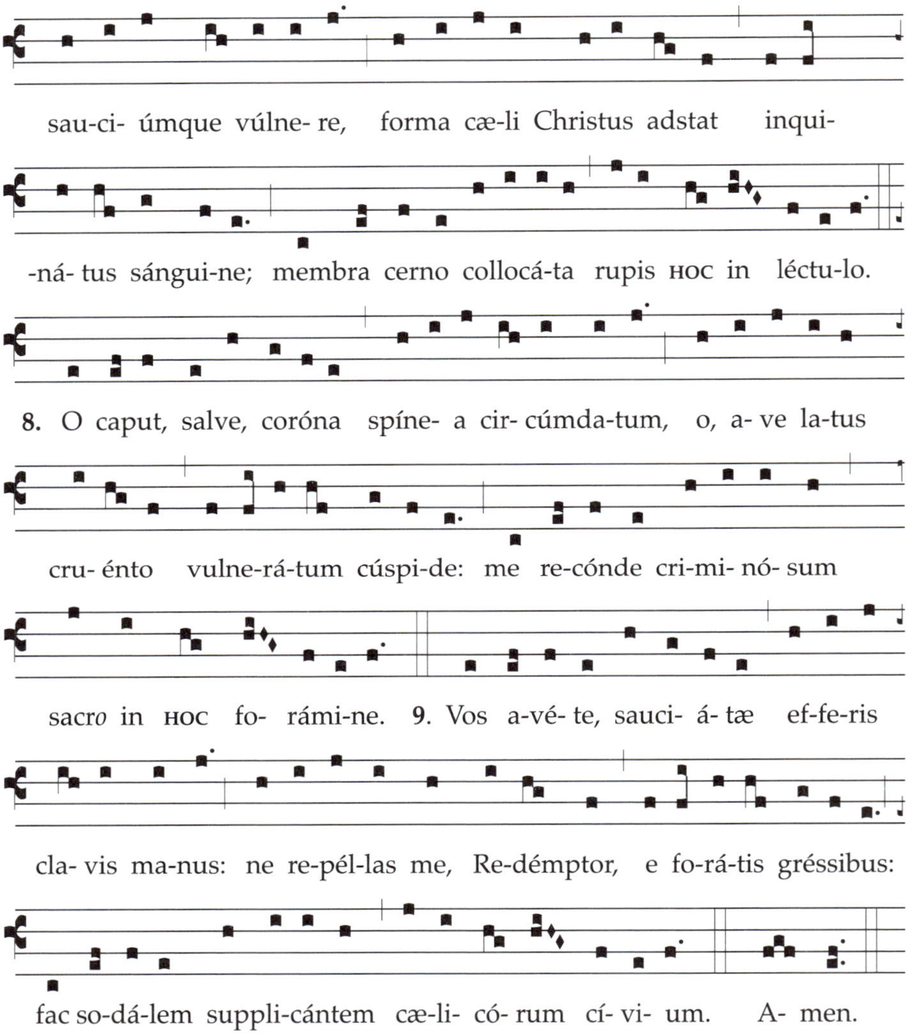

LECTIO BREVIS *Io* 19,40

Accepérunt Ioseph et Nicodémus corpus Iesu et ligavérunt illud HIC línteis cum aromátibus, sicut mos Iudǽis est sepelíre.

℣. Óleum effúsum nomen tuum.
℟. Ídeo adolescéntulæ dilexérunt te.

Orémus

Dómine Iesu Christe, qui tuum sacratíssimum corpus, tuórum condescéndens devotióni fidélium, inúngi **HIC** ab eísdem permisísti: concéde, ut corda nostra, unctióne grátiæ tuæ, váleant ab omni infectióne peccáti præservári. Qui vivis et regnas in sǽcula sæculórum. ℟. Amen.

XII.
Ad gloriosum Domini Nostri Iesu Christi Sepulcrum

"Surgam et circuibo civitatem;
per vicos et plateas quæram, quem diligit anima mea" (*Cant* 3,1-4).

Hymnus

Dum sequentes hymni cantantur, gloriosissimum Christi Sepulcrum tribus vicibus circumitur.

textus: auctor anonymus, sæc. IX

Andante maestoso

2. Cum rex ille fortíssimus,
mortis confráctis víribus,
pede concúlcans tártara
solvít caténa míseros.

3. Ille, quem clausum lápide
miles custódit ácriter,
triúmphans pompa nóbili,
victor surgit de fúnere.

4. Inférni iam gemítibus
solútis et dolóribus,
quia surréxit Dóminus
respléndens clamat ángelus.

auctor anonymus, sæc. v?

5. Ad cenam Agni próvidi,
stolis salútis cándidi,
post tránsitum maris Rubri
Christo canámus príncipi.

6. Cuius corpus sanctíssimum
in ara crucis tórridum,
sed et cruórem róseum
gustándo, Deo vívimus.

7. Protécti paschæ véspero
a devastánte ángelo,
de Pharaónis áspero
sumus erépt*i* império.

8. Iam pascha nostrum Christus est,
agnus occísus ínnocens;
sinceritátis ázyma
qui carnem suam óbtulit.

9. O vera, digna hóstia,
per quam frangúntur tártara,
captíva plebs redímitur,
reddúntur vitæ præmia!

10. Consúrgit Christus túmulo,
victor redit de bárathro,
tyránnum trudens vínculo
et paradísum réserans.

11. Ad hunc sacrátum Túmulum,
precámur, Auctor ómnium,
ab omni mortis ímpetu
tuum defénde pópulum.

11. *T.P.* Esto perénne méntibus
paschále, Iesu, gáudium,
et nos renátos grátiæ
tuis triúmphis ággrega.

12. Iesu, tibi sit glória,
qui morte victa prǽnites,
cum Patre et almo Spíritu,
in sempitérna sǽcula. Amen.

Lectio brevis *Mc 16,6*

Dixit Ángelus HIC muliéribus: "Nolíte expavéscere! Iesum quǽritis Nazarénum crucifíxum. Surréxit, non est HIC; ecce locus, ubi posuérunt eum".

℣. Surréxit Dóminus de HOC Sepúlcro, allelúia.
℟. Qui pro nobis pepéndit in ligno, allelúia.

Orémus.
Deus, qui per triumphálem Unigéniti tui Resurrectiónem mundo salútis remédia contulísti, atque æternitátis nobis áditum devícta morte reserásti, vota nostra quæ praeveniéndo aspíras, étiam adiuvándo proséquere. Per Christum Dóminum nostrum. ℟. Amen.

XIII.
Ad Locum ubi Christus apparuit Mariæ Magdalenæ

Dic nobis Maria,
quid vidisti in via?

Hymnus

textus: auctor anonymus OFM, *sæc.* XVI;
melodia: IULIANUS SPIRENSIS OFM?, *sæc.* XIII.

3. Meum quærébam Dóminum,
sed tota plena lácrimis,
hinc inde currens rédiens,
et mori secum cúpiens.

4. Eúntibus discípulis,
non ibam ego íllico;
sed ign*e* amóris ánxia,
ardébam desidério.

5. O vitæ nostræ glória!
O nostræ amor ánimæ!
Clamábam ut insípiens,
amóre eius lánguida.

6. Ipse post hæc appáruit
sua divína grátia,
licet tunc non cognóverim,
in hortuláni hábitu.

7. Sed qui donávit mortuis
vitam, et hos ab ínferis
redúxerat ad gáudia,
me consolári vóluit.

8. Ad ipsum cito adii,
o tu mi dulcis Rábboni,
dixi, et pedes prótinus
tunc ósculari vólui.

9. Sed ille, quia ómnia,
nondum sciébam óptime,
ad Patrem quod ascénderat,
“Noli, inquit, me tángere”».

Lectio brevis *Mc 16,9*

Surgens Iesus mane, prima sábbati, appáruit **hic** Maríæ Magdalénæ, de qua eiécerat septem dæmónia.

℣. María, noli me tángere, allelúia.
℟. Nondum enim ascéndi ad Patrem meum, allelúia.

Orémus.
Deus, cuius Unigénitus Maríæ Magdalénæ **hic** gáudium nuntiándum paschále commísit, præsta, quǽsumus, ut, eius intercessióne et exémplo, Christum vivéntem prædicémus, et in glória tua regnantem videámus. Qui tecum vivit et regnat in sǽcula sæculórum. ℟. Amen.

XIV.
Ad Sacellum Apparitionis Christi Resurgentis Matri suæ Mariæ

Virginis oculi pleni facti sunt
filii visu et ipsa vultum eius intuita est divinum!

Hymnus

textus: Thomas Obicini ofm?, sæc. xvi.

ne-ce, fracta lethe, splendor pa-térnæ glo- ri- æ, gau-de vi-vens,

ve- nit splendens, iam lu- cis or-to sí-de- re. **3.** Mor-ti da-tum

susci- ta- tum so- lú- tis cernis lúcti- bus; unde pontus, astra,

mundus; e- xúl-tet cæ-lum láudi- bus. **4.** Hinc imménsas psal-lat

o-das omnis sacrá- tæ Trí- a-di: quæ nos du- cat, et indu-cat

ad ce- nam Agni pró- vi- di. A- men.

Responsorium B. Mariæ Virginis

cf. *Lc* 1,39; *Lc* 23,27; *Mt* 28,6; *Eccl* 24,6; *Lc* 23,35; *Lc* 23,49; *Cant* 21,1, *sæc.* XVII.

Au-de, Virgo, Ma- ter Chris-ti: condemná- tum

quem vi-disti. ℟. Re-surré-xit si- cut di- xit.

℣. Gaude et lætáre, Virgo María, allelúia.
℟. Quia surréxit Dóminus vere, allelúia.

Orémus.

Deus, qui per resurrectiónem Fílii tui Dómini nostri Iesu Christi, mundum lætificáre dignátus es, præsta, quǽsumus, ut, per eius Genitrícem Vírginem Maríam, perpétuæ capiámus gáudia vitæ. Per Christum Dóminum nostrum. ℟. Amen.

Cantores:

ORDO PROCESSIONUM

QUIBUSDAM DIEBUS PER ANNUM PERAGENDARUM

IN BASILICA SANCTI SEPULCRI

Pro Feria IV Maioris Hebdomadæ

Iuxta antiquissimum morem, S. Columna Flagellationis hodie publicæ venerationi exponitur. Quotidiana processio autem peragitur mane, Missa cantata expleta, et statio ad Columnam Flagellationis ceteris postponitur ac ultimo loco fit.

Processio incipit a Cappella Carceris et more solito persolvitur. Peracta sero Statione ad altare S. Mariæ Magdalenæ, cantores incipiunt hymnum *Trophǽa Crucis mýstica*, omnesque ad Columnam Flagellationis procedunt, preces persolvuntur, et omissa Statione in honorem Apparitionis Christi Resurgentis Matri suæ Sanctissimæ, processioni finis datur.

* - * - * - *

Et factus est sudor eius
sicut guttæ sanguinis decurrentis in terram (Lc 22,44).

Hymnus

textus: Thomas Obicini ofm, sæc. xvii.

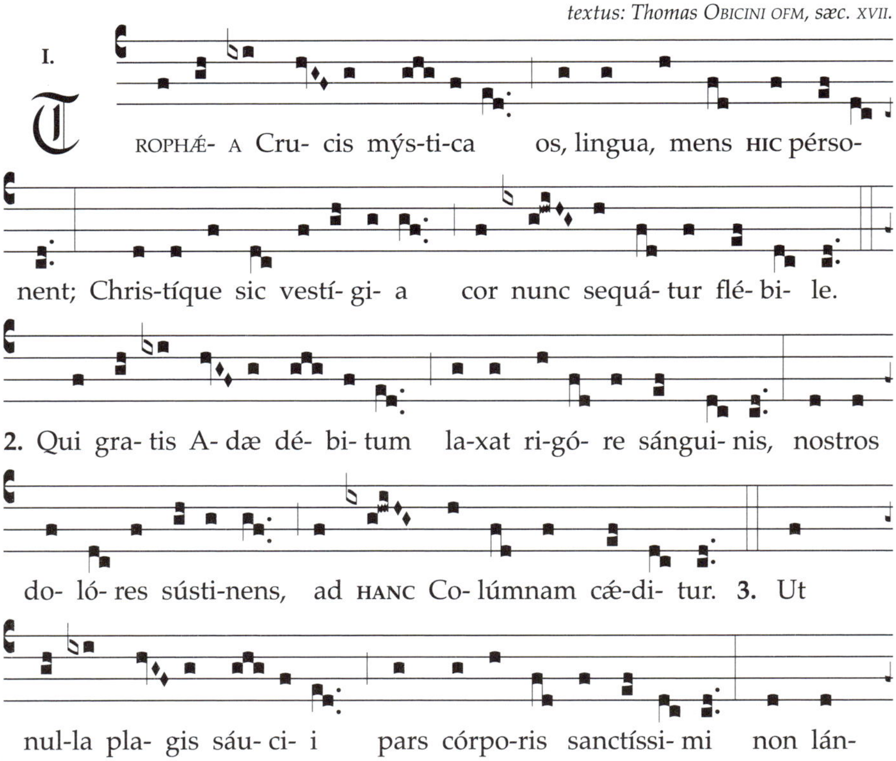

LECTIO BREVIS *Io* 19,1.16

Apprehéndit Pilátus Iesum et flagellávit: ac trádidit Iudǽis ut crucifigerétur.

℣. Fui flagellátus tota die.
℟. Et castigátio mea in matutínis.

Orémus.
Réspice quǽsumus Dómine super Ecclésiam tuam quam prætióso sánguine redemísti, ut eo semper ditata, prǽmia consequátur ætérna. Per Christum Dóminum nostrum.
℟. Amen.

Dicto *Pater, Ave* et *Gloria*, omnes Sacram Columnam osculantur.

* - * - * - *

Post regressum a peregrinatione Gethsemani, fratres in basilicam processionaliter intrant et ante Columnam Flagellationis sistunt. Cantores hymnum *Trophǽa Crucis mystica* intonant, dein omnia fiant ut supra.

Ordo Processionis Funebris pro Feria vi in Parasceve peragendæ

I. Ad Sacellum Apparitionis

Incipiunt cantores antiphonam:

cf. Eph 5,2

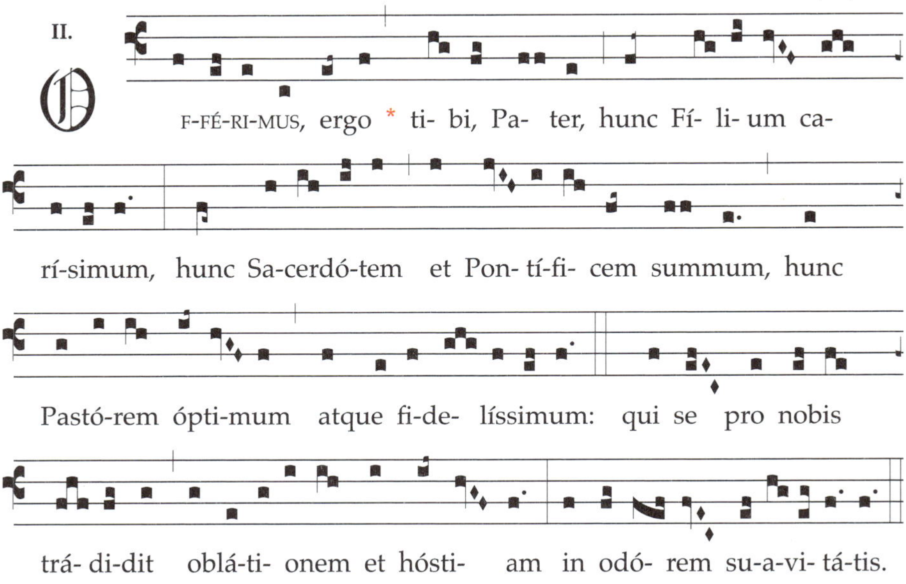

Dein fit lectio primi Evangelii, Italica lingua.

In nómine Patris, et Fílii et Spíritus Sancti. Amen.

✠ Dal Vangelo secondo Matteo *Mt* 26,1-5.20-25

[1]Terminati tutti questi discorsi, Gesù disse ai suoi discepoli: [2]"Voi sapete
che fra due giorni è Pasqua e che il Figlio dell'uomo sarà consegnato per
essere crocifisso".
[3]Allora i sommi sacerdoti e gli anziani del popolo si riunirono nel palazzo
del sommo sacerdote, che si chiamava Caifa, [4]e tennero consiglio per arrestare
con un inganno Gesù e farlo morire. [5]Ma dicevano: "Non durante la festa,
perché non avvengano tumulti fra il popolo".
[20] Venuta la sera, si mise a mensa con i Dodici. [21]Mentre mangiavano disse:
"In verità io vi dico, uno di voi mi tradirà". [22]Ed essi, addolorati profondamente,
incominciarono ciascuno a domandargli: "Sono forse io, Signore?". [23]Ed egli

rispose: "Colui che ha intinto con me la mano nel piatto, quello mi tradirà. [24]Il
Figlio dell'uomo se ne va, come è scritto di lui, ma guai a colui dal quale il Figlio dell'uomo viene tradito; sarebbe meglio per quell'uomo se non fosse
mai nato!". [25]Giuda, il traditore, disse: "Rabbì, sono forse io?". Gli rispose: "Tu l'hai detto".

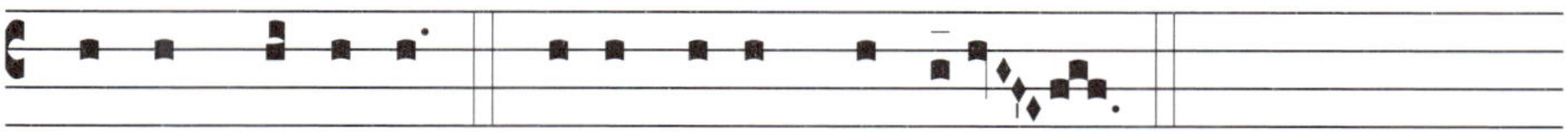

Verbum Dó-mi-ni. ℟. La-us ti-bi Christe.

II. Ad Cappellam Divisionis Vestimentorum

Quæ cum peractus fuerit, cantores intonant Psalmum *Miserére*, et processio progreditur ad Cappellam Divisionis Vestimentorum.

Psalmus 50 (51)

melodia: J. Marbeuf ?

I. D.

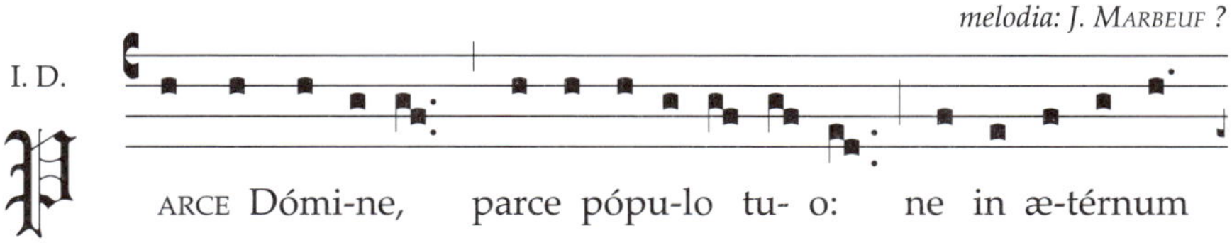

PARCE Dómi-ne, parce pópu-lo tu- o: ne in æ-térnum

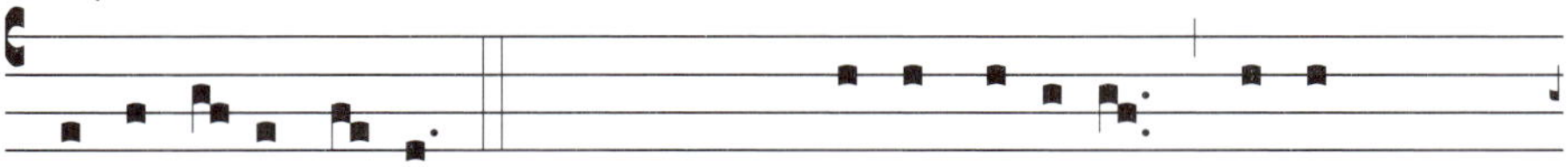

i- rascá ris no- bis. ℟. Et repetitur. Parce Dómi-ne, parce *etc.*

[3]Mise-rére **me-** i, **De-** us * secúndum misericór*di- am* **tu-** am;

et secúndum multitúdinem miserati**ó**num tu**á**rum *
dele iniqui*tá*tem **me**am. ℟.

[4]Amplius lava me ab iniqui**tá**te **me**a *
et a peccáto *me*o **mun**da me.

[5]Quóniam iniquitátem meam **e**go co**gnó**sco, *
et peccátum meum contra *me* est **sem**per. ℟.

[6]Tibi, tibi **so**li pec**cá**vi *
et malum co*ram* te **fe**ci,

ut iustus inveniáris in sen**tén**tia **tu**a *
et ǽquus in iudí*ci*o **tu**o. ℟.

7Ecce enim in iniquitáte **ge**ne**rá**tus sum, *
et in peccáto concépit me *ma*ter **me**a.

8Ecce enim veritátem in corde **di**le**xís**ti *
et in occúlto sapiéntiam manifes*tás*ti **mi**hi. ℟.

Cum processio advenit ad hoc sacellum, secundi Evangelii lectio, lingua Græca vel alia, proclamatur.

In nómine Patris, et Fílii et Spíritus Sancti. Amen.

✠ Ανάγνωσμα από το κατά Μάρκου άγιο Ευαγγέλιο *Mc* 14,53-72

53Καὶ ἀπήγαγον τὸν Ἰησοῦν πρὸς τὸν ἀρχιερέα, καὶ συνέρχονται
πάντες οἱ ἀρχιερεῖς καὶ οἱ πρεσβύτεροι καὶ οἱ γραμματεῖς. 54καὶ ὁ Πέτρος
ἀπὸ μακρόθεν ἠκολούθησεν αὐτῷ ἕως ἔσω εἰς τὴν αὐλὴν τοῦ ἀρχιερέως,
καὶ ἦν συγκαθήμενος μετὰ τῶν ὑπηρετῶν καὶ θερμαινόμενος πρὸς τὸ
φῶς. 55οἱ δὲ ἀρχιερεῖς καὶ ὅλον τὸ συνέδριον ἐζήτουν κατὰ τοῦ Ἰησοῦ
μαρτυρίαν εἰς τὸ θανατῶσαι αὐτόν, καὶ οὐχ ηὕρισκον: 56πολλοὶ γὰρ
ἐψευδομαρτύρουν κατ' αὐτοῦ, καὶ ἴσαι αἱ μαρτυρίαι οὐκ ἦσαν. 57καί
τινες ἀναστάντες ἐψευδομαρτύρουν κατ' αὐτοῦ λέγοντες 58ὅτι Ἡμεῖς
ἠκούσαμεν αὐτοῦ λέγοντος ὅτι Ἐγὼ καταλύσω τὸν ναὸν τοῦτον τὸν
χειροποίητον καὶ διὰ τριῶν ἡμερῶν ἄλλον ἀχειροποίητον οἰκοδομήσω:
59καὶ οὐδὲ οὕτως ἴση ἦν ἡ μαρτυρία αὐτῶν. 60καὶ ἀναστὰς ὁ ἀρχιερεὺς
εἰς μέσον ἐπηρώτησεν τὸν Ἰησοῦν λέγων, Οὐκ ἀποκρίνῃ οὐδέν; τί οὗτοί
σου καταμαρτυροῦσιν; 61ὁ δὲ ἐσιώπα καὶ οὐκ ἀπεκρίνατο οὐδέν. πάλιν
ὁ ἀρχιερεὺς ἐπηρώτα αὐτὸν καὶ λέγει αὐτῷ, Σὺ εἶ ὁ Χριστὸς ὁ υἱὸς τοῦ
εὐλογητοῦ; 62ὁ δὲ Ἰησοῦς εἶπεν, Ἐγώ εἰμι, καὶ ὄψεσθε τὸν υἱὸν τοῦ
ἀνθρώπου ἐκ δεξιῶν καθήμενον τῆς δυνάμεως καὶ ἐρχόμενον μετὰ τῶν
νεφελῶν τοῦ οὐρανοῦ. 63ὁ δὲ ἀρχιερεὺς διαρρήξας τοὺς χιτῶνας αὐτοῦ
λέγει, Τί ἔτι χρείαν ἔχομεν μαρτύρων; 64ἠκούσατε τῆς βλασφημίας: τί
ὑμῖν φαίνεται; οἱ δὲ πάντες κατέκριναν αὐτὸν ἔνοχον εἶναι θανάτου.
65Καὶ ἤρξαντό τινες ἐμπτύειν αὐτῷ καὶ περικαλύπτειν αὐτοῦ τὸ
πρόσωπον καὶ κολαφίζειν αὐτὸν καὶ λέγειν αὐτῷ, Προφήτευσον, καὶ
οἱ ὑπηρέται ῥαπίσμασιν αὐτὸν ἔλαβον. 66Καὶ ὄντος τοῦ Πέτρου κάτω
ἐν τῇ αὐλῇ ἔρχεται μία τῶν παιδισκῶν τοῦ ἀρχιερέως, 67καὶ ἰδοῦσα
τὸν Πέτρον θερμαινόμενον ἐμβλέψασα αὐτῷ λέγει, Καὶ σὺ μετὰ τοῦ
Ναζαρηνοῦ ἦσθα τοῦ Ἰησοῦ. 68ὁ δὲ ἠρνήσατο λέγων, Οὔτε οἶδα οὔτε
ἐπίσταμαι σὺ τί λέγεις. καὶ ἐξῆλθεν ἔξω εἰς τὸ προαύλιον [:καὶ ἀλέκτωρ
ἐφώνησεν]. 69καὶ ἡ παιδίσκη ἰδοῦσα αὐτὸν ἤρξατο πάλιν λέγειν τοῖς
παρεστῶσιν ὅτι Οὗτος ἐξ αὐτῶν ἐστιν. 70ὁ δὲ πάλιν ἠρνεῖτο. καὶ μετὰ
μικρὸν πάλιν οἱ παρεστῶτες ἔλεγον τῷ Πέτρῳ, Ἀληθῶς ἐξ αὐτῶν εἶ,
καὶ γὰρ Γαλιλαῖος εἶ. 71ὁ δὲ ἤρξατο ἀναθεματίζειν καὶ ὀμνύναι ὅτι Οὐκ

οἶδα τὸν ἄνθρωπον τοῦτον ὃν λέγετε. 72 καὶ εὐθὺς ἐκ δευτέρου ἀλέκτωρ
ἐφώνησεν. καὶ ἀνεμνήσθη ὁ Πέτρος τὸ ῥῆμα ὡς εἶπεν αὐτῷ ὁ Ἰησοῦς ὅτι
Πρὶν ἀλέκτορα φωνῆσαι δὶς τρίς με ἀπαρνήσῃ: καὶ ἐπιβαλὼν ἔκλαιεν.

vel:

✠ Z Ewangelii według św. Mateusza *Mc* 14,53-72

53 A Jezusa zaprowadzili do najwyższego kapłana, u którego zebrali się
wszyscy arcykapłani, starsi i uczeni w Piśmie. 54 Piotr zaś szedł za Nim z
daleka aż na dziedziniec pałacu najwyższego kapłana. Tam siedział między
służbą i grzał się przy ogniu. 55 Tymczasem arcykapłani i cała Wysoka Rada
szukali świadectwa przeciw Jezusowi, aby Go zgładzić, lecz nie znaleźli.
56 Wielu wprawdzie zeznawało fałszywie przeciwko Niemu, ale świadectwa
te nie były zgodne. 57 A niektórzy wystąpili i zeznali fałszywie przeciw
Niemu: 58 Myśmy słyszeli, jak On mówił: Ja zburzę ten przybytek uczyniony
ludzką ręką i w ciągu trzech dni zbuduję inny, nie ręką ludzką uczyniony.
59 Lecz i w tym ich świadectwo nie było zgodne. 60 Wtedy najwyższy kapłan
wystąpił na środek i zapytał Jezusa: Nic nie odpowiadasz na to, co oni zeznają
przeciw Tobie? 61 Lecz On milczał i nic nie odpowiedział. Najwyższy kapłan
zapytał Go ponownie: Czy Ty jesteś Mesjasz, Syn Błogosławionego? 62 Jezus
odpowiedział: Ja jestem. Ujrzycie Syna Człowieczego, siedzącego po prawicy
Wszechmocnego i nadchodzącego z obłokami niebieskimi. 63 Wówczas
najwyższy kapłan rozdarł swoje szaty i rzekł: Na cóż nam jeszcze potrzeba
świadków? 64 Słyszeliście bluźnierstwo. Cóż wam się zdaje? Oni zaś wszyscy
wydali wyrok, że winien jest śmierci. 65 I niektórzy zaczęli pluć na Niego;
zakrywali Mu twarz, policzkowali Go i mówili: Prorokuj! Także słudzy bili
Go pięściami po twarzy. 66 Kiedy Piotr był na dole na dziedzińcu, przyszła
jedna ze służących najwyższego kapłana. 67 Zobaczywszy Piotra grzejącego się
[przy ogniu], przypatrzyła mu się i rzekła: I tyś był z Nazarejczykiem Jezusem.
68 Lecz on zaprzeczył temu, mówiąc: Nie wiem i nie rozumiem, co mówisz.
I wyszedł na zewnątrz do przedsionka, a kogut zapiał. 69 Służąca, widząc go,
znowu zaczęła mówić do tych, którzy tam stali: To jest jeden z nich. 70 A on
ponownie zaprzeczył. Po chwili ci, którzy tam stali, mówili znowu do Piotra:
Na pewno jesteś jednym z nich, jesteś także Galilejczykiem. 71 Lecz on począł
się zaklinać i przysięgać: Nie znam tego człowieka, o którym mówicie. 72 I
w tej chwili kogut powtórnie zapiał. Wspomniał Piotr na słowa, które mu
powiedział Jezus: Pierwej, nim kogut dwa razy zapieje, trzy razy Mnie się
wyprzesz. I wybuchnął płaczem.

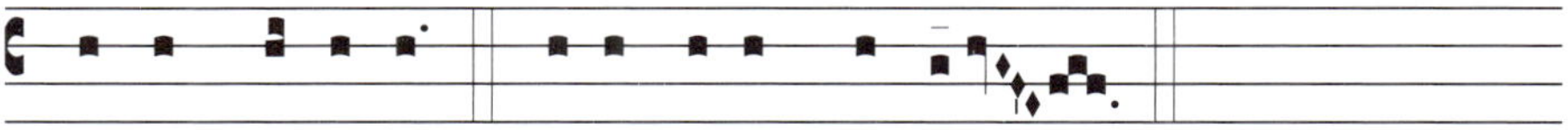

Verbum Dó-mi-ni. ℟. La-us ti-bi Christe.

III. Ad Columnam Coronationis et Improperiorum

Evangelio proclamato, cantores prosequuntur Psalmum 50 (51), dum processio progreditur ad Columnam Improperiorum.

℟. Parce Dómine, parce pópulo tuo:
ne in ætérnum irascáris nobis.

9 Aspérges me hyssópo, **et** mun**dá**bor; *
lavábis me, et super nivem *de*al**bá**bor.

10 Audíre me fácies gáudium **et** læ**tí**tiam, *
et exsultábunt ossa, quæ *con*tri**vís**ti. ℟.

11 Avérte fáciem tuam a pec**cá**tis **me**is *
et omnes iniquitátes *me*as **de**le.

12 Cor mundum crea **in** me, **De**us, *
et spíritum firmum ínnova in viscé*ri*bus **me**is. ℟.

13 Ne proícias me a **fá**cie **tu**a *
et spíritum sanctum tuum ne áu*fe*ras **a** me.

14 Redde mihi lætítiam salu**tá**ris **tu**i *
et spíritu promptíssi*mo* con**fír**ma me. ℟.

Nunc tertii Evangelii lectio, lingua Germanica vel alia, proclamatur.

In nómine Patris, et Fílii et Spíritus Sancti. Amen.

✠ Aus dem heiligen Evangelium nach Lukas *Lc* 22,66-71; 23, 1-12

66 Als es Tag wurde, versammelten sich die Ältesten des Volkes, die
Hohenpriester und die Schriftgelehrten, also der Hohe Rat, und sie ließen
Jesus vorführen. 67 Sie sagten zu ihm: Wenn du der Messias bist, dann sag es
uns! Er antwortete ihnen: Auch wenn ich es euch sage - ihr glaubt mir ja doch
nicht, 68 und wenn ich euch etwas frage, antwortet ihr nicht. 69 Von nun an wird
der Menschensohn zur Rechten des allmächtigen Gottes sitzen. 70 Da sagten
alle: Du bist also der Sohn Gottes. Er antwortete ihnen: Ihr sagt es. - 71 Da
riefen sie: Was brauchen wir noch Zeugenaussagen? Wir haben es selbst aus
seinem eigenen Mund gehört.

12,1 Daraufhin erhob sich die ganze Versammlung, und man führte Jesus
zu Pilatus. 2 Dort brachten sie ihre Anklage gegen ihn vor; sie sagten: Wir
haben festestellt, daß dieser Mensch unser Volk verführt, es davon abhält,
dem Kaiser Steuer zu zahlen, und behauptet, er sei der Messias und König.
3 Pilatus fragte ihn: Bist du der König der Juden? Er antwortete ihm: Du sagst
es. 4 Da sagte Pilatus zu den Hohenpriestern und zum Volk: Ich finde nicht, daß
dieser Mensch eines Verbrechens schuldig ist. 5 Sie aber blieben hartnäckig
und sagten: Er wiegelt das Volk auf und verbreitet seine Lehre im ganzen
jüdischen Land von Galiläa bis hierher.

[6]Als Pilatus das hörte, fragte er, ob der Mann ein Galiläer sei. [7]Und als
er erfuhr, daß Jesus aus dem Gebiet des Herodes komme, ließ er ihn zu
Herodes bringen, der in jenen Tagen ebenfalls in Jerusalem war. [8]Herodes
freute sich sehr, als er Jesus sah; schon lange hatte er sich gewünscht, mit
ihm zusammenzutreffen, denn er hatte von ihm gehört. Nun hoffte er, ein
Wunder von ihm zu sehen. [9]Er stellte ihm viele Fragen, doch Jesus gab ihm
keine Antwort. [10]Die Hohenpriester und die Schriftgelehrten, die dabeistanden,
erhoben schwere Beschuldigungen gegen ihn. [11]Herodes und seine Soldaten
zeigten ihm offen ihre Verachtung. Er trieb seinen Spott mit Jesus, ließ ihm ein
Prunkgewand umhängen und schickte ihn so zu Pilatus zurück. [12]An diesem
Tag wurden Herodes und Pilatus Freunde; vorher waren sie Feinde gewesen.

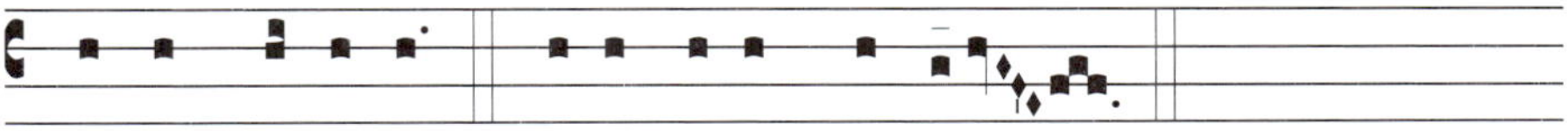

Verbum Dó-mi-ni. ℟. La-us ti-bi Christe.

IV. Ad Locum Crucifixionis D. N. Iesu Christi

Tertio Evangelio proclamato, cantores prosequuntur Psalmum, dum processio ad Calvariam ascendit.

℟. **Parce Dómine, parce pópulo tuo:**
ne in ætérnum irascáris nobis.

[15]Docébo iníquos **vi**as **tu**as, *
et ímpii ad te *con*ver**tén**tur.

[16]Líbera me de sanguínibus, Deus, Deus sa**lú**tis **me**æ, *
et exsultábit lingua mea iustí*ti*am **tu**am. ℟.

[17]Dómine, lábia **me**a a**pé**ries, *
et os meum annuntiábit *lau*dem **tu**am.

[18]Non enim sacrifício **de**lec**tá**ris, *
holocáustum, si ófferam, *non* pla**cé**bit. ℟.

[19]Sacrifícium Deo spíritus con**tri**bu**lá**tus, *
cor contrítum et humiliátum, Deus, *non* des**pí**cies.

[20]Benígne fac, Dómine, in bona voluntáte **tu**a **Si**on, *
ut ædificéntur mu*ri* Ie**rú**salem. ℟.

[21]Tunc acceptábis sacrifícium iustítiæ,
oblatiónes et **ho**lo**cáu**sta; *
tunc impónent super altáre *tu*um **ví**tulos.

Glória Patri, et Fílio, et Spirítui **San**cto. *
Sicut erat in princípio, et nunc et semper, /
et in sǽcula sæculórum. **A**men. ℟.

Cum processio ad Montem Calvariæ, pervenerit, deposita Cruce ante altare Crucifixionis, habetur quarti Evangelii lectio, lingua Anglica.

In nómine Patris, et Fílii et Spíritus Sancti. Amen.

✠ A reading from the holy gospel according to John *Io* 19 1-16

[1]Pilate's next move was to take Jesus and have him scourged. [2]The soldiers
then wove a crown of thorns and fixed it on his head, throwing around his
shoulders a cloak of royal purple. [3]Repeatedly they came up to him while
slapping his face and said, "All hail, King of the Jews!"
[4]Pilate went out a second time and said to the crowd: "Observe what I do.
I am going to bring him out to you to make you realise that I find no case
against him." [5]When Jesus came out wearing the crown of thorns and the
purple cloak, Pilate said to them, "Look at the man!" [6]As soon as the chief
priests and the temple police saw him they shouted, "Crucify him! Crucify
him!" Pilate said, "Take him and crucify him yourselves; I find no case against
him." [7]The Jews responded, "We have our law, and according to that law he
must die because he made himself God's Son." [8]When Pilate heard this kind
of talk, he was more afraid than ever.
[9]Going back into the praetorium, he said to Jesus, "Where do you come
from?" Jesus would not give him any answer. [10]Pilate asked him. "Do you
refuse to speak to me? Do you not know that I have the power to release you
and the power to crucify you?" [11]Jesus answered: "You would have no power
over me whatever unless it were given you from above. That is why he who
handed me over to you is guilty of the greater sin."
[12]After this, Pilate was eager to release him, but the Jews shouted, "If you
free this man you are no 'Friend of Caesar.' Anyone who makes himself a king
becomes Caesar's rival." [13]Pilate heard what they were saying, then brought
Jesus outside and took a seat on a judge's bench at the place called the Stone
Pavement-Gabbatha in Hebrew. [14](It was the Preparation Day for Passover,
and the hour was about noon.) He said to the Jews, "Look at your king!" [15]At
this they shouted, "Away with him! Away with him! Crucify him!" Pilate
exclaimed. "What! Shall I crucify your king?" The chief priests replied, "We
have no king but Caesar." [16]In the end, Pilate handed Jesus over to be crucified.

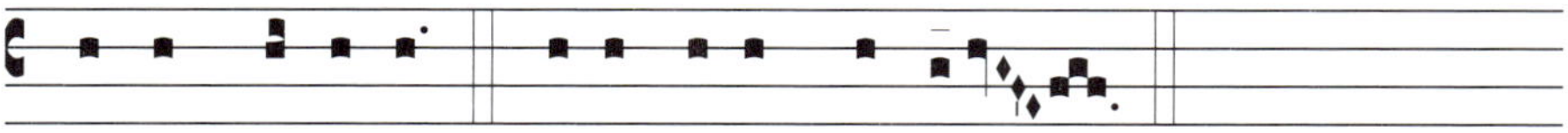

Verbum Dó-mi-ni. ℟. La-us ti-bi Christe.

V. Ad locum ubi Christus in Cruce exspiravit

Deinde ad locum ubi Christus exspiravit proceditur, et collocatur Crux in ipso foramine Calvariæ rupis ubi Crux Christi erecta fuerat. Hic habetur quinti Evangelii lectio Gallico idiomate.

In nómine Patris, et Fílii et Spíritus Sancti. Amen.

✠ Évangile de Jésus Christ selon saint Jean *Io* 19,17-37

[17]Jésus, portant lui-même sa croix, sortit en direction du lieu dit : Le Crâne,
ou Calvaire, en hébreu : Golgotha. [18]Là, ils le crucifièrent, et avec lui deux
autres, un de chaque côté, et Jésus au milieu.
[19]Pilate avait rédigé un écriteau qu'il fit placer sur la croix, avec cette
inscription : "Jésus le Nazaréen, roi des Juifs." [20]Comme on avait crucifié Jésus
dans un endroit proche de la ville, beaucoup de Juifs lurent cet écriteau, qui
était libellé en hébreu, en latin et en grec. [21]Alors les prêtres des Juifs dirent à
Pilate : "Il ne fallait pas écrire : 'Roi des Juifs' ; il fallait écrire : 'Cet homme a
dit : Je suis le roi des Juifs'." [22]Pilate répondit : "Ce que j'ai écrit, je l'ai écrit."
[23]Quand les soldats eurent crucifié Jésus, ils prirent ses habits ; ils en firent
quatre parts, une pour chacun. Restait la tunique ; c'était une tunique sans
couture, tissée tout d'une pièce de haut en bas. [24] Alors ils se dirent entre eux :
"Ne la déchirons pas, tirons au sort celui qui l'aura." Ainsi s'accomplissait la
parole de l'Écriture : Ils se sont partagé mes habits ; ils ont tiré au sort mon
vêtement. C'est bien ce que firent les soldats.
[25]Or, près de la croix de Jésus se tenait sa mère, avec la sœur de sa mère,
Marie femme de Cléophas, et Marie Madeleine. [26]Jésus, voyant sa mère, et près
d'elle le disciple qu'il aimait, dit à sa mère : "Femme, voici ton fils." [27]Puis
il dit au disciple : "Voici ta mère." Et à partir de cette heure-là, le disciple la
prit chez lui.
[28]Après cela, sachant que désormais toutes choses étaient accomplies, et
pour que l'Écriture s'accomplisse jusqu'au bout, Jésus dit : "J'ai soif." [29] Il y
avait là un récipient plein d'une boisson vinaigrée. On fixa donc une éponge
remplie de ce vinaigre à une branche d'hysope, et on l'approcha de sa bouche.
[30]Quand il eut pris le vinaigre, Jésus dit : "Tout est accompli." Puis, inclinant
la tête, ICI, il remit l'esprit.

Hic genuflectitur, et pausatur aliquantulum.

[31]Comme c'était le vendredi, il ne fallait pas laisser des corps en croix
durant le sabbat (d'autant plus que ce sabbat était le grand jour de la Pâque).
Aussi les Juifs demandèrent à Pilate qu'on enlève les corps après leur avoir
brisé les jambes. [32]Des soldats allèrent donc briser les jambes du premier, puis
du deuxième des condamnés que l'on avait crucifiés avec Jésus. [33]Quand ils
arrivèrent à celui-ci, voyant qu'il était déjà mort, ils ne lui brisèrent pas les
jambes, [34]mais un des soldats avec sa lance lui perça le côté ; et aussitôt, il

en sortit du sang et de l'eau. [35]Celui qui a vu rend témoignage, afin que vous croyiez vous aussi. (Son témoignage est véridique et le Seigneur sait qu'il dit vrai.) [36]Tout cela est arrivé afin que cette parole de l'Écriture s'accomplisse : *Aucun de ses os ne sera brisé*. [37]Et un autre passage dit encore : *Ils lèveront les yeux vers celui qu'ils ont transpercé*.

Io 19, 38-42

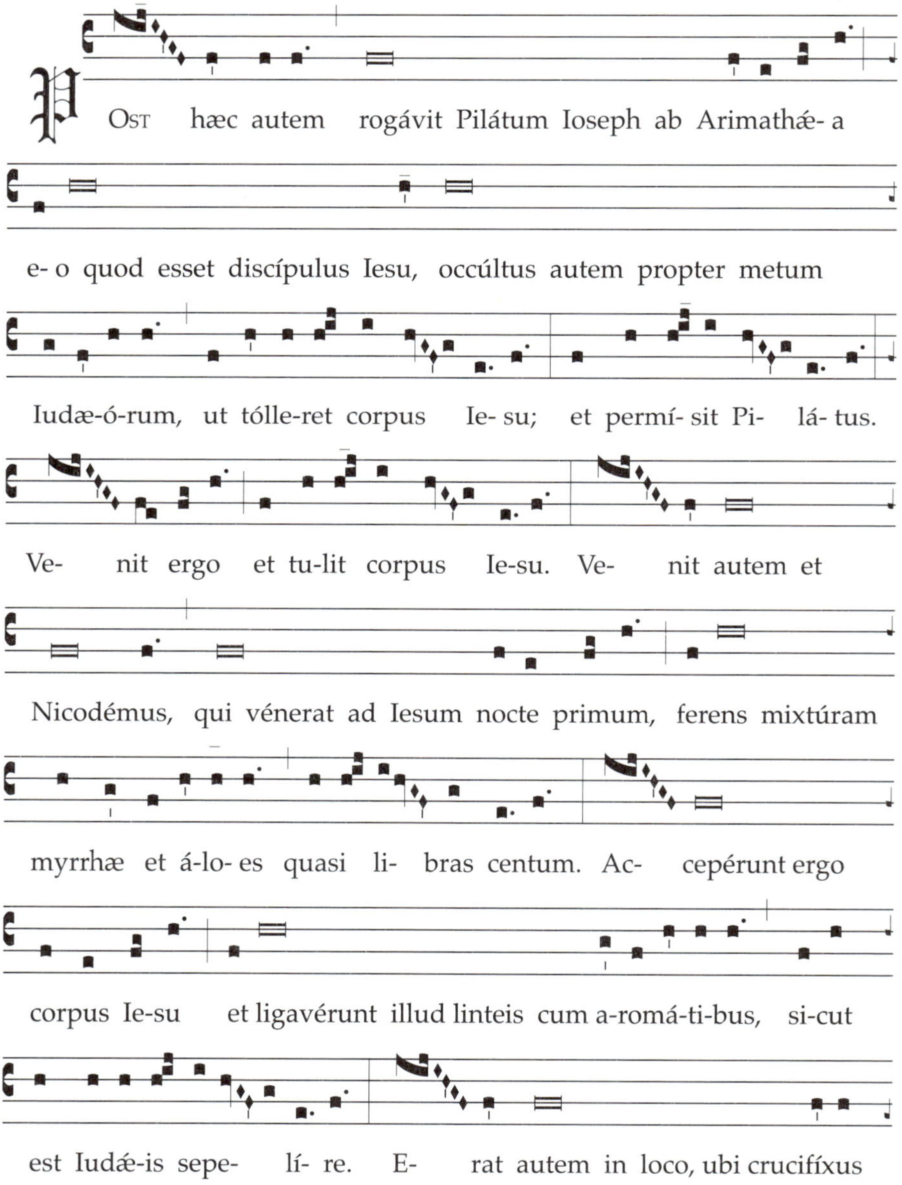

Expleto Evangelio, per binos diaconos, Iosephi et Nicodemi personas agentes, fit Imaginis Christi e Cruce pendentis Depositio. Dein canitur a choro responsorium:

cf. Mt 27,51-52; *Lc* 23,42

Et omnis ter- ra trému- it: latro de cru- ce *etc...*

V. Ad Petram Unctionis

Postea Imago Crucifixi ad Petram Unctionis defertur, ubi aromatibus conspergitur et thurificatur, et ubi dein Arabica homilia habetur.

VI. Ad Sanctum Sepulcrum Domini nostri

His tandem peractis, sacra Imago, per quattuor sacerdotes ad S. Sepulcrum defertur, et dum a celebrante in hoc sacro loco reponitur, canit chorus responsorium:

cf. *Mt* 27,66

II.

S EPÚL-TO * Dó- mino, signá-tum est monumén- tum,

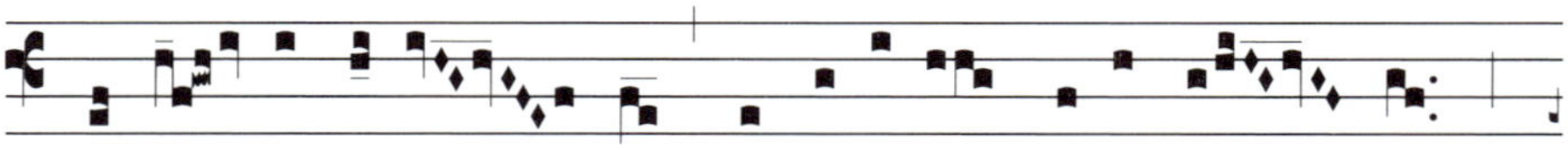

volvén- tes lápi- dem ad ósti- um monumén- ti,

* Ponén- tes mí-li- tes, qui custo-dí- rent il- lum. ℣. Acce-

dén- tes príncipes sa-cerdótum ad Pi-lá- tum, pe-ti- é-runt

il- lum. * Ponén- tes mí-li- tes, qui custodí- rent il- lum.

Denique ultima lectio Evangelii Hispanica lingua proclamatur:

In nómine Patris, et Fílii et Spíritus Sancti. Amen.

✠ Lectura del santo Evangelio según San Juan *Io* 19,38-42

[38]Después de esto, José de Arimatea, que era discípulo clandestino de Jesús por miedo a los judíos, pidió a Pilato que le dejara llevarse el cuerpo de Jesús. Y Pilato lo autorizó. El fue entonces y se llevó el cuerpo. [39]Llegó también Nicodemo, el que había ido a verlo de noche, y trajo unas cien libras de una mixtura de mirra y áloe. [40]Tomaron el cuerpo de Jesús y lo vendaron todo, con los aromas, según se acostumbra a enterrar entre los judíos . [41]Había un huerto en el sitio donde lo crucificaron, y en el huerto un sepulcro nuevo donde nadie había sido enterrado todavía . [42]Y como para los judíos era el día de la Preparación, y el sepulcro estaba cerca, pusieron allí a Jesús.

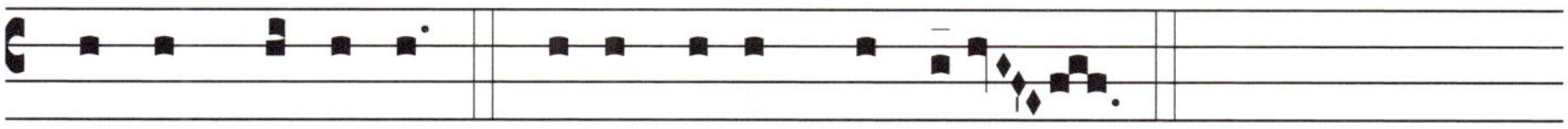

Verbum Dó-mi-ni. ℟. La-us ti-bi Christe.

Deinde cantatur responsorium:

textus: Phil 2,8 (℣. 9); *MG* 282

V.

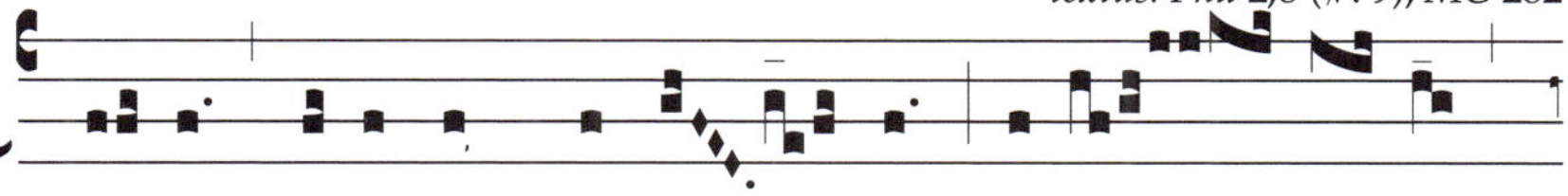

CHRI-STUS * factus est pro no- bis obœ- di- ens

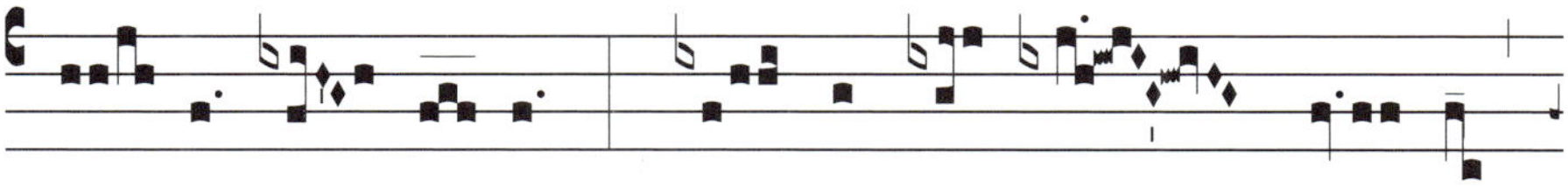

us- que ad mor- tem, mor- tem au- tem cru- cis.

℣. Propter quod et De-us ex-al-tá-vit il-lum,

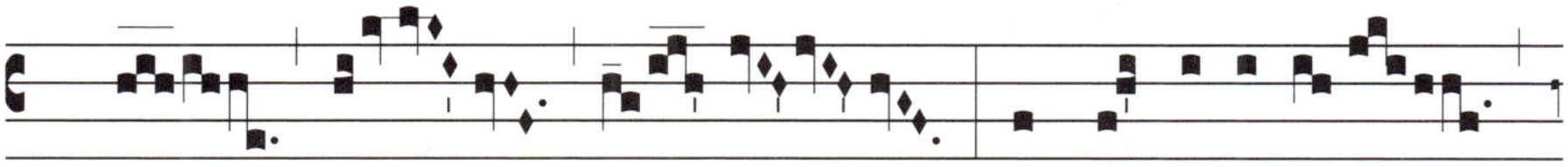

et de- dit il-li

Orémus.

Réspice, quǽsumus, Dómine, super hanc famíliam tuam, pro qua Dóminus noster Iesus Christus non dubitávit mánibus tradi nocéntium et crucis subíre torméntum. Qui tecum vivit et regnat in sǽcula sæculórum. ℟. Amen.

Ordo Processionis Sollemnis in Resurrectione D.N.I.C.

Expleta Missa, ordinatur processio et Sanctum Domini Sepulcrum ter circumitur. Processione perdurante, canuntur hymni *Auróra lucis rútilat*, et *Ad cenam Agni próvidi*, ac a quattuor diaconis quattuor Evangelia Resurrectionis ordine infrascripto decantantur.

textus: auctor anonymus

2. Cum rex ille fortíssimus,
mortis confráctis víribus,
pede concúlcans tártara
solvít caténa míseros.

3. Ille, quem clausum lápide
miles custódit ácriter,
triúmphans pompa nóbili,
victor surgit de fúnere.

4. Inférni iam gemítibus
solútis et dolóribus,
quia surréxit Dóminus
respléndens clamat ángelus.

5. Ad cenam Agni próvidi,
stolis salútis cándidi,
post tránsitum maris Rubri
Christo canámus príncipi.

6. Cuius corpus sanctíssimum
in ara crucis tórridum,
sed et cruórem róseum
gustándo, Deo vívimus.

7. Protécti paschæ véspero
a devastánte ángelo,
de Pharaónis áspero
sumus erépti império.

8. Iam pascha nostrum Christus est,
agnus occisus ínnocens;
sinceritátis ázyma
qui carnem suam óbtulit.

9. O vera, digna hóstia,
per quam frangúntur tártara,
captíva plebs redímitur,
reddúntur vitæ prǽmia!

10. Consúrgit Christus túmulo,
victor redit de bárathro,
tyránnum trudens vínculo
et paradísum réserans.

11. Esto perénne méntibus
paschále, Iesu, gáudium,
et nos renátos grátiæ
tuis triúmphis ággrega.

12. Iesu, tibi sit glória,
qui morte victa prǽnites,
cum Patre et almo Spíritu,
in sempitérna sǽcula. Amen.

Incepto primo gyro, diaconus primus accedit ad septemtrionale latus S. Sepulcri et cantat sequens Evangelium:

In nómine Patris, et Fílii et Spíritus Sancti. Amen.

✠ Lectio sancti Evangélii secúndum Ioánnem. *Io* 20,11-18

In illo témpore: [11]María autem stabat ad monuméntum foris plorans. Dum ergo fleret, inclinávit se in monuméntum [12]et videt duos ángelos in albis sedéntes, unum ad caput et unum ad pedes, ubi pósitum fúerat corpus Iesu.

[13]Et dicunt ei illi: “Múlier, quid ploras?”.

Dicit eis: “Tulérunt Dóminum meum, et nescio, ubi posuérunt eum”.

[14]Hæc cum dixísset, convérsa est retrórsum et videt Iesum stantem; et non sciébat quia Iesus est.

[15]Dicit ei Iesus: "Múlier, quid ploras? Quem quæris?".
Illa, existimans quia hortulánus esset, dicit ei: "Dómine, si tu sustulísti
eum, dícito mihi, ubi posuísti eum, et ego eum tollam".
[16]Dicit ei Iesus: "María!". Convérsa illa dicit ei Hebráice: "Rabbúni!" —
quod dícitur Magíster.
[17]Dicit ei Iesus: "Iam noli me tenére, nondum enim ascéndi ad Patrem;
vade autem ad fratres meos et dic eis: Ascéndo ad Patrem meum et Patrem
vestrum, et Deum meum et Deum vestrum".
[18]Venit María Magdaléne annúntians discípulis: "Vidi Dóminum!", et quia
hæc dixit ei.

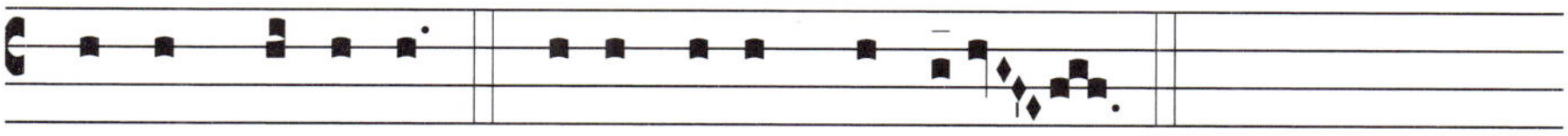

Verbum Dó-mi-ni. ℟. La-us ti-bi Christe.

Dum secundum circumitur Sanctum Sepulcrum, alter diaconus accedit ad meridionale latus eiusdem Sepulcri, et cantat ibi Evangelium ut sequitur:

In nómine Patris, et Fílii et Spíritus Sancti. Amen.

✠ Lectio sancti Evangélii secúndum Ioánnem *Io* 20,19-31

In illo témpore: [19]cum esset ergo sero die illa prima sabbatórum, et fores
essent clausæ, ubi erant discípuli, propter metum Iudæórum, venit Iesus et
stetit in médio et dicit eis: "Pax vobis!". [20]Et hoc cum dixísset, osténdit eis
manus et latus. Gavísi sunt ergo discípuli, viso Dómino. [21]Dixit ergo eis íterum:
"Pax vobis! Sicut misit me Pater, et ego mitto vos". [22]Et cum hoc dixísset,
insufflávit et dicit eis: "Accípite Spíritum Sanctum. [23]Quorum remiséritis
peccáta, remíssa sunt eis; quorum retinuéritis, reténta sunt".
[24]Thomas autem, unus ex Duódecim, qui dícitur Dídymus, non erat cum eis,
quando venit Iesus. [25]Dicébant ergo ei álii discípuli: "Vídimus Dóminum!".
Ille autem dixit eis: "Nisi vídero in mánibus eius signum clavórum et mittam
dígitum meum in signum clavórum et mittam manum meam in latus eius,
non credam".
[26]Et post dies octo íterum erant discípuli eius intus, et Thomas cum eis.
Venit Iesus iánuis clausis et stetit in médio et dixit: "Pax vobis!". [27]Déinde
dicit Thomæ: "Infer dígitum tuum huc et vide manus meas et affer manum
tuam et mitte in latus meum; et noli fieri incrédulus sed fidélis!". [28]Respóndit
Thomas et dixit ei: "Dóminus meus et Deus meus!". [29]Dicit ei Iesus: "Quia
vidísti me, credidísti. Beáti, qui non vidérunt et credidérunt!".
[30]Multa quidem et ália signa fecit Iesus in conspéctu discipulórum suórum,
quæ non sunt scripta in libro hoc; [31]hæc autem scripta sunt, ut credátis quia
Iesus est Christus Fílius Dei et ut credéntes vitam habeátis in nómine eius.

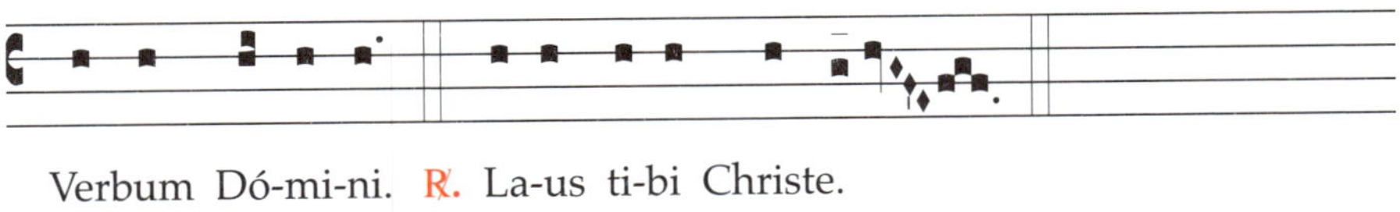

Expleto tertio gyro, processio vertit ad Lapidem Unctionis, quo cum pervenerit, tertius diaconus canit Evangelium.

In nómine Patris, et Fílii et Spíritus Sancti. Amen.

✠ Lectio sancti Evangélii secúndum Lucam *Lc* 24,13-35

13 Ecce duo ex illis ibant ipsa die in castéllum, quod erat in spátio stadiórum
sexagínta ab Ierúsalem nómine Émmaus; 14 et ipsi loquebántur ad ínvicem
de his ómnibus, quæ accíderant. 15 Et factum est, dum fabularéntur et secum
quǽrerent, et ipse Iesus appropínquans ibat cum illis; 16 óculi autem illórum
tenebántur, ne eum agnóscerent. 17 Et ait ad illos: “Qui sunt hi sermónes, quos
confértis ad ínvicem ambulántes?”. Et stetérunt tristes.
18 Et respóndens unus, cui nomen Cléopas, dixit ei: “Tu solus peregrínus es
in Ierúsalem et non cognovísti, quæ facta sunt in illa his diébus?”.
19 Quibus ille dixit: “Quæ?”.
Et illi dixérunt ei: “De Iesu Nazaréno, qui fuit vir prophéta, potens in ópere
et sermóne coram Deo et omni pópulo; 20 et quómodo eum tradidérunt summi
sacerdótes et príncipes nostri in damnatiónem mortis et crucifixérunt eum.
21 Nos autem sperabámus, quia ipse esset redemptúrus Ísrael; at nunc super
hæc ómnia tértia dies hódie quod hæc facta sunt. 22 Sed et mulíeres quædam
ex nostris terruérunt nos, quæ ante lucem fuérunt ad monuméntum 23 et, non
invénto córpore eius, venérunt dicéntes se etiam visiónem angelórum vidísse,
qui dicunt eum vívere. 24 Et abiérunt quidam ex nostris ad monuméntum et ita
invenérunt, sicut mulíeres dixérunt, ipsum vero non vidérunt”.
25 Et ipse dixit ad eos: “O stulti et tardi corde ad credéndum in ómnibus,
quæ locúti sunt Prophétæ! 26 Nonne hæc opórtuit pati Christum et intráre in
glóriam suam?”. 27 Et incípiens a Moyse et ómnibus Prophétis interpretabátur
illis in ómnibus Scriptúris, quæ de ipso erant.
28 Et appropinquavérunt castéllo, quo ibant, et ipse se finxit lóngius ire.
29 Et coegérunt illum dicéntes: “Mane nobíscum, quoniam advesperáscit, et
inclináta est iam dies”. Et intravit, ut manéret cum illis. 30 Et factum est, dum
recúmberet cum illis, accépit panem et benedíxit ac fregit et porrigébat illis.
31 Et apérti sunt óculi eórum, et cognovérunt eum; et ipse evánuit ab eis. 32 Et
dixérunt ad ínvicem: “Nonne cor nostrum ardens erat in nobis, dum loquerétur
nobis in via et aperíret nobis Scriptúras?”.
33 Et surgéntes eádem hora regressi sunt in Ierusalem et invenérunt
congregátos Úndecim et eos, qui cum ipsis erant, dicéntes: 34 “Surréxit Dóminus

vere et appáruit Simóni". [35]Et ipsi narrábant, quæ gesta erant in via, et quómodo
cognovérunt eum in fractióne panis.

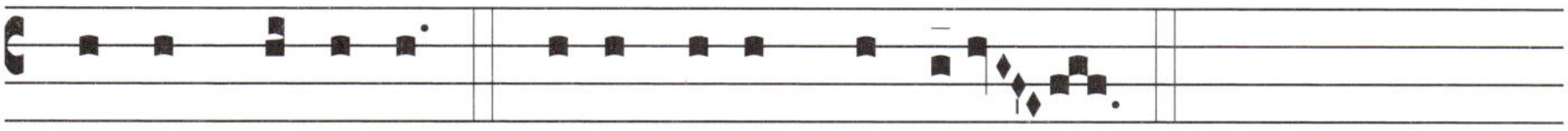

Verbum Dó-mi-ni. ℟. La-us ti-bi Christe.

Cum tandem processio reverterit ante S. Sepulcrum, quartus diaconus cantat ibi ultimum Evangelium prout sequitur:

In nómine Patris, et Fílii et Spíritus Sancti. Amen.

✠ Lectio sancti Evangélii secúndum Marcum *Mc* 16,1-7

[1]Cum transísset sábbatum, María Magdaléne et María Iacóbi et Salóme
emérunt arómata, ut veniéntes ungerent eum. [2]Et valde mane, prima
sabbatórum, véniunt ad monuméntum, orto iam sole. [3]Et dicébant ad ínvicem:
"Quis revólvet nobis lápidem ab óstio monuménti?". [4]Et respiciéntes vident
revolútum lápidem; erat quippe magnus valde. [5]Et introeúntes in monuméntum
víderunt iúvenem sedéntem in dextris, coopértum stola cándida, et
obstupuérunt. [6]Qui dicit illis: "Nolíte expavéscere! Iesum quǽritis Nazarénum
crucifíxum. Surréxit, non est HIC; ecce locus, ubi posuérunt eum. [7]Sed ite,
dicite discípulis eius et Petro: 'Præcédit vos in Galilǽam. Ibi eum vidébitis,
sicut dixit vobis' ".

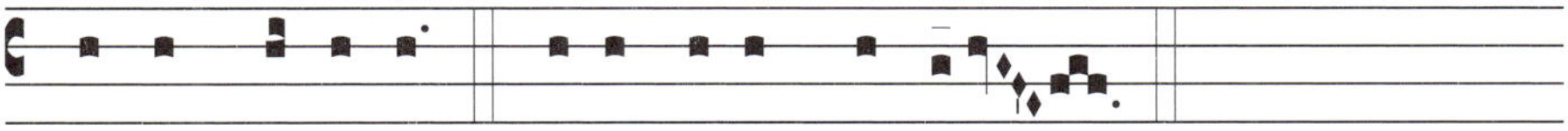

Verbum Dó-mi-ni. ℟. La-us ti-bi Christe.

Completo Evangelio et Episcopo thurificato, cantores intonant antiphonam:

textus: cf. Mt 28,2; LU 782

VII.

Et ecce terræ-mó-tus * factus est magnus: Ánge- lus

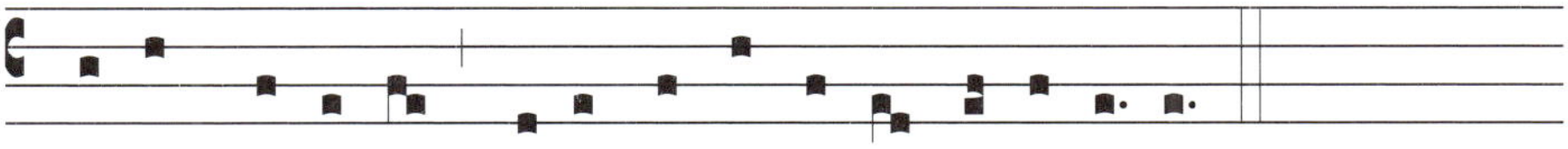

e-nim Dómi-ni descéndit de cæ-lo, al-le- lú-ia.

℟. Surréxit Dóminus de HOC Sepúlcro, allelúia.
℣. Qui pro nobís pepéndit in ligno, allelúia.

Episcopus:

Orémus.
Deus, qui HODIÉRNA DIE, per Unigénitum tuum, æternitátis nobis áditum, HIC devícta morte, reserásti, da nobis quǽsumus, ut, qui resurrectiónis domínicæ sollémnia cólimus, per innovatiónem tui Spiritus in lúmine vitæ resurgámus. Per Christum Dóminum nostrum. ℟. Amen.

Episcopus mitram assumit. Diaconus annuntiat benedictionem his vel similibus verbis:

Venerábilis Pater **N.**, Dei et Apostólicæ Sedis gratia huius sanctæ Ecclésiæ Hierosolymitánæ Epíscopus, Románi Pontíficis nómine ómnibus hic præséntibus vere pæniténtibus, conféssis ac sacra Communióne reféctis benedictiónem impértiet cum indulgéntia plenária.

Rogáte Deum pro beatíssimo, Papa nostro **N.**, pro Epíscopo nostro **N.** et sancta Matre Ecclésia, et in eius plena communióne, vitæ sanctitáte, studéte ambuláre.

Tunc Episcopus, stans cum mitra, extendens manus, populum salutat dicens:

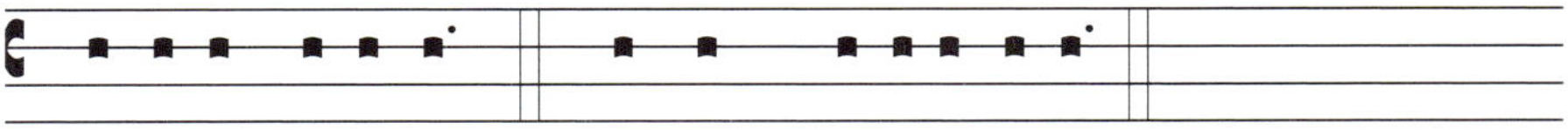

Dómi-nus vobíscum. ℟. **Et cum spí- ri-tu tu-o.**

Diaconus dicit:

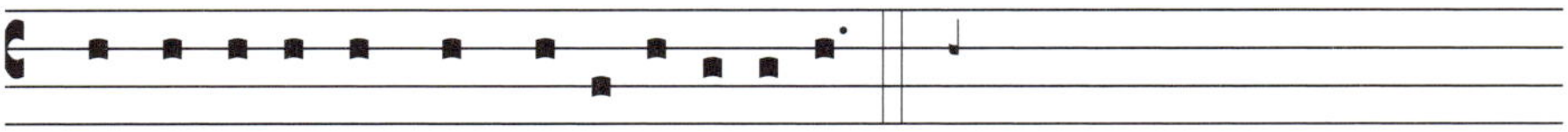

Incli-ná- te vos ad bene-dicti- ónem.

Episcopus formulam benedictionis sollemnis profert, manus tenens extensas super populum:

Benedícat vos omnípotens Deus,
hodiérna interveniénte sollemnitáte pascháli,
et ab omni miserátus deféndat incursióne peccáti.
℟. Amen.

Et qui ad ætérnam vitam
in Unigéniti su¡ resurrectióne vos réparat,
vos prǽmiis immortalitátis adímpleat.
℟. Amen

Et qui, explétis passiónis domínicæ diébus,
paschális festi gáudia celebrátis,
ad ea festa, quæ lætítiis peragúntur ætérnis,
ipso opitulánte, exsultántibus ánimis veniátis.
℟. Amen.

Deinde, Episcopus, baculum accipit et benedictionem concludit hac formula:

Per intercessiónem beatórum Apostolórum Petri et Pauli,
benedícat vos omnípotens Deus,
Pater, ✠ et Fílius, ✠ et Spíritus ✠ Sanctus.
℟. Amen.

His persolutis, ab Episcopo intonatur hymnus *Te Deum laudámus* (p. 11), et processio pergit ad Cappellam Apparitionis.

℟. Benedicámus Patrem et Filium cum Sancto Spíritu.
℣. Laudémus et superexaltémus eum in sǽcula.

℟. Dómine, exáudi oratiónem meam.
℣. Et clamor meus ad te véniat.

℟. Dóminus vobíscum.
℣. Et cum spíritu tuo.

Orémus.
Deus, cuius misericórdiæ non est númerus, et bonitátis infinítus est thesáurus: piíssimæ maiestáti tuæ pro collátis donis grátias agimus, tuam semper cleméntiam exorántes, ut, qui peténtibus postuláta concédis, eósdem non déserens, ad prǽmia futúra dispónas. Per Dóminum nostrum Iesum Christum Fílium tuum, qui tecum vivit et regnat in unitáte Spíritus Sancti Deus, per ómnia sǽcula sæculórum. ℟. Amen.

℟. Dóminum vobíscum.
℣. Et cum spíritu tuo.

Cantores:

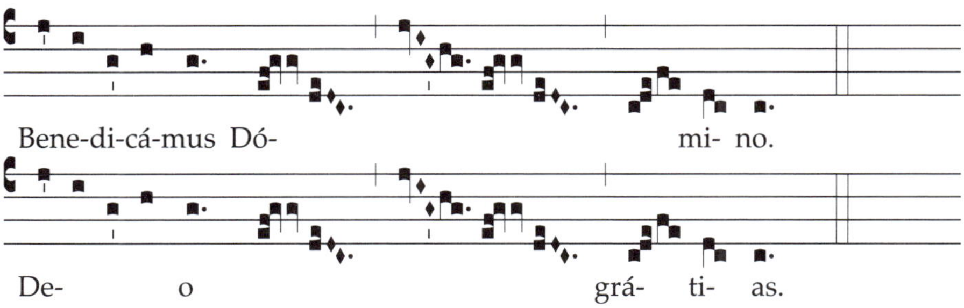

ORDO PROCESSIONIS IN DIE INVENTIONIS SANCTÆ CRUCIS

Oratione dicta, omissis ritibus conclusionis, fit processio. Custos Terræ Sanctæ ei præsidet indutus pluviali rubri coloris, stans ante altare, incensum in turibulo imponit et benedicit, ac genuflexus Reliquiam Santam Crucem incensat. Postea, assumpto velo humerali, Reliquiam ascendit, genuflectit et adiuvante diacono accipit Reliquiam manibus et velo cooperit. In processione præcedit acolythus cum cruce, quem acolythi candelabra deferentes cum cereis accensis comitantur; sequuntur fratres, clerus, cantores, diaconi, concelebrantes, duo turiferarii cum turibulis fumigantibus, Custos deferens Reliquiam, paulisper retro duo diaconi ei assistentes, deinde ministrans ad mitram. Omnes gestant candelas. Omnes ad partem superiorem Templi conscendunt et processionaliter Sanctum Sepulcrum circumeunt.

textus: S. VENANTIUS FORTUNATUS, sæc. VI;
melodia: G. NEUMARK, 1657.

Andante devoto

2. Confíxa clavis víscera
tendens manus, vestígia
redémptionis grátia
hic immoláta est hóstia.

3. Quo, vulnerátus ínsuper
mucróne diro lánceæ,
ut nos laváret crímine,
manávit unda et sánguine.

4. Impléta sunt quæ cóncinit
David fideli cármine
dicéndo natiónibus:
regnávit a ligno Deus.

5. Arbor decóra et fulgida,
ornáta regis púrpura,
elécta digno stípite
tam sancta membra tángere!

6. Beáta, cuius bráchiis
sæcli pepéndit prétium;
statéra fact*a* est córporis
prædam tulítque tártari.

7. Fundis aróma córtice,
vincis sapóre néctare,
iucúnda fructu fértili
plaudis triúmpho nóbili.

8. Salv*e*, ara, salve, víctima,
de passiónis glória,
qua Vita mortem pértulit
et morte vitam réddidit!

Repetitur hymnus a capite usque ad finem tertii gyri processionis.

Ad Sepulcri Domini nostri Iesu Christi locum

Cum processio pervenerit ad Ædiculam Resurrectionis, tertio circuitu facto, Custos diacono Reliquiam Sanctæ Crucis tradit et deponit super sepulcro; ac, dum cantatur *O crux, ave, spes única*, Custos incensum in turibulo imponit et genuflexus Reliquiam Sanctæ Crucis incensat.

9. O crux, ave, spes única!
Paschále quæ fers gáudium
piis adáuge grátiam
reísque dele crímina.

10. Te, fons salútis, Trínitas,
colláudet omnis spíritus;
quos per crucis mystérium
salvas, fove per sǽcula. Amen.

Expleto hymno, cantores intonant antiphonam:

cf. *Gal* 6,14; *LU 1460*

℟. Per signum Crucis de inimícis nostris, allelúia.
℣. Líbera nos, Deus noster, allelúia.

Orémus.
Deus, qui Unigénitum tuum crucem subíre voluísti, ut salvum fáceret genus humánum, præsta, quǽsumus, ut, cuius mystérium in terra cognóvimus, eius redemptiónis prǽmia in cælo cónsequi mereámur. Per Christum Dóminum nostrum.
℟. Amen.

Dicta oratione, Custos genuflectit et, diacono adiuvante, accipit Reliquiam Sanctæ Crucis, quod ambabus manibus velo contectis elevatum tenens, se vertit ad populum, et signum crucis super illum facit, nihil dicens.

Deinde progreditur ad locum apparitionis Sanctæ Mariæ Magdalenæ.

DIE 14 SEPTEMBRIS
IN EXALTATIONE SANCTÆ CRUCIS

Missa expleta in Monte Calvario, pluviale induto et thurificatione peracta, Reliquia Sanctæ Crucis processionaliter ad Cappellam Apparitionis Sanctæ Mariæ Magdalenæ locum defertur. Interim canitur hymnus *Vexílla Regis*:

textus: S. VENANTIUS FORTUNATUS, sæc. VI;
melodia: G. NEUMARK, 1657.

Andante devoto

2. Confíxa clavis víscera
tendens manus, vestígia
redémptionis grátia
hic immoláta est hóstia.

3. Quo, vulnerátus ínsuper
mucróne diro lánceæ,
ut nos laváret crímine,
manávit unda et sánguine.

4. Impléta sunt quæ cóncinit
David fideli cármine
dicéndo natiónibus:
regnávit a ligno Deus.

5. Arbor decóra et fulgida,
ornáta regis púrpura,
elécta digno stípite
tam sancta membra tángere!

6. Beáta, cuius bráchiis
sæcli pepéndit prétium;
statéra fact*a* est córporis
prædam tulítque tártari.

7. Fundis aróma córtice,
vincis sapóre néctare,
iucúnda fructu fértili
plaudis triúmpho nóbili.

8. Salv*e*, ara, salve, víctima,
de passiónis glória,
qua Vita mortem pértulit
et morte vitam réddidit!

Ad apparitionis Sanctæ Mariæ Magdalenæ locum

Cum processio pervenerit ad locum apparitionis Santæ Mariæ Magadalenæ, Celebrans diacono Reliquiam Sanctæ Crucis tradit et diaconus deponit super altare; ac, dum cantatur *O crux, ave, spes única*, Celebrans incensum in turibulo imponit et genuflexus Reliquiam Sanctæ Crucis incensat.

9. O crux, ave, spes única!
in hac triúmphi glória
piis adáuge grátiam
reísque dele crímina.

10. Te, fons salútis, Trínitas,
colláudet omnis spíritus;
quos per crucis mystérium
salvas, fove per sǽcula. Amen.

Expleto hymno, cantores intonant antiphonam:

cf. *Gal* 6,14; *LU 1460*

Ant.
VII. c

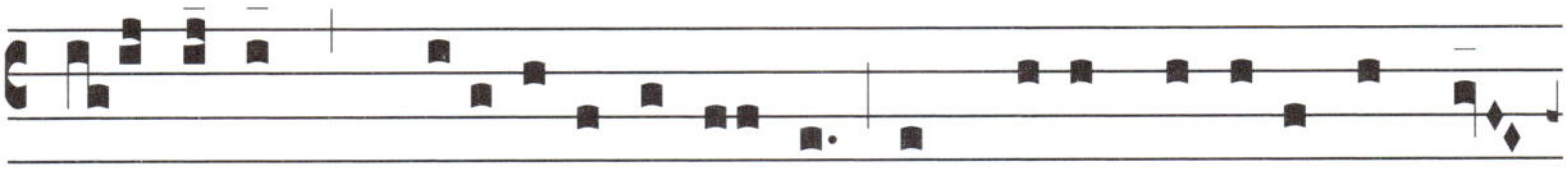

Nos autem * glóri- a-ri opór-tet in cruce Dómini nostri

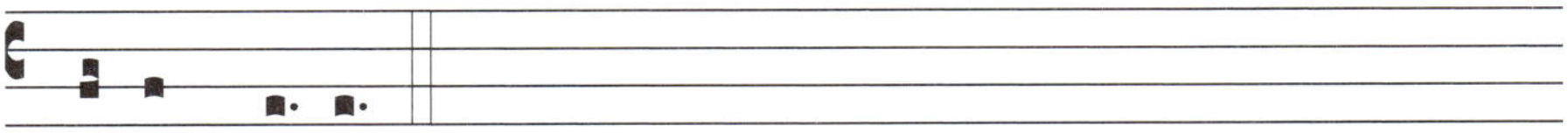

Ie-su Chris-ti.

℣. Hoc signum Crucis erit in cælo.
℟. Cum Dóminus ad iudicándum vénerit.

Celebrans cantat:

Orémus.
Deus, qui Unigénitum tuum crucem subíre voluísti, ut salvum fáceret genus humánum, præsta, quǽsumus, ut cuius mystérium in terra cognóvimus, eius redemptiónis prǽmia in cælo cónsequi mereámur. Per Christum Dóminum nostrum. ℟. Amen.

Dicta oratione, Celebrans genuflectit et Reliquiam incensat.

Diaconus cantat:

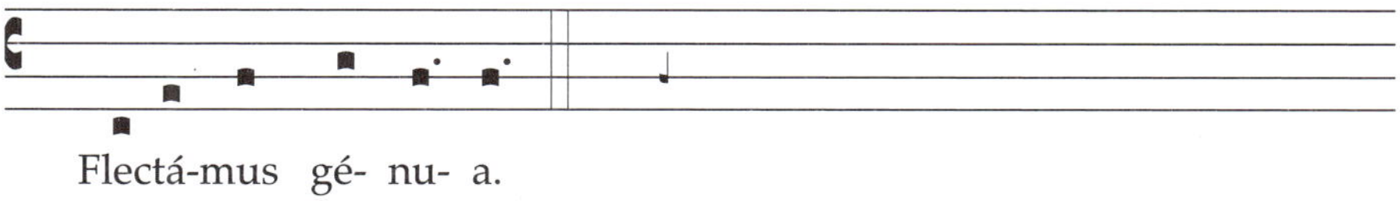

Omnes genuflectant.

Deinde diacono adiuvante, Celebrans accipit Reliquiam Sanctæ Crucis, quod ambabus manibus velo contectis elevatum tenens, se vertit ad populum, et signum crucis super illum facit, nihil dicens.

Et impertita benedictione cum Reliquia Vivificæ Crucis, diaconus cantat:

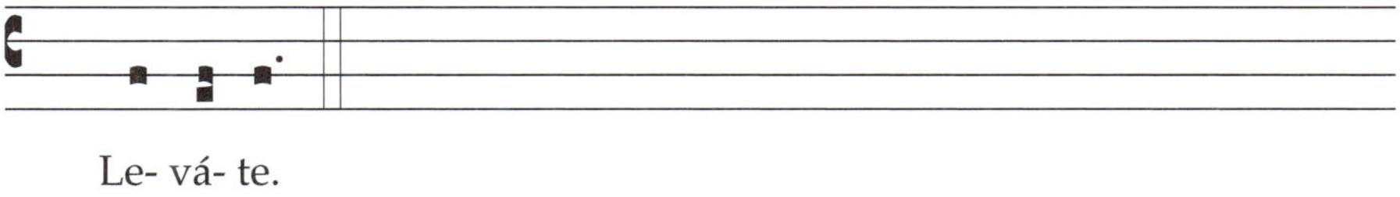

Celebrans Reliquiam Sanctæ Crucis ad devotionem sacerdotum, fratrum fideliumque offert.

Missa expleta in Monte Calvario, pluviale induto et thurificatione peracta, Reliquia Sanctæ Crucis processionaliter ad Cappellam Apparitionis Sanctæ Mariæ Magdalenæ locum defertur. Interim canitur hymnus *Vexílla Regis*:

PROCESSIONES SOLLEMNIORES

DOMINICÆ	SIMUL[1]	1[2]	4[3]	5[4]
I. QUADRAGES.	**Ingressus** et **Processio** 1.30 p.m.	**Ingressus** et **Processio** 2.00 p.m.	**Ingressus** et **Processio** 2.00 p.m.	**Ingressus** et **Processio** 2.00 p.m.
II. QUADRAGES.	**Ingressus** et **Processio** 2.00 p.m.	**Ingressus** et **Processio** 1.30 p.m.	**Ingressus** et **Processio** 2.00 p.m.	**Ingressus** et **Processio** 2.00 p.m.
III. QUADRAGES.	Vesperæ 5.00 p.m.	**Ingressus** et **Processio** 2.00 p.m.	**Processio** 2.30 p.m.	**Processio** 2.30 p.m.
IV. QUADRAGES.	Vesperæ 5.00 p.m.	Vesperæ 5.00 p.m.	**Processio** 2.30 p.m.	**Processio** 2.30 p.m.
V. QUADRAGES.	*vacat*	Vesperæ 5.00 p.m.	**Ingressus** et **Processio** 1.30 p.m.	*vacat*
IN PALMIS	**Ingressus** et **Processio** 1.30 p.m.	**Ingressus** et **Processio** 2.00 p.m.	**Ingressus** et **Processio** 2.00 p.m.	**Ingressus** et **Processio** 1.30 p.m.
SABBATO SANCTO	*vacat* Vesperæ 5.00 p.m.	**Processio** 2.30 p.m. Vesperæ 5.00 p.m.	**Processio** 2.30 p.m. Vesperæ 5.00 p.m.	**Processio** 2.30 p.m. Vesperæ 5.00 p.m.
SABBATO "IN ALBIS"	**Processio** 3.30 p.m.	*vacat*	*vacat*	*vacat*
INVENTIO SANCTÆ CRUCIS	**Ingressus, Processio** et Vesperæ 2.30 p.m.			
CORPUS DOMINI	**Ingressus, Processio** et Vesperæ 2.30 p.m.			

---

1 2007, 2010, 2011, 2014, 2017, 2025, 2028, 2031, 2034, 2037, 2038, 2041, 2045, 2048,...

2 2006, 2009, 2012, 2015, 2018, 2019, 2020, 2022, 2023, 2026, 2029, 2030, 2033, 2036, 2039, 2042, 2044, 2047, 2049, 2050, ...

3 2021, 2065, 2089, 2092, ...

4 2005, 2008, 2013, 2016, 2024, 2027, 2032, 2035, 2040, 2043, 2046, 2051, ...